岡田英弘

モンゴル帝国から大清帝国へ

藤原書店

まえがき

モンゴル帝国から元朝、北元時代、そして大清帝国へ

現在の中華人民共和国の領土はすべて大清《だいしん》帝国の領土を継承している。大清帝国は、万里の長城の北の瀋陽《しんよう》で一六三六年に建国され、一九一一年に中国南部で起こった辛亥革命の結果、一九一二年に崩壊した。その大清帝国の領土は、モンゴル帝国から継承したものである。

一二〇六年のチンギス・ハーンの即位に始まるモンゴル帝国は、東は日本海から西はロシア草原まで版図に入れたが、継承争いによって、チンギス・ハーンの孫の代に四大政権に分裂した。そのなかで最も東に位置した宗主国、大ハーンの政権が、中国史で元朝と呼ばれる王朝である。

元朝を創設したのはチンギス・ハーンの末子トルイの息子フビライである。一二五九年、モンゴル帝国第四代君主モンケ・ハーンが南宋攻略戦の最中陣没すると、弟たちの間で継承争いが起こった。翌一二六〇年、モンケの次弟フビライは、今の内モンゴルに自派の集会を開いて大ハーンに即位した。同年、末弟アリク・ブガも、モンゴル帝国の首都カラコルムで開かれた大集会でハーンに即位した。フビライはアリク・ブガと四年間争った末、これに勝利して、故郷のモンゴル高原と中国の両方を支配する大ハーンとなったが、この内戦の間に、チンギス・ハーンの長男ジョチ

一族はロシアからカザフスタン、次男チャガタイ一族は中央アジア、フビライの次弟フレグはペルシアと、それぞれ独立政権を建てたので、モンゴル帝国は四大継承国家に分裂したのである。

フビライはやがて本拠地を大都《だいと》（今の北京）に移し、一二七一年には国号を大元《だいげん》と名づけた。元朝はつまりモンゴル帝国の一部であり、中国王朝でもあった。やがて中国南方で白蓮《びゃくれん》教徒の紅巾《こうきん》の乱が起こり、その首領の一人朱《しゅ》元璋《げんしょう》が明《みん》の太祖となって、一三六八年に大都を包囲すると、元朝皇帝は北方のモンゴル高原に退却した。モンゴル遊牧民にとって大都は冬の避寒キャンプ地に過ぎず、本拠地はもともと北の草原だったからである。

中国史では元朝はこのとき滅びたことになるが、モンゴル遊牧民の方では、植民地である中国を失っただけで元朝が滅びたとは考えなかった。その証拠に、十五世紀末に再びモンゴル人が大連合をしたときの君主は、ダヤン・ハーン（大元皇帝）と呼ばれる。それで、われわれモンゴル研究者は、この時代を北元時代と呼ぶのである。

大清帝国の前身の後金《こうきん》国を建てたヌルハチは、満洲に住む女直《じょちょく》人である。モンゴル帝国に亡ぼされた金国の支配層だった女直人は、遊牧民ではなく東北アジア出身の狩猟民だった。モンゴル帝国時代にはその家来だった女直人は、北元時代に入って明に懐柔され、称号や俸禄を与えられて、明との貿易で富を蓄えた。

一六三六年に建国された清朝の支配の正統性は、ヌルハチの息子のホンタイジが、ダヤン・ハーンの直系のリンダン・ハーンから元朝の玉璽《ぎょくじ》を引き継いだからである。大清帝国は、建国のはじめに北元を継承し、そのあと万里の長城を越えて明の支配地域を継承した。中国史を論じる際には、南方のいわゆる中国本土のみならず、北方の正統性の論理と、モンゴル史と満洲史からの視点は欠くことができない。

本書は、すでに一般書においてはかなり知られるところとなっている、大清帝国はモンゴル帝国を継承したとする、私の中国史観の土台となった学術論文集である。私がどうしてこのような史観を持つにいたったのか、ここで私の学問人生を振り返っておく。

わが研究の歩み

私は一九三一（昭和六）年一月、当時はまだ東京市だった本郷曙町《あけぼの》で、岡田正弘・梅子の長男に生まれた。父正弘は徳島市の医者の三男に生まれ、神戸一中、一高と進み、東京帝国大学医学部を卒業したあと、創立されたばかりの東京高等歯科医学校（今の東京医科歯科大学）に教授で迎えられ、のち学長になり、日本学士院会員になって一九九三年に満九十三歳で亡くなった。薬理学者である。私の曾祖父は阿波国徳島の蜂須賀《はちすか》侯のお抱え儒者だったそうで、そのためか、父は医学部に進んだが漢籍が大好きで、父の書斎には『漢文大系』や『国訳漢文大成』や有朋堂文庫の古典の読み下し文などが揃っていた。私は小さいときから、これらを読みふけって育った。母梅子は、父の恩師である東京帝国大学薬理学教授、林春雄の姪である。

私は幼い頃から父の跡を継いで自然科学者になることを自明のこととして疑わず、旧制の成蹊高等学校でも理科乙類に進んだ。たまたま成蹊の図書館には、南条文英《ぶんえい》先生が集めた漢籍と中国文学と東洋史の研究文献の大コレクションがあった。それで、理科系の勉強のかたわら、毎日東洋史関係の書物を三冊ずつ借り出しては、下校の電車のなかで一冊読み、夜、家で一冊読み、朝、登校の電車のなかで一冊読んでは図書館に返して、また三冊借り出すという生活を続けた。

ところが、いよいよ大学を受験するときになって、はたと気づいた。このまま父と同じ医学部に入ったら、周囲が父を知る人ばかりになる。そうなったら、どれだけ成績を挙げても「さすがはお父さんの息子だ。やはりお父さんは偉かった」と言われるだろう。しかもそれは一生続くのである。これは考え物だ。そこで文学部に志望を変えて、朝鮮戦争前夜の一九五〇年四月、大学が新制に切り替わる直前、旧制の最後の年に東京大学文学部東洋史学科に入った。

当時、文学部に入るのは失業に直結する道で、しかも日本人がアジア大陸から総引き揚げの時代だったから、東洋史は無用の学科の最たるものだった。それを覚悟で選んだのだから、なるべく不人気な分野をやろうと思って、朝鮮史の末松保和《やすかず》先生の講義を聴いた。大学一年の時に初めて書いた学術論文が、創立されたばかりの朝鮮学会の学報に掲載された。学者人生のはじまりである。卒業論文も朝鮮史に関するものだった。

そうしたら、もっと不人気な分野があって、それが満洲史だった。私は誘われて十七世紀清朝建国期の満洲語の年代記『満文老檔《まんぶんろうとう》』の講読グループに参加し、日本語訳を作った。この仕事が、恩師・和田清《せい》先生の斡旋で、五名の共同研究として、一九五七年の日本学士院賞を受賞した。このとき私は二十六歳で、史上最年少だった。

清朝の支配者の言語である満洲語を学ぶなかで、中国とは異なる満洲文化の由来が、じつはモンゴルにあることを私は深く感ずるにいたった。ちょうどその頃、ソ連からアメリカに亡命していた世界的に著名なモンゴル学者ニコラス・ポッペが、東京駒込の東洋文庫でモンゴルの英雄叙事詩について講演した。これを聴いて私は感激し、ただちに先生に弟子入りを懇請して、一九五九～六一年、フルブライト交換留学生としてシアトル市ワシントン大学に留学し、ポッペ先生のもとで中期モンゴル語を修めた。

一九五九年は、中国共産党がチベットに侵攻し、ダライ・ラマ十四世がインドに亡命した年だった。ロックフェラー財団の世話で世界中にチベット研究センターが開かれ、シアトルにもサキャ派代表者の一家が招かれてやってきた。先にニューヨークに亡命していたダライ・ラマ十四世の長兄、青海のクンブム僧院の院長だったトゥブテン・ジグメ・ノルブがここに合流し、私とは五十年来の親友となった。おかげで私はチベット語とチベット学も学んだ。彼はこのあと米国インディアナ大学でチベット語を教え、インディアナ州ブルーミントンの自宅にチベット・センターを設立して、二〇〇八年九月にチベットに捧げた八十六年の生涯を終えた。

知る人は少ないが、チベット学はモンゴル帝国以後のモンゴル研究には欠かせない。なぜなら、十六世紀以降、モンゴル人はみなチベット仏教徒になったからである。もちろん、チベットを保護下に入れた大清帝国研究にもチベット学は不可欠の分野である。こうして私は、満洲人やモンゴル人など、中国を支配した人々の立場から中国史を見直すようになった。満洲語やモンゴル語やチベット語などに通じると、漢文史料がいかに史実を歪曲しているかがはっきり分かるのである。

しかし「モンゴル年代記」と総称されるモンゴル史料は、世界的に研究の多い中国史料と違って、独特の著作であり筆法であるので、これに卒然と手をつけるのは極めて困難であった。私は帰国後の一九六二年以来、モンゴル語や満洲語史料に基づく論文を、日本語と英語で精力的に発表してきたが、それらを総合した著作は未だ刊行されるにいたっていない。そのまま四十年以上が経過し、近時、論文を掲載した学術誌・会議録を探しにくくなった若い世代の研究者から、過去の著作を集めた一巻を求める声が強くなった。

そこで、今回、私の著作のうちから特に重要な論文を選び出し、校正を加えて体裁を統一し、世間に提供したいと考える。本書は単に過去の論文を並べたものではなく、その内容に併せて章立てを決め、編集を加えている。その一例として、漢文をそのまま本文に引用していた箇所は読み下し文に改め、モンゴル語やチベット語の固有名詞をラテン文字転写で表していた箇所は、カタカナ書きにしてカッコ内に原文の綴りを入れた。史料以外の固有名詞はなるべくカタカナ書きにして統一を試み、元朝最後の皇帝も、明が名づけた順帝《じゅんてい》ではなく、元の諡《おくりな》である恵宗《けいそう》と改めた、等々である。

ただし、文章は研究が進んで明らかに誤りであることが判明した箇所のみ修正し、その他は、原文通りの再録を心掛けた。なかには日本の東洋史の伝統に則った固い文章も含むが、古いものでは一九五八年発表（刊行）の論文から、もっとも最近のものでも一九九四年発表（刊行）の論文であるので、元の掲載誌を探すことは困難であろうし、原文の雰囲気をそのまま残すことに意義があると考えたからである。

第1章では九〜十八世紀の歴史概説をしているが、ここに再録したのは『北アジア史（新版）』（山川出版社）の私の担当部分である。この書物もすでに絶版となっている。以下、章別に、本書の内容紹介をおこなう。

本書の構成と概要

1「概説 モンゴル帝国から大清帝国へ」は、第二章以降の個々の学術論文が論じるテーマが、どのような意味を持つのかを明らかにするための歴史概説であると同時に、各論文で論証した結果を利用した、新しいモンゴル史概説である。

九世紀ウイグル帝国が崩壊したあとの北アジアで、のちにモンゴル人となるタタル人が勃興するところから説き起こし、沙陀《さだ》トルコ、契丹《きったん》の支配下でモンゴル諸部族が力を蓄え、一二〇六年、チンギス・ハーンによってモンゴル帝国が建国され、東は日本海から西はロシア草原までを含む大帝国となる過程と、帝国の構造についても説明する。

次いで、モンゴル人が中国を支配して建てた元朝が、遊牧帝国のしくみを色濃く継承していたことを『元史』に基づいて論ずる。元朝は宮廷の継承争いによって弱体化し、やがて植民地の中国を失って、モンゴル遊牧民は草原に撤退した。このあと、一六三六年に大清帝国に引き継がれるまでの北元時代の歴史こそが、私が世界で初めて再構築したモンゴル史であり、本書で考証するモンゴル年代記史料を利用した概説である。

モンゴル帝国を継承した大清帝国は、建国当初は南モンゴル諸部を家来としただけだったが、一六九一年に北モンゴル・ハルハ部を服属させ、一七五五年にジューンガル帝国を滅ぼし、一七七一年にはヴォルガ河畔から新疆《しんきょう》北部に戻ってきたトルグート・モンゴルを臣従させた。こうしてモンゴル遊牧民すべてを支配下に入れた清は、その版図を最大にし、この間、モンゴルと関係の深かったチベットも保護領としたのである。

第一部「モンゴル帝国時代のモンゴル」は、五本の論文から成る。

2「『元朝秘史』の成立」は、モンゴル語で書かれた最古の文献『元朝秘史』の成立年について、モンゴル国では一二四〇年とするが、じつは「本集」は一二九二年以後、「続集」は、その奥書《おくがき》の言う通り一三二四年の成立であることを立証したものである。

3「モンゴル史料に見える初期のモンゴル・チベット関係」は、一二三九年に始まるモンゴル軍のチベット侵入から一二六〇年のフビライの登極までを、チベット語史料、漢籍の所伝に見て、十七世紀以降に著された種々のモンゴル年代記がこれをどのように伝え、いかに史実と異なっているかを論ずる。

4「元の瀋王と遼陽行省」は、『元史』と『高麗史』を史料として利用し、元朝で高麗人が大いに繁栄し、遼陽・瀋陽がともに高麗人の町であったことを論ずる。

5「元の恵宗と済州島」は、元末の一三六六年、浙江《せっこう》省永嘉《えいか》県の李至剛《りしごう》が済州に使いして『耽羅志略《たんらしりゃく》』三巻を書いたことから説き起こし、続いて『隋書』『日本書紀』『三国史記』『旧唐書《くとうじょ》』『元史』などを利用して、朝鮮半島の南端に位置する済州島の独自の歴史を論じたものである。耽羅と呼ばれた済州島は高麗の属国となったが、まもなく元の直轄領となりモンゴル馬が放牧され、明代にいたる。

6「恵宗悲歌の源流」は、一三六八年、元朝最後の皇帝・恵宗が大都《だいと》失陥を悲しんで歌ったと称するモンゴル語の韻文のテキストが、所伝によって様々であることを論ずる。

第二部「「モンゴル年代記」が語る元朝崩壊後のモンゴル」は、五本の論文から成る。

7「ダヤン・ハーンの年代」は、一、日本における従来の研究を紹介し、二、各種のモンゴル年代記の系統を論じ、三、モンゴル年代記が伝える紀年の問題点を指摘し、四、明側の史料とつきあわせて解決策を示し、五、モンゴル年代記の最高峰である『蒙古源流』の干支の性質を明らかにした上で、北元の中興の英主ダヤン・ハーンが、一四六四年に生まれ、一四八七年に即位し、一五二四年に死んだと結論する。

8「ダヤン・ハーンの先世」は、先の論文で明らかにした三系統のモンゴル年代記を比較検討しながら、ダヤン・ハーンの登場までの北元の歴史を、韻文を含んだ英雄叙事詩であるモンゴル年代記の内容をふんだんに利用して物語る。

9「ダヤン・ハーンの六万人隊の起源」は、十六世紀初めダヤン・ハーンのもとに再結集したモンゴル諸部が、モンゴル帝国期のどの集団に起源を持つのかを明らかにする。

10「ウリャーンハン・モンゴル族の滅亡」は、ダヤン・ハーンの六万人隊の一つであったウリャーンハン部族が、ダヤン・ハーンの没後に解体されて、その故地であった北モンゴルにハルハ部族が広がった次第を論ずる。

11「チョクト皇太子について」は、一五八一年生まれのハルハのトゥメンケン・チョクト皇太子が、チベット仏教のカルマ派の熱心な信者となり、北元の宗主リンダン・ハーンと呼応して青海からチベットに入ろうとし、一六三七年にオイラトのホシュート部長グーシ・ハーンに敗死するまでの一生を論ずる。彼はモンゴル国ではたいへん有名な人物で、遠く隔たった伯母を慕って詠んだ韻文が、草原に立つ磨崖《まがい》に刻まれて今も残っている。

第三部「モンゴルのライバル、西モンゴル・オイラト」は、二本の論文から成る。

12「ドルベン・オイラトの起源」は、前半では、この種族が一二〇二年に初めて歴史に登場してから、一三八八年にアリク・ブガ家の北元ハーン位の簒奪《さんだつ》に参加し、モンゴル高原にオイラト帝国を築いたエセン・ハーン（一四五三〜五四年在位）に及ぶまでを叙す。後半では、ダヤン・ハーンのもとに再結集したモンゴル諸部に対抗して、十六世紀後半に四オイラト連合が現れるが、これは旧オイラト系、バルグト系、ナイマン系、ケレイト系の四種に、三衛系のホシュートを加えたものであることを論証する。

13「『ウバシ皇太子伝』考釈」は、一五六七年に生まれたハルハのショロイ・サイン・ウバシ皇太子が、一六二三年にオイラトの連合軍に敗死するまでの両種族の関係史を、オイラトの文学作品として有名な『ウバシ皇太子伝』を日本語訳しながら解説する。

第四部「モンゴル文化を受け継いだ満洲」は三本の論文から成る。

14「清の太宗嗣立の事情」は、『満文老檔』の原文『旧満洲檔《きゅうまんしゅうとう》』によって、一六二〇年の大変動の全貌と、なぜ第二子ダイシャンではなく、第八子ホンタイジがヌルハチの後を嗣いだかを明らかにする。

15「清初の満洲文化におけるモンゴル的要素」は、のちに清の太宗となるホンタイジが一六二三年に引用したモンゴルの故事を引いて、満洲の宮廷生活がモンゴルの文化に浸潤されていた事情を叙する。

16「征服王朝と被征服文化――八旗・北京官話・子弟書」は、一六四四年の清の中国征服とともに南下し、北京内城に造られた胡同《フートン》と呼ばれる官舎街に移り住んだ、満洲人八旗《はっき》の子弟の演芸を通じて、十八世紀当時の北京官話の文化を明らかにする。

第五部は、書評二本から成る。

17「シャンバ撰（パリンライ編）『アサラクチ・ネレト・トゥーケ』」は、一六七七年に北モンゴル・ハルハで著されたモンゴル年代記が、一九六〇年になってようやく、当時のモンゴル人民共和国から公刊され利用できるようになったので、その内容の紹介と、当該史料がモンゴル年代記のどの系統に含まれるか、さらに正しい題名についても論ずる。

18「ワルター・ハイシヒ著『仏典モンゴル訳史の研究』」は、私の恩師の一人である、当時の西ドイツ・ボン大学教授のハイシヒ先生のドイツ語著書の紹介であるが、そのなかの、チベット語からモンゴル語に訳された仏典の奥書を日本語訳し、モンゴルのチベット仏教受容について考証した。

＊　＊

このような専門書の刊行を、採算を度外視して快く引き受けてくれた藤原良雄社長には、衷心より御礼申し上げたい。私が藤原社長に面識ができたのはそんなに古いことではない。二〇〇七年十二月二十日、社長が『清朝とは何か』の企画を持って駒込の研究室を訪問されたのが始まりである。翌二〇〇八年一月から月一回、藤原書店催合庵で清朝史研究会が開催され、その成果は、二〇〇九年五月に『清朝とは何か』（別冊『環』一六）として刊行された。藤原社長の言によれば、拙著『世界史の誕生』（一九九二年、筑摩書房）を読んだときから、いつか私と一緒に仕事をしたいと考えていたということで、今も清朝史研究会は継続し、私の監修による『清朝史叢書』を十年がかりで刊行する計画が始まっている。

その清朝史研究会の主要メンバーであり、『清朝とは何か』刊行の際にも預かって大いに力のあった二人の若い東洋史学者、楠木賢道、杉山清彦両氏が、今回の論文集の校正を手伝ってくれた。厚く御礼申し上げる。

私の三十年来の弟子であり妻である宮脇淳子は、私の学問のもっともよき理解者であり、継承者でもあるが、今回の学術書の刊行を誰よりも喜び、校正はもちろんのこと、読者の便宜を図るために多くの地図や系図を整え、各論文の最初に要約を追加し、最後の解説も担当した。公私ともに、私の後半生を支えてくれたことに心から感謝している。

最後に、難解な固有名詞の系図や地図を作成し、索引などの地道な編集作業に熱心にあたってくれた、藤原書店の山﨑優子氏に、心より御礼申し上げる。

二〇一〇年十月

岡田英弘

モンゴル帝国から大清帝国へ　目次

第五部　書評

モンゴル帝国から大清帝国へ

凡例

一　縦書きモンゴル語のラテン文字綴りは、ポッペ＝モスタールト方式によって転写した。モンゴル語の転写にΓγÖöÜüŠšČčJ̌ǰなどの特殊な文字を含むのは、そのためである。

一　ラテン文字綴りの最初に＊印のある綴りは、モンゴル語の文献は残存しないが、漢字から著者が推定したモンゴル語の綴りである。

一　モンゴル語の固有名詞のカタカナ書きについては、元朝時代のモンゴル人の名である「イェスン・テムル」「エル・テムル」「ココ・テムル」「ブヤン・ケルミシュ」など中黒を入れているものと、同一人物を「イェスンテムル」「エルテムル」「ココテムル」「ブヤンケルミシュ」とひと続きにしている論文の両方があるが、あえて統一を取らなかった。その理由は、縦書きのモンゴル語文献では、一人の人物の名前を、意味のある単語で区切ってスペースを空けることもあるし、ひと続きで出てくることもあり、どちらが正しいというわけではないからである。「イェスン」はモンゴル語で「九」、「テムル」は「鉄」のことで、「イェスン・テムル」は「九鉄」という名前である。同様に、「エル・テムル」は「国鉄」、「ココ・テムル」は「青鉄」という名前だと理解されたい。

一　同じ理由で、「ジューン・ガル（左の手＝左翼）」と「ジューンガル」などもそのままにした。

一　本書では、モンゴル人の名前をなるべく覚えやすくするために、原語が漢字であることが明らかなものは漢字に直した。例えば、論文11、13の題名にもある「皇太子」は「ホンタイジ」、「太子」は「タイジ」というモンゴル語の称号である。この他、モンゴル年代記に関する論考中の「晋王」は「ジノン」、「丞相」は「チンサン」、「太師」は「タイシ」、「公主」は「グンジュ」、「妃子」は「ビージ」等々である。ただし、漢字を使わないモンゴル人にとって、称号の意味する内容が原語から遠く離れたものもある。

一　凡例三項目目にもあるように、ふつう日本語の文章では並列の意味に使用する「・」を、本書では、モンゴル人の名前が長いため読みやすくするという理由で、カタカナ書きにしたときの意味の切れ目や称号との間にも使用していることを注記しておく。

1　概説　モンゴル帝国から大清帝国へ

一　モンゴルの興起

現在、モンゴル高原を中心として、北アジア・中央アジアに広く分布しているモンゴルという種族は、八世紀のなかばにはじめて歴史に姿を現したものである。もっともモンゴルとは、最初は一部族の名で、総称はタタルといった。これを漢字で写した言葉が韃靼《だったん》である。タタル人たちは、今のモンゴル国のケンテイ山脈およびそれ以東に住んでいたが、九世紀のなかばにウイグル帝国が倒れたあと、西方に進出してハンガイ山脈の一帯を占拠する一方、南モンゴルの一部にも南下して、トルコ系の遊牧民にかわってモンゴル高原の支配者になった。しかしタタル人を打って一丸とする国家組織はなく、いくつかの部族連合を形成しただけであった。

このころ東方では、大興安嶺《だいこうあんれい》の東斜面に契丹《きったん》人がおこり、南モンゴルの大同盆地から山西省の台地一帯を本拠とするトルコ系の沙陀《さだ》人と抗争し始めた。沙陀は華北にはいって後唐《こうとう》朝をたて、これは後晋《こうしん》・後漢《こうかん》・北漢と名はかわりながらも、長い間存続した。しかし十世紀のなかば以後は、もはや契丹に対抗する実力はなくなり、北アジアの中心勢力になったのは契丹人であった。

契丹人のたてた遼《りょう》帝国は、狩猟民の女直《じょちょく》人、農耕民の渤海《ぼっかい》人・漢人、遊牧民の契丹人・奚《けい》人など、雑多な民族を統合した国家であって、南方の宋帝国からは歳幣を、東方の高麗《こうらい》王国、西方の西夏《せいか》王国からは朝貢を受けるほどの大きな力をふるった。北境の北モンゴルに対しても、遼は征服につとめ、ホロン・ブイル地方を根拠地として、タタル人の諸部族を支配しようとした。そして十世紀の末には北モンゴル中央部にまで進出した。

このころ北モンゴル中央部のタタル人の中で、もっとも勢力のあった部族はケレイトであった。ケレイト王家は十一世紀には遼の支配をはねかえし、これから長い間、この地方の指導勢力になった。

十二世紀の初め、女直人の金帝国が遼にとってかわったが、金の北辺政策は遼のものをそのまま引き継いだものであった。しかしタタル人の実力はますます強く、金は絶えず北方からの侵入に脅かされた。このころケレイトの部下として成長したのがモンゴル部族である。

当時のケレイト王オン・ハーンは金と同盟して他の部族を統合する政策をとり、着々と統一を実現していった。しかし、その臣下であったモンゴル部族のキャン氏族長テムジンと分裂して倒れ、ケレイト王家にかわってチンギス・ハーンのモンゴル王家が出現した。

モンゴル部族は他のタタル人のみならず、ほとんどすべてのトルコ系遊牧民をも統合する大勢力に成長した。モンゴル人の集団は、北アジア・中央アジアのみならず、西アジア・東ヨーロッパにまで移住して、各地に拠点をつくったが、それらは十三世紀のなかば過ぎには、大元、チャガタイ家、イル・ハーン朝、ジョチ家の四大継承国家にまとまった。しかし十四世紀のなかばまでには、各国ともハーンの実権が失われて分裂時代にはいる。

以下、九世紀にさかのぼってモンゴル史を概観しよう。

遊牧民の分布

一世紀の間、北アジアの遊牧民を支配してきたウイグル帝国は、キルギズ人の侵入を受けて八三九年に崩壊し、ウイグル人は四散した。そのわずか七年後、八四六年には、中央アジアの遊牧民とオアシス都市を支配する吐蕃《とばん》帝国で、ダルマ王が暗殺され、それと同時に内乱がおこって、チベットは多くの地方政権に分裂した。こうしてアジアの政治の二大中心が同時に消滅したうえ、残った唐帝国も慢性的な財政難に悩まされていて、もはや北アジアに介入する余力はなかった。こうした力の真空状態の中で、これまで三大帝国に抑圧されていた多くの遊牧民が、いっせいに活動を開始したのである。

当時のモンゴル高原とその周辺の情勢を概観してみよう。まず、これまでウイグル人の本拠であった北モンゴルでは、タタル人の勢力が伸び始めた。タタル人はこれまで西はバイカル湖の東岸およびケンテイ山脈から、東はアルグン河の流域、ホロン・ブイル地方にいたるまでの地域に遊牧していた種族である。ウイグル帝国を倒したキルギズ人は、これまでウイグルの本営のあったハンガイ山脈一帯を占領しようとしたが、タタル人の抵抗にあって失敗し、八六〇年代にはアルタイ山脈の北麓に撃退されてしまった。タタル人がかわってハンガイを支配するようになり、これとともに、久しくつづいたトルコ系種族の活躍時代は終わりを告げ、北モンゴルは完全にタタル人の世界となった。現在のモンゴル人は、このタタル人の直系の子孫である。

北モンゴル東部のタタルの住地から、大興安嶺山脈を東に越えると、嫩江《ノンこう》の流域に室韋《しつい》が遊牧していた。その中でも最も強大な部族は黄頭《こうとう》室韋と呼ばれた。室韋の南に接して、シラ・ムレン河（沙拉木倫河）の流域には契丹《きったん》が遊牧し、さらに契丹の南のローハ・ムレン河（老哈河）の上流域には奚《けい》が遊牧して、唐の北辺に接していた。

契丹・奚の牧地から、ふたたび大興安嶺を西にこえて南モンゴル東部にはいると、そこには黒車子《こくしゃし》室韋が遊牧している。黒車子室韋の牧地の南の大同盆地には、トルコ系の沙陀《さだ》という部族が遊牧していた。これは西突厥《とっけつ》の分かれで

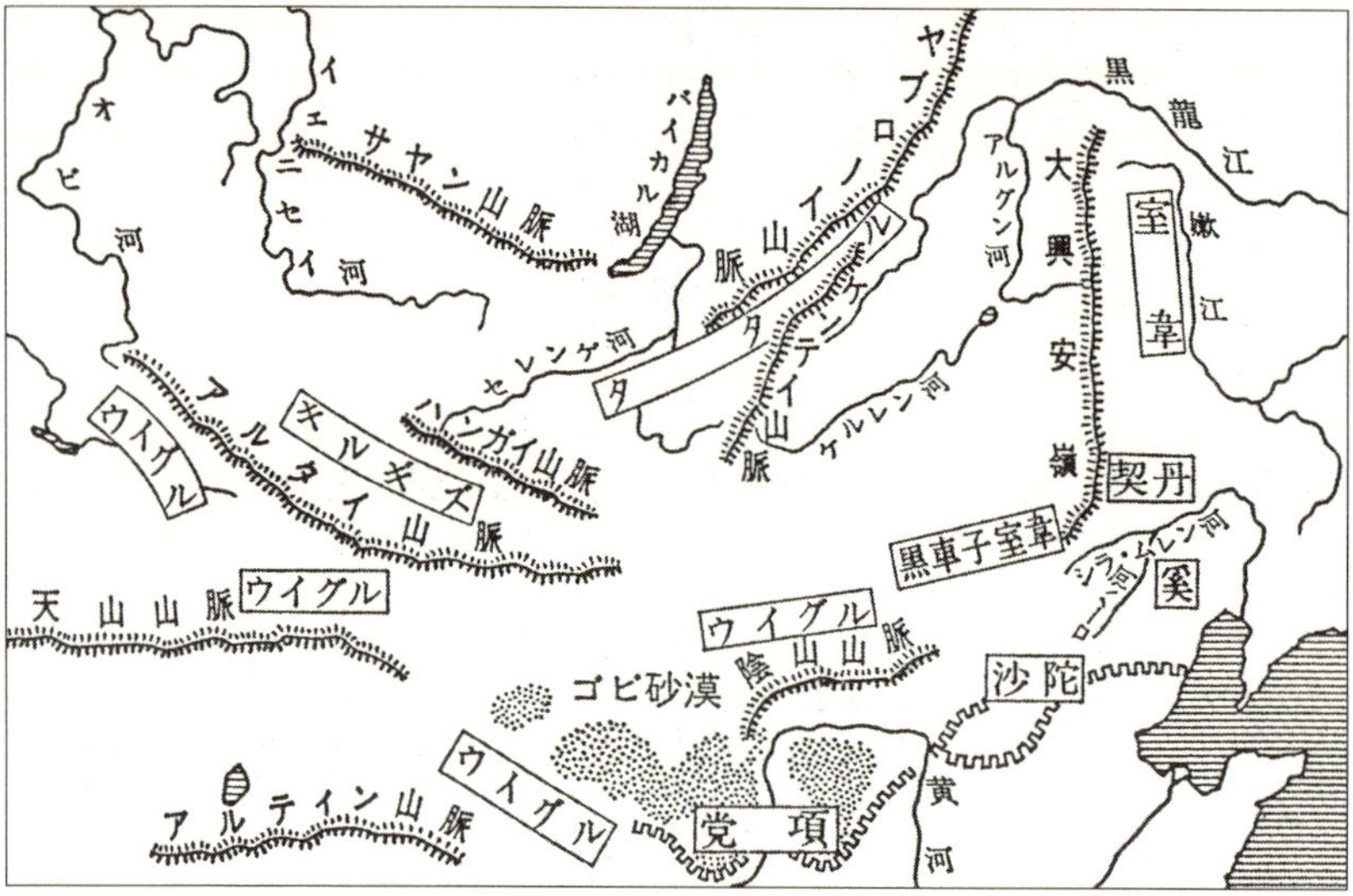

地図1　9世紀の遊牧民の分布

ある。大同の西南、河套《かとう》の地には、党項《タングト》が遊牧している。これはチベット人と近縁の種族であり、のちに西夏王国をたてることになる。河套の北方に接する陰山《いんざん》山脈から、西方のアラシャン地方、甘粛《かんしゅく》、天山山脈方面、およびその北方のアルタイ山脈の南麓には、故郷を失って移動したウイグル人が分布していた。

そして最後に、アルタイ山脈の北麓には、シベリアからイェニセイ河を溯って侵入したキルギズ人が遊牧して、東隣のハンガイ山脈に拠るタタル人と対立していた。

沙陀

これらの雑多な遊牧民のうちで、最初にめざましい活躍をみせるのは沙陀であり、つづいて契丹が発展して沙陀を打倒し、北モンゴルを征服して、南モンゴル西部におこった党項と対立するのである。

沙陀の首領朱邪赤心《しゅじゃせきしん》は、徐州の反乱軍の討伐に功績を立てて、八六九年唐の朝廷から李国昌《りこくしょう》という名を与えられ、大同に新設された雲州《うんしゅう》大同軍節度使に任命された。これを境にして沙陀は急速に独立の政治勢力として発展を始めたのである。

まもなく南方に黄巣《こうそう》の乱がおこり、唐はその対策に忙殺されることとなった。この情勢をみた李国昌《りこくしょう》の子李克用《りこくよう》は、八七八年大同に拠って唐から独立し、当時河套の振武《しんぶ》軍節度使の任にあった李国昌と、父子連合して南下して山西に侵入し、太原を攻めた。しかし唐軍の反勢にあって目的を達せず、八八〇年には戦い敗れて南モンゴルに逃げ込まねばならなかった。そのころ陰山にはタタル人の二部族が遊牧していたので、李国昌父子はしばしここに身を寄せた。

しかし黄巣の軍は同年末には洛陽・長安（西安）を占領し、唐朝に再起不能の大打撃を与えた。窮した唐朝は李克用を召還して援助を得ようとした。李克用は沙陀とタタルの大軍を率いてふたたび山西にはいったが、すぐには唐朝の救援におもむこうとはせず、代州（代県）を占領してここに根拠地をつくり、とうとう八八二年には唐朝から正式に鴈門《がんもん》節度使の地位を認められた。そこでやっと腰をあげた李克用は、翌八八三年長安を克復して、功によって河東節度使となり、太原の領有を認められた。これから太原が沙陀の中心地になるのである。

当時李克用と肩を並べる大軍閥は、黄巣の部将で唐朝に寝返った、開封《かいほう》の宣武節度使朱全忠《しゅぜんちゅう》であった。八八四年黄巣の開封攻撃に際して朱全忠の救援におもむいた李克用は、謀計にかかってあやうく朱全忠に暗殺されるところであった。これから李克用・朱全忠は決定的に対立するようになる。

それから二十数年、九〇七年には梁王朱全忠は唐にかわって開封に後梁《こうりょう》朝をたて、翌九〇八年には晋王李克用が病死した。晋王の位を継いで沙陀の指導者になったのは、李克用の子李存勗《りそんきょく》である。李存勗も父克用に劣らぬ優秀な軍事指導者で、九一三年には幽州《ゆうしゅう》（北京）の燕王劉守光《りゅうしゅこう》を滅ぼし、九一六年には河北の諸州を平げた。こうして沙陀がしだいに優勢になりつつあるころ、その北方にあってこれと争い始めたのが契丹である。

契丹と沙陀の抗争

契丹人は古く四世紀から興安嶺の東斜面に遊牧していた種族である。九世紀の契丹王欽徳《きんとく》は盛んに幽州の劉守光と争ったが、九〇七年その部下の耶律阿保機《やりつあほうき》にとってかわられた。阿保機は南モンゴルへの進出をはかり、同年大同を攻めて晋王李克用と和を結んだ。しかし阿保機の政策は、後梁と提携して沙陀を北方から脅かすことであった。そして九一三年に晋が幽州を併合してからは、契丹軍はこの方面でしきりと晋軍と攻防をくりかえした。

九一六年、阿保機は大契丹国皇帝の位に登り、神冊《しんさく》と建元した。しかし南モンゴルへの進出はやはり晋にはばまれてはかばかしくゆかず、九一七年には二百日にわたって幽州を包囲したが失敗に終わった。そこで阿保機は方向を転じて北モンゴルに向かった。契丹人は、北モンゴル東部のタタルを烏古《うこ》、中部のタタルを阻卜《そぼく》と呼んだが、その烏古に対しては、阿保機は九一九年親征しておおいにこれを撃破し、一万四千二百人を捕虜にするという大勝利をあげた。つづいて九二四年には阻卜に親征してこれを撃破し、オルホン河畔のウイグルの故郷オルドゥ・バリクにまで達し、さらにそこから南へゴビ沙漠を横断して、甘州（張掖《ちょうえき》）のウイグル王国を攻めた。しかしタタル人の勢力もなお強く、契丹人の支配が北モンゴルに確立するには、さらに多くの年月が必要であった。

これより少し前、晋王李存勗は九二三年、後梁の都開封をおとしいれて後梁朝を滅ぼし、太原から洛陽に遷都して後唐《こうとう》朝を開いた。ここにいたって沙陀はついに華北を統一する勢力になったのである。これから北アジアの覇権は、沙陀と契丹、二つの遊牧民の間で争われることになる。

契丹の阿保機（太祖）は、九二六年渤海国征服作戦に成功して、その帰途に死に、その子徳光《とくこう》（太宗）があとを継いだ。太宗も太祖の政策を受けて北モンゴルに進出をはかり、九二八年耶律突呂不《とつりょふ》を遣わして烏古を征伐させ、その結果、烏古は完全に契丹に服属した。太宗は三石烈《シレ》の契丹人を烏古の地に移住させて、この方面の統制を強化した。そのためその後三十数年平穏な状態がつづいた。

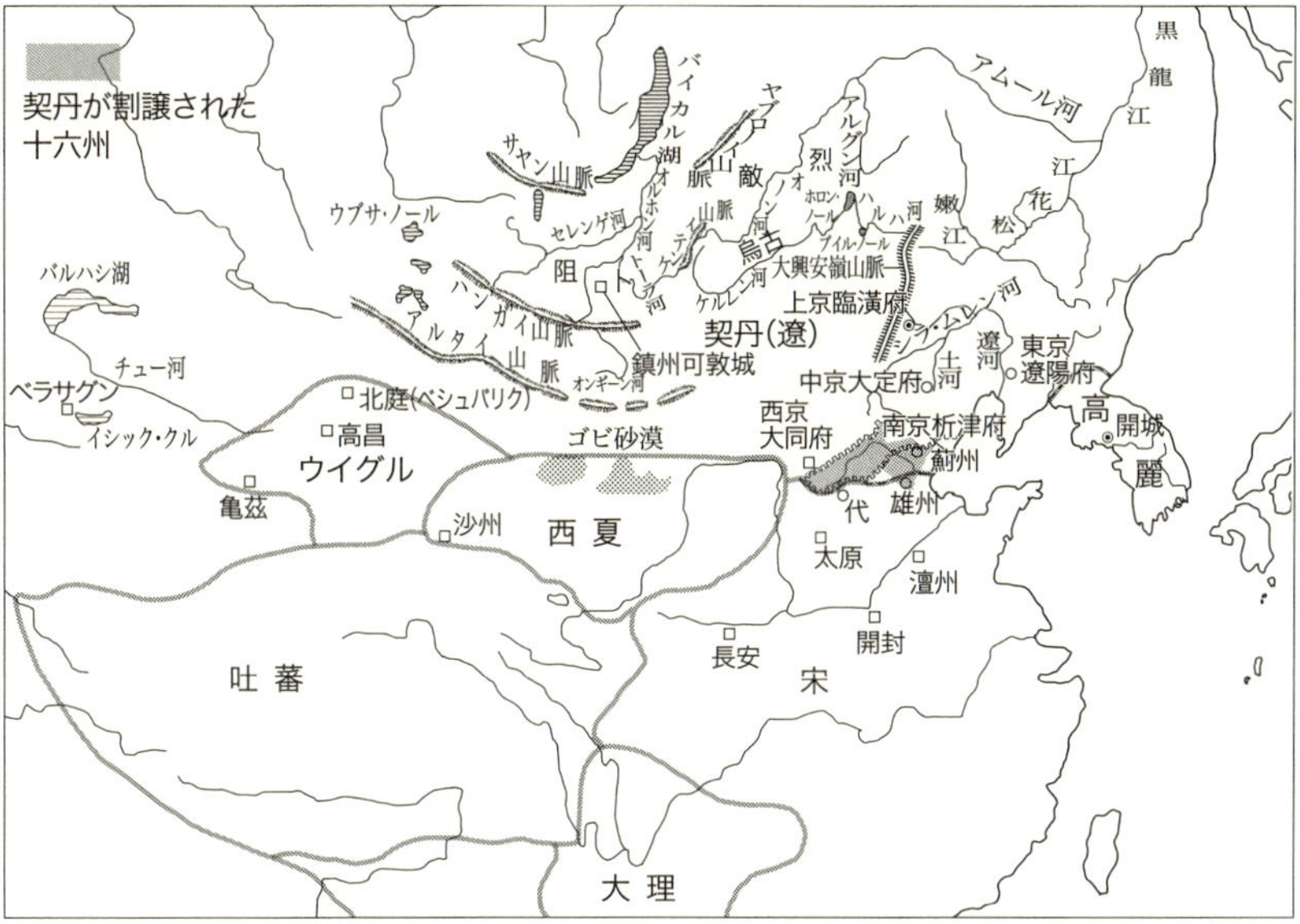

地図2　11世紀　契丹（遼）時代

いっぽう後唐の方では内紛がおこって、太原の沙陀人を率いる河東節度使石敬瑭《せきけいとう》は、九三六年洛陽の朝廷にそむいて契丹と同盟した。契丹の太宗は親しく軍を率いて石敬瑭の救援におもむき、幽《ゆう》・薊《けい》などの十六州（河北・山西の北部）の割譲と帛《はく》三十万匹の歳幣を条件に石敬瑭を大晋皇帝とした。この後援のおかげで石敬瑭は洛陽をおとしいれて後唐朝を滅ぼし、自ら後晋朝を開いたのであるが、それよりも重大な意義があったのは十六州の割譲であった。これによって契丹ははじめて大同盆地から河曲にいたるまでの南モンゴルの地を確保したうえに、幽州を通じて華北の平原への出口をもつようになったのである。

契丹のモンゴル支配

十六州の割譲と同時に、後晋の重心は山西の太原やその門戸である洛陽よりも、むしろ河南の平原に移り、石敬瑭は翌九三七年都を開封に遷した。この結果、太原の沙陀勢力と開封の漢人勢力との間に分裂がおこり、九四二年に石敬瑭が死んでその甥の石重貴《せきじゅうき》が晋帝になるとともに、太原は河東節度使劉知遠《りゅうちえん》を中心として独立の形勢を強めた。そして契丹の太宗が九四六年、親征して開封をおとしいれ、後晋を滅ぼすと、劉知遠は太原において即位して皇帝と称し、契丹の撤退とともに開封にはいって後漢朝をたてた。

後漢はわずか四年で、劉知遠の側近であった、鮮卑《せんぴ》人の後裔と思われる郭威《かくい》にとってかわられ、九五〇年に滅びた。これとともに中原の沙陀勢力は消滅したが、劉知遠の弟の河東節度使劉崇《りゅうすう》は太原において即位して北漢朝を開き、沙陀政権はわずかに存続した。しかし北漢は実際上は契丹の朝貢国にすぎず、もはや北アジアの覇権を争う力はなかった。

郭威のたてた後周朝、および九六〇年に趙匡胤《ちょうきょういん》がこれにかわってたてた宋朝は久しく遼（契丹、九四七年改名）・北漢と対立しつつ、南方へ向かって発展していった。いっぽう遼の方では、九六四年、西北境の平和を破って、北満洲の黄頭《こうとう》室韋部族が契丹にそむいた。これをきっかけとして北モンゴルの烏古はいっせいに立ちあがり、遼の討伐軍を撃破しつつ、一時は上京臨潢府《じょうけいりんこうふ》の近くまで侵入してくる勢いであった。この大叛乱も翌々九六六年には鎮圧され、烏古はふたたび遼の支配下にはいって、その西北路招討使《しょうとうし》に属することになった。こうした契丹人の北モンゴル進出に脅かされた阻卜は、遼の敵国である宋と連絡をとり、同じ九六六年、韃靼《だったん》の朝貢使が宋にいたっている。

宋の太宗は、呉越《ごえつ》国を併合して漢地を統一すると、九七九年北漢を攻めてこれを滅ぼした。李克用以来百年近くつづいた太原の沙陀政権はここに滅亡した。宋軍はさらに進んで遼軍と衝突したが、高梁河《こうりょうが》の戦いに大敗した。太宗はこれに鑑みて遼の背後の勢力と手をにぎる必要を感じ、九八一年王延徳《おうえんとく》を高昌《こうしょう》に遣わした。王延徳の一行は北モンゴルの阻卜諸部族の地をへて高昌のウイグル王国に達し、九八四年帰国した。

遼がかかる動きを坐視するはずはない。九八二年、契丹（遼、九八三年改名）の聖宗の即位と同時に、皇太后は耶《や》律《りっ》速撒《スサ》に命じて阻卜を討たしめ、九八五年にいたってその酋長撻剌干《タラカン》を殺すことができた。しかし阻卜の抵抗はなおもつづいたので、九九四年から蕭撻凛《しょうタリム》の手で再度の阻卜討伐が始まり、一〇〇〇年に阻卜の族長鶻展《フチャン》が勢い窮まって契丹軍に降って殺されるにいたってほぼ完了した。鶻展の弟鉄剌里《テラリ》が兄にかわって阻卜の衆を率いて契丹に服属することになったので、契丹はこの方面の恒久支配の方策を立て、一〇〇三年、オルホン河とトーラ河の間のウイグルの故城可敦《カトン》城を修復し、翌一〇〇四年ここに鎮州建安軍という軍事基地をおいて、阻卜の統治の中心にした。同年、契丹は宋と澶淵《せんえん》の盟を結び、その歳幣を受けることとなって、南方の情勢は安定した。

こうして北モンゴル中部のタタルも契丹の西北路招討使の支配下にはいったが、このころその中で最も勢力のあった部族はケレイトであった。中央アジアから来訪した商人の感化でネストリウス派キリスト教に帰依したケレイト王は、一〇〇七年ごろメルヴの大司教に使を遣わして司祭の派遣を求めたという。このケレイト王は鉄剌里であると思われるが、この挿話は、契丹人によって北モンゴルにもち込まれた都市文明が、中央アジア経由の商業交通を刺激して、この地方の開発を推進したことを示すものである。

遼の国制

契丹の国号は、第二代皇帝太宗が九三七年に大遼と改めてから約半世紀、九八三年になって聖宗によってまた大契丹にもどり、一〇六六年ふたたび大遼に復し、一一二五年滅亡までつづいた。このうち遼の国制がほぼ完成したのは聖宗の治世（九八二～一〇三一年）である。

遼の制度では、全国を五道に分け、それぞれの中心都市に五京《ごけい》をおいた。上京臨潢府《じょうけいりんこうふ》（遼寧《りょうねい》省の赤峰《せきほう》市）は契丹人の本拠の中心地であり、東京遼陽府《とうけいりょうようふ》（遼寧省の遼陽市）は渤海人の中心地であり、中京大定府《ちゅうけいたいていふ》（遼寧省の凌源《りょうげん》県）は奚人の中心地である。南京析津府《なんけいせきしんふ》（北京市）はもとの燕王国の都であるし、西京大同府《せいけいだいどうふ》（山西省の大同市）は沙陀の故地である。このように、おのおの性質のちがう各地方を、別々の行政単位に編成したのである。

京よりも小さい地方都市には、州・県がおかれ、また都市をなさない遊牧民は部族に編成された。部族の下の単位は石烈《シレ》・彌里《ミリ》である。百官には北面・南面の区別があり、北面官は遊牧民、南面官は農耕民の統治にあたった。

皇帝・皇太后・皇太妃・皇太子・親王・皇族、建国以前からの王家（遥輦氏《ようれん》）、帝室の外戚（国舅《こくきゅう》）などは、それぞれ専属の領民をもち、その支配のための官吏をもっていた。皇帝・皇太后の領民の組織を斡魯朶《オルド》といい、それぞれ遊牧民・農耕民の両方から成っている。皇帝は別にひとつの首都の宮殿に定住することなく、春・夏・秋・冬のそれぞれの捺鉢《ナバ》と呼ばれるキャンプをたえず移動していた。

契丹人の文化の面では、独特の文字をつくったことが目立っている。これには大字と小字があり、契丹大字は漢字の筆画を多少かえてつくられた、一種の表意文字である。契丹小字は、いくつかの基本単位を集めて組み立てられるもので、表音文字らしい。ともにまだ十分には解読されていないが、契丹語はモンゴル語に近縁の言語であったようである。

ケレイトの発展

契丹の北モンゴル支配はその後もますます強化され、一〇一一年には阻卜の諸部族にそれぞれ節度使が任命されて分割統治がおしすすめられた。これに抵抗して、阻卜は翌一〇一二年に叛乱をおこして、可敦城に西北路招討使蕭図玉《しょうとぎょく》を包囲し、烏古などもこれを呼応してたちあがった。この叛乱は翌々一〇一三年には鎮圧されて、モンゴル高原はいちおう平静にもどったが、この事件は、契丹の統治の前途多難を思わせるものであった。

はたして一〇二六年、西北路招討使蕭恵《しょうけい》が甘州ウイグルを攻めて失敗したのに乗じて、阻卜諸部はみな契丹に叛いた。これから契丹の統制力は大幅にゆるみ、かわって阻卜大王屯禿古斯《トントグス》が出現して、阻卜諸部を支配下においた。屯禿古斯のつぎに現われた阻卜の指導者が磨古斯《モグス》、すなわちケレイト部族のマルクズ・ブイルク・ハーンである。

マルクズは阻卜の諸部族を統一してケレイトの王権を確立し、一〇八九年には遼によってその地位を正式に承認された。しかし一〇九二年、西北路招討使耶律何魯掃古《やりつホルサウク》と衝突したマルクズは、遼と開戦して大挙して南モンゴルに侵入した。何魯掃古にかわった招討使耶律撻不也《やりつタブヤ》は殺され、遼の辺境は大混乱におちいったが、招討使耶律斡特剌《やりつオテラ》の努力によってしだいに鎮静し、ついに一一〇〇年、マルクズは捕えられてはりつけになり、九年にわたった大叛乱も終わった。

マルクズの敗死ののちは、その子のクルジャクズ・ブイルク・ハーンがケレイト王となった。このころケレイトの勢力は一時打撃を蒙ったが、遼の方でも一一一四年に女直人の族長完顔阿骨打《ワンヤンアグダ》が東方で叛き、その対策に追われて二度とモンゴル高原に介入する機会はなくなった。ちょうどこのころ、ケレイトの指導下に発展を始めたのが、モンゴルという部族である。

モンゴル部族は、これよりさき、七世紀のなかばにアルグン河の流域にはじめて姿を現わした。一〇一五年、遼の北院枢密使耶律世良《せいりょう》が、オノン河畔の住民敵烈《テレ》、すなわちジャライル部族を破っておおいに殺戮を行なったとき、ジャライル人の一部は難を避けてモンゴル部族の牧地に侵入した。これに圧迫されたモンゴル部族長ハイドは、西に走ってバイカル湖東岸のバルグジン河の溪谷に移住した。しかしその孫トンビナイの時代になると、ふたたび南下してオノン河の流域に進出し、トンビナイの子ハブルの代には、一〇八四年、モンゴル部族ははじめて遼に使を遣わして通好した。ハブルの氏族をキヤンという。その死後は、再従兄弟でタイチュート氏族長であったアンバガイがモンゴル部族長となった。

金の北辺政策

このころ遼は、新興の女直人の金の圧迫を受けて末期症状を呈していた。遼の皇族耶律大石《だいせき》は北モンゴルに避難し、一一二四年、可敦城にモンゴル高原の七州の契丹人と烏古・阻卜など十八部族の遊牧民を集め、皇帝に選挙されてしばらく金と対抗した。しかしやがて大石が西方に移動して、中央アジアのチュー河畔のベラサグン付近を中心として西遼《せいりょう》国をたてるに及んで、南モンゴルの契丹人も、北モンゴル東部の諸部族も金に服属した。金は遼の政策を引き継いで、北族の統治と西北境防衛は前代からの契丹人部隊に担当させた。

しかしケレイトは、北モンゴル中部に独立を保ち、盛んに東方へ進出をはかった。このころケレイト王の前衛となって活躍したのがモンゴル部族で、遼・金に服属していたタタル部族と交戦しつつ、ケルレン河の流域にまで進出した。しかしモンゴル部族長アンバガイはタタル人に捕えられ、金に引き渡されて殺された。そこで故ハブルの子フトゥラが部族長となり、タタル部族に対して激しい復讐戦を行ない、さらに金の辺境に侵入して掠奪をくりかえした。

この不穏な形勢に、金は一一五三年以来しきりと大軍を送って討伐につとめたが、やがて足下の南モンゴルに叛乱がおこったので、ふたたび北モンゴルに干渉する余裕はなくなった。事件の発端は、一一六〇年金帝完顔亮《ワンヤンりょう》（海陵王《かいりょうおう》）が、南宋征伐のため南モンゴルの契丹兵を動員しようとしたことであった。契丹人はこれをきらっていっせいに立ちあがり、一時は南モンゴルから満洲にかけてことごとくその手に落ちるありさまであった。この叛乱はつぎの皇帝世宗によって一一六二年までに鎮圧されたが、契丹人の反抗の気勢は消えず、金の北辺防備態勢は根本から脅かされる形勢となった。そこで金はやむをえず、北モンゴルに対する積極策をあきらめ、一一六五年その東辺に長城を築いて、もっぱら守勢に立つことになった。

このころケレイトでは内紛がおこっていた。クルジャクズの死後、ケレイト王の位を継いだのは、その子のトグリルであったが、クルジャクズの弟のグル・ハーンは、西隣のアルタイ山脈方面のトルコ系キリスト教徒ナイマン部族のイナンチ・ビルゲ・ハーンの力を借りて、トグリルを追放してケレイトの王位を奪った。トグリルはモンゴル部族に避難し、フトゥラの甥イェスゲイ・バートルの助力に頼ってグル・ハーンを西夏に追放し、ふたたび王位をとりかえした。イェスゲイはこれ以来ケレイト王の忠実な部下になった。

イェスゲイはキャン氏族の指導者であったが、まもなく死んだ。イェスゲイの長子テムジンはまだ幼かったので、モンゴル部族の指導権はふたたびタイチュート氏族の手に移った。テムジンはタイチュートの迫害を受けて辛苦をなめたが、成長するにつれてしだいに自分の勢力を築きあげていった。

このころ東方のホロン・ブイル地方には、フンギラトという大部族があって、モンゴル部族のハタギン氏族、サルジウト氏族などをも服属させて、ケレイト王国と対立していたばかりでなく、一一九〇年ごろから金の辺境に侵入して掠奪をくりかえした。そこで金は一一九四年、大規模な討伐作戦の準備に着手する一方、ケレイトと連合してフンギラトを挟撃することにし、翌一一九五年の夏、尚書左丞相夾谷清臣《きょうこくせいしん》を司令官として大軍を北モンゴルに進め、ハルハ河からホロン・ノール湖（呼倫池）にいたって敵を破った。

このときケレイト側から作戦に参加したのは、モンゴルのユルキン氏族長セチェ・ベキを首領とする兵力であったが、戦利品の分配をめぐって金軍と衝突をおこした。そこで金の方では右丞相完顔襄《ワンヤンじょう》がかわって全軍の指揮をとり、翌一一九六年の春、ケルレン河からウルジャ河畔に進んで、ふたたびフンギラトを撃破した。

それでもハタギン、サルジウトの侵入はやまなかったので、一一九八年、金軍はフンギラトと連合して、これをも破った。

しかしこうした成功も、敵に決定的な打撃を与えることはできなかったうえ、連年の厖大な出費のために金の国力ははなはだしく消耗していった。そして利益を受けたのは、むしろケレイトのトグリル・ハーンと、モンゴルのテムジンであった。

オン・ハーンの統一事業

ちょうど金が国境防衛に追われているころ、ケレイト王国ではまたもや内紛がおこっていた。こんどはトグリル・ハーンの弟のエルケ・ハラが、やはりナイマン部族の後援で兄を追放したのである。トグリル・ハーンは西遼に走って救援を求めたがむなしく、東方にもどって一一九六年の春テムジンと合流した。テムジンは、この父イェスゲイの旧主人に忠誠を誓い、これから両者は協力してケレイト王国の再建に乗り出すのである。

すでに一一九四年、テムジンは金の呼びかけに応じて、タタル人の族長メウジン・セウルトを攻め殺し、その功績によってジャウト・フリ（百人隊長）の位を授けられていた。トグリル・ハーンも金と連合して周囲の敵に対抗する戦略をとり、金から王の称号を授けられたので、オン・ハーンとして知られるようになった。

オン・ハーンとテムジンの連合軍が最初に討ったのは、ケルレン河の流域のユルキン氏族である。これはキヤン氏族の分かれであるが、一一九七年の春に滅ぼされた。つづいて同年秋と翌一一九八年、セレンゲ河の流域のメルキト部族を討ってこれを撃破し、部族長トクトア・ベキをバルグジン河の渓谷に走らせた。

連合軍はこんどは西方に向かい、一一九九年にはナイマン部族のブイルク・ハーンを撃破した。この少し前、ナイマン部族長イナンチ・ハーンが死んだあと、その子のタイブガ・タヤン・ハーンとブイルク・ハーン兄弟の間に衝突がおこり、ブイルク・ハーンはキジル・バシ湖（布倫托海）畔に移って独立していたのである。

バルグジンにいたメルキトのトクトアは、タイチュート氏族と連合して、ケレイトに対抗しようとした。そこで一二〇〇年、オン・ハーンとテムジンはタイチュートを討ってこれを滅ぼし、オノン河流域もケレイトの支配下にはいった。これでもとケレイト王国の臣下であった諸部族は、ことごとくオン・ハーンの王権のもとに服したわけである。

東方のホロン・ノール湖方面のフンギラト部族・ハタギン氏族・サルジウト氏族などは、ケレイト王国のめざましい発展に脅威をおぼえ、共同戦線を結成したが、テムジンに撃破され、一二〇一年に降伏した。

つづいてテムジンは、一二〇二年の春、ブイル・ノール湖畔のタタル部族を討ち、その六氏族のうち二氏族を征服した。

いっぽう、バルグジンのメルキト部族長トクトアは、こんどはナイマン部族のブイルク・ハーンと連合してケレイトに対抗しようとした。同年秋、ナイマンの大軍は他の部族と連合して深くケレイト領に侵入してきた。オン・ハーンとテムジンはケルレン河畔から退却して、金の長城のすぐ外の大興安嶺の西側のウルグイ河（烏拉根果勒《ウラゲンゴル》）に難を避けた。ナイマン軍は金との衝突を恐れて決戦にいたらず、そのうちに冬になったのでむなしく引き揚げた。

モンゴル王国の出現

オン・ハーンとテムジンは、これまで常に密接に協力してきたが、成功とともに利害の対立が生じ、ついに一二〇三年の春、オン・ハーンの軍は不意にテムジンをハラールジト・エレトの砂漠において襲った。テムジンは北方に走って、オノン河北のバルジュナ湖畔に拠り、その秋、ジェジェール・ウンドル山のオン・ハーンの本営を奇襲してこれを破った。オン・ハーンはナイマン部族のタヤン・ハーンに投じようとしたが、ナイマンの国境守備隊に殺された。こうして二百年の伝統を誇ったケレイト王家は滅び、かわってテムジンのモンゴル王国が誕生したのである。

これまでオン・ハーンはナイマンのブイルク・ハーンと対抗するため、同じナイマンのタヤン・ハーンと同盟を結んでいたのであるが、オン・ハーンが滅びたためタヤン・ハーンはテムジンに対して行動をとる必要にせまられた。そこでタヤン・ハーンは南モンゴルの陰山《いんざん》山脈方面に住んでいたオングト部族に呼びかけて共同戦線を張ろうとした。オングトはナイマンと同じくトルコ系のキリスト教徒で、金に服属して辺境防備にあたっていたものである。オングトはこれを拒否し、かえってテムジンに通好した。

翌一二〇四年、タヤン・ハーンの大軍は東進してハンガイ山脈をこえ、オルホン河のほとりにモンゴル軍と決戦を

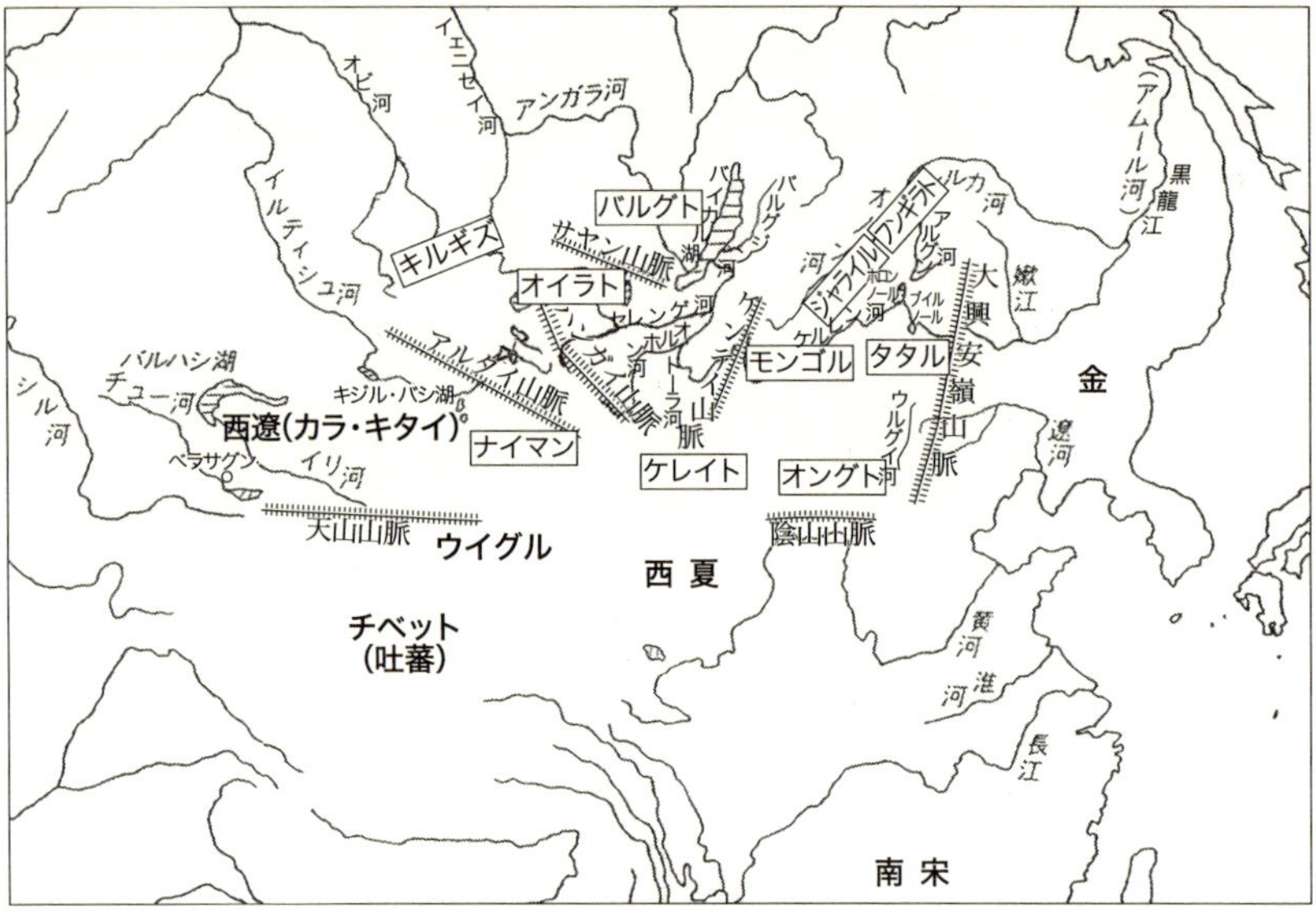

地図3　モンゴル王国の出現

交えた。しかしナイマン軍は大敗し、タヤン・ハーンは戦死した。タヤンの子クチュルクは叔父のブイルク・ハーンのもとに走った。つづいてメルキト部族も征服され、その部族長トクトアもブイルク・ハーンに合流した。

テムジンはふたたび東方に転じ、金の境外のタタル部族を攻めて撃破し、徹底的な大虐殺を行なって、この部族を完全に滅ぼしてしまった。

これでモンゴル高原の遊牧民はすべてテムジンの軍旗のもとに統一された。そこで一二〇六年の春、テムジンはオノン河源の地に全部族・氏族の代表者のクリルタイ（大集会）を召集し、その決議によって正式に王位に登り、チンギス・ハーンという称号を採用した。

二　モンゴル帝国

北アジアの統一

一二〇六年の即位式の当時、チンギス・ハーンにとって残された敵はナイマンのブイルク・ハーンだけであった。そこでチンギス・ハーンはただちにナイマン討伐に出陣し、ウルグ・タグ山においてブイルク・ハーンを殺した。クチュルクとメルキトのトクトアはイルティシュ河の流域に逃れた。

そこでチンギス・ハーンは敵の退路を断つため、一二〇七年ケムケムジウト部族とキルギズ部族に使を送って同盟を結んだ。ケムケムジウトはサヤン山脈の南のイェニセイ河上流域に住み、キルギズはその北のイェニセイ河・オビ河の流域の草原に住んでいて、どちらもトルコ系である。

一二〇八年、チンギス・ハーンの軍は最後のナイマン征伐に出発した。途中でオイラト部族がチンギス・ハーンに降伏し、モンゴル軍に加わった。オイラト部族はタタル系で、当時はケムケムジウト部族の東方、イェニセイ河の水源地のダルハト盆地に住み、シベリアの森林に活躍していた狩猟民である。トクトアは戦死し、クチュルクは西遼に走ってその最後の皇帝直魯古《チルク》の保護を受けた。これでナイマン部族は完全に征服されたのである。

いまやモンゴル王国は、東方では金帝国、南方では西夏王国、西方では西遼帝国と直接境を接する大国になった。つぎにおこるのは、これらの諸国に対する征服戦争と、それによるモンゴル帝国の建設である。

チンギス・ハーンがまず着手したのは西夏の征服であった。すでに即位の前年の一二〇五年をはじめとして、一二〇七年、一二〇九年と三回くりかえされた侵入の結果、西夏王李安全《りあんぜん》は屈服し、王女をさし出してモンゴルの朝貢国となった。

西方では、今の新疆《しんきょう》のウルムチ付近のベシュバリクに都していたウイグル王国は、これまで西遼の支配下にあり、仏僧の少監というものが監国《かんこく》として駐在していたが、一二〇九年、ウイグル王は少監を殺して西遼に叛き、チンギス・ハーンのもとに投じた。つづいて西遼の本国に政変がおこった。

西遼に亡命していたナイマンの王子クチュルクは、一二一一年叛乱をおこして直魯古を廃位し、自分がかわって皇帝になった。この混乱に際して、これまで西遼に服属していたイリ河流域のトルコ系遊牧民カルルク部族がチンギス・ハーンに寝返った。

農耕地帯の征服

これまでチンギス・ハーンは、オン・ハーン以来の政策を踏襲して、金に対しては友好的な態度を保って朝貢をつづけていた。しかし西方でナイマンが滅び、南方で西夏が服属すると、もはや背後を脅かす敵はなくなった。そこで西夏の降伏の翌年、すなわち一二一〇年、チンギス・ハーンはいよいよ金と断交し、翌一二一一年自ら全軍を率いて金の北方辺境への侵入掠奪を開始した。三年の間、たえず攻撃を受けて消耗した金は、一二一四年多大の財物を贈って和平を乞い、チンギス・ハーンはこれを承諾して、金の公主《こうしゅ》と結婚して、いったん兵を引き揚げた。モンゴル軍が撤退すると、金は首都の中都（北京）を放棄して、黄河の南岸の南京《なんけい》（開封《かいほう》）に移った。

これを聞いたチンギス・ハーンは、ただちに軍を送って侵入を再開し、翌一二一五年中都を占領し、金帝に向かって黄河以北の地を割譲することと、皇帝の称号を廃して河南王と改称することを要求した。金帝は同意しなかったが、黄河以北はいまやまったくモンゴルの支配下にはいった。

いっぽう満洲方面に対しては、チンギス・ハーンはジャライル部族のムハリを指揮官として、一二一四年から征服に着手した。ムハリは一二一七年までにほぼこの事業を完成して、トーラ河畔のオルド（本営）にいたチンギス・ハー

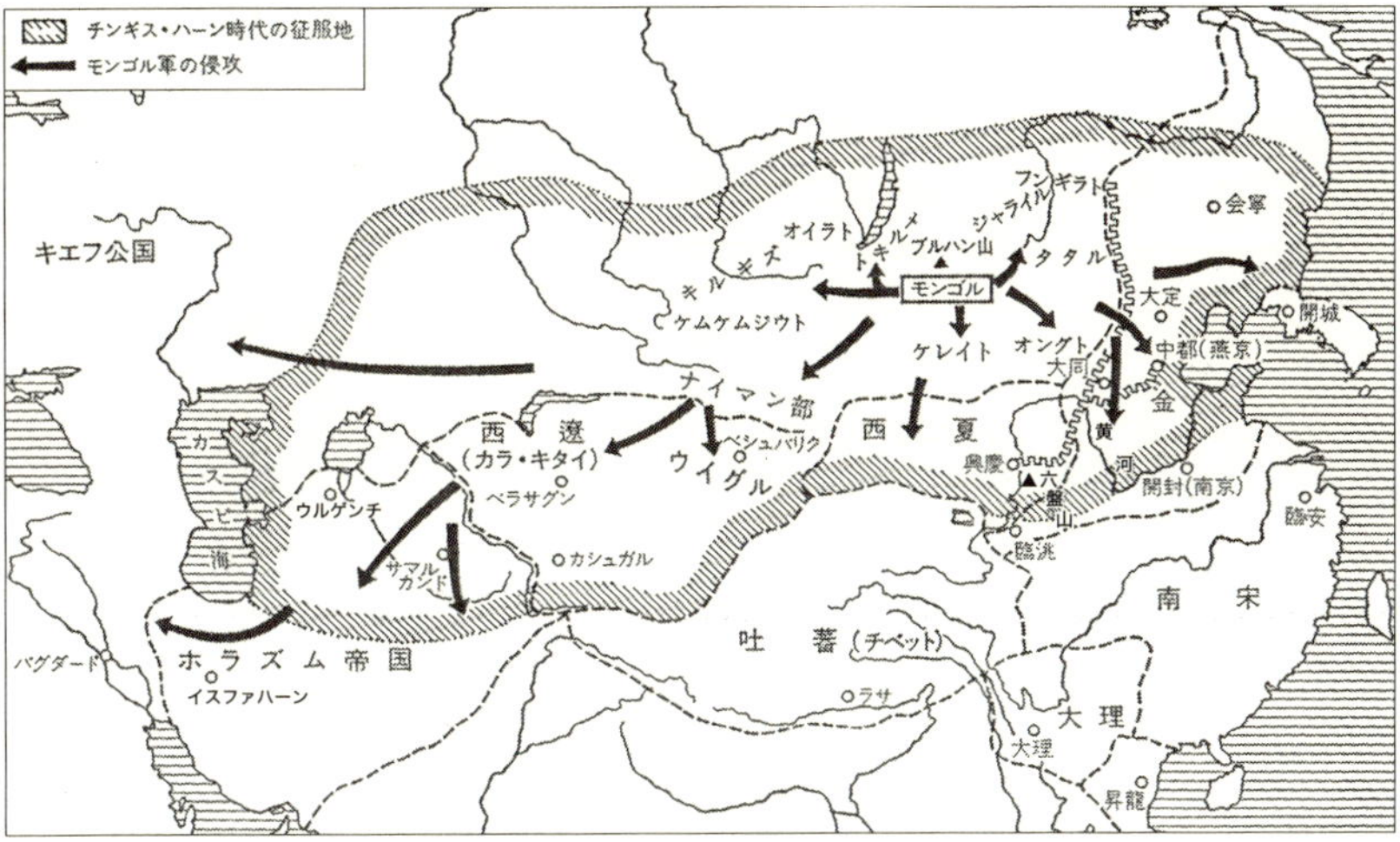

地図4　モンゴル帝国の成立

ンのもとに凱旋した。チンギス・ハーンはその功を賞して、ムハリに国王の称号と自分の軍旗を与え、ジャライル、フンギラト、イキレス、ウルート、マングトなどの部族・氏族から成るモンゴル軍の精鋭を率いて黄河以南の地の征服にあたらせた。

　こうしておいてチンギス・ハーンは、自分は西方への征服戦争に向かった。一二一一年以来西遼に君臨していたナイマンの王子クチュルクは、一二一八年、進攻してきたモンゴル軍にたちまち滅ぼされた。こうして天山山脈の南も北もモンゴル領となり、チンギス・ハーンの勢力は今のカザフスタン東部にまで進出したのである。

　当時カザフスタンのシル河の流域以南、今のアフガニスタン、イラン方面は、トルコ系イスラム教徒のたてたホラズム帝国の領土であった。西遼征伐を終えたチンギス・ハーンは、少しも間をおかずにホラズム征服に乗り出し、翌一二一九年から七年間の親征によって完全にホラズム帝国を滅ぼし、北インドの平原にまで達した。チンギス・ハーン自身は一二二五年に北モンゴルのオルドに帰ったが、モンゴル軍の別動隊はイラン・カフカズをへて南ロシアにまで遠征した。

チンギス・ハーン時代の国制

モンゴルの征服戦争が非常な成功であった理由はいくつかある。第一に、モンゴル人は前もって情報をよく集め、地理を調査し、綿密な作戦予定表をつくって、それに従って行動したことである。第二に、作戦中は規律が徹底して、指揮官の命令を厳守したことである。第三に、兵士はそれぞれ乗馬のほかに替え馬を用意し、機動力が大きかったことである。第四に、モンゴルの弓は張り合せ弓で、矢の速力が大きく射程が長かったことである。第五に、進軍途上の他の遊牧民がわれもわれもと従軍し、出発したときより目的地に到着したときの方が兵力が大きくなる、雪だるま現象を呈したことである。第六に、モンゴルの敵はおおむね封建社会で、統一行動の習慣がなく、ややもすれば抜けがけや分裂をおこしやすく、各個撃破されたことである。第七に、モンゴル人は、抵抗する者はけっして許さず、何万人とて最後の一人まで殺しつくすが、抵抗せず降伏する者は人頭税を払わせるだけで助命し、自治を許すという簡明な原則を実行したことである。

こうしてつくりあげた大遊牧帝国の構成の基本単位は千人隊であった。これは千人の兵力を供出する義務と、それに見合った報酬の権利をもつ集団で、チンギス・ハーン自身も一つの千人隊をもち、タングト（党項・西夏）人の養子チャガーンがこれを指揮した。北モンゴル東部のオノン河・ケルレン河の流域はモンゴル部族の旧領で、ここで遊牧したチンギス・ハーンの領民は四大オルドと呼ばれ、それぞれ四人の皇后がこれを守った。四大オルドはつねに草原を移動していたので場所は確定できないが、ケルレン河の中流のコデエ・アラルにいたことは史料に残っている。大オルドは、フンギラトのボルテ・フジンがこれを守った。第二オルドは、メルキトのフラン・ハトンがこれを守った。第三オルドは、タタルのイェスイ・ハトンがこれを守った。第四オルドは、イェスイの妹イェスケン・ハトンがこれを守った。以上がチンギス・ハーンの直轄領である。

その外側では、東方の大興安嶺方面に六十二の千人隊があり、ジャライルのムハリ国王の指揮下にあって左翼の万人隊（ジェウン・ガルン・トゥメン）と呼ばれ、西方アルタイ山方面の三十八の千人隊は、アルラトのボオルチュの指揮下にあって右翼の万人隊（バラウン・ガルン・トゥメン）と呼ばれた。千人隊長も万人隊長も、みな世襲である。チンギス・ハーンの弟たち・叔父たちとその後裔は、すべて左翼の万人隊に封地を与えられた。

チンギス・ハーンの大皇后ボルテ・フジンは四人の皇子を生んだが、すべて右翼に封ぜられた。長子のジョチは、シル河以北のカザフスタンの草原を領地として与えられ、次子のチャガタイはバルハシ湖に注ぐイリ河（伊犁《イリ》河）の流域に、三子のオゴデイはアラコル湖に注ぐエミル河（額敏《エミン》河）の流域に封ぜられた。末子のトルイは、父チンギス・ハーンと同居していた。

ホラズム遠征から帰ったチンギス・ハーンは、すぐその翌年、一二二六年に西夏の攻撃を再開し、翌一二二七年これを滅ぼしたが、その直後の八月十八日、出征先の六盤山（清水河《せいすいが》と涇河《けいが》の分水嶺）の陣営で死んだ。遺体は故郷のケンテイ山に運ばれて、サアリ・ケエルに葬られた。

オゴデイ・ハーンの治世

チンギス・ハーンの死後、そのオルドを相続したトルイがとりあえず監国（摂政）となり、左翼万人隊の軍が従事していた金に対する作戦を続行した。いっぽう右翼の方面では、ジョチはすでに一二二五年に死んで、その子のオルダ、バトらが、シル河北の領民を相続していたから、自然と右翼万人隊はチャガタイの命令を仰ぐことになった。

そこでトルイ派とチャガタイ派の間に交渉がくりかえされ、一二二九年にいたってやっと、ケルレン河畔のコデエ・アラルの地において、諸王・万人隊長・千人隊長を召集してクリルタイが開催され、そこで妥協が成立して、オゴデイがハーンに選挙された。オゴデイは右翼には属していても、左翼を代表するトルイとも仲がよく、トルイの長子モンケを養子にしていたほどであったから、チンギス・ハーンの亡きあとのモンゴル帝国の統一を保つには、最も適当

系図1　モンゴル帝国のハーンたち

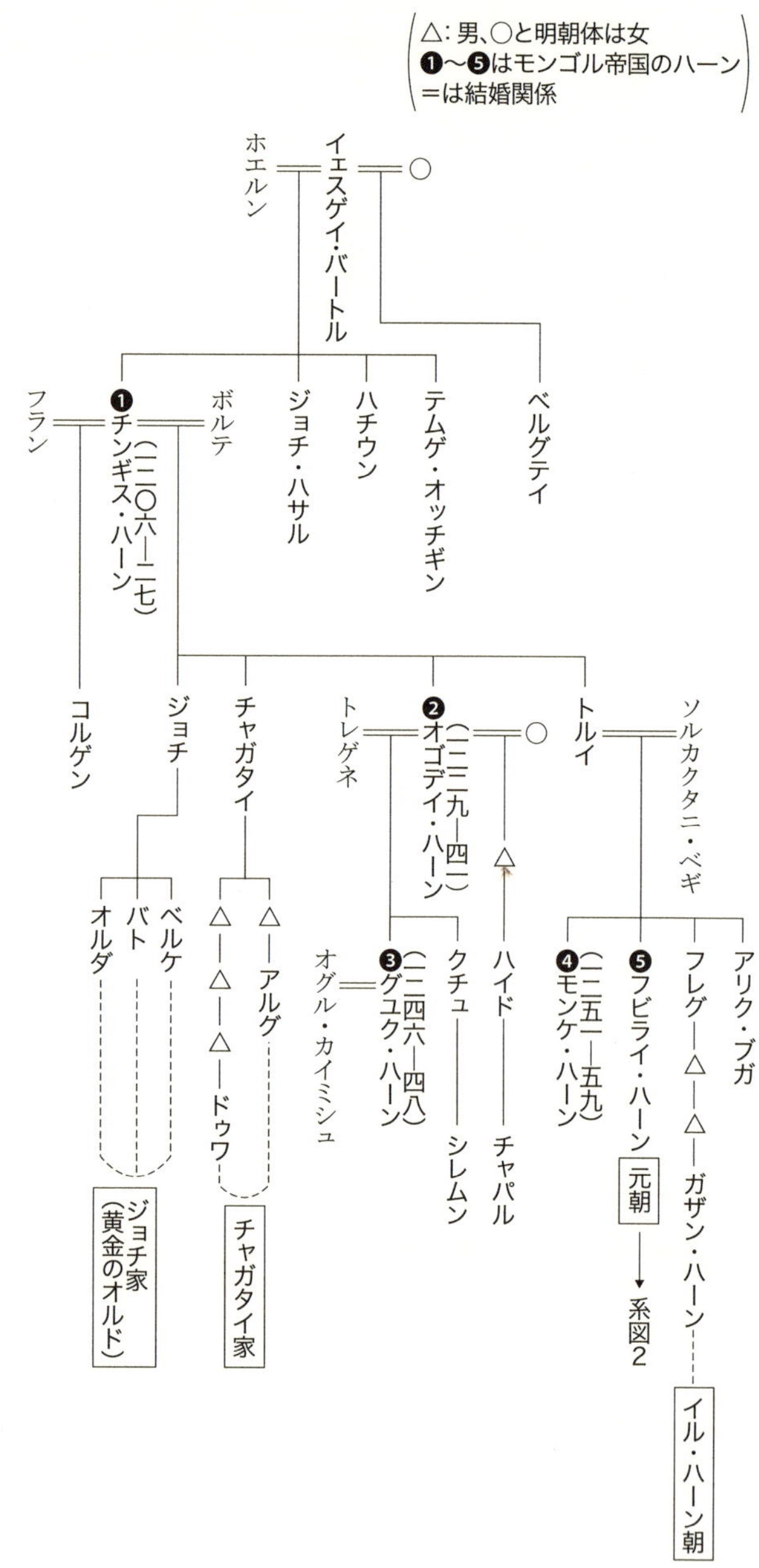

な人物であったのである。

オゴデイ・ハーンはまず帝国の組織の整理に着手し、文書記録を整備したり、成文法を公布したり、交通通信の設備を改善したり、租税徴収の手続きを一定したり、いろいろの施策を行なったが、その中でも重要なのは中書省を設置したことである。これは都市および農耕地帯の行政を統轄する機関であって、その長官の中書令には契丹人の耶律楚材《やりつそざい》、次官の左丞相には女直人の粘合重山《ネムハチュンシャン》、右丞相にはケレイト人の鎮海《チンハイ》が任命された。

しかし漢地においては、チンギス・ハーンの死後ずっと対金作戦の中心になってきたトルイの勢力の方が、オゴデイ・ハーンの力より強かったのであるが、そのトルイは一二三二年に死に、ケレイト人の正夫人ソルカクタニ・ベギ（オン・ハーンの姪）との間に生まれたモンケ、フビライ、フレグ、アリク・ブガの四人の子を残した。オゴデイ・ハーンは、モンケをトルイ家に帰してあとを継がせた。このトルイの死は、兄チャガタイの強い支持を得ていたオゴデイ・ハーンの地位を、一段と安定させた。

いっぽう、たえずつづけられた作戦の結果、翌一二三三年の夏、金の南京《なんけい》（開封市）は陥落し、金帝は蔡州《さいしゅう》（河南省の汝南県《じょなん》）に走ってモンゴル軍と南宋軍の同盟軍に包囲された。翌一二三四年の正月、蔡州は陥落して金は滅びた。そこでオゴデイ・ハーンは、新たにオルホン河畔のウイグルの故都オルドゥ・バリクの近くに建設した新首都カラコルムに、翌一二三五年の春クリルタイを召集した。会議の結果、西方・甘粛南部・南宋・高麗に対してそれぞれ新たな征服戦争を開始することが議決され、ただちに実行に移された。このうち、西方のヴォルガ河方面への遠征は、バトが総司令官となり、皇子グユクとモンケが従軍した。この遠征軍は一二三六年春にヴォルガ河畔のブルガル人を征服してから、キプチャク人・ロシア人・ポーランド人・ハンガリー人の諸国を踏みにじり、一二四一年オゴデイ・ハーンの死の報知を得て撤退を開始し、一二四五年モンゴル高原に帰着した。

トルイ家の勝利

この間、オゴデイの第六皇后でナイマン部族出身のトレゲネが監国となった。しかしこれまでオゴデイ・ハーンの最大の後楯であったチャガタイは、わずか数箇月後に弟のあとを追って死んだので、いまや左翼・右翼を通じて最長老の皇族は、ジョチ家のバトになった。

ヨーロッパ遠征軍の帰国の翌年、一二四六年の春になって、ようやくダラン・ダバースの地においてクリルタイが開催された。しかしトレゲネと仲の悪いバトは出席を拒否し、ヴォルガ河畔にとどまって新占領地の経営にあたった。こうしてバトが建設した国家が俗称キプチャク・ハーン国、一名「黄金のオルド」で、これから五世紀もロシア人の諸侯国を支配するのである。

バトこそ不在であったが、トレゲネはトルイの未亡人ソルカクタニ・ベギの支持をとりつけることができたので、自分の生んだオゴデイ・ハーンの長子グユクの即位を、クリルタイに承認させることに成功した。

しかしグユク・ハーンは病身で、一二四八年、エミル河の所領に帰るため西方に向かう途中、天山の北のベシュ・バリクの地で死んだ。わずか二年ちょっとの在位であった。グユクの皇后オグル・カイミシュ（メルキト部族の出身）が監国となって、グユクの弟クチュの子シレムンを立てようとした。シレムンはオゴデイ・ハーンが生前に最もかわいがった孫である。

グユク・ハーンと面会のため東方に向かっていたバトは、その死の報を聞いて、チャガタイ家の領内のアラ・カマク山にとどまり、翌一二四九年、ここにクリルタイを召集したが、これに出席したのはジョチ、トルイ両家の諸王だけで、チャガタイ、オゴデイ両家は参加を拒否した。そこでトルイ家は、反オゴデイ家の態度を明らかにして、ジョチ家と連合したので、バトとソルカクタニ・ベギとの間の話し合いで、トルイの長子モンケが新ハーンに選挙された。

しかしチャガタイ、オゴデイ両家の参加しないクリルタイは、習慣上からは合法的なものではない。そこで翌一二五〇年、あらためてオノン、ケルレン両河の源のチンギス・ハーンのオルドでクリルタイが開催されたが、チャガタイ家、オゴデイ家はまたも欠席した。とうとう説得を断念したジョチ、トルイ両家は、実力をもってモンケの選挙を強行することにし、一二五一年の、コデエ・アラルのチンギス・ハーンのオルドでのクリルタイで、モンケの即位式をあげた。

ハーンとなったモンケは、ただちにバトと協力して、反対派の徹底的な弾圧に乗り出した。オグル・カイミシュは殺され、オゴデイ家の諸王は領地を奪われた。チャガタイのあとを継いだイェス・モンケは殺され、その甥のハラ・フレグにその領地が与えられた。こうしてチャガタイ家とオゴデイ家は勢力を失い、ジョチ家とトルイ家が事実上、帝国を二分する形勢となった。そして一二五五年、バトが死んで弟のベルケがジョチ家を継ぐにいたって、皇族中で最年長のモンケ・ハーンの地位は、確固不動のものになったのである。

モンケ・ハーンの治世

トルイは、父チンギス・ハーンの死後、監国の時代に指導した対金作戦の実績によって、南モンゴルから華北にかけて、広く権益をもっていた。兄のオゴデイ・ハーンが即位したとき、トルイは父の四大オルドをオゴデイに譲り、その代償として、この方面の領地・領民を安堵された。トルイの長男モンケ・ハーンは一二五一年の即位とともに、次弟のフビライに南モンゴルと華北の統治の全権を委ね、一二五二年、雲南の征服を命じて、京兆《けいちょう》（西安）を私領として与えた。フビライの軍は甘粛省の臨洮《りんとう》を出発して四川省の西部を南下し、大渡河《だいとが》から金沙江《きんさこう》をへて大理《だいり》城を占領し、段氏の大理王国を滅ぼして、ウリャーンハダイを留めて、一二五四年に凱旋した。ウリャーンハダイは雲南の各地の平定に従事し、一二五七年にはヴェトナムにも侵入した。

モンケ・ハーンの第三弟のフレグは、アム河以南の地の征服に派遣された。フレグは一二五五年から五七年までの間にイラン高原を平定し、翌五八年にはバグダードを占領してアッバース朝カリフを滅ぼし、一二五九年にはシリアに侵入してエジプトのマムルーク朝と衝突した。

これらの遠征と並行して、モンケ・ハーンは高麗に対する作戦を継続した。これはオゴデイ・ハーンによって一二三一年に開始されていたものであるが、当時高麗王国の実権を握っていた武臣崔瑀《さいう》はモンゴル軍に屈服しようとせず、

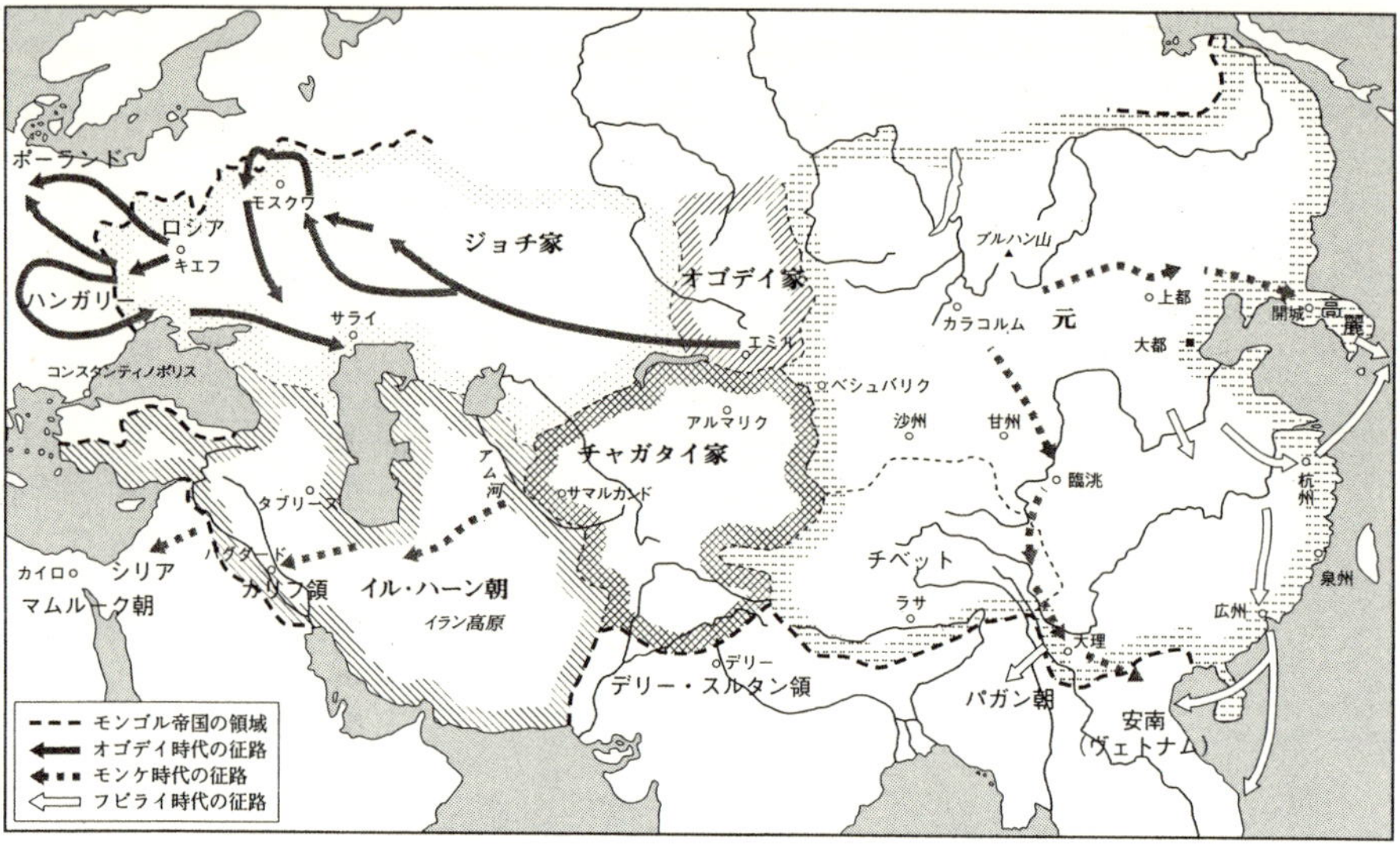

地図5　モンゴル帝国の発展と分裂

都を開城《かいじょう》から江華島《こうかとう》に移して徹底抗戦の態勢をとり、以来ほとんど三十年間、連年のモンゴル軍の侵入に抵抗をつづけてきた。ところが一二五八年、江華島内でクーデターがおこって崔氏の政権が倒れたので、にわかに和議が進み、翌一二五九年の夏、高麗王高宗の太子倎《てん》（元宗）が、モンケ・ハーンに謁見のためやってきた。しかしモンケ・ハーンは、その秋、四川の戦地で病死したため、謁見は実現しなかった。

　話は少し前にもどる。さきに漢地の統治を委託されたフビライは、漢人の有力者をことごとく自分の配下にし、着々と漢地に勢力を植えつけていった。漢地は以前からのトルイ家の地盤である。トルイ家がオゴデイ家に勝ったのも、漢地の豊富な財力をにぎっていたからであった。したがって、ここにフビライの独占的な支配を許すことは、モンケ・ハーンにとっては自分の足下を掘り崩されることであった。

　そこでモンケ・ハーンは、一二五七年、漢地において大規模な会計検査を実施し、落度の発見されたフビライの官吏を容赦なく処刑した。こうしてフビライの勢力をおさえる一方、あらたに長江以南の南宋の領土を征服して、ここに直轄領をつくろうと考え、翌一二五八年、末弟のアリク・ブガをカラコルムに留めておいて、自ら本軍を指揮して、陝西から散関を通って四川に侵入した。

フビライは別軍を率いて河南から大勝関で湖北にはいり、長江と漢江との合流点にある鄂州《がくしゅう》（武漢市《ぶかん》）を攻撃することを命ぜられた。雲南のウリャーンハダイの軍は東北方に向かい、鄂州においてフビライと合流することになった。モンケ・ハーンは四川の各地に転戦して、一二五九年の春、嘉陵江《かりょうこう》畔の要衝合州《ごうしゅう》（合川県《ごうせん》）を包囲した。五箇月の間攻撃が続いたが陥落せず、軍中に疫病が発生してモンケ・ハーン自身も感染し、その秋、合州城外の釣魚山《ちょうぎょざん》で病死した。

この報告を受けとったフビライは、すすんで鄂州に達してこれを包囲した。これはウリャーンハダイの軍と合流するためであった。後者は広西の桂林から湘江《しょうこう》を下って湖南の長沙《ちょうさ》をへ、一二六〇年の春、やっと鄂州に達してフビライの軍に収容された。

アリク・ブガの乱

フビライ自身は一二五九年の冬、急いで北上して燕京《えんけい》（北京）近郊の自分の根拠地に帰った。これはアリク・ブガがカラコルムで自派を動員しているのに対抗するためであった。フビライは翌一二六〇年の春、南モンゴルの灤水《らんすい》のほとりに自分が建設した都市開平府《かいへいふ》（ドローン・ノール、多倫《ドロン》県）に自派のクリルタイを召集し、そこでハーンに選挙された。アリク・ブガもその夏カラコルムで別のクリルタイを開き、やはりハーンに選挙されたので、二人のハーンが対立して、モンゴル帝国は真二つに分裂するという事態になった。

故モンケ・ハーンの一家とチャガタイ家の諸王は、ほとんどアリク・ブガの陣営に加わった。しかしフビライには、左翼万人隊のジャライル部族をはじめとする、モンゴル軍の精鋭の支持があった。そのため同年秋に始まった両ハーン間の戦闘は、だいたいフビライ側の勝利に終わった。ことに一二六一年のシムルト湖畔の戦いで敗れたことは、アリク・ブガにとって大打撃であった。

漢地からの物資の供給が絶えたため、カラコルムは非常な窮乏状態におちいった。そこでアリク・ブガはアルタイ山脈方面の本拠に後退し、そこから自分の部下のチャガタイ家のアルグを派遣して、西トルキスタンからの物資の徴発にあたらせ、イリ河の流域からアム河の北岸までの中央アジアを領地として与えることを約束した。これまでシル河とアム河の間は、モンゴルのハーンの直轄領だったのである。

ところがアルグは、ひとたび西トルキスタンを手中に収めると、たちまちアリク・ブガに背いてフビライと通好した。やむをえずアリク・ブガはカラコルムを放棄してアルグの討伐に向かい、これを撃破した。しかし、サマルカンドに後退したアルグは、依然としてアリク・ブガへの食糧の供給路をおさえていた。

飢饉に悩まされたアリク・ブガの軍隊は解体してしまった。絶体絶命の窮地に追い込まれたアリク・ブガは、一二六四年の秋、兄フビライに投降し、二年後に死んだ。

こうしてはじめてフビライは、モンゴル帝国の唯一の大ハーンとなることができた。しかしそれは表面だけで、実際には帝国は四つに分裂してしまっていたのである。まずジョチ家は、これよりさきバトがモンケ・ハーンの擁立を助けたとき、交換にシル河以北における独裁権を認められ、サイン・ハーンの称号を使用するようになっていた。これが俗に言うキプチャク・ハーン国（黄金のオルド）である。

つぎにチャガタイ家では、アルグが実力で西トルキスタンを併合していたため、フビライももはや干渉することができなかった。

最後に、モンケ・ハーンによってイラン征服に派遣されていたフレグは、アリク・ブガの乱のために帰国できなくなったので、アム河以南を領して独立し、イル・ハーン朝をたてた。

こうしたわけで、フビライとアリク・ブガの抗争は、帝国を二つでなく、四つに割る結果になったが、さらにオゴデイ家からはハイドという英雄が出て、これから四十年の間中央アジアを根拠として、フビライ・ハーンを脅かすことになった。

三　大元帝国

国制の整備

フビライ・ハーンの正皇后チャブイ・ハトンは、左翼の有力氏族フンギラトの出身であった。ところで左翼の指導者であるジャライル部族のムハリ国王の孫バートルの夫人テムルンは、チャブイ皇后の同母姉である。こういうわけでバートルはフビライの義兄という関係にあたり、即位以前からフビライの最も忠実な部下であって、ジャライル、フンギラトなどのモンゴル軍の精鋭を、しっかりフビライに結びつける役割をしていた。しかし即位式の翌一二六一年にバートルは死んだ。フビライ・ハーンは、わずか十七歳のバートルの長子アントンを宮中に引き取り、群臣の最上席において優遇した。

そのころ最も活躍した漢人は王文統《おうぶんとう》である。フビライ・ハーンは開平府で即位すると、すぐ中書省を設置した。これはオゴデイ・ハーンがつくったカラコルムの中書省とは別で、新政権のために漢人を組織する機関であった。その中書平章政事《ちゅうしょへいしょうせいじ》に任ぜられた王文統は、当時最大の漢人軍閥であった益都《えきと》の李璮《りたん》の代理であった。つまり王文統は、漢人の軍人たちをつなぎ止めるために必要な人物だったのである。

しかし漢人の知識人たちは、軍閥に反撥して皇子チンキムの周囲に結集した。フビライ・ハーンはチャブイ皇后との間に、ドルジ、チンキム、マンガラ、ノムガンの四人の皇子をあげたが、長子のドルジは早く死んだ。そこでフビライ・ハーンは、一二六一年の末、チンキムを燕王《えんおう》に封じ、守中書令《しゅちゅうしょれい》の肩書を与えて中書省を監督せしめた。これは知識人グループの軍人グループに対する勝利であった（**系図2**参照）。

将来の不利を見通して、李璮は翌一二六二年、南宋と結んで叛乱をおこしたが、ただちに鎮圧された。王文統は失脚して殺され、中書省の実権は、燕王チンキムを中心とする漢人の知識人の手に落ちた。

しかし漢人の軍隊の統率は、フビライ・ハーンの政権にとって重要な問題である。そこで一二六三年、中書省を民政だけをつかさどる機関とし、軍政は分離して枢密院《すうみついん》という機関を独立させ、チンキムを守中書令のまま判枢密院事を兼ねさせて、その監督にもあたらせた。さらに一二六五年、チンキムの従弟であるジャライルのアントンが二十一歳になると、これを中書右丞相に任命して、チンキムを輔佐させた。

しかし、いっぽうアフマドの権力が強くなりつつあった。アフマドは西トルキスタンの出身で、チャブイ皇后の家臣であったが、財政の手腕があるためフビライ・ハーンに信用されて、まず鉱工業関係の帝室直営事業を委託され、しだいに勢力を得た。そして一二七〇年には、アフマドのために尚書省《しょうしょしょう》が特設され、アフマドはその平章政事に任ぜられて、中書省から独立してフビライ・ハーンに直属するようになった。

そのほかに、一二六八年には監察機関として御史台《ぎょしだい》が設置された。こうして中書省、枢密院、御史台、尚書省と、政府機構が完備したので、一二七一年、新たに大元《だいげん》という漢式の国号が制定され、大元帝国が出現したのである。

こうしてできあがった元朝は、一見漢式の国家のようではあるが、歴代の漢人の王朝とは根本的にちがったところがあった。それは元朝の皇帝は、たとえば北宋の皇帝のような膨大な官僚組織の上に乗った絶対主義の独裁君主ではなかったことである。元朝の政治組織の特徴は、それぞれの官庁や軍隊や州県が、みかけ上の統属関係とはかかわりなく、ある特定の個人に結びついていたことである。

元朝政府の最高機関をみても、皇帝たるフビライ・ハーンと、中書省、枢密院、尚書省などとは直接つながりはない。中書省をにぎっている右丞相アントンは、チャブイ皇后の甥である。枢密院は、チャブイ皇后の生んだ燕王チンキムのものである。尚書省の平章政事アフマドは、チャブイ皇后の家臣である。つまり皇帝と帝国の政治機構との接点は、実にチャブイ皇后その人なのである。いいかえれば、元朝は、実際にはフンギラト政権だったのである。

こうした性質の元朝の内部で、アフマドの勢力はめざましく伸びつづけた。一二七二年には、彼の尚書省が中書省と合併するという形式をとって、アフマドは財政のみならず、民政にも参与することができるようになった。

翌一二七三年、チャブイには皇后の、チンキムには皇太子の地位を確認する玉冊と玉宝が授与され、チンキムが次代のハーンたるべきことが公表された。

元の国制

こうした次第で、フビライ・ハーンの一代（一二六〇～一二九四年）の間に、元朝の政治制度はほぼ完成した。さきにもみたとおり、中央政府の最高の行政官庁としては中書省があり、ときには別に、財政をつかさどる尚書省が並立することもあった。上都《じょうと》、大都《だいと》の周囲の地方は腹裏《ふくり》と呼ばれ、中書省の直轄下にあったが、それより遠い地方の統治のためには、中書省の出張所である行中書省《こうちゅうしょしょう》が、それぞれ重要な都市におかれて、民政のみならず軍政をも行なった。時として、行尚書省がおかれたこともある。

中書省、行中書省の管轄区域内の都市は、大きさに従って路・府・州・県の順に格づけされた。農耕地帯の住民の大部分は、民戸《みんこ》と軍戸《ぐんこ》に分かれ、民戸は農民、軍戸は軍人を世業とした。遊牧地帯の住民はすべて軍人であった。軍事上の統帥権は枢密院がにぎっていた。監察機関としては御史台があったが、南宋の征服後は、江南の新占領地行政の監督のために、江南諸道行御史台《こうぎょしだい》が新設された。

帝国の辺境の旧独立国、高麗、ウイグルなどは、ある程度まで自治を認められ、その王家はモンゴル人の諸王と同

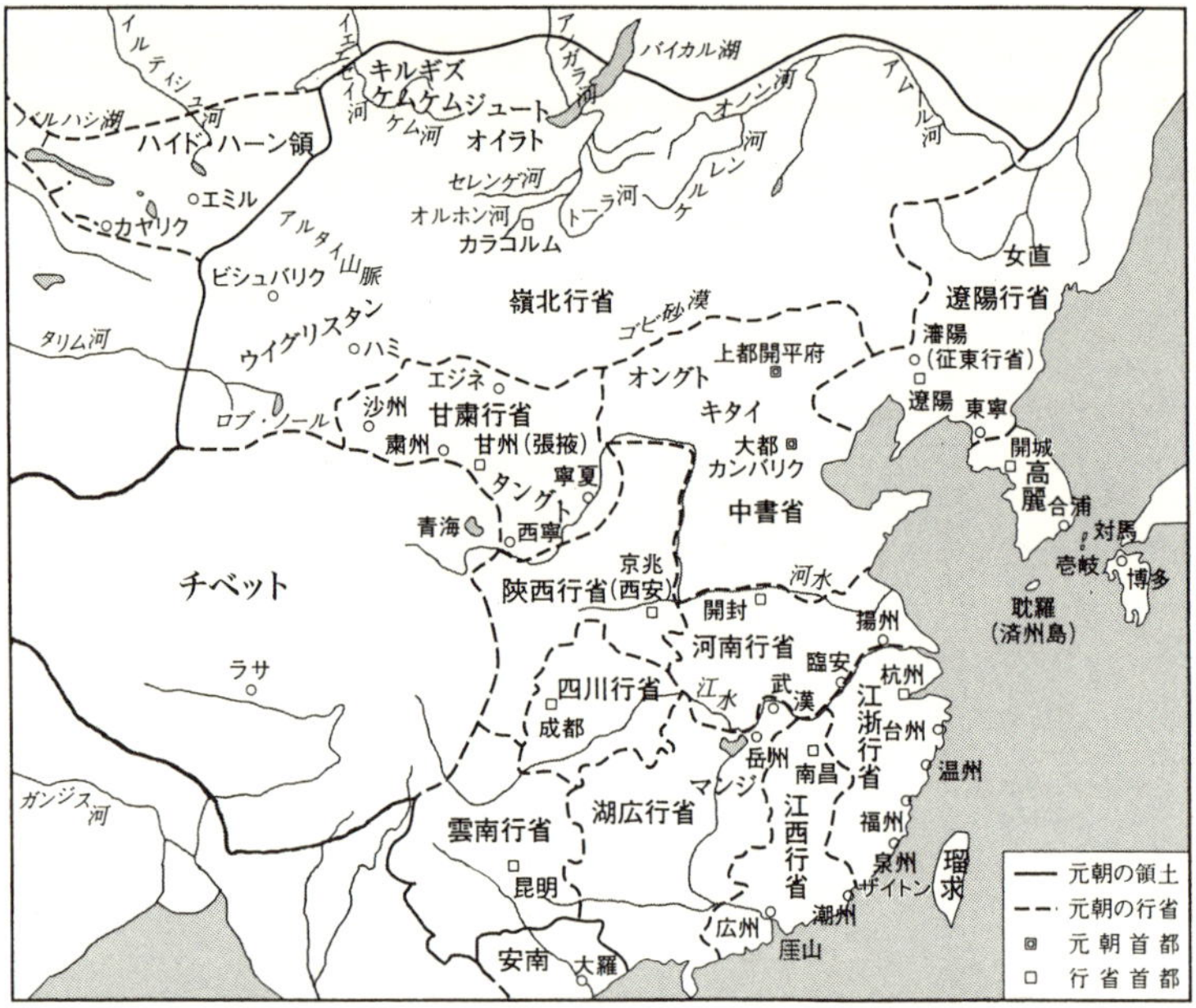

地図 6　元朝の行政地図（第 2 代テムル・ハーン時代を標準とする）

出典：宮脇淳子『モンゴルの歴史』刀水書房，2002 年，127 頁を一部改変

格に待遇された。チベットは十三の万人隊と多くの土司《どし》に分かれ、宣政院《せんせいいん》の管理下にはいった。宣政院は仏教教団を統轄する機関で、その長官にはチベット仏教のサキャ派の教主が代々帝師《ていし》に任ぜられて、これにあたった。この他雲南方面の少数民族の多くの小王国も、やはり土司になった。

遊牧地帯・農耕地帯を通じて、帝国の人民には、皇帝の政府に属している者ばかりではなく、宗室・異姓の諸王・大臣などの、特定の領主に対してだけ貢納・労役の義務を負っている者も多く、これを位下《いか》、投下《とうか》といった。つまり帝国は、皇帝の直轄領と、無数の私領とのモザイクだったのである。そして皇帝には、他の領主の内事への干渉権はなかった。

皇帝の直轄領は、いくつものオルド（行宮《こうきゅう》）に組織されていて、これは直属の領民（位下）をもつ独立の経済単位であった。首都としては、漢地に大都（北京市）、南モンゴルに上都（多倫県）という大都市が建設されたが、皇帝自身はどちらにも常住せず、四季に従ってそれぞれ一定のキャンプ地を移動して歩いた。

皇帝の身辺に奉仕する者をケシクテン（宿衛）といい、三日交代の四ケシク（番）に分かれ、それぞれ世襲の職をもっていた。中央政府の高官や地方行政官・将軍などは、多くこのケシクテンの出身であった。

文化の方面では、モンゴル語が文字に書かれる言語になったことが目立つ。最初はウイグル文字を利用したが、のちに初代の帝師パクパが考案した新文字が公式に採用された。これはチベット文字に手を加えて、縦書きにし、モンゴル語のみならず、あらゆる言語を表記できるようにしたものであるが、あまり普及せずに終わり、モンゴル語用としてはウイグル文字の方があとまで使用されることになった。帝国の公用語はもちろんモンゴル語で、地方によって漢語・ペルシア語・ウイグル語・チベット語なども併用された。

皇太子チンキム

ハイドはオゴデイ・ハーンの孫である。モンケ・ハーンが即位して、オゴデイ家の領地が解体されたとき、ハイドはイリ河畔のカヤリクに移されていたが、家の再興をめざすハイドは、一二六〇～一二六四年の内乱ではアリク・ブガに加担した。アリク・ブガがフビライ・ハーンに降ったあとは、ハイドはエミル河流域の祖父の旧領に拠って、フビライ・ハーンに服従することを拒否し、キプチャク・ハーン国の当主ベルケの後援を得て着々と勢力を築いた。

これまでジョチ家のキプチャク・ハーン国はイル・ハーン朝と、アゼルバイジャン地方の領有をめぐって争ってきていた。ことに一二六三年には、ベルケ・ハーンの軍はクラ河畔でフレグの軍と大会戦を演じて勝っている。フレグはフビライ・ハーンの同母弟であるから、元朝はどうしてもイル・ハーン朝に同情する。そこでベルケはハイドを後援したのである。そうしてハイドは一二六八年、ついに元と開戦するにいたった。

チャガタイ・ハーンのバラクはハイドとキプチャク・ハーン国軍に撃破されて、ハイドの臣下となった。バラクの子がドゥワである。こうしてハイドはオゴデイ家・チャガタイ家の勢力を統合したうえ、ジョチ家の後援も得て、元朝に対して深刻な脅威を与えるようになった。元朝は大軍を北辺に集結して、たえず防戦に努力した。この北辺防衛軍が、やがて元朝の内政を左右する勢力になるのである。

元の皇太子チンキムの弟ノムガンは、北平王に封ぜられて、モンゴルの土地の統治を担当していた。一二七五年、ハイドとドゥワの連合軍が帝国の西境に侵入して、ウイグル王国を攻撃したので、ノムガンは右丞相アントンとともに、元軍を率いて防衛におもむいた。これに従軍していたモンケ・ハーンの子シリギは、一二七七年、イリ河畔のアルマリクに駐屯していたノムガンとアントンを捕えてハイドの軍に引き渡し、連合してフビライ・ハーンに叛いた。その前年の一二七六年、元軍を指揮して南宋の都の臨安《りんあん》（杭州《こうしゅう》）を占領し、多年モンゴル人の念願であった江南の征服を成功させたばかりであったバーリン氏族出身の中書右丞相バヤンは、急いで北モンゴルに派遣されて、この方面の危急を救うために努力しなければならなかった。シリギの軍は深く北モンゴルに侵入したが、バヤンはこれをオルホン河畔で撃破して敗走せしめた。のち、シリギは捕えられて元に送られ、流刑囚として一生を終わった。ハイドのもとに捕虜になっていたノムガンとアントンも、一二八四年には放免されて帰国することができた。

いっぽう、皇太子チンキムの地位は着々と固まり、一二七九年には六十五歳の老父フビライ・ハーンにかわっていっさいの国政を決裁するようになった。ところが一二八一年に母のチャブイ皇后が死ぬと皇太子とアフマドの関係は急に冷たくなり、ついに翌一二八二年、アフマドは皇太子の家臣の王著《おうちょ》に暗殺された。もはや皇太子と肩を並べる権臣は一人もいなくなった。そしてモンゴル軍の最精鋭部隊である、ジャライル、ウルート、マングトなどの五投下は、一二八四年、皇太子の親衛軍になった。

こうして皇太子の独裁体制が確立し、譲位説まで公然と取り沙汰されるようになったおりもおり、翌一二八五年、皇太子チンキムは急死し、フンギラト氏の妃ココジン・ハトンとの間に、カマラ、ダルマパーラ、テムルという三人の子を残した。
祖父のフビライ・ハーンは、最初ダルマパーラを一番かわいがったが、ダルマパーラは一二九二年、二十九歳で若死にした。そこでこんどはカマラを晋王に封じ、北辺を鎮せしめ、チンギス・ハーンの四大オルドとモンゴル本土を領せしめた。

オゴデイ家の最期

いっぽう、その北辺では、ハイドの敵対行動がつづいていて、一二八七年にはナヤン、ハダンらの叛乱がおこった。彼らはチンギス・ハーンの弟たちの後裔で、満洲北部に領地をもっていたが、ハイドと東西相呼応してフビライ政権の打倒に立ちあがった。フビライはただちに親征してナヤンを滅ぼし、翌年には皇孫テムルにアルラト氏族のボールチュの孫オズ・テムル、キプチャク部族のトゥクトゥカなどの大将をつけて派遣し、ハダンを撃破して叛乱を鎮圧した。

東方はかく収まったが、西部戦線ではハイドの方が優勢で、一二八九年にはハンガイ山をこえて侵入し、セレンゲ河畔に皇孫カマラの率いる元軍を撃破した。カマラはトゥクトゥカのキプチャク人部隊の奮戦のおかげで、かろうじて危機を免れた。これ以来ハイドとの交戦は連年にわたり、おおむね元軍に不利な形勢であった。

フビライ・ハーンは一二九三年、責任者のバヤンを召還し、かわりに皇孫テムルに亡父の皇太子の玉宝を授けて、北辺防衛軍の総司令官として派遣した。しかし翌一二九四年の正月、バヤンが大都に到着したとき、フビライ・ハーンは病床にあり、十日後に八十歳の高齢で死んだ。

チンキムの未亡人ココジン・ハトンが監国となり、クリルタイが上都に召集された。このときに皇位継承権のあったのは晋王カマラと皇太子テムルであったが、テムルには北辺軍の勢力を代表するバヤンの支持があった。そこで晋王はモンゴルの支配権と引きかえに帝位を弟に譲り、テムルが即位した（成宗《せいそう》）。

テムルが皇帝になってからも、ハイドとの交戦はやまなかった。そして一三〇一年、ハイドとドゥワの連合軍は、オゴデイ家、チャガタイ家の全兵力を動員して北モンゴルに進攻した。これをアルタイ山東にむかえ撃った元軍を指揮したのは、故ダルマパーラの次子ハイシャン、トゥクトゥカの子チョングルらであった。戦闘はハイドの勝利に終わったが、その帰途ハイドは病死した。

ハイドの死後、オゴデイ家のハーン位を継いだのは、その子のチャパルであった（**系図1参照**）。天才的な戦術家であったハイドを失ったドゥワは、チャパルらと相談して、一三〇五年、元帝テムルに対して講和を申し入れた。テムルはこれを受け入れて、はじめて全モンゴル世界に自分の宗主権を承認されたのである。

まもなくドゥワとチャパルは仲間割れをおこした。ドゥワのチャガタイ軍と元軍とに挟撃されたチャパルは、翌一三〇六年、勢い窮まってドゥワに降伏し、その所領はチャガタイ・ハーン国に併合された。こうしてオゴデイ家はついに滅びたのである。

フンギラト時代

十四世紀のなかばになると、モンゴル帝国の継承国家にはあいついで混乱がおこり、ハーンの実権は完全に失われていった。まずチャガタイ家では、一三三四年にタルマシリン・ハーンが殺されて内乱状態におちいり、四七年になってカザン・ハーンを殺したカザガンという首領が西部のマワランナフルを支配し、翌年東部で擁立されたトゥグルク・テムルという皇子がモグリスターンを支配するにいたって、東西両チャガタイ・ハーン国の分裂が決定的になった。イル・ハーン朝でも、タルマシリンの横死の翌年、一三三五年にアブー・サイード・ハーンが死ぬと同時に、イラン高原は激しい内戦のちまたとなった。

キプチャク・ハーン国ではややおくれて一三五九年にベルディベク・ハーンが殺され、それと同時に国内は四分五裂の状態となった。

元朝でもこれは同じである。成宗皇帝テムルの死んだ一三〇七年から、恵宗（順帝）トゴン・テムルの即位した三

系図2　元朝皇帝の系図

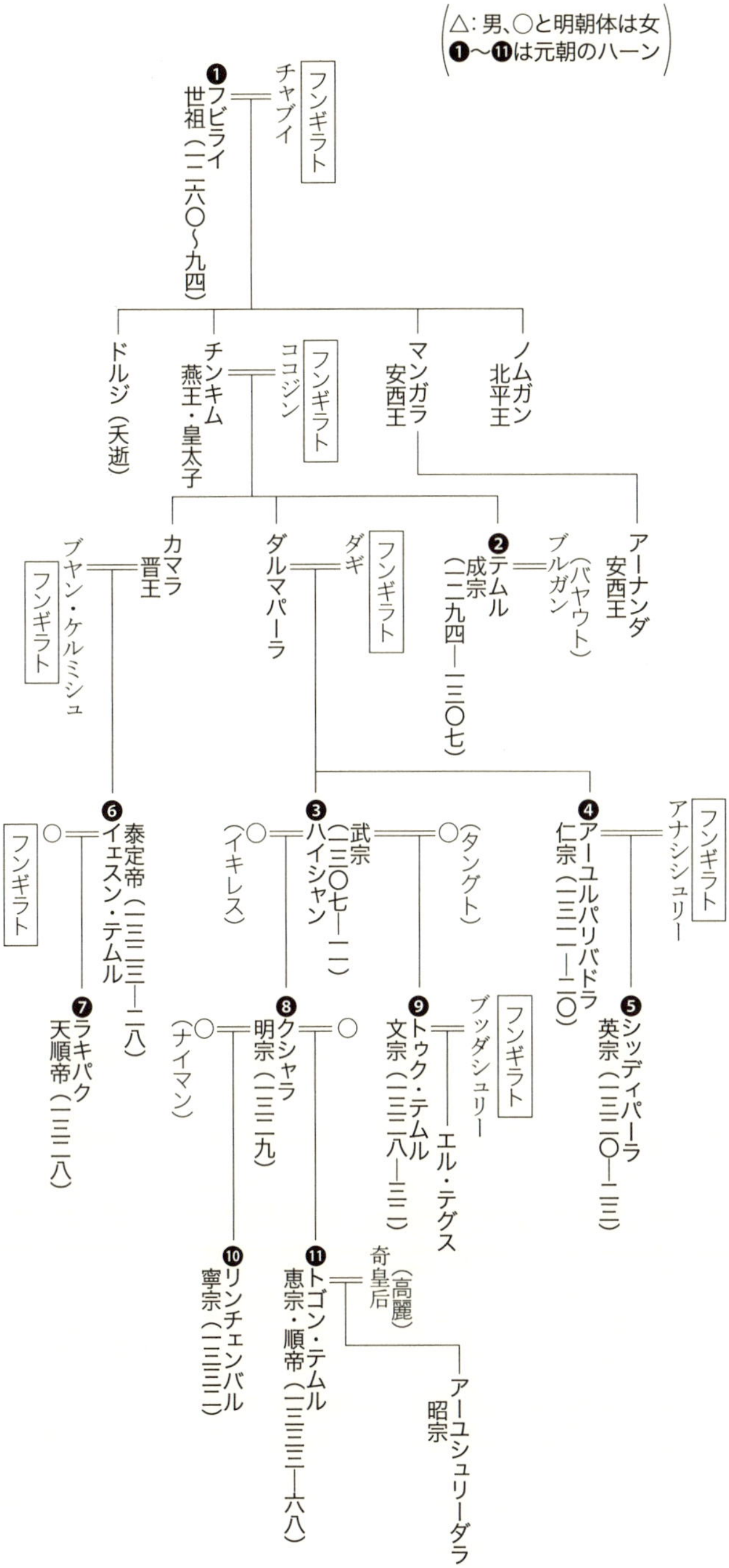

三年まで、わずか二十六年間に実に八人の皇帝（武宗・仁宗・英宗・泰定帝・天順帝・明宗・文宗・寧宗）があわただしく交代したばかりでなく、その中間の一三二八年には帝国を二分した内戦さえおこっている。しかもこの戦争を境にして、政治体制の大変動があり、これまで皇帝権を支えてきたフンギラト氏族を中心とする旧貴族の勢力が崩壊し、以後、皇帝は新興軍閥の手から手を転々とする操り人形にすぎなくなったのである。

皇太子チンキムが父フビライ・ハーンの生前に分与された莫大な財産は、チンキムの死後も太子府に保有され、未亡人ココジン・ハトンが管理していた。成宗テムル・ハーンは即位とともにココジン・ハトンを皇太后に進め、太子府を隆福宮《りゅうふくきゅう》と改名した。隆福宮の富は国中に国をなすほどで、その領地領民の統治のために徽政院《きせいいん》という独自の政府があった。この隆福宮皇太后は一三〇〇年に死んだ。

成宗が一三〇七年に死んだとき、皇子がなかったので、バヤウト氏族出身のブルガン皇后は、監国の権限をもって、チンキムの次弟マンガラの子、安西王アーナンダを帝位につけようとした。これが実現すればフンギラト氏族は外戚の地位を失い、隆福宮の富も新勢力の手に落ちる。そこでフンギラト派は成宗の次兄ダルマパーラの次子アーユルパリバドラをおし立ててクーデターをおこし、安西王を殺し、ブルガン皇后を追放した。アーユルパリバドラの兄ハイシャンは当時、懐寧王《かいねいおう》としてアルタイ山方面に駐在して北辺の防衛を担当していたが、弟のむかえを受けて上都に帰り、皇帝の位についた（武宗）。ハイシャンとアーユルパリバドラの生母ダギは、フンギラト氏族の出身だったからである。武宗はダギを皇太后に進め、隆福宮に住まわせ、さらに一三〇八年、彼女のために興聖宮《こうせいきゅう》をたてた。

武宗は弟の功労に謝するため、アーユルパリバドラに皇太子の地位を与えたが、そのかわりアーユルパリバドラの死後は武宗の子が帝位につく約束であった。そしてこれは、一三一一年の武宗の死とともにそのまま実行され、アーユルパリバドラが皇帝となった（仁宗）。

しかし武宗・仁宗の両朝を通じて、実権をにぎっていたのは興聖宮皇太后であった。さきの約束では、いまや武宗の子が皇太子に立つべきはずであったが、武宗の長子クシャラの母はイキレス氏族の出身であり、次子トゥク・テムルの母はタングト（西夏）人であった。これをきらった皇太后は、一三一六年、約束を破って仁宗の長子シッディパーラを皇太子に立てた。シッディパーラの母は、フンギラト氏族出身のアナシシュリーだったからである。クシャラは周王に封ぜられ、遠く雲南に派遣されることになった。これに不満の周王の一行は、赴任の途中延安で叛乱をおこし、北辺に走ってアルタイ山の西北に落ち着き、チャガタイ家の諸王と同盟した。

一三二〇年、仁宗が死んで、皇太子シッディパーラが帝位についた（英宗）。このころになると、帝室の財政は極度の窮迫状態におちいっていた。改革の必要を痛感した英宗は、一三二二年、興聖宮太皇太后が死んで眼の上のこぶがなくなると、バイジュを中書右丞相に任じて政治体制の建て直しに乗り出した。バイジュはジャライルのアントンの孫である。

英宗の改革は、太皇太后の側近の旧勢力の連中からの猛烈な反抗にぶつかり、翌一三二三年、英宗とバイジュは御《ぎょ》史大夫《したいふ》テクシらの一党に暗殺されてしまった。

フンギラト派の没落

フンギラト派のテクシらは、やはり武宗の皇子を立てることはできなかったので、北モンゴルのハンガイ山に遊牧していた晋王イェスン・テムルに使を送って、その即位を求めた。イェスン・テムルは晋王カマラの長子で、母はフンギラト氏族出身のブヤン・ケルミシュだったのである。イェスン・テムルはただちにケルレン河畔で即位式をあげ（泰定帝）、同時に大都に軍隊を急行させて、テクシの一党をことごとく処刑してしまった。

こうした変転の中で、フンギラト派の旧貴族の勢力は大打撃を受け、これにかわって晋王家譜代の家臣たちが権力の座についた。しかし晋王家といえども、やはりフンギラト勢力の片われであったから、旧貴族の没落は、いずれは帝室そのものの安定にひびいてくるのは必然であった。

はたして一三二八年、泰定帝の死とともに内乱がおこった。このとき晋王家では、泰定帝とフンギラト氏の皇后との間に生まれた皇太子ラキパクを上都において即位させた(天順帝)。いっぽう、大都で兵権をにぎっていたのは、キプチャク人のチョングルの子エル・テムルである。エル・テムルの率いるキプチャク人軍団は、祖父トゥクトゥカの時代から北辺防衛の第一線に活躍してきた精鋭部隊であった。クーデターをおこして大都を掌握したエル・テムルは、江陵に追放されていた武宗の次子懐王トゥク・テムルを呼び寄せて皇帝におし立て、上都の天順帝と開戦した。

戦争は数箇月にわたったが、ついにエル・テムルは上都の勢力を打倒することができた。いっぽうアルタイ山西にいた周王クシャラは、弟トゥク・テムルからの帝位を譲ろうという申し出を受けて帰国の途につき、翌一三二九年カラコルムの北で即位式をあげた(明宗)。しかし南モンゴルに入ろうとしてオングチャトの地にいたり、いまや皇太子にさがったトゥク・テムルと会見したわずか四日後、明宗は怪死をとげた。エル・テムルはただちにトゥク・テムルをふたたび皇帝とした(文宗)。

こうした帝位の不安定には、遊牧国家に特有の二つの原因があった。第一に、皇帝が選挙制であったことである。選挙の母体のクリルタイを構成するのは皇族・貴族であって、それぞれ独立の領主であったから、皇帝は彼らに対して絶対権をもたなかった。帝国の経済・軍事は、皇帝の直轄領民だけによって負担され、他の領主の領民は関係をもたない。第二に、遊牧民の習慣として、財産の相続は均分が原則であった。このため帝室の直轄領は、一世代ごとに細分化されていき、皇帝権はそれにつれて衰弱していくことになる。それでも世祖フビライの治世には、南宋征服の成功によって、一挙に皇帝領を拡大することができた。その余徳で成宗の一代は皇帝権はまだ確固としていたが、武宗・仁宗の治世になると、もはや征服すべき隣国はなく、財政の窮乏が急速に表面化したのである。これから元朝の運命は、徐々に下り坂をたどり始める。

四　元朝の衰亡

帝位の争奪

一三二八年の内乱とともに、フビライ家の元朝政権は、その前半六十八年の安定期を終わり、後半六十年の衰退期にはいった。この内乱で文宗をかつぎあげて天順帝を打倒したのは、二つの軍閥の連合である。キプチャク人のエル・テムルは、祖父以来北辺防備の第一線にあって活躍した家柄で、モンゴル本土に強力な地盤をもっていたし、これに協力したメルキト人のバヤンは、河南行省平章政事として、河南を中心とする華北の兵力を一手ににぎっていた。

いったん文宗を立てたエル・テムルが、天順帝を滅ぼしたあと、文宗の兄の明宗を、譲位を名としておびきよせて暗殺し、ふたたび文宗を立ててからは、元朝の実権はエル・テムルのものとなり、皇帝はただの看板にすぎなくなった。その文宗は、一三三二年、わずか二十九歳で死んだ。フンギラト氏のブッダシュリー皇后は、文宗の遺言に従って、明宗の子を皇帝とすることを主張した。明宗の遺児は二人あって、長子のトゴン・テムルは十三歳、次子のリンチェンパルは七歳であったが、トゴン・テムルはすでにエル・テムルによって広西に追放されていた。そこで文宗にかわいがられていたリンチェンパルが帝位についた（寧宗）が、わずか四十三日後に死んだ。

そこでトゴン・テムルが広西から呼び返されたが、あくまで明宗一家に好意をもたないエル・テムルはいつまでも皇帝を立てようとせず、ブッダシュリー皇太后に監国させたまま六箇月を経過した。しかし翌一三三三年、エル・テムルが病死すると、かわって政権をにぎったバヤンはトゴン・テムルを帝位につけ（恵宗、明では順帝と呼ぶ）、自分は中書右丞相になった。ついで一三三五年、バヤンはエル・テムルの子タンギシを殺し、キプチャク軍をも自分の支配下に入れた。

いまやバヤンの勢力は並ぶものなく、その行列は帝国の軍隊の最精鋭が前後左右を警護し、皇帝トゴン・テムル・ハーンの親衛兵は、かえって数えるばかりのみすぼらしさになった。これはようやく二十代にはいった皇帝の堪えうるところではない。しかし頼るべき兵力をもたない皇帝は、バヤンの弟マジャルタイの子トクトアを煽動して伯父をのぞかせることにした。一三四〇年、トクトアの手で行なわれたクーデターでバヤンは追放されて死に、かわってマジャルタイ、トクトア父子が権力をにぎった。

バヤンをのぞいた皇帝は、つぎにはマジャルタイ父子をのぞこうとした。これに利用されたのが、ベルケ・ブハ、タイピン（賀惟一《がいいつ》）らの、もと泰定帝に引き立てられた一派である。この策が功を奏して、一三四四年トクトアは中書右丞相の職を辞し、皇帝はかなりの程度政府を操縦できるようになり、一三四七年にはマジャルタイ父子は甘粛に追放されてしまった。

しかしベルケ・ブハの勢力が大きくなることをも好まぬ皇帝は、同年マジャルタイが配所で死ぬと、トクトアを召喚したが、これには帝の側近のカングリ人ハマの力があった。そして一三四九年、泰定帝派が総辞職してトクトアが中書右丞相にかえり咲いた。

内戦と軍閥

しかし中央で政争がくりかえされている間に、華南ではモンゴル人の支配に対する反抗が始まっていた。すでに一三四八年、台州の塩商人方国珍《ほうこくちん》が叛乱をおこして海賊となり、江蘇から福建へかけての沿岸を荒らし始めたが、一三五一年には、河北・山東・河南・安徽《あんき》・江西・湖北にわたって、宗教秘密結社の白蓮《びゃくれん》教徒の組織する紅巾《こうきん》軍の叛乱が爆発し、江淮《こうわい》の穀倉地帯はことごとくその手に落ちた。そこで翌一三五二年、トクトアは自ら大軍を率いて討伐に向かい、徐州を奪回して紅巾軍に大打撃を与えた。

トクトアの権勢は並ぶものがなくなったが、皇帝はふたたび策謀をめぐらして彼をのぞこうとし、ハマを使うことにした。一三五三年、方国珍と同じく塩商人出身の張士誠《ちょうしせい》が叛乱をおこし、高郵《こうゆう》に拠って政権を立てたので、翌一三五四年、トクトアはまたも大軍を率いて出征した。その留守にハマが権力をにぎり、陣中のトクトアに詔書を送って彼を解任し、兵権をとりあげて追放処分にした。トクトアは翌一三五五年、雲南の配所でハマの手先に毒殺された。トゴン・テムル・ハーンには、高麗人の奇《き》皇后から生まれた長子アーユシュリーダラがあり、すでに成年に達して、一三五三年には皇太子に立てられ、中書令と枢密使を兼ねていた。ハマは自分の地位を固めるために、ハーンを退位させて皇太子をかつぎあげようと謀ったが、これがもれて一三五六年、ハマは杖殺された。

トクトアの没落は、なるほど軍閥の脅威をのぞきはしたものの、一方において元軍の指揮系統を分裂させて、その戦闘力を弱める結果にもなった。この隙に乗じて一三五五年、白蓮教主韓林児《かんりんじ》を大宋皇帝とする紅巾軍の中央政府が亳州《はくしゅう》（安徽省の亳州市）に樹立された。これは一時元軍に撃破されて安豊《あんぽう》（安徽省の鳳陽県）に退いたが、たちまち勢いをもりかえして、一三五八年には汴梁《べんりょう》（開封）に進出し、三手に分かれた紅巾軍は山東・山西・陝西《せんせい》に向かって進撃を開始した。このうち山西に向かった一軍は、山西から大同盆地を通って南モンゴルにはいり、上都をおとしいれて宮殿を炎上せしめ、東方に向かって一三五九年には遼陽を占領し、さらに鴨緑江《おうりょくこう》を渡って平壌《へいじょう》をおとしいれるという離れわざをやってのけた。これは一度鴨緑江外に撃退されたが、一三六一年にはふたたび侵入して高麗の王都開城《かいじょう》をおとしいれた。

こうした危機に直面した元朝が頼りにしたのは、河南のチャガーン・テムルの軍隊であった。チャガーン・テムルはウイグル人であるが、曾祖父以来河南に定住して土着化した家柄である。それが一三五二年、紅巾軍の河南進出に際して郷土防衛のために義勇軍を結成し、同じ河南の人李思斉《りしせい》らと提携して活動を始めた。そうして山東・山西・河南・陝西の紅巾軍をつぎつぎと撃滅して華北を確保し、ついに一三五九年、敵の首都汴梁《べんりょう》を回復して紅巾政権を崩壊せしめた。

チャガーン・テムルは一三六二年、山東の残敵を掃討中に益都《えきと》で殺され、その養子のココ・テムルがかわって河南軍閥を率いることになった。このころ元朝の宮廷では、皇太子アーユシュリーダラの一派とそれに反対する勢力との抗争がつづいていた。皇太子はココ・テムルを後楯としたが、反皇太子派は、当時大同盆地にあってココ・テムルと対立したもうひとつの軍閥、ボロ・テムルの勢力と手をにぎった。そして大同軍閥と河南軍閥の間には、山西の帰属をめぐってたえず戦争がつづき、皇帝の調停もなんのききめもなかった。とどのつまり、一三六四年、ボロ・テムルの軍が大都を占領し、皇太子は太原に出奔してココ・テムルの保護を求めるという最悪の事態にまで発展してしまった。翌一三六五年、ボロ・テムルはココ・テムルによって滅ぼされ、皇太子は大都に帰ることができたものの、この事件は、もはや事態が元朝のコントロールできないところまでいったことを示した。

漢地の喪失

こうして河南軍閥の実力が内戦によって消耗しつつある間に、江南の集慶《しゅうけい》（南京）に拠った紅巾軍の一派である朱元璋《しゅげんしょう》の勢力が長江の流域一帯に確立し、一三六八年、朱元璋は大明《だいみん》皇帝の位について、いよいよ北方に向かって総攻撃を開始した。大都はおちいり、元朝の勢力は華北から一掃されてしまった。

南モンゴルの応昌府《おうしょうふ》に避難した皇帝と皇太子は、一三七〇年、同地で明軍の追撃にあったが、トゴン・テムル・ハーンは病死し、皇太子アーユシュリーダラはかろうじて十数騎とともに脱走することができた。

帝位についたアーユシュリーダラ（昭宗）は、太原から甘粛をへて脱走してきていたココ・テムルと提携して、カラコルムを根拠地として明朝に対する防衛にあたった。そして一三七二年、三道に分かれて北モンゴルに侵入してきた十五万の明軍をむかえ撃ったココ・テムルは、トーラ河方面で敵の本軍を破って数万人を殺すという大勝利を収めた。

ココ・テムルは一三七五年に死に、あとを追ってアーユシュリーダラ・ハーンも一三七八年に死んだ。帝位を継いだのは、その弟と思われるトクズ・テムル（天元帝）であった。一三八七年、明軍は北満洲に進出して、ムハリ国王の子孫ナガチュの率いる二十余万の元軍を投降させた。これによって生じた東部戦線の危急を救うため、トクズ・テムル・ハーンはホロン・ブイルに出張して高麗と連絡をとり、明軍を挾撃《きょうげき》しようとしたが、かえって翌一三八八年、明軍の奇襲を受けてブイル・ノール湖畔で大敗し、数十騎とともにカラコルムを指して落ちていく途中、トーラ河畔にいたって皇族イェスデルの軍に殺された。こうしてフビライが即位して百二十八年のちにフビライ家はいったん断絶したのである。

暗黒時代

一三八八年にフビライ家のトクズ・テムル・ハーンを倒したイェスデルは、アリク・ブガの子孫であった。彼は元朝の帝位につき、一三九一年に死んで、その子エンケ・ハーンが立った。このころからモンゴル史は暗黒時代にはいり、帝室の家系などもよくわからなくなる。そして実権はオイラト部族の手中に落ちたのであって、イェスデルを助けてトクズ・テムルを滅ぼしたのもオイラト部族であった。このころ皇帝の微力になったことは、エンケ・ハーン（在位一三九一〜一三九四年）のつぎのエルベク・ハーンが、一三九九年にオイラトに殺されたと伝えられることでもわかる。

エルベク・ハーンの横死の前年に、オルジェイ・テムルという皇子が、北モンゴルの元朝の宮廷から走って、当時アフガニスタンのカーブルにいたテムル（ティームール）の陣営に投じた。これはこの皇子がハーンと衝突し、オイラトの手を逃れたのであるといわれる。ともかくモンゴルの方では、オルジェイ・テムルの兄弟らしいクン・テムルが帝位についた（在位一三九九～一四〇二年）。

クン・テムル・ハーンの死後、そのあとを襲ったのは、オゴデイ・ハーンの後裔のオルク・テムル（鬼力赤《グイリチ》）であったが、彼は一四〇四年、サマルカンドに使者を送ってテムルに服従を要求した。テムルはこれを拒絶し、大軍を率いて東方へ遠征の途にのぼった。(1)テムルの意図は、オルジェイ・テムルを元朝の帝位につけ、その看板のもとに全モンゴル世界に号令することであったが、翌一四〇五年テムルはシル河東のオトラールにおいて急死し、東征の壮挙は中止された。

しかしオルジェイ・テムルは独力で東行をつづけ、東チャガタイ・ハーン国のベシュバリクから工作を行ない、一四〇八年、北モンゴルにはいって帝位につき、プニヤシュリー・ハーンと称した。オルク・テムルは部下に廃位されて殺された。

プニヤシュリー・ハーンの即位を後援したのはアルクタイという首領で、モンゴル高原東部の勢力の代表者であった。これに対して西部のオイラトは、プニヤシュリー・ハーンに好意をもたなかった。そこで明の永楽帝《えいらくてい》（太宗、成祖）は、オイラトと同盟してハーンを討とうとした。

このころのオイラトは、元代にイェニセイ河の上流に住んだ部族だけではなく、アルタイ山方面のナイマン部族、ハンガイ山方面のケレイト部族、バイカル湖方面のバルグト部族をも吸収して、一大種族に成長していた。そしてその首領としては、マフムード、タイピン、バト・ボロトの三人が並立していたが、このうちマフムードは、ナイマンの後身のチョロース部族長である。

永楽帝の北征

一四〇九年、十余万の明軍はプニヤシュリー・ハーンを討つべく北モンゴルに進撃したが、かえってケルレン河畔で元軍のために全滅した。永楽帝はただちに全帝国の兵力をあげて親征の準備にとりかかり、翌一四一〇年、自ら大軍を指揮してゴビ砂漠を横断し、ケルレン河からオノン河畔にいたってプニヤシュリー・ハーンの軍を撃滅した。ハーンはわずか七騎で逃れ去った。さらに東方に向かった永楽帝はホロン・ノール湖を過ぎ、ハルハ河の上流においてアルクタイの軍を撃破した。

この親征の結果、元朝の勢力はくつがえり、プニヤシュリー・ハーンは窮してオイラトに逃げ込んだが、一四一二年マフムードらのために殺された。マフムードはかわりにアリク・ブガ家のダルバク・ハーンを立て、オイラトの勢力は北モンゴル中央部をおさえ、南モンゴルの北部にまで圧力を及ぼすほどになった。そこで永楽帝は、こんどはアルクタイと結んでオイラトを討つことにし、一四一四年、第二回の親征に出発し、トーラ河の源に近いケンテイ山中において、ダルバク・ハーンを奉ずるオイラト軍と決戦を交えた。この戦いでオイラトも大打撃を受けたが、明軍もはなはだしい損害をこうむった。この機に乗じたアルクタイはオイラトを攻めて一四一六年これを撃破し、敗れたマフムードはまもなく死んだ。マフムードの子トゴンがあとを継いで部族長となった。

ふたたび勢いをもりかえしたアルクタイは、明にとってしだいに脅威になっていった。そこで永楽帝は一四二二年、第三回の親征を行ない、アルクタイの本拠であるホロン・ブイル地方に進出したが、アルクタイは逃走して捕捉できず、不成功に終わった。これに満足しない永楽帝は、翌一四二三年と翌々一四二四年、第四・五回の親征を試みたが、ことごとく失敗に終わり、その帰途に南モンゴルで病死した。連年の外征に疲弊した明朝は、以後二度とモンゴルに軍事介入をしようとはしなくなった。

オイラトの覇権

これよりさき、ダルバク・ハーンのあとには、やはりアリク・ブガ家のオイラダイ・ハーンが帝位についていたといわれる(在位一四一五〜一四二五年)。アルクタイは別にハーンを奉じていたらしく、一四二三年これを殺し、かわって、故オルク・テムル・ハーンの遺児アダイ・ハーン(在位一四二五〜一四三八年)を擁立した。これに対してオイラトのトゴンは、トクトア・ブハという皇子を立てて対抗した。

トクトア・ブハはフビライ家の後裔で、一四〇九年以来、明の保護下にはいって甘粛《かんしゅく》の辺外に遊牧していたが、トゴンの勧誘を受けて明辺を離れ、一四三三年帝位に登った。翌一四三四年、トゴンとトクトア・ブハ・ハーンの軍は連合してアルクタイを滅ぼし、一四三八年にはアダイ・ハーンをも滅ぼした。トゴンは同じころ、内部でもタイピン、バト・ボロトを滅ぼしたので、いまやトゴンは全モンゴル人の事実上の独裁者になった。

そのトゴンは一四三九年に死に、その子のエセンがあとを継いだ。エセンの代になると、オイラトの発展はますますめざましく、東方では大興安嶺《だいこうあんれい》をこえて満洲の女直人を服従させ、さらに朝鮮に国書を送って通好を促すほどであった。西方でも東チャガタイ・ハーン国を制圧し、西トルキスタンにまで出兵してウズベク人を撃破するという勢いで、ほとんどチンギス・ハーンのモンゴル帝国の再現を思わせた。

明に対しては、貿易の必要上、オイラトは伝統的に平和な関係を維持してきたが、明の正統帝(英宗)がオイラトの朝貢使節の人数をきびしく制限し貿易を圧迫したため、一四四九年、オイラト軍は四手に分かれて、東は満洲から西は甘粛にいたる明の北境に進攻した。正統帝は親征の軍を発して大同にいたったが、エセンの本軍が近いため危険を感じて引き揚げる途中、宣府《せんぷ》(河北省宣化県)の東方の土木堡《どぼくほ》においてオイラト軍に撃滅され、正統帝自身は捕虜になった。これを土木の変という。エセンは進んで北京を包囲し、皇帝の身柄と引きかえに有利な条件を得ようとしたが成功せず、翌一四五〇年、正統帝を送還した。明が北辺に長城を築いて、ひたすら守勢に立つようになったのはこのときからである。

明に勝ったエセンはトクトア・ブハ・ハーンと衝突を生じた。トクトア・ブハ・ハーンの第一皇后はエセンの姉であったが、ハーンはその生んだ子を皇太子に立てず、他の皇后の子を立てた。そこで内戦となり、エセンに撃破されたハーンは、敗走の途中で殺された。エセンは元朝の皇族をみな殺しにし、オイラト人を母とする者のみが助命された。そしてついに一四五三年、エセンは大元天聖大《だいげんてんせいだい》ハーンの位に登り、天元《てんげん》元年と建元した。しかしその支配は永続きせず、翌一四五四年、アラク知院《ちいん》（知枢密院事）という首領が叛乱をおこしてエセンを撃破した。エセンは逃走の途中で殺され、オイラト帝国はたちまち崩壊した。

エセンの治世は短かかったが、これはモンゴル人の歴史のうえでは一大変革期であった。モンゴル人は家系を重んずるが、現存の系譜は、どの部族でもこの時代をさかのぼるものはなく、すべてエセンの同時代人が実際上の始祖になっている。これは、この時代にモンゴル社会の大規模な再編成が行なわれたことを暗示している。

五　モンゴルの復興

元朝系の諸集団

エセン・ハーンの死とオイラト帝国の解体のあと、北モンゴル東部から南モンゴルにかけての一帯には、元朝系の集団が残存したが、そのおもなものはつぎのとおりである。

（1）ウリャーンハン万人隊《まんにんたい》

ケンテイ山中に遊牧する。チンギス・ハーンの墓を守ったウリャーンハン千人隊の後身。

（2）オルドス万人隊

チンギス・ハーンの四大オルドの後身で、その長の称号を晋王《ジノン》という。本来はケルレン河にいたはずだが、のちには黄河套《とう》の地に遊牧するようになる。チンギス・ハーンの霊を祀った八白室《はちはくしつ》（ナイマン・チャガーン・

ゲル）に奉仕する。

（3）ハルハ万人隊

ジャライル国王の所領の後身。本来はハルハ河にいたのであろうが、のちにはケルレン河にも遊牧する。

（4）チャハル万人隊

フビライが兄モンケ・ハーンから与えられた京兆《けいちょう》（西安）の所領の後身。これはフビライ・ハーンの即位後、その子安西王マンガラ、孫安西王アーナンダと相続され、アーナンダが殺されたのち、泰定帝にいたってアーナンダの子安西王オルク・テムルに与えられたが、一三三二年、文宗によって取り潰された。チャハルはエシ・ハトン、すなわちフビライの母ソルカクタニ・ベギの霊を祀る。ゴビ砂漠の東辺に遊牧した。

（5）トゥメト万人隊

一名はモンゴルジン。陰山に遊牧したオングト王国の後身。

（6）ヨンシェーブ万人隊

グユク・ハーンの弟ゴデンの所領の後身。ゴデンは涼州《りょうしゅう》（甘粛省武威《ぶい》県）方面に遊牧して、チベットの征服を担当したが、フビライが京兆に封ぜられると、ゴデンの子ジビク・テムルはフビライに臣属した。ジビク・テムルが建てた町を永昌府《えいしょうふ》というが、ヨンシェーブはそれから出た名で、のちまで甘粛の辺外に遊牧した。

（7）オンリウト

これは大興安嶺の北部の、チンギス・ハーンの弟たちの所領の後身の総称で、清代のホルチン（ジョチ・ハサルの系統）、オンニウト（ハチウンの系統）、アバガとアバガナル（ベルグテイの系統）を含む。

（8）アスト

カフカズ系のアラン人軍団の後身。

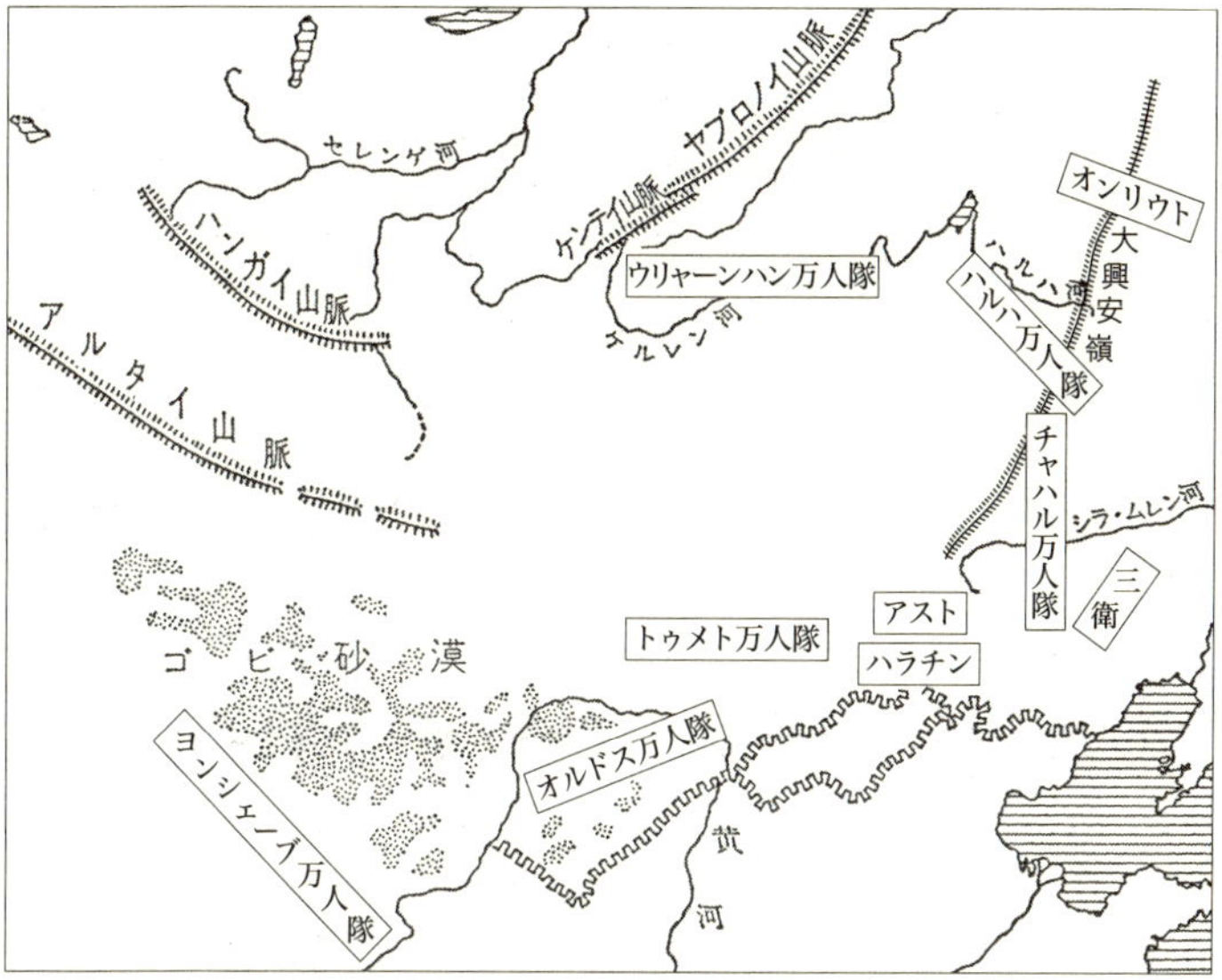

地図7　元朝系諸集団の分布

（9）ハラチン

　トルコ系のキプチャク人軍団の後身。

（10）三衛

　あとで触れる。

　これら元朝系の諸集団は連合して、エセンの死の翌一四五五年に、故トクトア・ブハ・ハーンの幼子マルコルギスをハーンに選挙した。しかしこのハーンは実権をもたず、有力な部族長たちに意のままに操られるロボットにすぎなかった。そして十年の在位ののち、一四六五年部下のボライ太師という者に殺された。太師とは軍隊の最高指揮官で、ハーンにつぐ権力者の称号である。これに対してボライと肩を並べる実力者であったモーリハイ王は反撃に出てボライを殺し、故マルコルギス・ハーンの異母兄モーラン・ハーンを帝位につけ、自ら実権をにぎった。しかし両者の関係はしっくりいかず、翌一四六六年には武力衝突がおこり、新ハーンはモーリハイ王に殺されてしまった。これから十年近くの間、北元の帝位は空席のままになる。このモーリハイ王は、チンギス・

ハーンの異母弟ベルグテイの子孫であったというが、一四六八年ころには早くも滅びてしまった。滅ぼしたのは、同じチンギス・ハーンの同母弟ジョチ・ハサルの子孫で、ウネバラト王という者であったといわれる。

再統一へ

こうしてモンゴルの情勢が混沌としたまま年月をへ、一四七五年にいたってふたたびモンゴル統一の機運が動き始めた。というのは、この年にチャハル部族長マンドゥールンが久しぶりに北元皇帝の位についたのである。マンドゥールンはトクトア・ブハ・ハーンの異母弟といわれ、すでに相当の高齢であったろうが、このハーンをかつぎあげた第一の実力者は、東トルキスタン出身のベグ・アルスランという首領であった。

しかしこのとき、新ハーンの候補に擬せられたのはマンドゥールンだけではなかった。最初ベグ・アルスランはボルフ太子という人を選び、これと自分の娘を結婚させて帝位につけようとしたが、ボルフ太子が辞退したので、かわりにマンドゥールンが立てられたのである。マンドゥールン・ハーンはベグ・アルスランの娘を第二夫人にめとるとともに、自分の第一夫人マンドゥフイ・ハトンから生まれた二人の娘の一人をベグ・アルスランに与え、もう一人をモンゴルジン部族の首領トローゲンの息子ホーサイに与えた。マンドゥフイ・ハトンはすでにモンゴルジン部族の出身であったから、マンドゥールン・ハーンの政権は自分の率いるチャハル部族、姻戚のモンゴルジン部族、それに新たに太師に任ぜられたベグ・アルスランの勢力の三角同盟のうえに築きあげられたわけである。

さて、ここに現われたボルフ太子とは誰であろうか。これは当時北モンゴル東部ウリャーンハン部族の勢力を背景として活躍した首領で、その出自は父方では故トクトア・ブハ・ハーンの弟アクバルッディーン晋王につながり、母方ではオイラトのエセン・ハーンの血筋を引いている。一四五二年にトクトア・ブハ・ハーンとエセンの間に武力衝突がおこったとき、アクバルッディーン晋王は兄を裏切ってエセンに加担したが、かえって乱後、エセンによって他の北元の皇族とともに殺されてしまった。アクバルッディーン晋王の息子ハルグチュクは、エセンの娘と結婚してバヤン・モンケ・ボルフ晋王という子があったが、このとき殺戮をまぬがれて西方へ逃走し、中央アジアのトクマク、すなわちジョチ家の諸王のもとに亡命した。ハルグチュクは亡命先で殺され、その遺児ボルフ晋王は母とともにオイラトに残された。おそらくエセン・ハーンの死後、ボルフ晋王は四人の勇士に護送されてウリャーンハン部族に移り、部族長フトゥク少師に保護され、やがてその娘シケル・ハトンと結婚し、一子バト・モンケ・ダヤン・ハーンが生まれたのである。

ダヤン・ハーン

バト・モンケの誕生は一四六四年のことで、あたかもマルコルギス・ハーンの殺される前年にあたったが、この皇子は生まれてまもなく、バルガチン部族のバハイという者のもとへ里子にやられた。しかし、バハイの待遇がよくなかったところ、タングト部族のテムル・ハダクという者がバト・モンケを奪い去って、自分の手もとで養育することとなった。

いっぽう中央政界に乗り出した父のボルフ晋王の運命はあまりかんばしくなく、マンドゥールン・ハーンの即位後まもなくハーンとベグ・アルスラン太師によって放逐され、自ら南モンゴル西辺の河套《かとう》地方に移って活動をつづけた。しかし、あとに残ったマンドゥールン・ハーンとベグ・アルスラン太師との同盟関係も長くはつづかず、やがて両者の間に衝突がおこり、太師はハーンを攻め殺した。これは一四七九年のことであったが、モンゴルジン部族のトローゲンらはこれに不服で、ベグ・アルスランの遠い従弟にあたるイスマイルと手を結んでベグ・アルスランを打倒した。ところがマンドゥールン・ハーンには男の子がなかったから、一度は追放されたボルフ晋王が新ハーンに選ばれ、イスマイルが太師に就任した。

系図3　モンゴル中興の祖ダヤン・ハーン

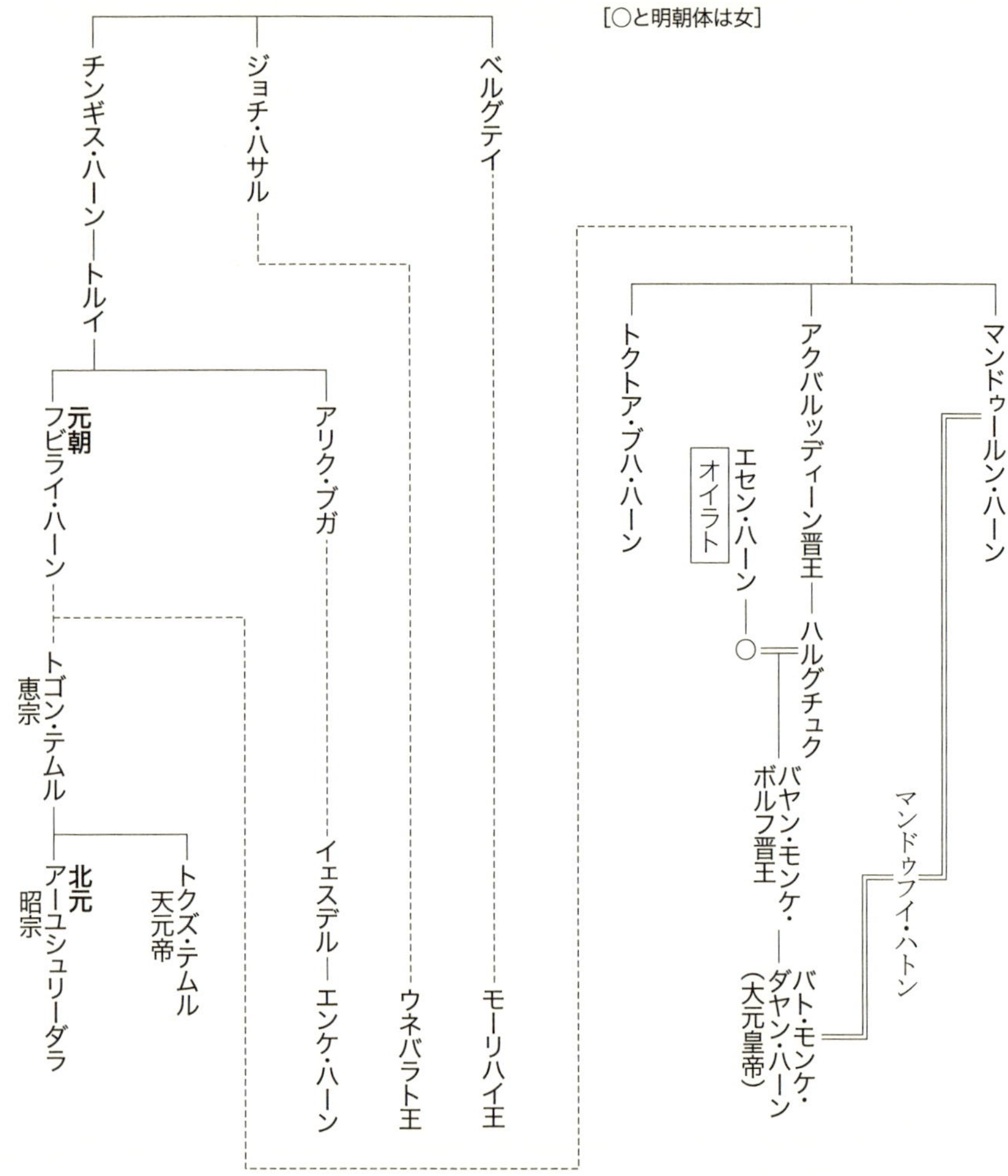

こうして帝位問題は解決したが、故ハーンの所領のチャハル部族には指導者が缺けてしまったわけで、未亡人のマンドゥフイ・ハトンにとって再婚が緊急の問題となった。そこに登場したのがさきにモーリハイ王を滅ぼしたウネバラト王で、マンドゥフイ・ハトンに結婚を申し入れた。同じころタングト部族のテムル・ハダクはバト・モンケをハトンのもとに送ってきたので、ハトンはチンギス・ハーンの弟の子孫であるウネバラト王よりは、チンギス・ハーン自身の直系の子孫であるバト・モンケを夫に選び、同じ一四七九年に結婚式をあげた。時に新郎はわずかに十六歳、新婦は二十六も年上の四十二歳であったという。こうしてこの若い皇子はチャハル部族長の地位を獲得したわけである。

いっぽう父のボルフ晋王ハーンは初めのうちはイスマイル太師と協力していたが、まもなく例によって両者の間に衝突がおこり、イスマイルはハーンを撃破して夫人のシケル・ハトンを奪い、これと結婚して二子をもうけるにいたった。大打撃を受けたボルフ晋王ハーンはその後もしばらく河套地方で活躍したが、一四八七年ヨンシェーブ部族に殺された。

バト・モンケはこの前年、チャハルとモンゴルジンの連合軍を派遣してイスマイル太師を討ちとり、母のシケル・ハトンを奪いかえしていたが、父の死とともに即位してダヤン・ハーンと名のった。ダヤンというのは「大元」のモンゴル訛りで、つまり大元皇帝という意味の称号であり、二十四歳の青年ハーンの北元再興の志を表現したものであった。

ダヤン・ハーンはこの後三十八年にわたったその治世中に、着々とモンゴル再統一の偉業を成し遂げた。まずモンゴルジン部族を征服して自分の第三子バルス・ボラトの所領とし、つぎに次子ウルス・ボラトを晋王に封じて河套の大部族オルドスに派遣してその統治にあたらせたが、ウルス・ボラトはハーンの権力の伸長に反対する東トルキスタン出身のイブラヒム王に殺され、モンゴルジンもこれに同調して叛き、バルス・ボラトがかろうじて脱出してくると、ダヤン・ハーンは大軍を出して征伐に向かい、ついにオルドス、モンゴルジン、ヨンシェーブの三大部族を征服した。こうしてできあがったダヤン・ハーンの国家組織では、東方のチャハル、ハルハ、ウリャーンハン三大部族は左翼と呼ばれてハーンの直轄に帰し、西方のオルドスなど三大部族は右翼を形成して晋王の号令をきくことになった。これらをダヤン・ハーンの六万人隊という。

左右翼の勢力

ダヤン・ハーンは一五二四年に死んだが、帝位を継ぐべき長子のトロ・ボラトはその前年に父に先立って死んでいたので、トロ・ボラトの長子で二十一歳のボディ・アラクが即位するはずであった。しかしダヤン・ハーンの諸子の生存する者のうちでは最年長（四十一歳）のバルス・ボラトは、晋王としての勢力にものをいわせて帝位につき、サイン・アラク・ハーンと称した。ボディ・アラクも負けてはいず、左翼の衆の勢力を糾合して叔父に迫って退位させ、自ら帝位を奪いかえした。こうしてダヤン・ハーンの死後ただちに内紛が表面化し、内戦の危険はいちおう避けられたとはいえ、左右両翼間の敵意は内攻しつつ長くつづくのである。

ちょうどこのころウリャーンハン部族の叛乱がおこり、ボディ・アラク・ハーンは右翼にも動員令を出したのであるが、バルス・ボラトに率いられる右翼諸部族がこれに応ずるはずもなく、結局この叛乱が鎮圧されたのは一五三一年にバルス・ボラトが死んでからであって、第二代の晋王グン・ビリク以下のバルス・ボラトの諸子ははじめてハーンの統制に服するようになり、彼らの協力のもとにウリャーンハン討伐は成功し、この大部族は解体されてその民衆は他の各部族に分属させられた。そしてウリャーンハンにかわって東部モンゴルに進出したのは、ダヤン・ハーンの末子ゲレセンジェに率いられるハルハ部族の一部であって、やがてこれが現在のモンゴル国の人口の大部分を構成するハルハ・モンゴル人の祖先になったのである。

系図4　ダヤン・ハーンの子孫たち

［△は男子。左から年長順］

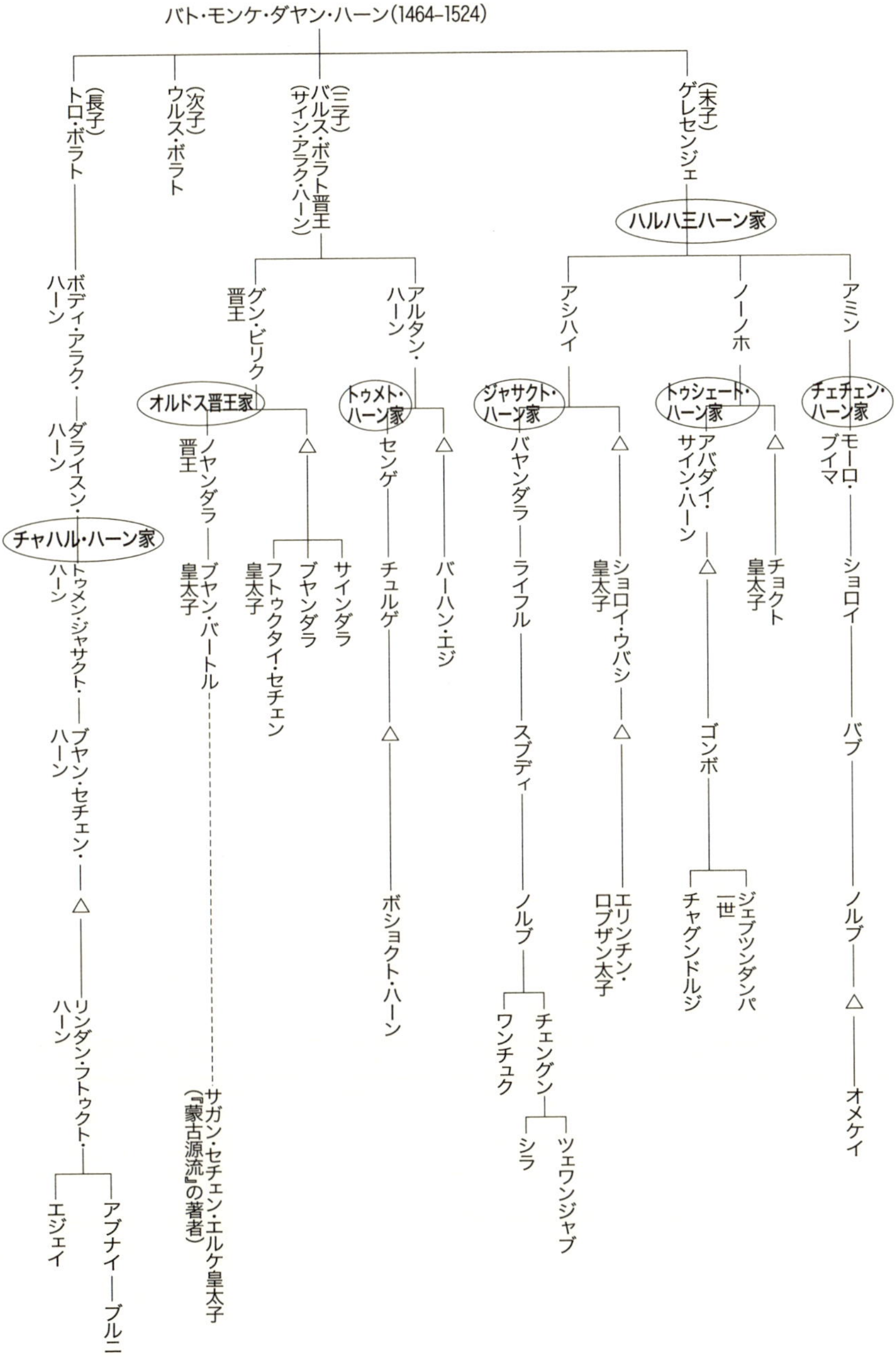

バト・モンケ・ダヤン・ハーン（1464–1524）
（長子）トロ・ボラト
（次子）ウルス・ボラト
（三子）バルス・ボラト晋王（サイン・アラク・ハーン）
（末子）ゲレセンジェ
ハルハ三ハーン家
ボディ・アラク・ハーン
ダライスン・ハーン
チャハル・ハーン家
トゥメン・ジャサクト・ハーン
ブヤン・セチェン・ハーン
△
リンダン・フトゥクト・ハーン
エジェイ
アブナイ
ブルニ
グン・ビリク晋王
オルドス晋王家
ノヤンダラ晋王
ブヤン・バートル皇太子
サガン・セチェン・エルケ皇太子（『蒙古源流』の著者）
△
フトゥクタイ・セチェン皇太子
ブヤンダラ
サインダラ
アルタン・ハーン
トゥメト・ハーン家
センゲ
チュルゲ
△
ボショクト・ハーン
△
バーハン・エジ
アシハイ
ジャサクト・ハーン家
バヤンダラ
ライフル
スブディ
ノルブ
ワンチュク
チェングン
シラ
ツェワンジャブ
△
ショロイ・ウバシ皇太子
△
エリンチン・ロブザン太子
ノーノホ
トゥシェート・ハーン家
アバダイ・サイン・ハーン
△
ゴンボ
チャグンドルジ
ジェブツンダンパ一世
△
チョクト皇太子
アミン
チェチェン・ハーン家
モーロ・ブイマ
ショロイ
バブ
ノルブ
△
オメケイ

右翼においては第二代晋王グン・ビリクの勢力はもはや父のときのように右翼全体には及ばず、直領のオルドス部族のみに限られた。そして一五四二年にグン・ビリクが死んでその長子ノヤンダラが晋王を継いでからは、兄弟九人がオルドスをさらに細分して領有するありさまで、いまや晋王の号令はわずかに自分の小部族にしか行なわれなくなった。これにかわって右翼の実質上の指導者になったのがグン・ビリクの次弟でトゥメト部族長のアルタンであった。

アルタン・ハーンの覇権

ボディ・アラク・ハーンの二十四年の治世中はどうにか保たれていた左右両翼間の平和も、一五四七年のハーンの死とともに破られ、アルタンは武力をもって故ハーンの長子ダライスン以下を東方に放逐した。ダライスンはやむをえずチャハル部族とハルハ部族の一部を引きつれて移住し、大興安嶺の東斜面に定着した。

こうしてモンゴル高原の実権を正統のハーン家から奪ったアルタンは、これから三十五年にわたって絶大な勢力をふるうのである。まず一五四二年の三十四日にわたった山西省方面の大掠奪以来、ほとんど連年、明の国境をこえて侵入をくりかえしたが、一五五〇年には北京城を包囲攻撃して明軍に大打撃を与え、明人を震えあがらせた。また東方では翌一五五一年にはダライスンと和睦し、ダライスンはおかげでオルドスにあるチンギス・ハーンの霊廟の神前で正式に即位式をあげることができ、その代償として元代以来の名誉ある称号司徒《しと》をアルタンに授け、アルタンがハーンと称することを承認した。以後アルタンはゲゲーン・ハーン、すなわち聡明なハーンとして知られるようになる。

明に対する侵攻の一方、アルタン・ハーンはオイラトに対しても盛んに戦争を行ない、一五五二年にはオイラト諸部族の一つのホイト部族を征服し、部族長マニ・ミンガトを殺した。戦場は北モンゴル西部のクングイ河とジャブハン河の流域であった。これまで北モンゴル東部のケルレン河畔に遊牧していたハルハ部族は、この戦いののちケンテイ山脈をこえて西方に進出してセレンゲ河畔に中心を移し、ハンガイ山脈をはさんでオイラトと接するようになったらしい。

オイラトの中でもホイト部族は、一二〇七年にチンギス・ハーンの長子ジョチの遠征軍に降伏した部族長フドゥハ・ベギの後裔で、代々モンゴルの皇族と婚姻関係のあった由緒ある家柄であった。久しくマフムード、トゴン、エセンらを出したチョロース部族に圧倒されていたが、エセン・ハーンの没落後に勢力を回復したのであろう。このころにはホイトがオイラトの指導勢力であったものと思われる。

オイラトに対する作戦はその後もつづけられ、一五六二年にはオルドス部族で賢名の高かったフトゥクタイ・セチェン皇太子が派遣され、遠くアルタイ山脈の南のイルティシュ河のほとりでオイラトのトルグート部族（ケレイト系）を撃破した。アルタン・ハーンの勢力はこうして中央アジアの奥深く滲透していった。やがて一五七二年にはフトゥクタイの二人の弟ブヤンダラ、サインダラが軍を率いてトクマク、すなわちカザフ人の国を襲い、シル河のほとりでカザフのアク・ナザル・ハーンを撃破しておおいに掠奪をほしいままにしたが、引き揚げる途中優勢な敵軍に追いつかれて全滅し、ブヤンダラ、サインダラ兄弟も戦死した。フトゥクタイはただちに弟たちの弔い合戦に乗り出し、翌一五七三年自ら軍隊を指揮してカザフを征伐し、アク・ナザル・ハーンを撃破して仇を討ち、天山北路を通って凱旋してきた。

同じころフトゥクタイの従兄でオルドス部族長のブヤン・バートル皇太子の軍は第三回のオイラト遠征に従事していた。これは一五七四年のことであって、帰国中のフトゥクタイの軍もこれに合流し、ホイト、バートト（ホイトと同系）、チョロース（ナイマン系）の一部ドルボトなどの部族をことごとく征服し、かくしてアルタン・ハーンの率いるモンゴルの勢力は、遠く現在のロシアのトゥワ共和国方面にまで及んだのである。

またちょうどこのころ、ハルハ部族の初代のハーン、アバダイは、別にオイラトのホシュート部族（三衛系）と戦って大勝利を収め、敵の部族長ハーナイ・ノヤン・ホンゴルを殺したという。その戦場はコブケル・ケリエというところで、アルタイ山脈とハンガイ山脈の間のあたりかといわれる。このホシュート部族長の家はチンギス・ハーンの弟ジョチ・ハサルの子孫で、ホイトが衰えてからオイラトの指導部族になったものらしい。徹底的に痛めつけられたオイラトは、これ以後アバダイ・ハーンとそのハルハ部族に臣属した。

アルタンはチベット方面にも征服の手を伸ばした。まず一五六六年には例のオルドスのフトゥクタイの軍が青海《せいかい》地方を征服し、一五七二年にはカム（東チベット）方面にまで進出した。

中国との講和

アルタン・ハーンは、そのたびかさなる明への侵入ごとに多数の漢人を捕えてモンゴルに連れ帰った。彼らは高原の各地に集団移住して農耕に従事し、モンゴル人に穀物を供給するために働いた。こうした漢人の数は数十万にのぼり、彼らの入植地の中心には漢式の建物が並んだ都市が成長し、ここには市場が開かれて、遠近から隊商が集まり、盛んに交易が行なわれた。こうした都市をバイシン(2)と呼んだが、そのうちの最大のものが一五六五年に建設されたフヘ・ホト（呼和浩特）で、アルタン・ハーンの直轄下にあった。

アルタンの軍は一五六七年にも大挙して山西を蹂躙《じゅうりん》し、男女数万を殺したが、やがて明との講和が成立した。きっかけとなったのは一五七〇年のバーハン・エジの亡命事件である。エジはアルタンの孫であったが、結婚問題から祖父と不和になり、この年一家をあげて明の国境にはいり、大同に投じた。明朝はこの好機をとらえてアルタンと交渉にはいり、翌一五七一年には講和が成立して、明はアルタンを順義王《じゅんぎおう》に封じ、他の首領にもそれぞれ官職を与えること、朝貢を許すこと、国境で定期の貿易市場を開くことなどで合意をみた。

この講和の結果、明は軍事費の負担を軽減されたし、モンゴル側でも、正常な貿易のチャンネルが安定したために経済が繁栄し、文化の水準が飛躍的に高まった。そのひとつの結果は、チベット仏教文化の流入であった。すでにフヘ・ホトには多くの宗派のチベット僧が集まって、アルタン・ハーンの庇護《ひご》を受けていたが、当時、ラサを中心として発展しつつあったゲルク派のデプン寺の住職ソェナムギャツォは、アルタン・ハーンの招請に応じて青海におもむき、一五七八年同地においてハーンと会見し、ダライ・ラマの称号を与えられた。これが第三世ダライ・ラマである。

諸王家の分立

すでに高齢のアルタン・ハーンは、一五八二年一月十四日、七十五歳で死んだ。順義王の位はその長子センゲが継いだが、もはやその統制力は諸部族に及ばず、有力な部族長はそれぞれハーンの称号を名のって各地に割拠するようになった。

その中でも強力だったのは、北モンゴルのハルハ部族長アバダイ・サイン・ハーンであって、さきにもみたようにオイラトを征服したが、その没後、ハルハはさらに三つの王家に分裂した。アバダイの系統はトゥシェート・ハーン家となり、北モンゴル中央を占めた。アバダイの従弟モーロ・ブイマの子ショロイは、北モンゴル東部に拠ってチェチェン・ハーン家をはじめ、従兄バヤンダラの子ライフルは、西部のハンガイ山方面でジャサクト・ハーン家を立てた。これからハルハには三ハーンが並立するが、オイラト諸部族に対する征服戦争をおしすすめたのはジャサクト・ハーン家である。

初代のジャサクト・ハーンのライフルは、一六〇六年、オイラトを臣従させた。ライフルの従弟ショロイ・ウバシ皇太子はアルタン・ハーンと称し、一六一七年からオイラト征伐を再開し、ウブサ・ノール湖畔の本営から西進して、オイラトをシベリアに追いつめていった。しかし一六二三年、オイラトの連合軍は反撃して、ウバシ皇太子をイルティシュ河に敗死させた。

その直後、財産相続争いに端を発して、オイラトをあげての内乱がおこり、一六二五〜一六二八年の間つづいたが、そのためホイトは衰弱し、バートト、バルグ、ブリャートは消滅したので、オイラトにはドルボト、ジューン・ガル、ホシュート、トルグートの四部族だけが残る形となった。これからオイラトはふたたび隆盛に向かうのである。

チャハルの東遷

一五四七年、アルタンに追放されたダライスン・ハーンが大興安嶺東に移住するまで、この方面は三衛《さんえい》として知られる三部族の住地であった。その一つは、オノン河から移住したウリャーンハン部族の一部であり、つぎのオンリウト部族は、チンギス・ハーンの同母弟ハチウンの子孫の投下である。最後のオジェート部族だけは起源がわからない。この三部族は一三八八年、天元帝トクズ・テムル・ハーンが滅びたときに明に投降し、翌一三八九年それぞれ朶顔衛《ドヤンえい》（ウリャーンハン）、泰寧衛《たいねいえい》（オンリウト）、福餘衛《ふくよえい》（オジェート）の名を与えられた。最初は北満洲の嫩江《ノン》、洮児河《トール》の流域にいたが、十五世紀に南下して明の辺境に近づき、朶顔衛が最も南にいたので、明人は朶顔三衛、またはウリャーンハン（兀良哈）三衛と総称した。モンゴル人は最も北の福餘衛に因《ちな》んで、三衛を山前の六千オジェートと呼んだ。

彼らは最初アルクタイの支配を受け、ついでオイラト時代にはトクトア・ブハ・ハーンに属したが、ダライスン・ハーンの東遷とともにその部下となった。泰寧衛はハルハ部族、福餘衛はホルチン部族に吸収され、朶顔衛のみは灤《らん》河《が》の溪谷に住んで、西北隣の上都河方面を中心とするハラチン・ハーン家の姻戚として存続した。

ダライスンに従って東遷したハルハ部族は、北モンゴルのハルハを七ハルハというのに対して、五ハルハと呼ばれ、東遷後はシラ・ムレン河の流域に遊牧した。ホルチン部族はもとホロン・ブイル地方の住民であったが、東遷後は嫩江の流域から洮児河にかけて遊牧した。ダライスン直属のチャハル部族は、西遼河の上流ローハ・ムレンの流域を牧地とした。

ダライスンはゴデン・ハーンと称し、その一五五七年の死後は、チャハル・ハーン位は長子のトゥメン・ジャサクト・ハーン（在位一五五七〜一五九二年）、長孫のブヤン・セチェン・ハーン（在位一五九二〜一六〇三年）と継承された。ブヤンの死後はその孫のリンダンが立ち、フトゥクト・ハーンと号した。

後金の登場

このころ遼河の東方では、建州《けんしゅう》女直の指導者ヌルハチの勢力が強くなり、明の国境に近い海西《かいせい》女直の諸国を圧迫していた。脅威を感じた海西の諸国はモンゴルのホルチン部族と連合し、一五九三年ヌルハチを討ったが、かえってグレ山において大敗した。これ以来ホルチン、ハルハの一部はヌルハチに通好するようになった。そして一六〇五年には、ハルハの諸王はヌルハチに、コンドレン・ハーンの称号を奉り、こうして建州女直がモンゴル人の世界の一角に、独自の勢力として登場したのである（**地図15**参照）。

ヌルハチは一六一六年、五十八歳で即位し、ゲンギエン（英明）・ハンと称して後金国《こうきん》（アマガ・アイシン・グルン）をたてた。

このころまで、この方面でモンゴル人に伍した大国は、むしろ海西女直のイェヘ国であって、チャハルのリンダン・ハーンの八人の皇后の一人のスタイ太后もイェヘの王女であり、ハーンの長子エジェイを生んだのであった。一六一九年、ヌルハチの後金軍が開原・鉄嶺《てつれい》を占領し、イェヘ国を滅ぼすと、ハルハの猛将として有名であったジャイサイは、鉄嶺を後金から奪おうとして衝突し、かえって敗れて捕虜になった。これに驚いたハルハ人たちは後金と同盟を結んだ。

またリンダン・ハーンは、チャハルとの貿易の中心であった、国境都市の広寧《こうねい》に後金が手出しをしないよう、手紙を送って警告したが、ヌルハチは強硬な態度を持して、翌一六二〇年チャハルに絶交状を送り、敵意を示した。やがて一六二一年、ヌルハチは明に正式に宣戦して、遼河デルタの明朝の飛び地を占領して、この地域の高麗人の子孫の中国人を支配下に入れた。

一六二二年、後金軍が遼河を渡って遼西に進出して広寧《こうねい》を占領すると、チャハルの一部であるウルート部族は後金に投降した。すでにハルハからも多数のモンゴル人が投降してきていたので、ヌルハチは彼らを旗（ホシューン）に編成して国民に加えた。これが八旗モンゴルの起源である。

ヌルハチは、ホルチン部族とは一六二四年にチャハルに対する攻守同盟を結んだ。そこでリンダン・ハーンは翌一六二五年、チャハル軍を率いてホルチンを攻撃したが、後金軍の救援のために目的を達しなかった。さらに翌一六二六年、ヌルハチはホルチン部族長オーバにトゥシェート・ハーンの称号を与えて姻戚となった。これ以来ホルチン部族は後金（一六三六年からは清）の最大の同盟国となったばかりでなく、清朝一代を通じて帝室の最も地位の高い外戚になるのである。

ヌルハチは一六二五年、後金の首都を南方の遼陽から北方のモンゴルに近い瀋陽《しんよう》に移してから、政策の重点をモンゴル高原への進出にかけ、一六二六年には、瀋陽から熱河《ねっか》に通ずる道路上のハルハ部族を攻撃した。

その間にも、明との間に戦争がつづいているうちに、ヌルハチは一六二六年、六十八歳で死んだ。ヌルハチの八男のホンタイジ（清の太宗崇徳《すうとく》帝、在位一六二六〜一六四三年）が三十五歳で即位して、二代目の後金国ハンになった。翌一六二七年にはチャハルの本拠であった赤峰の方面が後金の手に落ち、南隣の朶顔衛《ドヤンえい》も後金に服従した。

リンダン・ハーンの末路

リンダン・ハーンはこれより一足さきに西方へ移動を開始し、一六二八年、ハラチン、トゥメトの両ハーン国を滅ぼしてフヘ・ホトを手に入れ、河套のオルドス部族を服従させ、さらに北モンゴルにまで勢力を伸ばした。当時、北モンゴルのハルハ部族で最も強力であったのは、アバダイ・ハーンの甥のトゥメンケン・チョクト皇太子であって、トーラ河の溪谷に居城をかまえ、寺院をたててカルマ・シャマル派（紅帽派《こうぼうは》）の仏教を保護した教養の高い君主であった。チョクト皇太子は、リンダン・ハーンに忠誠を誓ってその事業に協力したので、リンダン・ハーンは南北モンゴルをことごとくその勢力下に入れた。

しかしリンダン・ハーンの覇業は長くは続かなかった。一六三四年、リンダン・ハーンはチベット遠征に出発し、青海に入ろうとしたが、その途中、甘粛省の武威《ぶい》県、永昌県の方面のシラ・タラの草原で病死した。ハーンと合流するために北モンゴルから南下したチョクト皇太子は、そのまま青海にはいって、この地方を本拠とし、チョクト・ハーンと自称して、軍を送ってチベットを占領した。

こうして南モンゴルには力の真空状態が現れたが、そこへ後金軍が進出してフヘ・ホトを占領した。リンダン・ハーンの遺児エジェイは、母のスタイ太后とともに女直軍に降伏して、一六三五年、瀋陽のホンタイジのもとに連れて来られた。ホンタイジはエジェイを優遇して、自分の次女マカタ・ゲゲと結婚させ、親王の爵位を与えて、部下のチャハル部族とともに遼河の上流域の牧地に居らせた。

このとき女直軍の将軍たちは、スタイ太后から、「制誥之宝《せいこうしほう》」の四字を刻んだ一つの玉璽《ぎょくじ》を手にいれた。説明によると、これは昔の代々の皇帝たちが使ったもので、モンゴルの元朝が手に入れて使っていたが、トゴン・テムル・ハーンが中国を失って、大都《だいと》を脱出するときにもこの玉璽を持って行った。ところがハーンが応昌府《おうしょうふ》で死んだ後、この玉璽は行方知れずになった。それから二百年余り経ってから、あるモンゴル人が崖の下で家畜の番をしていたところ、一頭の山羊が三日間草を食べずに地面を掘るのを見て、その人が山羊が掘ったところを掘り返してみると、玉璽が出てきた。それからその玉璽は、元朝の後裔のトゥメトのボショクト・ハーンのもとにあった。ボショクト・ハーンは、同じく元朝の後裔のチャハルのリンダン・ハーンに滅ぼされて、玉璽もリンダン・ハーンの手に入った。そういうわけで、この玉璽は、リンダン・ハーンの未亡人のスタイ太后のもとにあったのである。

六　大清帝国

清朝の建国

元朝のハーンたちの玉璽を手に入れたホンタイジは、これはチンギス・ハーンの受けた天命が今や自分に移ったしるしであると解釈した。同じ一六三五年、ホンタイジはジュシェン（女直）という種族名を禁止して、マンジュ（満洲）と呼ぶことに統一した。そして翌一六三六年、瀋陽にマンジュ人、ゴビ砂漠の南のモンゴル人、遼河デルタの高麗系漢人の代表たちの大会議を召集して、三つの種族の共通の皇帝に選挙され、新しい国号を「大清《だいしん》 Daicing」とし、年号を「崇徳《すうとく》 Wesihun Erdemungge」とした。これが清の太宗崇徳帝である。「大清」というのは、「大元」と同じく、「天」を意味する。これが清朝の建国であった。

ホンタイジには五人の皇后があったが、五人ともモンゴル人で、そのうち三人はホルチン部族の出身であり、残りの二人はリンダン・ハーンの未亡人であった。一六四三年のホンタイジの死後、あとを継いだのはホルチン人の皇后から生まれたフリン（福臨、清の世祖順治《じゅんち》帝、在位一六四三～一六六一年）であった。

このころ南の明では大飢饉によって陝西省から始まった反乱が全国各地に拡大し、李自成《りじせい》率いる反乱軍が北京に迫っていた。一六四四年四月、明の崇禎《すうてい》帝は宮廷の裏の万歳山《ばんざいざん》で自ら縊《くび》れ、こうして明朝は朱元璋《しゅげんしょう》が南京で帝位についてから二百七十六年で滅びた。

このとき、呉三桂《ごさんけい》という明の将軍は山海関《さんかいかん》に駐屯して清軍に対する防衛に当たっていたが、皇帝がいなくなったので清朝の都の瀋陽に使いを送り、今まで敵だったマンジュ人に同盟を申し入れた。

清朝側の実権を握っていたのはヌルハチの十四男で、順治帝の叔父に当たるドルゴンという傑物で、まだ子どもの順治帝の後見人をつとめていた。ドルゴンは、ただちに呉三桂の提案を受け入れ、清の全軍をあげて山海関に進撃した。

北京を占領していた李自成は二十万の兵を率いて山海関に押し寄せたが、呉三桂軍と清軍の連合軍に大敗した。ドルゴンは兵を率いて北京に入城し、瀋陽から順治帝を迎えてきて紫禁城の玉座につけた。こうして清朝の建国から八年で明朝は自分で滅び、マンジュ人の清朝はモンゴル人のチンギス・ハーンの子孫に代わって中国を支配することになったのである。

八旗の北京入り

順治帝が北京に入ったころ、華中・華南の各地にはまだ明朝の残党がいて清朝の支配に抵抗を続けていた。これらを平定したのは明から投降した漢人の将軍たちだった。

華南の地には、三人の漢人の将軍たちが自分たちの子飼いの軍隊を率いて駐屯していた。雲南省には平西王《へいせい》の呉三桂、広東省には平南王《へいなん》の尚可喜《しょうかき》、福建省には靖南王《せいなん》の耿継茂《こうけいも》がいて、これを「三藩《さんぱん》」といった。「藩」は垣根という意味で、北京の清朝皇帝を守る垣根というわけである。三藩はほとんど独立王国で、清朝の実権は首都の北京に近い地方にしか及んでいなかった。

ただし河北省は、もともと明の皇帝の直轄領だったため、北京に入った清朝のマンジュ人たちは、それぞれ荘園を分捕って私領にした。こうして河北省はマンジュ人の入植地帯となった。

北京には、もとは二重の城壁があった。中華人民共和国になってから城壁はすべて取り払われて幅の広い道路になったが、その内側はもとの城内で、だいたい天壇公園《てんだんこうえん》から北が外城、北京駅の線から北が内城と呼ばれた。内城のまん

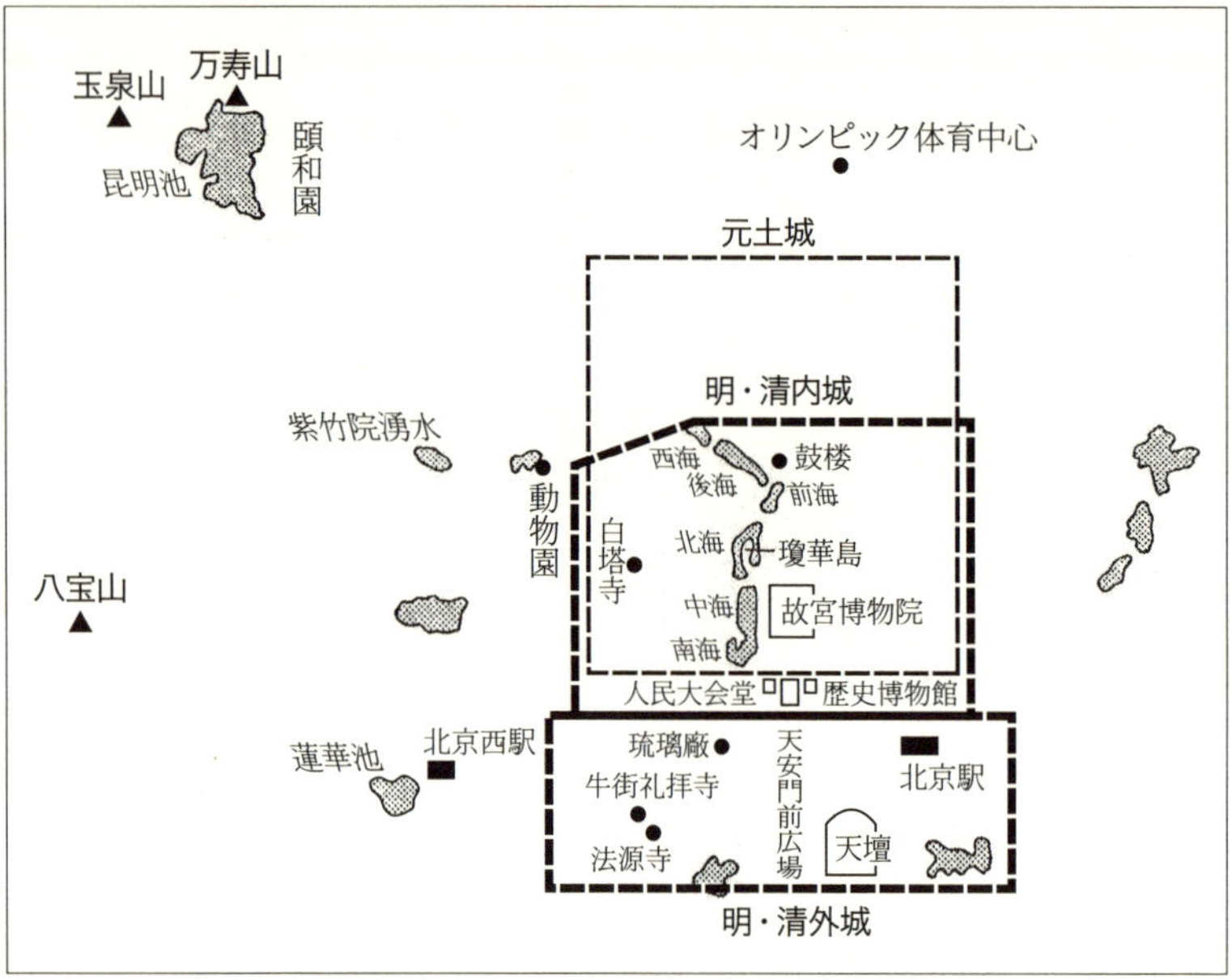

地図8　元・明・清の城壁と現在の北京市

なかに紫禁城が南北に伸びている。紫禁城の周囲にはもとは皇城という紅い色の城壁があった。紫禁城には皇帝の一家が住む宮殿群があり、皇城には皇帝の使用人たちが住んでいた。いま中国共産党の高級幹部が住んでいる中南海《ちゅうなんかい》も、皇城の一部だった。

　北京の外城は漢人の居住区域だった。内城の市街は、紫禁城・皇城で東西に分かれ、東西の市街はそれぞれ四つずつの区画に仕切られて、それらの区画は、それぞれマンジュ人の「八旗《はっき》」の一つの兵営になっていた（**地図16参照**）。

　八旗というのはマンジュ人の部族組織である。部族にはそれぞれ軍旗があった。軍旗の色は、黄色、白色、紅色、藍色の四色で、これに縁取りのあるもの（鑲《じょう》）と、縁取りのないもの（正《せい》）の区別があって、八種類になる。部族の名前はその軍旗の色で呼ばれたので、八部族を八旗というのである。およそマンジュ人なら八旗のどれかに属していた。マンジュ人のほかにも、マンジュ化したモンゴル人・漢人・朝鮮人・ロシア人なども八旗に組み込まれて、マンジュ人として扱われた。そういうわけで、マンジュ人と、八旗に編入されたほかの種族の人々は、「旗人《きじん》」と総称された。

八旗のうち、三旗は清朝皇帝の私的な領民だったが、他の五旗には、それぞれ皇族の領主があって、皇帝でさえ、その内政には口出しできなかった。こういうところは、モンゴルなど遊牧帝国のハーンと連合部族の関係によく似ている。

清朝の構造

清朝は何重もの層が重なってできている帝国である。いちばん外側の層は、中国、満洲、モンゴル、新疆《しんきょう》、チベッ

系図5　清初の諸王

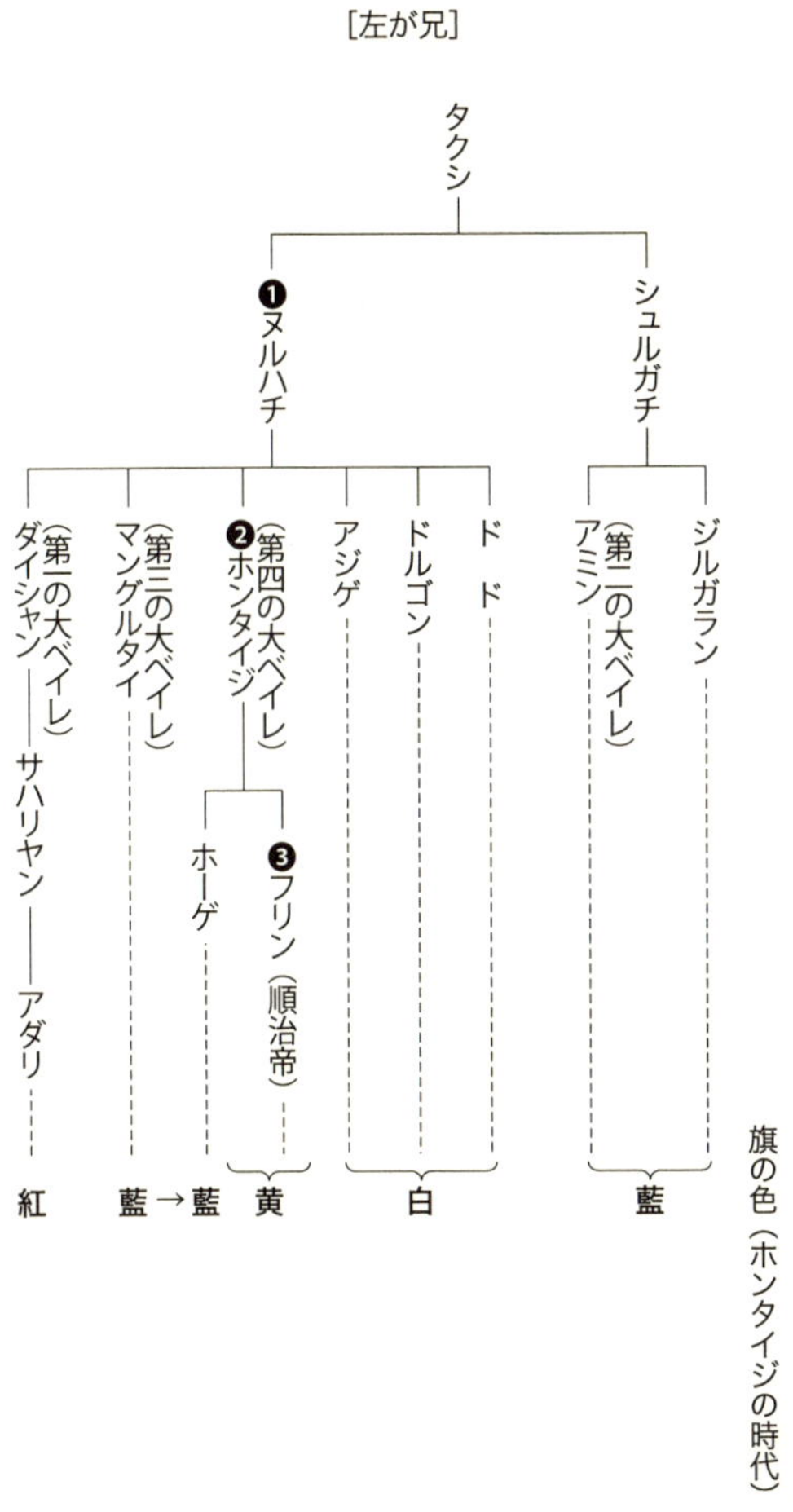

トを打って一丸とする統一帝国、つまり大清帝国である。このうちチベットと新疆は国防戦略上からいえば辺境であって付随的な部分であるから、これらを剝《は》ぎ取ると、下から現れるのは満洲、モンゴル、中国の連邦、つまり瀋陽で原形のできた清朝である。統合の中心はなんといっても満洲であるから、これが第三の層になるが、これはヌルハチの建てた後金《こうきん》国そのままである。これにはさらに内部がある。後金国の組織は八旗からなるが、これは明代の女直人の国を再現したものである。各旗はそれぞれ独立国の観があり、その連邦が後金国なのである。というわけで、もっとも奥にあるのはヌルハチの出身した建州衛である。

清朝の皇帝が皇帝たるためには、第一にマンジュ人、モンゴル人、漢人に対してそれぞれ支配権を確立しなければならない。そのうちモンゴル人に対しては、元朝の後裔から権利を譲り受けたのであり、漢人に対しては明朝の帝位を継いだのであるからまだ問題はすくない。ところがマンジュ人に対しては、皇帝は本来、独裁の権限はない。すなわち昔ながらの氏族制度の倫理を守って暮らしている八旗の構成員に対しては、皇帝は部族長会議の議長にすぎない。だいたい皇帝自身が部族長会議によって戦争と外交の指揮者として選挙されて出て来たものなのである。

このあと、清朝の歴代の皇帝が、いかにマンジュ人、モンゴル人、漢人それぞれの指導者としての役割の間のバランスを保ち、指導力を発揮したかを見ていこう。

ドルゴンと順治帝

ホンタイジの死の前後には、八旗の諸王の勢力関係はどうであったろうか。

まず正、鑲《じょう》の両黄旗《りょうこうき》は皇帝ホンタイジの直属であり、さらに長子の粛《しゅく》親王ホーゲらが正藍旗《せいらんき》を率いていた。つぎに両白旗は、ヌルハチがウラ国からめとった同じ皇后の腹に生まれた三兄弟、武英郡王《ぶえいぐんおう》アジゲ、睿《えい》親王ドルゴン、豫《よ》親王ドドの所領であった。両紅旗を領したのは礼親王ダイシャンである。ヌルハチは若いとき一度トゥンギヤ（佟佳）

家へ入り婿に行ったことがあるが、その結婚で生まれたのがダイシャンであって、ホンタイジの時代には諸王のなかでも最年長であった。最後の鑲藍旗《じょうらんき》は鄭《てい》親王ジルガランが握っていた。ジルガランはヌルハチの弟シュルガチの子である。

こういうふうに、八旗の領主はそれぞれ別の家系に属していたのであって、国政に関する重大事項の決定は、かならず各旗を代表するこれら諸王の会議で行われなければならなかった。

ホンタイジが死んだとき、後継者の選出のため例によって諸王の会議が召集された。議長をつとめる長老のダイシャンが、まずホーゲを新皇帝に推薦した。しかしホーゲは辞退した。これは彼がホンタイジの正皇后の子ではなかったからであろう。そこでドルゴンはジルガランと組んで、正皇后のただ一人の子であったフリンを帝位につけることを主張し、結局これが通って六歳の新皇帝、順治《じゅんち》帝が誕生したのである。

こうして、自然とドルゴンとジルガランの二人が摂政として実際の政務を取ることになった。しかし政治家としての手腕ではジルガランは遠くドルゴンには及ばなかった。ドルゴンはまず、ダイシャンの孫アダリが自分をかつぎあげようとする陰謀に荷担したと称して、アダリを反逆罪で処刑し、ダイシャンの両紅旗をおさえつけ、次にホーゲがドルゴンに皇帝になろうとする野心があると誹謗したといって、ホーゲの親王の位を剝奪し、両黄旗・正藍旗をも自分の統制下に入れてしまった。

順治帝を連れて北京に移ったドルゴンは、いまや完全な独裁者になった。彼は皇父摂政王《こうふせっしょうおう》の称号を持ち、皇帝の印璽を自分の邸に持ち出して政務を取り、一切の文書はドルゴンのもとに送られて決裁を得るようになった。つまりドルゴンは事実上の皇帝だったのである。

一六四八年、ドルゴンは自分の権力の最後の仕上げに着手した。ジルガランは、かつてのホーゲ擁立の陰謀を知っていながら隠した、といいがかりをつけられて親王から郡王《ぐんおう》に下げられ、ホーゲは投獄されて死んだ。すぐ続いて六十六歳のダイシャンも老衰で死んだので、ドルゴンに対立する王は一人もいなくなった。

ドルゴンの前途は洋々たるかに見えた。ところが健康には恵まれず、わずか二年後の一六五〇年の十二月、南モンゴルのハラ・ホトンで狩猟中に急死した。まだ三十九歳であった。葬儀は皇帝の格式で盛大に執り行なわれた。

内大臣の専政

ドルゴンが死んだので、もう十三歳になっていた順治帝は翌一六五一年から自分で政務に携わることになった。皇族出身の後見人がいなくなったので、それからは皇帝の側近の内大臣たちが実権を持つようになる。内大臣というのは、宮中の雑用を務めるマンジュ人貴族たちのことである。

一六六一年、順治帝は天然痘にかかった。臨終の枕元に八歳の三男・玄燁《げんよう》を呼び寄せて皇太子に指名して、二月五日に死んだ。二十四歳の若さだった。

皇太子・玄燁が即位した。これが清の聖祖康熙帝《こうき》（在位一六六一〜一七二二年）である。まだ幼い康熙帝を補佐したのは、順治帝の腹心の四人の内大臣、ソニン、スクサハ、エビルン、オボーイであった。

即位した当初、康熙帝はまだ若かったので、補佐の内大臣が決めた案件に署名するだけだった。この間、四人の内大臣たちは地方の有力者たち、ことに三藩《さんぱん》の漢人の王たちと結びついて大きな権力をふるっていた。

一六六七年、康熙帝が十四歳のとき、ソニンが死んだ。スクサハはオボーイに追いつめられ辞表を提出した。そのなかに、

「わたくしが先帝（順治帝）の御陵をお守りにいくことをお許しいただければ、わたくしの糸のような残りの命も、もって生存することができるでしょう」

という文句があった。

康熙帝はその辞表を読んで、
「いったいどんな切迫した事情があって、ここ（朝廷）では生きられず、御陵を守れば生きられるというのか」
と怪しんだ。

オボーイは、これはスクサハが康熙帝に仕えるのを潔しとしないのだ、と理屈をつけて、二十四箇条の罪状をでっちあげ、スクサハ自身とその一族全員を死刑にする許可を康熙帝に強要した。康熙帝は抵抗したが、オボーイは腕まくりをして大声でどなりつけ、むりやりに死刑執行の命令書に署名させた。その結果、スクサハ自身と七人の子、一人の孫、二人の甥、および一族の二人は、すべて死刑になった。

こうして皇帝の補佐人はオボーイとエビルンの二人だけになった。オボーイが独裁的な権力を握り、エビルンはこれに追随するだけだった。

康熙帝はオボーイの横暴を我慢しながらモンゴル相撲に興じるふりをして、自分のまわりに腕っ節の強い青年たちを集めた。そして一六六九年五月十四日、オボーイが参内したとき、康熙帝がちょっと目くばせをすると侍従たちがオボーイにおどりかかって組み伏せ縛り上げてしまった。それから康熙帝は、マンジュ人の貴族たちと百官を集めて堂々たる大演説をうった。その演説をマンジュ語で筆記したものが今も残っている。ただちにオボーイの罪状三十箇条が公表され、オボーイは投獄されて死に、エビルンは追放された。

こうして十六歳の少年皇帝は、じゃまものの内大臣たちを片づけて、自分が独自の意志をもった主権者であることを、はじめて天下に宣言したのである。

三藩の乱

しかし、このクーデターが引き金となって、四年後、「三藩の乱」という大規模な反乱が起こった。

三藩は例の平西王呉三桂、平南王尚可喜、靖南王耿継茂だが、このころ耿継茂は死んで、その長男耿精忠《こうせいちゅう》の代になっていた。

もともと三藩は康熙帝を補佐する四人の内大臣と結託して権勢を振るっていたのだが、その四人の内大臣が康熙帝のクーデターで一挙に姿を消したのだから、彼らは北京の宮廷における保護者を失ったわけで、不安を感じるのは当然だった。

三藩が反乱を起こしたきっかけは、一六七三年、広東の尚可喜が長男の尚之信《しょうししん》と仲が悪いという理由で故郷の海州《かいしゅう》（遼寧省の海城県）に帰って隠居したい、と康熙帝に申し出たことだった。康熙帝は待ってましたとばかり尚可喜のその申し出を許可した。このとき雲南の呉三桂と福建の耿精忠も立場上やむを得ず、わたくしどもも隠退を許されたい、と申し出た。もちろん慰留を期待してのことである。

ところが康熙帝は平然として彼らの申し出を受け入れ、一刻も早く撤退してこいとせきたてた。

康熙帝の意外な反応に三藩の王たちは窮地におちいり、呉三桂と耿精忠は準備不足のまま反乱に踏み切ることになった。尚可喜だけは反乱に加わらなかったが、華南・華中は戦火のちまたとなり、西北の陝西省まで波及した。この情勢に満洲人の大臣、将軍たちはだらしがなく、皇帝軍はいたるところで敗戦した。

二十歳になったばかりの康熙帝は、この困難な状況のもとで戦略家としての天才を発揮した。臆病な皇族の将軍たちの尻をたたき漢人の有能な指揮官たちを引き立てて、要領よく兵力を配分し兵站線を確保して敵を長江の線で食い止め、まず陝西省の反乱を片づけ、次ぎに耿精忠を降伏させて福建省を取り返した。呉三桂は情勢が思わしくないので、破れかぶれで一六七八年、湖南省の前線で即位式をあげて皇帝と名乗ったが、その直後に死んだ。孫の呉世璠《ごせいはん》が後を継いだが、一六八一年になると、清軍が昆明《こんめい》を包囲して呉世璠は自殺し、八年間の長い内戦はやっと終わった。

こうして康熙帝は二十八歳で中国全土を支配下におさめたのである。

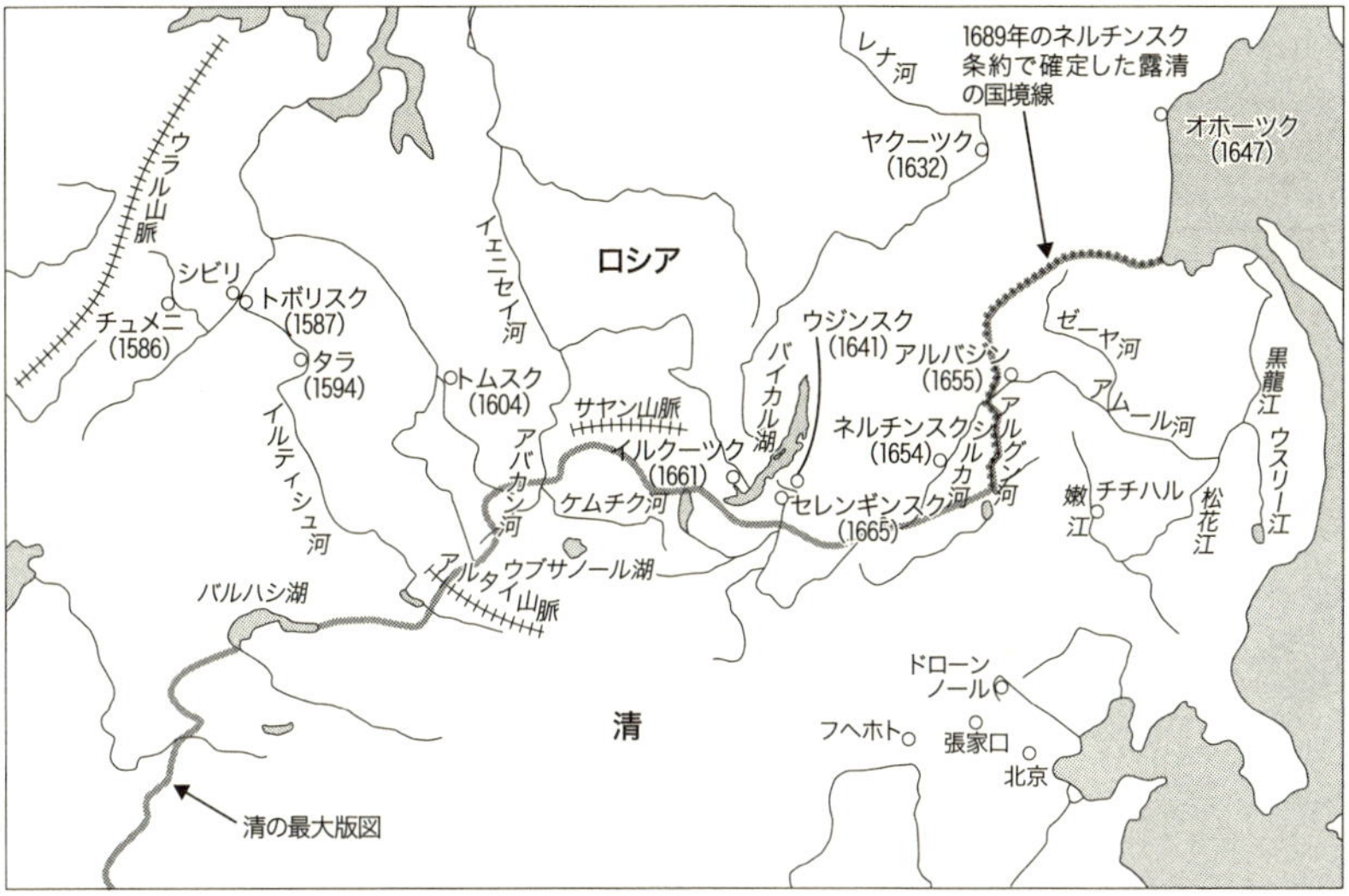

地図9　ロシアのシベリア進出と清の最大版図

ロシア人対策

三藩の乱が片づいたので、康熙帝は懸案のロシア人対策に着手することができた。これより先、ロシアのコサック人のイェルマクはイヴァン四世から死刑を宣告されてウラル山中に逃げ込み、そこでシベリアの富の話を聞いて遠征を計画し、一五八一年、モンゴル人のイスケルという町を占領した。この町はシビリともいい、これからシベリアの名前が出た。今のトボリスクの近くである。

イェルマクはその後まもなく敵の反撃にあって殺されたが、コサック人たちは、それからもシベリアの川づたいに東へ東へと進み、一六四三年、清の太宗崇徳帝が死んだ年には、すでにアムール河（黒龍江）に姿を現わした。清軍の討伐を受けて一度は姿を消したが、康熙帝の時代になると再びアムール河に進出してきた。放っておくと満洲人の故郷の地がロシアにおびやかされることになる。

一六八五年、康熙帝はロシア人問題の解決をはかり、朝鮮から小銃隊を徴発した。朝鮮軍は清軍とともにアムール河の上流まで遠征した。そして、ロシア人の前線基地であるアルバジンという要塞を攻め落とした。今でもアルバジノという地名がこの辺に残っている。

康熙帝は戦争と平行して外交交渉を行なった。その結果、一六八九年には、ロシアとの間に、ネルチンスク条約の締結にこぎつけた。ネルチンスクはアムール河の支流シルカ河の分流ネルチャ河に臨む町で、チタの町の東方にある。

この条約によって、スタノヴォイ山脈から東は清朝の勢力圏、西はロシアの勢力圏ときまり、ロシア人はアムール河本流の溪谷から閉め出された。

七　清代のモンゴル

チャハルの解体

チャハル親王エジェイは一六四一年に死んだ。三年後の一六四四年、明朝が滅び、清の順治帝が北京にはいって中国の支配者となった。翌一六四五年、エジェイの未亡人の皇女マカタ・ゲゲは、亡夫の弟アブナイと再婚し、アブナイは一六四七年、兄の爵位を継いで親王となった。しかし順治帝が一六六一年に死んで康熙帝が即位し、一六六三年にマカタ・ゲゲが死ぬと、アブナイと康熙帝との関係は冷却した。一六六九年、康熙帝はクーデターによって権臣オボーイを追放すると同時に、アブナイの爵位を剝奪して瀋陽に監禁し、アブナイとマカタ・ゲゲの間に生まれたブルニに親王を継がせた。

三藩の乱が起こると、一六七五年、ブルニは清朝に対して反乱を起こしたが、ブルニの呼びかけに応じたのはチャハルの分家のナイマンだけで、その他のモンゴル人たちはことごとく清朝に荷担し、ブルニは追いつめられて射殺された。

この報告を受けた康熙帝は、ただちに命じて瀋陽に監禁中のアブナイを絞殺させ、チャハル部族を解体して、それまでの牧地の遼寧省の赤峰市あたりから、北京のすぐ北の長城外の地に移し、八旗に編入した。これが八旗チャハルの起源である。こうして南モンゴルは種族の統合の中心を失い、北元皇帝の家系は断絶した（**系図4参照**）。

ハルハとオイラト

清朝建国前に話はもどるが、チャハルのリンダン・ハーンと協力して青海《せいかい》を支配した、ハルハ・モンゴルのチョクト皇太子は、チベット仏教のカルマ・シャマル派（紅帽派）を保護してゲルク派（シャセル派、黄帽派）を弾圧したので、ゲルク派はオイラトに救援を求めた。オイラトの諸部族は一六〇六年以来、ハルハのジャサクト・ハーンに臣従し、一六一五年、その命令を奉じてゲルク派に改宗して、熱心な信徒になっていた。ここでゲルク派の要請に応じたホシュート部族長トロ・バイフ・グーシ・ハーンは、ジューンガル部族長ホトゴチンとともに青海に遠征し、一六三七年、青海の西のウラーン・ホシューの地でチョクト皇太子を敗死させ、青海の地を占領した。

グーシ・ハーンはホトゴチンにバートル皇太子の号を与えて帰国させ、自分は青海に留まってチベットの征服に従事し、一六四二年までに全土を平定して、この年、ダライ・ラマ五世を全チベット仏教界の教主に推戴し、自分はチベット国王の位に登った。これ以後一七一七年にいたるまで、青海ホシュートのチベット国王は代々チベットに君臨した。またゲルク派がチベット仏教で最も優勢な宗派になるのも、この一六四二年からである。

ハルハでは、チョクト皇太子の生前の一六三五年、ゴンボ・トゥシェート・ハーンに生まれた男の児を、カルマ・シャマル派と同盟関係にあるジョナン派の高僧ターラナータの転生と認定して、一六三九年、五歳のときにハルハ左翼のトゥシェート、チェチェン両ハーン家の共通の元首に選挙していた。これがジェブツンダンパ一世である。これに対してゲルク派は、ホシュート人の高僧ザヤ・パンディタをハルハに派遣して抱き込み工作を行なった。ザヤ・パンディタはホシュートのバイバガスの養子で、一六一五年のオイラト改宗のとき出家し、ずっとラサで修行してきたが、一六三八年、ダライ・ラマ五世の命令で北モンゴルにおもむき、それ以来ハルハとオイラトに精力的な布教活動を行なったばかりでなく、モンゴル文字に改良を加えてトド文字を発明し、これを使って多量の仏教経典をオイラト語に翻訳し、オイラト文学の基礎を築いた。

一六四〇年、ハルハとオイラトの大会議が北モンゴルで開かれ、各部族長が出席して同盟条約を締結した。これが『モンゴル・オイラト法典』と呼ばれるもので、部族間の紛争を平和に解決することを規定している。一六四九年、ジェブツンダンパ一世は十五歳でチベットをはじめて訪れ、三年目に北モンゴルに帰った。一六五二年、ハルハ人は、あらためてジェブツンダンパを共通の元首に推戴した。これから一九二四年まで、ジェブツンダンパは八代にわたって北モンゴルの精神的首長でありつづける。

ジューンガル帝国

南のモンゴル諸部が清朝の家来になったあとも、北モンゴルでは、ハルハの三ハーンがジェブツンダンパ一世のもとに連合して独立を保っていた。ところが一六六二年、アルタン・ハーン家の第三代のエリンチン・ロブザン太子が、北モンゴル中央部への進出を企てて本家のワンチュク・ジャサクト・ハーンを殺した。ワンチュクの領民は多くチャグンドルジ・トゥシェート・ハーンのもとに流れ込んだ。チャグンドルジらに攻撃されて、エリンチンはイェニセイ河上流の地に逃れたが、六七年、オイラトのジューンガル部族長センゲに捕えられた。

センゲは一六七〇年、私怨によって二人の異母兄に殺された。センゲの同母弟ガルダンは、ウェンサ・トゥルクという高僧の転生で、チベットのラサに留学して、ダライ・ラマ五世の弟子になっていたが、ホシュートのオチルト・チェチェン・ハーンの助力を受け、異母兄たちを殺して兄の復讐を遂げ、兄の未亡人のアヌ・ハトン（オチルトの孫娘）と結婚して、ジューンガル部族長となった。しかしガルダンはたちまちオチルトと衝突し、一六七六年、イリ河

系図6　ジューンガル帝国

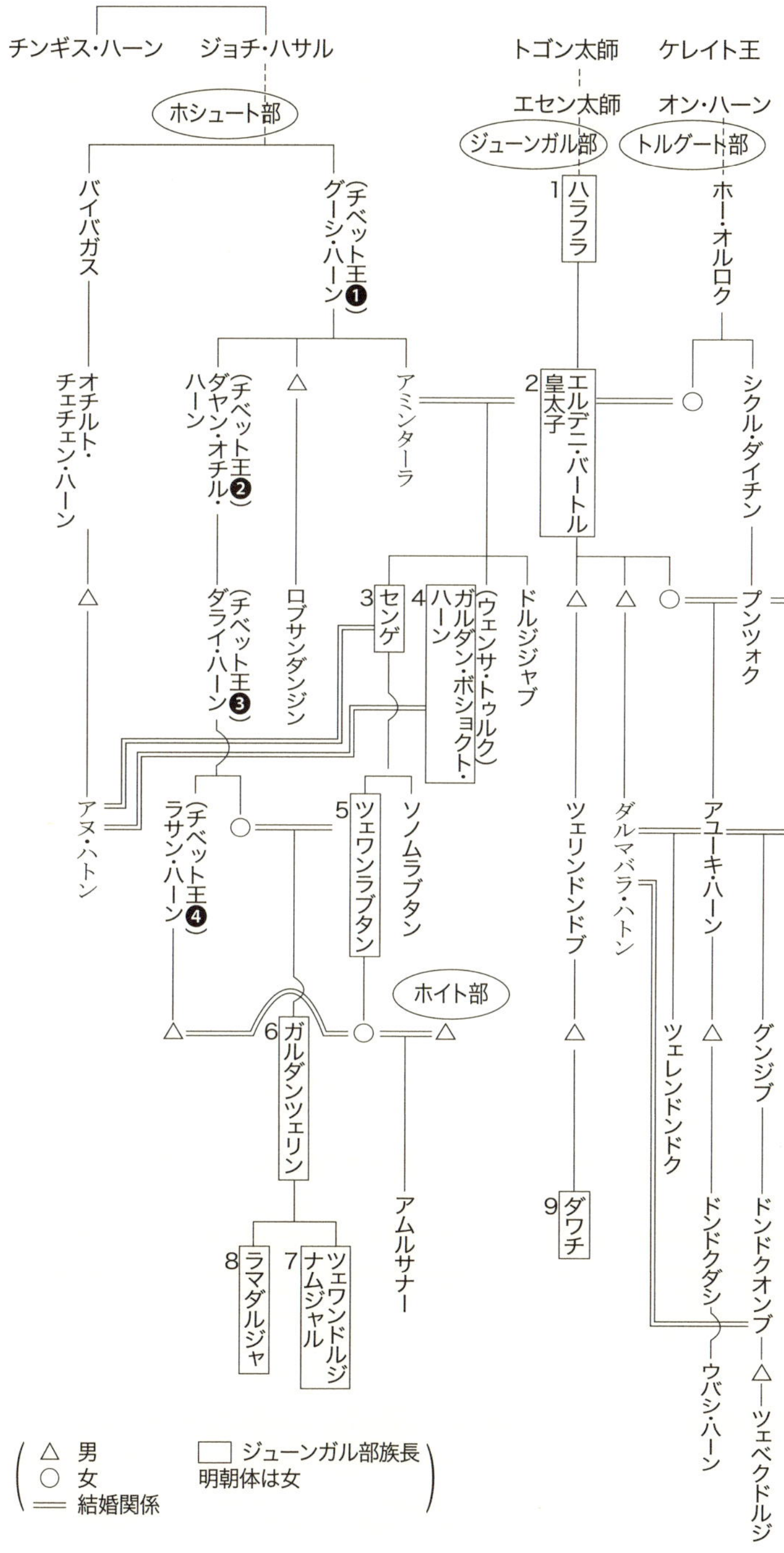

畔にホシュート軍を撃破してオチルトを捕虜にした。ガルダンはボショクト・ハーンと称して、全オイラトの指導者となった。これがジューンガル帝国のはじまりである。

ガルダンは一六八〇年、東トルキスタンのオアシス都市のトルコ系イスラム教徒の白山党（アク・タグリク）・黒山党（カラ・タグリク）の争いに介入して、黒山党を支持する東チャガタイ・ハーンの末裔のカシュガルのイスマイル・ハーンを捕えてイリに連れ去り、白山党の首領アパク・ホージャをヤルカンドにおいて貢税の徴収にあたらせた。

このころ中国では三藩の乱（一六七三〜一六八一年）が進行中だったが、当初、清朝と雲南の呉三桂のいずれが勝つか予測できなかったチベットのダライ・ラマ五世は、清朝に隠れて呉三桂に内通していたが、これは清朝の知るところとなった。清朝がしだいに優勢になり、呉三桂が一六七八年に死んで呉世璠が継ぐようになると、チベットの前途を憂えたダライ・ラマは、ガルダンを利用してモンゴルとオイラトを結集し、ゲルク派仏教帝国を建設しようと計画したが、そのやさき、一六八二年にダライ・ラマ五世は死んだ。摂政サンギェギャツォは計画の挫折を防ぐため五世の死を秘密にし、禅定《ぜんじょう》にはいっていると宣伝して、翌一六八三年、新たに転生したダライ・ラマ六世を見出して、やはり秘密のうちに養育を始めた。

ハルハの内乱

かつてワンチュク・ジャサクト・ハーンを殺したエリンチン・ロブザン太子は、ジューンガルのセンゲに捕えられてジャサクト・ハーン家に引き渡されていたが、その後エリンチンはワンチュクの弟のチェングン・ジャサクト・ハーンにそむき、戦争となってエリンチンは敗れてふたたびイェニセイ河上流の地に逃亡した。チェングンはエリンチンの領民を手に入れると、こんどはチャグンドルジ・トゥシェート・ハーンに向かって、兄ワンチュクの旧領民を返還するよう要求したが、チャグンドルジはこれに応じなかった。こうしてジャサクト・ハーン家とトゥシェート・ハーン家が不和になった。

事態を憂慮した康熙帝はダライ・ラマと連絡をとって調停につとめ、ようやく一六八六年にいたって、ハンガイ山南のバイダリク河畔のクレーン・ベルチルで講和会議が開かれ、清朝の代表としては理藩院《りはんいん》尚書アラニ、ゲルク派の代表としては大本山ガンデン寺の座主《ざす》が出席し、位を継いだばかりのシラ・ジャサクト・ハーンと、チャグンドルジ、および弟のジェブツンダンパ一世の間で和約が結ばれた。

しかしこのクレーン・ベルチルの和約は、紛争を解決するどころか、さらに大きな戦乱を引きおこすことになった。チャグンドルジは和約の条件を履行せず、ワンチュクの旧領民の半分しかシラに返還しなかった。ジャサクト・ハーン家を宗主とあおぐジューンガルのガルダン・ボショクト・ハーンは当然シラを後援したし、またクレーン・ベルチルの講和会議で、ジェブツンダンパがダライ・ラマの代理人たるガンデン寺座主と対等にふるまったことをも怒っていた。さらにかつてガルダンがホシュートのオチルト・チェチェン・ハーンと戦っていたとき、チャグンドルジがオチルトを助けてガルダンを攻めたことをも怨んでいた。

そこでシラとガルダンは連合してチャグンドルジに和約の履行を要求した。チャグンドルジは先手を打って開戦してシラを殺し、すすんでガルダンの弟ドルジジャブを殺した。以上は一六八七年のことである。

ガルダンのハルハ征服

一六八八年の春、ガルダンは三万のジューンガル軍を指揮して北モンゴルに侵入し、ハンガイ山を越えて、タミル河畔にチャグンドルジを破ってオンギーン河に走らせ、進んでトーラ河からケンテイ山を越えてケルレン河に至り、チェチェン・ハーン家の牧地を荒らした。ジューンガル軍の一部隊はオルホン河畔のエルデニ・ジョー寺（昔のカラコルム）を襲い、これを炎上させた。ジェブツンダンパは兄チャグンドルジの家族とともに逃走して南モンゴルに入った。

その秋、ガルダンがケルレン河からトーラ河に引きかえしてくるところを、チャグンドルジは全軍をあげて迎え撃ったがふたたび敗れ、南モンゴルに避難して康熙帝の保護を受けた。ついでシラの弟ツェワンジャブも、オメケイ・チェチェン・ハーンもやはり避難してきたので、南モンゴルに逃げ込んだ亡命ハルハ人は数十万に達した。

康熙帝は慎重な態度を取り、北モンゴルに自分から介入しようとはしなかった。しかしゲルク派の摂政サンギェギャツォは、北モンゴルに続いて南モンゴルをも自派の勢力圏に入れることを望み、ガルダンを煽動して南モンゴルに進出させようとした。

一六九〇年、ガルダンはケルレン河から南下して南モンゴルの北境に入り、ウルグイ河にアラニの指揮する清軍のモンゴル人部隊と戦ってこれを破り、さらに南下して今の赤峰市の西郊のウラーン・ブトゥンで裕《ゆう》親王福全《ふくぜん》の指揮する清軍と戦い、これに大損害を与えて引き揚げた。

康熙帝はモンゴル人の離反を防ぐため、一六九一年五月三十日、ドローン・ノール（多倫県、元の上都）に南北モンゴル人の王公の大会議を召集し、その席上、ジェブツンダンパおよび三ハーン以下のハルハ人たちの臣従の誓いを受け、これによってガルダンとの対決の態度を明らかにした。

これよりさき、ガルダンの兄センゲが殺されたとき、センゲの長子ツェワンラブタンはまだ七歳であった。ツェワンラブタンの成長とともに叔父ガルダンとの間は微妙になり、一六八九年、ガルダンは刺客をしてツェワンラブタンの帳幕を襲わせたが、ツェワンラブタンはたまたま不在で、殺されたのは次弟のソノムラブタンであった。ツェワンラブタンはこれを知ると、ただちにセンゲの旧臣七人とともにガルダンの本営を脱出して、父の旧領のボロ・タラに逃れ、一六九一年までに、ガルダンの不在中の国内と、東トルキスタンをほぼ制圧して、清に使を送って康熙帝と連合した。

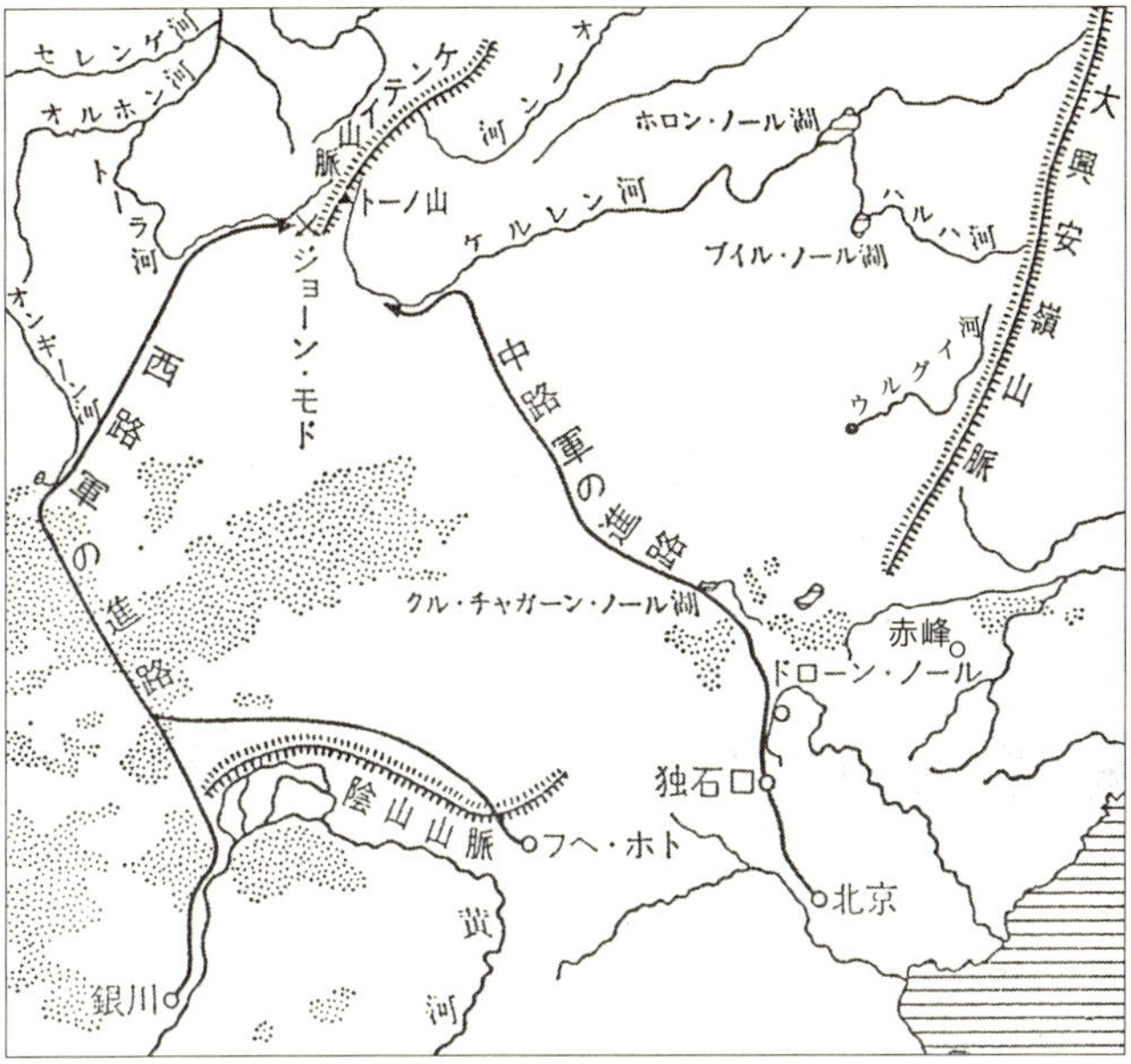

地図10　清軍の北モンゴル侵攻

一六九六年、清軍は三路から北モンゴルに進攻した。康熙帝は自ら中路軍を指揮して、四月一日、北京を発し、十二日、独石口《どくせきこう》で長城を出、上都河畔のボロ・ホトから西北に向かい、クル・チャガーン・ノール湖をへて、五月十三日、ダリガンガ地方で北モンゴルにはいり、ゴビ砂漠を横断してケルレン河をめざした。しかし黒龍江将軍サブスの東路軍は進軍を断念しなければならなくなった。撫遠《ぶえん》大将軍フィヤングの西路軍は、陰山《いんざん》の北から西北に進んでオンギーン河に達し、そこから東北に転じてトーラ河に向かったが、行軍は困難をきわめ、日程は大幅におくれた。六月四日、中路軍はトゥリン・ブラクの前進基地から進軍を再開し、七日、ケルレン河に達した。ガルダンはすでに西方に逃走していた。中路軍は追撃に移ったが、食糧が底をつき、十一日、トーノ・オーラ山から帰途についた。

翌十二日、ガルダンと五千のジューンガル軍は、ケルレン河の上流からケンテイ山をこえてトーラ河を西に下ろうとして、今のウラーンバートル市の東方三十キロメートルにある、ゴルヒ・テレルジ国立公園の入り口の橋のあたりのジョーン・モドの地で、清の西路軍と遭遇して大敗した。ジューンガル軍はほとんど全滅し、アヌ・ハトンも戦死した。ガルダンは少数の部下とともに闇にまぎれて脱出したが、もはや行く先はなく、アルタイ山中をあてもなくさまよったあげく、一六九七年四月四日、アチャ・アムタタイで病死した。ハルハ人たちは北モンゴルに帰り、これから一九一一年の独立まで、北モンゴルは清朝の領土となった。

清のチベット征服

ジョーン・モドの戦いでガルダンが粉砕された結果、チベットの摂政サンギェギャツォは、清の康熙帝とジューンガルの君主ツェワンラブタン皇太子(ジューンガルの君主号は皇太子という)の双方の間で窮地に立った。そこで一六九六年、これまで秘密にしていたダライ・ラマ五世の死去をはじめて公表し、十四歳になったダライ・ラマ六世の即位式をあげた。ところがこのダライ・ラマは奔放な性格の恋愛詩人で、ゲルク派の教義に興味をもたず、一七〇二年には正式に自分の宗教的特権の放棄を宣言した。

青海《せいかい》ホシュートのグーシ・ハーンの曾孫ラサン・ハーンは、第四代チベット国王として、名目化していた国王権の回復を企て、康熙帝の同意を得て、一七〇五年、ラサに進軍し、サンギェギャツォを殺し、ダライ・ラマ六世を逮捕した。ダライ・ラマは廃位され、北京に護送される途中、青海の南のクンガ・ノール湖畔で一七〇六年十一月十四日に病死した。ラサン・ハーンは別のダライ・ラマ六世を立てたが、チベット人には不評判であり、青海ホシュートも、一七〇八年九月三日、リタン(理塘)に生まれたダライ・ラマ七世を真のダライ・ラマと認めるものが多かった。

ジューンガルと清朝との関係は、ガルダンの滅亡以来、ずっと平和であったが、一七一五年にいたって、ハミの帰属をめぐって戦端が開かれた。康熙帝は翌一七一六年、リタンのダライ・ラマ七世を西寧《せいねい》のクンブム寺に移し、身柄を保護することとした。

一七一七年、ツェワンラブタン皇太子の従弟ツェリンドンドブの指揮するジューンガル軍は、チャンタン高原を強行突破してチベットにはいり、ラサを占領して、ラサン・ハーンを殺した。こうしてチベットはジューンガルの手に落ちた。翌一七一八年、青海から救援に向かった清軍とホシュート兵は、ジューンガル軍に敗れて全滅した。

一七二〇年、清軍は青海と四川からチベットに進攻した。ツェリンドンドブは東トルキスタンへ逃走した。ダライ・ラマ七世は、こうしてはじめてラサにはいることができた。

康熙帝はいよいよアルタイ山とバルクル（巴里坤）からジューンガルに清軍を進攻させようとしたが、その直前の一七二二年に死んだ。帝位を継いだのは雍正帝《ようせい》（世宗《せいそう》）である。

ジューンガル帝国の滅亡

青海ホシュートのグーシ・ハーンの孫ロブサンダンジンは、一七二三年、清朝からの独立を企てて兵をあげ、ダライ皇太子と自称したが、翌一七二四年、清軍に平定された。ロブサンダンジンはジューンガルに亡命した。これを機会に、青海は完全に清朝の領土となり、青海のオイラト人は、ことごとく雍正帝の臣下となった。

雍正帝はジューンガルに対して平和の方針をとり、一七二三年チベットから、一七二四年アルタイ山から、一七二五年バルクルから撤兵して、ツェワンラブタン皇太子と休戦した。

同じ一七二五年、雍正帝は北辺防衛策として、康熙帝の第十皇女と結婚していたハルハの多羅郡王《ドロイぐんおう》ツェリンにサイン・ノヤンの称号を与えて、その近族とともにトゥシェート・ハーン家から独立させ、副将軍に任命してアルタイ山方面の清軍の司令官とした。これがサイン・ノヤン部の起源で、これから北モンゴル・ハルハには三ハーンとサイン・ノヤンの四部があることになるのである。

ジューンガルでは、一七二七年にツェワンラブタン皇太子が死んで、その子ガルダンツェリンが新たな君主である皇太子となった。清とジューンガルの間はしばらくは平和であったが、一七三一年にいたって、ツェリンドンドブの軍がアルタイ山を越え、ホブドに駐する清の靖辺《せいへん》大将軍フルダンの軍をホトン・ノール湖畔に破ってほとんど全滅させた。ハルハのツェリン・サイン・ノヤンは東進する敵軍をむかえ撃ってこれを破ったので、雍正帝はその功を賞してツェリンの爵位を和碩《ホショイ》親王にすすめた。

一七三二年、こんどはバガ・ツェリンドンドブの軍が侵入し、ハンガイ山に至ったが、ツェリンはまたも奮戦してエルデニ・ジョーに敵を破り、雍正帝から超勇《ちょうゆう》の号を授けられた。

一七三五年、清朝とジューンガルとの間に国境画定の交渉が開かれたが、協定に達しないうちに雍正帝が死んで乾《けん》隆《りゅう》帝（高宗）が継いだ。一七三九年に至ってやっと協定が妥結し、ジューンガルの牧地はアルタイ山以西、ハルハの牧地はハンガイ山のブヤント河以東とすることになった。

一七四五年、ガルダンツェリンが死んで、その子のツェワンドルジ・ナムジャルが皇太子となったが、それとともにジューンガル帝国の運命は急速に下り坂をたどった。ツェワンドルジ・ナムジャルの庶兄ラマ・ダルジャは一七五〇年、兵をあげて叛き、ツェワンドルジ・ナムジャルを捕えて両眼をくり抜き、東トルキスタンに幽閉して、自ら皇太子となった。ラマ・ダルジャはジューンガルの王族を迫害した。ツェリンドンドブの孫ダワチはカザフに逃れ、一七五三年、イリにラマ・ダルジャを襲って殺し、自ら皇太子となった。

ダワチと行動をともにしたホイト部族長のアムルサナーは、ツェワンラブタンの娘の子であったが、ダワチの即位後これと不和になり、一七五四年、清に亡命した。同時にドルボト部族の三チェリンと呼ばれる首領たちも清に亡命してきたので、乾隆帝はこの機会を利用して一挙にジューンガル問題を解決しようと計画し、一七五五年、清軍を二路に分けて、北路軍はウリヤスタイから、西路軍はバルクルから進発させた。アムルサナーは北路軍の副将軍に任命された。清軍はほとんど抵抗を受けずにイリに達し、ダワチ皇太子は逃亡してカシュガルに向かったが、ウシュの人に捕えられて清軍に引き渡され、北京に送られた。

アムルサナーの乱

こうしてジューンガル帝国が滅びたあと、乾隆帝はドルボト、ホシュート、ホイト、チョロース（ジューンガル）のオイラト四部族にそれぞれハーンを立て、アムルサナーをホイトのハーンにする予定であった。しかしアムルサナーは全オイラトの皇太子となることを希望し、それが容れられなかったので、兵をあげて独立を宣言した。このときまでに清軍はごく少数を残して引き揚げていたので、ジューンガル帝国の故地は容易にアムルサナーの手に落ちた。

一七五六年、清軍はふたたびイリに入り、アムルサナーはカザフに逃れて抵抗を続けた。このときトゥワのウリャーンハイ人を管轄していたハルハのジャサクト・ハーン部のホトゴイトの多羅《ドロイ》郡王チングンザブは、アムルサナーと内々に連絡していたことが発覚して、清に叛いて討伐を受けたが、その余波で清が立てたホイトのバヤル・ハーン、チョロースのガルザンドルジ・ハーンも清に叛いた。イリにいた清の定辺右副将軍ジョーフイの軍は、かろうじて脱出に成功した。

一七五七年、乾隆帝はジョーフイを伊犂《イリ》将軍に任じて進軍させた。ジョーフイがイリに入ると同時に、アムルサナーもカザフから来て、清軍と遭遇してふたたびカザフに逃げ込んだ。清軍は追撃してカザフに入った。カザフの中オルダのアブライ・ハーンは乾隆帝に、アムルサナーを捕えて引き渡そうと約束した。アムルサナーは逃れてシベリアに入り、ロシア人の保護のもとにトボリスクに滞在したが、そこで天然痘にかかって死んだ。

たびかさなる反抗に手を焼いた清軍は、報復の手段としてオイラト人の大虐殺に訴え、そのうえ清軍にもち込まれた天然痘の大流行で、オイラトの人口は激減し、イリ溪谷はほとんど無人の地となった。乾隆帝はその地にマンジュ人・シベ人・ソロン人・ダグール人の屯田兵を入植させた。一七五九年、天山の南の東トルキスタンも清朝に征服されて、大清帝国の領土は最大限に達した。

トルグートの帰還

これよりさき、オイラトのトルグート部族は、ホー・オルロクの指導のもとに、一六二八年、西方へ向かって移動を開始し、一六三〇年にはヴォルガ河に達し、ノガイ人を征服したが、一六四四年、ホー・オルロクは逃げたノガイを追ってコーカサス山中のカバルダに攻め込み、ここで戦死した。ホー・オルロクの長子シクル・ダイチン太師が部族長となり、一六五六年、ロシアのツァーリ、アレクセイ・ミハイロウィチと同盟した。シクル・ダイチンのあとを継いだその子プンツォクは、一六七〇年にホシュートのオチルト・チェチェン・ハーンの弟アバライ太師に殺され、プンツォクの長子アユーキ太師がトルグート部族長となった。

アユーキはハーンと称し、半世紀にわたって在位したが、一七二二年に八十三歳で死ぬとともに、王位継承の内紛が起こった。アユーキ・ハーンはジューンガル出身の妃ダルマバラ・ハトンが生んだ若い息子ツェレンドンドクを後継者とするつもりであったが、ダルマバラ・ハトン自身は、もっとも実力のあったアユーキの孫ドンドクオンブと再婚して、これを後援した。ロシアの介入でツェレンドンドクがハーンとなったが、国内は安定せず、一七三五年、ドンドクオンブがクバンからヴォルガに進軍してくると、ツェレンドンドクはペテルブルグに亡命し、ドンドクオンブがハーンとなった。ロシアもこれを承認した。

ドンドクオンブ・ハーンは一七四一年に死に、またも紛争が起こったが、結局、アユーキ・ハーンの孫ドンドクダシが継いだ。ドンドクダシ・ハーンは一七六一年に死に、その子のウバシが十七歳でハーンとなった。ロシアはハーンの力を削ぐために、ドンドクオンブ・ハーンの孫ツェベクドルジをトルグートのジャルグチ（裁判官）会議の議長に任命した。これに不満なウバシ・ハーンは、一七七一年、トルグートの大多数を率いてヴォルガ河畔を離れ、イリ

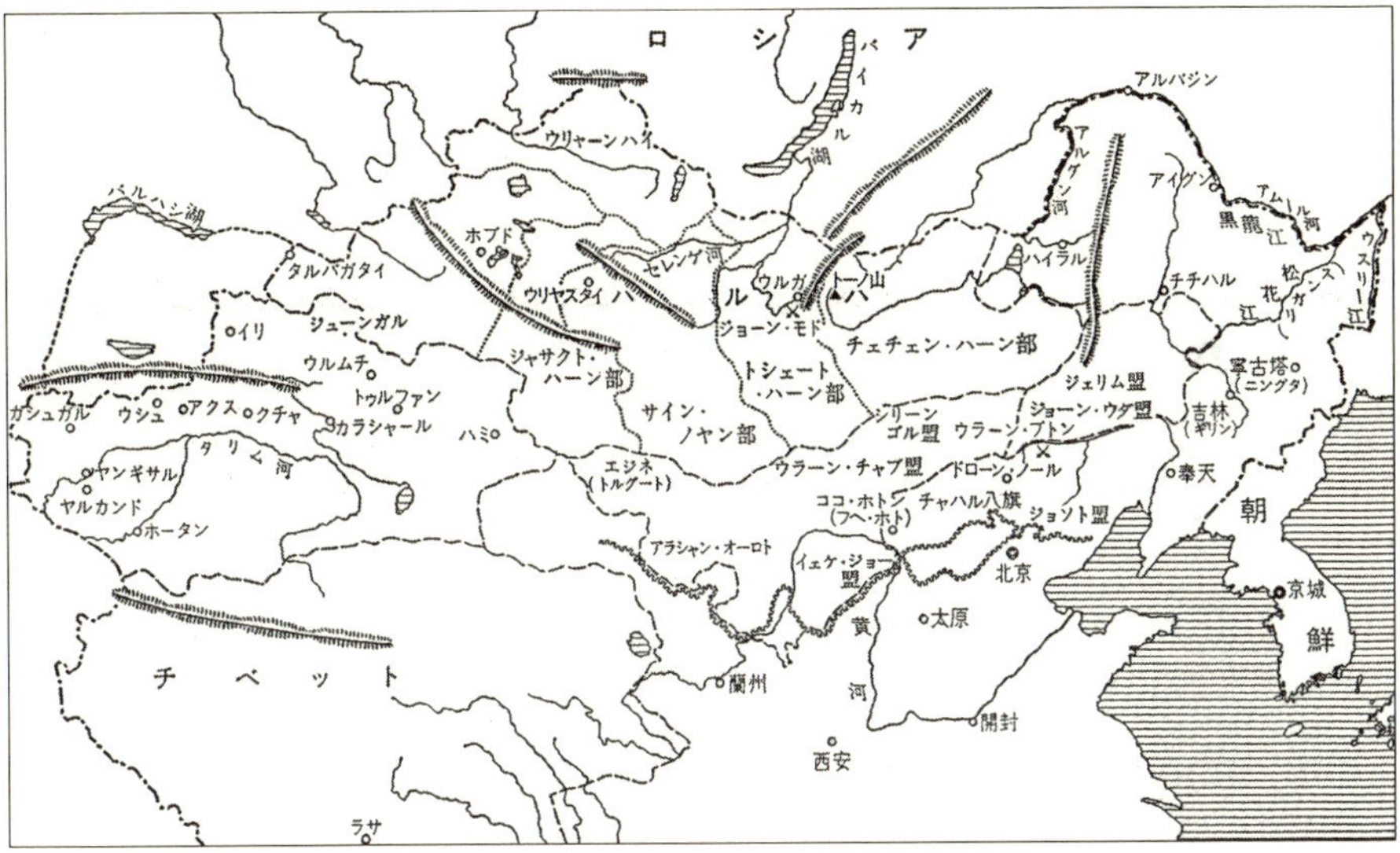

地図11　清朝時代のモンゴル

に達して清朝の保護を受けた。

こうして、バイカル湖の東のブリャート人と、ヴォルガ河の西に残ったトルグート人（カルムィク人）をのぞいて、あらゆるモンゴル系の種族は、清の皇帝の臣下となった。

清のモンゴル統治

清朝はモンゴル人を同盟者として扱い、その忠誠を確保するために、いろいろと保護を加えた。行政組織としては、満洲人の八旗の制度に準じて、旗《き》（ホシューン）を基本単位とし、旗ごとに牧地を指定した。その下部機構としては、佐領《さりょう》（スムン）を設けた。旗の長を札薩克（ジャサク）といい、世襲制であり、旧来の部族長・氏族長たちがこれに任ぜられ、それぞれ、和碩親王（ホショイ・チンワン）・多羅郡王（ドロイ・ギュンワン）・多羅貝勒（ドロイ・ベイレ）・固山貝子（グサイ・ベイセ）・鎮国公（トゥシェー・グン）・輔国公（トゥサラフ・グン）の爵位が与えられたが、これは清朝の皇族と同じ扱いである。これらの下には台吉（タイジ）または塔布嚢（タブナン）の称号があり、それぞれ一等から四等までに分けられた。札薩克でない王公もあり、閒散（スラ）といった。

各旗はそれぞれ地区単位に盟（チュールガン）を形成した。毎年春、各盟に属する旗の王公は盟地に集まって閲兵式を行ない、軍備を点検する。佐領はそれぞれ騎兵五十名を出す定めであった。南モンゴルの四十九旗は六盟を形成する。北モンゴルの八十六旗は、トゥシェート・ハーン部、チェチェン・ハーン部、ジャサクト・ハーン部、サイン・ノヤン部の四部（アイマク）に分かれ、それぞれ一部が一盟を形成する。南北モンゴルを通じて、王公は少なくとも三年に一度は北京に朝貢する義務があり、皇帝の忠誠な臣下たることを奨励された。また清朝は、遊牧経済の保全のために、漢人がモンゴルの地にはいることをきびしく制限した。

文化の面では、ゲルク派チベット仏教のめざましい発展がみられた。各旗はそれぞれ菩提寺をもち、ほかにドローン・ノールの彙宗寺《いしゅうじ》があって清朝の勅願所であり、南モンゴル人の信仰の中心であった。その座主はチャンキャ・フトゥクトといい、代々転生して南モンゴル最高の宗教的地位を占めた。北モンゴルには、今のウラーンバートル市にガンダン寺があり、その座主はジェブツンダンパ・フトゥクトで、これも転生によって相続し、代々北モンゴルの精神的中心となった。その広大な所領は北モンゴル西北部のホブソゴル湖方面にあり、領民はシャビ（弟子）と称せられた。僧侶はいっさいの公的負担を免除されたため、出家するモンゴル人は非常に多くなり、寺院は繁栄し、教育・科学技術の普及、医療の中心として、モンゴル文化の発展に寄与するところが多大であった。

モンゴルの政治と宗教は、すべて清朝皇帝に直属し、理藩院《りはんいん》（トゥレルギ・ゴロ・ベ・ダサラ・ジュルガン）という機関を通して管理された。これはもと蒙古衙門《がもん》（モンゴ・ジュルガン）といい、六部と同等の国家の最高官庁のひとつで、一六三八年理藩院と改称され、のちには青海・チベット・新疆をも管轄するようになった。こうして清朝のモンゴル統治は、モンゴル人社会に安定をもたらし、平和と秩序を維持することに成功したが、一方においては、社会の発展を阻害する結果になったことは否定できない。

第一部　モンゴル帝国時代のモンゴル

2　『元朝秘史』の成立

『元朝秘史』をモンゴル語では『モンゴルン・ニウチャ・トブチャーン（モンゴルの秘密の綱要）』という。モンゴル語の原本は伝わっておらず、原文のモンゴル語を一音ずつ漢字で写し、その脇に中国語で一語ずつの直訳を付け、一節が終わると漢文で意訳を付けたテキストだけが現存する。[1] その成立年については古今東西多くの学者が論じてきたが、モンゴル国では一二四〇年（庚子）成立説を公式に採用している。本論は『元朝秘史続集』二巻を一三二四年（甲子）の成立とし、『元朝秘史』十巻は、これより前ではあるが一二九二年よりは後の成立であることを論証するものである。最大の根拠は、『元朝秘史』の主題の一つである、ウンギラト／フンギラト部族がモンゴルの后妃を輩出し帝室の外戚の特権を享受したのが、フビライ家の元朝時代になってからだったことである。本論では続いて、『元史』に基づいてフンギラト氏所生の皇帝の継承を論じるなかで、いわゆる中国王朝のしくみとは異なる、遊牧民の建てた王朝である元朝政権の特性を明らかにする。

『元朝秘史』巻一、第六一～六六節に、イェスゲイ・バートル（Yesügei ba'atur）が、九歳のその子テムジン（Temüjin）を連れて、妻ホエルン・エケ（Hö'elün eke）の里方オルフヌート（Olqunu'ud）の民に嫁を求めに行く途中、チェクチェル山（Čegčer）とチフルフ山（Čiqurqu）の間に、ウンギラト（Unggirad）のデイ・セチェン（Dei sečen）に出逢い、その勧めに従って、十歳のボルテ（Börte）とテムジンを婚約せしめる次第が説かれている。その中でデイ・セチェンは、前夜に見た、白い海青《シンホル》が日月をつかんで飛んできて自分の腕にとまるという吉夢を語り、「我等の男児たちは牧地を見張るものである。我等の女児は美貌を眺められるものである」（nu’un kö’üd manu nuntuγ qarayu. ökin kö’ün manu öngge üǰegdeyü.）といって、女子を王者の后妃に奉じて権勢を保つ、ウンギラトの平和な伝統を強調するのである。次に引用するのは第六四節の全文の、文語に近づけた転写である。

ba unggirad irgen, erte üdür-eče ǰe’e-yin ǰisün ökin-ü önggeten, ulus ülü temečed.

qačar γo’a ökid-i

qahan boluγsan-a tanu

qasaγ tergen-dür unu’ulǰu

qara bu’ura kölgeǰü

qatara’ulǰu odču

qatun sa’urin-dur

qamtu sa’ulumu.

ba ulus irgen ülü temečed. ba

öngge sayid

ökid-iyen

öskeǰü

ölǰigetei tergen-dür unu’ulǰu

öle bu’ura kölgeǰü

e’üskeǰü odču

ündür sa’urin-dur
öre’ele ete’ed sa’ulqui.

ba erten-eče unggirad irgen, qatun qalqatan ökid öčilten, ǰe’e-yin ǰisün ökin-ü önge-ber büle’e ba.

この頭韻を踏んだ繰り返しの多い文章をなるべく忠実に意訳すると、次のようになる。

我等ウンギラトの民は、昔の日々から「甥の容貌、女子の色彩」（外戚たるの光栄）を有する者どもであり、国を争わない。

頬《ほお》の美しい娘たちを
汝等がハーンとなった時に
二輪車に乗せて
黒い牡駱駝《おすらくだ》に牽《ひ》かせて
速歩《はやあし》で走らせて行って
后妃の位に
一緒に坐らせる。

我等は国や民を争わない。我等は
色の美しい
自分の娘たちを
育てて

蓋《おお》いのある車に乗せて
灰色の牡駱駝に牽かせて
出発させて行って
高い位に
傍らの方に坐らせる。

我等は昔から、ウンギラトの民は、「后妃を盾とする者ども、娘たちによって奏上する者ども」であり、「甥の容貌、女子の色彩」によってかくあったのだ、我等は。

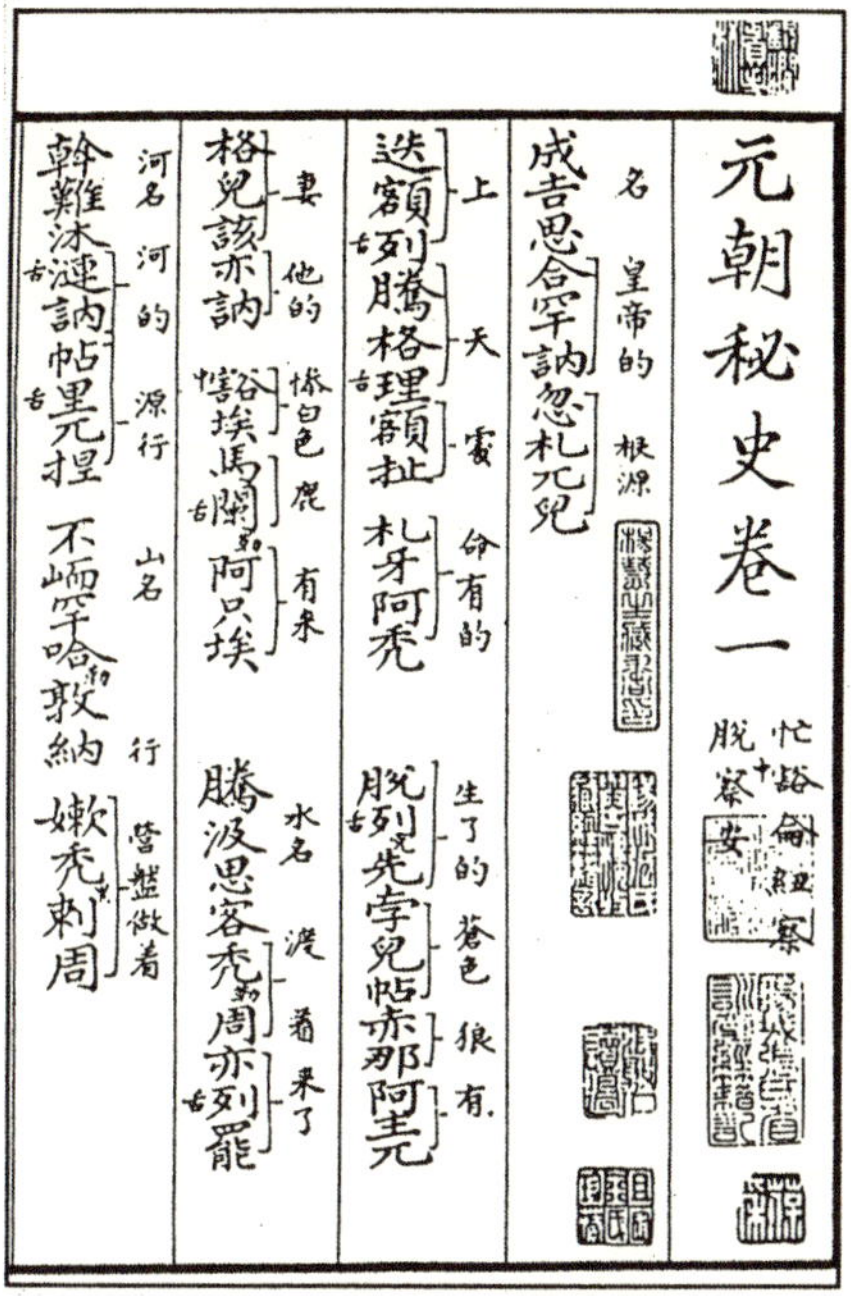
元朝秘史巻一

忙豁侖紐察脱察安

成吉思合罕訥忽札兒

迭額列騰格理額扎札牙阿禿 脱列先孛兒帖赤那阿禿

格兒該亦訥豁埃馬闌勒阿只埃 騰汲思客禿周亦列罷

斡難沐漣訥帖里元揑不峏罕合勒敦納嫩禿剌周

図１『元朝秘史』冒頭部分

この一段の説話は、『元史』にもラシード・ウッ・ディーン (Rashīd al-Dīn) の『集史』(Jāmiʿ al-tawārīkh) にもないもので、『元朝秘史』の創作であろうが、とにかくこれによれば、ウンギラトの民は古来、自ら覇権を求めて他と争ったことがなく、他の氏族——この場合はモンゴルのキャーン (Kiyan) 氏族——にハーンが現《い》われるたびに、自らの美しい女子を后妃として納れて、帝室の外戚としての特権を享受することによって繁栄し来たった平和な民だ、ということになる。

ところで、テムジン、即ちチンギス・ハーン

(Činggis qaγan) が九歳ということは、もし『元史』太祖本紀に従って、その丁亥（一二二七年）の死が六十六歳であったとするならば、この説話の年紀は一一七〇年ということになる。チンギス・ハーンの生誕の年には諸説があるが、いずれにせよ十二世紀の後半を背景とする説話に相違ない。しかし、ウンギラトは、十二世紀において、果たして『元朝秘史』の語るような平和な民だったのであろうか。

ウンギラト（またはフンギラト Qunggirad）が始めて歴史に登場するのは一二一二年のことである。この年、遼の耶律大石《やりつたいせき》は金兵を避けてモンゴル高原に逃れ、トーラ河畔の可敦《カトン》城に七州の契丹人と十八部の遊牧民を集めて自立して王となったが、その十八部の三番目に数えられているのが王紀剌《ウンギラト》である。[2]

金代に入って、内族宗浩《そうこう》は一一八九年に章宗が即位すると、出でて北京留守《りゅうしゅ》となったが、北方に警があったので、宗浩は命ぜられて金虎符《きんこふ》を佩《お》びて泰州に駐《ちゅう》し、便宜に事に従うこととなった。朝廷は上京《じょうけい》等路の軍万人を発してもって戍《まも》らせた。

宗浩は、糧儲《りょうちょ》がいまだ備わらず、かつ敵がいまだ敢て動かないことを度《はか》ったので、遂にその軍を分かって食糧のある隆［州］・肇《ちょう》［州］の間に行かせた。この冬は果たして警がなかった。

北部の広吉剌《ホンギラ》（Qunggirad）なるものは尤も桀驁《けつごう》で、しばしば諸部を脅かして塞に入った。宗浩は、その春暮、馬が弱いのに乗じてこれを撃たんと請うた。

時に阻䪁《そぼく》（Kereyid）もまた叛した。内族襄《じょう》が省事を北京に行なったので、詔してその事を議せしめた。襄の意見は、もし攻めて広吉剌を破れば、即ち阻䪁は東顧の憂いがなくなるから、これを留めてその勢いを牽制する方がよい、というものであったが、宗浩は奏して、「国家は堂々の勢いをもってして小部を掃滅する能わず、かえって彼を藉《か》りて捍《ふせ》ぎとしようというのか。臣は請う、先ず広吉剌を破り、然る後に兵を提《ひっさ》げて北のかた阻䪁を滅ぼさん」と。章が再び上《たてまつ》られて、これに従うことになり、詔して宗浩に諭して「まさに北部を征せんとするは、もとより卿の誠である。

更に宜しく意を加うるべく、後悔を致すことなかれ」と曰《い》った。

宗浩は、合底忻《ハティギン》（Qatagin）と婆速火《ボスホ》（Bosqur）等が相い結んでいることを覘《うかが》い知り、広吉剌の勢いは必ず分かれるであろう、彼はすでに我に討たれることを畏れ、また仇敵に掣肘されているから、則ち理として必ず降を求めるべく、呼びて致すべきであるとして、因って主簿《しゅぼ》撒《サ》を遣わして、軍二百を領して先鋒たらしめ、これを戒めて、「もし広吉剌が降れば、就《すなわ》ちその兵を徴してもって合底忻を図るべく、仍《よ》りて余部の所在を偵《うかが》って速やかに来報せしめよ。大軍はまさに進んで汝と撃たん。これを破らんこと必せり」と曰った。

合底忻とは、山只昆《サンジクン》（Salǰiγud）とともにみな北方の別部であって、強を恃んで中立し、羈属《きぞく》するところなく、阻轐・広吉剌の間に往来して、連歳《れんさい》の擾辺《じょうへん》はみな二部がなすところであった。撒が敵境に入ると、広吉剌は果たして降ったので、遂にその兵万四千騎を徴し、馳報してもって待った。

宗浩は北進し、命じて人ごとに三十日の糧を齎《もた》らさしめ、撒に報じて移米《イミ》河に会して共に敵を撃たしめようとした。ところが遣わすところの人が誤って婆速火部に入り、これに由って東軍は期を失した。宗浩の前軍は忒里葛《テリガ》山に至って山只昆《サンジクン》の統ぶるところの石魯《シル》・渾灘《フンタン》の両部に遇い、撃ってこれを走らし、首千二百級を斬り、生口・車・畜を俘《とりこ》にすること甚だ衆《おお》かった。

進んで呼歇《フケ》水に至り、敵の勢いは大いに蹙《しじ》まった。ここにおいて合底忻部長白古帯《ベクタイ》・山只昆部長胡必剌《フビラ》、及び婆速《ボス》火《ホ》の遣わすところの和火《ホホ》なる者はみな降を乞うた。宗浩は詔を承けて、諭してこれを釈《ゆる》した。

胡必剌は因って言った、「所部の迪列土《テレト》（J̌alayir）は近く移米河に在り、偕《とも》に降るを肯んじない。乞う、これを討たん」と。すなわち軍を移して移米に趣《おもむ》き、迪列土と遇ってこれを撃ち、首を斬ること三百級、水に赴いて死する者が十の四五で、牛・羊を獲《う》ること万二千、車・帳はこれに称《かな》った。

合底忻等は大軍の至るを恐れて、西のかた移米を渡り、輜重《しちょう》を棄てて遁《のが》れ去った。撒は広吉剌部長忒里虎《テリフ》と追躡《ついちょう》してこれに窊里不水《オリブ》に及び、縦撃《じゅうげき》して大いにこれを破った。婆速火九部の斬首されたり水に溺れて死んだ者は四千五百余人で、駝・馬・牛・羊を獲ること、勝《あ》げて計るべくもなかった。軍が還った。婆速火は内属を乞い、并《あわ》せて吏を置かれんことを請うた。上は優詔して褒諭した。[3]

こうした史実から見て、十二世紀のウンギラト／フンギラトが、平和の伝統からほど遠く、北モンゴル東端に蟠踞《ばんきょ》して、境を接する金帝国の頭痛の種であったことが明らかである。それなのになぜ『元朝秘史』は、この桀驁《けつごう》なる種族を、国や民を争わない、「甥の容貌、女子の色彩」を有する、「后妃を盾とする者ども、娘たちによって奏上する者ども」と呼んだのであろうか。

実は『元朝秘史』のこの表現は、チンギス・ハーンのモンゴル統一以前のウンギラト／フンギラトではなく、その孫フビライ・ハーンの登極以後のこの氏族にのみ適合するものなのであり、これによって『元朝秘史』の成立の事情が窺《うかが》われるものなのである。

チンギス・ハーンの多くの后妃のうち、フンギラトのボルテ・フジンはケルレン河上コデエ・アラルの大オルドを守り、第二オルドを守ったメルキト（Merkid）のフラン・ハトン（Qulan qatun）、第三オルドを守ったタタル（Tatar）のイェスイ・ハトン（Yesüi qatun）、第四オルドを守ったその妹イェスケン・ハトン（Yesüken qatun）と共に、最も高い地位を占めていたことは間違いなく、ボルテの生んだジョチ（J̌oči）、チャガタイ（Čaγatai）、オゴデイ（Ögedei）、トルイ（Tolui）の四子が、チンギス・ハーン家の嫡流となったことも確かである。

デイ・セチェンの子アルチ・ノヤン（Alči noyan）は、丁酉の歳（一二三七年）、「弘吉剌（Qunggirad）氏、女を生まば世々以て后と為し、男を生まば世々公主に尚せん」という旨を受けた。[4] この丁酉はオゴデイ・ハーンの治世であるが、当のオゴデイ・ハーンにはフンギラト氏出身の后妃はなく、ただアルチの孫納合《ナハ》がオゴデイの娘唆児哈罕《ソルハハン》公主に尚したことが知られるのみである。[5] オゴデイ・ハーンの子グユク・ハーンにも、フンギラト氏の后妃の存在は伝えられていない。

むしろフンギラト氏との婚姻に熱心であったのは、ジャライル、フンギラト、イキレス、ウルート、マングト等左翼万人隊の兵を率いて漢地の経略に当たったトルイの一家であった。アルチの子斡陳《オチン》は、トルイの娘也速不花《イェスブハ》（**Yesü buqa**）公主に尚している。[6] これだけでは「甥の容貌」はあっても、「女子の色彩」があるとは謂えないが、トルイの長子モンケ・ハーンの貞節皇后忽都台《フトクタイ》（***Qutuytai**）は、アルチの従孫忙哥陳《モンケチン》の娘で、その崩後、妹也速児《イェスル》（***Yesür**）が継いで妃と為っている。[7] これが事実上、「女子の色彩」の最初の例であるが、フンギラト氏の宮廷における外戚としての地位が確立したのは、モンケの弟、世祖フビライ・セチェン・ハーンの昭睿順聖《しょうえいじゅんせい》皇后察必《チャブイ》（**Čabui**）の出現のお蔭であった。

チャブイ・ハトンはアルチ・ノヤンの娘であった。[8] その姉テムルン（**Temülün**）は、ジャライルのムハリ国王の孫バートル（**Ba'atur**）の夫人である。[9] バートルは、フビライの即位以前から、その先鋒元帥として戦功を立てた人で、フビライに勧めて燕京《えんけい》に大都を置かせたことは有名であるが、フビライの即位の翌年、一二六一年に卒《しゅつ》した。[10] フビライが一二六〇年、開平においてハーンに推戴されたのも、一二六四年に及ぶその弟アリク・ブガとの抗争に勝利を収めたのも、ジャライル部族に統率される左翼の精鋭の支持があったからであることは勿論であるが、ジャライル自体は、その昔、チンギス・ハーンの六世の祖ハイド・ハーン（**Qayidu qayan**）に征服されてより、代々チンギス家の家奴（**unayan boyol**）の身分を有し、主家と婚姻を通ずべき地位になかった。[11] そのためフンギラトが間に立って、チンギス家とジャライル家を結びつける役目をしていたのであって、テムルン、チャブイ姉妹はその一例である。

しかし、チャブイ・ハトンの出現をもって、直ちにフンギラトの宮廷における独占的地位の確立とすることはできない。フビライの皇后としては、第二オルドを守ったチャブイ皇后の外にも、大オルドを守ったテグルン大皇后（***Tegülün**）、第三オルドを守ったタラハイ皇后（***Taraqai**）、ヌハン皇后（***Nuqan**）、第四オルドを守ったバヤウジン皇后（*Baya'uǰin）、ココルン皇后（*Kökölün）等があった。(12) これらのハトンたちの出自は必ずしも判明しないが、フンギラトでなかったことは確かである。フンギラトの外戚としての権勢の確立は、チャブイ・ハトンの所生のチンキムが皇太子に選ばれ、チンキムの子孫から元の諸帝が輩出するようになってからのことである。そしてそれにはかなりの曲折を要した。次にそれを跡づけて見よう。(13)

ジャライルのバートルの息子アントンは、フビライによって宿衛の長とされ、僅か十七歳で位は百寮の上に在ったが、これは妹の縁で宮中に自由な出入を許されていたその母フンギラト氏テムルンのお蔭であった。(14) そしてこのアントンは、中書省の中心人物として、フビライの政権の内部で重要な役割を演ずるのである。

フビライには十人の皇子があったが、そのうち長子ドルジ（Dorǰi）、次子チンキム（Čingkim）、三子マンガラ（Manggala）、四子ノムガン（Nomuγan）の四人は、チャブイ・ハトンの腹から生まれた。ドルジは夭折し、事実上の長子はチンキムであった。

フビライは開平における即位の直後、何よりも先に中書省を立て、王文統を平章政事《へいしょうせいじ》に任命したが、(15) この中書省は、先にオゴデイ・ハーンが耶律楚材《やりつそざい》を中書令として設立したもの(16)とは別で、フビライを支持する漢人軍閥の合議機関である。(17) これは漢地における建国の当初には必要な措置であったが、漢人の知識人たちは、軍閥に反撥して、皇子チンキムの周囲に結集した。(18) 一二六一年、フビライ・ハーンはチンキムを燕王《えんおう》に封《ほう》じて中書省の事を領せしめた。(19) これは知識人たちの勝利であった。一二六二年、漢人軍閥の筆頭、益都《えきと》の李璮《りたん》が叛して鎮定されると、燕王チンキムは守中書令となり、(20) 翌年、中書省が民政機関に改編されて、軍政系統が枢密院として独立すると、チンキムは守中書令のまま判枢密院事を兼ねた。(21) 一二六五年に至り、ジャライルのアントンが二十一歳の若さで中書右丞相に任ぜられた。(22) こうしてフンギラト系のチンキムとアントンという従兄弟が、国政の中枢を掌握したのである。

これと時を同じくして、アフマド Aḥmad の権力が強くなりつつあった。アフマドはシル・ダリヤ河畔のバナーカトの出身で、チャブイ・ハトンの父、フンギラトのアルチ・ノヤンの家臣であった。[23]財政に明るいアフマドはフビライの信任を受け、帝室直営の鉱工業など、企業の経営を担当した。アフマドは一二六二年、命ぜられて中書左右部を領し、諸路都転運使を兼ねたのを手始めに、着々と勢力を伸ばし、一二七〇年に至ると、特にアフマドの為に尚書省が設立されて、その平章政事に任ぜられた。[24]これら中書省、枢密院、尚書省に加えて、一二六八年には御史台《ぎょしだい》が設置され、[25]国政の最高機関が完備したので、一二七一年、新たに大元という国号が制定された。[26]

こうして成立した元朝の国制には、モンゴル族特有の個人主義的色彩が濃厚であって、中書省はチャブイ・ハトンの姉の子であるアントンに属し、枢密院はチャブイ・ハトン所生の燕王チンキムに属し、尚書省はチャブイ・ハトンの家臣のアフマドに属している。そうした実情から言えば、元朝はチャブイ・ハトンを中心とするフンギラト政権であると定義してもよろしかろう。ただその中、血縁で結ばれている中書省、枢密院とは違い、アフマドの尚書省はやや結びつきが弱い。この点を考慮してか、一二七二年には、尚書省が中書省に併合されるという形式をとって、アフマドは中書平章政事となり、財政のみならず民政にも関与することができるようになった。[27]

チンキムはこれまで燕王であって、燕は大都の所在ではあったけれども、この封号《ほうごう》はそのまま嗣君《しくん》の位を示すものではなかった。しかし、大元の国制の完成は、その中核たるチャブイ・ハトンの地位をも安定させた。その表現として、一二七三年、フビライ・ハーンはチャブイ・ハトンに皇后の玉冊《ぎょくさく》と玉宝を、チンキムに皇太子の玉冊と金宝を授けた。[28]

こうして皇太子チンキムが出現したのであるが、元来モンゴルの伝統では、ハーンが自己の後継者を生前に指名する権利はなく、あくまでも死後に召集されるクリルタイにおいて後継者が選挙されるべきものであるから、皇太子の称号とはいっても、それはフビライ・ハーンの希望の表明以上のものではない。チンキムの弟たち、マンガラとノムガンも、同等の帝位継承権を持っていたのである。マンガラは一二七二年、安西王《あんせいおう》に封ぜられて、フビライの即位以前からの分地である京兆《けいちょう》と、六盤山《りくばんざん》のチンギス・ハーンの旧営を領し[29]、一二八〇年に死んで、その子アーナンダ（Ānanda）が安西王を継いだ[30]。

この頃のフビライ家の元朝の、最大の問題の一つは北辺の防衛であった。皇子ノムガンは一二六六年、北平王に封ぜられて、漠北の統治を担当していたが、一二七五年、オゴデイ・ハーンの孫ハイドゥ（Qayidu）と、チャガタイ・ハーン・ドゥワ（Duva）の連合軍が帝国の西境に侵入して、ウイグル王国を攻撃したので、北平王ノムガンは中書右丞相アントンと共に、元軍を率いて防衛に赴いた[31]。ところが一二七七年、駐営地のイリ河畔アルマリクにおいて、従軍中のモンケ・ハーンの四子シリギ（Sirigi）が叛いて、ノムガンとアントンをハイドの軍に引き渡した[32]。二人が放免されて帰国できたのは、七年後の一二八四年のことである[33]。この事件のお蔭で、皇后チャブイ・ハトンの所生の四子のうち、帝位継承の候補者として残ったのは、事実上、皇太子チンキムだけとなった。

一方、チンキムの地位は着々と固まり、一二七九年には、六十五歳の老父フビライ・ハーンは詔を下して皇太子燕王をして朝政を参決せしめ、凡そ中書省、枢密院、御史台、及び百司の事は、皆先ず皇太子に啓して後に上聞せしめた[34]。

一二八一年、チャブイ皇后が崩じた[35]。皇太子チンキムとアフマドの結節点であった皇后が居なくなったのであるから、両者の衝突は必至であった。果たせる哉、翌一二八二年、皇太子の従者の益都の千人隊長王著が、東宮《とうぐう》の前でアフマドを殺した[36]。この事件とともに、チンキムと肩を並べる権臣は居なくなり、この年、新たに征服された南宋の故地のうち、江西等処行《こう》中書省は皇太子位に隷し[37]、一二八四年、ジャライル、フンギラト、ウルート、マングト、イキレスの五投下の探馬赤《タマチ》軍は、倶に東宮に属することとなった[38]。ノムガンとアントンが七年の虜囚から解放されて元廷に帰ったのはこの年である。

かくしてチンキムの独裁権が事実上確立し、江南諸道行御史台の監察御史《ぎょし》がフビライ・ハーンに皇太子への禅位を奏請せんとするまでに至ったころ、[39] 一二八五年、皇太子チンキムは急死した。四十三歳であった。[40] チンキムは皇太子妃ココジン・ハトン（Kökeǰin qatun）との間にカマラ（Kamala）、ダルマパーラ（Dharmapāla）、テムル（Temür）という三子を生んだが、[41] ココジン・ハトンもフンギラト氏の出身であり、[42] 一方、チャブイ皇后の死後は、やはりその一族、フンギラトのアルチ・ノヤンの子ナチン（Način）の孫セントン（*Sentün）の娘ナンブイ皇后（Nambui qatun）がフビライ・ハーンの正宮を守っていたから、[43] 皇太子チンキムが在世中に蓄積した東宮の富は保全されたのである。

フビライ・ハーンは、チンキムの三人の遺児のうち、ダルマパーラを最も寵愛したが、ダルマパーラは一二九二年、二十九歳で死んだ。[44] そこでフビライは、雲南に出鎮していた梁王カマラを晋王に改封し、北辺に移鎮せしめ、チンギス・ハーンの四大オルド、及び軍馬、達達《たったつ》の国土を統領せしめた。[45] こうして漠北の地は、ノムガンの手からその甥に移ったのである。[46] 続いて翌一二九三年、フビライはテムルに皇太子の印璽を授け、兵を北辺に統べしめた。[47] 翌年、フビライ・ハーンは八十歳で崩じた。ここに及んで、帝位継承権があるのは、二人の皇孫、晋王カマラと燕王テムルの二人だけであったが、上都で開催されたクリルタイで、先に南宋を征服し、近くはハイドを防いで功労のあったバーリンのバヤン（Bayan）が、軍隊を代表してテムル擁立の意志を明らかにしたので、[48] 母のココジン・ハトンが「受命于天、既寿永昌」の玉璽をテムルに授けて、皇帝の位に即かしめた。[49] これが成宗である。ここに至って初めてフンギラト氏所生のハーンが登位したわけであるが、これだけでフンギラト氏の宮廷における権勢が確立したのではない。大事なのは、故皇太子チンキムの厖大な遺産の行方である。

チンキムの死後も、その財産は東宮の詹事院《せんじいん》が管理していた。成宗は即位後、直ちに母に皇太后の称号を奉り、その居所の旧太子府（東宮）を隆福宮《りゅうふくきゅう》と改め、詹事院を徽政院《きせいいん》と改めた。[50] 隆福宮は大都の皇城の西南隅に位置し、皇帝の居所の宮城に匹敵する一大宮殿群である。[51] 徽政院は厖大な機構を擁し、隆福宮の全国にわたる領地、領民を治め、独自の軍隊まで持つ、政府の外の政府とでもいうべき存在であった。[52]

一三〇〇年、隆福宮皇太后ココジン・ハトンが崩じた。[53] 一三〇二年、晋王カマラが薨《こう》じた。[54] カマラとフンギラト氏の妃ブヤン・ケルミシュ（**Buyan kelmiš**）との間に生まれたイェスン・テムル（**Yesün temür**）が晋王を嗣いで、チンギス・ハーンの四大オルドの主となった。[55]

一方、成宗にはフンギラト氏の皇后シリンダリ（***Sirindari**）があり、その生む所の皇子デシュク（***Dešüg**）は一三〇五年、皇太子に立てられたが、その年の内に薨じた。[56] 成宗には他に皇子はなく、権勢を振るったのはバヤウト氏の皇后ブルガン（**Bulu**ɣ**an**）であった[57]（**系図2**参照）。

一三〇七年、成宗オルジェイト・ハーンは崩じた。ブルガン皇后は、監国の権限をもって安西王アーナンダを迎立しようとした。フンギラト派はダルマパーラの次子アーユルパリバドラ（**Āyurparibhadra**）に率いられてクーデターを起こし、ブルガン皇后、安西王アーナンダ等を殺し、懐寧《かいねい》王として北辺に駐していたダルマパーラの長子ハイシャン（**Hayišan**）を迎えて帝位に即けた。これが武宗である。武宗は、弟の迎立の功を謝して、アーユルパリバドラを皇太子とした。この間、裏でいろいろな取引のあったことは勿論で、結局、兄弟の子孫が交代で帝位につくという約束ができた。[58]

フンギラト派がダルマパーラの遺児を擁立したのは、彼等の母ダギ（***Dagi**）がフンギラトのアルチ・ノヤンの孫フンド・テムル（***Qundu temür**）の娘だったからである。武宗は直ちに生母を皇太后として隆福宮に居らしめ、[59] 翌一三〇八年、更に隆福宮の北に、興聖宮《こうせいきゅう》という一大宮殿群を建てて、皇太后の居所とした。[60]

一三一一年、武宗が崩じて、弟の皇太子アーユルパリバドラが約束通り帝位に即いた。[61] これが仁宗《じんそう》である。武宗にはフンギラト氏の皇后二人があったが、いずれも子がなく、イキレス氏の妃がクシャラ（**Kušala** 明宗）を生み、タングト氏の妃がトゥク・テムル（**Tuγ temür** 文宗）を生んだ。[62] これに対し仁宗には、フンギラト氏の皇后アナシシュリー（***Anasiširi**）との間に一子シッディパーラ（**Siddhipāla**）があった。[63] 本来ならば、約束通り武宗の子が皇太子になる番であったが、実権を握る興聖宮皇太后は、フンギラト氏の所出でない武宗の両子を忌避して、一三一六年、シッディパーラを立てて皇太子とした(64)。

一三二〇年、仁宗が崩じ、皇太子シッディパーラが即位した。これが英宗である(65)。英宗は、祖母の興聖宮皇太后に、太皇太后の尊号を上《たてまつ》った(66)。

武宗、仁宗の両朝を通じて、実権は皇帝ではなく興聖宮皇太后が握っていた。英宗はこの状況を打破すべく、一三二二年に太皇太后が崩ずると(67)、ジャライルの孫バイジュ(Bayiǰu)を中書右丞相に任じて改革に乗り出した(68)。これは興聖宮の利権に巣くう旧勢力と真っ向から衝突することになり、翌一三二三年、陰暦の八月四日癸亥、上都から大都に還幸《かんこう》する英宗の車駕《しゃが》が居庸関の南坡《なんぱ》に駐蹕《ちゅうひつ》した夜、御史大夫テクシ(*Tegsi)の率いるアスト衛の兵がバイジュを殺し、続いて英宗を行幄《こうあく》に弑《しい》した(69)。

この弑逆《しいぎゃく》に与った一党といえども、フンギラト派には変わりはなかったが、英宗には皇子がなく、武宗の両子はフンギラト氏の所出ではない。この当時、フンギラト氏の母から生まれた皇族といえば、チンギス・ハーンの四大オルドを領する晋王イェスン・テムルしか残っていな

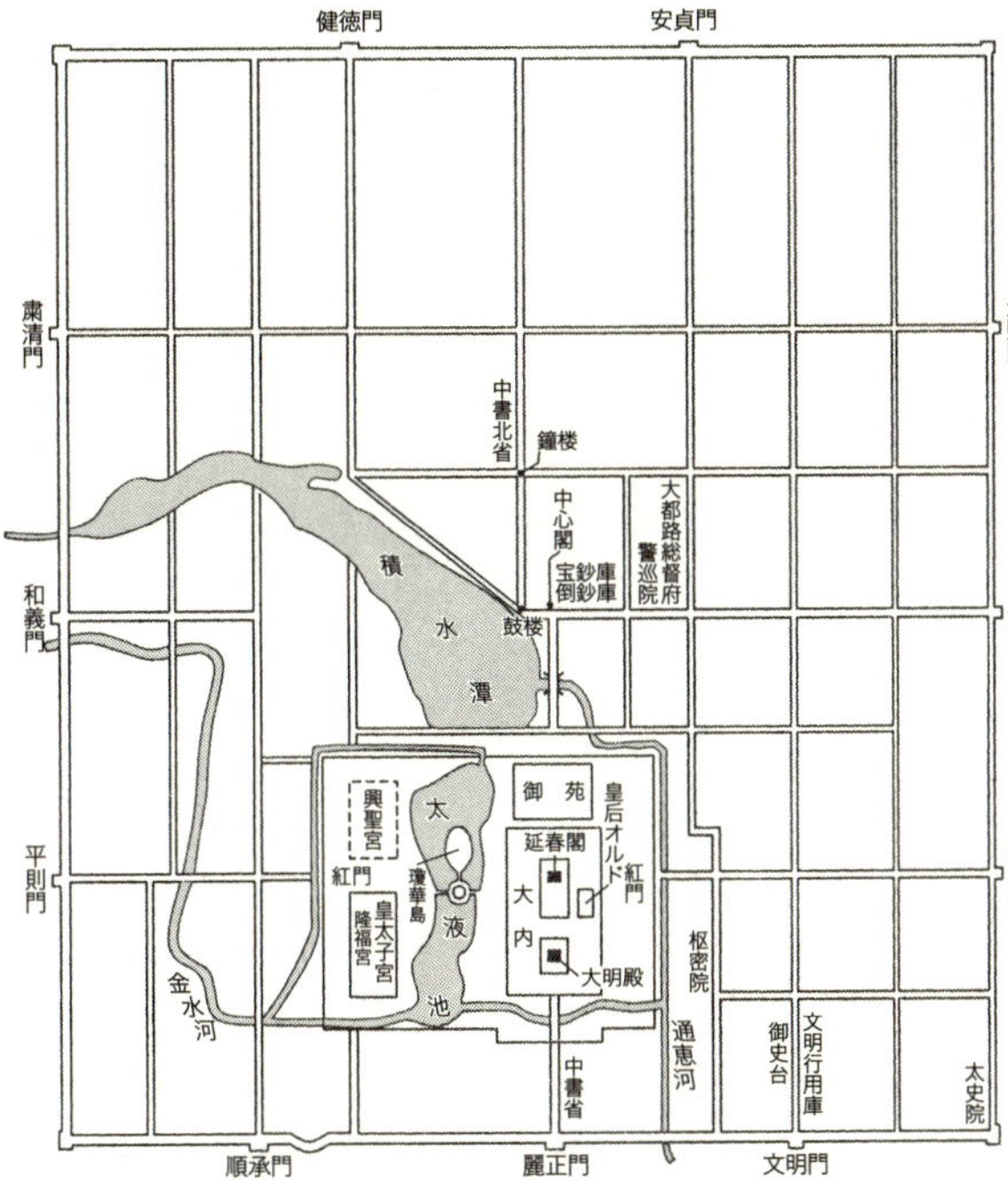

地図12　元の大都

かった。そこでテクシ等は晋王を迎立せんとし、晋王は九月四日癸巳、ケルレン河において皇帝の位に即き、十一月十三日辛丑に至って大都に入った。これが泰定帝《たいていてい》である。(70)

泰定帝はフンギラト氏所生の最後の皇帝であった。一三二八年のその死後、上都では皇太子ラキパクを立てて天順と改元したが、大都ではキプチャク人軍団を率いるエル・テムル(El temür)がクーデターを起こして文宗を擁立し、上都を攻撃して泰定帝派を滅ぼし、明宗を北辺から呼び寄せておいて謀殺し、元朝の実権を掌握した。(71) これ以後、実権は皇帝を去って軍人の手に移り、それとともにフンギラト氏を母とする皇帝も、元の世を終わるまで、再び現われなくなったのである。

以上の経過を顧みて知られることは、『元朝秘史』のデイ・セチェンの言の如く、フンギラト／ウンギラトがその女子を后妃として奉ることによって、宮廷において尊貴な地位を誇り得た期間は、厳密に言って、一二七三年、世祖フビライ・ハーンがチャブイ・ハトンに皇后の玉冊を授けた時から、一三二八年の泰定帝の死に至るまでの五十余年間に過ぎない。中でもフンギラト派貴族の地位が最終的に安定したのは、その女子所生の最初の皇帝成宗が即位した一二九四年以後であって、フンギラトの権勢が絶頂に達したのは、一三〇七年のクーデターの後、興聖宮皇太后ダギ・ハトンの時代ということになる。

ここで再び『元朝秘史』にもどると、その大尾、普通の数え方で二八二節は、次のような奥書《おくがき》となっている。

yeke qurilta quriǰu, quluγana ǰil γuran sara-da, kelüren-ü köde'e aral-un dolo'an boldaγ-a silgin čeg qoγar ǰa'ura ordos ba'uǰu büküi-dür bičiǰü da'usba.

大クリルタが集まって、子《ね》の年七月に、ケルレンのコデエ・アラルのドロアン・ボルダクに、シルギンとチェクとの間に、オルドスが駐営している時に書き了《お》えた。

この奥書は『元朝秘史』の著作年代を示すものとして重要視されて来た。但しその子の年が何年に当たるかが問題であるが、二七四節に出てくるイェスデル・ホルチの高麗出征の年である一二五八年よりは後でなければならない。これ以後で、しかもケルレン河上のコデエ・アラルで開かれたクリルタイというと、一三二三年の泰定帝の即位の年しかない。この年は癸亥であって、翌年が甲子である。先に引用した奥書を読み返すと、大クリルタイがすでに集まって、それから子の年七月に書き了えた、と明記してある。つまりこの子の年は一三二四年（泰定元年）である。[72] しかもその著作の場所であるオルドスは、即ち晋王家の所領、チンギス・ハーンの四大オルドそのものである。

ところで『元朝秘史』は、普通、十二巻と言われるけれども、実は『元朝秘史』の本体は最初の十巻、一〜二四六節だけであって、二四七節以下は『元朝秘史続集巻一』『元朝秘史続集巻二』と題され、最初の十巻よりは後れて成立したことが明らかであり、二八二節の奥書は、この『続集』に付されたものなのである。『元朝秘史』そのものの方は、その内容がチンギス・ハーンの先世、その幼時から、一二〇六年の即位に至って終わっており、歴史上の人物の伝記というよりは、晋王家の奉祀する四大オルドの祭神の縁起といった趣を成している。[73]

『元朝秘史』そのものも、『続集』と同じく、晋王家において著作されたものと考えられるが、その年代は、カマラが晋王に封ぜられた一二九二年より後でなければならない。かくして『元朝秘史』は、その主人公チンギス・ハーンの即位を去ることほとんど百年の、十三世紀末か十四世紀初めの著作ということになる。これは一二八六年から一三〇二年にかけて纂修された『太祖実録』と同時である。『太祖実録』は『元史』太祖本紀の基礎史料となり、その内容は『集史』『聖武親征録《せいぶしんせいろく》』と一致する所が多いが、『元朝秘史』の物語は独り特異である。[74]

思うに『元朝秘史』は、元・明の世に在っては、かつて実録の史書としては扱われなかった。明初の『元史』纂修に際して利用された形跡がなく、かえって四夷館《しいかん》におけるモンゴル語通訳官養成のためのテキストブックとしてしか用いられなかったことを見ても、その重んじられなかったことが知られる。これは、それがもともとチンギス・ハーン廟の祭祀文献に過ぎなかったことが反映しているのであろう。

3　モンゴル史料に見える初期のモンゴル・チベット関係

モンゴルとチベットの歴史的関係は、モンゴル帝国第二代君主オゴデイ・ハーンの時代に始まる。一二三九年オゴデイの次男ゴデンはチベット攻撃に向かい、カム地方から攻めて中央チベットに入り、名刹ギェルラカンを炎上させるなど猛威を振るった。名僧の聞こえ高かったサキャ派のクンガギェンツェンが、モンゴルと交渉するためのチベット側代表として甘粛の涼州に赴いたが、これと同行した甥のパクパはフビライに招かれてその信用を得るにいたった。一二六〇年フビライが帝位に登るとパクパは国師を授けられ、一二六九年チベット文字に由来するモンゴル新字を製作した功により帝師に登った。モンゴルとチベットの政治的結合を意味するこれらの重大事件について、後世のモンゴル史料がどのように伝えているかをここで分析し考証する。それらの記述は往々にして誤謬を含むが、十七世紀以降に書き留められたモンゴル年代記と総称されるモンゴル史料の特性を知るためには、またとない題材である。

十二世紀の漠北に興ったモンゴルは、一二二七年西夏《せいか》を討滅して甘粛《かんしゅく》の地を収めると、忽《たちま》ちチベットと境を接するに至った。然しこの方面の経略は、同年中に崩じたチンギス・ハーンではなく、その子オゴデイ・ハーンの世に始まったようである。当時この方面の作戦の指揮に当たったのは、オゴデイの第二皇子ゴデン（**Göden** 闊端）であって、一二三五年、命を奉じて秦鞏《しんきょう》を伐ち、鞏昌《きょうしょう》の便宜総帥汪世顕《おうせいけん》を降してより、連年陝西《せんせい》・四川に転戦したが、一二三九年西川《せいせん》より北に帰ると直ちに鋒を転じてチベットに向かった。[1] 即ちチベット史料の伝えるところに拠れば、この年、若しくは翌一二四〇年、その一将ドルダ・ナク（Rdo rta nag）が兵を引いて深く中央チベットに入り、ラサの東北ラデン（Rwa bsgreng）に於いて僧俗数百を殺し、ギェルラカン（Rgyal lha khang）寺を焼くなど猛威を振るった。(2) ギェルラカンは間もなく再建されたが、その壁上には今も火痕をとどめているという。(3) このモンゴル軍は、一二四一年のオゴデイの殂落《そらく》に遇って忽ち撤退したものと見える。

この侵入に先だち、警報に駭《おどろ》いたチベットの頭目等は一処に会して策を議し、ヤルルン（Yar klung）家のデシ・ジョガ（Sde srid Jo dga'）とツェルパ（Tshal pa）のクンガドルジェ（Kun dga' rdo rje）を推して請和使と為し、以てモンゴルに降を乞わしめたと伝えられるが、その後の成り行きについては知る所がない。(4) 然しゴデンのチベット経略はその後もいよいよ進められたと見え、一二四四年に至ると、サキャ・パンディタ（Sa skya Paṇḍita）と呼ばれて名僧の聞こえ高かったサキャ派（Sa skya pa）のクンガギェンツェン（Kun dga' rgyal mtshan）が召されてその許に赴くに至った。(5)

サキャ派はニンマ派（Rnying ma pa）、カギュ派（Bka' brgyud pa）、ゲルク派（Dge lugs pa）と共にチベット仏教の四大宗派の一つに数えられ、今も東部地方に多くの信徒を擁するが、その起源はコンチョクギェルポ（Dkon mchog rgyal po）がタシルンポ（Bkra shis lhun po）の西方サキャの地に一招提《しょうだい》を建立した一〇七三年に遡る。コンチョクギェルポは姓をコン（'Khon）氏といい、その家系は遠く八世紀のチベット王チソンデツェン（Khri Srong lde btsan）の内大臣（nang blon）コン・ペルポチェ（'Khon Dpal po che）に出ずると称せられるが、サキャ派が真に一派を成したのは寧《むし》ろコンチョクギェルポの子クンガニンポ（Kun dga' snying po）の時のことであった。クンガニンポは一一〇二年以来サキャ寺を主宰し、一一五八年に入寂するまで数多の神秘的体験を積んで、サキャ派の特色たるラムデ（Lam 'bras）の教義を大成し、サチェン（Sa chen）即ち「大サキャ」と尊称された。クンガギェンツェンはその孫である。

クンガギェンツェンは俗名をペンデントンドゥプ（**Dpal ldan don grub**）といい、一一八二年に生まれた。クンガニンポの寂後一一七二年以来サキャ寺を管したその伯父ジェツン・タクパギェンツェン（**Rje btsun Grags pa rgyal mtshan**）の薫陶を受け、またカシミールの高僧カチェ・パンチェン・シャーキャシュリーバドラ（**Kha che Paṇ chen Śākyaśrībhadra**）に就いて学び、悉く五明に通じてサキャ・パンディタと称せられた。またサパン（**Sa paṇ**）とも略称する。一二一六年に伯父が寂すると、後を襲いでサキャ寺を管し、皇子ゴデンに召された時は既に六十三歳の高齢であった。これについて元末の僧クンガドルジェ（**Kun dga' rdo rje**）が一三四六年に撰する所の『フラーン・デブテル』（**Hu lān deb ther** 紅冊）には次のように伝えてある。[6]

北方の王子ゴダン **Go dan** は［かれを］招請した。昔ジェツンパ **Rje btsun pa**（＝タクパギェンツェン）の懸記に、「後の時代に北方から、人の語種が異り、鷹が飛んでいるのに似た帽子をかむり、豚の鼻に似た靴を履いた者が、［我々を］招請して教法のために利益するであろう」といわれた通りになった。［パンディタが］甲辰［一二四四］六十三歳のとき、伯父甥の三人が［北方へ］赴いた。途中三年かかって、午の年（一二四六）に北方に到着した。王子（＝ゴダン）はグユク **Go yug** 皇帝の即位の会同から帰って、未の年（一二四七）に［パンディタに］面謁した。［パンディタは］天を祠るところの最高長老［の地位］を得て、教法を弘めたもうた。

即ちクンガギェンツェンはその二姪《てつ》パクパ（**'Phags pa**）、チャクナ（**Phyag na**）を伴って一二四四年サキャを出発、途上に一年有余を費やして一二四六年ゴデンの封地涼州《りょうしゅう》に至った。当時同年中に挙行された長兄グユク推戴のクリルタイに赴いていたゴデンは、翌一二四七年涼州に帰ってクンガギェンツェンを見、以後後者は皇子の侍僧として仏教の弘通《ぐつう》に力《つと》め、一二五一年、モンケ・ハーン即位の年に涼州東方のツルペ・デ（Sprul pa'i sde）寺に在って入寂した。七十歳であった。遺骨は今も同寺の一塔婆中に安置されているという。(7) 著書は多いが、なかんずく寓話集『善語宝蔵』（Legs par bshad pa'i rin po che'i gter）は梵名『Subhāṣitaratnanidhi』によって知られ、早くも元代にモンゴル語に訳されて『サイン・ウゲト・エルデニイン・サン』（Sayin ügetü erdeni-yin sang）となり、モンゴルの人口に膾炙《かいしゃ》して後世の文学に甚大なる影響を及ぼした。

伯父の寂後涼州のゴデンの許に留まっていたパクパは、程なく召に応じて一二五三年皇弟フビライに謁してその侍僧となった。(8)『仏祖歴代通載』に言う、

> 初め世祖（Qubilai）、潜邸に居り、西国に綽理哲瓦（Chos rje ba）大徳有りと聞き、これを見るを願い、遂に西涼に往いて使を遣わし、廓丹（Göden）大王に請う。王、使者に謂って曰く、「師は已に入滅し、姪の発思巴（'Phags pa）有り、此に聖寿と云う、年方に十六、深く仏法に通ず。請う、以て命に応ぜん」と。

チョルジェワは即ちクンガギェンツェンである。(9) 一二六〇年フビライが帝位に登ると共にパクパは国師を授けられ、一二六九年モンゴル新字（パクパ文字）発明の功によって帝師・大宝法王に升り、天下の釈教とチベット十三万人隊の軍政とを掌るに至って、ここにサキャ派のチベット支配の基が開けたのである。

以上の史実は啻《ただ》にチベット史上のみならず、またモンゴル史上の一大事件でもあって、モンゴルの仏教化の端緒となったと同時に、モンゴル・チベットの政治的結合の成立をも意味する。されば後世編述のモンゴルの年代記類が何れもこの事件を特筆大書するのは誠に当然であるが、それ等の記述は往々にして誤謬を含むので、以下に関係箇条を訳出して対照分析を試みることとする。

先ず一六七五年のチャハル親王ブルニの乱後間もなく撰せられたと推定されるロブザンダンジン（Blo bzang bstan 'dzin）国師の『アルタン・トブチ』（Altan tobči 黄金史）[10]には、サキャ・パンディタ・クンガギェンツェンを招いた者をゴデンではなくその父オゴデイ・ハーンその人としている。即ち「ある史書に」と前置きして、

図 2　パクパ文字がきざまれた牌子（パイザ）

（エルミタージュ美術館）

> オゴデイ・ハーンは脚の病気になって、サキャ・パンディタを招きに使者を遣わした。そのラマは一匹の虱《しらみ》、一塊の土、一粒の舎利《しゃり》を函《はこ》に入れて使者に与えて送った。オゴデイはこれを受け取って見て、「土は我が死ぬであろうという事である。虱は我が食われる時に行こうという事である。舎利を与えたのは、後日モンゴル国人が仏法に帰依するという事である」といった。かくてラマが来た。オゴデイ・ハーンは出迎えて会った。脚の病気について問うと、「ハーンよ、汝は前世にインドの王子であった。寺を建てる時に土を動かし木を伐ったので、土地の神が来て邪魔をした。寺を建てたによってチンギス・ハーンの子として生まれたのである」といって、マハーカーラ（Mahākāla 大黒）のトルマ（gtor ma 施食）を行ずると病気は治った。ハーンはじめモンゴル国人はすべて仏法に帰依した。多くの神変を示した。ルチュ（Rčü）城にカマラシーラ（Kamalaśīla）という名の塔を建てた。

云々とある。これはクンガギェンツェンの謁《えっ》した対手が一皇子でなくモンゴル皇帝であったと誤信し、且つ

チベット征伐がオゴデイの治世に始まった事実に導かれた結果であろう。その内容も全く説話的で信用の限りでないが、ただ一つ事実かと思われるのは、クンガギェンツェンがルチュ城に一塔を建立したという箇条である。ルチュ城は何処か明らかでないが、その名は決してモンゴル語ではない。思うにこれは『元朝秘史』に「西涼」と傍訳された「額里折兀」[11](Erijě'ü)、マルコ・ポーロ『東方見聞録』の「エルギウール」[12](Ergiuul)のチベット名であって、即ちゴデンの封地涼州に他ならない。以て著者ロブザンダンジンの所拠が、或るチベット語史料であったことを察するに足る。このルチュ城については、『シラ・トゥージ』(Sira tuγuǰi 黄冊)の一異本に次のような一条がある。[13]

　チンギス・ハーンのラマ・クンガニンポは、ルチュ城の北方にダライ・ダウリスフ(Dalai dayurisqu 大海声聞)という名の寺を建てた。ある史書には、名のみのラマという。

クンガニンポは勿論クンガギェンツェンの誤伝であろうが、そのルチュ城北のダライ・ダウリスフ寺とは、ツルペ・デ、セワンギ・デ(Sa'i dbang gi sde)、ペメ・デ(Padma'i sde)と共に涼州四寺(sde bzhi)として知られ、年々数千の巡礼者が蝟集《いしゅう》するギャツォイ・デ(Rgya mtsho'i sde 大海寺)ではあるまいか。[14]以てルチュの涼州なる一証と為すべきである。

さてその同じ異本『シラ・トゥージ』には、『アルタン・トブチ』と同様の話が載っている。[15]即ちやはり「ある史書に」と前置きして、

　オゴデイ・ハーンは脚の病気になって、サキャ・パンディタに使者を遣わし、「汝が来なければ、多くの兵を送ってタングト国人を苦しめ、大きな禍を起こすであろう。それを知れば来い」といってやった。その使者が到着し

てこの事を告げた後、[サキャ・パンディタは] 一人の大ラマに申し上げようと使者を遣わした。そのラマは一匹の虱、一塊の土、一盒《はこ》の舎利を与え、他には何も言わなかった。[サキャ・パンディタが] 使者に「我が聖ラマは何と仰せられたか」と問うと、使者は「御返事はなく、この三つを与えられた」といった。サキャ・パンディタは受け取って見て、「土は我が死ぬであろうという事である。虱は我が食われる時に行こうという事である。舎利はモンゴルが仏法に帰依するであろうという事である。死ぬなら死んでもよい。食い物になるならなってもよい。モンゴルが仏法に帰依すればよい」といってやって来た。オゴデイ・ハーンはエリバ (Eriba) のコケ・ウスン (Köke usun 青い水) に出迎えて会った。オゴデイ・ハーンが自分の脚を示すとパンディタは仰せられた。「前世に [汝が] インドの王子として生まれたが、寺を建てる時に土を動かし木を伐ったので、土地の神々が来て邪魔をした。汝は寺を建てた功徳によりチンギスの子として生まれたのである」と、四手のマハーカーラのトルマを撒《ま》くと病気は忽ち治った。ハーンはじめモンゴル・漢人の国人はすべて信を発して仏法に帰依した。

とある。これは『アルタン・トブチ』の話の原形と覚しく、殊に三物を受けたのをハーンでなくサキャ・パンディタ自身とするのは筋が通っている。但し三物を受けた大ラマは恐らくパクパを指し、これは「我が聖ラマ」(qutuy-tu lam-a minu) というパンディタの語に暗示されている。何となればパクパはチベット語で「聖」を意味するからである。そしてパンディタが死んで虫に食われる時にこの大ラマがモンゴルに赴こうというのは、クンガギェンツェンの寂後二年にしてパクパがフビライに見《まみ》えた史実の反映に相違ない。但しこの話は、両者の関係が伯姪《はくてつ》(伯父・甥) であることを忘れており、勿論事実とは認められない。ただハーン親迎の地と伝える「エリバ」は多分「エリガ」(Eriga) の譌《ぎ》であって、即ち『元朝秘史』の「額里合牙 寧夏」[16] (Eri Qaya)、マルコ・ポーロ『東方見聞録』の「エグリガイア」[17] (Egrigaia)、今の銀川《ぎんせん》市である。

ところでモンゴルの年代記の中には、チンギス・ハーンの世に既にチベットとの交渉が始まったように伝えるものも多い。俗に『蒙古源流』として知られる、オルドス（Ordos）のサガン・エルケ・セチェン皇太子（Sayang erke sečen qong tayiǰi）が一六六二年に撰する所の『エルデニイン・トブチ』（Erdeni-yin tobči 宝石史綱）には次の如くある。(18)

それから四十五歳の丙寅の年（一二〇六年）に、チベットのクンガ・ドルジェ王に対して出馬したとき、チベット王はイルフという名の殿様をはじめとする三百人で、多くの駱駝を貢ぎ物として奉り、

「降《くだ》りましょう」

と使者を遣わした。アチヌ・チャイダムの上で王に会うと、主は同意して、王と使者の二人に大きな贈り物を与えて帰らせた。

そのとき、主はサキャのチャク・ロツァーワ・クンガ・ニンポというラマに、このように手紙と贈り物を奉り、

「イルフ・ノヤンが帰るのに合わせて、お前を招くところであった。私の世俗のしごとがまだ残っているので招かなかった。私はこちらからお前に信仰しよう。お前はそちらから私を守れ」

と手紙を送った。

そのようにガリの三部族から下、三省八十八万の黒いチベット国人を降伏させた。

一二〇六年はチンギス・ハーンの即位の年で、『元史』に拠ればハーンは前年以来しきりと西夏征伐に従事していた。(19) しかしこのチベットは西夏ではなく、その王「クンガ・ドルジェ」（günlge dorǰi=Kun dga' rdo rje）の名もチベット語である。また「イルフ・ノヤン」（Iluqu noyan）は即ちケレイト（Kereyid）のオン・ハーン（Ong qan）の子イ

ラカ（亦剌合）又はニルカ・セングン（你勒合桑昆 Nilqa senggün）で、これより先一二〇三年にオン・ハーンがチンギス・ハーンに滅ぼされると一時西夏に走り、西夏に攻められて亀茲《きじ》国に走って殺されたと『元史』にある。[20] それがこの時に至ってチベットの為にチンギス・ハーンに使いするというのは変な話である。怪しいのはそれのみには止まらない。クンガ・ニンポは原文には「アナンダ・ガルビ（ananda garbi）」とあるが、これは梵語の「アーナンダガルバ（Ānandagarbha）」で、クンガニンポの梵名である。しかし「チャク・ロツァーワ（čay loozau-a=Chag lo tsā ba）」は実は別人であって、本名をチョェジェペル（Chos rje dpal）といい、寧《むし》ろクンガニンポと同時の人である。[21] しかもクンガニンポはこれに先だつ一一五八年に入寂して既に久しく、当時サキャ寺を主宰したのはその第三子タクパギェンツェン（Grags pa rgyal mtshan）であった。しかれば一一六二年に生まれたというチンギス・ハーンがクンガニンポに使いを遣わすのは有り得ない事である。その上この話は、次に引く文中のタクパギェンツェンの予言の内容と調和しないので、比較的後世に作られたものと考えてよい。

　さて『エルデニイン・トブチ』は、一二二七年のチンギス・ハーン殂落《そらく》の後を承けてオゲデイ（Ögedei）が六年在位し、一二三三年に崩じたとする。オゴデイの治世は一二二九〜一二四一年の十二年間であるから、これは勿論事実ではない。同書は更にその長子グユクが一二三三年に即位し、僅か六箇月にして同年中に崩じたと記す。グユク六月在位説は早く『フラーン・デブテル』にも見えるから、二帝の治世の短縮はサガン・エルケ・セチェン皇太子のさかしらではないであろうが、かくして生じた実際の年紀とのずれにはゴデン・ハーン（Göden qayan）の治世が当てられ、以てモンケの即位の年に至ったようになっている。[22] 即ち、

　その弟のゴデンという者は、丙寅の年（一二〇六年）生まれで、二十九歳の甲午の年（一二三四年）に帝位についた。

乙未の年（一二三五年）に龍王の病になって、誰が診てもよくならなかったとき、

「西方の永遠の土地に、サキャのクンガ・ギェンツェンという、五明にことごとく通じた、一人の大いに驚くべき人がいるという。それを招けばよくなるだろう」

といいあって、ただちにオイマガトのドールダ・ダルハンという者をはじめとする使者らを遣わして招かせた。

そのサキャ・パンディタは、といえば、先のその戊子の年（前二一三三年）から三千三百十五年の壬寅の年（一一八二年）に生まれて、二十七歳の戊辰の年（一二〇八年）にインドに行き、外道の六人の論師らを論破してパンディタの号を取り、帰ってきてからのち、その叔父のタクパ・ギェンツェンという者が、このように予言したのであった。

「これからのち、あるときに、東方からタカが坐ったような帽子をかぶり、ブタの鼻のような靴をはき、木の網のような家に住み、三、四語のむこうに、「エチゲイェン」という言葉を話す、モンゴルという国の主である菩薩の化身のゴデンという名のハーンが、ドールダという使者によって汝を招く。そのときに汝はなんとしても行くべきである。汝の法はそこで広まるであろう」

と仰せられたのであった。

そこで、

「その予言は、いま、このこれである」

と思って、六十三歳の甲辰の年（一二四四年）にお出でになり、六十六歳の丁未の年（一二四七年）にハーンと会って、それから獅子吼《ししく》観世音菩薩を造って、龍王を力に従え、ハーンにその灌頂《かんじょう》を授け、祝福したところが、ハーンはただちにその病が癒えたので、みなみな大いに歓喜した。

それからのちは、そのサキャ・パンディタのお言葉に従って、辺境のモンゴルの地に法をはじめて広めて、サ

キャ・パンディタの七十歳の辛亥の年（一二五一年）に涅槃《ねはん》の福を得た。

ゴデン・ハーンは十八年、帝位に坐して、同じその辛亥の年に亡くなって、帰依処のラマ、施主のハーンの二人が、ともに同じ年に亡くなったという。


この話は、サキャ・パンディタ・クンガギェンツェンの謁見の対手をモンゴル皇帝とする点では『アルタン・トブチ』、異本『シラ・トゥージ』と共通であるが、それがオゴデイでなくその子ゴデンであったとするだけは事実に近い。また招待の動機を皇帝の病気に帰するのも同様であるが、その言う「龍王の病気」は癩《らい》を指すものと思う。聞くところに拠れば、モンゴルは知らず、チベット東部アムド（A-mdo）地方の遊牧民の間には、土地の耕耘に対する強い迷信的嫌悪感が存在し、農耕民に多い癩病を土中の龍（klu）の怒りに帰するという。(23) かく解すれば、『アルタン・トブチ』等の地神の祟りという一条と連絡があることになる。使者のオイマガトのドールダ・ダルハンは即ち一二三九年頃チベットを侵したモンゴルの将ドルダ・ナクで、この史実については最初に叙した。また「戊子の年」というのは、『エルデニイン・トブチ』を通して用いられている一種の仏滅紀年の紀元元年であって、即ち西暦紀元前二一三四年に釈迦が入滅した翌年を紀元元年とするものである。クンガギェンツェンの生年を一一八二年とするのはチベット史料の伝える所と一致するが、一二〇八年にインドを訪れたというのは事実ではない。クンガギェンツェンはカチェ・パンチェン・シャーキャシュリーバドラに就いて学んだのは、一二〇四～一二一四年の後者のチベット滞在中の事であって、決してカシミールに赴いたのではなかった。一二〇八年は実はクンガギェンツェンがシャーキャシュリーバドラの下に入門した年である。(24)

タクパギェンツェンの予言は『フラーン・デブテル』に既に見えて、古くからあった話に相違ないが、考えて見るに、クンガギェンツェン以前にモンゴルとの交渉があったのでは、折角の予言の価値が大部分なくなってしまうわけで、これはどうしてもモンゴル・チベット関係の開始を印象的にする効果を狙った話と見なければならない。言い換えれば、古い説話の原形では、クンガギェンツェンとゴデンとの会見を以てモンゴルへの仏教の初伝と見做してあったので、さればこそこの話は、これ以前チンギス・ハーン時代の交渉を全く予想せずに作られているのである。ついでながら皇子ゴデンがクンガギェンツェンと同じく一二五一年に薨《こう》じたというのは事実でない。『元史』「憲宗本紀」には、二年壬子（一二五二）の条に「拡端《ゴデン》」の名が見え、(25) また前に引いた『仏祖歴代通載』に拠れば、一二五三年世祖は「廓丹《ゴデン》大王」に使いを遣わしている。但し『元史』「廉希憲《れんきけん》列伝」に拠れば、中統元年（一二六〇）当時涼州に在った西土の親王は既にゴデンの子ジビク・テムル（執畢帖木児 Ĵibig temür）であったから、(26) ゴデンはこれ以前モンケ・ハーンの世に薨じたものであろう。乾隆十五年（一七五〇）撰の『五涼考治六徳集』に従えば、甘粛省永昌県の東南二十里には今も「永昌王潤端《ゴデン》墓」と称するものがあるという。(27)

撰人未詳の『シラ・トゥージ』は、その伝えるモンゴル諸部族の世系中の人名より推すに、一七一〇年代を去ること遠からぬ時代に成ったもののようであるが、そのモンゴル・チベット関係の記述は上に引いた『エルデニイン・トブチ』と全く同様で、後者の抄録に過ぎないと思われるからここでは省に従う。(28)

一七七四〜七五年に成ったというラシプンスク（Rasipungsuy=Bkra shis phun tshogs）の『ボロル・エリケ』（Bolor erike 水晶数珠）は、満文の『資治通鑑綱目続編』を多く利用しているのを特色とするが、モンゴル・チベット関係についてはチベット系の史料に専ら基づいたようである。即ち先ず太祖チンギス・ハーンの丙戌（一二二六）に係けて次のように言う。(29)

最初チンギス・ハーンは、タングトのサキャ寺のチャク・ロツァーワ・アーナンダガルバというラマはよいラマであると聞いていたのであった。季冬の月に、ウリャーンハンのジェルメ大臣を使者としてアーナンダガルバ・

ラマの許へ遣わし、贈り物を送って「我は汝ラマを招いて仏法を分掌させ、自分は政を分掌して、全国人を教えによって安楽にしたい考えであった。今我の政の事業が未だ完成しないのでしばらく延期したい。それでもこちらから我は汝に依信する。そちらから汝は我を常に護ってほしい」と申し上げた。するとラマは「その通りになるがよい」と仰せになって、返礼には仏像などの贈り物を奉られた。この年はチンギス・ハーンの御歳六十五の丙戌、第二十一年である。

これは一見して明らかなように、『エルデニイン・トブチ』が一二〇六年の事とするのと同じ典拠の話で、殊にチャク・ロツァーワ＝チョェジェペルとアーナンダガルバ＝クンガニンポの混同も共通である。ただここに使者として顔を出すジェルメは、即ち『元朝秘史』に伝えるチンギス・ハーンの「四狗」(dörben noqas) の一人の「者勒蔑」(J̌elme) に他ならない。然し前にも言ったように、クンガニンポは既に一一五八年に寂し、一二二六年に至ってチンギス・ハーンがそれに使いを遣わすのは不可能の事であるから、やはりこれも事実とは認め難い。

『ボロル・エリケ』はこれに続いて太祖の殂落《そらく》、太宗オゴデイの治世を叙した後、グユクではなく定宗クルク (Külüg) が即位したとしている。即ち丙午定宗元年に係けて、六皇后ドレゲネが「太宗皇帝が遺命して『長子グユクが薨じたので、その子シレムンを帝位に即けるように』とあったのを無視して、孟秋の月に次子クルクを帝位に即けた。また一名をゴデンという」と記す。[30] これはグユクの夭折の点で『エルデニイン・トブチ』と一致する。グユクの訛に過ぎないクルクを別人としたのは誤りであるが、更にゴデンをその別名とするのはゴデン登極説の変形であって、これは次に引くサキャ・パンディタ謁見の話の前提を成している。即ち『ボロル・エリケ』の定宗二年丁未（一二四七）の条には次の如くある。[31]

ある日ハーンは詔を下し、「太祖皇帝はサキャのラマ・アーナンダガルバを遥かにラマとして奉じたのであった。今その根本弟子のクンガギェンツェンという人が、中インドに行って五明に精通し、大パンディタとなって、外道のブリン・ウイレドゥクチという学匠を論破した。それが今サキャの寺にお出でになっているという。今我はそのラマを招いて仏法を拡めよう」と仰せになって、使者ドルダ・ノヤンに手紙を持たせて、パンディタ・ラマを招きに遣わした。その手紙の文句は、「国主大ハーンの手紙。童子マンジュシュリーの化身、汝サキャ・パンディタを招く。汝等聖ラマは仏法と衆生の利益を念とするものである。遅滞なくお出でになっていただきたい。もし汝が来なければ、我は兵を送ってタングト国を征伐し、汝の心を悩ますであろう。この故、来るべきである」というのであった。ドルダ・ノヤンはサキャ寺に至ってパンディタに手紙を奉った。パンディタはタクパギェンツェン・ラマの予言を思い出して、行くことに決めた。タクパギェンツェン・ラマのお言葉というのは、「今にある時東方から、鷹のような帽子を冠り、豚の鼻のような靴を穿いた施主が来るはずである。その時に汝が行けば、仏法と衆生の利益は大いに拡まるであろう」というのであった。かくしてパンディタ・クンガギェンツェン・ラマがやって来ると、ハーンは親しく出迎えて、多くの贈り物をし宴会を開き、祭祀の管理者として安置した。パンディタはモンゴル・チベット・漢人三国人の最高のラマとして、モンゴル国人に無比の仏法を初めて完全に拡めた。ハーンはパンディタにモンゴル字の案出をお願いした。パンディタはモンゴル字案出のため一夜瞑想(thugs dam)に耽《ふけ》ったが、明朝早く兆が現れる時刻、一人の女が革なめしに使う掻《か》き木を持って跪《ひざまず》いた。その兆《ちょう》によって、モンゴル字を掻き木の形通り男性・女性・中性とし、実・虚・中性母音の三種に編成した。

この記述の内容について考えて見よう。先ずその年紀一二四七年は、クンガギェンツェンが涼州に於いて初めて皇子ゴデンに見えた年であることは言うまでもない。クンガギェンツェンがクンガニンポの根本弟子であるというのは誤りで、実はその第三子タクパギェンツェンの教えを受けたことは前述した。中インド遊学も事実ではないが、その論破した外道の学匠ブリン・ウイレドゥクチ（Bülin üiledügči）というのは、チベット史料にシャンカラドヴァジャ（Śaṃkaradhvaja）とある論師に相違なく、この法論はキーロン（Skyid grong）で行なわれ、敗れた外道の論師はチベットの十二護国神の怒りに触れて死し、その頭はサキャ寺の柱上に懸けられたと伝えられる。[32] ハーンの使者の名ドルダ・ノヤンは『エルデニイン・トブチ』と同じく、即ちドルダ・ナクである。ハーンの書中にクンガギェンツェンを「童子文殊師利《もんじゅしり》の化身」と呼んでいるのは、サキャ派の教主が文殊だからで、今日でもサキャ・プンツォポダン（Sa skya Phun tshogs pho brang）の人々はジャムヤン（'Jam dbyangs=Mañjughoṣa）の化身と称している。さてまたここに引かれたタクパギェンツェンの予言の内容は『フラーン・デブテル』の伝えるものに近く、『エルデニイン・トブチ』よりも寧《むし》ろ古形を存するものと認められる。

ところで『ボロル・エリケ』の叙述中で目新しいのは、最後の部分に記されたモンゴル字案出の条である。これは『ジルケヌ・トルタ』（J̌irüken-ü tolta 心脂）に基づく記事であることが、その後に加えられた撰者の按語によって判明する。[33] 即ち、

我ラシプンスクが思うには、『ジルケヌ・トルタ』という名の経に、「聖チンギス・ハーンは使者を遣わして、サキャ・ジェツン・ソェナムツェーモ（Sa skya Rje btsun Bsod nams rtse mo）を遥かに奉じた。モンケ・ハーンの時に、ツェルパ（Tshal pa）のラマ・デュースムキェンパ（Dus gsum mkhyen pa）等を招いて仏法を行なわせた。フビライ・セチェン・ハーンの時に、ゴデン、ドルダ両ノヤンが相談してパンディタ・クンガギェンツェンを招いた。フビライ・セチェン・ハーンは、パンディタが涅槃にお入りになった後、その弟子パクパ・ラマを祭祀の管理者とした」といっている。『アルタン・クルドゥン・ミンガン・ケゲースト』（Altan kürdün mingɣan kegesütü

金輪千輻）の書に、「チンギス・ハーンは遥かにサキャのアーナンダガルバ・ラマを奉じた。オゴデイ・ハーンは同じく遥かにタクパギェンツェン・ラマを奉じた。クルク或いはゴデン・ハーンはパンディタ・クンガギェンツェン・ラマを招いた」といっている。この両経はかく互いに矛盾しているけれども、我が思うには、ゴデン、ドルダ両ノヤンがハーンに申し上げずにパンディタを招くはずはなく、また初めて文字を案出するのは一種の重大事であるから、必ずハーンの詔に従うべきである。それにまた『メルゲト・ガルフイン・オロン』（**Merged ɣarqu-yin oron** 諸賢出地）という名の正字法書に、「オゴデイ・ハーンの次子ゴデン・ハーンはサキャ・パンディタ・クンガギェンツェン・ラマを招いて施主となり、仏法の源を得た」といっているので、パンディタ・ラマを定宗皇帝が招いたことは確かである。

その考証の当否はともかく、ここに至ってラシプンスクが多く参考としたのが『アルタン・クルドゥン・ミンガン・ケゲースト』であることが明らかとなる。この書のここに引かれた断片で見ても、アーナンダガルバの名、クルクとゴデンの同視等はすべて『ボロル・エリケ』の本文と一致する。その『エルデニイン・トブチ』との関係は後考を俟《ま》つ。『メルゲト・ガルフイン・オロン』も有名な書であるが、それよりも興味のあるのは『ジルケヌ・トルタ』である。『ジルケヌ・トルタ』はチベット名を『ニンツィル』**Snying tshil** といい[34]、その奥書によれば雍正《ようせい》年間（一七二三〜一七三五）にモンゴル語訳されたようである。その撰者は元代の僧チョェキオェセル（**Chos kyi 'od zer**）というが、内容から見てこれには種々疑問の点があり、私は寧《むし》ろ明末の作とする方に傾いている。この書は、専らモンゴル語の綴り字法を説くが、その開巻第一の部にモンゴルへの仏教初伝の経緯を略叙する。その記事には数々の異色があり、モンゴル使節の到来の予言者をタクパギェンツェンでなくその兄ソェナムツェーモとし、またモンゴル字の発明者をサキャ・パンディタ・クンガギェンツェンとし、パクパは伯父の後を承けてこれを完成したものとする等は殊にそうであるが、ドルダ、ゴデンをそれぞれフビライの第六・七弟とするに至っては一層甚だしい。然し他に采るべき点もあるので、今詳しい考証はこれを略し、ただその要部を次に訳出するに止める。(35)

聖チンギス・ハーンはサキャのラマ・ジェツン・ソェナムツェーモ上ラマに使者を遣わして詔を下し、「我の此処と北方を管轄するラマに汝はなれ。我は仏法の施主となって政・法を分担しよう。そのためにチベットの地の僧侶全部に賦役を免ずる」というと、ジェツン・ソェナムツェーモは「汝の詔のとおりに、我は出来るだけ努力したい」といった。その時にはモンゴルに仏法は拡まらなかったけれども、仏法の崇敬が始まったのである。……モンケ・ハーンの世に、タングトからツェルパのラマ・カルマ・デュースムキェンパ等を祭祀の管理者として、法・政を分担した。それでもその世にはモンゴル語では教えは興らなかったのである。……フビライ・セチェン・ハーンの世にカルマ・デュースムキェンパが神変を示したが、ハーンとラマ二人は衆生の見解の方便について意見が一致せず、ラマと施主の関係が不可能になった。そこでフビライ・セチェン・ハーンの第六弟ドルダ (**Do-rda**) と第七弟ゴデン (**Go-dan**) の二人は、母后の言葉に従って全国人を率いて西寧の地の東北シラ・タラ (**Sira tala**) に駐営して、長城の内のリヤン・チュワン (**Liyan čuvan**) という、今は涼州と称せられる地を領有して住んだ。それからゴデン、ドルダ両ノヤンが相談し、「我等の祖父チンギス聖帝の世に、サキャのラマ・ジェツン・ソェナムツェーモを遥かにラマとして奉じたことがある。今その甥サキャ・パンディタ・クンガギェンツェンという人が中インドにお出でになって外道の尊敬するパンディタと法を論じ、すべて四種の明によって争って、外道は論破された。それからチベットにお出でになって有名になったと聞いている」と言い、ドルダ・ノヤンは兵を率いて招きに行ったが、その時ゴデンが送ったお言葉は次の通りである。「パンディタ・ラマよ、汝は老いたからとて来なくてはいけない。汝等聖人といえば、仏法と衆生の利益を念とするものである。もしも汝が来なければ我は大軍を送って衆生を苦しめ、汝の心を悩ますであろう。であるから来るべきである。云々」この手紙をドルダ・ノヤンが持って、サキャの地に至って手紙を奉ると、サキャ・パンディタは大いに喜んで、「今こそ聖ソェナムツェーモが予言した時である」と思って、お出でになる約束をした。予言というのは、ジェツン・ソェナムツェーモのお言葉に「今にある時東方から鷹のような帽子を冠り、豚の鼻のような靴を穿いた施主が来るであろう。その時に汝が遅滞なく行けば、仏法と衆生の利益は大きいであろう」というのであった。それから出発して涼州の地に到着すると、ゴデン・ノヤンは大いに喜んで、捧げ物をしヘーヴァジラ（Hevajra）の灌頂を受け、秘密陀羅《だら》尼乗《にじょう》に入門した。サキャ・パンディタはその地で七年間仏法と衆生の利益をよく組織した。その時にサキャ・パンディタは、モンゴル国人のため何か文字で利益を与えようとして、夜瞑想に耽ったが、翌朝早く兆の現れる頃、一人の女が河辺から革なめしに使う掻き木を持って来て跪いた。その兆に従って、モンゴル国人の文字を掻き木の形通り男性・女性・中性三種により、実・虚・中性三種に編成したのである。その文字は、

a	e	i
na	ne	ni
ba	be	bi
qa	ke	ki
γa	ge	gi
ma	me	mi
la	le	li
ra	re	ri
sa	se	si

系図7　サキャ・コン（Sa-skya 'Khon）氏世系

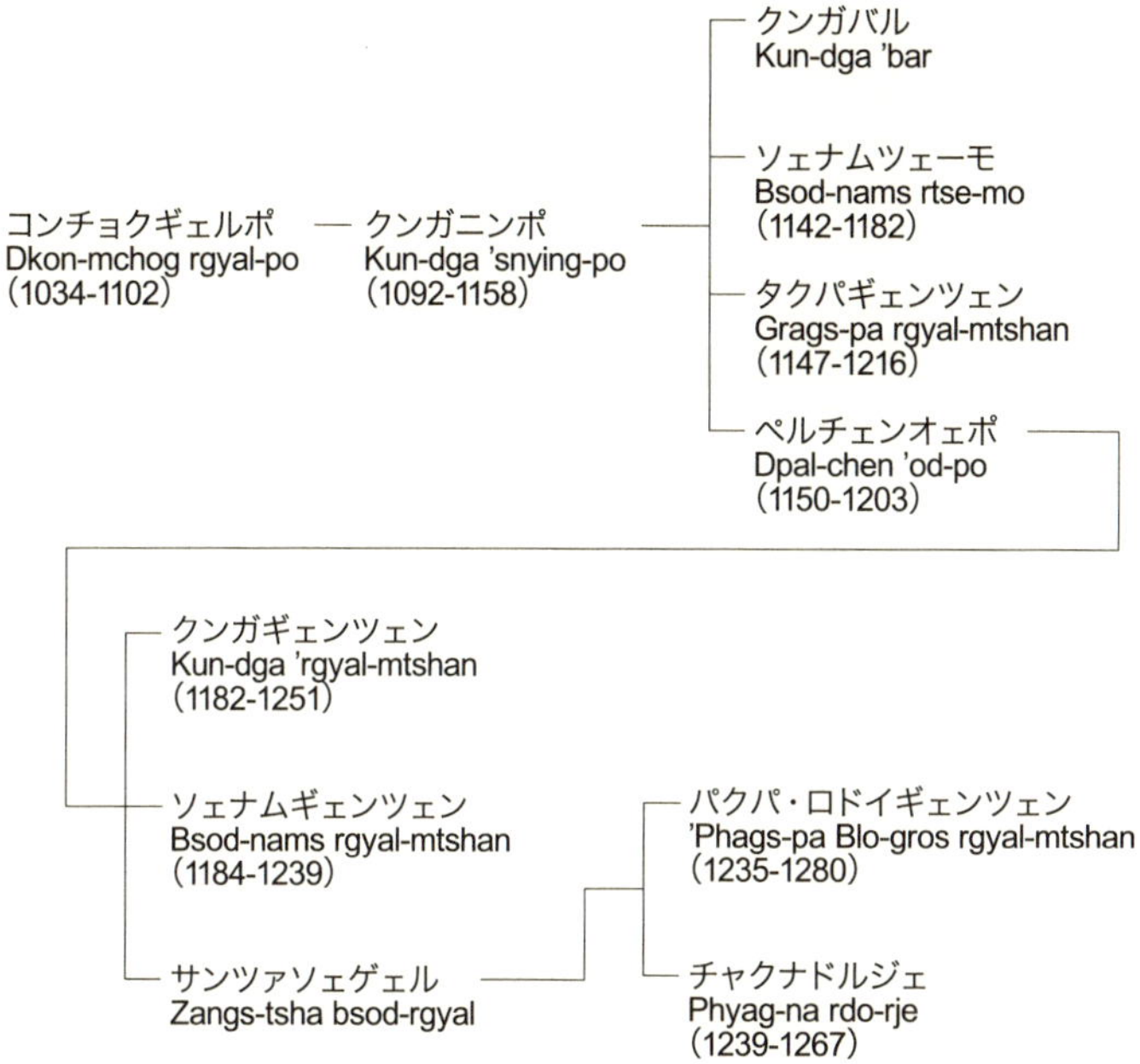

da	de	di
ta	te	ti
ya	ye	yi
ča	če	či
ǰa	ǰe	ǰi
va	ve	

である。しかし時が未だ至らなかったのであろうか、結果が出なかったので、モンゴル語による教えの翻訳はなかったのである。その後サキャ・パンディタが遷化された後、フビライ・セチェン・ハーンは使者を遣わして、パクパ・ラマを呼び寄せた。……

かくしてパクパの登場となるが、それはあまり煩雑なので、元の帝師についての続稿にゆずることとする。

4　元の瀋王と遼陽行省

十七世紀に清朝が興起し、のちに満洲と呼ばれることになる土地の中心にある瀋陽と遼陽は、元代にはモンゴルに降った高麗人たちが住む町であった。一方、朝鮮半島の高麗本土は、フビライ・ハーンに臣従を誓った元宗の息子忠烈王以来、代々の高麗王の世子《せいし》（世継ぎの太子）はモンゴル皇族の婿となって元朝の宮廷で暮らし、父の死後、高麗王の位を継ぐのが習慣となった。高麗王の母はみなモンゴル人になったのである。

元朝が満洲統治のために置いた遼陽行省の重職には高麗人が当てられ、高麗王の一族が瀋王に任命された。瀋王が高麗王を兼ねた時代には両方の国は統一が取れていたが、やがて元朝宮廷の継承争いに高麗王家も関与し、満洲の瀋王と高麗の世子の関係も微妙になる。元朝最後の皇帝恵宗と、高麗人の母から生まれた皇太子が中国を失って北に退却すると、高麗に降ってその将軍になっていた女直人の李成桂《りせいけい》が国を奪って朝鮮を建てた。本論では、『元史』『高麗史』を史料とした一九五九年の原載論文の理解を容易にするために、著者自身の手になる概説書『モンゴル帝国の興亡』（ちくま新書、二〇〇二年）中の高麗史に関する部分を一に挿入した。最後に付けた元朝皇族と高麗王家の結婚関係図は、漢字だけだった原載論文付図にカタカナを加えて読みやすくした。

一　モンゴル・高麗関係の概説

一二三一年から一二五九年まで、三十年近く続いたモンゴル軍の韓半島侵入によって、多数の高麗人が満洲に連れ去られた。オゴデイ・ハーンは、彼らを遼河デルタの遼陽と瀋陽に定住させた。こうした満洲の高麗人のコロニーは、モンゴル時代の高麗の政治に大きな影響を及ぼした。一二七四年と一二八一年のモンゴル軍の日本侵入を指揮した副司令官洪茶丘《こうさきゅう》は、遼陽生まれの高麗人二世である。フビライ・ハーンは彼らのために、遼陽等処行尚書省《りょうようとうしょこうしょうしょしょう》（のちに行中書省）を設置して満洲の行政に当たらせた。高麗の忠烈《ちゅうれつ》王はフビライ・ハーンの娘クトルグケルミシュと結婚し、二人の間に忠宣《ちゅうせん》王イジルブハが生まれた。忠宣王は晋王《しんおう》カマラの娘ブッダシュリーンと結婚して、フビライ・ハーンの側近にあって侍従として勤務し、その間にハイシャン、アーユルパリバドラ兄弟と親しくなった。一三〇七年のテムル・ハーンの死後のクーデターでは、忠宣王は兄弟に加担し、その功績によってハイシャン・ハーンから瀋陽王に封ぜられて、満洲の高麗人コロニーの王となった。こうして高麗本国のほかに、もう一つの高麗人の国ができた。

翌一三〇八年、父の忠烈王が死ぬと、忠宣王は瀋陽王のまま高麗国王の位を継いだ。こうして二つの高麗国はひとまず統合された。忠宣王は元朝の宮廷にそのまま留まって本国に帰らず、まもなく瀋陽王から瀋王に昇格した。しかし一三一一年のハイシャン・ハーンの死後、弟のアーユルパリバドラがハーンとなると、元朝の宮廷における忠宣王の地位は微妙になった。忠宣王は、本国に帰されることを避けるため、次男の忠粛《ちゅうしゅく》王ラトナシュリーに高麗国王の位を譲り、甥のオルジェイトには高麗国世子《せいし》（＝太子）の位を与え、自分は瀋王の位を保って宮廷に留まった。

そのうちに忠粛王に長男の忠恵《ちゅうけい》王ブッダシュリーが生まれた。当然、忠粛王は、自分の王位をオルジェイトではなく、忠恵王に継がせたい。将来の紛争を予防するため、忠宣王は一三一六年、オルジェイトに高麗国世子の位を放棄させる代償として、自分の瀋王の位をオルジェイトに譲った。しかしこの措置は、かえって火に油を注ぐ結果となった。

　オルジェイトは、元朝の梁王《りょうおう》スンシャンの娘と結婚したが、スンシャンは晋王カマラの次男で、イェスンテムルの弟であり、忠宣王の妃ブッダシュリーンの兄であった。そのため忠宣王はオルジェイトをかわいがったのだが、高麗国王の位の継承権を放棄させられたことに不満なオルジェイトは、シッディパーラ・ハーンが一三二〇年に即位すると、猛烈な運動を開始し、その結果、ハーンは忠宣王を逮捕して、仏教を研究しろといってチベットのサキャの地に追放し、忠粛王を本国から召喚して抑留した。しかしシッディパーラ・ハーンが一三二三年に暗殺されると、オルジェイトのたくらみも失敗に終わり、忠宣王はチベットから召還され、忠粛王は五年ぶりに本国に帰ることを許された。

　忠宣王は一三二五年、大都で死んだ。イェスンテムル・ハーンの時代も、瀋王オルジェイトは高麗国世子の位を取り返そうとして運動を続けたが、一三二八年の内乱で立ち消えとなった。忠粛王は、オルジェイトの策謀を封ずるため、高麗国王の位を息子の忠恵王に譲り、自分は元朝の宮廷に滞在したが、一三三二年、再び高麗国王に復帰した。元朝の実権を握る将軍エルテムルは、同年のリンチェンパル・ハーンの死後、忠粛王に帰国を命じた。忠粛王は翌年、瀋王オルジェイトと劇的な和解を遂げ、ともどもに高麗の本国に帰った。

　トゴンテムル・ハーンの時代に入って、忠粛王は一三三九年に死んだ。しかし元朝の宮廷は、忠恵王が高麗国王の位を継ぐことを容易に許さなかった。これは、忠恵王がエルテムルと仲がよかったので、エルテムルに代わって元朝の実権を握った将軍バヤンが忠恵王を憎み、瀋王オルジェイトを支援したからである。そして同年の冬、高麗の本国を訪れた元朝の使者は、忠恵王を逮捕して大都に送り、翌一三四〇年、忠恵王は刑部《けいぶ》（法務省）に監禁された。しかしその直後にバヤンが失脚して、代わって実権を握ったその甥トクトアは、忠恵王を釈放して本国に帰し、国王の位に復帰させた。

それでも瀋王オルジェイトの陰謀は止まなかった。一三四三年、高麗人の宦官高龍普《こうりゅうふ》が元朝の使者として高麗に来て、出迎えた忠恵王を逮捕して元朝の宮廷に送った。トゴンテムル・ハーンは忠恵王を檻車《らんしゃ》に載せて、広東の掲陽《けいよう》県に流した。忠恵王はその途中、岳陽《がくよう》（湖南省岳陽市）で急死した。そのあとの高麗国王の位は、忠恵王の幼い長男、八歳の忠穆《ちゅうぼく》王パドマドルジが継いだ。ここで瀋王オルジェイトは久しぶりに高麗の本国に帰り、翌年死んだ。

忠穆王は一三四八年に十二歳で死に、弟の忠定《ちゅうてい》王ミスキャブドルジが後を継いだ。この間、トゴンテムル・ハーンは忠恵王の弟の恭愍《きょうびん》王バヤンテムルをかわいがり、一三五一年、恭愍王を高麗国王に封じた。恭愍王は十三歳の忠定王を廃位し、翌年これを毒殺した。

高麗の恭愍王は最初、トゴンテムル・ハーンに忠実であり、一三五四年に将軍トクトアが元軍を率いて張士誠《ちょうしせい》の討伐に向かったときには、高麗軍を中国に派遣して、高郵《こうゆう》の城攻めに参加させている。高麗軍部隊は紅巾《こうきん》軍と勇敢に戦ったが、トクトアが解任されて作戦が失敗に終わったので引き揚げた。

トゴンテムル・ハーンの最初の皇后ダナシュリー・ハトンは、将軍エルテムルの娘であったが、父の死後、兄タンギシが一三三五年にクーデターに失敗してバヤンに殺されると、皇后も追放され、上都の民家で毒殺された。次の皇后バヤンフトゥク・ハトンはフンギラト氏であったが、子どもがなかった。ここでトゴンテムル・ハーンに気に入られたのが、高麗の貴族奇子敖《きしごう》の娘である。バヤンは奇氏を皇后とする事に反対であったが、バヤンが一三四〇年、トクトアによって追放されると、奇氏は第二皇后の地位を獲得した。奇皇后が産んだ皇子アーユシュリーダラは、一三五三年、皇太子に立てられた。このため奇皇后の一族の高麗人たちは、元朝の宮廷においても、高麗の本国においても、絶大な権勢を振るい、ことに奇皇后の兄奇バヤンブハ（奇轍《きてつ》）の権勢は恭愍王を圧した。

恭愍王は一三五六年、抜き打ちのクーデターで奇バヤンブハとその一党を皆殺しにし、時を移さず高麗軍を出動させて、久しく元朝の所領であった双城《そうじょう》（咸鏡《かんきょう》南道の永興《えいきょう》）を攻め落とした。このとき双城で高麗軍に降伏した者のなかに、ウルスブハ（李子春）というジュシェン（女直）人があったが、その息子が李成桂《りせいけい》（朝鮮の太祖王）で、当時二十二歳であった。高麗軍はそのまま北に進んで、咸興《かんきょう》・洪原《こうげん》・北青《ほくせい》の地を九十九年ぶりにモンゴルから奪回した。高麗軍の別の一部隊は鴨緑江《おうりょくこう》を渡って、遼陽・瀋陽に通ずる交通路を攻撃した。

　母方ではチンギス・ハーンの血を引いている恭愍王の、このモンゴルに対する反抗運動は、奇氏の一族と遼陽・瀋陽の瀋王派の圧迫から身を護るために、やむを得ずとった行動であった。恭愍王は、高麗本国内の反対派の打倒に成功すると、直ちにトゴンテムル・ハーンと和解した。しかし奇皇后は決して恭愍王を許さず、一三六四年、高麗の忠宣王の庶子の徳興君タステムルという者を高麗国王に立て、遼陽・瀋陽の高麗人部隊をつけて高麗本国に送り込み、恭愍王を打倒しようとした。徳興君の軍は鴨緑江を渡ったが、清川江の北で本国軍に大敗し、恭愍王の打倒は失敗した。このとき李成桂は、本国軍に加わって奮戦している。

　さて、話は少しもどるが、元朝支配に対する反抗は、一三四八年、台州（浙江《せっこう》省天台県）の塩商人方国珍《ほうこくちん》の反乱に始まり、一三五一年には、白蓮教《びゃくれんきょう》という宗教秘密結社の組織する紅巾軍の反乱が、河北・山東・河南・安徽《あんき》・江西・湖北にわたって爆発し、中国の穀倉地帯はことごとく反乱軍の手に落ちた。紅巾政権は、一三五八年には汴梁《べんりょう》（河南省開封市）に進出し、三手に分かれた紅巾軍が山東・山西・陝西に向かって同時に進撃を開始した。このうち山西に向かった一軍は、山西から大同盆地を通ってモンゴル高原に入り、上都を陥れて宮殿を炎上せしめ、東方に向かって満洲に入り、一三五九年には遼陽を占領し、さらに鴨緑江を渡って高麗王国に入り、平壌を陥れた。この紅巾軍は一度は高麗軍によって鴨緑江外に撃退されたが、一三六一年には再び侵入して、高麗の王都開城《かいじょう》を陥れた。

　紅巾軍の一派の朱元璋《しゅげんしょう》が一三六八年、大明《だいみん》皇帝の位について北方に向かって総攻撃を開始すると、元朝最後の皇帝、恵宗トゴンテムル・ハーンと皇太子アーユシュリーダラは南モンゴルに避難し、大都は明の手中に陥った。

元朝がモンゴルに引き揚げたあと、高麗の恭愍王は直ちに明朝の洪武帝《こうぶてい》を中国の皇帝として承認した。一三七〇年、トゴンテムル・ハーンがモンゴル高原の応昌《おうしょう》府で死に、アーユシュリーダラ・ハーンがさらに北方にのがれると、恭愍王は高麗軍を満洲に派遣し、李成桂もこれに参加した。高麗軍は遼陽城を攻め落とし、遼河デルタを一時制圧した。この作戦は、遼陽・瀋陽が、歴代の高麗国王と結婚した元朝の皇女の領地であり、従って高麗王国の領土の一部であるという立場を主張するためのものであった。一三七四年、恭愍王は側近に暗殺されて、養子のムニヌ（牟尼奴）が後を継いだ。

ムニヌ王の時代には、高麗は明朝の満洲進出に反発して、北元と親密な関係を回復した。一三八八年、明軍がモンゴル高原深く進攻して、北元のトクズテムル・ハーンが逃走の途中で殺されると、ムニヌ王は北元を助けるべく、再び高麗軍を満洲に進攻させようとした。

高麗軍が鴨緑江に達したとき、副司令官李成桂らが命令を拒否して、方向を転じて王都開城に向かって進軍し、ムニヌ王を廃位して、昌という王子を立て、またこれを廃位して、王族の恭譲《きょうじょう》王を立てた。その四年後の一三九二年、李成桂は、いよいよ恭譲王を廃位して、自ら高麗国王の玉座についた。これを明朝の洪武帝に報告したところ、新しい国号を何にするのかと問われた。そこで李成桂は、「和寧《わねい》」と「朝鮮」の二つの候補を挙げて、洪武帝に選択を請うた。「和寧」というのは、李成桂の故郷の永興の別名であったが、北元の根拠地のカラコルムの別名も「和寧」であった。洪武帝はもちろん「朝鮮」を選んだ。こうして李成桂は一三九三年、正式に朝鮮国王となった。これが朝鮮（李朝）の建国である。こうして韓半島の王国は、モンゴル帝国から分離して独立したのである。

李氏朝鮮で書かれた『李朝太祖実録』冒頭には、朝鮮の太祖李成桂は全州の出身であると記す。(1) 新羅《しらぎ》の司空李翰《りかん》から二十一代を経て李成桂に至ったとするが、「全州李氏」を本貫《ほんがん》とするというのは後世の捏造である。『李朝実録』には始祖から第十六代まではほとんど名のみが記載され、第十七代（李成桂四代の祖）からやや詳しい伝記がある。その第十七代の穆祖《ぼくそ》からあとの活動舞台と居住地を通観すると、前十六代につなげるために全羅《ぜんら》北道全州（完山）を出発点としてはいるが、東海岸の三陟《さんちょく》から豆満江《とまんこう》畔にわたり、そのほぼ中央に位置する咸興をもって活動の根拠地とした。

穆祖の子が翼祖《よくそ》で、その子度祖《たくそ》は「蒙古諱《いみな》孛顔帖木兒」つまりモンゴル名ブヤンテムルと言った。その子が李成桂の父子春《ししゅん》で、『李朝実録』では桓祖《かんそ》と呼ばれ、モンゴル名ウルスブハ（吾魯思不花）と言った。李子春は、高麗を東北方面からおさえるモンゴル勢力の拠点であった永興《えいきょう》（今の咸鏡南道）の双城《そうじょう》総管府に仕え、千戸（千人隊長）の役職についていたが、前述のように高麗国王恭愍《きょうびん》王が一三五六年に双城総管府を攻め落としたとき、李子春はただちに高麗に投じた。その息子が李成桂（朝鮮の太祖王）である。

その四年後の一三六〇年に李子春は死に、李成桂が家を継いで、東北面上万戸《じょうばんこ》（万人隊長）の職についた。李成桂の活動は、まず咸興から豆満江方面におよぶ女直部族の平定、つぎに鴨緑江上流方面の女直部族、モンゴル勢力の残存するものを討伐し、やがて中央に召し出されて国都の防衛、南方の倭寇討伐にしたがった。彼の本領はどこまでも軍事にあった。

『李朝実録』は朝鮮時代になってからの正史であるから、朝鮮王の家系について、なるべく高麗との関係を重んじるような書き方をしているが、どうしても書き残さざるを得なかった記事がある。すなわち「三海陽《さんかいよう》（咸鏡北道の吉州）にいた元のダルガチ（徴税官）金方卦《きんほうけ》が、度祖（李子春の父）の娘を娶って生まれた三善三介《さんぜんさんかい》は、太祖の外兄弟である。彼は女真で育ち、腕の力が人並み外れて強く、騎射をよくし、悪い奴らを集めて北辺に横行したが、太祖を畏れて敢えてほしいままにしなかった[2]」というものである。この「三善三介」の父金方卦はおそらく女直人であって、三善三介も女直の族長になった。

遊牧民や狩猟民は族外婚制をとり、姓の違う集団と結婚関係を結ぶのを習慣とする。女直の族長である三善三介を、太祖李成桂の「外兄弟」つまり「姓の違う兄弟」とわざわざ呼んでいるところを見ると、太祖自身も女直人であったと考えるのが自然である。

二　元の遼陽行省

イル・ハーン国の宰相ラシード・ウッ・ディーン（Rashīd al-Dīn）の名著『ジャミーア・ウッ・タワーリーフ』（Jamī' al-Tawārīkh 集史）には、元の十二の行省について記したところがある。その最初の三省の部分をドーソンの仏訳によって示す。(3)

一　Le premier Sing est à Khan-balik et Daï-dou.

二　Le second est celui des pays de Tchourtché et de Soulangca. Il est place dans la ville de Moun-tcheou, la plus grandé des villes du Soulangca.

三　Le troisiéme est celui du pays de Couli et d'Oucouli, qui forme un royaume particulier, dont les souverains portent le titer de Vang. Coubilaï donna sa fille en marriage à ce souverain.

この第一の省（Sing）は上都（Khan-balik）及び大都（Daï-dou）であるというから、中書省統するところの腹裏《ふくり》に相違なく、第三は高麗（Couli）及び高句麗（Oucouli）の国で、その王（Vang）は世祖フビライ・ハーン（Coubilaï）の公主に尚するというから、征東等処行中書省《せいとうとうしょこうちゅうしょしょう》に紛れもない。ただ問題なのは第二の行省《こうしょう》で、女直（Tchourtché）とSoulangcaの国であり、Soulangca最大の都市Moun-tcheouに治するという。Soulangcaは明らかにモンゴル語で高麗人を指す**Solangya**または**Solongyo**のことであって見れば、その最大の都市とは高麗の王都開城を言うがごとくである。して見ればこの第二の行省も、第三と同じく征東行省のこととなってしまいそうであるが、一方、女直の行省というのは遼陽《りょうよう》等処行中書省としか考えられない。これは一見、解し難き矛盾と感ぜられる。しかし実は、元の遼陽行省には、正に高麗の行省とも呼ばれるべき事情があった。**Moun-tcheou**をかりに瀋州と解すれば、(4)これは正しく高麗人の大聚落の一つであったのである。もちろん元の遼陽行省の治は遼陽であって瀋陽ではないが、瀋陽路はしばしば遼陽に僑治《きょうち》（かりずまい）していた。『元史』地理志の文を次に引く。(5)

瀋陽路……金に昭徳軍と為し、又た顕徳軍と更《あらた》む。後、皆兵火に燬《や》く。元初、遼東を平らぐるや、高麗国の麟州《りんしゅう》神騎都《しんきと》領《りょう》洪福源《こうふくげん》、西京《せいけい》・都護《とご》・亀州《きしゅう》四十余城を率いて来降し、各々鎮守司を立て官を設け、以て其の民を撫《ぶ》す。後、高麗復た叛するや、洪福源、衆を引きて来帰し、高麗軍民万戸を授け、降民を徙《うつ》して遼陽・瀋州に散居せしめ、初めて城郭を創り司存《しそん》を置き、遼陽故城に僑治せしむ。中統二年（一二六一年）、改めて安撫高麗軍民総管府と為す。高麗の国を挙げて内附するに及び、四年（一二六三年）、また質子《ちし》淳（綧《じゅん》）を以て安撫高麗軍民総管と為し、分かちて二千余戸を領し、瀋州に理せしむ。元貞二年（一二九六年）、両司を併せて瀋陽等路安撫高麗軍民総管府と為し、仍りて遼陽故城に治す。総管五・千戸二十四・百戸二十五を轄《かっ》す。（至順の銭糧戸数五千一百八十三。）

すなわちこれに拠れば、遼陽・瀋陽の地は金末の争乱に荒廃したのであるが、オゴデイ・ハーンの三年（一二三一年）のサルタク（撒礼塔）の南侵に始まる、モンゴル軍の高麗征討に当たって降った洪福源配下の西北面の人々が、五年（一二三三年）の高麗の西京攻撃を逃れて遼東に徙《うつ》り、遼陽・瀋陽に住んで遼陽の安撫高麗軍民総管府の起源となり、また十三年（一二四一年）にモンゴルに入朝した高麗の質子永寧公綧《ちしじゅん》も、高麗の降民を分与されて瀋陽の総管府の祖となったのである。後に二つの総管府は併合されて瀋州等路の総管府と呼ばれたが、治所は瀋陽ではなく遼陽だったのであって、ラシードが遼陽を高麗人最大の都市と称したのもこの事情に因るものと考えられよう。つまり元代の遼陽・瀋陽は共に高麗人の一大中心地であったわけである。

元貞二年（一二九六年）一旦統合された二つの総管府は、その後再び分かれたと見え、『経世大典』の站赤《ジャムチ》条に拠って、遼陽の安撫高麗総管府・瀋陽の瀋州高麗総管府がおのおの独自の駅站《えきたん》を持ち、大寧路・遼東道宣慰司《せんいし》と並んで行省に直属している様《さま》がよく窺《うかが》える。

ここでこの二つの総管府の起源についてさらによく知るために、『元史』洪福源伝の文を次に引く（6）。

癸巳（一二三三年）冬十月、高麗、衆を悉《つく》して来たりて西京（平壌）を攻め、其の民を屠《ほふ》り、大宣（洪福源の父）を劫《おびや》かして以て東す。福源、遂に尽く招集する所の北界の衆を以て来帰し、遼陽・瀋陽の間に処る。帝（オゴデイ・ハーン）その忠を嘉《よみ》し、甲午（一二三四年）夏五月、特に金符を賜いて管領帰附高麗軍民長官と為し、仍《よ》りて本国の未附の人民を招討せしめ、又た旨を降して諭すらく、「高麗の民に、王瞮《おうてつ》（高宗王）及び元《も》と搆難《こうなん》の人を執《とら》えて来朝する者有らば、洪福源と同じく東京（遼陽）においてこれに居らしめ、優《まさ》に恩礼を加えて擢用《てきよう》せん。若し大兵既に加われば、拒《ふせ》ぐ者は死し、降る者は生きん。其の降民は福源をしてこれを統《す》べしむ」と。……辛亥（一二五一年）憲宗《けんそう》（モンケ・ハーン）位に即き、改めて虎符を授け、仍りて前後帰附高麗軍民長官と為す。……戊午（一二五八年）、……会《たま》たま高麗の族子王綧入質し、陰《ひそ》かに併せて本国の帰順の人民を統べんと欲し、福源を帝に譖《しん》す。遂に殺さる。年五十三。

すなわち洪福源は、もう一人の総管王綧との権力争奪に倒れたのである。これに関して『高麗史』洪福源伝(7)には面白い話が載っているが省く。

洪福源が殺されたのはモンケ・ハーンの時のことであるが、世祖フビライ・ハーンが立つと、アリク・ブガとの帝位争いのための人心収攬《しゅうらん》策としてか、福源の子洪茶丘《こうさきゅう》を再び総管に任じ、さらに至元二十四年（一二八七年）、遼陽の高麗軍が叛王ナヤン（乃顔）の討伐に功のあったのを賞するため、遼陽等処行尚書省を新設して洪茶丘をその右丞《じょう》とした。前述した日本征討軍副司令官になったのは、この洪茶丘である。至元二十八年（一二九一年）に茶丘が卒《しゅっ》すると、その弟洪君祥《こうくんしょう》が遼陽行省右丞を授けられたが、留められて同僉《どうせん》枢密院事の旧職に復し、茶丘の子洪重喜が代わって右丞となった。大徳十年（一三〇六年）に至り、洪重喜は右丞を叔父君祥に譲ったが、翌年（一三〇七年）のクーデターで武宗ハイシャンが即位すると、洪君祥はこれを支持して大いに寵用された。本伝に言う(8)。

会《た》またま武宗位に即き、徴して同知枢密院事と為し、栄禄大夫《たいふ》・平章政事・商議遼陽等処行中書省事に進め、遼陽行省平章政事に改め、俄《にわか》にして商議行省事に改む。

そうして君祥のあとには、洪重喜が再び遼陽行省右丞を授けられている。かくのごとく、洪氏一族は遼陽行省の重職を世襲していたのである。

大徳十一年（一三〇七年）のクーデターで武宗派に属したのは洪福源の一族のみではなく、王綧《じゅん》の子孫も加わったらしく、王綧の第二子ココテムル（闊闊帖木児）は、武宗の潜邸に入侍して労を積み、大中大夫・管民総管を授けられた。なお第三子オゲ（兀愛）はナヤンの残党ハダン（哈丹）の討伐に功があり、至元二十六年（一二八九年）昭武大将軍・遼陽等処行中書省事を加授されていて、洪氏・王氏ともに遼陽行省に重きをなし、相並んで武宗の擁立に参じたことが知られる。

否、ただに遼・瀋の二総管家のみならず、高麗本国の忠宣王イジルブハ（益智礼普化）も武宗翼戴《よくたい》の功臣であって、瀋陽王に封ぜられたのである。そしてこの人物が、元代における遼陽の高麗人問題の中心なのである。(9)

三　高麗の忠宣王とモンゴル

高麗の忠宣王は忠烈王の長子である。父忠烈王は至元十一年（一二七四年）五月丙辰、世祖フビライ・ハーンの女《むすめ》クトルグケルミシュ（忽都魯掲里迷失）公主に尚し（婿入りし）、翌十二年（一二七五年）九月丁酉、忠宣王を生んだ。忠宣王は幼時から屢々父王や母公主に伴われて元に入朝したが、ことに至元二十七年（一二九〇年）に入朝してからは、常に元都に在って世祖の寵遇を受けた。至元三十一年（一二九四年）世祖が崩じて成宗テムル・ハーンが嗣《つ》ぐと、先帝の一駙馬《ふば》（婿）に過ぎない父忠烈王の地位はいくらか低下したようで、これに代わって世祖の外孫たる世子《せいし》忠宣王が重きをなすに至ったらしく、翌元貞元年（一二九五年）久しぶりに高麗に帰った忠宣王は、直ちに都僉議司《とせんぎし》・密直司・監察司、及び中軍の事を判することとなり、高麗国の全権を一手に掌握するに至った。一方において進められていた皇女降嫁の運動もさらにその翌年に至って実現し、元貞二年（一二九六年）十一月壬辰、忠宣王は世祖の長孫晋王カマラの女《むすめ》ブッダシュリーン（宝塔実憐）公主に尚した。翌大徳元年（一二九七年）、妃公主の薨去《こうきょ》に遭《あ》った父忠烈王は、ついに元帝に上表して伝位を請うた。成宗はこれを許し、十一月丁丑、詔して忠宣王を以て開府儀同三司・征東行中書省左丞相・駙馬・上柱国・高麗国王と為し、忠烈王に推忠宣力定遠保節功臣・開府儀同三司・太尉・駙馬・上柱国・逸寿王を加授した。ここに忠烈王は隠退し、忠宣王の独裁が実現したのである。

ところが翌大徳二年（一二九八年）、元帝の勅使が高麗に来たり、忠宣王・公主を召して闕廷《けってい》（宮中）に入侍せしめ、忠烈王を復位させた。この突然の政変の原因ははなはだ明らかでないが、この際の元使の中に洪君祥・洪重喜の名が見えることから推して、遼陽の高麗人が忠宣王の追い出しに一役買ったことは確かである。恐らくは司徒趙仁規《ちょうじんき》一派の勢力が強大になり過ぎ、遼陽行省の支持を失ったのが原因ではなかろうか。

さてこの後の忠宣王について、『高麗史』世家《せいか》には次のように記されている。(10)

是に於いて太上王、位に復す。王は元《げん》に如《ゆ》き、宿衛すること凡そ十年。武宗・仁宗龍潜《りょうせん》するや、王と臥起《がき》を同じくし、昼夜相離れず。忠烈王三十三年（一三〇七年）、皇姪《てつ》アーユルパリバドラ（愛育黎抜力八達）太子、及び右丞相ダルハン（答剌罕）・院使ベクブハ（別不花）、王と策を定め、懐寧王ハイシャン（海山）を迎立す。左丞相アグタイ（阿忽台）・平章バトマシン（八都馬辛）等、安西王アーナンダ（阿難達）を奉じて難を為さんと謀る。太子其の謀を知り、先だつこと一日、アグタイ等を執らえ、大王ドゥラ（都剌）・院使ベクブハ及び王と按じてこれを誅す。五月、皇姪懐寧《かいねい》王、皇帝の位に即く。是を武宗と謂う。

すなわち忠宣王は武宗・仁宗兄弟と善《よ》く、大徳十一年（一三〇七年）三月丙寅の仁宗によるクーデターに加担して一役を演じたのであるが、この事件の直後から高麗の国政は全く忠宣王に帰し、忠烈王は手を拱《こまね》くばかりであった。この定策の功により、新立の武宗ハイシャン・ハーンは同年六月戊午、忠宣王に開府儀同三司・太子太傅《たいふ》・上柱国・駙馬都尉を特授するとともに瀋陽王に進封した。この王号は、瀋陽路が高麗人の拠点であったことによるのはもちろんであるが、遼陽行省の二総管洪・王二氏がやはりこのクーデターで武宗・仁宗派に加わったからであることは前述の通りである。

翌至大元年（一三〇八年）七月己巳に忠烈王が薨《こう》ずると、忠宣王は瀋陽王のまま高麗国王を襲封した。ここに忠宣王は元室の血を承けた高麗王族として、本国と遼陽の統合を実現したわけである。王は再び本国に帰らず、元に在って武宗の優待を受けており、至大三年（一三一〇年）には瀋王に改封されている。

ところが翌至大四年（一三一一年）に武宗が崩じて弟仁宗アーユルパリバドラ・ハーンが立つと、情勢はいくらか王に不利になったらしく、翌皇慶元年（一三一二年）には洪重喜が高麗に行省を置いて治めようと主張したといい、また元帝は王に詔して帰国せしめようとした。忠宣王は辞する他に道なく、皇慶二年（一三一三年）三月甲寅、奏して第二子忠粛王ラトナシュリー（阿剌忒訥失里）に高麗国王位を譲り、翌延祐元年（一三一四年）京師《けいし》に留まるのを許された。しかし自己の権力を全く忠粛王に与えるのは危険と思ったのであろうか、高麗国世子位は愛姪《あいてつ》オルジェイト（完沢禿、暠《こう》）に与え、自らは瀋王の封号を称したのである。[11] この後の忠宣王の生活について、世家は「王は万巻堂を燕邸に構え、大儒閻復《えんふく》・姚燧《ようすい》・趙孟頫《ちょうもうふ》・虞集《ぐしゅう》を招致してこれと従いて遊び、以て考え自ら娯しむ」と伝えている。

ところが延祐二年（一三一五年）正月丁卯、忠粛王に長子ブッダシュリー（普塔失里、忠恵王）が生まれるに及んで、世子オルジェイトの地位は微妙になった。恐らくその故であろう、翌延祐三年（一三一六年）三月辛亥、忠宣王は元帝に奏して自己の瀋王位をオルジェイトに譲り、自らは太尉王と称した。これはオルジェイトの世子位、すなわち高麗国王位請求権を忠恵王のために放棄せしめた代償としてであったことは十分に想像される。しかしこれは決してオルジェイトの喜んで従ったことでないのはもちろんで、延祐七年（一三二〇年）仁宗が崩じて英宗シッディパーラ・ハーンが即位すると、瀋王オルジェイト一派は世子位の奪還と国王位の取得とを狙って猛烈な運動を開始した。

『高麗史』宗室伝に言う、[12]

（オルジェイトは）元の梁王（スンシャン）の女《むすめ》に尚す。梁王は薊《けい》国公主（忠宣王の妃ブッダシュリーン公主）の兄なり。暠《こう》は因りて公主の宝物を得、寵幸比無し。忠宣の愛護愈《いよい》よ篤《あつ》し。暠《こう》は遂に覬覦《きゆ》を懐き、国人大半心を帰す。暠《こう》は又た英宗皇帝に幸を得たり。曹頔《そうてき》・崔河中《さいかちゅう》等、暠《こう》を左右し、王位を奪わんと謀り、譖訴《ざんそ》万端なり。

その結果であろう、英宗は突如忠宣王を捕らえ、仏経を学ぶことを名目としてこれをチベットのサキャの地に流し、忠粛王を元都に召喚してその違詔の罪を按問せしめた。かくして高麗本国の政権は瀋王派に移り、至治二年（一三二二年）には百官が連署して中書省に上書し、瀋王を立てんことを請うに至った。しかし翌至治三年（一三二三年）英宗が御史大夫テクシに弑《しい》せられて泰定帝イェスンテムル・ハーンが立つに及び、最大の後ろ盾を失った瀋王派は忽ち息をひそめ、忠宣王もチベットから召還され、元に抑留されていた忠粛王も五年ぶりに帰国を許された。忠宣王は国人に戒諭《かいゆ》して、旧悪を念《おも》うなからしめ、忠粛・瀋王両派の融和をはかった。

しかし瀋王はなおも襲位の望みをすてなかったと見え、泰定二年（一三二五年）五月辛酉、忠宣王が燕邸に薨《こう》じた後、致和元年（一三二八年）六月にも再び帝に訴えて世子印の返還を求めたが、翌七月に泰定帝が崩ずるや、文宗トゥクテムル・ハーンを奉じた僉枢密院事エルテムルのクーデターで元は大混乱に陥り、瀋王の問題も立ち消えの形となった。翌天暦二年（一三二九年）、一旦兄明宗クシャラ・ハーンに帝位を譲った文宗が、兄の暴崩（急死）によって復位し、天下がようやく定まると、忠粛王は帝に請うて王位を世子忠恵王に伝えんとした。これは既成事実を作り上げて瀋王の野望を封ずる目的に出でたものと察せられる。忠粛王は翌至順元年（一三三〇年）元に赴き留まったが、至順三年（一三三二年）再び帝命を以て復位した。その八月文宗が崩じ、エルテムルが立てた寧宗リンチェンパル（懿璘質班）ハーンも二月にして崩じた。エルテムルから帰国を命ぜられた忠粛王は、翌年（一三三三年）瀋王と劇的な和解を遂げ、共に東還した。間もなくエルテムルは薨じ、恵宗トゴンテムル・ハーンが帝位に即いた。

後至元《こうしげん》五年（一三三九年）三月、忠粛王は薨じた。しかし元は容易に忠恵王の嗣位を許さなかった。これはエルテムルに代わって権勢を握った太師バヤンが瀋王オルジェイトを支援し、エルテムルと善かった忠恵王を悪《にく》んだからに外ならない。『高麗史』巻三十六、忠恵王世家によれば、バヤンは「王燾《おうとう》（忠粛王）は本《も》と好人に非ず。且つ疾有《やまい》り。宜しく死すべし。撥皮《はっぴ》（忠恵王の渾名）は適長と雖も並びに必ずしも復た王と為らず。唯だ暠《こう》（瀋王オルジェイト）は可なり」と言ったという。ここにも瀋王の襲位運動の一端が現れている。そしてこの年冬、高麗に到った元使中書省断事官トゥーリン（頭麟）は、国印を授くと称して忠恵王を執らえ、京師に押送された王は、翌後至元六年（一三四〇年）正月、刑部に囚えられ、王の諸臣は投獄された。しかし二月己亥にバヤンが失脚すると、これに代わった御史大夫トクトアは忠恵王を釈放し復位せしめた。この間の瀋王の行動について、宗室伝は次のように記している。(13)

王は薨ず。暠は復た元《げん》に如《ゆ》き、平壌に止まり、陰かに曹頔《そうてき》と謀る。暠の臣朴全《ぼくぜん》は平壌より来たり、詐《いつわ》りて「暠、已に国王と為る」と言う。忠恵、鷹房《ようぼう》・ホルチ（忽只、えびら持ち）六十余騎を平壌に遣わし、暠を止めんと欲す。及ばずして還る。

かくして瀋王の企てはまたも失敗に帰したが、至正三年（一三四三年）に至り、高麗出身の元の宦官、資政院使高龍普が高麗王に衣酒を賜うと称して来て、出迎えた忠恵王を突如捕縛して元に押送した。元帝は王を檻車《らんしゃ》に載せて潮州路の掲陽県《けいよう》に流し、翌至正四年（一三四四年）正月、岳陽に至って忠恵王は暴《にわ》かに薨じ、その長子忠穆《ちゅうぼく》王パドマドルジ（八思麻朶児只）が僅か八歳で位を襲いだ。この事件に瀋王が無関係であったとは思われず、現にこの年十二月に忠恵王即位以来始めて元から帰国して、翌至正五年（一三四五年）七月乙未に高麗において薨じている。

忠穆王は至正八年（一三四八年）十二歳で薨じ、その弟忠定王ミスキャブドルジ（迷思監朶児只）が立ったが、至正十一年（一三五一年）に至り、恵宗に寵せられた忠恵王の弟、恭愍《きょうびん》王バヤンテムル（伯顔帖木児）が高麗国王に封ぜられ、恭愍王は僅か十三歳の忠定王を廃し、翌年（一三五二年）これを毒殺した。

この間にあって高麗の内政に絶大な勢威を揮《ふる》ったのは奇バヤンブハ（伯顔不花、轍《てつ》）である。彼の妹は恵宗の後宮に入って第二皇后に封ぜられ、皇太子アーユシュリーダラ（昭宗）を生んだ。バヤンブハはその故をもって遼陽行省平章政事を授けられ、大司徒に陞《のぼ》り、その権勢は恭愍王を圧した。そこで恭愍王は至正十六年（一三五六年）、抜き打ちのクーデターで奇氏の一党を鏖殺《おうさつ》し、時を遷さず兵を出して遼陽行省を攻撃し、久しく元に属していた東北面（咸鏡道）の地を占領した。この事件は恭愍王の反元運動として有名であるが、実は自己の地位の安定を目的とし、遼・瀋派の勢力を国から一掃しようとしたものと思われ、恭愍王はほぼ国内の反対派打倒に成功すると直ちに元と和解している。

しかし一度表面化した遼陽・高麗間の反目は、武力衝突の形をとって絶えず現れ、勢いの極まるところ至正二十三年（一三六三年）の興王の乱となった。すなわち兄の誅殺を怨んだ奇皇后は恵宗に請い、恭愍王を打倒するため、忠粛王の異母弟タステムル（塔思帖木児）を封じて高麗国王とし、遼陽行省の兵一万を発してこれを送りこもうと企てたのである。しかし遼陽軍は翌至正二十四年（一三六四年）正月の定州の戦いで敗れ、この試みは成らなかった。

これより先、瀋王オルジェイトが至正五年（一三四五年）に薨じた後、オルジェイトの子デシュク（徳寿）は瀋王位を嗣がず、孫トクトアブハ（篤朶不花）は至正十年（一三五〇年）十一月丙辰、東宮ケシク（怯薛）官と為り、至正十四年（一三五四年）九月甲子、瀋王に封ぜられたが、興王の乱に当たって元が先ず立てようとしたのはトクトアブハであったことは、次の『高麗史』宗室伝の文によって知られる(14)。

奇后の兄轍《てつ》・太子の妃の父盧頙《ろさく》等、乱を謀りて誅に伏す。后と太子と恭愍を憾《うら》み、恭愍を廃してトクトアブハを立てんと欲す。トクトアブハ固辞して曰く「叔父、子無し。百歳の後、国将《まさ》に焉《いず》れにか往かん。今、叔父恙無《つつがな》し。吾にして叔父の位を奪うべけんや」と。

これで見ると、トクトアブハの辞退の理由は、恭愍王に子がない以上、その薨後《こうご》には当然、王位は自分に回って来るはずであるからというのである。このことは、瀋王オルジェイトが忠粛王に対するのと同じく、瀋王トクトアブハ

系図8　高麗王と元朝皇室の通婚関係

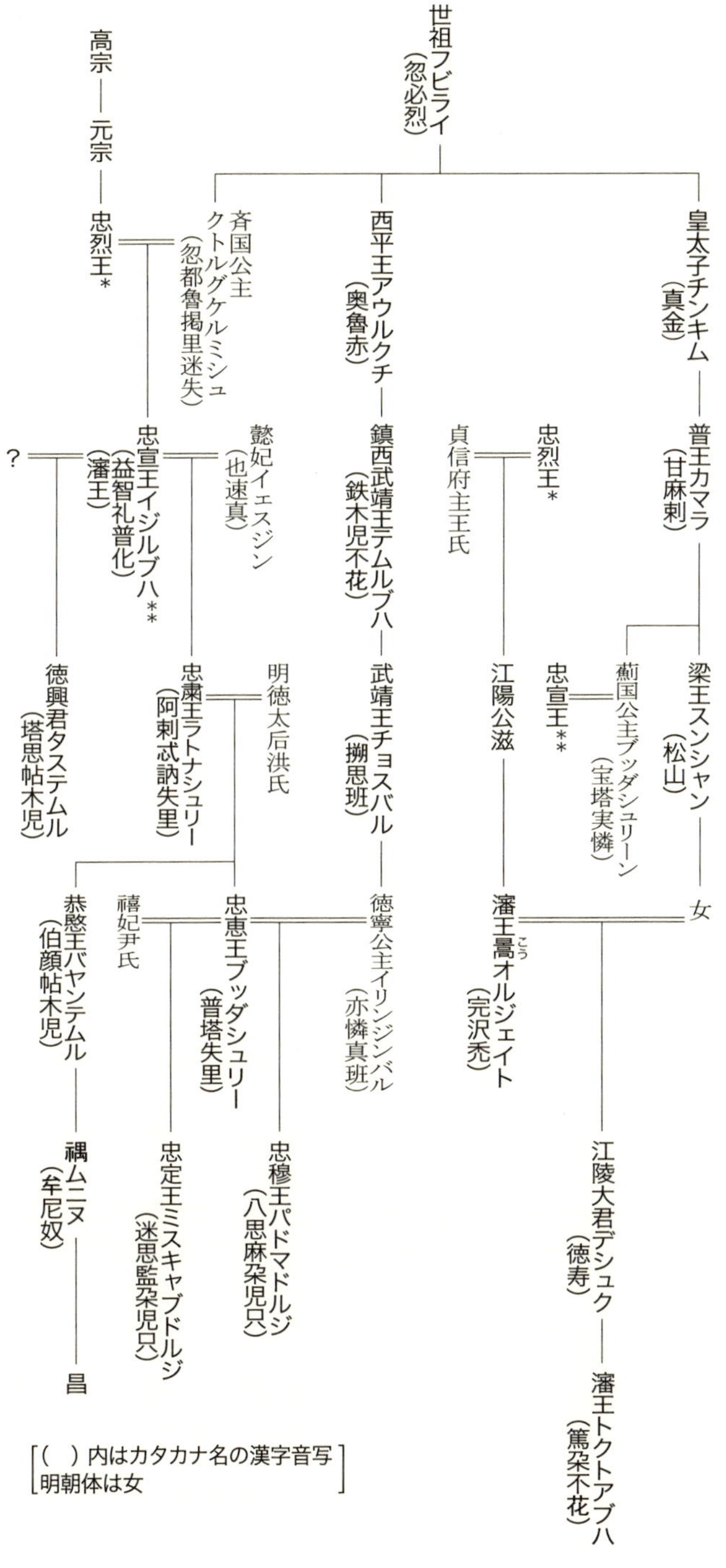

も恭愍王に対して王位継承権を主張すべき立場にあったことを示す。事実、洪武七年（一三七四年）に恭愍王が暗殺されると、北元の昭宗はトクトアブハを封じて国王としたことが『高麗史』辛禑《しんぐ》伝に伝えられている。

このように忠宣王以後の高麗国内の政治情勢は、瀋王というものの存在を抜きにしては理解し難いものであって、多くの事件は瀋王を中心として発生しているようである。従って瀋王の勢力の根柢を成した遼陽行省における高麗人勢力は、十分の注意に値するものと言うべきである。

明の太祖は元の遼陽行省を平らげると、遼陽に東寧衛《とうねいえい》という機関を置いた。この東寧衛は疑いもなく元時の二高麗軍民総管府の後身であって、『李朝太宗実録』巻十一、六年（一四〇六年）五月壬子の条には「凡そ是の衛に居る者は皆朝鮮人なり」と明記されている。[15]

最後に結語に代えて付け加えたいのは、満洲を三韓と呼ぶことについてである。[16]三韓の名を以て遼東を称することは、和田博士の集められた例によれば、明初洪武年間のものが最も早い。これは以上に述べた元代の遼陽行省の実状からすれば自然に理解できることである。洪武三年（一三七〇年）高麗の恭愍王は将軍池龍寿《ちりゅうじゅ》・李成桂（朝鮮の太祖）を遣わして再び元の遼陽行省を伐ち、高麗の兵は遼陽城を陥れ、南は遼東半島一帯を掃討した。これは行省に拠る奇氏の残党を討滅するためであったが、その時の高麗軍の布告に「遼・瀋は是れ吾が国界、民は是れ吾が民なり。今、義兵を挙げてこれを撫安す」とあり、また「遼河以東の本国疆内の民は、大小の頭目等は速やかに自ら来朝し、共に爵禄を享けよ。如し不庭なる有らば、鑑は東京（遼陽）に在らん」とあるのは、南満洲が高麗人の住地であり、ある意味では高麗国の一部とも称すべき当時の実態を反映しているものである。

5　元の恵宗と済州島

朝鮮半島の南端に位置する済州島は、現在は大韓民国の領土の一部であるが、今でも朝鮮半島とはやや異なる独特の文化を有する場所である。元朝時代にはこの島は躭羅《たんら》と呼ばれ、高麗王が元の支配下に入ったあと、反乱を経て元の直轄領となった。島では牧場が経営され、モンゴル馬が放牧されたのである。元朝最後の皇帝となった恵宗が紅巾軍からの避難所として、躭羅を候補地の一つに考えていたらしいことは、元末の一三六六年、浙江省永嘉県の李至剛が済州に使いして『躭羅志略』三巻を書いたことからも明らかである。恵宗が北方に退却し、高麗が明の側に立ったあともなお、済州島の人々は元に忠誠を示した。本論では、この他、済州島に関する古代からの史料すべてを一覧し、『隋書』『日本書紀』『三国史記』『旧唐書』『元史』などに拠って、その独自の歴史を論じる。

一　元の李至剛の『躭羅志略』

元人《げんひと》の書に『躭羅志略《たんらしりゃく》』というものがあった。清の倪燦《げいさん》・盧文弨《ろぶんしょう》の『補遼金元藝文志《ほりょうきんげんげいもんし》』を見ると、その史部地理類元の項に

李至剛《りしごう》『躭羅志略』三巻（永嘉人、枢密院秘書。）

とあり、また銭大昕《せんたいきん》の『補元史藝文志』の巻二、史部地理類にも同様に見えている。これら両書は共に黄虞稷《こうぐしょく》の

『千頃堂書目《せんけいどうしょもく》』に拠ったものらしい。と言うのは、清の孫詒譲《そんいじょう》の『温州経籍志《おんしゅうけいせきし》』を検すると、巻十二、史部地理類下、外記元の項に「李氏（至剛）『躭羅志略』三巻」を挙げた条下に、

千頃堂書目八、李至剛『躭羅志略』三巻、永嘉人、枢密院秘書。

と記してあるからである。ただし今『適園叢書《てきえんそうしょ》』第二集に収められる『千頃堂書目』を見てもこの一条は見当たらない。しかしその巻八は恰《あたか》も史部地理類に相当する。恐らく孫氏の拠ったものは伝抄本であるべく、『適園叢書』本には脱落があるのであろう。

『躭羅志略』は今佚《いっ》している。しかし躭羅は済州島《さいしゅうとう》の古称であり、書名から推して済州島の地誌でなければならない。幸いこの書の後序なるものが伝わっており、僅かながらその内容と成立の事情を究める手掛かりを提供する。

元末の名儒に貝瓊《ばいけい》という人があった。これは浙江《せっこう》省崇徳県の人で、明初に及んで『元史』の纂修にも参加し、後《のち》国子監の助教に除せられ、洪武十一年（一三七八）に致仕して間もなく卒《しゅっ》した。(1)この人の著書に文集三十巻、詩集十巻のあったことは『明史《みんし》』「藝文志」にも見えているが、(2)今『四部叢刊《しぶそうかん》』の集部（一五二七〜一五三二）に『清江《せいこう》貝先生文集』・『清江貝先生詩集』として収められるものがそれで、洪武刊本の景印《えいいん》である。その文集の方を見ると、巻七「雲間集」に『躭羅志略』後序《こうじょ》」と題して次の一文が載っている。(3)

躭羅は中国を距《へだ》たること万里にして史に載せず、蓋《けだ》し荒遠《こうえん》を以てこれを略するなり。至正二十五年（一三六五）、枢密院の掾曹《えんそう》・永嘉の李至剛《りしごう》、副使テムル・ブハ（帖木児不花）公に従って、往きて其の地を守る。明年（一三六六）詔を奉じて京師《けいし》に還《かえ》る。至剛は疾《やまい》を以て倶にするを得ず、廼《すなわ》ち松江《しょうこう》に留まり、因って歴《へ》る所の山川の形勢・民風・土産を記し、編して集を成し、釐《あっ》めて三巻と為し、題して『躭羅志略』と曰う。将《まさ》に梓《し》に鋟《きざ》まんとし、鐵《てっ》崖《がい》楊公、既《すで》に為にその端に叙せり。復《ま》た余が説を求む。余、伏してこれを読み、因って巻を撫して歎じて曰く、

炎漢の興《おこ》るや、張騫《ちょうけん》、郎を以て募《ぼ》に応じて隴西《ろうせい》を出《い》で、匈奴《きょうど》の中に留まること十年、後亡《のが》れて大宛《だいえん》に至る。為《ため》に発して駅を導き、康居《こうきょ》に抵《いた》り月氏《げっし》に伝え、月氏よりして大夏《だいか》に至るも、竟《つい》に其の要領を得ず、歳余にして漢に帰り、天子の為にこれを言う。未だ能く躭羅の詳と為すが如きもの有らざるなり。司馬相如《そうじょ》の西南夷に通ずる、兵を用いてこれに克《か》ち、卭《きょう》・筰《さく》・冉駹《ぜんぼう》・斯楡《しゅ》の君、内属を請うと雖も、長老の且つ其の用を為さざるを言う者あり。是に由りてこれを観れば、国朝命を受くること百年、四方万国、咸《み》な天光日華の下に在り、遐陬《かすう》・僻壌《へきじょう》・窮山《きゅうざん》・絶島と雖《いえど》も、亦《ま》た外《そと》にするを得ず。故に至剛、大臣と海を渉《わた》ること万里にして其の民を鎮撫し、未《いま》だ始め一兵を頓《とん》し一鏃《ぞく》を遺さずして国家の病を為さざるを得たり。則ち歴代の盛んなるに視れば、寔《まこと》にこれに過ぐる者あり。而《しか》して是の編は尤《もっと》も紀録の欠を補うに足り、これをして輿地《よち》に列せしめば、中国の士、身経目識《しんけいもくしき》を待たずして、已《すで》に海外の境を悉《しっ》すること、鴨緑を過ぎて搏桑《ふそう》を窺うが若《ごと》からん。是《ここ》に於いてか書す。

漢の張騫・司馬相如のことはさて措《お》き、この後序によって知られる事実は次の通りである。則ち元の恵宗（順帝）トゴン・テムルの至正二十五年（一三六五）、枢密副使テムル・ブハ（**Temür buqa**）が済州島に使いし、それに従った浙江省永嘉県（温州）の人李至剛は、翌年（一三六六）の帰国の後、病を松江（江蘇省）に養い、その傍ら済州島滞在中の見聞をまとめて三巻としたのが『躭羅志略』なのである。そしてその刊行に当たって叙を為《つく》ったという鐵崖《てつがい》楊公《ようこう》とは、元末の大詩人として有名な楊維楨《よういてい》のことである。[4] 維楨の集を『東維子文集《とういしぶんしゅう》』というが、これには『躭羅志略』の叙が収められておらず、今日見ることが出来ないのを遺憾とする。

さてこの後序で、李至剛が大都（北京）に帰る途中、疾によって松江に留まったと言うが、この間の事情については同じ貝瓊の『清江貝先生詩集』巻三に載っている七言古詩によってより詳しく知ることが出来る。

枢密院掾曹《えんそう》李至剛は、テムル・ブハ（帖木）公に従って躭羅を守ること一年、詔ありて京師に回り、風に遭って曹涇《そうけい》に抵《いた》る。明年夏、復た海を蹈《ふ》んで北上す。詩して以てこれを送る。

白洋十月行人苦　北風簸浪魚龍舞（白洋、十月、行人《こうじん》苦しみ、北風、浪を簸《ひ》て魚龍舞う。）
黒洋六月南風回　海客椎牛賽彭祖（黒洋、六月、南風回《かえ》り、海客、牛を椎《う》ちて彭祖《ほうそ》に賽《むく》ゆ。）
使者迢迢入帝畿　連艘夜発迅如飛（使者、迢迢《ちょうちょう》として帝畿《ていき》に入《い》る。艘《ふね》を連ねて夜発す、迅《はや》きこと飛ぶが如し。）
六鰲尚戴三山起　一鶴初従万里帰（六鰲《りくごう》、尚《な》お三山を戴《いただ》き起《た》つ。一鶴《いっかく》、初めて万里従《よ》り帰る。）
張儀雖困猶存舌　置酒都門歌激烈（張儀、困《こん》すと雖《いえど》も猶《な》お舌を存す。都門《ともん》に置酒し歌激烈《うたげきれつ》。）
丈夫得官貴少年　腐儒窮経空白髪（丈夫、官を得《う》るには少年を貴《とうと》ぶ。腐儒《ふじゅ》、経を窮《きわ》めて空《むな》しく白髪。）

この詩の前書きの中の、至剛が風に遇って抵ったという曹涇は、江蘇省松江県の東南七十里にあり、杭州湾の北岸に臨む所である。(5) これによって李至剛が松江に留まった故が解るが、更にその本文から、李至剛等が済州島に往復するのに北京から朝鮮半島を経由せず、中シナから東海を横断したことが証される。漢詩の詩韻は一〇六韻あり、四行ごとに末尾に同じ韻を持つ漢字を置くのだが、この詩の最初の虞韻《ぐいん》（苦、舞、祖）の詩句は使者往来の状を叙し、次の微韻《びいん》（畿、飛、帰）の詩句は至剛の北上を詠じ、最後の屑韻《せついん》（舌、烈、髪）の詩句は至剛の得意に対して自己の境遇を嘆じたものである。

ところでこの詩中の白洋・黒洋の故事は、宋の徐競の『宣和奉使高麗図経』に出る。徐競は宋の徽宗《きそう》の宣和五年（一一二三）、国信使路允迪《ろいんてき》の一行に加わって高麗を訪い、帰国の後見聞を綴って四十巻とした。これが『高麗図経』であるが、その巻三十四、海道一に、明州《めいしゅう》（寧波《ねいは》、浙江省鄞県《きん》）から高麗へ赴くのに三つの海中の難所があるとして白

水洋・黄水洋・黒水洋の名を挙げている。(6)

もともと宋代には、高麗への交通路としては、明州から東海を横断するのが殆ど唯一のコースであった。これは南満洲が遼・金の占拠する処となって陸路が利用できなかったからであるが、東シナ海では、夏季六月から八月にかけては西南の季節風が強く、冬季十一月から二月にかけては東北の季節風が烈しく吹くので、昔時の帆船は夏に高麗に至り冬中シナに帰るのを常とした。(7)それで貝瓊の詩の「白洋十月行人苦」とは、李至剛等が海路耽羅に向かったのが至正二十五年冬十月で、すでに東北風期にさしかかっていたために航行に困難を感じたことを示し、「黒洋六月南風回」とは、翌二十六年夏六月の帰航に際し、未だ南西風の勢力が全く衰え切ってはおらず、逆風に遭ったことを伝えているものと解したい。

かくして李至剛は曹涇《そうけい》に着き、松江に病を養うこと一年、翌至正二十七年（一三六七）の夏、再び海路大都に向かったのであるが、至正二十七年と言えば明の太祖の洪武元年（一三六八）の前年で、翌年には徐達等の率いる明軍が大都に入り、恵宗は応昌に蒙塵《もうじん》するようなことになったので、李至剛の運命が如何に成り行《ゆ》いたかは知られなくなっている。

李至剛の伝は史書に見えないが、(8)貝瓊《ばいけい》の『清江貝先生文集』巻五に出る「蘭芳軒記《らんほうけんき》」に拠ってその前半生は窺える。次にその文を掲げる。(9)

永嘉の李至剛氏は、銭唐城東に僑居《きょうきょ》し、室を闢《ひら》きて游息の所と為す。蘭を其の前に樹《う》え、顔して蘭芳軒と曰う。間ありて余に求めてこれが記を為る。按ずるに、蘭と沢蘭《たくらん》と類し、紫茎《しけい》にして赤節《せきせつ》、葉は鋭くして長く、古人恒《つね》に刈りてこれを佩《お》ぶ。劉次荘《りゅうじそう》の注己に詳しくして、黄太史《こうたいし》又た一幹一花を以て蘭と為し、一幹数花を蕙《けい》と為す。朱子従いてこれを辯《べん》じ、且つ言う、今の見る所の者は、花は香有りと雖も葉は香気無し、刈りて佩《お》ぶべき者に非ず、然れば亦た古人の指す所の何物為るかを知らざるなり、と。是に由りてこれを観れば、天下の物、其の芳の槁《か》れるに至りて変ぜざる者は蘭に過ぐるはなくして、楚の屈原『離騒』を著して以て志を見らわし、挙げてこれを称する者一ならず。則ち原《もと》の蘭の芳を守るに比すのみ。故に其の好んで自ら潔くするを脩《おさ》めて朝夕倦《う》まざるや、則ち「余既《すで》に蘭を九畹《えん》に滋え、又《ま》た蕙《けい》を百畝《けい》に樹う」と曰う。時俗の讒《ざん》を好んで直を悪み容るる能わざるに及びてや、則ち「戸ごとに艾《がい》を服して以て腰に盈《み》ち、幽蘭の其れ佩《お》ぶべからずと謂う」と曰う。夫れ蘭は衆草と別にして、故に時に倶に化せずして独り芳《かんば》し。君子は小人と別にして、故に俗と倶に遷らずして独立す。倶に化して倶に遷らしめば、則ち芳は臭腐《しゅうふ》に委《い》して、美は淫僻《いんぺき》に淪《りん》せん。至剛の蘭に託する、其《そ》れ亦《ま》た原《もと》の志有らんや。蘭の是非は固より論ぜざるなり。余聞くならく、至剛は蓋《けだ》し五峰先生の従子弟にして、蚤《はや》く気節有り、嘗て武夷の杜君清碧に従いて游び、二十余、江を度りて北し、黄河を渉りて太華を覧《み》、客として京師《けいし》に寄り、落魄《らくはく》不偶にして南帰す。呉門の一時の将相、皆屈してこれを幕府に致さんと欲すれども、至剛は屑《いさぎよ》しとせざるなり。然れども病蘭の艾若《がいじゃく》ならざる能わず。吁《ああ》、蘭の香は、小夫・孺子も能くこれを知る。至剛の能く其の守りを失わざる、蘭の芳の変ぜざるが如し。余、必ず等夷より擢《ぬき》んでられて声を天衢《てんく》に蜚《と》ばさんことを知る。是に於いてか書す。

その文勢から推して、李至剛が耽羅に渡った至正二十五年（一三六五）より前に書かれたことは確かで、これによって幾つかの重要な事実が判る。即ち、至剛は永嘉の人であるが当時銭唐（杭州）に住んでいたのであること、五峰先生の従子弟であることで、五峰というのは『元史』にも伝のある温州楽清の人李孝光であるから、至剛は恐らくその甥であろう。[10]『明史』楊維楨列伝には、その交友を述べて、「永嘉の李孝光・茅山の張雨・錫山の倪瓚《げいさん》・崑山の顧瑛《こえい》と詩文の友と為る」とあり、李孝光が筆頭に挙がっているから、楊・李の交は相当篤かったものと思われる。李氏の従子弟至剛の著書に楊氏が序を書いたのは偶然ではあるまいし、松江で李至剛が病を養ったのは或いは楊維楨の家であったかと考えられる。[11] 貝瓊に後序を頼んだのは、両人とも杭州に居て交際があった為なのは勿論であるが、その外に貝氏が楊氏の門人であった故でもあろう。[12]

さて再び「蘭芳軒記」にもどって、李至剛は武夷の杜君清碧の門人であるというが、これは『元史』に伝のある清江（江西省）の杜本《とほん》のことで、武夷山（福建省崇安県の南三十里）に隠れていた。[13]『元史』は「天文・地理・律暦・度数、通究せざるは靡《な》し」と言うが、その門人に李至剛が出たのは不思議でない。李至剛が二十余にして北のかた大都に游《あそ》んだのは、或いは李孝光と杜本が共に歿した至正十年の交であったかも知れない。仕官の望を達せずに南帰してから杭州に住んでいたと言う。多分枢密院秘書の官を授けられたのは、使命を帯びた枢密副使テムル・ブハが躭羅渡航のため杭州に至った際に招かれてその幕賓《ばくひん》となった事を意味するのであろう。

以上『躭羅志略』撰述の事情について煩瑣《はんさ》な考証を行って来たが、最後に二つの大きな疑問が残る。一体躭羅に行くのに何故杭州経由の回り道などせず、真っ直ぐ南満洲・朝鮮半島を通って行かなかったのか、また至正の末という、元帝国が崩壊に瀕して内外共に多事の時に、東海の蕞爾《さいじ》たる小島に重臣を遣わしたのは何の為であったか。これに答えるためには当時の済州島をめぐる国際情勢、更に遡ってはこの島の当時に至る歴史を見て行かねばならない。

二　躭羅国から済州島へ

『元史』には高麗列伝の外に躭羅列伝が立ててあるが、その首に「耽羅は高麗の与国なり」と言い、高麗の一部とは見ていない。これには種々の理由があろうが、この島の高麗化が最も遅く、高麗時代には未だ完全に内地となっていなかったのが一因であろう。

済州島の住民は、三世紀末の『三国志』魏書東夷伝に始めて「州胡」として現れる。[14] それには馬韓に続けて次のように記されている。

又た州胡有り。馬韓の西海中の大島の上に在り。其の人は差《や》や短小にして、言語は韓と同じからず、皆髠頭《こんとう》（北アジア遊牧民の習慣で、頭髪の一部を剃った禿頭《はげあたま》）なること鮮卑《せんび》の如く、但だ韋《い》を衣《き》、好んで牛及び豬《ぶた》を養う。其の衣は上有りて下無く、略《ほ》ぼ裸勢の如し。船に乗りて往来し、中韓に市買《しばい》す。

これに依って、当時この島人の言語習俗が本土の馬韓人と相当異なっていたことが窺われる。[15]四世紀に入り、東晋の太和四年（三六九）、駸々《しんしん》として南下する高句麗の勢力に対抗するため、百済王肖古《しょうこ》は兵を倭国に請い、その援護の下に翌々年（三七一）平壌城を攻めて高句麗王釗《しょう》を敗死せしめた。これより後《のち》半島の南半は、任那の倭国勢力の下に入るが、この期間には済州島も同様であったと思われる。[16]しかし百済の成長、倭国の衰退に伴ってこの島は百済の方に接近し始めたらしく、『日本書紀』巻十七、継体天皇二年（五〇八）の条に、「十有二月、南海中の耽羅人、初めて百済国に通ず」と伝えられている。[17]

これが耽羅の名の史籍に見えた始めであるが、これよりこの島は百済の属国として知られる。『隋書』東夷列伝を見ると、開皇八年（五八八）隋の戦船一艘が海東の躭牟羅《たんむら》国に漂着したのを、百済王餘昌《よしょう》が手厚く送り還したとあり、当時この島が百済の勢力下にあったことを示している。[18]なお『隋書』東夷列伝百済の条の末尾に次の如く躭牟羅国の事が記されているのはこの漂流事件の結果であろう。[19]

其の南、海行三月にして躭牟羅国有り。南北千余里、東西数百里。土に麞鹿《しょうろく》多し。百済に附庸す。

ところが百済が亡びると、この島は少なからず去就に迷ったようであり、唐・新羅・倭国のいずれにも使いを遣わしている。先ず唐の高宗の顕慶《けんけい》五年（六六〇）百済が唐と新羅の連合軍に滅ぼされると、その翌年の龍朔《りゅうさく》元年（六六一）八月、耽羅国主儒李都羅《じゅりとら》の使いが唐に朝貢した。[20] ところがこの同じ年の五月、躭羅の王子阿波伎《あはき》が遣唐使船に従って倭国に朝している。[21] 更にその翌年の龍朔二年（六六二）二月には、今度は新羅に、躭羅国主佐平徒冬音律《ととうおんりつ》が降り、その属国となったと云う。[22] しかし倭国が王子豊璋《ほうしょう》を推し立てて百済の復興を企てると、躭羅国はこれにも随ったと見え、龍朔三年（六六三）九月の白江口（白村江）の戦いで唐軍に撃破された豊璋の陣営で捕えられたものの中には耽羅国使もあった。[23] 百済の滅亡が決定的となってからは、耽羅国は唐・新羅・倭国のいずれとも友好関係を維持しようと努め、乾封《けんぽう》元年（六六六）、唐の高宗が泰山に封禅《ほうぜん》の礼を行なった時、耽羅国使もこの盛儀に参列しているし、[24] 倭国＝日本に対しても持統天皇八年（六九四）に至るまで三十三年に渉《わた》ってしきりと朝貢した。[25] しかし唐が半島から後退して新羅の主権が確立すると、この島も専ら新羅に属するようになる。[26]

　九世紀の末に及び、半島の各地には多くの土豪が割拠して新羅王の威令は全く行なわれなくなった。それら土豪の中でも、半島の西南部に起こった甄萱《しんけん》と、北方に興った弓裔《きゅうえい》とが最も強大で、甄萱は後百済王を、弓裔は後高麗王を称し、今や半島東南隅の一地方勢力と化した新羅とともに第二の三国時代を現出した。この時代には耽羅国は後百済の甄萱の勢力下にあったらしい。[27] 弓裔は後その部将王建に逐われて死に、王建が代わって高麗王位に即いた。これが高麗の太祖であるが、太祖は弓裔時代から半島西南端の羅州に前進基地を置き海上権を握っていた。恐らくその故であろうが、甄萱の未だ健在であった太祖八年（九二五）すでに耽羅国の入貢のあった事が伝えられている。[28] 太祖はその十八年（九三五）新羅を併せ、翌年（九三六）後百済を滅ぼして半島を統一したが、こうなると勿論耽羅は高麗の属国となったのであって、『高麗史』巻一、世家一、太祖二十一年（九三八）の条には、冬十二月、耽羅国太子末老《まつろう》来朝す。星主・王子の爵を賜う。

と記されている。但し星主・王子は徒上《とじょう》と共に耽羅の三大酋長の称号である。[29] 以後この島の住民は、高麗に於いては宋商・女真等と同じく慕化《ぼか》来朝の外国人として遇せられ、外交を司る礼賓《れいひん》省の管轄下にあった。高麗最大の国家的行事は、毎年十一月十五日に挙行される八関会《はちかんえ》であるが、これにも耽羅国の代表が参列して祝意を表することになっている。[30]

しかし高麗のこの島に対する支配権は着々と強化されていったようで、早くも顕宗二年（一〇一一）には州郡の例に依って耽羅に朱記を賜うたという。[31] また文宗朝（一〇四六〜一〇八三）には礼賓省の中に耽羅勾当使《こうとうし》という官職があった。[32] また耽羅人でありながら高麗に仕えて尚書右僕射に至った高維、その子で中書侍郎平章事に至った高兆基の如きも出たほどで、[33] この島の高麗化はますます進み、粛宗十年（一一〇五）に至ると遂に耽羅郡が置かれ、以後『高麗史』世家には耽羅朝貢の記事が全く見られなくなる。[34] その後毅宗《きそう》朝（一一四六〜一一七〇）には県に降ったが、[35] 十三世紀の初頭に至り再び陞格《しょうかく》して済州となった。これが今の島名の起こりである。[36]

三　元末明初の済州島

かくして済州島は高麗の領土の一部となったが、その頃高麗の北方にはモンゴルの脅威が迫ってきていた。チンギス・ハーンは金の遼東の地を手中に収めると、しきりと高麗に使いを遣わしてその帰服を促したが、当時高麗の政権を握っていた武臣崔《さい》氏の一族は遂にその要求に応じなかったので、チンギス・ハーンに嗣いで立ったオゴデイ・ハーンはその三年（一二三一）元帥サルタク（撒礼塔）に命じて半島に侵入させた。これに対して高麗はその民を海島・

山城に避難させ、都を開京から江華島に遷して約三十年の長きに渉《わた》り抗戦を続けた。海戦に慣れないモンゴル軍はこれには手の下しようもなく、ただ半島本部を荒らし続けるのみであった。[37]

しかしその中に崔氏が亡びると（一二五八）、高麗の態度も軟化し、元の世祖フビライの中統元年（一二六〇）には休戦が成立した。この頃始めて済州島とモンゴルとの関係が起こっている。即ち『高麗史』によれば、至元三年（一二六六）十一月、済州の星主が高麗に来朝したので、高麗はこれをモンゴルに送ったという。[38] ところが『元史』世祖本紀を見ると、その翌年（一二六七）正月、百済の使いが来朝したとある。[39] この頃百済国があるはずがないから、これは多分済州の誤りで、星主の来朝を意味するのであろう。この事件の結果であろうか、フビライ・ハーンは済州島に注意を払い、至元五年（一二六八）及び六年（一二六九）使いを遣わして耽羅及び黒山島を視察させている。これは『元史』巻二百八、外夷列伝九十五、耽羅に「世祖は既に高麗を臣服するや、耽羅の南宋・日本の衝要為るを以て、亦《ま》た意を注ぐ」とある通り、この島の軍事的重要性の故であった。

ところがここに三別抄《さんべつしょう》の乱という事件が起こった。至元七年（一二七〇）高麗はいよいよ江華島を出て再び開京に都することとなったが、崔氏の武力の中核を成していた三別抄という軍隊はこれに反対し、宗室の承化侯温《しょうかこうおん》を立てて王とし、珍島に根拠を置いて海上を横行し、大いに沿岸を騒がした。そこでモンゴル軍と高麗軍は共同でこれを討伐し、翌至元八年（一二七一）漸《ようや》く珍島を平げた。ところが三別抄の残党金通精等は今度は済州島に遁入《とんにゅう》し、ここに拠って抵抗をつづけた。元・高麗は困難の末、至元十年（一二七三）に至ってやっとこの島を平定したが、元はここに耽羅国招討司を置き、招討使シリバイ（失里伯）の率いる千七百の軍隊を駐屯させて、この島を元の直轄領とした。招討司は至元十二年（一二七五）には軍民都ダルガチ（達魯花赤）総管府となり、至元二十一年（一二八四）正月に至って更に軍民安撫司と改められた。[40]

高麗にしてみれば、叛賊の討平は有り難いが、この島の元領化は迷惑であったに相違ない。日本征伐が失敗に終わり、至元三十一年（一二九四）フビライが崩ずると、高麗の忠烈王は新たに立った成宗テムルに請うて耽羅の返還を許された。[41] しかしこの島と元との関係には相変わらず密接なものがあったようである。これより先至元十三年（一二七六）にはタラチ（塔剌赤）という元のダルガチが馬百六十匹を連れて来てこの島に牧馬場を設けたことがあるが、[42]『高麗史』忠烈王世家の二十年（一二九四）十一月庚戌の条には「耽羅の王子文昌裕・星主高仁旦に紅鞓《こうてい》・牙笏《がしゃく》・帽・蓋《がい》・靴各々一事を賜う。耽羅は今我に帰す、故に是の賜有り。然れども馬を元に進むること絶えず」とあり、牧馬場を通じて元の勢力がこの島に確立していたことを示している。[43]

そうした事情に由ったのであろう、元の中書省は大徳五年（一三〇一）再びこの島に耽羅軍民総管府を置いて直轄地としようとした。これは高麗の猛烈な反対で結局中止され、代わりに耽羅万戸府《ばんこふ》を置いて高麗の征東行省に属させることとなったが、この島の住民は高麗よりも元に好意を持っていたようである。[44]

元末、恵宗トゴン・テムルの世になっても、この島は元と深い関係を持ちつづけ、至正七年（一三四七）元の太僕《たいぼく》寺《じ》が使いを遣わして耽羅馬を取らしめたことが伝えられている。[45] しかし中原に叛乱が続発して元の支配権が動揺し始めると、高麗の恭愍《きょうびん》王は元に叛き、至正十六年（一三五六）兵を出して元の遼陽行省を伐ち、久しく元に属していた東北面（咸鏡道）の地を恢復《かいふく》する[46]一方、尹時遇《いんじぐう》を済州都巡問使に任じてこの島の経営に当たらせた。[47]

ところが牧子（フビライが設けた牧馬場の官吏）フフダス（忽忽達思）等はこれに反抗し、尹時遇及び済州牧使《ぼくし》張天年《ちょうてんねん》・判官李陽吉《りようきつ》等を殺した。[48] この叛乱は翌年（一三五七）に至って一旦収まったが、[49]至正二十二年（一三六二）に至ると再び叛乱が起こった。『高麗史』恭愍王世家の十一年（一三六二）八月の条に「耽羅の牧胡フトゥク・ブハ（古禿不花）、石デルビス（迭里必思）等、星主高福寿を以て叛す」とあるが、[50]高麗はこの時前年（一三六一）鴨緑江を渡って半島に侵入した紅巾軍のために大打撃を受けており、一時は国都すら危うかったほどで、耽羅の叛乱はこの隙に乗じて起こったものと見える。

この結果耽羅は高麗の手から離れて元に従うこととなった。『高麗史』恭愍王世家の同年（一三六二）十月の条には「済州、元に隷せんと請う。元は副枢文アルタン・ブハ（阿但不花）を以て耽羅万戸《ばんこ》と為し、万戸朴都孫《ぼくとそん》を殺す」とあり、地理志には「元に隷せんと請う。元は副枢文アルタン・ブハを以て耽羅万戸と為し、本国の賤隷《せんれい》金長老と州に到り、万戸朴都孫を杖して海に沈む」とある。

この高麗の済州万戸を殺したという元の枢密副使文アルタン・ブハ（**Altan buqa**）は海路この島に到ったらしい。恭愍王世家の十二月癸巳の条に「密直副使柳芳桂を以て文アルタン・ブハ接伴使と為し、往きて済州に労す」とあるのは、この副枢が半島を経由せず直ちに済州に達した明証である。[51]

ここに至って恭愍王の耽羅経略は一旦挫折したわけであるが、気鋭の王のこととて何時までも手を拱《こまぬ》いてはおらず、恵宗の勢いの日に日に蹙《しじ》まった至正二十六年（一三六六）再び攻勢に転じた。『高麗史』恭愍王世家十五年（一三六六）十月の条に「全羅道都巡問使金庾《きんゆ》、兵を募って百艘《そう》を得、済州を討って敗績す」とある。この討伐は失敗に終わったけれども、翌年（一三六七）高麗は外交交渉によってこの島の宗主権を元に承認させることが出来た。

『高麗史』地理志には「〔恭愍王〕十六年（一三六七）、元は州を以て復た来属す。時に牧胡は強く、数《しば》ば国家の遣わす所の牧使・万戸を殺して以て叛す。金庾の討ずるに及び、牧胡は元に訴え、万戸府を置くことを請う。王は奏して、本国をして自ら官を署し、牧胡の養う所の馬を擇《えら》びて以て献ずること故事の如からしめんと請う。帝これに従う」とある。これは元にしてみれば大きな譲歩であるが、当時にあっては高麗と友好関係を維持するためには耽羅を犠牲にするのも止むを得なかったものであろう。ところで『高麗史』恭愍王世家はこれについて一つの重要な事実を我々に告げている。

〔十六年（一三六七）二月〕癸亥、元使高大悲は済州より来たる。帝、王に綵帛《さいはく》・錦五百五十匹を賜う。宰枢《さいすう》も亦た差有り。時に帝は乱を済州に避けんと欲し、仍ち御府の金帛を輸し、乃ち詔して済州を以て復た高麗に属せしむ。時に牧胡は数《しばし》ば国家の遣わす所の牧使・万戸を殺して以て叛す。金庾の討ずるに及び、牧胡は元に訴え、万戸府を置くことを請う。王は奏すらく、「金庾は実に済州を討つに非ず。倭を捕らうるに由り追いて州境に至りて樵蘇《しょうそ》するに、牧胡は妄りに疑惑を生じ、遂に相ともに戦うのみ。請う、本国をして自ら牧使・万戸を遣わし、牧胡の養う所の馬を擇《えら》びて以て献ずること故事の如《ごと》けん」と。帝これに従う。（傍点は引用者）

元使が済州から高麗に来たのは、至正二十二年（一三六二）の文アルタン・ブハと同じく海路を利用したことを示すが、それよりも恵宗が避難所を済州島に営んでいたという記述は注目に値する。

同書にはもう一つこれに関する史料がある。恭愍王はその十八年（洪武二年、一三六九）、亡妃魯国大長公主の影殿を大いに馬岩《ばがん》に営んだが、世家のこの年九月の条には、「時に王、元朝の梓人《しじん》の元世を済州より召し、影殿を営ましむ。世等十一人家を挈《ひ》っさげて来る、世、宰輔《さいほ》に言って曰く「元の皇帝は好んで土木を興し、以て民心を失う。自ら卒《つい》に四海を保つ能わざるを知り、乃《すなわ》ち吾が輩に詔して宮を耽羅に営み、乱を避くるの計を為さんと欲す。功未だ訖《おわ》らずして元亡び、吾が輩衣食を失う。今徴されて復た衣食するは、誠に万幸なり……」と見えている。

さてここで考えねばならぬのは、貝瓊の「『耽羅志略』後序」に伝えられた副枢テムル・ブハの耽羅奉使の事である。テムル・ブハが李至剛を伴って杭州から耽羅に向かったのが至正二十五年（一三六五）十月、耽羅よりの帰途風に遭って松江に至ったのが至正二十六年（一三六六）六月であることは前に考証したが、至正二十六年六月と言えば、金庾の済州征討の僅か四箇月前であるし、李至剛を松江に残して大都に帰ったテムル・ブハの復命の翌年（一三六七）二月には早くも避難所の経営が『高麗史』に伝えられていることから推して、テムル・ブハの耽羅奉使が、この避難所のための候補地の選定、その設置を目的とするものであったことは殆ど疑いを容れない。して見ればその幕賓に躭羅地誌撰述の事あるは怪しむに足りない。

しかし恭愍王十六年（一三六七）と言えば至正二十七年に当たり、翌年（一三六八）八月には明の徐達の兵が大都に入り、恵宗は応昌に奔《はし》らねばならなかった。すなわち洪武元年である。

しかし済州島の元の牧子等は相変わらず高麗に反抗的であったらしく、『高麗史』地理志には「［恭愍王］十八年（一三六九）、元の牧子ハラチ（哈赤）は跋扈し、官吏を殺害す」とあり、恭愍王世家十八年（一三六九）九月の条にはそれに応じて「済州降る。朴允清《ぼくいんせい》を以て牧使と為す」とある。この事件の詳細は知り得ないが、この年は洪武二年（一三六九）に当たる。翌洪武三年（一三七〇）、明《みん》帝の冊命《さくめい》が至ったのを機に恭愍王は洪武の年号を行い、謝使を明に遣わして、馬匹の進献を条件に躭羅の領有を認めるよう請うた。『高麗史』巻四十二、世家四十二、恭愍王五、十九年七月の条には次のように記されている。

> 甲辰、三司左使姜師賛《きょうしさん》を遣わして京師に如《ゆ》かしめ、冊命及び璽書《じしょ》を謝し、并せて前元降す所の金印を納れ、仍《よ》りて躭羅の事を計稟《けいりん》す……。躭羅の計稟表に曰く、「高きに居りて卑きに聴くは、欲に従う是れ急にして、小を以て大に事《つか》うるは、命を稟《う》くる宜しく先んずべし。茲《ここ》に用《も》って控陳《こうちん》する、輒《すなわ》ち隕越《いんえつ》を増す。切に以てするは躭羅の島は、即ち是れ高麗の人なり。開国以来、州を置き牧と為す。近代燕《えん》に通ずるの後より、前朝の其の中に牧馬する有り。但だ水草の饒《じょう》なるを資し、其の封疆《ほうきょう》に在ること旧の如し。乃《さ》きには奇氏兄弟乱を謀りて誅に伏す。辞《じ》は躭羅の牧子フフダス（忽忽達思）に連なる。人を差《つかわ》して究問するに、宰相尹時遇《いんじぐう》等、尽《ことごと》く殺す所と為る。其の後、前侍中尹桓《いんかん》の家奴金長老、前賊に党附し、本国を害せんと謀り、倶に各々罪に服す。島嶼《とうしょ》は蕞爾《さいじ》なりと云うと雖も、人民は屢々《しばしば》騒然たるに至り、病根苟《いやし》くも存し、医術も効き難し。伏して望むらくは容光の日月を体し、

同器の薫猶《くんゆう》を弁ぜんことを。前朝の太僕寺・宣徽院《せんきいん》・中政院・資政院の設くる所の馬匹《ばひつ》・騾子《らし》等は、済州の官吏をして元籍に照依《しょうい》して、土人に責付して牧養せしめ、時節に進献せしめ、其の達達《たつたつ》の牧子等は、亦た本国をして撫して良民と為さんことを許されよ。則ち聖朝馬政の官に於ける、豈《あ》に小補無からんや。而して小国民生の業、亦《ま》た将《も》って稍《や》や安からん。区区の情、焉《いずく》んぞ敢えて緘嘿《かんもく》せんや」

そして翌々洪武五年（一三七二）三月、高麗が明に献ずる馬を取るため、秘書監劉景元《りゅうけいげん》を宥旨《ゆうし》別監兼揀遷《れんせん》御馬使とし、礼部尚書呉季南《ごきなん》と偕に耽羅に遣わしたが、耽羅のモンゴル牧子等は劉景元及び済州牧使李用蔵《りようぞう》・権万戸安邦彦《あんほうげん》を殺して叛いた。高麗は早速呉季南を明に遣わしてこの事件を報告したので、九月明帝は手詔を下して討伐を命じた。しかしこの乱は六月に既に収まっていた。(52)

洪武七年（一三七四）三月戊申、明の礼部主事林密・孶牧《じぼく》大使蔡斌《さいひん》が高麗に来たり、次のような中書省の咨《し》を齎《もたら》した。

「欽《つつし》んで聖旨を奉ずるに、「已前《いぜん》に沙漠に征進するに、路の窵遠《ちょうえん》なるに因るが為に、馬匹に多く損壊有り。如今《じょこん》、大軍は又た征進す。我れ想うに高麗国は、已先の元朝に曽って馬二三万有り、留めて耽羅に在り、牧養孶生《じせい》儘《はなは》だ多し。中書省は人を差して文書を将《も》って去き、高麗国王を説得して知道せしめ、他をして好馬を将《も》って二千匹を揀選《れんせん》して送来せしめよ」

そこで高麗は門下評理韓邦彦《かんほうげん》を耽羅に遣わして馬を取らせることとした。韓邦彦は七月に済州に至ったが、ハラチの石デルビス、肖フトゥク・ブハ、観音保等はこれを拒み、「吾等は何ぞ敢えて世祖皇帝の放畜の馬を以て、これを

図3　モンゴルの自然馬

撮影：杉山晃造（JPS）

大明に献ぜんや」と言って僅か三百匹しか送らなかった。明使林密等に、「済州の馬、二千の数に満たずんば、則ち帝必ず吾が輩を戮《りく》せん。請う、今日罪を王に受けん」と言われた恭愍王は、止むを得ずこの島の討伐を決意し、門下賛成事崔瑩《さいえい》を楊広全羅慶尚道都統使とし、戦艦三百十四艘・鋭卒二万五千六百有五の大軍を以て済州を撃たしめ、八月牧子を掃討するを得た。(53)

翌年（一三七五）十一月にも済州人車玄有《しゃげんゆう》等が安撫使林完《りんかん》・牧使朴允清《ぼくいんせい》・馬畜使金桂生《きんけいせい》等を殺すという叛乱があったが直ちに鎮圧され、(54)大体この洪武七年（一三七四）の征伐以後、済州島は完全に高麗の手中に入ったと見てよい。もっともこの島の土着勢力が高麗に服従の態度をきめたのは更に後《おく》れて洪武十九年（一三八六）頃であったらしく、『高麗史』辛禑列伝の十二年（一三八六）七月の条に

典医副正李行《りこう》・大護軍陳汝義《ちんじょぎ》を耽羅に遣わす。時に朝廷耽羅の馬を取らんと欲し、且《か》つこの島屢々《しばしば》叛す。故に行等を遣わして子弟を招誘せしむ。

明年（一三八七）四月に至り、行等は星主高臣傑《こうしんけつ》の子鳳礼《ほうれい》を率いて以て還る。耽羅の帰順、此に始まる。

とある。以上の経緯を見れば、このように元に忠誠なこの島に恵宗が難を避けようと考えたのは誠に無理からぬことと思われる。

シナの内地で最も後まで元の勢力の残っていたのは雲南であるが、洪武十五年（一三八二）雲南を平らげた明帝はここで捕らえた元の梁王の家属を済州に安置した。(55) また洪武二十一年（一三八八）にはブイル・ノール（捕魚児海）に襲って元帝トクズ・テムルの帳幕に捕らえた元の皇族八十余戸を済州に安住させようとの意向を高麗に伝えている。(56) これらの事実は、恵宗の営んだ離宮が耽羅にあった故と考えれば甚だ自然である。ずっと後になって、永楽四年（一四〇六）明の成祖が内使を朝鮮に遣わし、父母の供養のために済州の銅仏を取り寄せたことがあるが、この際明使韓テムル（帖木児）は、「済州の法華寺の彌陀《みだ》三尊は、元朝の時の良工の鋳《い》る所なり」と説明している。(57) こうした仏像も、恵宗が耽羅に送った財宝の一部だったかとも思われる。

6 恵宗悲歌の源流

中国南部から起こった白蓮教徒の紅巾軍が元朝全土を荒らし、一三六八年、朱元璋《しゅげんしょう》が大明皇帝の位につくと、元朝最後の皇帝、恵宗トゴン・テムル・ウハート・ハーンは大都を捨てて北方のモンゴル草原に退却した。一三七〇年、トゴン・テムル・ハーンがモンゴル高原の応昌府で亡くなると、元側はこれを恵宗、明側は順帝と諡《おくりな》した。この恵宗が、大都失陥を悲しんで歌ったと称する、頭韻を踏んだモンゴル語の詩歌が様々なモンゴル年代記に伝えられている。悲歌は初め口頭で伝承されたと思われるが、書き留められた中でもっとも古いのは、清代の十七世紀後半撰述のロブサンダンジン著『アルタン・トブチ』である。各年代記の悲歌がすべて細部で異なるのは、モンゴルでは韻文こそが年代記作者の自由になる分野と考えられていたからである。ここでは各所伝の異同や史実との比較などを論じるが、二十世紀になってもなお、恵宗悲歌は新たに創作されていたことが明らかである。

元の順帝、モンゴル流に言えば恵宗トゴン・テムル・ウハート・ハーンが、至正二十八年（一三六八）明軍の鋭鋒《えいほう》を避けて大都を棄て、南モンゴルの応昌《おうしょう》に蒙塵《もうじん》したことは、モンゴル史上最大の事件の一つであったから、後世のモンゴルの史書でこれに説き及ばないものは尠《すくな》いが、またこの大元帝国の没落は、一方に於いて詩人の想像を刺激する恰好の題材であったことは勿論で、その結果、都落ち後のハーンが、在昔の栄光を顧みて歌った作に擬せられる所謂《いわゆる》「恵宗悲歌（**Lament of Toyon temür**）」なる詩が、多くの史書に収められて伝わるに至った次第である。ところでこの悲歌のテキストには、所載の史書に依って多くの異同があり、その長短もまた一定しない。これはこの詩が初め口頭で伝承されたにも因ろうけれども、もっと大きな原因は、恐らく史家が原拠の本文をそのまま引用せず、各自の好みに従って加筆し或いは訂正したことであろう。このことは今に伝わる悲歌の本文を比較することによって確かめられる。それでは以下にそれら異なったテキストの訳文を掲げ、簡単な論評を加えつつ、このモンゴル文学の一ジャンルの発展の跡を辿《たど》って見ることにしよう。

『元朝秘史』は除き、今に伝わるモンゴル文の年代記類は殆《ほとん》ど清代に入って成立したものであるが、それらの中《うち》最も古いものの一つは、康熙初年の撰述と推定される国師ロブサンダンジン（Blo bzang bstan 'dzin kemegdekü güüsi）の『アルタン・トブチ』（Altan tobči）である。この書には、恵宗の北奔《ほくほん》を叙《じょ》した後に、何らの説明もなしにこの悲歌と覚《おぼ》しきものを録している。これは前半と後半では文体を異《こと》にし、前半は頭韻の踏み方もルーズな詠嘆《えいたん》調で、明らかに恵宗の口吻《こうふん》に擬《ぎ》してあるのに反し、後半は各節四行の整然たる頭韻の七節より成り、第三者の作なることが文面に表れている。そこで先ずその前半の訳文を次に示す(1)。

　諸種の宝もて浄妙《じょうみょう》に成れる我が大都《だいと》よ。
昔の諸帝の家居《かきょ》せる夏営地、上都《じょうと》の我がシラ・タラよ。
涼しく美しき我が開平《かいへい》上都よ。
丁卯の年に失える、惜しむべき我が大都よ。
朝夕高みに登れば美しき汝の霞《かすみ》よ。
我ウハート・ハーンの前にラガン、イバフ両人とてありき。
悟りつつ知りつつ放棄せり、惜しむべき大都を。
無知に生まれたる臣民を求むれども逢わざりき。

哭《こく》して後《おく》れたり、我。牧場に遺《のこ》されたる赤き犢《こうし》の如くなれり、我。
　諸種もて成れる八面の我が白塔よ。
大国の威名を持《じ》して家居せる、
九宝もて成れる我が大都城よ。
四十万モンゴル国人の威名《いみょう》を持して家居せる、
四門四方の大いなる我が大都城よ。
教法を弘めつつある中に鉄梯《てってい》折れて、
惜しむべき我が大都城よ、我が威名よ。
遠近のモンゴル国人の
瞻仰《せんこう》する惜しむべき我が大都よ。
冬の冬営地、我がウゲイ・バルガスンよ。
夏の夏営地、我が開平上都よ。
美しき我がシラ・タラよ。
ラガン、イバフ両人の言に聴かざりし我が科《とが》よ。

普通に『黄金史』として知られる『フリヤングイ・アルタン・トブチ』(Quriyangyui altan tobči) はほぼ忠実にこれを承《う》けているが多少の異同は免《まぬが》れない。その中《うち》最も顕著な相違は、第三行の「涼しく美しき我が開平上都よ」の次に「暖かく美しき我が大都よ」の一句を増していることである。これは或いは『アルタン・トブチ』の今の伝本に脱落があるのかも知れないが、また略本の作者の誤解に因ると見るべきものもあり、最も甚だしくは第十六行の後半「鉄梯折れて」（temür šatu quyurajǔ）を「地獄に堕《お》ちて」（tamu sandu dasiyurajǔ）に作る。

それはそれとして最も注意の惹《ひ》かれる点は、『アルタン・トブチ』の詩に含まれる説話的要素であり、それに依れば大都の失陥《しっかん》は丁卯（ulayan qalǰan taulai）の年に起こり、それはラガン、イバフ両人の忠言に聴かなかった恵宗の責任であるということになる。併し丁卯は実は明で洪武二十年（一三八七）に当たり、至正二十八年（一三六八）を去ること既に遠い。ラガン（Layan）、イバフ（Ibaqu）の忠言については、『アルタン・トブチ』の本文に記されているが、それに拠れば、「明の太祖朱元璋《しゅげんしょう》が生まれた時その家から虹が天に沖《ちゅう》した。これを知ったラガンとイバフはこの幼児を殺すよう恵宗に勧めたが帝は従わなかった。両人は将来この児に由る禍《わざわい》の起こることを予言した。後に朱元璋は成人して大都を奪い、恵宗をして蒙塵せしめた」という説話である。恵宗失邦《しっぽう》に関する『アルタン・トブチ』の記事は長くかつ錯綜《さくそう》しているが、仔細《しさい》に観れば数種の異伝を雑揉《ざつじゅう》して成ったものなることが明白に看取される。恐らくラガン、イバフに関する部分は、本来恵宗悲歌と一組になった独立した説話であったのであろう。

『アルタン・トブチ』所載の恵宗悲歌前半のこのような説話性に反し、その後半は割合と史実に近く、現実的な印象を与える。その訳文は次の如くである。(2)

　列聖《れっせい》建てたり、竹殿《ちくでん》を。
化現《けげん》なるセチェン・ハーン夏営するなりき、開平上都に。
包囲して取られたり、漢人に。
淫佚《いんいつ》の悪名をウハート・ハーンに被《こうむ》らせり。
　すべてもて建てたり、玉なる大都を。
宮居し冬営するなりき、惜しむべき大都に。

蝟集《いしゅう》して取られたり、漢人に。
遮障《しゃしょう》の悪名をウハート・ハーンに被らせり。
　諸々もて建てたり、宝なる大都を。
率いて夏営するなりき、開平上都に。
過《あやま》ちて取られたり、漢人に。
暗愚の悪名をウハート・ハーンに被らせり。
　皇祖の肇《はじ》めたる大威名《いみょう》を、
神武セチェン・ハーンの城《きず》ける惜しむべき大都を、
全国人の依る所の宝ある城を、
蝟集して取られたり、漢人に惜しむべき大都を。
　皇天の子チンギス・ハーンの黄金の族《やから》、
諸仏の化現セチェン・ハーンの黄金の宮居を、
諸菩薩の化現ウハート・ハーン、
皇天の命により失えり、惜しむべき大都を。
　皇祖の玉璽《ぎょくじ》を
袖にして来たれり、衆敵《しゅうてき》の中より。
闘いて出でしめたり、ブハ・テムル丞相《じょうしょう》、乱中より。
皇祖の族に帝位定まらんことを、万世に。
　忽《たちま》ちに失えり、惜しむべき大都を。

家を出ずるに宝の如き教法遺《のこ》されたり、その時に。
明智の諸菩薩判《はん》ぜられんことを、後世に。
運《めぐ》り来たりて定まらんことを、チンギス・ハーンの黄金の族に。

さてこの詩で最も興味ある点は、恵宗を菩薩の化身と讃《たた》え、大都の失陥《しっかん》を天命に由るものと観じていることで、これは前出の詩の、忠言を聴かざりし恵宗を責める態度とは大いに懸隔《けんかく》がある。勿論大都の失陥が恵宗に被らしめた悪名のことは三回反復されているけれども、これは雲霞《うんか》の如き明の大兵の攻囲を支えかねた結果であることは同時に説かれている。また敢闘《かんとう》して恵宗の北奔を助けたブハ・テムル丞相は、恐らく蒙塵に際して監国《かんこく》として大都に留守《りゅうしゅ》し、城破れて節に死した淮王《わい》テムル・ブハ（帖木児不花 **Temür buqa**）に外ならないであろう。併《しか》しこの詩中以外にはこの名は『アルタン・トブチ』の本文に現れず、この比定を確かむべき由もない。恵宗が袖にして脱出したという玉璽《ぎょくじ》は、これより先、世祖フビライ・セチェン・ハーンの崩後、ムハリ（木華黎 **Muqali**）の曾孫国王シッディ（碩徳 **Siddhi**）の家より発見され、秦の始皇帝の伝国の璽と称して嗣君《しくん》成宗テムル・オルジェイト・ハーンに上《たてまつ》られたものを指すのであろうが、これを「皇祖の玉璽」（**qan eǰen-ü qasbuu tamay-a**）と呼んでいるのは不正確の嫌いがある。蓋《けだ》し「ハン・エジェン」は普通にチンギス・ハーンを指す称呼で、この表現は、チンギス・ハーンの誕生または登極《とうきょく》に際して「チンギス、チンギス」と鳴く瑞鳥《ずいちょう》が現れ、それに導かれて一白石中より玉璽を獲たという有名な伝説をこの詩の作者が知っていたことを示すのであろう。

それはそれとしてこの詩の成立年代を推測する手掛かりは、第六・七節の末行の「皇祖の族に帝位定まらんことを、万世に」と「運《めぐ》り来たりて定まらんことを、チンギス・ハーンの黄金の族に」であって、これは元帝国の再興と大都の恢復《かいふく》を祈願する文句に外ならないから、如何にしても清の太宗がチャハルのリンダン・フトゥクト・ハーンを敗死せしめて事実上モンゴルの支配権を握った明の崇禎《すうてい》八年（一六三五）以前でなければならない。これは『アルタン・トブチ』原拠の史料の古さを証するものである。

『アルタン・トブチ』所載の二つの詩は本来各々独自に書かれたものであったろうが、この二篇はロブサンダンジンに採録される前、既に一組となって流布していたのではないかと思われる。この想像の根拠は、ロブサンダンジンより稍《や》や早く、『エルデニイン・トブチ』（Erdeni-yin tobči）即ちかの有名な『蒙古源流』を康熙元年（一六六二）に著したオルドス（Ordos）のサガン・エルケ・セチェン皇太子（Sayang erke sečen qong tayiǰi）は、『アルタン・トブチ』を見るに及ばなかったはずであるにも拘《かか》わらず、恵宗悲歌の本文としては『アルタン・トブチ』の前の方の詩に主として拠り、これに一流の修補を加え、後の方の詩からも一節四行を採って、すべて六節、毎節四行の整然たる頭韻を持った一篇を作り上げていることである。次にその訳文を示す。(3)

もろもろもて成れる、宝ある大いなる我が大都城よ。
率いて避暑し家居せる、我が上都開平コルトゥ・バルガスンよ。
列聖の夏営地、上都の我がシラ・タラよ。
誤ちて大統を失えるぞ、戊申の年に。
九種の諸宝もて成れる、大いなる我が大都よ。
九十九の白牝馬《はくひんば》を捕らえ繋《つな》ぐ(4)、我が上都開平よ。
普《あまね》く益ある仏法、王法二つの我が安楽よ。
万乗《ばんじょう》の主といわれたる、惜しむべき大いなる我が名誉よ。
朝に起きて高みより眺むれば、美しき霞ある、

前後より眺め見れば、美しく麗しき、
冬となく夏となく家居せば、愁いなく堅き、
神武セチェン・ハーンの建てたる、宝の我が大都よ。
　祖宗の安居せる宮居、我が大都よ。
めぐり遇いて苦しめるハーン、宰相ら、我が黎庶《れいしょ》よ。
覚りて語れるイラフ丞相の言を用いざりし我が害《がい》よ。
そむき去る朱哥《しゅか》ノヤンを信じ思える我が愚よ。
　誤ちて殺せる我がトクター太師よ。
宝なる貴きラマを追い返せる我が罪よ。
主君ハーンといわれたる、惜しむべき我が名よ。
もろもろて安んぜし、惜しむべき大いなる我が安楽よ。
　化現なるセチェン・ハーンの種々に建てたる、
福を享《う》けたる我が大都城よ。
包囲して取られたり、漢人の朱哥ノヤンに。
けがれたる悪名、我トガン・テムルに来たれり。

これは一見『アルタン・トブチ』所載のものと甚だしく異なるが如くであるが、実は第一節から第四節の前半まではすべて『アルタン・トブチ』の第一篇に含まれるモティーフを利用し、ただ用語を多少改めて頭韻を整えたに過ぎない。第四節後半と第五節は『蒙古源流』の本文に散文で語られている恵宗失邦《しっぽう》説話の登場人物を列挙し、第六節は

『アルタン・トブチ』の第二篇の第一節に点竄《てんざん》を加えたものなることは見るに難くない。

『蒙古源流』の説話に拠れば、イラフ丞相はチンギス・ハーンの功臣、アルラト（Arlad）のボールチ・ノヤン（Boyarči noyan）の後裔ラハ（Laqa）の子であり、朱元璋が生まれた時にこれを殺し禍根を断つことを進言したのはこの人であると言う。『アルタン・トブチ』の「ラガン、イバフ両人」がこの「ラハの子イラフ丞相」に当たることは言うまでもない。これを史に索《もと》むれば、ボールチュ（博爾朮 Boyorču）の曾孫広平王ムラフ（Mulaqu 木剌忽）の名が最も近いが、この人物が中書省の要職に在ったとは聞かない。丞相と称すべきは寧《むし》ろその子アルクト（阿魯図 Aruytu）であって、恵宗の至元三年（一三三七）広平王を襲封し、至正四年（一三四四）トクトア（脱脱 Toytoya）即ちトクター太師に代わって中書右丞相に任ぜられ、同六年（一三四六）に罷《や》めた。『蒙古源流』が朱元璋の誕生の年を甲申（一三四四）としている事からも、イラフ丞相が時の中書右丞相アルクトの影なることが察せられる。

朱哥ノヤン（J̌üge noyan）は即ち朱元璋であるが、それが「叛き去る」と言うのは、朱哥が初め恵宗の朝に仕えて重用せられ、後南京に叛き去ったという説話の反映である。この説話中の朱哥は、多分当時最も栄達した漢人の大官タイピン（太平 Tayiping）と混同されているのであろう。

次のトクター太師即ちトクトアは、メルキト部人で恵宗の至元六年（一三四〇）、当時権勢を擅《ほしいまま》にしていた伯父バヤン（伯顔 Bayan）を除いた功によって恵宗の寵を得て中書右丞相に任ぜられ、至正四年（一三四四）一旦位を失ったが同九年（一三四九）再び右丞相に復し、左丞相を置かずに権柄《けんぺい》を握った。十二年（一三五二）徐州の叛賊を平らげて太師を授けられたが、十四年（一三五四）高郵《こうゆう》の張士誠を伐って軍中に在る時カングリのハマ（哈麻）の陰謀に由って官爵を削られ、翌年（一三五五）雲南の配所に於いて暗殺された。『蒙古源流』にもトクター太師を陥れた者は朱哥に使嗾《しそう》されたカマ平章（Kama bingǰing）即ち中書平章政事ハマだとある。トクトアの最大の政敵の一人はタイピンであったから、この説も肯《うなず》けないこともないが、至正十六年（一三五六）ハマの失脚と杖死の後タイピンが左丞相に任ぜられたことから見て両者の関係は簡単には割り切れない。

最後に『蒙古源流』の悲歌に現れる人物はラマであるが、これは本文に拠ればアーナンダマティ（Ānandamati）即ちクンガ・ロドェパ（Kun dga' blo gros pa）というサキャ派のラマで、即ち恵宗朝の帝師である。ラマは恵宗の凶夢を解釈してその逆鱗《げきりん》に触れ、故国チベットに放逐《ほうちく》されるのであるが、この部分の説話は極めてチベット色が濃く、そこに出る人名は全くチベット語の綴りをモンゴル式に読んだものであって、原拠の史料の性質を暗示している。いずれにもせよこれらの人名を含む数行は、この詩の他の史書に収められた本文には全く類似するものがなく、この特異性は『蒙古源流』の著者の仕業《しわざ》としてのみ説明可能である。(5)

著作年代が分明な史書の中で『蒙古源流』に次いで古いものは、『アルタン・トブチ』とほぼ同じ頃、康熙十六年（一六七七）に成ったハルハ（Qalqa）のシャンバ・エルケ・ダイチン（Byamba erke dayičing）の『アサラクチ・ネレト・トゥーケ』（Asarayči neretü teüke）であろう。『アサラクチ』に載せる悲歌は全く『アルタン・トブチ』の二詩より採って頭韻を改良したもので、『蒙古源流』の影響は少しも認められない。(6)

　種々の諸宝もて浄妙に成れる我が大都よ。
昔の諸帝の家居せる夏営地シラ・タラの涼しく美しき我が上都開平よ。
　悟りて語れるラハ、イバフの言に聴かざりし我が愚よ。
哭して後れたり、我、牧場に遺されたる犢《こうし》の如く。
　皇天の子チンギス・ハーンの聚《あつ》めたる国民を棄てて、
神武セチェン・ハーンの城《きず》ける大都を漢人に取られて、
万人の依る所なる八面の白塔を失いて、

皇祖の玉璽を
袖にして出でたり、我、
蝟集《いしゅう》せる国民を棄てて。
　百万人に畏《おそ》るるなく闘いて来たれり、ブハ・テムル丞相。
辺外に出でたり、我、悪名あるウハート・ハーン。
命により失えり、我、セチェン・ハーンの建てたる仏法、王法を。
避け来たりて定まらんことを、チンギス・ハーンの黄金の族に、大統の。
　様々に語りて哭《こく》せり、ウハート・ハーン。
已むを得ず取られたり、漢人に、我。

見らるる如くその語句で『アルタン・トブチ』所載のものに由来しないものは極めて少ない。これと同じテキストは『シラ・トゥージ』(Sira tuγuǰi)の後世の書き入れの部分にも見られるが、第十三行冒頭の「命により」(ǰayaγabar)で中断している。

前述の如く『蒙古源流』所載の悲歌は専ら『アルタン・トブチ』の第一歌に基づいたもので」あったが、これに反して第二歌から多く材を採って書かれたのは、乾隆二年(一七三七)に成ったシレート国師ダルマ(Siregetü güüsi dharma)一名チョイジジャムツォ(Chos kyi rgya mtsho)の『金輪千輻書《こんりんせんぷくしょ》』(Altan kürdün mingγan kegesütü bičig)に収めるテキストであって、僅かに五行が第一歌に由来すると認められるに過ぎない。(7)

皇祖チンギスの艱苦《かんく》して集めたる我が大国民よ。

衆人の依信する支柱なりし我が大都城よ。
隠さず語りしラガン、イバフ両人の言に聴かざりし我が科《とが》よ。
諸宝もて飾れる堅固なる大都に冬営せし安楽よ。
平安に楽しみ夏営せる我が上都開平シラ・タラよ。
諸種もて成れる我が八面の白塔、多くの霊地よ。
衆多なる四十万の大宗、我がモンゴルよ。
列聖諸仏の建てたる日の如き仏法を、
フビライ・セチェン・ハーンの定めたる両善の道を、
心悪しき朱哥《しゅか》、ブハ両人の手に失いて、
玷《けが》れたる悪名を我ウハート・ハーンに被《こうむ》らせり。
皇祖皇宗の定めたる多種の国民を、
万人を率いて定めたる仏法、王法を、
腹黒き漢人の手に不覚にも失いて、
独り我順帝にすべての悪名集まれり。
太祖チンギス・ハーンの黄金の族《やから》の大統を、
貴き仏の化現《けげん》セチェン・ハーンの黄金の宮居を、
天下の主なりし我順帝は、
天命により失えり、仏法、王法を。
皇考聖武の玉璽を、

衆国人より惜しみ取りて出でたり、我ウハート・ハーン。
闘いて救い出せり、ブハ・テムル丞相。
玉なる大統、黄金の族人に永《とこし》えに定まらんことを、万世に。
　明賢の弘めたる日の如き仏法、
傾き遺《のこ》されたり、腹黒き朱哥、ブハ両人の手に。
忽ちに失えり、我トゴン・テムル・ハーン、漢人に。
明《あき》らめ来たらんことを、皇祖の黄金の族人、モンゴル国に。

原文は頗《すこぶ》る誤写が多く、特に第一節は一行を欠く。しかしその内容と用語は極めて『アルタン・トブチ』に近い。これを承《う》けて更に修改を加えたと認められるのが『ボロル・エリケ』(Bolor erike)である。この書はラシプンスク(Rasipungsuy)の手によって乾隆四十年(一七七五)に成ったが、元帝国の没落の次第を専ら満文の『続資治通鑑綱目』に拠って記した後に、「我等モンゴル人の記録」(man-u Mongyol-un temdeglegsen bičig-üd)に依ったと冒頭してモンゴル側の所伝を掲げ、その末尾に次の如き悲歌のテキストを出す(8)。

　皇祖チンギスの組織せる我が国人よ。
神武セチェン・ハーンの統治せる我が大統《だいとう》よ。
万人の支柱なりし我が大都よ。
隠さざりしラハン、イバフ両人の言に聴かざりし我が科よ。
諸宝もて飾れる堅固なる我が大都よ。

昔の諸帝の夏営地、我が上都シラ・タラよ。
諸々もて成せる我が八面の白塔、多くの霊地よ。
衆多なる四十九万の我がモンゴル人よ。
　列聖、仏の建てたる日の如き仏法を、
フビライ・ハーンの定めたる二つの大統を、
心悪しき朱洪武《しゅこうぶ》、ブハ両人の手に失いて、
玷《けが》れたる悪名、我ウハート・ハーンに遺れり。
　皇祖皇宗の定めたる国人を、
万人を率いて建てたる仏法、王法を、
腹黒き漢人の手に疾《と》く失いて、
すべての悪名、我ウハート・ハーンに集まれり。
　太祖ハーンの黄金の族の大統を、
貴き仏の化現なるセチェン・ハーンの黄金の宮居を、
天下のハーンなりし我ウハート・ハーンは、
天命により失えり、仏法、王法を。
　皇考聖武の璽《じ》を
何よりも惜しみ出せり、我ウハート・ハーン。
闘いて出でたり、ブハ・テムル丞相。
玉なる大統、黄金の族人に永《とこし》えに定まらんことを、万世に。

これを前掲の『金輪千輻書』のものに比すると、その差異は最後の一節が少ないこと、一般に一行の長さが短縮されていること、「順帝」の如きアナクロニズムの語を除いたことなどで、要するに大差はない。『ボロル・エリケ』の典拠が『金輪千輻書』であることはほぼ確実と言ってよい。

以上が十七、十八世紀のモンゴル史書に伝えられる恵宗悲歌のテキストの管見に入ったものの全部である。通観するに『蒙古源流』所載のものを除きすべて『アルタン・トブチ』の系統に属することは、その語句から見ても疑いないことで、『蒙古源流』といえどもその含む新しい要素は、概ね他の散文の物語から採って附加されたもので、これが著者サガンの創意に由るものであり、『アルタン・トブチ』所伝の方が古形を存しているものであろうことは既に述べた。

最後に遺された問題は、この悲歌が如何なる性格のものであるかである。換言すればこの詩は本来散文の物語に附随したものか、それとも長篇の叙事詩の一部であったか、又は単行されたものか等の疑問である。勿論直接にこれを解くことは出来ないが、最も原形に近いと見られる『アルタン・トブチ』のものが前後二部に分かれ、前半のみが純粋な意味での恵宗悲歌と称すべきものであり、後半は明代の後人の作でチンギス・ハーンの子孫の帝祚《ていそ》の長久ならんことを祈る文句があることは既に述べた通りである。

前半に繰り返し現れるラガン、イバフの忠言への言及は著しく物語性を帯びているが、これに相当する『蒙古源流』の物語では、イラフ丞相が登場する度にその言が頭韻を踏んだ文句で引用される。恐らく『アルタン・トブチ』の物語の原形でも韻文が用いられていたのであろうが、採録に当たって極度に縮約された為か、現在のテキストでは押韻の痕跡は見られない。

結論を言えば、恵宗悲歌は本来韻文で書かれた物語乃至短い叙事詩の一部だったかと思われる。以上は『アルタン・

トブチ』の第一歌についてであるが、その第二歌は史書に絶えて現れないブハ・テムル丞相の奮戦の事を説き、また祈願の文句を含んでいて特異であり、その整然たる押韻法から見て、第一歌とは別に書かれた独立作品と見てよさそうである。

この祈願の要素と関係して指摘して置きたいのは、『蒙古源流』が悲歌を説明して、「それからハーンは古北口(moltasi-yin qaγalγ-a) から出て逃げてゆくとき、このように賛美して泣きながら行った」と言っていることである。「賛美して」(maγtaǰu) の語は、悲歌が実は一種の賛歌 (maγtaγal) であったことを示すのかも知れない。猶《なお》後考を俟《ま》つ。

現代モンゴルの学者が恵宗悲歌を如何に解するかと言えば、ダムディンスルン氏の『モンゴル文学史――十三世紀より十七世紀に至る時代』(9) 中に「トゴン・テムル・ハーンの悲歌」(gemsil) と題して特に一章を設け、これを恵宗の自作でなく他の詩人が帝の語に擬したものであると説くのはさることながら、この詩を五節 (tabun baday) より成ると言うのは不思議議である。同氏編する所の『モンゴル文学百選』(10) を見ると、同書には

諸種の宝もて成れる
威力ある大いなる我が大都城よ。
昔の諸帝の夏営地
我が上都のシラ・タラよ。
威力もて安んずる涼しく美しき
我が上都開平城よ。
宝の諸種もて飾れる
八面の我が白塔よ。

朝に起きて高みに登るに
勝れて美わしき香を放ちし
前後より眺め見るに
色貌完備して
　冬も夏も何時とても愁なき
広く盈《み》ちたる我が大都よ。
昔の諸帝の建てたる
国民なべての支柱なる我が大都よ。
　めぐり逢いて縁を結べる我が宮人、宰相等よ。
覚りて知れる我がイラフ丞相よ。
四十万モンゴルの名誉、政統となれる
四大門ある我が大都よ。
　化現なるセチェン・ハーンの建てたる、
福を享けたる貴き地位を、
計られて失えり、朱哥ノヤンに。
玷《けが》れたる悪名、我に来たれり。

という形を載せて、どう数えても六節であって五節ではない。他にもこれと同じものが知られていないことは既に述べた所で明らかであろう。

これはダムディンスルン氏の創作に近いものであって、『モンゴル文学百選』のこの一篇の末尾にも、『蒙古源流』(Erdeni-yin tobči)、『フリヤングイ・アルタン・トブチ』(Činggis-ün čadiγ という題名になっている)、『ボロル・エリケ』(Rasipunčuγ-un ǰokiyaγsan Mongγol-un teüke) 等から集成したと断ってある。同氏は、「この五節の詩は終始悲傷をもって貫かれていて、雄々しい戦争気分は全くなく、憂愁の調を帯びている。併し年久しく家居した大都城を惜しみ懐かしむ切々たる心を声韻に発したものである」と言い、又「十三世紀時代に『秘史』の如き堂々たる戦争詩を書き、十四世紀時代に『トゴン・テムルの悲歎』の如きかくも弛緩《しかん》した詩を書いた事は、十三世紀に戦勝に依って大帝国を建設し、十四世紀に各地に敗退したモンゴル民族の気分を示す象徴である」と評している。以てモンゴル国に於ける恵宗悲歌の評価を窺いつつこの小論の筆を擱《お》くこととする。

第二部　「モンゴル年代記」が語る元朝崩壊後のモンゴル

7 ダヤン・ハーンの年代

元朝崩壊後、北方に退却した遊牧民を再び団結させたモンゴル民族中興の祖をダヤン・ハーンという。著者岡田の恩師である東京大学東洋史学科主任教授の和田清《せい》先生は、一九一五年の卒論以来、生涯ダヤン・ハーンへの興味を失わなかった。日本で初めてダヤン・ハーンに言及したのは一九〇八年の原田淑人先生の論文であるが、原田先生も和田先生も、明代の漢籍とモンゴル年代記『蒙古源流』の伝えるダヤン・ハーンの年代の比較検討から研究を始めた。和田先生は最初、漢訳本『蒙古源流』の誤訳により、ダヤン・ハーンがバト・モンケの弟バヤン・モンケであると考えたが、一九五三年にこれを撤回し、ダヤン・ハーンの事業として、一　イスマイルの撃滅とヨンシェーブ併合、二　オイラトの撃攘、三　ホーサイ討伐とトゥメト・モンゴルジン併合、四　右翼併合、五　ウリャーンハン討滅の五大事業を挙げた。補訂を加えた定稿は、一九五九年刊行の『東亜史研究（蒙古篇）』に収められた。

その後一九六三年になって、京都大学の萩原淳平氏が、主として『明実録』に拠って和田説を批判し、いわゆるダヤン・ハーン論争が始まった。一九六五年に京都大学の佐藤長氏が両者の調停に乗り出したが、論争に終止符を打ったのが、一九六五〜六年『東洋学報』誌上に上下に分けて掲載された著者の本論である。

著者は、まず諸氏が拠った漢訳『蒙古源流』の「歳次戊子、博勒呼濟《ボルフジノン》農年二十九歳時、生巴延《バヤン》蒙克《モンケ》」は漢訳本がもとづいた満文本の誤訳にすぎず、モンゴル語の諸本では、これに当たる所がいずれも「さてバヤン・モンケ・ボルフ・ジノンは、その二十九歳の戊子の年から三年経って」となっており、バト・モンケの弟バヤン・モンケは存在しないことを論証した。次いでモンゴル年代記には、オルドス、トゥメト、チャハル三系統があり、各々『蒙古源流』、『アルタン・トブチ』、『恒河《こうが》の流れ』に代表されることを述べる。最後に、モンゴル年代記が伝える紀年の問題点を指摘し、明側の史料とつきあわせて解決策を示し、モンゴル年代記の最高峰である『蒙古源流』の干支の性質を明らかにした上で、北元の中興の英主ダヤン・ハーンが、一四六四年に生まれ、一四八七年に即位し、各モンゴル年代記による所の在位三十八年ののち、一五二四年に死んだと結論する。

一　従来の研究

清代南モンゴルの四十九旗のうち、半ばに近い二十三旗はみなチンギス・ハーンの十五世の孫ダヤン・チェチェン・ハーン（達延車臣汗）の裔と称せられ、(1)北モンゴル八十六旗に至っては、オーロト（厄魯特）三旗を除き、ことごとくダヤン・ハーンを祖とする。(2)このようにチンギス・ハーンの血を承けた王公にして、ダヤン・ハーン以外の家系に属するものはまったくない。

モンゴル史上、かく重要なる地位を占めるダヤン・ハーンの行実《こうじつ》については、清代撰述の多くのモンゴル文年代記類にかなり詳細な記録があるにもかかわらず、それらが主として紀年の点で幾分の誤謬《ごびゅう》を含むゆえに、記事の内容まで疑問視される傾向がある。このことは、たまたま同時代の明《みん》の文献にこのハーンのことを伝えたものの少ないこととあいまって、元来支那学的伝統に育てられた日本の学界の態度は、モンゴル文献の伝承を頭から否定してかかり、かえって風聞や臆測《おくそく》に基づく部分の多い明人の所説を、それが単に漢字で書かれているからとの理由で、無批判に鵜《う》呑《の》みにする傾向が強かった。しかしいかに同時代の記録だとて、それが境外の異族に関する場合には、誤った情報がまぎれこむ率ははなはだ高いことは言うまでもない。このことは『明史』日本列伝を一読すれば直ちに知られることである。[3] 幸いにして日本には確実な史料が多く残っているからいいが、もし『明史』が同時代の日本に関する唯一の史料であったとすれば、支那学的な研究態度がいかに誤った結論に人を導いたか、思い半ばに過ぎるものがあろう。

同じことは明代のモンゴルに関する漢文史料についても言えるはずであって、ことに従来の研究者が一致して認めているとおり、ダヤン・ハーンの時代には明とモンゴルとの間には接触が多くはなく、従って明人がモンゴルの内情に関心を持つことも少なかったことを忘れてはならない。これに反して、万暦の朝鮮をめぐる日明の衝突は比較にならぬほどの重大な事件であって、この結果、日本に関する明人の専著も多く現れたが、なおかつ秀吉の姓すら正しく伝わっていないことは注目してよい。すなわちわれわれは明代のモンゴル史を研究するに際し、漢文の史料はこの程度の信憑性しか持たぬものとして扱わねばならぬのである。

かく考えてくれば、当然起こるべき問いは、それでは明史料に代わって根本とさるべきモンゴル文史料はどれほど信じ得るかということになろう。しかし幸いにして現在利用し得るモンゴル文史料はかなりの種類にのぼり、それぞれ独自の伝承を含むので、これらを比較分析することによって、清代撰述の年代記類の原拠となった明代のモンゴル史料の内容をある程度復原できるし、それらの伝承を、無視したり故意に歪曲したりしないで、適当な解釈を加えて漢文史料中の信ずべきものと比較すれば、モンゴル文史料の最大の弱点である紀年上の混乱を解決し、従来不明であった事実も明らかにし得るのである。この論文では、こうした作業を行なって、先ずモンゴル文年代記に拠ってダヤン・ハーンの事蹟を明らかにし、ついで明人の記すところの中から正確と認められるものを拾い出して、モンゴル文史料の補強に資したいと思う。がそのまえに、従来のこの問題に関するわが国人の業績を瞥見《べっけん》してみたい。

管見によれば、日本ではじめてダヤン・ハーンに論及したのは、原田淑人先生であるらしい。「明代の蒙古」と題する論文は、『東亜同文会報告』の明治四十一、二年（一九〇八～一九〇九年）の諸号にわたって連載されたが、そ

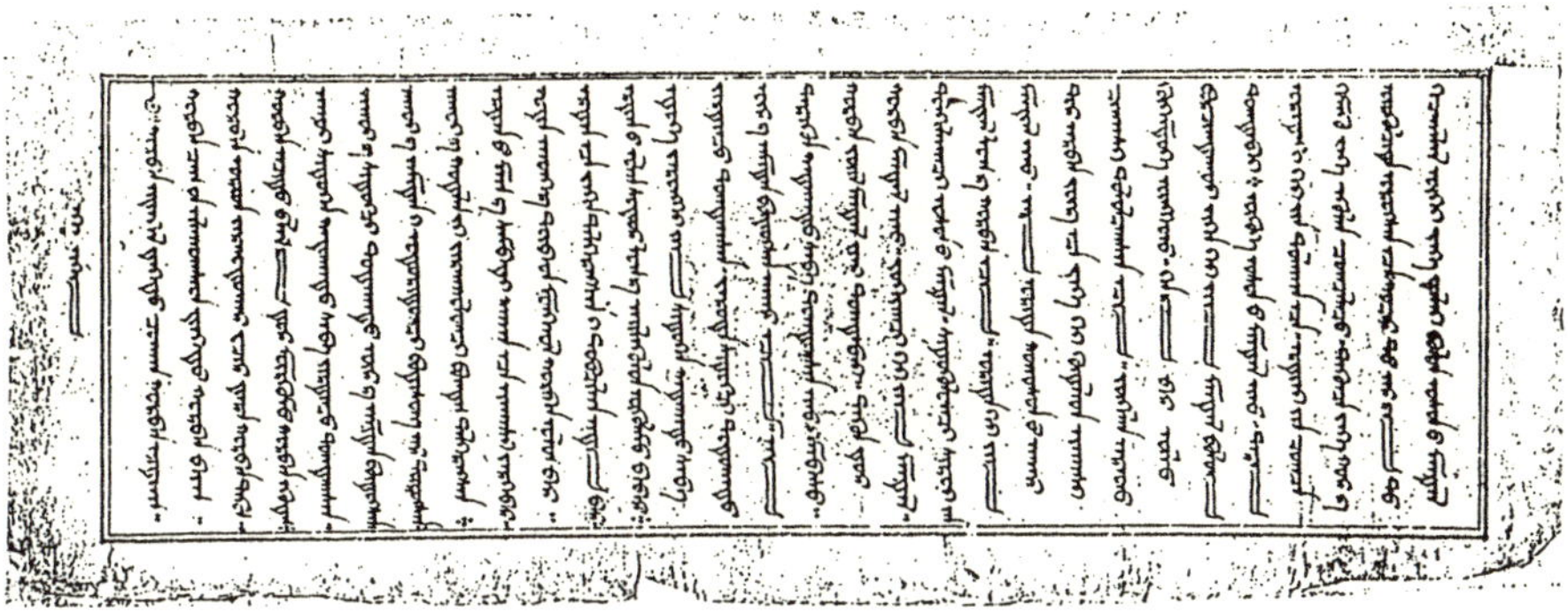

図4　ウルガ本『蒙古源流』冒頭

縦書きのモンゴル文字は左端が一行目

の第八章「歹顔汗《ダヤンハン》の蒙古統一」は、明治四十二年（一九〇九年）二月発行の第百十一回に十頁を占めている。大旨を紹介すると、先ずこのころ利用し得るほとんど唯一のモンゴル文史料であった『蒙古源流』の所伝を略記し、バト・モンケ（Batu möngke）が一四七〇年に即位してダヤン・ハーン（Dayan qaγan）と号したというのを、前代のマンドゥールン・ハーン（満都魯 Manduγulun qaγan）の死がそれより後であるから誤りとする。すなわち『明憲宗《けんそう》実録』巻一百九十二、成化十五年（一四七九年）七月庚辰の条に、

　朶顔《ドヤン》・福餘《ふくよ》・泰寧《たいねい》三衛の虜酋《りょしゅう》、各々奏報すらく、迤北《いほく》の満都魯・乩加思蘭《ベギャスラン》は已《すで》に死すと。且つ便途に従いて入貢せんと請い、幷《あわ》せて市を開かんことを求む……。

とあるからで、バト・モンケの即位をそれより後とし、続いて同書巻二百八十八、成化二十三年（一四八七年）三月癸卯の条に、

　巡撫遼東都御史劉潺《りゅうせん》等奏すらく、卜蘭罕《ブランハン》衛と泰寧衛の夷人伝報すらく、小王子《しょうおうじ》已に死すと。且つ言う、喜峯口より入貢し、因りて泰寧衛と同じく馬市において交易せんと欲すと……。

とあることから、このころハーンの交代があったものと見、これ以前のハーンの名は『明実録』に見えないことを指摘し、新ハーンについては『明孝宗《こうそう》実録』巻十四、弘治元年（一四八八年）五月乙酉の条に、

　是より先、北虜の小王子、部落を率い、潜《ひそ》かに大同の近辺に住し、営は三十餘里に亘《わた》り、勢い将に入寇せんとす。是に至り、番書を奉じて貢を求む。書辞は悖慢《はいまん》にして、自ら大元大可汗《だいげんだいカガン》と称し、且つ六月十五日を期して聖旨を齎《もたら》して来たらしむ。守臣以て聞《ぶん》す……。

とあり、また同書巻十八、弘治元年（一四八八年）九月乙丑の条に、

　迤北の伯顔猛可《バヤンモンケ》王、使い桶哈《トンハ》等を遣わして来貢せしむ。その使い一等より四等に至る者凡そ十九人。阿児脱歹《アルトダイ》王、及び脱脱孛羅《トクトアボロト》進王、及び知院脱羅干《トロゲン》・阿里麻《アリマ》・伯牙思忽《バヤスフ》・那孩《ノハイ》の遣わす所の使臣、二等より四等に至る者凡《およ》そ三十五人。初め大元可汗と称し、奏して大臣を報使せしめ、以て和好を通ぜんと乞う。許さず。既《すで》に又《ま》た例に比して職を陞《のぼ》さんと乞う。これを許す……。

とあるのに拠ってバヤン・モンケ王（伯顔猛可王）と見なす。そして成化年間（一四六五～一四八七年）のハーンについては、葉向高《しょうきょうこう》の『四夷考《しいこう》』下、『北虜考』に成化十八年（一四八二年）の条下に、

　是の時満魯都已に衰弱し、終わる所を知らず。其の入寇する者復た小王子と称し、或いは把禿猛可《バトモンケ》王と称す。

即ち故《もと》の小王子の後なり……。二十三年……小王子死し、弟伯顔猛可代わりて小王子と為る。弘治元年夏、小王子書を奉じて貢を求む。詞稍《や》や慢にして、自ら大元大可汗と称す……。（傍点は漢字の音写の誤り——引用者）

とあり、また鄭暁《ていぎょう》の『吾学編《ごがくへん》』六十八、『皇明四夷考』巻下、韃靼《だったん》に、

満都魯《マンドゥール》衰えて把禿猛可王・太師亦思馬因《イスマイル》・知院羅千強盛なり。弘治の初め把禿猛可死し、弟伯顔猛可立ちて王と為る。是の時に当たり、瓦剌《オイラト》と伯顔猛可と皆な人を遣わして入貢す……。

同書六十九、『皇明北虜考《こうみんほくりょこう》』にも、

未だ幾ばくならずして満魯都衰弱し、終わる所を知らず。而して把禿猛可王・太師亦思馬因・知院脱羅千屢々《しばしば》人を遣わして馬を貢す。弘治の初め、把禿猛可死す。阿歹《アダイ》其の弟伯顔猛可を立てて王と為す……。

とあるのに拠ってバト・モンケ王（把禿猛可王）と考え、これがモンゴル文史料の伝えるダヤン・ハーンの本名バト・モンケと一致することを指摘しながら、モンゴル史料にはバト・モンケ・ダヤン・ハーンが嘉靖《かせい》年間（一五二二年以降）まで在位したとあることの矛盾に逢着して、結局、「要するに明の記録にては弘治年間の小王子の世系を審《つまびら》かにすること能はず、盖《けだ》し世系の不明なる所以は、可汗が何れも小王子の称によりて明人に呼ばれたればなり」として判断を避けている。

さらに『蒙古源流』にはダヤン・ハーンが一五四三年に歿したとあるが、これに対しても、『皇明北虜考』の、

正徳《せいとく》間、小王子三子、長は阿爾倫《アルルン》、次は阿著《アジョ》、次は満官嗔《モンゴルジン》。太師亦不剌《イブラ》、阿爾倫を弑し、河西に遯入《とんにゅう》す。西海の虜有る、亦不剌より始まるなり。阿爾倫二子、長は卜赤《ブチ》、次は乜明《メミン》、皆な幼なり。阿著は小王子と称し、未だ幾ばくならずして死す。衆卜赤を立て、亦克罕《イケハン》と称す……。

とあるに従って、「卜赤汗の位に即きしは正徳の末か、若しくは嘉靖の初と思はれ、少なくも嘉靖十年以後は卜赤の子打来孫《ダライスン》の治世なれば、達延汗の死せしは恐《おそら》く正徳の末ならむ」と訂正している。そしてダヤン・ハーンの事業としては、右翼三万人隊の収服と諸子の分封を挙げ、これまで権臣政《まつりごと》を専にし、ハーンはただ空位に具わるのみであったが、成化の末葉よりハーンの権威漸《ようや》く振るい、号令また漠中に行わるるに至ったのであると結論している。

この論旨をさらに徹底せしめたのが和田清《せい》先生であった。一九一五年四月の先生の卒業論文は「清初の蒙古経略」であったが、これに訂正増補を加えたのが一九一七年六月発行の『奉公叢書』第五編、『内蒙古諸部落の起源』である。内容は三編に分かたれ、第一編「年代雑考」の含む二章のうち、第一章は「達延汗《ダヤンハン》に就いて」と題され、「達延汗以前の汗位」・「達延汗の年代」・「達延汗の系譜」・「達延汗の事業」の四節、五十二頁に渉ってこの問題を論じたものである。

和田先生の所論も、『蒙古源流』の伝えるダヤン・ハーンの年代の批判から出発するもので、原田説に従って一四七〇年の即位を誤りとし、さらにマンドゥールン・ハーンの次代の小王子の名が初めて現れたのが一四八一年五月であることを指摘している。これは『明憲宗実録』巻二百十五、成化十七年（一四八一年）五月己亥の条に、

太監汪直《おうちょく》に命じて軍務を監督せしめ、威寧《いねい》伯王越をして平胡将軍の印を佩《お》びて総兵官に充てて、兵三千を率い

て宣府に赴き調度して賊を撃たしむ。時に宣府の総兵官周玉《しゅうぎょく》等馳奏《ちそう》すらく、是の月二十九日、縁辺警有り、参将呉儼《ごげん》等虜を追い、独石山泉墩《せんとん》の南に出で、尋《つ》いで騎兵を調して策応せしむ。暮れに比して還らずと。上已に直・越に命じて兵を将いて往き撃たしむ。未だ発せずして虜中の逸帰する者伝報すらく、虜酋亦思馬因《イスマイル》等、窃《ひそ》かに議して小王子と兵を連ね、大同等の辺に寇《こう》せんと欲すと……。

とあるのを指す。

また一五四三年の死歿《しぼつ》についても、原田説から一歩を進めて、嘉靖初年にはすでに小王子の威令が套虜《とうりょ》（オルドスのモンゴル人）に行なわれず、ダヤン・ハーンの孫なるグン・ビリク晋王《ジノン》（吉嚢《ジノン》）の活躍時代に入っていたことからして、正しい死歿年代を一五二三〜四年のころとしている。すなわち『明世宗《せいそう》実録』巻九十一、嘉靖七年（一五二八年）八月癸丑の条の、

提督三辺軍務尚書王瓊《おうけい》疏して言う、虜賊久しく偏頭関《へんとうかん》外に駐し、又た套虜《とうりょ》万余騎、賀蘭山《がらんざん》後より氷を踏みて河を過ぎ、荘浪《そうろう》に駐す。これを探れども倶《とも》に其の故を得ず。近ごろ走り回《かえ》り軍人毛娃子《もうあいし》に拠るに、称すらく、小王子、套虜を駆りて東渡せしめ、黄毛達子《こうもうたつし》（達子＝韃靼）を撃たんと欲すれども、而して套虜即ち去らず。又た西海の達子を調取するも、而して西海従うを肯《がえ》んぜずと。乃ち前賊の偏頭・荘浪に駐するの故を知る……。

と、同書巻一百九十五、嘉靖十五年（一五三六年）十二月丁未の条の、

巡撫甘粛右僉都御史《せんとぎょし》趙載《ちょうさい》、辺事を条陳《じょうちん》す。一に言う、套虜吉嚢《ジノン》屢々《しばしば》辺境を犯し、且つ小王子を並呑《へいどん》するの心

有り、其の辺患を為すこと細ならず。内を固め外を防ぐ、策は宜しく預《あらかじ》め講ずべし。乞う、兵部に勅して、戦守防禦の略を会議せしめよ……。

とに拠るのである。そしてこれを精説しては同書巻七十八、嘉靖六年（一五二七年）八月庚戌の条に、

套虜数万騎、冰《こおり》を踏みて河を過ぎ、大いに入ると声言す。提督尚書王憲《おうけん》、総兵鄭卿《ていけい》・杭雄《こうゆう》・趙瑛《ちょうえい》等を督して、分かちて要害に拠り、兵を屯して以てこれを禦《ふせ》ぐ。都指揮卜雲《ぼくうん》に命じて兵を伏せて先ず其の帰路を断つ。何ほどもなく虜は石旧墩《せききゅうとん》より入る。卿等ともに戦いてこれを敗る。虜は退走し、青羊嶺に至る。雲等の伏発し、又た大いにこれを敗る。凡そ首三百餘級を斬り、胡馬・器械を獲ること算なし。捷聞《しょうぶん》す……。

とある入寇を、『明史』巻一百七十四、杭雄列伝に、

吉嚢《ジノン》大いに入る。総督王憲、雄等に檄《げき》してこれを破る。都督同知に進む。

同書巻一百九十九、王憲列伝に、

吉嚢数万騎河を渡り、石臼墩より深く入る。憲、総兵官鄭卿・杭雄・趙瑛等を督《とく》して、分かちて要害に拠りてこれを撃つ。都指揮卜雲、其の帰路を断つ。寇、青羊嶺に至り、大いに敗れ去る。五日四捷《しょう》し、首三百餘級を斬り、馬・駞《だ》・器杖を獲ること算なし。帝大いに喜ぶ……。

とあるのに拠ってグン・ビリク晋王の所為と定め、ダヤン・ハーンの死をそれ以前と結論し、またすでに引いた『皇明北虜考』の「阿著は小王子と称し、未だ幾ばくならずして死す」によって、ダヤン・ハーンの死後、グン・ビリク晋王の父バルス・ボラトがしばらく小王子を僭称《せんしょう》した時期を想定し、それ以前の嘉靖初め（一五二二年以降）にダヤン・ハーンの卒年《しゅつねん》を置いたのである。

ただし和田先生も認められるごとく、『明実録』に実際にグン・ビリク晋王の名が現れるのはもっとおくれて嘉靖十二年（一五三三年）のことで、『明世宗実録』巻一百四十七、同年二月癸卯の条に、

是より先、小王子部落の卜児孩《ブルハイ》、内変に因りて逃れて西海に拠り、荘・寧の辺患を為すこと、且つ二十年なり。已にして小王子の己を讐《しゅう》するを懼《おそ》れ、款《かん》を我が朝廷に納れんことを請う。守臣に下して方略を勘上せしむ。幾《いく》ほどもなく、虜酋吉嚢《ジノン》等、十餘万の衆を擁して套内に屯し、延綏《えんすい》・花馬池《かばち》を犯し、以て涼に入らんと窺《うかが》う。固く各辺に属して戒厳せしめ、間あるを得ざらしむ。乃ち四五万騎を突出して河を乱《わた》りて西に済《わた》り、卜児孩《ブルハイ》を襲いて大いにこれを破る。是に至り、総制尚書唐龍《とうりゅう》、及び甘粛鎮巡官、状を以て上る……。

とあるのがその初見であることは注意してよい。

かくダヤン・ハーンの治世を成化十五、六年（一四七九、八〇年）以降、嘉靖二、三年（一五二三、二四年）に至る約四十年間に限っておいて、和田先生は原田説に触れられた成化二十三年（一四八七年）の小王子の死を取り上げ、『皇明北虜考』のほかに、『四夷考』とほとんどまったく同文の何喬遠《かきょうえん》の『名山蔵《めいざんぞう》』王享記《おうきょうき》四、韃靼の文を引いて、この年バト・モンケ歿して弟バヤン・モンケが嗣いでハーンとなったと断ぜられ、傍証として漢訳『蒙古源流』巻五

の「歳次戊子、博勒呼済農《ボルフジノン》年二十九歳の時、巴延蒙克《バヤンモンケ》を生む」を挙げて、バト・モンケにはバヤン・モンケという弟があったとされた。

ただしこの最後の一事は問題があり、なるほど漢訳本の基づいた満文本には suwayan singgeri aniya bolhū jinung orin uyun se de bayan mungke be banjiha. とあるけれども、(4) モンゴル文の諸本では、これに当たるところがいずれも tedüi bayan möngke bolqu ǰinong qorin yisün-iyen uu quluγuna ǰil-eče γurban od boluγad: すなわち「そこでバヤン・モンケ・ボルフ晋王は、二十九歳の戊子の年(一四六八年)から三年経って」(5) となっていて、満文本の誤訳に過ぎぬことは論議の余地がない。従ってこの一条は、バト・モンケの弟にバヤン・モンケがあった証とはならないのである。(6)

いずれにせよ、和田先生は、かく成化(一四六五〜一四八七年)・弘治(一四八八〜一五〇五年)・正徳(一五〇六〜一五二一年)にわたるモンゴルのハーン位をバト・モンケ、バヤン・モンケ兄弟に二分し、兄弟ともにダヤン・ハーンと号したために、『蒙古源流』がこれを混同して一人としたものと想像し、北元中興の英主としてのダヤン・ハーンの功業を挙げて弟バヤン・モンケに付し、さらに兄バト・モンケは遺児なくして夭折《ようせつ》し、伝えられるダヤン・ハーンの十一子はことごとく弟の子であると考えておられる。

つぎにダヤン・ハーンの事業については、イスマイル征伐は成化の末年、兄の手によって行なわれ、オイラト撃攘《げきじょう》は、兄のときに始まり弟の治世に顕著になり、トゥメト併合、右翼征伐、ウリャーンハン征伐は、みな弟の事業とされる。しかして弟ダヤン・ハーンの事功を総評して、その用兵は概して東方より西方に向かって行なわれ、主として異部族を掃蕩《そうとう》して純粋モンゴルの勢力を樹立し、その長ずるところは部内統一の鞏固《きょうこ》にあり、ハーン畢生《ひっせい》の事業とは、その勢力圏内の異分子の芟除《せんじょ》にあり、内モンゴルの全部と併せて外モンゴルの東偏一部を籠蓋《ろうがい》したその境域に諸子を分封したのであると結ばれる。

『内蒙古諸部落の起源』一たび出《い》でて、そのダヤン・ハーンに関する所論はほとんど定説となった観があったが、やがて『蒙古源流』以外のモンゴル文史料がつぎつぎに現れて来ると、和田先生は先の説に自ら疑いを懐《いだ》かれるようになったと見える。先生は、一九四七年四月二十二日、東京帝国大学の山上会議所で開かれた東洋史談話会で「蒙古の達延汗に就いて」と題して講演されたが、その要旨を神田信夫氏が筆録したものが『史学雑誌』第五十三編第三号に載っていて、先生の説の変化のあとを窺《うかが》うことが出来る。

先ずダヤン・ハーンの即位の年については、前著では成化十五、六年（一四七九、八〇年）のころとなっていたのを、『略本アルタン・トブチ』（Quriyangrui altan tobči）の「亥の年」に基づいて己亥（一四七九年）、マンドゥールン・ハーンの死去の年に相違ないとし、また死歿の年代については、やはり『略本アルタン・トブチ』に、ダヤン・ハーンの死後、その三男バルス・ボラトが一時ハーン位を簒奪したことが見えて、これが明人の伝える、阿著が一時小王子と称したことと一致するところから見て、『蒙古源流』の伝えるバルス・ボラトの卒年一五三一年以前、恐らく嘉靖五、六年ごろ（一五二六、二七年）とする。

つぎにバト・モンケ、バヤン・モンケの問題に触れ、漢訳本『蒙古源流』にバト・モンケ（巴図蒙克）に弟バヤン・モンケ（巴延蒙克）があったごとく書かれているのが間違いであることを認め、『蒙古源流』にはダヤン・ハーンをバト・モンケ一人とし、『略本アルタン・トブチ』にも、明の王鳴鶴《おうめいかく》の『登壇必究《とうだんひっきゅう》』巻二十三、北虜各支宗派によっても、ダヤン・ハーンは一人となっているし、またモンゴルの王公が自らバト・モンケ・ダヤン・ハーンの子孫と称していることを指摘し、ダヤン・ハーンはやはり一人であると論じている。そして『明憲宗実録』の伝える成化二十三年（一四八七年）の「小王子已に死す」は、遠く東モンゴルの方面から伝報せられたので確実ではなく、実は同年ダヤン・ハーンがイスマイルを討ち倒したのを誤伝したのであると考え、翌弘治元年（一四八八年）に大元大可汗と号して明に書を送ったのはバト・モンケで、イスマイルが亡びて実権を握ったためにこの称号を用い始めたので、これがバヤン・モンケ王の所為であったとは、『実録』の編者の誤解であり、バト・モンケ・ダヤン・ハーンはずっと在位していたのであるとする。そして成化二十三年（一四八七年）の小王子の死を誤りとする見解をとるものとして、『明史』巻三百二十七、韃靼列伝を挙げている。いまその文を引用すれば、

敵去り、輒《すなわ》ち復た来る、成化の末に迄《いた》るまで寧歳《ねいさい》なし。亦思馬因《イスマイル》死す。入寇する者、復た小王子と称す。又た伯顔猛可《バヤンモンケ》王有り。弘治元年の夏、小王子書を奉じて貢を求め、自ら大元大可汗と称す。朝廷は方に優容を務め、これを許す。是より伯顔猛可王等と屡々《しばしば》入貢し、漸く套中に往来して、出没寇を為す。

とあって、小王子と伯顔猛可王とを別人とし、かつ一四八七年の小王子の死を認めていない。

かく和田先生が自説を変更せられたのは、『蒙古源流』以外のモンゴル文史料、ここでは『略本アルタン・トブチ』を見るに及ばれたからであることは、いま紹介したその論旨によく表れているが、さらに多くのモンゴル文献が利用できるようになると、和田先生はその新説をますます補強され、一九五三年十月、『国際基督教大学アジア文化研究論叢』第一輯《しゅう》に「達延汗について」と題する論文を発表された。これは相当補訂を加えられて一九五九年三月発行の『東亜史研究（蒙古篇）』に収められ、さらにその前半は英訳されて"A Study of Dayan Khan"と題して *Memoirs of the Research Department of the Toyo Bunko*, No.19（1960）にも載っている。いま定稿と称すべき『東亜史研究』所収のものに拠って内容を紹介しよう。

先ず和田先生は、『蒙古源流』の伝えるダヤン・ハーンの年代の批判から出発される。今度はマンドゥールン・ハーン（Manduyulun qayan）が癸未（一四六三年）に即位して丁亥（一四六七年）に歿したとあるのを、『明実録』ではこれに当たる満都魯が可汗と為ったことは成化十一年（一四七五年）十月己卯の条に出で、その死は同十五年（一四七九年）七月庚辰の条に見えることから推して、それぞれ乙未（一四七五年）即位、己亥（一四七九年）死去の誤り

であると論じ、十二支だけで記してあったモンゴル史料を『蒙古源流』の著者が誤解して、十二年早い年代を当てたものなることを証せられた。そしてこの紀年のずれをダヤン・ハーンの即位の年に適用して、その庚寅（一四七〇年）とは実は十二年後の壬寅（一四八二年）のことであるとし、時に七歳であったというのも誤りであるが、甲申（一四六四年）に生まれたというのは、子孫の年代から見て恐らく正しく、実は十九歳になっていたものとされる。そして『蒙古源流』の伝える死去の年、癸卯（一五四三年）については、前説の通り遅すぎるとし、その生前に死んだという長子トロ・ボラト（Törö bolad）の卒年が癸未（一五二三年）、死後に簒立《さんりつ》したと伝えられる第三子バルス・ボラトの卒年が辛卯（一五三一年）と『蒙古源流』にあるところから、ダヤン・ハーンの殂落《そらく》はこの間にあったかとされる。

　ところがハーンの晩年に、ウリャーンハン万人隊が叛して討滅されたことがあり、この戦いには右翼三万人隊の衆も参加したのであるが、これについて漢訳『蒙古源流』巻六に「達延汗、察哈爾《チャハル》・喀爾喀《ハルハ》両部の兵を率い、往きてこれを征す。並びに信を巴爾斯博羅特済農《バルスボロトジノン》の子に致し、右翼三万人を帯びて前来し攻め入らしむ」とあり、これが蘇志《そし》皐《こう》の『訳語』に、

　蒙古一部落は最も樸野《ぼくや》にして、書契《しょけい》なく、文飾なく、誕妄《たんもう》なし。（某堡を攻めずと云うが如くんば、信に然り。）近ごろ亦た狡詐《こうさ》甚だし。聞くならく、小王子、把都児台吉《バートルタイジ》・納林《ナリン》台吉・成《チン》台吉・血剌《シラ》台吉（部下は黄皮襖《こうひおう》を着、号と為す。）・莽晦《マングイ》・俺探《アルタン》・己寧《ジノン》諸酋首の兵を集めて、西北の兀良哈《ウリャンハ》を搶《そう》し、殺傷して殆ど尽く。乃ち結親を以て其の餘を紿《あざむ》き、至れば則ち悉く各部に分かち、啖《くら》わするに酒肉を以てし、酔飽《すいほう》の後皆なこれを掩殺《おうさつ》す。此れ其の一事なり。

とあるウリャーンハン征伐と一致するとして、[7] 一五三一年のバルス・ボラトの死後に行われたものと見、ダヤン・ハーンはこの征伐の後、その後始末をして死んだのであるから、その死去は少なくとも一五三二〜一五三三年のこととされる。

　ところがここで先生が利用された漢訳『蒙古源流』の文であるが、これを原本のモンゴル文に当たって見ると、決してバルス・ボラトの諸子を動員したのではない。すなわち先の引文の「信を巴爾斯博羅特の子に致し」は、原文では **barsubolad ǰinong köbegün-degen kele ilegegsen-dür** すなわち「その息子のバルス・ボラト晋王に通報したとき」となっていて、[8] 明らかに『蒙古源流』の著者の意味するところは、バルス・ボラトが自ら出征したのであって、従って一五三一年以前のこととなるのである。

　かく漢訳本に誤られて、先生はダヤン・ハーンはバルス・ボラトの死後も生きていたものと考え、すでに隠居して後見のような位置にあったものかと想像しておられる。

　このように和田先生は、ダヤン・ハーンの在位を約五十年間に限っておいて、その間の一四八七年に報ぜられた小王子の死を、軽く触れた伝聞の報告で、これを直ちに事実とは認め難いとし、一四八八年に明廷に書を送って大元大可汗と称した小王子も、『明実録』にこれを伯顔猛可王と同一人と記す箇所がないことから、やはりバト・モンケ・ダヤン・ハーンであったものと見、その事業については、主として『蒙古源流』に基づき、明の記録を引照しつつ、(一) イスマイルの撃滅とヨンシェーブ併合、(二) オイラトの撃攘《げきじょう》、(三) ホーサイの討伐とトゥメト・モンゴルジン併合、(四) 右翼併合、(五) ウリャーンハン討滅の五つの事業に分かって説かれ、つぎに諸子の分封を述べて左右翼六万人隊の制に及び、この雄篇を結んでおられる。

　この論文は、モンゴル史料、ことに『蒙古源流』の伝える年代に利用価値があることを始めて発見し、巧みに明側史料と対応させた点において大きな意義があるが、半面、その弱点は、一四八七年に報ぜられた小王子の死を否認しなければならなかったことと、ダヤン・ハーンが晩年隠居して第三子に位を奪われたとしたことである。ただし後者は漢訳本『蒙古源流』に誤られたに過ぎず、原本のモンゴル文に依れば、さような無理な推定を下す必要はなかったのであることはすでに述べた。

この和田先生の新説に対し、明史料、主として『明実録』に拠って異論を唱えたのが萩原淳平氏である。萩原氏は一九五九年三月、『東洋史研究』十七巻四号に「小王子に関する一考察」を発表したが、これは直接にはダヤン・ハーン問題に触れず、成化・弘治年間における小王子の活躍とそのイスマイル及びオイラトとの関係を、『明実録』に依って究明したものであり、かたわら和田説（ただし『内蒙古諸部落の起源』の）を批判したものである。けだしこの時には、『東亜史研究（蒙古篇）』はいまだ萩原氏の目に触れていなかったものであろうが、その世に出るに及んで、萩原氏は、今度は明史料に基づいてモンゴル史料、ことに『蒙古源流』批判を行い、「ダヤン・カンの研究」を一九六三年十月刊の『明代満蒙史研究』に収めて発表した。

これは全篇、和田説の反論として構成されているが、要点を述べれば、先ず和田説の弘治の小王子はバヤン・モンケ王にあらずとするのを駁《ばく》して、弘治元年（一四八八年）に大元大可汗と称して書を送って来た小王子がバヤン・モンケ王にほかならぬことを論じ、以下、弘治三、四年（一四九〇、九一年）、同十一年（一四九八年）の小王子も同人であったことを示し、これから引いて弘治元年の前年なる成化二十三年（一四八七年）の小王子の死も信ずべしとしている。

かくしてバヤン・モンケ王がダヤン・ハーンにほかならぬと考えたうえで、その卒年の決定には談遷《だんせん》の『国榷《こっかく》』を利用している。すなわち『明武宗実録』巻一百六十四、正徳十三年（一五一八年）七月丙午の条に、

虜、靖辺営《せいへん》に寇し、官軍を殺傷す……

とあるのが、『国榷』巻五十、同日の条には、

阿爾倫《アルルン》、靖辺営に寇す

となっているのを証拠として、阿爾倫は、ダヤン・ハーンの生時に死んだその長子トロ・ボラトであるから、この時ダヤン・ハーンはいまだ在世中であるとし、一方、『明世宗実録』巻六、正徳十六年（一五二一年）十一月己未の条の、

虜、大同中路を犯す。総兵杭雄等、兵を督してこれを拒ぐ。

が、『国権』巻五十二、同日の条には、

卜赤《ブチ》、大同中路を犯す。総兵杭雄、拒いでこれを却く。

に作られているから、この時はすでにボディ・アラク・ハーンの時代であると見て、ダヤン・ハーンの死を正徳十三年（一五一八年）から同十六年（一五二一年）に至る間に置く。そしてその傍証として、『明世宗実録』巻十六、嘉靖元年（一五二二年）七月辛未の条の、

兵部、套虜の数《しばし》ば入寇するを以て、延・寧二鎮の事を失せる官を議処し、且つ今秋高、虜情測りがたし、これに備うるに宜しく予《あらかじ》めなるべし。請う、先ず二鎮の精鋭を集めて列守し、虜の入る所の要路に伏し、仍りて所部に行して、急に保を収め坑塹《こうざん》を設け、火器を習い、陝西をして兵を会してこれを佐《たす》けしめ、而して甘粛の兵を以て応援を為さしめんと。詔して議する所の如く行わしむ。

に当たる『国権』巻五十二、同日の条が、

（一）套虜数ば入寇す。指揮楊洪《ようこう》等敗没す。延綏・寧夏の事を失せる者を議譴《ぎけん》す。仍りて陝西・甘粛に趣《うな》がして兵を援けしむ。（二）兵部尚書彭沢《ほうたく》、自ら辺に行かんことを請う。これを止む。（三）初め小王子死す。三子有

り。長は阿爾倫《アルルン》、次は阿着《アジョ》、次は満官嗔《モンゴルジン》。阿爾倫は前に死し、二子あり。長は卜赤《ブチ》、次は乜明《メミン》、皆な幼なり。阿着小王子と称し、未だ幾ばくならずして死す。卜赤を立て、亦克罕《イケハン》と称す。猶《な》お可汗《カガン》と言うがごときなり。然れども亦た小王子と称すること故の如しと云う。

となっていることを挙げ、「明朝が套虜の侵入に苦しみ、その対策のために兵部尚書以下が集合して盛んに議論したことは事実と認められる。その対策協議中に敵状を示すためにこれまで入った情報として『初小王子死』以下のことが報告され、それが実録では除かれ、国権にのみ残ったもので、ことさら後につけ加へたものでないと見てよからう」と説く。

すなわち萩原氏は、『国権』をもって『明実録』の所拠の文書類の内容をよりよく保存したものと見ているのであるが、これは疑わしい。言うまでもなく『国権』は『明実録』の一異本ではなく、まして『明実録』以上の史料的価値を有するものでもない。

談遷が『国権』を撰したのは清の順治《じゅんち》十年（一六五三年）前後であるが、その巻頭の義例に「実録の外、野史・家状、汗牛充棟《かんぎゅうじゅうとう》、勝《あ》げて数うべからず。往々甲涇《こうけい》・乙渭《いつい》、左軒《さけん》・右輊《うち》。若《も》し事は全瑜《ぜんゆ》すること鮮《すくな》く、人は完璧なること寡《すくな》し。其れ何の途《みち》かこれ従わん。曰く、人と書と当《まさ》に参観すべきなり。其の人にして賢ならば、書多く採るべし。否らざれば則ち間々一二を徴し、軽く徇《と》うこと或るなかれ」、また「偏《ひと》しく群籍を攷《かんが》え、本を実録に帰す」などの語があって、その編輯方針が『明実録』に本《もと》づいて、これに野史類の記載を附加するに在ったことを明言している。

そこで先に引いた『国権』の文を按ずると、最初の（一）の部分は全く『明実録』の要約に過ぎず、これに楊洪の事を附加したものであることが判明する。次の（二）の彭沢のことは、おそらく家伝・行状の類からでも採られたもので、最後の（三）は、萩原氏も認めているごとく、葉向高《しょうこうこう》の『四夷考』と全く同文であるから、おそらく同書から引いたものであろう。(9) 異なるところは、ただ葉氏が正徳十六年（一五二一年）の条下、嘉靖元年（一五二二年）の前にこれを記すのを、談氏は嘉靖元年に係《か》けていることに過ぎない。さすれば、『国権』に正徳十三年（一五一八年）の虜を阿爾倫、十六年（一五二一年）の虜を卜赤と記したのも、別に『明実録』以外に典拠があったわけではなく、ただ『四夷考』の文に従って、このころハーンの交替があったものと考えて、『明実録』の文を書き改めたに過ぎまい。して見れば、これは決定的な証拠とするわけにはいかない。

萩原氏は、続いて、当時の入寇の情況、動員した兵数の変化から判断して、ダヤン・ハーンの死を正徳十四年（一五一九年）の前半か、同十五年（一五二〇年）の後半かであろうと考える。これははなはだ疑問の多い方法であるが、ともかく萩原氏の説では、ダヤン・ハーンの在位は三十二、三年間であったことになる。(10)

かくダヤン・ハーンの年代を定めた結果、イスマイルの撃破は、その先代の小王子の世であるから、ダヤン・ハーンの事業とはし難いとし、『明実録』に拠ってイスマイルとダヤン・ハーンは協力関係にあったと説く。つぎにオイラト撃攘については、「小王子に関する一考察」での論をくりかえして、やはり少なくとも弘治四十五年（一四九一～一四九二年）までは親近性をもったとし、弘治六年（一四九三年）から九年（一四九六年）にかけて行なわれたと和田先生の説かれたオイラト征伐については、当時のハミをめぐる情勢から判断して、無かったとは断言しないけれども、無かったとしてもよいと考える。最後にウリャーンハン討滅については、これは嘉靖年間のことであるから、正徳の末近く死んだダヤン・ハーンとは相渉《あいわた》らないものとし、結局、右翼鎮圧のみがダヤン・ハーンの功績であったものと見る。この後、萩原氏は「ダヤン・カンの系譜と蒙古社会」と題する一章を設けて、小王子が元裔であると同時にオイラトの血をも承けていたものとし、最後にモンゴル史料批判の必要を説いて、全篇を終わっている。

思うに、成化二十三年（一四八七年）にある小王子が死し、翌弘治元年（一四八八年）に大元大可汗と称して明に書を通じた新小王子がバヤン・モンケ王であることは、すでに原田先生が論ぜられたことであるが、前小王子がはたして『四夷考』・『吾学編』・『名山蔵』の言うごとく、バヤン・モンケ王の兄バト・モンケ王であったか否《いな》かは、『明実録』によっては決定できない。この点、萩原氏はやや簡単に、成化年間の小王子をバト・ムンゲと呼んでいるが、この線に沿って敷衍《ふえん》したのが佐藤長氏である。

佐藤氏は、一九六五年七月の『史林』八巻四号に「ダヤンカーンにおける史実と伝承」を書き、モンゴル史料、ここでも『蒙古源流』の所伝に操作を加えて、明史料の所伝に合致せしめようと試みた。これは佐藤氏も自ら言うごとく、和田先生及び萩原氏の説に刺激されて両者の調停をこころざしたもので、和田説からは『蒙古源流』の伝えるマンドゥールン・ハーンの治世の癸未（一四六三年）から丁亥（一四六七年）に至るというのが、実は十干の係け誤りで、乙未（一四七五年）より己亥（一四七九年）が正しいとするのを採り、次のボルフ晋王が立ったのを『略本アルタン・トブチ』に依って同じく己亥とし、その卒年として『蒙古源流』に伝えられる庚寅（一四七〇年）を、やはり和田説に従って十二年繰り下げて壬寅（一四八二年）と訂正し、ボルフ晋王の次には、『四夷考』等に拠ってバト・モンケが立ったとして、その治世を壬寅から『明実録』に小王子が死んだと伝える成化二十三年（一四八七年）に至るとし、バト・モンケのつぎにダヤン・ハーンが即位したとして、これを萩原説に従って弟のバヤン・モンケなりと考える。そしてダヤン・ハーンの卒年については、『蒙古源流』の伝える癸卯（一五四三年）を十二支二廻り、すなわち二十四年繰り上げて己卯（一五一九年）とし、これが『国権』に基づいて萩原氏の立てた説、正徳十四年の前半または同十五年の後半に一致するとする。ダヤン・ハーンの死後、バルス・ボラトが簒立《さんりつ》したことは和田説に従いながら、次のボディ・アラク・ハーンの即位の年代は、『万暦武功録《ばんれきぶこうろく》』の所伝を採用して、辛巳（一五二一年）とする。

この立論は、モンゴル史料の伝える干支を、それらの根拠を究《きわ》めようともせずに、本来十二支のみのものであったと前提して、同様に薄弱な論拠から明史料より導き出された仮説に強引に一致させ、それで足りないところは、明の野史の類に過ぎず信憑性《しんぴょうせい》の不明な『四夷考』と『万暦武功録』等の所伝を無批判に採り入れて組み立てたものであって、いささか安易に過ぎる。

なかんずくこの説の最大の弱点と言うべきは、バト・モンケ、バヤン・モンケの兄弟関係についてであって、モンゴル史料には常にバト・モンケをダヤン・ハーンと呼び、その弟にバヤン・モンケがあったことは全く知られていないことを自ら認めながら、なおも『蒙古源流』の満漢訳本の「戊子の年、ボルフ晋王は二十九歳でバヤン・モンケを生んだ」という誤謬を証拠として採用し、バヤン・モンケが戊子（一四六八年）の生まれとすれば、丁未（一四八七年）には十九歳であり、あたかも甲申（一四六四年）生まれで庚子（一四八〇年）に十九歳で即位したと佐藤氏の考えるバト・モンケと同じ年齢であったことになるとし、これが兄弟が混同されて一人となった原因であるとする。

ただしこれは氏の誤算で、戊子生まれならば丁未（一四八七年）には十九歳でなく、二十歳であった勘定となることを注意したい。いずれにせよ、ボルフ晋王とダヤン・ハーンの間に、もう一代のハーンが脱落しているとする佐藤説には、モンゴル・明双方の史料に積極的な証拠が求め得られないことを忘れてはならぬ。

佐藤氏は、最後にウリャーンハン征伐に触れ、これをダヤン・ハーンの事業ではなく、ボディ・アラク・ハーンの功績であるとして萩原説に従い、証として、すでに引いた『蒙古源流』漢訳本の「バルス・ボラト晋王の子に信を致し」を挙げて、同人の死後の事実とし、モンゴル文原本に依って「己が子のバルスボロト・ジヌン」と訂正した江氏の訳を誤りと言う。これもあまりに恣意的《しい》で、満文本及びその重訳なる漢文に従って、モンゴル文本を改めるのは、本末転倒の誹《そし》りを免《まぬが》れまい。

とにかく佐藤氏は、氏がボルフ晋王の子でダヤン・ハーンの兄なりと主張するバト・モンケ、ダヤン・ハーン、ボディ・アラク・ハーンの三代の事蹟が合揉《ごうじゅう》されて成ったのがモンゴル史料の伝えるダヤン・ハーン像であるとし、その中核となったのはバヤン・モンケ・ダヤン・ハーンであって、『蒙古源流』の記載は史実と言うよりは伝承であり、これをもって明側の所伝を律することはできないとする。

以上をもって日本における従来の研究成果の概観を終わって、先ず気がつくことが一つある。それは諸家がモンゴル史料と称して常に引用するのがほとんど全く『蒙古源流』一書に限られ、それもモンゴル文原本よりは漢訳本に頼る傾向の著しいことである。しかも批判の対象とするのは、『蒙古源流』の記事の内容というよりは、その伝える事件の年代であって、それらを直ちに明史料と比較して正しいか否かを判定しようとするに急で、『蒙古源流』の所伝の年代、ことに干支がいかなる意味をもつか、それらがいかにして導き出されたかを究明する、地道な努力が極めて軽んじられていることを指摘したい。これはどうしても、モンゴル史料をその文面に則して正確に理解し、その上で信ずべき部分と信ずべからざる部分を辨別しておいて、始めて明史料と対照の手続きを取るのが本当であろう。それにモンゴル史料は『蒙古源流』のみではなく、他にも数多くの年代記が現存していて、それらの所伝は時に『蒙古源流』と大いに異なっているのであるから、モンゴル史料を論ずるにはそれらすべてを対象としなければならない。次にこのことを説明しよう。

二　各種のモンゴル文年代記

明末の南モンゴルに左右翼それぞれ三万人隊の六国が並び立って、おのおのハーンを戴いていたことは、和田先生の研究で明らかにされ、今日ではすでに有名な事実である。(11)

先ず今のイェケ・ジョー（Yeke J̌uu）盟のオルドス（Ordos）万人隊は右翼晋王《ジノン》の親部であり、その東の帰化城《きかじょう》（Köke qota）を中心とする地方はトゥメト（Tümed）万人隊で、順義王《じゅんぎおう》がこれに拠り、さらに東方の今のチャハル（Čaqar）・ソニト（Sönid）両部の地から灤河《らんが》の流域にかけてはハラチン（Qaračin）万人隊の領域であって、この三国が右翼を形成する。左翼は、ハラチンの東境に接して、老哈河《ローハ》及び大凌河《だいりょうが》の流域にチャハル（Čaqar）万人隊が居り、これが北元ハーンの親部であり、その東北方の南ハルハ（Qalqa）万人隊は、西遼河（Sira mören）の流域から今のジェリム（J̌erim）盟のホルチン（Qorčin）諸旗の牧地を占め、さらにその北方の嫩江《ノンこう》流域はホルチン（Qorčin）万人隊の境域であった[12]（**地図6**参照）。

この中、最後のホルチンは、チンギス・ハーンの次弟ジョチ・ハサル（J̌oči qasar）の子孫であるからさて置いて、他の五国の諸王はみなダヤン・ハーンの後裔である。すなわちオルドスはダヤン・ハーンの第三子バルス・ボラト（Barsubolad）の嫡流で代々晋王《ジノン》を称し、トゥメトはバルス・ボラトの次子アルタン（Altan）の所封で代々ゲゲーン・ハーン（Gegen qaγan）の号を有し、ハラチンは第四子バイサハル（Bayisaqal）の系統でコンデレン・ハーン（Köndelen qaγan）を世襲した。

左翼のチャハルは言うまでもなく、ダヤン・ハーンの長孫ボディ・アラク・ハーン（Bodi alaγ qaγan）の子孫の所領であり、南ハルハはやはりダヤン・ハーンの第五子アルジュ・ボラト（Alǰu bolad）の後裔で五部（tabun otoγ）に分かれ、その中ジャルート（J̌arud）部長が相継いでハーンと称したと言う。さらに北モンゴルに蕃延した北ハルハ（Qalqa）もダヤン・ハーンの子孫で、明末に併立した三ハーン、ジャサクト・ハーン（J̌asaγtu qaγan）、トゥシェート・ハーン（Tüsiyetü qaγan）、チェチェン・ハーン（Čečen qaγan）はすべてダヤン・ハーンの末子ゲレセンジェ（Geresenǰe）の血を引いている（**系図4**参照）。

かく南モンゴルの五国と北モンゴルの三ハーンは、みなダヤン・ハーンの子孫であったが、各国にはそれぞれ相当豊富な記録があったらしい。現在利用できるモンゴル文年代記の中、明代の撰述なることの確かなのは、オルドスのチンギス・ハーンの霊廟、いわゆる八白室（Naiman čaγan ger）の祭祀の起源を説いた『チャガーン・トゥーケ』（Čaγan teüke）のみであるが[13]、清代に入るとそれら明代のモンゴル文記録に基づいて多くの年代記が続々と現れた。そうしたモンゴル文年代記はそれぞれの著者の出自を反映してか、内容上相互にかなりの差異があり、これはそのまま明代の各万人隊における記録の伝統を保存しているものと思われる。次に各国に分かって、その系統の年代記を列挙して見よう。

先ずオルドスの年代記としては、ウーシン（Ügüsin）部長サガン・エルケ・セチェン皇太子（Sayang erke sečen qong tayiǰi）が康熙元年（一六六二年）に撰した（一）『帝王の源流の宝玉の史綱』（Qad-un ündüsün-ü Erdeni-yin tobči）すなわち『蒙古源流』がある。これは現在のところ、編述年代の明らかな年代記としてはもっとも古く、その特徴は全篇にちりばめられたおびただしい干支紀年である。(14)

つぎにトゥメトの年代記とおぼしいのは、国師ロブサンダンジン（Blo bzang bstan 'dzin kemegdekü guusi）の著（二）『黄金史綱』（Altan tobči kemegdekü šastir）すなわち『アルタン・トブチ』である。(15) 成立年代は不明であるが、内容から見て大体康熙十四年（一六七五年）ごろかと思われ、『蒙古源流』に次ぐ時代のものである。(16) 同名の国師は康熙六年（一六六七年）、帰化城のラマ・ガワンロブサン（Ngag dbang blo bzang）の委嘱を受けて、五台山の案内記『文殊志』（Uta-yin tabun ayulan-u orosil süsügten-ü čikin čimeg orosiba）を著しており、やはり帰化城の人と思われる。(17) かく考えれば、『アルタン・トブチ』に、一時帰化城に占拠したチャハルのリンダン・ハーン（Lingdan qayan）の長々しい称号を完全に伝えていることも、トゥメトの東隣のハラチンが清の太宗に投帰した始末を詳叙していることも、容易に合点が行く。その伝える紀年も記事も『蒙古源流』と異なり、全く別の史料に基づいていることが察せられる。

この『アルタン・トブチ』に基づいて簡略にしたのが、無名氏撰の（三）『帝王の根源の要略黄金史綱』（Qad-un ündüsün-ü Quriyangyui altan tobči）すなわち『略本アルタン・トブチ』である。これが普通に『アルタン・トブチ』または『黄金史』と呼ばれているもので、すでに多くの刊本がある。(18) その史料的価値は、ロブサンダンジンの『アルタン・トブチ』に及ばないことはもちろんである。

ハラチン系の年代記は、雍正十三年（一七三五年）に鑲紅旗《じょうこうき》蒙古都統《ととう》ロミ（Lomi 羅密）の撰した（四）『モンゴル・

ボルジギト氏の家譜』(Mongγol borǰigid oboγ-un teüke) がある。ロミはハラチンのバイサハル・コンドレン・ハーンの八世の孫で、正藍旗《せいらんき》蒙古左参領《さんりょう》第十三佐領《さりょう》の人。[19] 初め廕生《いんせい》となり、[20] 康熙・雍正の交《こう》に一時理藩院郎中《りはんいんろうちゅう》に任ぜられたらしく、雍正二年（一七二四年）十二月、直隷守道《ちょくれいしゅどう》を改めて置かれた直隷布政使司の初代の布政使と為ったが、[21] 翌雍正三年（一七二五年）北京に調還せられた。[22] 雍正五年（一七二七年）七月に至って、ロミは鑲白旗《じょうはくき》蒙古副都統に任ぜられたが、[23] 雍正十年（一七三二年）十月に至り、事に縁《よ》り革職された。[24] 雍正十三年（一七三五年）四月、再び鑲紅旗蒙古副都統に調せられ、[25] 同五月、都統に陞任《しょうにん》した。[26] 乾隆二年（一七三七年）二月、他の任に調せられたらしいが、間もなく同六月、再び鑲白旗《じょうはくき》蒙古都統に任ぜられ、乾隆三年（一七三八年）十一月に退休した。[27] 卒年《しゅつねん》は未詳である。

ロミの撰するところの年代記には雍正十三年（一七三五年）八月朔の序があり、元来満洲語をもって書かれたものであるが、今見得るのは、道光十九年（一八三九年）三月十五日付けのモンゴル語訳と、民国二十三年（一九三四年）に張爾田《ちょうじでん》が刊行した『蒙古世系譜《せいけいふ》』と題する漢訳本とである。[28] その記事の内容はほぼ『アルタン・トブチ』と一致するが、紀年のほうは『蒙古源流』に近い。これは右翼三国の中のハラチンの文化的位置から見て興味深い。

さて左翼の年代記はといえば、チャハルには（五）『恒河《こうが》の流れ』(Gangga-yin urusqal) がある。[29] これは雍正三年（一七二五年）ウジュムチン右翼旗のホショイ・チェチェン親王チャガーン・ババイの孫ゴンボジャブ (Gomboǰab) の撰するところである。ウジュムチンはボディ・アラク・ハーンの第三子オンゴン・ドゥラル (Ongγon dural) の所封であって、すなわちチャハルの別部である。著者は、ダヤン・ハーンから数えて九世の孫であり、理藩院の唐古忒《タングート》学（チベット語の学校）の教習であって、漢語・満洲語・モンゴル語・チベット語に通じていたといわれる。その所記ははなはだ簡単であるが、紀年・内容ともに独自のものがある。

南ハルハの年代記には二つある。一つは（六）『金輪千輻書《こんりんせんぷくしょ》』(Altan kürdün mingγan kegesütü bičig) で、ジャルート部のシレート国師ダルマ（Siregetü guusi dharma）が乾隆四年（一七三九年）に撰したものであり[30]、他は（七）『水晶の数珠《じゅず》』（Bolor erike）で、バーリン部のラシプンスク（Rasipungsuγ）が乾隆四十年（一七七五年）に撰したものである[31]。ラシプンスクはバーリン右翼旗ジャサク・ドロイ郡王セブテンの五世の孫で、ダヤン・ハーンはその十一世の祖に当たる。両書とも紀年は『恒河の流れ』と一致し、記事の内容も共通した部分が多い。これは南ハルハが明代チャハル・ハーンの被管《ひかん》であった事情を考えれば了解されよう。

　最後に、北ハルハの史書としては、もっとも古いのがシャンバ・エルケ・ダイチン（Byamba erke dayičing）、すなわち喀爾喀《ハルハ》の信順厄爾克《エルケ》戴青《ダイチン》諾顔《ノヤン》善巴《シャンバ》が康熙十六年（一六七七年）に著した（八）『弥勒と名づくる歴史』（Asaraγči neretü teüke）すなわち『アサラクチ』である[32]。シャンバの部は、後に雍正九年（一七三一年）に至って、サイン・ノヤン（Sayin noyan 賽音諾顔）部として独立したが、その七世の祖がダヤン・ハーンである。この書は『アルタン・トブチ』と共通の史料を利用したらしく、紀年・内容ともにはなはだ後者に近い。これはトゥメトと北ハルハとの地理・政治・文化上の親近関係から見て自然と思われる。

　（九）『若者たちの宴』（J̌alaγus-un qurim）すなわち『ジャロースン・フリム』[33]は、前記『アサラクチ』から借用した部分があり、かつその記す系譜が北ハルハに詳しいところから見て、やはりこの地方の編述であろう。撰人も成立年次も記されていないが、系譜中の人物が康熙四十年（一七〇一年）ごろ在世の人々をもって終わっているところから、やはり同年ごろの著作と思われる。紀年・内容はともにオルドスの『蒙古源流』に近い。

　この『ジャロースン・フリム』に相当多量の書き足しが行われたのが、やはり無名氏撰の（十）『黄冊』（Sira tuγuǰi）すなわち『シラ・トゥージ』である[34]。増補部分には北ハルハの系譜に関する記述が多いから、やはり北ハルハの年代記であろう。注意すべきことは、『蒙古源流』の跋《ばつ》に、その所拠の史料の第七に挙げた「昔のモンゴルの帝王の源流の『大黄冊』」（Erten-ü mongγol-un qad-un ündüsün-ü Yeke sir-a tuγuǰi）と名は同じいが、全く別書であることである。

以上十種類のほかにもモンゴル文年代記は存在するが、いずれも十九世紀以後の成立で、史料的価値は低いので、置いて論じない。

さて、以上に説いたところで明らかになったように、モンゴル文年代記には、紀年でも記事の内容でも、それぞれ三つの系統があるようで、『蒙古源流』、『アルタン・トプチ』、『恒河の流れ』がそれぞれの系統を代表する。今かりにこれらをオルドス系、トゥメト系、チャハル系と名づければ、ハラチン・北ハルハの史書は、『アサラクチ』のごとく、まったくトゥメト系に属するものもあり、『蒙古世系譜』のように、トゥメト・オルドス両系の影響を受けたものもあり、『ジャロースン・フリム』のように、まったくオルドス系の所伝に従うものもある一方、左翼の南ハルハの年代記は、これら右翼系の伝承とは没交渉に、チャハル系に属していることが看取される。それではこれら三系統の所伝とはいかなるものか、先ず紀年について論じよう。

三　マンドゥールンに至る北元ハーンの紀年

ダヤン・ハーン以前のハーンで、もっとも在位年代のたしかなのは、すでに「従来の研究」の章中で言及したとおり、マンドゥールンである。すなわち『明憲宗実録』巻一百四十六、成化十一年（一四七五年）十月己卯の条に

英国公張懋《ちょうぼう》等に勅して曰く、近ごろ聞くならく、北虜満都魯《マンドゥール》、僭《ひそ》かに名号を立て、別部を呑併し、朶顔《ドヤン》三衛を駆散《くさん》すと。設《も》し或いは其の逼従《ひょくじゅう》を被《こうむ》りてこれが嚮導《きょうどう》を為さば、患を遺《のこ》すこと小に非ず。爾等《なんじ》、其れ心を悉《つく》して官軍を訓練し、仍《よ》りて軍中の因革の事宜を会議して、奏聞区処せよ……。

とあって、そのハーンと号したことが知られ、同書巻一百九十二、成化十五年（一四七九年）七月庚辰の条には、

朶顔・福餘《ふくよ》・泰寧《たいねい》三衛の虜酋、各々奏報すらく、迤北《いほく》の満都魯・乩加思蘭《ベギャスラン》已に死すと。且つ便途に従いて入貢せんと請い、幷《あわ》せて開市を求む……。

とあって、その死が伝えられている。それではこのハーンの年代は、三系統のモンゴル文史料にはいかに記されているであろうか。これを論ずるには、先ず明初以来の歴代のハーンの年代からして説き起こさねばならない。

トゥメト系紀年の代表として、先ずロブサンダンジンの『アルタン・トブチ』を取り上げよう。言うまでもなく、恵宗（順帝）が北奔し、大都が明軍の手に陥ちたのは、元の至正二十八年戊申（一三六八年）のことであって、恵宗が応昌に殂《そ》したのは庚戌（一三七〇年）のことである。これらの年次については、モンゴル文史書にもまったく異説がないから、これを出発点として採用し、つぎの昭宗アーユシュリーダラからはじめて、つぎつぎに現れる十二支紀年に年代を当てはめてみる。(35)

（一）トゴーン・テムル・ハーン（恵宗）の子ビリクト・ハーン（昭宗）は、同年戊年（一三七〇年）に応昌という名の城で大位に即いた。九年経って、午年（一三七八年）に崩じた。

（二）ウスハル・ハーン（天元帝）は同年午年（一三七八年）に大位に即いた。十一年経って、辰年（一三八八年）に崩じた。

（三）その後、同年（一三八八年）にジョリクト・ハーン（也速迭児《イェスデル》）が大位に即いた。四年経って、未年（一三

九一年）に崩じた。

（四）エンケ・ハーンは四年（一三九一〜一三九四年）大位に在った。

（五）その後、同年戌年（一三九四年）にエルベク・ハーンが大位に即いた。……帝位に即いて六年経った後、卯年[36]（一三九九年）にエルベク・ハーンをオイラトのバトラ丞相とオゲチ・ハシハの二人が害して崩じた。

（六）その後、トゴーン・ハーン（坤帖木児《クンテムル》）が同年大位に即いた。四年経って、午年（一四〇二年）に崩じた。

（七）その後、オロイ・テムル・ハーン（本雅失里《ブンヤシリ》）が大位に即いた。三年経って、寅年（一四一〇年）に崩じた。

（八）その後、翌年卯年（一四一一年）にダルバク・ハーン（答里巴）が大位に即いた。五年経って、未年（一四一五年）に崩じた。

（九）その後、同未年（一四一五年）にオイラダイ・ハーンが大位に即いた。第十一年巳年（一四二五年）に崩じた。

（十）その後、同年巳年（一四二五年）にアダイ・ハーン（阿台）が大位に即いた。……アダイ・ハーンは大位に即いて十四年経った後、午年（一四三八年）にオイラトのトゴン太師の手に崩じた。

（十一）その後、同午年（一四三八年）にタイスン・ハーン（脱脱不花《トクトアブハ》）が大位に即いた。……申年（一四五二年）にタイスン・ハーンはゴルラトのチャブダンの手に崩じた。帝位に即いて十五年経ったのである。

（十二）その後、マガコルギ・ハーン（馬児可児吉思《マルコルギス》）が大位に即いた。八年在位して酉年（一四六五年）に崩じた。

（十三）その後、……モーリハイ王はモーラン・ハーンを、……酉年（一四六五年）に大位に即かせた。……戌年（一四六六年）にモーリハイ王の手に崩じた。

（十四）その後、マンドゥーリ・ハーン（満都魯）がガサランタイの山梁に未年（一四七五年）に大位に即いた。……マンドゥーリ・ハーンは帝位に五年在って、亥年（一四七九年）に崩じた。

ここに至ってはじめて『アルタン・トブチ』の伝えるマンドゥールン・ハーンの年代が、先に引いた『明実録』と完全に一致することが明らかになるが、その他のハーンの年代も、和田先生の研究された結果とよく合い、やや疑わしいのはオイラダイ・ハーンの歿年（一四二五年）が、『明太宗実録』巻二百六十七、永楽二十二年（一四二四年）正月甲申の条に見えた忠勇王金忠の語によれば、二、三年遅すぎるらしいことぐらいである。[37]

さらに細かく見れば、ウスハル・ハーンとトゴーン・ハーンの間に三ハーンが相継いだとするのは、『明太宗実録』巻五十二、永楽四年（一四〇五年）三月辛丑の条の昭宗から鬼力赤《グイリチ》までを七主、巻七十七、六年（一四〇七年）三月辛酉の条の昭宗から坤帖木児までを六輩とする数えかたと一致して、その信ずべきを思わせる。[38] さらにトゴーン・ハーンの歿《ぼっ》した一四〇二年と、オロイ・テムル・ハーンの立った一四〇八年の間に空位期間を置くのは、この間に在位したオルク・テムル・ハーン[39]を異姓の出として削ったからであろう。エセン・ハーンが見えないのもおそらく同じ理由からで、タイスン・ハーンの歿年一四五二年からマガコルギ・ハーンの立った一四五八年まで、約六年の空位がある。

これを叙述の形式の面から見れば、『アルタン・トブチ』の紀年の特徴は、一、わずかの例外を除いて、「その後、同年の某年に某ハーンが大位に即いた。幾年経って、某年に崩じた」(tegün-ü qoyina mön on —— ǰil-dür —— qayan yeke oro sayuba: —— on bolǰu —— ǰil-e tngri bolba:) の方式をくりかえすこと、二、ビリクト・ハーンの場合を除き、続柄を記さぬこと、三、ダルバク・ハーン及び空位の場合を除き、前ハーンの殂落《そらく》の年に嗣《し》ハーンの即位を置くこと、四、年を記すのに十二支のみを用いること、などであって、思うに、これはトゥメトに伝えられた王名表をそのまま写したものであり、その形式・内容を忠実に伝えているのであろう。

それではオルドス系の『蒙古源流』ではどうであろうか。一例として昭宗を挙げれば、『蒙古源流』にはつぎのように記されている。

それの息子のビリクト・ハーンは、戊寅の年（一三三八年）生まれで、三十四歳の辛亥の年（一三七一年）に即位し、八年経って、四十一歳の戊午の年（一三七八年）に亡くなった。(tegünü köbegün Bilig-tü qaγan uu bars ǰiltei: yučin dörben-iyen sin γaqai ǰil-e qan saγuǰu: naiman ǰil boluγad: döčin nigen-iyen uu morin ǰil-e qalibai:)

すなわちその特徴は、かならず一、続柄、二、生年の干支、三、即位の時の年齢、四、その干支、五、在位年数、六、享年、七、卒年の干支の七つの要素を含むことであるが、なかんずくその即位をおおむね前ハーンの殂落の翌年に持ってきている点は『アルタン・トブチ』と著しく異なり、その結果、在位年数は一年ずつ少なくなっている。これはオルドスに伝えられた王名表がそうなっていたのであろう。今『蒙古源流』の本文を一々訳出する煩を避けて、その所載の諸ハーンの生年・即位・卒年の干支、及び在位年数を一覧表にして掲げる。(39)

ハーン名	生年	即位	卒年	在位年数
①ビリクト・ハーン	戊寅	辛亥	戊午	八年
②ウスハル・ハーン	壬午	己未	戊辰	十年
③エンケ・ジョリクト・ハーン	己亥	己巳	壬申	四年
④エルベク・ニグレスクイ・ハーン	辛丑	癸酉	己卯	七年
⑤クン・テムル・ハーン	丁巳	庚辰	壬午	三年
⑥オルジェイ・テムル・ハーン	己未	癸未	庚寅	八年
⑦ダルバク・ハーン	乙亥	辛卯	乙未	五年
⑧エセク・ハーン	丁卯	乙未	乙巳	十一年

⑨アダイ・ハーン	（一）	丙辰	庚寅		
	（二）	庚午	丙午	戊午	十三年
⑩タイスン・ハーン		壬寅	己未	壬申	十四年
⑪エセン・ハーン		丁亥	戊午		
⑫マルコルギス・ウケクト・ハーン		丙寅	壬申	癸酉	
⑬ムラン・ハーン		丁巳	癸酉	甲戌	二年
⑭マンドゥールン・ハーン		丙午	癸未	丁亥	五年

前述の形式を踏まないものはこの表から省いたので、例えばエセン・ハーンの卒年は、本文の前後関係から見て、壬申（一四五二年）とすることは明らかだが、採らない。またタイスン・ハーンの死後、アクバルジ晋王が一時ハーンの位に登ったことは『蒙古源流』の本文には記されているが、これまた前述の形式に従わないので除いた。

本表を、前に訳出した『アルタン・トブチ』と比較すると、いくつかの差異がある。先ず（一）『アルタン・トブチ』のジョリクト・ハーンとエンケ・ハーンの二人を一人にしてエンケ・ジョリクト・ハーンと呼び、かく一代を減じていること、（二）オルジェイ・テムル・ハーンの治世を前へ延長して、オルク・テムル・ハーンの在位期間を含ませていること、（三）エセク・ハーンとエセン・ハーンの二人の異姓のハーンをそれぞれ一代に数えていること、（四）アダイ・ハーンが一四一〇年、オルジェイ・テムル・ハーンの敗亡の後を承けて立ったとする伝えがあったとおぼしく、その即位を庚寅・丙午二通りに重複して記していること、（五）マルコルギス・ウケクト・ハーンの死は乙酉（一四七五年）とすべきを、十二年早い癸酉（一四五三年）に当て、その結果、つぎの二ハーンの年代が『アルタン・トブチ』より十二年ずつ繰り上がって、マンドゥールン・ハーンの治世が一四七五～一四七九年でなく、一四六三～一四六七年と誤っていることである。

かく『蒙古源流』は、『アルタン・トブチ』より正確さにおいて劣るが、卒年のみを取り上げてその十二支を検すれば、よく一致する。これが、はじめ十二支だけで記してあったのを、のちに十干を加えたときの年次の繰り誤りによるものであることは、炯眼《けいがん》なる和田先生のつとに指摘せられたところである。[41] とすれば、オルドス所伝の王名表も、本来の形は『アルタン・トブチ』のごときものであったに相違ない。ただ異なるところは、生年干支と、それから算出された即位のときの年齢及び享年であるが、これについてはあとで論ずる。

これらに対して異彩を放つのが、チャハル系の『恒河の流れ』の紀年である。幸いその文は極めて簡にして要を得ているので、明白な脱誤を『金輪千輻書』、『水晶の数珠』に照らして訂正しつつ、つぎに全文を訳出しよう。[42] 括弧内は、原文で小字の注記となっている部分である。

（一）後に戊年、昭宗皇帝ビリクト・ハーン・アーユシュリーダラが大位に即いた。九年経って、戊午の年（洪武十一年）に崩じた後、

（二）翌年、その子ウスハル・ハーンが大位に即いて、十年経って、戊辰の年（洪武二十一年）に崩じた。

（三）翌年、その子ジョリクト・ハーンが大位に即いて、三年経って、辛未の年（洪武二十四年）に崩じた。

（四）翌壬申の年、その子エンケ・エルベク・ニグレスクチ・ハーンが大位に即いて、六年経って、丁丑の年（洪武三十年）、タイチュート・オイラトのバトラン丞相とオゲチ・ハシハの二臣が手を下して崩じた。

（五）同年、その子コケ・テムル（一書にクン・テムル、一にトゴーン・ハーンという）ハーンが大位に即いて、三年経って、己卯の年（建文元年）に崩じた。

（六）同年、オルジェイ・テムル（クン・テムルの弟）ハーン（またオルジェイト・ハーンともいう）が大位に即

いて、九年経って、丁亥の年（永楽五年）に崩じた。
（七）同年、その子ダルバ・ハーンが大位に即いて、五年経って、辛卯の年（永楽九年）に崩じた。
（八）同年、その子オイラダイ・ハーンが大位に即いて、十一年経って、辛丑の年（永楽十九年）に崩じた。
（九）同年、その子アダイ・ハーンが十四年在位した。彼はオイラトを伐ち、バトランらを法に置いて讐《しゅう》を復した。甲寅の年（宣徳九年）バトランの子トゴン太師が手を下して崩じた。
（十）同年、その子タイジュン・ハーンが大位に即いた。十五年経って、戊辰の年（正統十三年）、イリ、ディリ二子とともにゴルロトのチャブダンが手を下して崩じた。メンドゥ・オルルクらはチャブダンを伐って法に置いた。
（十一）その後、黄金族のハーンの一門なるマガコリ・ハーンが大位に即いて、翌年巳年に崩じた（子はない）。
（十二）同年、タイジュン・ハーンの子ムラン・ハーンを、アバガのモーリハイ・オン（漢語の王）が奉じて帝位に即けたが、ハーンは讒《ざん》を信じて、第十一年己卯（天順三年）、モーリハイを襲って、力及ばず彼らの手に崩じた（子はない）。
（十三）同年、タイジュン・ハーンの異母弟マンドゥーリ・ハーンが大位に即いて、四年経って、癸未の年（天順七年）に崩じた（子はない）。

すなわちマンドゥールン・ハーンの年代は、即位・卒年とも実際より十六年も早くなっている。このずれがどこから来たか知るために、前述の『アルタン・トブチ』、『蒙古源流』の紀年と比較して見ると、先ず（一）『アルタン・トブチ』のエンケ・ハーン、エルベク・ハーンの二代を混同して一人としたために、前者の治世三年を脱し、（二）つぎにダルバク・ハーンの在位を『アルタン・トブチ』と同じく五年としながら、即位をオルジェイ・テムル・ハーンの卒年に置いたためにまた一年を減じ、（三）ムラン・ハーンの死は、『アルタン・トブチ』に依ればタイスン・ハーンの死の十四年後であるのを、十一年後としたために三年短くなり、(四)マンドゥールン・ハーン即位前の九年の空位時代を落としているからで、合計十六年の不足となるわけである。

してみれば、この誤差は、元来在位年数のみ記してあった王名表を用いて、絶対年代を決定しようと試みた結果と見るべきもので、個々のハーンの在位年数はほとんどみな『アルタン・トブチ』と一致している。ただ著しく異なるのは、ムラン・ハーンの在位を二年とすべきものを十一年の長きに渉ったとし、その代わりマルコルギス・ハーンの治世をわずか二年に短縮していることであるが、これも前後のハーンの年数の入れ違いと見ることが出来る。すなわち王名表の原形ではマルコルギス・ハーンが十一年、ムラン・ハーンが二年とあったもので、実年代では一四五五年にマルコルギス・ハーンが立ち、一四六五年に卒してムラン・ハーンが立ったのであろう。この一四五五年という年次は、『アルタン・トブチ』の一四五八年よりも、よく『明実録』に一致する。[43] すなわちチャハルの王名表では、エセン・ハーンの治世なる一四五三〜一四五四年が空位にしてあったものと思われる。

以上、トゥメト、オルドス、チャハル三系統の紀年を分析して、それらがおのおの独自の王名表に基づいて構成されたことを明らかにしたが、その結論を要約すれば、(一)『アルタン・トブチ』に採用されたトゥメト所伝の王名表は、異姓のハーンを含まないが、それ以外の各代につき、即位の年の干支、在位年数、卒年の十二支を記したもので、もっとも正確であり、(二)『蒙古源流』の基礎となったオルドス所伝の王名表は、元来トゥメトのものに似たものに生年干支を加え、それに合わせて即位・卒去の年次にも十干を配当したもので、マルコルギス・ハーンの卒年、及びそれ以後の干支は十二年早くなっており、(三)チャハルの王名表は、本来各ハーンの在位年数のみを記したものであった、ということになる。

上述の知見を念頭に置いて、つぎにマンドゥールン・ハーンの死後に相継いだ四代のハーンの年代について論じよう。

四　ボディ・アラク・ハーンに至る四代の紀年

モンゴルの諸年代記の伝える年代がはじめて一致するのは、ダヤン・ハーンの孫ボディ・アラク・ハーン、すなわち明人のいわゆる卜赤《ブチ》の卒年である。『アルタン・トブチ』には、

ボディ・アラク・ハーンは二十四年帝位に在って、未《ひつじ》の年の七月の十五日にジョドロン・ウンドルに崩じた(44)

とあって、月日まで示されているが、いずれの未年かこれだけでは明らかでない。ところが『蒙古源流』には、

四年、帝位に在って、四十四歳の丁未の年（一五四七年）に亡くなった(45)

とあって、これを一五四七年に当てている。『恒河の流れ』を見ると、

ボディ・アラク・ハーンは四十三年在位して、五十歳の時、丁未の年（嘉靖二十八年）に崩じた(46)

と、明の年号は二年誤っているが、やはり丁未、すなわち一五四七年である。

和田先生の研究によれば、『明世宗実録』巻三百七十、嘉靖三十年（一五五一年）二月甲戌の条に、北虜小王子打来孫《ダライスン》、すなわちボディ・アラク・ハーンの嗣子ダライスン・ゴデン・ハーンが遼西の三岔河《さんちゃが》に侵駐したのを数年前のことと伝えており(47)、一五四七年にその父ハーンが歿したことはほぼ確かである。して見ると、一四七九年にマンドゥールン・ハーンが卒してから、一五四七年のボディ・アラク・ハーンの死までの六十八年間の、どこかにダヤン・ハーンの治世があったわけである。

モンゴル史料に従えば、この期間には四代のハーンが相継いだことになっている。すなわち『アルタン・トブチ』の記すところによれば、(一)マンドゥールン・ハーンの死後は、ボルフ晋王が立ってハーンとなり、(二)ボルフの死後、その子ダヤン・ハーンが即位し、(三)ダヤン・ハーンの死後、その第三子バルス・ボラト晋王が一時簒立《さんりつ》し

たが、(四) 間もなく左翼三万人隊の奉ずるダヤン・ハーンの長孫ボディ・アラクに迫られて退位したということである。これは『恒河の流れ』でもまったく同じで、(一) ボルフ晋王、(二) サイン・ダユン・ハーン、(三) バルス・ボロト、(四) ボディ・アラク・ハーンの四代を挙げている。

ただ異なるのは『蒙古源流』の所記で、先ずボルフ晋王の即位の事実を明言していない。則ち、

そこでバヤン・モンケ・ボルフ晋王は、二十九歳の戊子の年(一四六八年)から三年経って、三十一歳の庚寅の年(一四七〇年)に、ヨンシェーブのケリェー、チャガーン、テムル、モンケ、ハラ・バダイの五人に殺されて亡くなった。[48]

とのみあるが、戊子とは、『蒙古源流』のマンドゥールン・ハーンの歿年とする丁亥(一四六七年)の翌年であり、この書法は、前章に説いたオルドス系王名表の諸ハーンに用いられたものとまったく同じである。おそらく王名表の原形では、ボルフ晋王が子《ね》の年にハーンの位に即いたと記されてあったものであろう。

しかし『蒙古源流』の特異点はこれのみに止まらない。ダヤン・ハーンの死後、ただちに嫡孫ボディ・アラクが嗣いだごとく記して、バルス・ボラトの簒位にまったく触れていない。これは『蒙古源流』の著者がバルス・ボラトの子孫であるため、その近き祖先のハーン位簒奪《さんだつ》の悪業を隠蔽《いんぺい》したためであることは和田先生が指摘せられており、『蒙古源流』も伝える、ボディ・アラク・ハーンが右翼三万人隊を滅ぼそうとして果たさなかったという話が、この簒奪事件の余燼《よじん》と覚しいことも、同先生の説かれる通りである。[49]

して見れば、モンゴルの史書は一様に四代のハーンの存在を示していることが知られるが、一方、明側の伝えでも、(一) 成化十七年(一四八一年)五月己亥に『明実録』に初見し、同二十三年(一四八七年)にその死を伝えられた

小王子で、『四夷考』などが把禿猛可《バトモンケ》と呼ぶ者、(二) 翌弘治元年(一四八八年)に大元大可汗と称した小王子伯顔《バヤン》猛可《モンケ》王、(三) その死後、一時簒立したと『四夷考』などの伝えるその仲子阿著《アジョ》、(四) 阿著がいまだいくばくならずして死した後に衆が立てた卜赤《ブチ》の四代が数えられる。このうち、阿著がバルス・ボラト晋王、卜赤がボディ・アラク・ハーンなることは確かであるから、結局、一四八七年死の小王子はボルフ晋王、つぎの伯顔猛可王がダヤン・ハーンに当たることは疑いないように見える。

そこで、ボルフ晋王の死が一四八七年中のことであったと仮定して、それ以後の三ハーンの年代をモンゴル史料がいかに伝えているかを検しよう。先ずダヤン・ハーンについては、『アルタン・トブチ』につぎのごとく記されている。

> ダユン・ハーンは三十七年帝位に在って、四十四歳の時に崩じた。[50]

別にこのハーンが即位の時にわずか七歳であったことが記されているから、四十四歳はその在位の第三十八年のこととなる。この在位年数は『恒河の流れ』でも同じであって、

> 三十八年経って、四十四歳の時、甲子の年(弘治十七年)に崩じた。[51]

とある。前章で論じた通り、同書の紀年の淵源であるチャハル所伝の王名表には干支がなく、在位年数のみ記されていたと思われるので、この三十八年を正しいものとして採用すれば、一四八七年から数えて第三十八年は一五二四年、すなわち嘉靖三年甲申に当たる。

つぎのバルス・ボラト晋王については、『アルタン・トブチ』はいっさい在位年数を示さない。これはその簒位の期間がきわめて短かったことを暗示するが、『恒河の流れ』にも、

> ダユン・ハーンの崩後、ボディ皇太子が若いので、バルス・ボロトが一月大位を守って[52]……

とあって、この推測を助ける。この一個月という数字を採れば、つぎのボディ・アラク・ハーンの正位もやはり一五二四年中のことであった公算が強い。

先に引いた通り、『アルタン・トブチ』には、ボディ・アラク・ハーンを二十四年在位と伝えるが、一五二四年から数えて第二十四年は、まさに一五四七年に当たる。ただし『恒河の流れ』は四十三年在位と言うが、これはもちろん誤りであって、恵宗以後、マンドゥールン・ハーンまでに生じた十六年のずれを埋めるために、ボディ・アラク・ハーンの治世を延長したものに過ぎない。同様に『蒙古源流』の在位四年も、ダヤン・ハーンの歿年を一五四三年とした結果、出て来た数であって、これまた信じられない。要するに、根拠とし得るのは、『アルタン・トブチ』のダヤン・ハーン三十七年（正しくは三十八年）、ボディ・アラク・ハーン二十四年という在位年数のみであって、これは一四八七年にボルフ晋王が歿したことを前提として、はじめて理解される年紀である。

ところがここに一つの難関がある。それはモンゴルの年代記の伝えるボルフ晋王の歿年である。『アルタン・トブチ』にはこのハーンのことを説いてつぎのごとくある。

その後、バヤン・モンケ・ボルフ晋王ハーンが亥年に大位に四年在った時、……ヨンシェーブの数人がバヤン・モンケ・ボルフ晋王の馬の端綱《はづな》を控《ひか》えて捕らえて害し、寅年に崩じた。(53)

亥年は、マンドゥールン・ハーンの歿した己亥、すなわち一四七九年であるから、この晋王の弑《しい》せられた四年後の寅年とは、壬寅、すなわち一四八二年を指すこと疑いない。『蒙古源流』の所説は先に引いたが、その歿年とする庚寅は一四七〇年に当たる。しかし前章で説いた通り、この辺の紀年は十二年ずつ誤っているから、庚寅とは実は壬寅であって、やはり一四八二年である。『恒河の流れ』もその四年在位の点では同じで、つぎのごとく言う。

タイジュン・ハーンのアハ・バルチン晋王（漢語の王）はオイラトに害されたが、その子ハルグチャク太子はオイラトのトゴン太師の子エセン太師の女を娶っていた。……ハルグチャク太子がトモクの富人の家に逃れた後、エセンの女から生まれた子バヤン・モンケ・ボルフ晋王は、同癸未の年に大位に即いて、四年の丙戌の年（成化二年）ヨンシェーブ部が叛し、彼らに害された。[54]

これも前章の所論に基づいて十六年繰り下げれば、やはり一四八二年のこととなる。一方、明に伝えられた、ボルフ晋王と覚しき小王子の死は成化二十三年、すなわち一四八七年のことで、両者の間には実に五年の差が生ずる。これはいったいどうしたことであろうか。

この疑問をいだいて『蒙古源流』を検すると、同じ壬寅の年に二つの出来事が伝えられているのが目に付く。一つはダヤン・ハーンの正后マンドゥフイ・セチェン・ハトンが長子トロ・ボラト、次子ウルス・ボラトを生んだことであり、他はジャライルのフトゥク少師の娘スミル・ハトンがゲレ・ボラトを生んだことである。[55]今後者を措《お》き、もっぱらマンドゥフイ・ハトンとその生むところの双生児について考えて見る。

いったいモンゴルの年代記が一致して伝えるところによれば、ダヤン・ハーンは幼少のおりに父ボルフ晋王の膝下を離れ、バルガチン部のバハイという者に養育されていたが、後にタンラハル部のテムル・ハダクの手に引き取られ、やがてマンドゥールン・ハーンの寡婦マンドゥフイのもとに致された。ハトンはホルチン部のウネバラト王の求婚をしりぞけてダヤン・ハーンと婚し、立ててハーンと為したのである。

して見れば、壬寅の年には、(一)ダヤン・ハーンの結婚、(二)その即位、(三)長子・次子の誕生が相継いで起こったわけであるが、これはいかにも混雑の感を免れない。それにマンドゥールン・ハーンの寡婦が、なにゆえ夫の死後三年の一四八二年まで再婚を待たねばならぬかわからない。ダヤン・ハーンは幼時以来、ボルフ晋王と別居していたのであるから、マンドゥールン・ハーンのハトンを娶るのに、父の死後まで待つ必要はなかったはずである。

はたせるかな、『アルタン・トブチ』には、

その後、バト・モンケ・ダヤン・ハーンの七歳の時に、マンドゥハイ・サイン・ハトンが自分と結婚させて、同年亥の年に帝位に即けた。[56]

とある。亥年は、マンドゥールン・ハーンが歿してボルフ晋王が立った己亥、すなわち一四七九年のことであるから、この年にダヤン・ハーンが即位したというのは正しくないが、これは結婚の年次を言ったものと解すべきであって、すなわちマンドゥールン・ハーンの死後、直ちにそのハトンがこの元裔と婚して、亡夫の勢力の温存を図ったことを言うのであろう。して見れば、ダヤン・ハーンの結婚と即位の間には、相当の時間があったのである。

思うに、この壬寅という年は、最初ダヤン・ハーンの長子・次子の生年として伝えられたのを、後にこのハーンの年代を決定しようとした王名表の作者が、同年中に両子の母マンドゥフイ・ハトンとダヤン・ハーンの結婚があったものと想像し、一方ダヤン・ハーンを擁立したのがこのハトンであったところから、ハーンの即位もやはり同年中と考え、すでに新ハーンが立ったのならば、前ハーン・ボルフ晋王の死後に違いないと見て、寅年を歿年と定めたのであろう。この仮説を確かめるために、つぎに『蒙古源流』所載の干支全体について論ずる。

五　『蒙古源流』の干支の性質

筆者はかつて「『蒙古源流』年表稿」を書き、『蒙古源流』に頻出する干支紀年を整理して、その著者の抱いた年代観を明らかにした。[57] 今、同表について見ると、明代のモンゴル史に関係ある干支は、戊寅（一三三八年）の昭宗アー

ユシュリーダラ・ビリクト・ハーンの誕生に始まる。この年から始めて、ボディ・アラク・ハーンの歿した一五四七年、嘉靖二十六年丁未までの間に出る干支を、それに係《か》けられた事件の性質に従って分類すると、二つの例外を除き、ことごとくつぎの二群に分かれる。

（一）ハーン・晋王の生年・即位年・卒年

（二）ダヤン・ハーンの祖先及び子孫の生年

例外の一つはダヤン・ハーンの長子トロ・ボラトの卒年の癸未（一五二三年）、もう一つはマンドゥフイ・セチェン・ハトンの生年の戊午（一四三八年）であるが、前者はボディ・アラク・ハーンの父であるから（一）項に準じ、後者はダヤン・ハーンの正后であるから（二）項に含めてさしつかえない。

（一）項の干支が本来、王名表に載っていたらしいことはすでに論じたが、（二）項の生年干支の出典はと言えば、それがダヤン・ハーンの子孫の家に伝えられた系譜であったことは想像に難くない。モンゴルの系譜には、もともと各代の生年を干支を用いて記すのが例であったことは、種々の例を挙げることが出来るが、もっとも明白には『シラ・トゥージ』の末尾に近く、外ハルハの家譜から転載された部分があって、ゲレセンジェ及びその子孫について、生年干支のみ克明に記入されている。[58] これより見れば、（二）項に含まれる人々の生年のみ『蒙古源流』に記されて、卒年を伝えないことも、容易に理解されるのである。

それではつぎに、これら家譜所載と思われる干支が信じ得るものか否かを検しよう。ダヤン・ハーンの孫ボディ・アラク・ハーンは、王名表にも系譜にもその名が出ていたはずであるが、先に説いた通り、王名表は本来各代の即位年・卒年の年のみを十二支を用いて記したもので、今『蒙古源流』に見えるごとき十干をも配当した形式は、後に系譜から生年干支を採り入れるに当たって整えられたものと思われる。して見れば、このハーンの生年干支甲子（一五〇四年）は系譜に由来するものであるから、これを用いて系譜全体の信憑性を測るのも無理ではあるまい。甲子に生まれたこのハーンは、一五四三年に至って四十歳、一五四七年には四十四歳であった計算になるが、あたかもこの期間に、明の宣府分守口北道の任に在った蘇志皐《そしこう》の『訳語』には、このハーンのことを記して「今、年四十餘なり」とあって、(59)甲子誕生説の誤りなきを証する。

それでは、その父トロ・ボラトの生年と伝えられる壬寅（一四八二年）はいかんといえば、二十三歳でボディ・アラクを生んだ勘定であるから、これまた無理がない。さすれば甲申（一四六四年）に生まれたダヤン・ハーンが、十九歳で長子トロ・ボラトを生んだのも、疑うべき理由はない。間接的ながら、これでダヤン・ハーンの生年甲申と、その子孫の生年干支が信ずべきものであることが推知される。

ところがダヤン・ハーンの祖先に遡ると、生年干支はにわかに疑わしくなる。つぎに明初以来の各代の生年を列記しよう。

（一）ハルグチュク・ドゥーレン・テムル皇太子　癸卯（一三六三年）生まれ
（二）アジャイ太子　庚辰（一四〇〇年）生まれ
（三）アクバルジ晋王　癸卯（一四二三年）生まれ
（四）ハルグチュク太子
（五）バヤン・モンケ・ボルフ晋王　壬申（一四五二年）生まれ

先ずボルフ晋王について言えば、一四五二年生まれとすれば、一四六四年に至ってわずか十三歳でダヤン・ハーンを生んだことになる。これはとうてい事実とは思われない。

その父のハルグチュク太子の生年が記されないのは、『蒙古源流』の著者の失記であろうが、祖父のアクバルジ晋王について見ると、その生年癸卯（一四二三年）は一四五二年を去ること二十九年前で、二代続けて十五歳前後で子を生んだ計算である。これはダヤン・ハーンの生年一四六四年を基礎としても同じで、やはり各代平均十四、五歳にしかならない。

アジャイ太子とアクバルジ晋王との年齢差はこれらに比してやや常識的で、二十四歳で子を生んだことになるが、これも一四六四年との間隔から見れば、やはり各代平均十六、七歳で子を生むことになる。十六、七歳で子を生むことは不可能ではないが、四代にわたってこれが続くことは先ず考えられぬ。して見れば、ダヤン・ハーン以前の生年干支はすべていい加減な捏造《ねつぞう》であって、始祖のハルグチュクのそれも論ずるには及ぶまい。それにアジャイは、実はダヤン・ハーンの祖先ではないのである。(60)

いくら捏造でも、これらの干支はまったく空によって作り出されたものではなく、それぞれ基づくところがあるのである。それは王名表中の干支であった。始祖のハルグチュクから言えば、王名表には長兄エンケ・ハーンの生年を己亥（一三五九年）、次兄エルベク・ハーンの生年を二年後の辛丑（一三六一年）としているのに基づき、さらに二年後の一三六三年にその生年を置いたに過ぎない。つぎのアジャイは、父がエルベク・ハーンに殺され、そのエルベク・ハーンが叛臣に殺されたのち生まれたとある伝説に基づき、エルベク・ハーンの歿年なる己卯（一三九九年）の翌年庚辰（一四〇〇年）に生年を持って来たわけである。つぎのアクバルジ晋王の癸卯（一四二三年）は、兄タイスン・ハーンの生年が壬寅（一四二二年）とされているのによって、その翌年に置いたわけであり、バヤン・モンケ・ボルフ晋王の壬申（一四五二年）は、祖父がタイスン・ハーンを裏切って殺し、自らハーンの位に登ったが、オイラトのエセンの謀計にあたって死し、父はトクマクに走って殺され、あとに遺された母から生まれたとの物語に基づいて、タイスン・ハーンの殂落の年としたものである。して見れば、ダヤン・ハーンの祖先の生年干支は、ことごとく王名表中の生卒年から導き出されたものとなるが、いったいその王名表の生年干支は信じ得るものであろうか。

ダヤン・ハーン及びボディ・アラク・ハーンの生年として『蒙古源流』の伝える干支が正しいものと見られることはすでに述べた。ボルフ晋王の生年はすでに信じ得ない。して見ると、このへんに一線を画することが出来そうである。これ以前では、マルコルギス・ハーンの生年丙寅（一四四六年）が先ず問題になる。このハーンの即位が一四五五年らしいことは前述の通りであるが、さすればわずか十歳で立ったことになり、エセンの乱後初めてのハーンとしてはいささか奇妙である。

つぎはタイスン・ハーンの壬寅（一四二二年）であるが、和田先生の研究に従えば、脱脱不花《トクトアブハ》王の名は『明太宗実録』巻九十四、永楽七年（一四〇九年）七月丁亥の条に初見して、その所部を率いて来帰したことが記されている[61]。最後にずっと遡って、ビリクト・ハーン、すなわち昭宗の生年戊寅（一三三八年）であるが、『元史』順帝本紀の同年、則ち巻三十九、至元四年の条には何の記載もない。かえって『高麗史』巻三十六、忠恵王世家三十六、後元年（一三四〇年）四月の条に、元がその母奇氏を封じて第二皇后と為したことが見えて、これは皇太子の誕生がこの年にあったことを示すから、昭宗の誕生は正しくは庚辰、すなわち一三四〇年であったことが知られる。これをもって観れば、系譜のみならず王名表のほうでも、生年干支のダヤン・ハーン以前の分は、捏造によるものとしなければならない。

以上の所論を整理すれば、つぎのごとくなる。『蒙古源流』に含まれる干支紀年の根源は、干支を用いて生年を記したダヤン・ハーンの子孫の系譜であり、これとは別に、十二支のみで即位年・卒年を記した王名表があったが、後に系譜から生年干支が王名表に取り入れられた際、それに合わせて即位年・卒年にも十干が配当され、系譜になかったダヤン・ハーン以前のハーンにも、それぞれ生年干支が作為された。今度はダヤン・ハーンの祖先の系譜が作られ、体裁を統一するため、子孫と同じく生年干支が記入されたが、それらはことごとく王名表中の干支から導き出されたものであった。要するに、ダヤン・ハーンの生年甲申（一四六四年）が、信用できる干支の最古のものなのである。

こうした経緯から察して、元来知られていなかったダヤン・ハーンの即位年、及びその父の歿年を推定しようと試みた王名表の作者が、トロ・ボラト、ウルス・ボラトの生年と系譜に記された壬寅（一四八二年）を手掛かりとして、ボルフ晋王の死とダヤン・ハーンの嗣立を同年内のことと考えたのは無理からぬことであったが、これを十二支のみを用いて「寅年」と記したために、後に十干を配当する時、誤って十二年早い庚寅（一四七〇年）に当て、これからダヤン・ハーン七歳即位説が出て来たのである。

『蒙古源流』に伝えるダヤン・ハーン癸卯（一五四三年）殂落《そらく》説の成立事情も同様にして説明できる。ダヤン・ハーンの長子トロ・ボラトは癸未（一五二三年）に卒したが、これは父ハーンの生前のことであったと『蒙古源流』は伝える。一方、他書にはダヤン・ハーンの死後、第三子バルス・ボラトが一時簒立《さんりつ》したことが説かれ、『蒙古源流』の著者もこれを知っていたらしい。『蒙古源流』の記すところに従えば、バルス・ボラトの卒年は辛卯（一五三一年）であった。さすればダヤン・ハーンの殂落は一五二三年から一五三一年までの間に起こったわけである。前章ではトゥメト、チャハル両系の紀年によってこれを一五二四年と定めたが、たまたまこの条件に合致している。しかしオルドス系の王名表の作者はこれを知らず、ただ伝えられたバルス・ボラトの卒年辛卯に基づき、その治世が極めて短かったことから考えて、この年にダヤン・ハーンとバルス・ボラトが相継いで歿したものとして「卯年」と記入し、それが後に誤解されて十二年後の癸卯に当てられたのであろう。

かく『蒙古源流』の干支の起源が明らかになると、前に述べた仮説はどうやら成り立つようである。要するに、一四八二年にボルフ晋王が歿してダヤン・ハーンが立ったというモンゴル史料の所伝は、後者の長子・次子の生年から派生したもので事実ではない。やはりこれは『明実録』に従って成化二十三年（一四八七年）のこととしなければならない。

バト・モンケ・ダヤン・ハーンの年代は、かく一四六四年出生、一四八七年即位、一五二四年卒去と定まったわけである。

8 ダヤン・ハーンの先世

前章「ダヤン・ハーンの年代」を発表した直後の一九六六年、ダヤン・ハーン論争の焦点となったモンゴル語史料とはどのようなものであるかを日本に紹介するため、本論を執筆した。前章で明らかにしたように、モンゴル年代記には『蒙古源流』、『アルタン・トブチ』、『恒河の流れ』に代表される三系統があるが、各所伝の北元の皇帝たちの家系と継承は著しく食い違っている。その理由は、元朝崩壊後のモンゴル高原では、反フビライ家連合を組んだオイラトのトゴンとエセンが覇権を握り、この間に、チンギス・ハーンの子孫のほとんどの記録が失われたからである。北元の世系が明らかになるのは、ダヤン・ハーンの曾祖父の兄に当たるトクトア・ブハ・タイスン・ハーン以後である。

伝える世系に信は置けないが、モンゴル年代記の真骨頂は、反モンゴルの四オイラト連合と、ダヤン・ハーンの祖先たちとの対立抗争を物語る、韻文を含んだ英雄叙事詩の部分である。後半では、モンゴル年代記の双璧である『蒙古源流』と『アルタン・トブチ』のハイライト部分を日本語訳し、その内容を比較検討する。

一　北元の帝系

先の「ダヤン・ハーンの年代」では、清初から乾隆年間にかけて著されたモンゴル文年代記十種の所伝を比較考量して、これを明末のモンゴル諸部の伝統に従って、オルドス、トゥメト、チャハルの三系統に分類し、おのおのその基づいた明代の原史料の形を追求した結果、この北元中興の英主の在世年代を、一四六四年（甲申）に生まれ、一四八七年（丁未）に二十四歳で位を嗣ぎ、三十八年の治世を経て、一五二四年（甲申）六十一歳をもって歿したものなることを論定した。本稿ではこれに続けて、このハーンの先世の事蹟を、モンゴル文年代記の所伝によりつつ、批判を加えて叙述してみたい。

元の恵宗が一三六八年、大都を失って漠北に奔《はし》ってから、明末の一六三四年、リンダン・フトゥクト・ハーンがシラ・タラの野で天然痘で没するまで、二百六十数年間のモンゴルに起こった最大の事変は、なんといっても一四五一年末、オイラトのエセン太師がその主タイスン・ハーンを弑《しい》し、一四五三年、自ら立ってハーンとなったことに先ず指を屈しなければならない。エセン・ハーンは翌一四五四年、はやくもその下の殺すところとなり、オイラトの覇権はたちまち地に墜《お》ちたが、この際におけるモンゴルの混乱は想像に余るものがあったらしく、おそらく文籍の類も多く失われたのであろう。後世の年代記は、これ以前の時代について記すことがはなはだ少ない。これは特に、恵宗以後、タイスン・ハーンに至る北元の帝系についても然りであって、前稿で三系統に分類したモンゴル文年代記の所伝はおのおの異なる。今代表としてトゥメト系の『アルタン・トブチ』、オルドス系の『蒙古源流』、チャハル系の『恒《こう》河《が》の流れ』の伝える北元諸帝の名を次に列記し、それらの系譜について考えよう。

	『アルタン・トブチ』	**『蒙古源流』**	**『恒河の流れ』**
（一）	ビリクト	ビリクト	ビリクト
（二）	ウスハル	ウスハル	ウスハル
（三）	ジョリクト	エンケ・ジョリクト	

(四)	エンケ		エンケ・エルベク
(五)	エルベク	エルベク	
(六)	トゴーン	クン・テムル	コケ・テムル
(七)			
(八)	オロイ・テムル	オルジェイ・テムル	オルジェイ・テムル
(九)	ダルバク	ダルバク	ダルバ
(十)	オイラダイ	エセク	オイラダイ
(十一)	アダイ	アダイ	アダイ
(十二)	タイスン	タイスン	タイジュン

第七代を空欄にしたのは、これら三系統の所伝が、ことごとく実際に位に在った鬼力赤《グイリチ》ハーンを無視しているからである。それはともかく、三種の所伝の間で、もっとも顕著な相異は、天元帝トクズ・テムルに当たる第二代ウスハル・ハーンと、クン・テムル・ハーンの第六代トゴーン・ハーンとの間に、『アルタン・トブチ』がジョリクト、エンケ、エルベクの三代を置くのに反し、他の二系統の年代記がわずかに二代を容れ、しかも『蒙古源流』は『アルタン・トブチ』の第三・四代を合わせてエンケ・ジョリクト・ハーンなる人物を作り上げるのに対し、『恒河の流れ』は同じく『アルタン・トブチ』の第四・五代を一人としてエンケ・エルベク・ハーンをここに置くことである。

しかしこの間の代数を二代でなく三代とするのが正しいことは、『明太宗実録』巻五十二、永楽四年（一四〇六年）三月辛丑の条の韃靼《だったん》可汗《カガン》鬼力赤に諭す書の中に、アーユシュリーダラすなわちビリクト・ハーンから鬼力赤までを七王と数え、また同書巻七十七、永楽六年（一四〇八年）三月辛酉の条の本雅失里《ブンヤシリ》可汗に諭す書にも、アーユシュリーダラからクン・テムルまでを六輩と言っていることから明らかで、[1]『アルタン・トブチ』の所伝がもっとも信ずべきものであることが知られる。他の差異は、単に名称のみに関するからひとまず置く。

ところで、これら十二代のハーンの相互の血統関係についても、三系統の所伝は著しく食い違う。先ず『アルタン・トブチ』は初代のビリクト・ハーンがトゴーン・テムル・ハーンすなわち恵宗（順帝）の子であることを記した後、[2]つぎつぎに現れるハーンについては、単にその名と在位年代を伝えるのみで、まったく系譜に言及せず、ようやく第十二代のタイスン・ハーンすなわちトクトア・ブハ・ハーンに及んで血統を説き始める次第で、タイスン・ハーンの父が誰であったかは明らかにしない。『蒙古源流』と『恒河の流れ』はそれぞれこの間の系譜を伝えるが、この二つがまたまったく一致せず、人をして適従するところに迷わしめるありさまである。先ず『蒙古源流』所伝の世系を示そう。

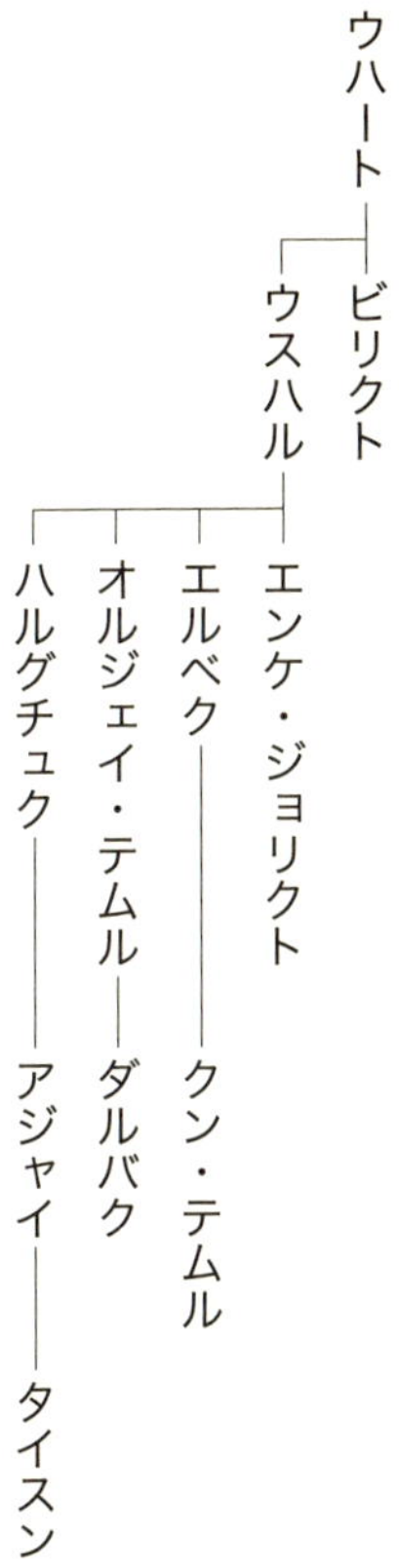

そしてこの系図に見えない第十代のエセク・ハーンは、オイラトのケレヌート部長オゲチ・ハシハの子、第十一代のアダイ・ハーンは、チンギス・ハーンの弟テムゲ・オッチギンの後裔とされている。これに反し、『恒河の流れ』の所伝は、第六・八代を兄弟とするのが『蒙古源流』と一致するほかは、すべて父子相《あい》承《う》けたものとして、つぎのご

とき系譜を記す。

恵宗――ビリクト――ウスハル――ジョリクト――エンケ・エルベク┬コケ・テムル
　　　　　　　　　　　　　　　　　　　　　　　　　　　　　├オルジェイ・テムル
　　　　　　　　　　　　　　　　　　　　　　　　　　　　　└ダルバ――オイラダイ――アダイ――タイジュン

さてこれら二種の系図について考えれば、先ず明らかなのは、『恒河の流れ』所載のチャハル系の所伝が、とうてい真相を伝えたものではありえないことである。これではタイスン・ハーンは恵宗の十世の孫ということになるが、元末からタイスン・ハーンの時代に至って百年に満たず、この間にそれほど多くの世代を閲することはできない相談である。しかも第十一代のアダイ・ハーンを滅ぼしたのはほかならぬ第十二代のタイスン・ハーンで、ことは一四三八年（正統三年）に起こった[3]。これをもってしても両者の父子関係は考えがたい。

それでは『蒙古源流』のオルドス系所伝はといえば、これはチャハル系のものよりはもっともらしく見えるけれども、仔細に検すれば怪しむべき点がある。さきに述べたとおり、この系図は第三・四代を混同して一人としているが、第三代のジョリクト・ハーンとはいったい何者であろうか。第二代のウスハル・ハーンは前述のごとく天元帝トクズ・テムルであって、この比定はその在位年代から見て疑いないところであるが、一三八八年、ブユル・ノール（捕魚児海）に在って明師に敗れ西走するトクズ・テムルを襲殺《しゅうさつ》したのは大王イェスデル（也速迭児）の兵馬であり、しかもその与党の僉院《せんいん》アンダ・ナガチュ（安達納哈出）なる者が洪武末年の東北モンゴルに雄視していたことから[4]推して、ウスハルに嗣いで立ったジョリクトとは簒奪者《さんだつしゃ》イェスデルに外ならないであろう。そして『華夷訳語』によれば、イェスデルはアリ・ブカ（阿里孛可）の子孫と言われ、[5]同じトルイの子でもフビライの後裔であったはずのトクズ・テムルとは別の家系に属していたのである。して見ればこの『蒙古源流』の所伝もあてにはならず、実際の系譜は不明とするほかはないが、幸いここに西方の記録があって、いくらかこの缺《けつ》を補うことができる。

ティームールの孫ウルグ・ベグの著といわれるものに『四ウルス史』（Tārīkh-i ulūs-i arba'a）があり、そのなかに北元の諸帝の名を列してアダイに至っていると言うが、今見ることを得ない。[6]ところが幸いにもペチ・ドラクロワの『大チンギス・ハーン史』（Pétis de la Croix, *Histoire du Grand Genghiscan*, Paris, 1710, pp.515-516）のなかに同様の記述があり、トルイの子孫の名を伝えて、やはりアダイに至っているので、これがウルグ・ベグの書に基づいたことがほぼ推せられる。

その第六世は Tayzy Can とあり、Bilectou と号したと言うので、これがビリクト・ハーン、すなわち昭宗に当たることがわかるが、第七世は Tayzy の従兄弟 Dara の子 Anouchirouan と記されている。これは明らかに昭宗の本名アーユシュリーダラを訛ったうえ、二人に分けたもので、やはり同じハーンに相違ない。次の第八世は Tocatmur とあり、すなわちトクズ・テムルの異訳で、『アルタン・トブチ』の第二代ウスハル・ハーンに当たる。

さて第三代ジョリクト・ハーンに当たる第九世は Bisourdar とあり、すなわちイェスデルの訛であり、トクズ・テムルの次にイェスデルが立ったことを証している。次の第十世は Bisourdar の子 Ayké とあるが、これが第四代のエンケ・ハーンであることは確かで、かたがた『アルタン・トブチ』所伝の帝名の正しさを傍証する。第十一世の Ylenc Can、第十二世の Keytmour がそれぞれエルベク・ハーン、クン・テムル・ハーンであることは論がなかろう。その後に来るのが Arkitmur という名であるが、これはモンゴル文年代記に脱落した鬼力赤に違いない。原形は恐らくオルク・テムル（Örüg temür）であろう。第十四世は Eltchy Timur Can で、これは第八代オルジェイ・テムル・ハーン、すなわち本雅失里であり、『ザファル・ナーマ』には太子オグラン（Tayzi oghlan）と呼ばれている人である。[7]

第十五世は Waltay Can とあるが、これは正に北元第九代のダルバク・ハーン、明人のいわゆる荅里巴であって、一四一二年ごろオイラトのマフムードらにオルジェイ・テムル・ハーンが滅ぼされた後、[8]かれらに擁立されたハーンである。ところでペチ・ドラクロワはこの人に註して、トルイ・ハーン (Tulican) の第四子アリク・ブガ (Aricbouga) 王の直系の子孫であると言っている。

第十六世は Melic Timur の子 Orday の子 Orday と言うが、これがオイラダイ・ハーンに当たることは疑いない。最後の第十七世は Aday で、すなわちアダイ・ハーン、明人の謂《い》う阿台であるけれども、ペチ・ドラクロワはこれを Arkitmur、すなわち鬼力赤の子であると註する。そしてこの最後の二代について概言《がいげん》して、ハーンの数に入らなかったかれらの高祖アリク・ブガのごとく、この両人の行実ははなはだ顕《あらわ》れないと述べているところからして、オイラダイ、アダイ二代もやはりアリク・ブガの後裔とするもののごとくである。

ここで北元の諸帝とオイラトの関係を顧《かえり》みると、昭宗アーユシュリーダラと天元帝トクズ・テムルの二代は先ず疑いなく恵宗の両子で、[9]フビライの後裔であったが、トクズ・テムルを弑《しい》して取って代わったイェスデル・ジョリクト・ハーンはアリク・ブガの子孫であり、ここに帝統の交替があったようである、そしてイェスデルの簒奪はオイラトの協力によって行われたことは、『華夷訳語』の伝えるところで、[10]この西北モンゴルの大部族の発展はこの時に始まったのであろう。イェスデルを嗣いだエンケはその子というから、帝位はアリク・ブガ統に伝えられることになったのである。

エンケの次のエルベクの出自はつまびらかでないが、モンゴル史料の一致して伝えるところによれば、このハーンの治世にバトラ丞相 (Batula čingsang) が始めて四オイラト (dörben Oyirad) を領し、ハーン自身はオイラトのオゲチ・ハシハに弑せられたとのことで、もってこのころオイラトの勢力が隆盛に赴いたことが窺われるようである。

その次のクン・テムル、鬼力赤二代の出自は再び不明であるが、その鬼力赤を倒して位を正したオルジェイ・テムルについて、『ザファル・ナーマ』の著者シャラフ・アル・デイーン・ヤズディー（Sharaf al-Dīn Yazdī）は、太子オグランはカアンに叛いてカルムク（Qalmuq）から逃れ、一三九八年、カーブルのティームールの宮廷に達したと言うが[11]、この年はたまたまモンゴル文年代記に伝えられるエルベク・ハーン横死の年一三九九年の前年で、このことは、もって当時の不安なるモンゴル情勢と、カルムクすなわちオイラトの台頭の傍証となすに足りる。

『ザファル・ナーマ』にはさらに、一四〇五年、オトラールにおけるティームールの急死の後、太子オグランはカルムクに逃れ、そこでハーンとなったが、数日後に殺されたと伝える[12]。前述の通り、オルジェイ・テムル・ハーンの滅亡は一四一二年のころであるから、これはやや正確を缺くが、その即位がオイラトの推戴によるものであったことを示すのであろう。そしてオルジェイ・テムル・ハーンを滅ぼしたオイラトのマフムードが擁立したのがダルバク・ハーンであって、これがアリク・ブガの直系の子孫であったと伝えられることはすでに述べた。

ダルバク・ハーンが一四一五年以後、明に聞こえず[13]、モンゴル史料によればこの年に歿した後、『明太宗実録』巻二百六十七、永楽二十二年（一四二四年）正月甲申の条に引かれた忠勇王金忠の語に見えるアルクタイ（阿魯台）の弑した主とは[14]、オイラダイ・ハーンのことであろうが、アルクタイは当時、東モンゴルに拠ってオイラトと抗争していた者であるから、その殺すところのハーンがオイラトの偶公《ぐうこう》であった可能性はある。

それかあらぬか『蒙古源流』は、このハーンに当たる者をエセク・ハーンとし、オイラトのオゲチ・ハシハの遺児としている。オゲチ・ハシハはふつうに鬼力赤に比定されるが[15]、一方オイラダイの次のアダイは鬼力赤の子と言う。これははなはだ錯雑《さくざつ》した問題であるが、鬼力赤がオイラトの出であった積極的な証拠はなく、ことにその子のアダイはオイラトの戴《いただ》いたトクトア・ブハ・タイスン・ハーンに攻殺されたのであるから、鬼力赤をオイラトの出とするのは考えものであろう。

エセク・ハーンについては後でも触れるが、思うにこの名は本来、北元のハーンの列にあったものではなく、まったく別系統の、恐らくオイラトの伝説的君主のものであって、それがオイラダイ・ハーンの名がオイラトにちなむのによって、ここに嵌《は》め込まれたものであろうか。

かく考えてくれば、第三代のイェスデル以後の北元の諸帝には、アリク・ブガの血統に属することが知られるものが多く、かつクン・テムル、鬼力赤、アダイをのぞいては、ことごとくオイラトとの深い関係が伝えられていることがわかる。してみれば、世祖フビライ・ハーン以来の元室の正統は、一三八八年、天元帝トクズ・テムルの遇弑《ぐうし》をもって絶え、代わってオイラトの推戴するアリク・ブガ系のハーンが新しい王朝を建てたものと考えるのが至当である。ただし一四三三年、オイラトのトゴンに戴かれて帝位に即き(16)、一四三八年、攻めてアダイ・ハーンを滅ぼしたトクトア・ブハ、すなわちタイスン・ハーンは、アリク・ブガ統とは異なって、本来のフビライ統に属した可能性が強い。

朝鮮の『世宗実録』巻九十六、二十四年（一四四二年）五月戊辰の条には、このときモンゴル皇帝（すなわちトクトア・ブハ王）が使いを遣わして朝鮮を招諭したことを伝え、その勅書の大要を載せたなかに「太祖チンギス（成吉思）皇帝、八方を統馭《とうぎょ》し、祖セチェン（薛禅）皇帝、即位の時分、天下に命に順わざるもの莫《な》し」とある(17)。世祖フビライ・ハーンをセチェンという尊称で呼んでいることから見て、トクトア・ブハ・タイスン・ハーンがフビライ統に属することは先ず疑いない。

もとより史料のすくない時代のことであるから、断定は避くべきであるが、タイスン・ハーン以前の帝系を伝えた『蒙古源流』、『恒河の流れ』両書ともに信じ難いことは縷述《るじゅつ》の通りで、『アルタン・トブチ』がまったくこれについて記載を缺《か》いているのも故あることである。恐らく両種の系譜は、共に後世の造作に過ぎぬものであろう(18)。

さてトクトア・ブハ・タイスン・ハーン以後の系譜は、『アルタン・トブチ』、『蒙古源流』、『恒河の流れ』三者とも大同小異であるので、次にもっとも整った『蒙古源流』によってその系図を作る。

（十二）タイスン・ハーン┬（十四）ムラン・ハーン
　　　　　　　　　　　└（十三）マルコルギス・ハーン
アクバルジ晋王――ハルグチュク太子――（十六）ボルフ晋王――（十七）ダヤン・ハーン
（十五）マンドゥールン・ハーン

ただし『アルタン・トブチ』にはマルコルギスに当たるマガコルギ・ハーンの出自を記さず、『恒河の流れ』にもマガコリを「黄金の氏族のハーンの一門」(altan uruγ-un qaγan-u töröl) とのみ伝えるが、[19]『明英宗実録』巻二百五十七、景泰六年（一四五五年）八月己酉の条の泰寧衛都督僉事《ととくせんじ》革干帖木児《ゲゲンテムル》の奏報によって、脱脱不花《トクトアブハ》王すなわちタイスン・ハーンの幼子であったことは間違いないから、[20] やはり『蒙古源流』が正しいのである。いずれにもせよ北元の世系が明らかになるのはトクトア・ブハ以後のことで、これ以前の記録はエセンの乱に失われたものであろう。

二　オルジェイト皇后妃子の物語

前段において『蒙古源流』所載の北元の帝系が、トクトア・ブハ・タイスン・ハーン以前のものは疑わしいことを論じたが、バト・モンケ・ダヤン・ハーンの直系の祖先とされるハルグチュクを、第五代エルベク・ハーンの弟とするその所伝については直接触れなかった。ここではもっぱらこの点について考えよう。

『蒙古源流』はエルベク・ハーンについて、次のごとき興味ある説話を伝えている。[21]

それの弟のエルベク・ハーンは、辛丑の年（一三六一年）生まれで、三十三歳の癸酉の年（一三九三年）に帝位につき、エルベク・ニグレスクイ（仁慈なる）・ハーンとしてあまねく有名になってゆくうちに、突然、心に悪魔がとりついた。

ある日、雪の上に兎を射て捨てると、その血が雪にしたたったのを見て、ハーンはこのように仰せられた。

「この雪のように顔の白い、この血のように頬の紅い女が居るものだろうか」

と言うと、オイラトのジャハ・ミンガンのゴーハイ太尉《タイウ》という者が、

「ハーンよ、あなたの弟のハルグチュク皇太子《ホンタイジ》の妻、オルジェイト皇后妃子《ホンホワビージ》の容色は、これよりももっと美しゅうございますぞ」

と言った。

それからハーンは、

「命じたことは果たし、欲したことは満たすわがゴーハイ太尉よ、お前はこの女を私に会わせよ。私はお前を丞相《チンサン》にして、四オイラトを知行させよう」

と言った。

そこでゴーハイ太尉は、ドゥーレン皇太子が間もなく巻狩に出かけたあと、皇后妃子のもとに行って、こう言った。

「ハーンの仰せでございます。『お前の美貌をみんなが誉めたたえている。私はお前の家に来て、お前を見たい』と仰せられました」

と言うと、妃子は大いに憤慨して、こう語った。

「天と地がいっしょになる道理があるか。

貴いハーンたちが弟嫁に会う道理があるか。

ハルグチュク皇太子なる弟が死んだとでも聞いたのか。ハーンなる兄は、黒い犬にでもなったのか」

と言った。

そこでゴーハイがもどって来て、すべてを語ると、ハーンは怒って、弟を道で待ち伏せして殺して、弟嫁が妊娠三箇月なのをめとった。

その弟ハルグチュク皇太子は、癸卯の年（一三六三年）生まれで、三十七歳の己卯の年（一三九九年）に殺された。

それからハーンが鷹狩にお出かけになったあと、ゴーハイ太尉は丞相の称号を受けようとして、祝宴の準備をしてやって来て、ハーンの帰りを待ちながら外に坐っていた。これを聞いて皇后妃子は、ハルグチュクの従者のドクシン・シラという者を遣わして、

「あなたは外に坐っているよりは、家に来てハーンを待ちなさい」

と言って呼んで来させて、大いに鄭重にもてなし、銀の酒器に、二度蒸溜した焼酎にバターを入れたものを盛って、皇后妃子は、

「いやしい私の身を貴くし、小さい私の身を大きくし、皇妃子であった私の名をベギ太后とし、ただの皇太子の妃であったのを、貴いハーンのハトンとしたのはあなたです。私はあなたの恩をいくら思っても足りません。大いなる恵みはあなたのハーンからあるでしょうが、これは私が謝礼として奉る器です」

と言って渡すと、太尉は真に受けて、それを飲み干して、意識を失って倒れた。

そこで、ゴーハイを寝床の上にあげて置き、自分の辮髪《べんぱつ》を断ち、自分の体のそこかしこに掻《か》き傷をつけて、近隣の多くの民を呼び集めて見せ、さてハルグチュクの従者ドクシン・シラを遣わしてハーンのあとを追わせ、ハー

ンがやってくると、顔をそむけて泣きながら坐っていた。そこへハーンが入って来て、

「お前はなぜ泣いているのか」

と言うと、先にゴーハイに器を捧げて言ったことをすっかり告げて、

「こうして私が捧げた酒に酔って、暴言を吐き、私に挑んだが、従わなかったので、私をこうしたのです」

と話しているのを、ゴーハイは聞いて、起きて馬に乗って逃げ去った。

そこでハーンは、

「かくゴーハイが逃げるところから見れば、話は本当である」

と言って、追って行って戦って、ハーンは小指を射切られた。そうしてそこでゴーハイを追いつめて殺し、ソニトのジャンチャ大夫《ダイブ》という者に、ゴーハイの背の皮を剝《は》がせて、持って来て妃子に与えると、妃子は、

『位には満足することがない』という諺《ことわざ》がある」

と言ってハーンの小指の血をなめ、

「人の皮はどんな味が見よう」

と言ってゴーハイの皮の脂肪をなめて、

「腹黒いハーンの血をなめて、
讒言《ざんげん》者ゴーハイの脂肪をなめて、
女人ではあっても、
夫の仇を私は討った。

今はいつ死んでも構わない。私をすみやかに、ハーンは何とでもせよ」

と言った。

しかしハーンは、皇后妃子の色香に迷って怒らず、

「不当に彼の父を殺してしまった」

と言って、ゴーハイの息子バトラに自分の正妻コベグンテイ・ハトンから生まれた娘サムル公主《グンジュ》をめあわせ、丞相にして、四オイラトを知行させた。

それから、オイラトのケレヌートのオゲチ・ハシハという者が、

「このハーンは不法の政治を行ない、自分の弟ハルグチュク皇太子を殺して、弟嫁の皇后妃子をめとってハトンとし、道ならぬ法令を出し、私の臣下のゴーハイを妃子にあざむかれて殺して、恥じたからといって、主人である私が生きているのに、私の家来のバトラに四オイラトを知行させる」

とはなはだ憤慨しているとハーンは聞いて、

「オゲチ・ハシハを殺そう」

と婿のバトラ丞相と相談した。この相談を、コベグンテイ大ハトンが人を遣わして、オゲチ・ハシハに告げた。するとオゲチ・ハシハはただちに出陣してきて、エルベク・ハーンを殺害して、オルジェイト皇后妃子を自らめとり、モンゴル国人の大半を従えたのであった。

エルベク・ハーンは、癸酉の年（一三九三年）に帝位につき、七年経って、三十九歳の己卯の年（一三九九年）にハルグチュクを殺し、三箇月経つとき、同じその卯の年に、オゲチ・ハシハに殺された。

オルジェイト皇后妃子は、ハーンがめとったときに妊娠三箇月、オゲチ・ハシハがめとったときには妊娠七箇月であったが、それから三箇月経って、庚辰の年（一四〇〇年）に一人の男の子が生まれたのを、アジャイと名づけて、オゲチ・ハシハは自分の養子にした。

この説話はここで一段落し、これ以下は多くアルクタイ太師に関するから、次章で論ずることにする。

この説話を読んで、ただちに気づくことがいくつかある。

(一) 先ず全体が散文で書かれているにもかかわらず、妃子の語のみは頭韻を踏んでいることで、これは『蒙古源流』の資料とされた物語が、本来韻文で綴られていたことを暗示している。

(二) 雪と血のモチーフは、かの白雪姫に出て、有名であることは言を俟《ま》たないが、これはまた現代の南モンゴルにも生きていて、オウエン・ラティモアがオルドスで聞いた物語では、チンギス・ハーンがこの語を発したことになっている。[22]

(三) 不審なことに、妃子の夫ハルグチュクはハーンの弟ということになっているのに、妃子は一貫して嫁 (beri) と呼ばれているが、弟の妻ならばむしろ bergen をもって呼ばれなければならない。このことは、あるいは物語の原形では、ハルグチュクはハーンの弟でなく子とされていたのではないかとの疑いを起こさせる。もしこの推測が当たっていれば、彼が皇太子 (qong tayiǰi) の称を有することも自然であろう。

(四) ハーンの正后コベグンテイ・ハトンが、その実の娘サムル公主の夫バトラ丞相にとって不利になるにもかかわらず、なぜオゲチ・ハシハに内通しなければならぬのかが不可解である。

(五) オルジェイト皇后妃子は初めハルグチュクに嫁し、次にエルベク・ハーンの横占《おうせん》するところとなり、後にオゲチ・ハシハと婚してアジャイを生んだというが、かかる説話のパターンは出自の怪しい人物の説明にしばしば用いられるところである。一例を挙げれば、モンゴルの所伝ではいずれも、恵宗の大都出奔の時、落後して明の洪武帝のめとるところとなったモンゴル妃が生んだのが永楽帝であって、実は恵宗の子であったが、洪武帝に養われて成人し、のちに建文帝を逐って帝位に即き、事実上元朝を復興したとある。[23] この例で考えれば、アジャイを実はオゲチの子としても不可はない。これについては後に論及する。

ところで『アルタン・トブチ』には、先に訳出した『蒙古源流』のものにはなはだよく似た物語が載っている。[24] 次にそれを引く。

それの後に同じ戊年（一三九四年）にエルベク・ハーンが大位に即いた。

エルベク・ハーンは狩猟して、殺した兎の血が雪にしたたったのを見て、

「雪のように白い色の、血のように紅い頬の美女があるものだろうか」

とエルベク・ハーンは仰せられた。オイラトのゴーハイ太尉が、

「このような容色の女はありますぞ」

と言った。

「それは誰か」

と問うた。

「見ることはできません。

見ようというなら申し上げましょう。

あなたの子のハルグチュク・ドゥーレン・テムル皇太子のオルジェイト・グワ皇妃子《ホンビージ》なるあなたの嫁は、このように美貌です」

と言った。エルベク・ニグレスクチ・ハーンは、自分の嫁の容色を慕って、オイラトのゴーハイ太尉に仰せられて、

「いまだ見ないものを見せる、遠いものを合わせる、欲望を満たす我が太尉よ、行け」

と言った。ハーンの仰せにより行って、妃子に告げるには、

「あなたの色艶を見ようとて、我を遣わしたのです。」

妃子は怒って言うには、

「天地は合うものであろうか。

貴き帝王は自分の嫁を見るものであろうか。

汝の子ドゥーレン・テムル皇太子は死んだのであるか。ハーンは黒くなったのであるか」

と語った。その言にハーンは従わず、自分の子を害して嫁をめとった。

その後、ゴーハイ太尉は酸乳を乞いに来た。ハーンがいないので、家の前に坐っていると、皇妃子は使者を遣わして、

「しばらくハーンを待ちなさい。自分は先に家に来なさい」

と言うと、太尉は来て［家に］入った。そこで妃子は器を捧げてこう語った。

「賤しい我が身を貴くし、小さい我が身を大きくし、妃子である我が名を太后としたのはあなたです」

と言って、口は一つで腹は二つの酒壺に、一方には焼酎、一方には水を盛り、自分は水を飲んで、太尉に焼酎を与えて酔わせて倒した。

太子の仇を討ち、
蔭の帳を引いて、
蒲団の上に太尉を寝かせ、自分の顔を引っ掻き髪を断って、ハーンに使者を遣わした。ハーンが聞いて来るまでに、太尉は逃げた。ハーンは追って戦っているうちに、ハーンの小指を射切った。ハーンは太尉を殺して、背の皮をソニトのジャシン大夫という者に細切りにさせて、持って来て妃子に与えた。［妃子は］ハーンの血と大尉の脂肪を合わせてなめて、

「子殺しのハーンの血の贈り物を受け、
主人の命に害を及ぼす太尉の脂肪とすみやかに合わせて、
女人の討つ仇はこのとおり。
いつ死んでも何の構うことがあろう」
と言った。
妃子の欺《あざむ》いたのをハーンは知ったが、自分の非を悟って妃子には手をつけず、太尉の子バトラ丞相、オゲチ・ハシャハの二人に四オイラトを領させた。帝位に即いて六年経った後、卯年（一三九九年）にエルベク・ハーンをオイラトのバトラ丞相、オゲチ・ハシャハ二人が害して崩ぜられた。バトラ丞相、オゲチ・ハシャハの二人が始めて四万オイラトを率いて異族、敵となった。モンゴルの一統をオイラトに取られたというのはそのことである。

これを『蒙古源流』の説話と較べると、次の特徴がある。
(一)『アルタン・トブチ』では妃子の言のみならず、地の文にもときどき頭韻が現れて、『蒙古源流』同様、韻文の資料から採った跡が歴然としている。
(二) もっと大事なことに、ここではハルグチュクはハーンの弟でなく、子であって、『蒙古源流』のものより自然であり、原形を留めているらしい。
(三) さらに注目すべきは、『蒙古源流』であれほど重要な人物オゲチ・ハシハを、ゴーハイの主でなく、かえってその子としている。
(四)『蒙古源流』では、ハーンに与《くみ》してオゲチを伐とうとするバトラを弑逆《しいぎゃく》の立て役者としている。話の筋としては、バトラがハーンを弑して父の讐を報ずる『アルタン・トブチ』のほうが自然である。

(五) 最後にもっとも重大な相違は、妃子の妊娠云々の要素が欠けており、従ってアジャイの誕生が語られていないことである。

『蒙古源流』におけるこの物語は、全書の構成上、いかなる役割を果たしているかというと、モンゴル側では、ハルグチュクの遺腹の子アジャイを通じて、タイスン・ハーンすなわちトクトア・ブハ以下の諸帝に連なり、ダヤン・ハーンもこの血統を承けているのに対して、オイラト側では、エルベク・ハーンの娘サムル公主からバクムすなわちマフムード[25]が生まれて、エセン・ハーンの血統の創始者となっているのである。

ところが『アルタン・トブチ』はアジャイの名を記さないばかりか、サムル公主にバトラが尚したことも言わない。そして後に引くところによって知られるごとく、モンゴル・オイラト関係上に重要な役割を『蒙古源流』で演ずるこの公主は、『アルタン・トブチ』には全く登場しないのである。これは思うに、『アルタン・トブチ』の方が古形を伝えているのであって、これに他種の伝承を何重にも重ね合わせて複雑にしたのが『蒙古源流』の物語であろう。しかしこの問題は、物語の続きを読んだ上で論ずるほうが便利である。

三　アジャイの物語

『蒙古源流』には、上述の物語に続けて次のように記されてある。[26]

アストのオゲデレクと名づける者を、バトラ丞相は籠《かご》を背負わせて獣糞《じゅうふん》を拾わせ、アルクタイという名前で召し使っていた。

その後に、モンゴル国人はしばらくの間、立ち直って、エルベク・ハーンの長男のクン・テムルが、丁巳の年（一三七七年）生まれで、二十四歳の庚辰の年（一四〇〇年）に帝位につき、三年経って、二十六歳の壬午の年（一四〇二年）に亡くなった。

それの一族がないので、弟のオルジェイ・テムルが、己未の年（一三七九年）生まれで、二十五歳の癸未の年（一四〇三年）に帝位につき、八年経って、三十二歳の庚寅の年（一四一〇年）に亡くなった。

その息子のダルバク・ハーンは、乙亥の年（一三九五年）生まれで、十七歳の辛卯の年（一四一一年）に帝位につき、五年経って、二十一歳の乙未の年（一四一五年）に亡くなった。

同じその乙未の年（一四一五年）に、オゲチ・ハシハは悪く思って、昔の仇によってゴーハイ太尉の息子のバトラ丞相を殺した。ただちに四オイラトは大会議を開いて、それに出席した三人のオイラト人が、帰って来る途中、アストのアルクタイが糞を拾いながら、

「あなたがたの会議は、どんな決議になりましたか」

と問うた。

メルゲン・イキデイは、

「『頸《くび》に籠を掛けて暮らしながら、大いなる政道のために憂える』という通りだ」

とあざ笑って、こう言った。

「瞬間という城を建てることになった。

うす黄色い牛を打つことになった。

アジャイ太子《タイジ》をハーンに戴くことになった。

アルクタイという子どもを太師《タイシ》にすることになった」

と言った。

彼らが通り過ぎたあとで、アルクタイは籠を外して下ろし、

「お前の言葉ではない。天の仰せであるぞ」

と言って、

「平民である私はともかく、アジャイ太子は天の子孫である、彼の父なる天よ、
あなたこそ御照覧あれ」

と言って、南に向かって天に拝礼した。

それでただちにオゲチ・ハシハは死んだ。その後、同じその乙未の年（一四一五年）に、オゲチ・ハシハの息子のエセクという人が、丁卯の年（一三八七年）生まれで、二十九歳の乙未の年（一四一五年）に帝位につき、バトラ丞相の［未亡人の］サムル公主をめとり、エセク・ハーンとして有名になり、オルジェイト皇后妃子とアジャイ太子の母子二人と、アストのアルクタイ太師の三人を、エセク・ハーンは家で召し使っていた。

そのエセク・ハーンは、乙未の年（一四一五年）から十一年経って、三十九歳の乙巳の年（一四二五年）に亡くなった。

同じそのときに、サムル公主はオゲチ・ハシハが虐待したのを恨みに思って、オルジェイト皇后妃子、アジャイ太子、アルクタイ太師の三人をこっそり逃がして、故郷のモンゴル国人たちのもとへ帰してやり、

「エセク・ハーンは死んだ。

混乱する人々は首領を失った。

主君なる父に拝礼して命を乞い、
こちらに出陣して来ればよい」

とことづけた。

するとその息子のバクムが、

「母上よ、モンゴルはあなたの里方ではあっても、異族です。どうしてそんなことが言えるのですか」

と言ったので、母は腹を立てたが、何も言わなかった。

そのときに、ホルチンのオッチギン・エジェンの後裔のアダイ太子という者が、残ったモンゴルを支配していたのであった。彼らはそこにたどりついて、公主の言葉をことごとく話した。

そのアダイ太子は、丙辰の年（一三七六年）生まれで、三十五歳の庚寅の年（一四一〇年）にオルジェイト皇后妃子をめとり、主の神前で帝位につき、アルクタイに太師の称号を授けて、ただちにアダイ・ハーン、アジャイ太子、アルクタイ太師の三人は、先頭に立って出陣して、ジャラマン山に四オイラトを襲撃して捕虜とし、バトラ丞相の息子のバクムを捕らえて帰って来た。

そのときアジャイ太子が、

「われらの姉なるサムル公主がよくしてくれたお礼に、公主のこの子を釈放したらどうか」

と言うと、アルクタイ太師は、

『猛獣の仔を養ってはいけない。敵の子どもを成人させてはいけない』という諺があります。あの日、われらを釈放するときに、この子は悪意のあることを言ったではありませんか」

と言うと、アダイ・ハーンはアルクタイに同意して、連れて帰って来てから、アルクタイ太師はこう言った。

「以前、お前の父バトラ丞相は、私に籠を背負わせ、アルクタイと名付けて、虐待して召し使った。

今日、めぐる太陽、
始まる政道に、

父の仇を討つため、
かく子から取る」
と言って、バクムに鍋をかぶらせ、トガンと名付けて、自分の家で召し使っていた。

これ以下の物語は、アジャイに関係がないから省略する。

この物語にも、多くの不審な点が発見される。

（一）先ずオゲチ・ハシハが、その敵にしてもっとも憎む者であったはずのバトラ丞相を、一三九九年から十六年を経た一四一五年まで殺さずにおいたことが一つある。ただし一四一五年とは、ダルバク・ハーンの歿《ぼっ》年である。これは、その年に即位したというエセク・ハーンを、オゲチ・ハシハの子としたからであろう。けだしオゲチ・ハシハの死はこれ以後であってはならず、従ってバトラ丞相の殺されたのも、おそくとも同年中でなければならないからである。

（二）次にモンゴル復興の讖《しん》を成したメルゲン・イキデイの嘲弄《ちょうろう》の言中の「アルクタイという子どもを太師とすることになった」はそのまま実現したにもかかわらず、「アジャイ太子をハーンに戴くことになった」の方は、アルクタイのせっかくの叩頭《こうとう》をも無にして、そのままになっていることである。これはどう考えても、物語の筋としては不自然で、当然アジャイの登位を期待すべきにもかかわらず、後で即位したのはアダイとなっている。とすれば、アジャイはアダイの訛《なまり》で、両者は本来同一の人物だったのを、異なる系統の伝承を合併したために重複を来したのであろう。そしてアジャイの養父オゲチ・ハシハは、すなわちアダイ・ハーンの父鬼力赤、すなわちオルク・テムル・ハーンのことでなければならぬ。して見れば、『蒙古源流』にオゲチ・ハシハをオイラト・ケレヌート部長とし、『アルタン・トブチ』にもオイラトのゴーハイ太尉の二子の一人としているのも疑わしく、本来アダイ同様、オゴデイ家の人だったのであろう。そして物語の原形では、オゲチ・ハシハはエルベク・ハーンの弑逆者《しいぎゃく》ではなく、『アルタン・トブチ』の言うごとく、オイラトのバトラ丞相が下手人とされていたもので、オゲチ・ハシハすなわちオルク・テムルが、その後クン・テムル・ハーンの後を承けてハーンの位に登ったことから、簒奪《さんだつ》者と見なされてエルベク・ハーンの敵とされ、ここにその弑逆の下手人とされるに至ったものかも知れない。

また考うるに、エルベク・ハーンの末年に西奔したオルジェイ・テムルが、クン・テムル・ハーンの治世に敢えて東帰せず、ティームールの死後、はじめてオルク・テムル・ハーンを倒して帝位を正したことから察すれば、クン・テムル・ハーンはオルジェイ・テムルの敵であったか、あるいはオルク・テムルの掌上の偶公《ぐうこう》に過ぎず、真の実権を握ったのはすでにオルク・テムルであったかも知れない。して見れば、オゲチ・ハシハ弑逆の説も一概にしりぞけることは出来ない。いずれにもせよ、モンゴルの伝承には、エルベク・ハーンを倒した者をオイラトのバトラ丞相とする説と、オゲチ・ハシハすなわちオルク・テムル・ハーンとする説とあったのであって、この二つが複合した現在の形では、オゲチ・ハシハまでがオイラト人とされ、もってバトラ、オゲチ両者の関係が曖昧なるを致したのである。

(三) 次に考うべきは、オゲチ・ハシハの子エセク・ハーンのことである。『蒙古源流』及びそれを承けたオルドス系の所伝以外では、このハーンに当たるところにオイラダイ・ハーンの名がある。先に述べたように、ペチ・ドラクロワには、このハーンを Melic Timur の子 Orday の子 Orday と書し、Arkitmur すなわちオルク・テムル・ハーンと何等の関係あるを見ない。思うに、オゲチ・ハシハの子エセクが帝位に登ったというのは、とりもなおさずオルク・テムル・ハーンの子アダイがハーンとなったことの訛伝であって、すでに誤ってオゲチをオイラトとしたために、その子を名がオイラトに因むこのハーンに当ててしまったにすぎまい。そしてエセクの名は、恐らくエセン・ハーンに由来するもので、本来非歴史的な、伝説上のオイラトの君主に属したのではあるまいか。『蒙古源流』の書き方からも、オイラトとモンゴルの大半にエセク・ハーンが君臨していた間、一方にはアダイ太子があって、モンゴルの残部を率いてこれと対立していたように読め、決してエセク・ハーンをモンゴルの君主、北元のハーンとしては取り扱っていないようである。

（四）このことと関連するが、さらに怪しむべきは、一四二五年のエセク・ハーンの死後に釈放されたオルジェイト皇后妃子をめとって帝位に即いたアダイ・ハーンが、それよりも十五年も前の一四一〇年に即位したことである。実は『蒙古源流』の後文には次のごとく、前引の箇所とは全く異なる紀年が出ている。[27]

そのアダイ・ハーンは、庚午の年（一三九〇年）生まれで、三十七歳の丙午の年（一四二八年）に帝位につき、十三年経って、四十九歳の戊午の年（一四三八年）にトガン太師に殺されて亡くなった。

かく前後撞着《どうちゃく》を来たしていることも、『蒙古源流』の物語が異種の資料から合成された痕跡を示しているが、その一四一〇年というのは、オルジェイ・テムル・ハーンの歿年とされている年であって、オルジェイ・テムルがアダイの父オルク・テムル・ハーンを倒して帝位に即いたことを考え合わせれば、この紀年にはなかなか深い意味がありそうである。恐らくオルジェイ・テムル・ハーンの没落の後、ダルバク・ハーンでなくアダイが立って父の位を回復したとする一伝があったものであろう。

（五）最後に、バクムは、先学によって指摘されている通り、マフムード（馬哈木）の訛であるから、[28]これをトガン（脱歓）の別名とする『蒙古源流』の説は誤りで、トガンは実はマフムードの子であることは言うまでもない。これは本論と関係がないから論じない。

以上『蒙古源流』にダヤン・ハーンの祖先と伝えるハルグチュク、アジャイ父子の物語を、『アルタン・トブチ』と対照しつつ分析して、両人が実はダヤン・ハーンの家系とは無関係で、ことにアジャイがアダイ・ハーンと同一人であることを論証した。結局、ダヤン・ハーンの直系の祖としては、その曾祖父アクバルジ晋王までしか遡れないのである。それでは次章にこの人物について説こう。

四　アクバルジ晋王

トクトア・ブハ、すなわちタイスン・ハーンは、一四三三年、オイラトのトゴン太師に奉ぜられて即位し、一四四〇年のトゴンの死後は、[29]その子エセン太師と密接に協力して活躍したが、一四五一年十二月に至って、エセンの滅ぼすところとなった。[30]この大事件はいずれのモンゴル文年代記にも伝えられているが、今もっとも特色ある記述として『蒙古源流』と『アルタン・トブチ』を選び、その所伝を紹介しつつ考察を加えよう。

先ず『蒙古源流』には、[31]

それらの話と同時に、アジャイ太子《タイジ》の三人の息子の長男、タイスン太子は壬寅の年（一四二二年）生まれ、次男のアクバルジ太子は癸卯の年（一四二三年）生まれ、三男のマンドゥールン太子は丙午の年（一四二六年）生まれであった。

そこでタイスンは十八歳の己未の年（一四三九年）に自ら帝位につき、アクバルジを十七歳で晋王《ジノン》とし、マンドゥールン太子は十四歳で、兄弟三人で出陣した。四オイラトはドリヌ・ハラという地に迎え撃って陣を張った。

と書き出して、次にホルチンの祖シューシテイの先陣の功を叙べ、さらに次のごとく続ける。

そうしているうちに夕暮れになったので、明朝の日の出に合戦しようと申し合わせて、その夜は対陣したまま宿った。

四オイラトは、縁起が悪いといって大いに恐れ、

「今は降伏しようか、どうしよう」

と言い合っていると、テレングスのアブドラ・セチェンが、

「モンゴル国人は思慮が浅い。私が行って離間してみよう。私が帰って来られれば、私自身を表彰せよ。死ねば、私の子孫を保護せよ」

と言って出かけた。そして、

「タイスン・ハーンは賢明だから見破るであろう。アクバルジ晋王は愚かである。彼をだましてみよう。邪魔なのは彼の息子ハルグチュクだ。見破るであろう。彼をいかにしてだまそうか。成否は運に任せよう」

と言って、行って晋王の帳幕に入って、こう言った。

「晋王よ、あなたが一人で取るのならば、われらは降伏しましょう。ハーンと二人で分けるのならば、あなたがたに何で降伏しましょうか。あなたがたにそのようにされるよりは、鏃《やじり》にかかって死んだほうがましだといって、エセン太師が遣わしたのです。あなたの兄ハーンは、常々あなたをばかにしていると聞いております。兄が食べている時は、弟にも与えるものです」

と言った。

その夜、自分たちの間で相談して、晋王はこう言った。

「アブドラ・セチェンのその言葉は、もっともなばかりでなく、本当である。私の兄ハーンは、以前、私を晋王にして、右翼の万人隊に派遣するとき、ただ盲目の黒い駱駝に乗らせただけで行かせたのであった。今、行軍

中に、私の従者のアラクチュートのチャガーンを奪い取った。私は彼に、何で兄として仕えようか。今や四オイラトと手を結んで、彼を追放しよう」

と言った。

すると息子のハルグチュク太子がこう言った。

「『同族を離れれば衰える。

胎内を離れれば成長する』という諺があります。

『姻戚を離れればいやしくなる。

ハーンを離れれば恐れがある』という諺があります。

エセン太師は私の妻の父ですが、
自分の父であるあなたの名誉のために私は言うのです。

よそ者の言葉を信ずるよりも、敵がこのように浮き足立ったところを斬るほうがよろしい」

と言った。

しかし晋王は、

「お前は若いのに、逆らってつべこべ言う」

と言って、その夜のうちにアブドラ・セチェンにつけて、ソロンゴスのフドゥバハと、ホニチュートのモンケの二人を遣わして、四オイラトと協定を結び、翌朝、オイラト軍を率いて攻めてきた。

かくして弟の裏切りに遇って敗れたタイスン・ハーンは、ゴルラトのチャブダン、すなわちウリャーンハンの頭目シャブダン（沙不丹）(32)のもとに走って殺されるのである。

これを『アルタン・トブチ』には、かなり違って、次のように伝えてある。[33]

それの後に、同じ午年（一四三八年）にタイスン・ハーンが大位に即いた。帝位に即いた後、タイスン・ハーン、アブガルジン晋王の二人は、ミンガニ・ハラでオイラトと会することを約した。オイラトはミンガニ・ハラに先に着いて下営した。ハーン、晋王と、オイラトのエセン太師、アブドラ・セチェンはサドラなる母とともに居て、アラク・テムル、ハタン・テムル、アバブルギ・ダイトン、トゴン、クメチ、ロブシらの太師たちをはじめ、千人が徹夜で進み、ジャダの法[34]を行なって寒風を起こして来た。モンゴルの人馬に大いに風を引かせた。ハーンと晋王は会盟して、オイラト万人隊と和議を結ぼうとした。ハーンの会盟に、オーハンのサダクチン・セチェンが後《おく》れてきて、

「オイラトの来会した太師らは誰々ですか」

と問うた。教えてやった。サダクチン・セチェンは、

「これこそ天の与えですぞ。彼らを殺して、その衆兵を襲いましょう」

と言った。ハーンと晋王は反対して叱責し、

「止めるという者は、饒舌《じょうぜつ》をやめよ」

と言った。サダクチン・セチェンは怒って白馬の首を叩き、

「やめよというならやめよう。拾えというなら拾おう」

と言って去った。ハラグチュク太子はサダクチン・セチェンの言葉に賛成した。タイスン・ハーンは再び反対して、

「死ねば共に死ぬぞ。生きれば共に生きるぞ」

と仰せられた。

オイラトの会盟者は帰った。帰った後、タイスン・ハーンのもとから、先に黒驪《こくりょう》（黒いたてがみ）の栗毛馬に鎧《よろい》を載せたまま連れて逃亡して、アブガルジン晋王のもとに投じたアラクチュートのチャガーンという者を、ハーンは返せといった。晋王は返さなかった。

腹心のチャガーンは［先に］讒言《ざんげん》した。

「牡山羊はいつ発情するのか、仔羊の角はいつ落ちるのか、ハーンに晋王が問えと言っています」

と言った。ハーンは怒って、

「発情する牡山羊は愚かだ。

問うアブガルジンは愚かだ」

と言った。この話を聞いて、

「私の愚を知らなかったのではない」

と晋王は怒った。

その後、腹心のチャガーンを奪い取った。アブガルジン晋王が、

「お前を兄とは、私は思わない」

と言って誓って、それからオイラトの方へ叛《そむ》こうとすると、ハラグチュク太子がこう言った。

『一族を離れた者は栄えない。

子宮を離れた者は栄える』ということがあります。

『他人を離れれば栄える』ということがあります。

『親友を離れれば栄えない』ということがあります。

貴いハーンとなった身が卑しくなり、
元首となった身が末尾となるのは［耐え］難いですぞ」

と語ったが、従わず、アブガルジン晋王はオルドスのハタン・テムル、ヨンシェーブのネケイ・テムルという二人の者をオイラトに使者として遣わして、

「私はタイスン・ハーンなる兄から別れた。四万オイラトなるお前たちと一緒になる。ハラグチュク太子一人が強硬ではないか。サダクチン・セチェン［と］二人を殺そう」

と告げた。オイラトは従わず、アブドラ・セチェンは手を揉《も》みながら坐って、

「彼のような小児が何を知ろう」

と言った。

オイラトの太師たち、官人たちは、

「晋王が同盟しようというならば、あなた晋王がハーンになりなさい。自分の晋王の号を私たちに与えなさい。この通りにするならば、同盟しても宜しい」

と言った。

その使者たちは帰って晋王に、太師たち、官人たちの言葉をことごとく伝えた。晋王は同意して、兄タイスン・ハーンと他人となり、移動した。

それから晋王は兄ハーンに対し、オイラトと兵を合わせて出陣した。

この後、ハーンの敗走と横死について、繁簡《はんかん》の差はあるが、だいたい『蒙古源流』と似た記述がある。この晋王の裏切りの物語をたがいに比較すると、

（一）先ず注意を惹くのは、主人公の名が一方ではアクバルジ（Aybarǰi）、他方ではアブガルジン（Abgarǰin）となっていることであるが、いずれの形もモンゴル語ではなさそうで、ことに後者は音韻上、外来語であることは疑いない。これに当たると思われる人名は、明に阿八丁王（A-pa-ting wang）として伝えられたが[35]、アバディンもやはり外国語らしい。思うに原形は **Akbar al-dīn** で、「信仰の偉大」を意味するアラビア語であろう。

（二）前掲の訳文には省略したが、『蒙古源流』にはオイラトとの対戦の際の、ホルチンのシューシテイ王の武功を特筆しているのに反し、『アルタン・トブチ』には全くそれに当たる記事がない。これは兄弟の反目が平時に起こったとすることからすれば当然ではあるが、実は『アルタン・トブチ』にはこれと同様の記事を、アダイ・ハーンのオイラト征伐の時のこととして載せているのである[36]。ここにも『蒙古源流』が、別系統の伝承を総合した跡が見られるようである。

（三）兄弟の反目の原因としては、『蒙古源流』は晋王就封の際の冷遇と、アラクチュートのチャガーンの問題を挙げ、ごく簡単に触れているが、『アルタン・トブチ』にはチャガーンの方のみを伝え、かつその叙述はやや細かくなっている。ここのみならず、『アルタン・トブチ』の書き方には情景の描写が多く、『蒙古源流』よりいっそう物語性に富んでいるのが感じられる。そして文中には、頭韻を踏んだ部分、及びその痕跡のあるものが多く、やはり古い韻文資料から採られたものと見てよい。このことは『蒙古源流』についても言える。

要するに、この物語は、ダヤン・ハーンの系譜を語る長篇の叙事詩の冒頭の部分だったのではあるまいか。これはやや大胆な想像であるが、次々に展開する物語には、各部を通じて一貫した構成があるようで、その筋を辿《たど》って行くと、こうした印象を受けるのである。

さて、かく兄ハーンに叛いた晋王は、自らもオイラトに裏切られて横死を遂げるのであるが、このことは『蒙古源流』には次のごとく記される[37]。

そこでアクバルジ晋王は、四オイラトと連合して、

「先日、私の不肖の息子ハルグチュクが、

『よそ者が窮地にあるこの際、
追撃して昔の仇を討とう』

と言ったとき、私は叱ってやめさせた」

と言った。

オイラトもモンゴルも皆、蔭でともどもに嘲笑《ちょうしょう》して、

「われらのこの晋王は、
まことに晋王ではなく、
牝の驢馬《ろば》であった。

鳴こうよ、お前に」

と言い合った。「アクバルジ晋王が驢馬になった」という話は、そのことである。(38)

そののち、オイラトは、自分たちの間で相談して、

「この晋王は畜生のような人である。ハルグチュク太子は、いつかは仇を討つことのできる人である。生きた狐を、どうして懐に入れられよう。そもそもわれら四十［モンゴル］と四［オイラト］は、互いに仇をしたことが多い。その仇を思えば、今、彼らをどうして助命できよう。この父子を片づけよう」

と言った。

するとエセン太師は、自分の婿をかばってこう言った。

「その父は、よこしまではあっても、兄を追放してわれらと連合した。息子は、友となるにはよい人である。彼らを殺して何とする」

と言ったが、アブドラ・セチェンは、

「父は自分の兄を追放して、息子を悪く言った。

親族を親族と思わない人が、
異種族の敵であるわれらと何で仲良くしよう。

息子は成人させてはならない。有害で冷淡である。有害なことを言ったではないか」

と言い、皆これに賛成して、謀《はか》りごとを定めた。

アブドラ・セチェンは行って、晋王に次のように申し上げた。

「われら四十［モンゴル］と四［オイラト］は、あなた一人の臣下になりました。今や、われらの主君であるあなたがハーンになられよ。御自分の晋王の称号を、われらのエセン太師に賜れ」

と言うと、晋王は、

「お前たちのこの言葉は、はなはだもっともである。その通りにしよう」

と言った。

彼らが出て行ったあとで、ハルグチュク太子はこう言った。

「上に浮かぶものには日と月、下に地上にはハーンと晋王、スタイの後裔の彼らには太師と丞相があります。自分の称号を、他人にどうして与えられましょうか」

と言った。

そこで父の晋王がとがめて叱ると、息子のハルグチュク太子はこう言った。

「父なるハーンに逆らって物を言う筋合いではありませんが、大切な名誉と貴い政治のために私は言うのです。御自分の黒い頭を横たえようとあなたはお望みなのです。全モンゴルを滅ぼそうとあなたはお望みなのです」

と言って、ハルグチュク太子は出て行った。

それから四十［モンゴル］と四［オイラト］を集めて、アクバルジ・ハーンは帝位につき、エセン太師を晋王とした。

そこで四オイラトは謀りごとを定め、二軒の大きな帳幕を隣り合わせに建て、うしろの帳幕の中に一つの大きな穴を掘って、それを絨毯《じゅうたん》でおおっておき、盛んな大宴会の準備をした。

腹黒いアブドラ・セチェンは行って、晋王にこう申し上げた。

「四十［モンゴル］と四［オイラト］に、晋王よ、あなたはハーンとなって、四つの強力なるわれらに晋王の称号を賜って、はなはだ大切にして下さったので、あなたの甥のエセン晋王は、祝賀の宴会を準備して、叔父のハーンをお招きに、私を遣わしたのです」

と言えば、直ちにお出ましになった。すると、

「ハーンをはじめとして、兄弟はそれぞれ二人ずつの家来を連れて、順々にお入りなさい。われらは歌を歌って杯を捧げて、席に着けましょう」

と言って、他の大勢を遠くに坐らせておいて、ハーンは四人の家来とともに、太子たちは二人ずつの家来とともに呼び込んで、先の組を入らせるやいなや、歌を歌うふりをして、皆で大声をあげながら、いっぺんに捕らえて

は殺し、うしろのゲルの中の穴に捨てるというようにして、三十三人の尾羽根を帽子につけた親衛兵（örbelgeten）を皆殺しにした。

この文中で、アクバルジ晋王をエセンの母方の叔父（naγaču）と呼んでいるのは、後者の祖母サムル公主が、晋王の祖父ハルグチュクの兄エルベク・ハーンの娘で、世代では晋王が一つ上に当たるからであって、決してエセンの母が晋王の姉妹なのではない。

一方、『アルタン・トブチ』の記すところは、次のごとく『蒙古源流』に比しはるかに簡単で、ことにエセンが娘婿のハルグチュクを救おうとするくだりがない(39)。


それの後、オイラトは自分たちの間で集まって相談し、

「自分の一族のためを思わなかった者が、われわれの一族のためを思おうか。

自分の政道のためを思わなかった［者］が、人の政道のためを思おうか。

自分の名誉を思わなかった［者］が、われわれの名誉を思おうか。

自分の火に水を注いだ。われわれの火に油を注いだ。

これが誰にとって良い晋王か」

と言って、害するために計を設け、それからオイラトの官人ら、大人らは晋王に申し上げて、

「晋王がハーンになろう、われわれのエセン太師に御自分の晋王の号を賜おうと、われわれが約束を取り交わしたのは本当です。晋王にハーンの称号を与えるために、御自分の号をエセン太師に賜え」

と、酒宴を備えて晋王を招いた。

オイラトは家のなかに深い大きな穴を掘って、穴の上に敷物を敷いて、晋王をはじめ、三十三人の尾羽根を帽子につけた親衛兵、四十四人の羽根を帽子につけた衛兵（otoyatan）、六十一人の旗手（kegeriten）を、一つの戸口から入らせて、二つの戸口から出して、穴が一杯になるほど殺した。

「官人らの死は会盟に。

犬の死は吠え声に」

という譬《たと》えはその時から始まったということである。

これについては余り言うべきこともないが、ただ殺害の方法と穴の関係が、『蒙古源流』の物語の方が合理的であり、『アルタン・トブチ』のように、一つのモンゴル・ゲルとその中の穴を考えては、「二つの戸口から出して」の一句が余計になることを指摘しておこう。

かくしてダヤン・ハーンの曾祖父はオイラトの手に倒れた。そして物語はその子ハルグチュクの上に移る。

五　ハルグチュク太子

『蒙古源流』では、前述の物語の続きは、次の通り記されている。(40)

ハルグチュク太子は気がついて、ナイマンのイナク・ゲレという自分の従者にこっそり見させると、イナク・ゲレは帰って来て、

「およそ人というものは一人も見えませんでした。うしろの帳幕の東の裾《すそ》から血が流れ出しております」

と報告した。

ハルグチュク太子は、

「臥《ふ》そうと言ったのだ、臥そう。死のうと行ったのだ、死のう」

と言って、自分の従者イナク・ゲレを連れて二人で逃げ出すと、オイラトの三十人の勇士が追いかけて、追いついてきた。

二人はオンゴン・ハヤ・ハブチャガイというところに立てこもった。

それからオイラトのシルビスのバートル・トゥリンという者が、二重の鎧を着て三人で登って来るところを、イナク・ゲレが射ると、二重の鎧を射通したので、うしろの二人もろともにころげ落ちた。

その次に、トルグートのチェレク・トゥルゲンという者が、三枚の鎧を重ねて着て、槍を持って登って来ると、イナク・ゲレは、

「これは私の手には負えません。太子さまが射て下さい」

と言った。太子が心臓を狙って射ると、三重の鎧を貫いて背中に抜け出たので、チェレク・トゥルゲンは倒れて、後続の者は逃げ去った。

そこで、

「われら二人が徒歩で行ったところで、どこに行き着けようか」

と相談して、イナク・ゲレは行って、夜になってから忍び込み、エセン・ハーンのブーラ・ガブシャクという黒馬と、エレメク・シルガクチンという、栗毛で額に星のある牝馬を盗み出して来、黒馬に太子をお乗せし、栗毛の牝馬にはイナク・ゲレが乗って、二人は、

「トクモクのハーンたちは、ジョチの子孫で、われらの一族である」

と言って、トクモクに向かった。

その途中で、トクモクのアク・モンケという一人の富んだ人に出逢った。太子はその人と仲良くなって留まって、イナク・ゲレに、

「エセン太師は生きているか。四十［モンゴル］と四［オイラト］はどうしているか、探ってこい。また手段と機会があれば、もしまだ人がめとっていなければ、私の妻セチェクを連れてきてみよ」

と言って遣わした。

それからエセン・ハーンが即位して、四十［モンゴル］と四［オイラト］を支配していたのであった。

その後、その富んだ人が巻狩をしているとき、十頭の黄羊が疾走して通るのを、太子は一頭だけは逃がしたが、他はことごとく射殺した。するとアク・モンケの弟のイェクシ・モンケという者が嫉妬して、手もとが狂ったふりをして、太子を射て殺した。

それから従者イナク・ゲレが帰って来て、野外でアク・モンケの馬飼いを捕らえて問うと、

「お前の太子をこうやって殺した」

と言ったので、イナク・ゲレはその者をその場で殺して、一群の馬を追い立ててもどって来て、ハトンのセチェク妃子に会って、起こったことを告げてともに泣き、それからエセン・ハーンに会って、

「私の太子をトクモクが殺して、私をひどく召し使うので、私はそむいて参りました」

と言って、そこで暮らした。

それから、娘のセチェク妃子を、父が人にめあわせようとしたが、妃子は、

「私は、ハルグチュクが死んだと確かに聞く前に、他の夫に嫁ぐようなことはいたしません」

と言って暮らしていた。

かくしてダヤン・ハーンの父ボルフ晋王の誕生となるのであるが、それはしばらく置く。

この文で、疑問の点が二つある。

(一) トクモクをジョチの後裔の国とするが、言うまでもなく、今のチュー河畔のトクマク地方は東チャガタイ・ハーン国、『明史』に謂う亦力把里《イルバリク》の中心であるから、まさにチャガタイの後裔というべきである。(41)

(二) すでにイナク・ゲレによってハルグチュク太子の死が報ぜられているのに、セチェク妃子が改嫁《かいか》を拒《こば》んで「私は、ハルグチュクが死んだと確かに聞く前に、他の夫に嫁ぐようなことはいたしません」と言うのは、前後矛盾する。これはすでにハルグチュクがイナク・ゲレを遣わす際の語中にも暗示されている通り、物語の本来の形では、次に引く『アルタン・トブチ』同様、再婚したことになっていたのを、妃子の貞烈を揚げようとして改変を加えて、前後撞《どう》着《ちゃく》を来《きた》したのであろう。

さて、その『アルタン・トブチ』の物語は次の通りである。(42)

それからハラグチュク太子は、その僚友ナガチュに、

「先に家に入った晋王はじめ大小の官人らはなにをしているか」

と言って遣わした。ナガチュは行って見て、帰って来て、

「晋王はじめみんな見えませんでした。家の東の裾から血が流れ出ております」

と申し上げた。

それからハラグチュク太子は、

「臥そう、死のうといって来たのだ。死のう」

と言って、ただ一人の僚友ナガチュを連れて、峰に立て籠もった。

峰のはざまの一本道を、二重の鎧を着て、一列になって来るのを、ナガチュが二重の鎧を射通すと、その者はうしろの仲間もろともに転げ落ちた。また三重の鎧を着て、槍を持って来ると、ナガチュは、

「私には出来ません。あなたが射て下さい」

と言った。ハラグチュク太子は、山羊の角の鏃《やじり》の箭《や》で三重の鎧を射通し、箭が音を響かせた。その者はうしろの者もろともに転げ落ちた。

ナガチュは、

「命を全うして脱出しても、徒歩ではしかたありません。このオイラトから馬を盗みましょう」

と言って、行った。

エセン太師が、風が起こったので、外套で火を庇って坐っているところへ、輪になって眠っている人々を踏み越えて入って、エセン太師の傍《かたわら》に繋《つな》いであった牝馬エレメク・シルグクチンと牝馬フルドゥン・フラの端綱を解くとき、トク・トクという音がするので、見回したが人はいない。解いて一頭に乗り、一頭を牽《ひ》いて行くと、またトク・トクと音がした。見回したが人はいない。自分の心臓が恐怖でどきどきしたのであったことに気がついた。

それから兵士の陣のところへ来ると、

「お前は誰か」

と問われた。これに答えて、

「お前は何という注意深い人間だ。モンゴルのハラグチュク太子とナガチュだ。それを捕らえよ」

と言って、陣を跳び越えて脱出して、ハラグチュク太子のもとに至って呼んだが、返事の声がない。逃れたのであった。それからあとで呼んだら出てきた。

「何で逃れたのですか」

と言うと、

「お前をオイラトが捕らえて来れば、私はどうして死ぬことになるだろうと思って、避けたのだ」

と話して、連れて来た馬に乗って行って、ホトゴトゥの蘆《あし》に馬を繋いで坐っていると、沙狐《すなきつね》の跡を追う者が見えたので、逃げて、食糧がなく鞍もなくて行く中《うち》、ハラグチュクが梅花鹿《ばいかろく》を射て殺した。その肋骨を鞍《くら》とし肉を食糧として、トモクの富人のもとに入った。

富人の弟が、

「この人は
眼に火がある。

交わってはならない。

殺せ」

と言った。

「誰を人が、
誰に親しまない」

と言って殺さなかった。

その後、ナガチュが太子に言った。

「われわれが一人で暮らしてどうなりましょう。私はオイラトに行って、あなたのハトンを連れて来てみましょう。私が帰るまで、御自分の身分を明かさないで下さい。人に頼らないで下さい。多くの獣をことごとく殺さないで下さい」

とこう語って、ナガチュは、エセン太師にハラグチュクを私が殺しましたというために、彼の辮髪《べんぱつ》を証拠に持って行った。

後に富人は、自分の娘をハラグチュクにめあわせた。狩猟で二十頭の黄羊が出たとき、ハラグチュクは二頭を逃がしたが、他はことごとく殺した。再び狩猟のとき、その富人の弟が嫉妬して、誤ったふりをして害した。ナガチュが至った後、エセン太師にその母夫人が言った。

「ナガチュが来たら、お前は殺しますか」

「ナガチュが来れば、彼を見れば、その肉を食い血を飲みましょう」

と言った。母が言った。

「ハラグチュクを害したならば殺しますか」

「それならば殺すことはありません」

と言ったとき、母はナガチュをエセン太師に会わせた。運のいい人で、命を全うした。

のちにエセン太師はトモクに兵を出して、その戦いにナガチュを連れて行かず、出征した。ナガチュは二頭の馬に乗って、軍と離れて行った。それからオイラトはトモクを襲った。オイラトの先鋒にナガチュがついて行って、一群の馬を分捕ってエセン太師に与えた。銀器と栗鼠の毛皮の外套を隠して母に与えたので、エセンが怒った。母が言った。

「女に嫉妬するのですか。ハラグチュクを殺して、お前のエレメク・シルガクチンを連れて来て与えたのですよ」

馬群を分捕ったのをエセン太師が見て、

「人ではない。化け物（**eliy-e**）である」

と言った。ナガチュのエリエの名はそれから始まった。エリエ・ナガチュはそこにいた。

エセン太師の娘のハラグチュク太子の妃子は身重であったが、オイラトのオルボイ・ホジギルがめとった。

この『アルタン・トブチ』の物語の特徴は、

(一) 先ずダヤン・ハーンの祖父の忠臣の名がナガチュ、後にエリエ・ナガチュとなっていて、『蒙古源流』のイナク・ゲレとは一致しないが、その他は細部に至るまでよく似ていることである。

(二) ことに馬を盗む場面の描写はいきいきとしていて、サスペンスに富む。

(三) ナガチュがオイラトに行くに当たって、主人の辮髪を携《たずさ》え、ハラグチュクを亡き者にした証拠とするのは、『蒙古源流』にない要素であるが、またナガチュはトクマクに帰らないので、主人の横死を知らないわけである。これも『蒙古源流』と異なる。

(四) 「運のいい人で、命を全うした」（**kesig-tü kümün amidu γarbai**）の一句は、話者の感想が露出したもので、『アルタン・トブチ』の史書としての性格上からすれば、違例とすべきである。これは恐らく原拠の資料、多分ある叙事詩からこの物語を要約する際に、削り残されたものであろう。

(五) 馬群の掠奪は、『蒙古源流』ではイナク・ゲレが途中一度オイラトからもどった時のこととなっているのに反し、『アルタン・トブチ』はエセン太師のトクマク征伐の際のこととする。ミルザ・ムハンマド・ハイダル・ドゥグラート（**Mirza Muhammad Haidar Dughlat**）の『ターリーヒ・ラシーディー』（**Tārīkh-i Rashīdī**）に従えば、東チャガタイ・ハーン国のヴァーイス・ハーンは、カルマクのイサン太師（**Isan Taishi**）としばしば戦って敗れたというが、[43]『明史』巻三百三十二、西域列伝四、別失八里《ベシュバリク》には、亦力把里《イルバリク》王歪思（**Vais**）は一四三二年に卒して子の也先不花（**Isan**

Bugha）が嗣いだとあり、[44] 一四四〇年の父トゴンの死後、始めて太師淮王となったエセンとは相渉らず、文献上エセン太師の東チャガタイ・ハーン国征伐を立証することはできない。

（六）最後に指摘しておきたいことは、ダヤン・ハーンの祖母の改嫁のことが明記されていることである。かくハルグチュクがトクマクに走って死した後、いよいよダヤン・ハーンの父ボルフ晋王が登場する。

六　ボルフ晋王

『蒙古源流』は、前出のエセン太師が娘のセチェク妃子を再嫁させようとして拒まれる条に続けて、次のように記す。[45]

妃子は、ハルグチュクと別れたとき妊娠七箇月で、三箇月経って、壬申の年（一四五二年）に子どもが生まれた。父のエセン・ハーンは、

「セチェクのその子が女の子ならば、命を助けよ。男の子ならば片づけよ」

と言った。それを娘の妃子が聞いて、その子の陰茎をうしろへ引っ張って縛《しば》っておいて見せると、検分の者は、

「女の子だ」

と言って立ち去った。

そこでその者が出て行ったあと、セチェク妃子は、チャハルのフラバト・オトクのオドイ・エメゲンという者の女の子を揺りかごに入れておいて、自分の曾祖母のサムル公主のもとに行って、事の次第を話すと、公主はその男の子を連れて来させ、バヤン・モンケと名付けて、ソロンガスのサンガルドルの妻ハラクチン大夫人を乳母

にして育てさせた。

それから孫のエセン・ハーンが、その男の子を殺そうとすると、祖母のサムル公主は、

「お前はいったい、この子がいつ大きくなって、どのような人になって仇を討つだろうと言うのか。この子は私の血筋でもあり、お前の孫でもあるではないか。私の息子トガンならば、私にこんなことを言うだろうか。エセンよ、お前は自分の孫を手にかけるなら、かけたらよい」

と言って怒った。

孫は恐れて、何も言わずに帰って行って、

「あらゆるボルジギンの後裔を絶やそうとしたが、私の祖母が聞き入れようとしない。今や、公主に隠して殺そう」

と相談した。その相談をイナク・ゲレが聞いて、公主に話した。そこで公主は、

「信頼できる人があれば、モンゴルに脱出させてやりたい」

と言っていると、イナク・ゲレはこう言った。

「オイラトのオキデイ大夫は、『私は十三歳で先鋒となり、大いに勲功を立てたのである。それなのにエセンは私を大切にしない』と不平を言っています。私は彼から約束を取り付けて見ましょう」

と言って出かけて行って、

「勇士オキデイよ、お前が重んじられたいならば、セチェク妃子の三歳の男の子を、エセンが殺そうと相談している。お前が公主に申し上げて、その男の子をモンゴルに送り届ければ、お前の生きているうちはもちろん、子孫に至るまで、モンゴルの国人に尊敬されることに、何の疑いがあろう」

と言った。

オキデイ大夫はその言葉に同意して、公主のもとに行って、

「この男の子を、あなたの孫のエセンが殺そうとしています。私があなたの里方のモンゴルに送り届けましょうぞ」

と言った。

公主は大いに喜んで、

「お前のこの言葉が本当ならば、はなはだよろしい」

と言って、オイラトのゴルン・ミンガンのオキデイ大夫、モンゴルのハラチンのボライ太師、サルトールのバヤンタイ・メルゲン、フンギラトのエセレイ大夫の四人に男の子を託して脱出させた。


その途中で、ウルートのオロチュ少師が、自分のシキルという名の娘を、そのバヤン・モンケ太子に中宮としてさしあげ、

「私がこの方を、生き残った一族に送り届けましょう」

と言って、身柄を引き取った。


これに対応する『アルタン・トブチ』の物語は、次のごとくはるかに簡単で、例によってサムル公主は登場しない(46)。


ハラグチュク太子のオイラトにめとられた妃子が出産した。それからエセン太師は、

「女児ならば髪を梳《す》け。男児ならば大動脈を梳け」

と言って、アバブルギ・ダイトンという一人の者に命じて遣わした。妃子は知って、子の陰茎をうしろへ引いて、女児のように小便させた。その者は見て、

「女児です」

とエセン太師に告げた。

その者の帰った後、妃子はその子を隠して、家で働くチャハルのフラバト部のオダイ・エメゲンの子を、人を欺くため揺りかごに入れた。その者がまた来て、揺りかごを解いて見て、確かに女児であるのを知って、

「女児です」

とエセン太師に告げた。

その後、オイラトのオゲデイ・バートルが自分の官人に腹を立てて、

「私は十三度、先鋒となった。これほど功を立てても重用されない」

と言うと、そこでエリエ・ナガチュが、

「お前が［偉く］なろうと思うならば、ハラグチュク太子の妃子が男児を生んだのであるが、お前はそれをモンゴルに届けよ。六万モンゴルの最高位となるだろう」

と言った。

オゲデイ・バートルの姉を、タタルのトキ・バートルがめとっていた。その故に、トキ・バートルはその子を脱出させてやった。

オイラトのオイ・モドンの息子オゲデイ大夫、フンギラトのエセレイ大夫、ハラチンのボロイ太師、サルトールのバヤンタイ・アハルフの四人が子を連れて行く中、オイラトの追っ手が追いつかなかったので、アバブルギは自分の良い白鼻の栗毛馬から降りて、エリエ・ナガチュに与えた。オイラトの官人らは、

「お前はこの子に追いついて連れて来い。部落の人々と牡馬の群を領させよう」

と言って追わせた。

それからエリエ・ナガチュが追いつくと、［彼らは］その子を捨てて行った。その後、エリエ・ナガチュはその子を鞍の上から、弓末に引っかけて取り上げて、追いついて、

「お前たちはこの子を捨てて、何のために行く必要がある」

と、こう言って渡して、かなたこなたと射合って、同じそのところに、矢を拾わずに止まった。

それから後続の仲間が来た。エリエ・ナガチュは話して、戦った矢を示して信じさせて帰った。

そうしてそれからその四人は、子を連れて来て、ウリャーンハンのフトゥクト少師のもとに暮らした。成人した後、フトゥクト少師はシキルというその娘を、［バヤン・モンケ・］ボルフ晋王にめあわせた。

これら二様の物語を比較して見ると、

(一) 先ずサムル公主が『アルタン・トブチ』には出ないこと、

(二) 遺児の名を『蒙古源流』がバヤン・モンケと明記しているのに、『アルタン・トブチ』は末に至って始めて［バヤン・モンケ・］ボルフ晋王と記すこと、

(三) 晋王の乳母の名が『蒙古源流』に出ていること、

(四) 四人が晋王を護衛して至った先が、『蒙古源流』ではウルートのオロチュ少師、『アルタン・トブチ』ではウリャーンハンのフトゥクト少師のもととなっていることが注意される。

先にも言った通り、サムル公主は『アルタン・トブチ』にはいっさい現れない人物であるが、『蒙古源流』全体の筋では、先にダヤン・ハーンの先世と関係がないことを論じたエルベク・ハーン、ハルグチュク皇太子、オルジェイト皇后妃子、アジャイ太子らの物語と、ダヤン・ハーンの父祖の物語とを結びつける役割を果たしているのがこの公主で、本来はここに掲げた物語に属しなかったのではないかと考えられる。

なお挿入の跡がやや著しいのは乳母の名で、実は『アルタン・トブチ』には、ホルチンの祖ボロナイ王（Bolonaiong）、すなわち明人の謂うところの斉王孛羅乃[47]の幼時のこととして、やはりエセン太師の迫害を蒙ったことを伝えたよく似た物語の中に、同王の保護者としてソロンゴトのサングルダリの妻ハラクチン大夫人が登場している。[48]この大夫人の名も、やはり別の物語から採って挿入されたものであろう。

さてタイスン・ハーンの敗死から、その弟アクバルジ晋王の非業の最期、晋王の子ハルグチュクの西奔と横死、ボルフ晋王の誕生と続く物語の展開を通観して気づくのは、これらに一貫して登場する人物が一人あることである。すなわちハルグチュクの忠臣イナク・ゲレ（エリエ・ナガチュ）であって、この人物がつぎつぎの場面をつないで狂言回しの役を勤めている。これが叙事詩作者によって創作された人物であることは、先ず安全な推測であろう。

最後に指摘するが、『蒙古源流』ではボルフ晋王の生年を一四五二年とし、『アルタン・トブチ』でも、タイスン・ハーンの滅亡後、間もなくハラグチュクが西奔して、その遺腹の子として生まれた趣であるが、これは事実ではない。というのは、晋王の子ダヤン・ハーンは一四六四年に生まれていて、一四五二年生まれでは、わずか十三歳で子を生んだことになる。これは遺腹の子の敵中における出生という、物語に多く用いられるモティーフが適用されたに過ぎない。

七　結　語

以上に考察した結果を、言及のいとまのなかった部分を補足しつつ、次に要約する。

（一）ダヤン・ハーンの家系は、その曾祖父アクバルジ晋王以前には遡れない。

（二）『蒙古源流』にアクバルジ晋王の父とするアジャイは、実はアダイ・ハーンのことで、両者の父子関係は考えられない。

（三）『アルタン・トブチ』には、アブガルジン晋王からダヤン・ハーンに至る四代の物語が、まま韻文をもって記され、古い叙事詩から採られた痕跡を示す。

（四）『蒙古源流』の所伝には、さらに登場人物が多く、筋も複雑になり、かつ本来関係のないオルジェイト皇后妃子の復讐物語、アダイ・ハーンの出世物語を織り込んで、ダヤン・ハーンの系譜を前へ延長している。

（五）この叙事詩は、ダヤン・ハーンの子孫が各国に分封されるに伴い、モンゴルの各地に伝播し、それぞれ独自の発達を遂げたのであろう。

（六）オルドスは、右翼晋王の奉祀するチンギス・ハーンの霊廟、八白室（Naiman čayan ger）の所在地で、ここの伝承を採ったはずの『蒙古源流』の所記が、もっとも発達した形を呈するのは、異とするに足りない。

9　ダヤン・ハーンの六万人隊の起源

十六世紀初めダヤン・ハーンのもとに再結集したモンゴル諸部は「六万人隊（トゥメン）」と呼ばれ、左手のチャハル、ハルハ、ウリャーンハン、右手のオルドス、トゥメト、ヨンシェーブからなっていた。これら万人隊の起源をモンゴル帝国期に遡って明らかにする。

チャハルは、フビライが兄モンケ・ハーンから与えられた京兆（西安）の所領の後身で、フビライの三男マンガラが安西王として領した。ハルハは、元の左翼五投下のジャライル国王の所管の後身で、その名は、その牧地を流れるハルハ河に由来する。ウリャーンハンは、チンギス・ハーンとその子孫の墓を守ったウリャーンハン千人隊の後身である。

オルドスは、「四大オルド」と呼ばれたチンギス・ハーン廟に仕えた遊牧民の後身である。彼らは漠北のケルレン河のほとりに遊牧していたが、十五世紀に南下して黄河の屈曲部に移った。トゥメトは、チンギス・ハーン以前から陰山山脈で遊牧していたネストリウス派キリスト教徒のオングト王国の後身である。ヨンシェーブは、オゴデイ・ハーンが息子のゴデンに所領として与えたタングト（西夏）人の国の後身で、その名は、ゴデンの子ジビク・テムルが武威に建てた永昌府という町の名から来ている。

モンゴルのバト・モンケ・ダヤン・ハーン（**Batu möngke dayan qayan** 在位一四八七〜一五二四年）の時に、六万人隊（**J̌irγuγan tümen**）の制のあったことは、各種のモンゴル文年代記に伝えられるところだが、今もっとも叙述の整った『蒙古源流』によって、その成立の経緯を摘記すれば次のごとくである。

右手の三万人隊、すなわちオルドス（Ordos）、ヨンシェーブ（Yöngsiyebü）、トゥメト（Tümed）から使節が来て、チンギス・ハーンの霊廟なる八白室《はちはくしつ》（Naiman čaγan ger）の祭祀を司《つかさど》り、六大ウルスのアルバン（alban）を賦課《ふか》すべき晋王《しんおう》（jinong）として、ダヤン・ハーンの皇子の一人を送るよう要請した。そこで第二子ウルス・ボラト（Ulus bolad）が派遣されたが、これを喜ばないヨンシェーブのイブラヒム太師（Ibarai tayisi）とオルドスのマンドゥライ・アハラフ（Mandulai aqalaqu）は、チンギス・ハーンの霊前での即位式においてウルス・ボラトを殺した。ダヤン・ハーンは復讐の師《し》（軍隊）を興《おこ》したが、トゥルゲン河（Türgen）の戦いに敗れて還《かえ》った。そこで再び左手の三万人隊、およびアバガ（Abaγ-a）、ホルチン（Qoorčin）を率いて出陣して、ダラン・テリグン（Dalan terigün）の戦いに右手の三万人隊を破り、青海に至るまで追撃してことごとくこれを降し、マンドゥライを殺した。イブラヒムは哈密《ハミ》（Qamil）に逃げ込んで人に殺された。ダヤン・ハーンは六万人隊を整理し、チンギス・ハーンの霊前において、あらためてハーン号を受けた[1]。

その六万人隊が何々を指すかは、ダラン・テリグンでのダヤン・ハーンの軍令に明らかである。

「オルドスは、主の八白室を護《まも》る、大きな運命のある国人である。それとウリャーンハンは、同じ主の黄金の棺《ひつぎ》を守った、また大きな運命のある国人であるから、ホルチン、アバガとともに当たれ。十二トゥメトには、十二オトク・ハルハが当たれ。総計で大きなヨンシェーブには、八オトク・チャハルが当たり合え[2]」

これによって、六万人隊とは、左手のチャハル、ハルハ、ウリャーンハンと、右手のオルドス、トゥメト、ヨンシェーブであることが分かるが、これら六つの集団は、十六世紀の初めに、ダヤン・ハーンのもとに一種の連邦を結成したのである。しかし各万人隊はこの時に始めて成立したのではない。それぞれの起源をたどると、みなモンゴル帝国期の、北モンゴル東部から南モンゴルへかけた地帯の有力な集団に遡るようである（**地図7**参照）。

チンギス・ハーンは自分が建設した帝国の最大部分を第四子トルイに遺《のこ》したが、その領地は東は大興安嶺《だいこうあんれい》から西はアルタイ山に至り、ここに百一の千人隊があった。そのうち大興安嶺方面の六十二の千人隊は、ジャライル（**J̌alayir**）のムハリ国王（**Muqali göi ong**）の指揮下にあって左手の万人隊（**J̌egün γar-un tümen**）と呼ばれ、アルタイ山方面の三十八の千人隊は、アルラト（**Arlad**）のボールチュ（**Boγorču**）の指揮下にあって右手の万人隊（**Baraγun γar-un tümen**）と呼ばれた。

左右の万人隊の中間の、ケンテイ山からハンガイ山に及ぶ地域には、千人隊としてはタングト（**Tangγud**）のチャガーン（**Čaγan**）の指揮する中央の千人隊（**Tool-un mingγan**）一つしかなく、その余の住民はすべてチンギス・ハーンの四大オルドに分属していた(3)。四大オルドにはそれぞれ主宰の皇后があり、大オルド（**Yeke ordo**）はフンギラト（**Qunggirad**）のボルテ・フジン（**Börte hüǰin**）、第二オルド（**Ded ordo**）はメルキト（**Merkid**）のフラン（**Qulan**）、第三オルド（**Tuγayar ordo**）はタタル（**Tatar**）のイェスイ（**Yesüi**）、第四オルド（**Dötüger ordo**）はイェスイの妹イェスケン（**Yesüken**）であった(4)。

これを相続したトルイの次子フビライ・ハーンは、一二九二年、故皇太子ジンギム（**J̌inggim**）の長子カマラ（**Kamala**）を晋王に封じ、四大オルドとその軍隊・国土を統領させた。カマラは一三〇二年に死に、長子イェスン・テムル（**Yesün temür**）が嗣《つ》いだ(5)。一三二三年、英宗シッディパーラが暗殺されると、晋王イェスン・テムルは、ケルレン河のチンギス・ハーンの大オルドにおいて帝位に即いた。これが泰定帝《たいていてい》である。泰定帝はその翌年、次子パドマギャルポ（**Padma rgyal po**）を晋王に封じたが(6)、一三二八年、泰定帝の死とともに起こった内乱で、上都が陥ったときにパドマギャルポは殺された[7]（系図2参照）。

チンギス・ハーンの左手の万人隊長ジャライルのムハリは、一二一七年、国王に封ぜられ、フンギラト、イキレス（Ikires）、ウルート（Uruγud）、マングト（Mangγud）等の軍を率いて華北に出征し、一二二三年に死んだ。その子ボール（Boγol）は引き続いて山東・河北を平定し、一二二八年に死んだ。ボールの第三子バートル（Baγatur）は、フビライ・ハーンの即位に功労があり、一二六一年に死んだ[8]。バートルの妻フンギラト氏は、フビライの第二皇后チャブイ（Čabui）の姉で、その生むところの長子は、フビライの朝に国の柱石といわれた中書右丞相アントン（Antun）であった[9]。

ジャライルの本土はオノン河だが、ジャライル国王家は、その隷下のフンギラト、イキレス、ウルート、マングトとともに、大興安嶺東に駐して五諸侯と呼ばれた大勢力であり、一三二八年の内乱で実権がキプチャク軍団とアスト軍団の手中に落ちるまでは、ジャライル派のモンゴル貴族が元廷の重職を独占したのであった。

南モンゴルの陰山《いんざん》には、遼・金の世からオングト（Önggüd）王国が栄えていて、唐末・五代の沙陀突厥《さだとっけつ》の後裔と称せられ、その王アラクシュ・ティギト・フリ（Alaquš tigid quri）が一二一一年にチンギス・ハーンに降って本領を安堵されてから、その子孫は代々帝室と婚して趙王に封ぜられた[10]。

オングトの西隣の西夏王国は、チンギス・ハーンの末年、一二二七年に滅ぼされたが、オゴデイ・ハーンは一二三五年、その旧領に次子ゴデン（Göden）を封じ、陝西・四川・チベットの征討を委ねた[11]。

トルイの長子モンケ・ハーンは、一二五一年の即位と同時に、皇弟フビライに南モンゴル・華北の行政を委《ゆだ》ね、一二五三年、これを京兆《けいちょう》（西安）に封じた[12]。ゴデンの子ジビク・テムル（J̌ibig temür）は、これよりフビライに隷属することとなった。即位の後、フビライ・ハーンは一二七二年、第三子マンガラ（Maṅgala）に京兆を与えて安西王《あんせいおう》に封じ、兵を六盤山《りくばんざん》に駐せしめる一方、ジビク・テムルの築いた新城に名を永昌府《えいしょうふ》と賜うた[13]。

安西王マンガラは一二八〇年に死に、その子アーナンダ（Ānanda）が嗣いだ。[14] 一三〇七年、成宗テムルが死んで後嗣がなく、皇后ブルガンは安西王アーナンダを呼び寄せてこれを立てようとしたが、仁宗《じんそう》アーユルパリバドラのクーデターで失敗、仁宗の兄の武宗ハイシャンが即位し、アーナンダは殺された。[15] それから十六年、武宗・仁宗・仁宗の子英宗の治世には、安西王国は空位のままだったが、一三二三年、英宗が暗殺されて泰定帝が即位すると、アーナンダの子オルク・テムル（Örüg temür）に安西王を襲封せしめた。[16] しかし一三二八年の内乱の後、文宗朝の一三三二年、オルク・テムルは不軌《ふき》を謀《はか》ったとして誅殺された。[17]

一三六八年の漢地の喪失は、必然的にこれら元室と密着した諸集団の衰微をもたらし、一三八八年の天元帝トクズ・テムル（Toquz temür）の弑死《しいし》とともに、これらに代わってオイラト（Oyirad）の勢力が伸び始めた。オイラトは本来、イェニセイ河上流のシシヒト河（Šišqid）に拠った集団で、その王家は西北辺の名家であったが、[18] 十四世紀後半にこれを中核として結集した勢力には、これまで元廷に容れられなかった西北方の集団が多く参加していた。

十六世紀に明らかとなるオイラトの構成要素を分析すると、ホイト（Qoyid=Xoyid）、バートト（Bayatud=Bātud）は本来のオイラトの後裔であるが、トルグート（Turγayud=Torγūd）はケレイトの後身であり、チョロース（Čoroγas=Čorōs）のジューン・ガル（J̌egün γar=J̌ūn γar）、ドルボト（Dörbed=Dörböd）は、天山のウイグル、陰山のオングトと同じ始祖伝説を持つことから見て、やはりウイグル帝国の分支であったナイマンの後身であろう。バルグ（Barγu）、ブリヤート（Buriyad）が、バイカル湖のバルグジン・トクム（Barγuǰin töküm）の地に住んだバルグト（Barγud）の後身であることは言うまでもない。[19]

要するにケンテイ山以西のケレイト、ナイマンにバルグト、オイラトを加えたものが新しいオイラト、すなわちドルベン（四）・オイラト（Dörben Oyirad）になったのだが、ただ例外はチンギス・ハーンの同母弟ジョチ・ハサルの子孫が領したホシュート（Qosiγud=Xošūd）で、これは大興安嶺東からオイラトに連れ去られた三衛の遺民であろう。

以上の形勢を念頭に置いて、一三八八年の天元帝の弑死から一四八七年のダヤン・ハーンの即位に至る約百年間の変遷を眺めると、初めはオイラトに三王があったが、その一人チョロースのマフムード（Maḥmūd）の子トゴン（Toɣon）は他の二王を併《あわ》せ、モンゴルのアダイ・ハーン（Adai qaɣan）を滅ぼしてモンゴルとオイラトを統一し、その子のエセン（Esen）はもと擁立するところのトクトア・ブハ・ハーン（Toɣtoɣa buqa qaɣan）をも殺し、一四五三年、自らハーン位に登ったが、翌年、部下の反乱で殺され、オイラト帝国は瓦解した。

その後、モンゴルのハーン位には、トクトア・ブハの二子マルコルギス（Markörgis 在位一四五五〜一四六五年）、ムラン（Mulan 在位一四六五〜一四六六年）が即いたが、いずれも殺されて、約十年の空位時代が来る。一四七五年に至って、バヤン・モンケ・ボルフ晋王（Bayan möngke bolqu ǰinong）が即位を勧誘されたが辞退したので、代わりにマンドゥールン・ハーン（Manduɣulun qaɣan）が即位した。マンドゥールンはトクトア・ブハの異母弟と言う。マンドゥールンは間もなくボルフ晋王と不和になってこれを駆逐したが、一四七九年にマンドゥールンが死ぬと、嗣子がなかったので、未亡人マンドゥフイ・ハトン（Manduqui qatun）はボルフ晋王の子バト・モンケ（Batu möngke）と婚して亡夫の遺産を相続させ、やがて一四八七年のボルフ晋王の死とともにバト・モンケをハーン位に即けた。これがバト・モンケ・ダヤン・ハーンである[20]（**系図3**参照）。

『蒙古源流』、『アルタン・トブチ』にはいずれも、マンドゥフイ・ハトンがダヤン・ハーンとの結婚に当たって、エシ・ハトン（Esi qatun）の霊前に祈り、願いの如く七男一女を生んだ次第を記している。一方『アルタン・トブチ』によると、エシ・ハトンとはトルイの妻ソルカクタニ・ベギ（Sorqaɣtani begi）のことで、チンギス・ハーンがその孝心をめでてこの称号と八オトク・チャハルを与えたのだという。してみるとマンドゥールン・ハーンはチャハルの領主で、その帳中にソルカクタニ・ベギの霊が祀られていたのである[21]。なおエシ（eš）はトルコ語「よめ」の義である（**系図1**参照）。

このエシ・ハトンの祭祀の源流をたずねると、恵宗朝の一三三五年、甘州のキリスト教会堂に奉安されているソルカクタニ・ベギの祭礼が元廷で問題になった事実がある。[22] これは安西王オルク・テムルの誅死を去ることわずかに三年で、甘州は安西王の管下であるから、キリスト教徒ソルカクタニ・ベギの霊はもともと六盤山の安西王の帳中に祀られていたのが、甘州のキリスト教会堂に移されたのであろう。安西はソルカクタニ・ベギの子フビライ以来の旧国で、その祭祀の地にふさわしい。さすればチャハル万人隊は安西王国の後身としてさしつかえない、なおチャハルは、イラン語チャーカル（**chākar**）で、「臣僕」の義であろう。

ダヤン・ハーンの曾祖父アクバルジ晋王（**Aybarǰi ǰinong**）はトクトア・ブハ・タイスン・ハーンの弟とされる。『蒙古源流』・『アルタン・トブチ』によれば、アクバルジはエセンに加担してトクトア・ブハを裏切ったが、結局エセンに殺され、その子ハルグチュク（**Qaryučuy**）は西方トクモクに走ってこれまた殺された。ハルグチュクとエセンの娘との間に生まれたのがダヤン・ハーンの父バヤン・モンケ・ボルフ晋王で、オイラトで成長し、のちウリャーンハンに送られてその領主の娘と婚し、バト・モンケ・ダヤン・ハーンを生んだという。[23] このウリャーンハンが、ダヤン・ハーンのダラン・テリグンの軍令に見える「同じ主の黄金の棺を守った、また大きな運命のある国人」である。チンギス・ハーンはケンテイ山中に葬られ、その墓を守ったのはウリャーンハンの千人隊であった。[24] ウリャーンハンの本土はオノン河だが、このケンテイ山・オノン河のウリャーンハンが、ダヤン・ハーンの時のウリャーンハン万人隊になったと考えられる。なおダヤン・ハーンの死後、ボディ・アラク・ハーン（**Bodi alay qayan** 在位一五二四〜一五四七年）はウリャーンハン万人隊の反乱を討伐してこれを解体し、その地はハルハ万人隊に併合された。[25]

ダヤン・ハーンの父、曾祖父がすでに晋王の号を帯びていたが、ダヤン・ハーンは次子ウルス・ボラトを右手の三万人隊の晋王に封じ、ダラン・テリグンの戦いの後、第三子バルス・ボラト（**Barsubolad**）をあらためて晋王に封じた。バルス・ボラトの長子グン・ビリク（**Gün bilig**）の子孫は代々オルドスを領し、晋王の号を世襲した。そしてオルドスがチンギス・ハーンの八白室を奉祀したことはよく知られている。一方チンギス・ハーンの四大オルドの領主が晋王であったことを考えれば、ジノンが晋王の音訳であり、オルドス万人隊が四大オルドの後身であることは明らかである。思うにダヤン・ハーンの先祖はオルドスの領主だったのであろう（系図4参照）。

ただし一九三五年に八白室に参拝したオウエン・ラティモアの報告によると、祀られているのはチンギス・ハーン自身とハトン、すなわちボルテ・フジンと、左手のハトン、すなわちフラン・ハトンだけであり、このうちチンギス・ハーンとボルテ・フジンに奉仕するのはダルハト旗人だが、フラン・ハトンには別の一団が奉仕するという。[26] これは大オルドと第二オルドが合併した痕跡をとどめている。

ダヤン・ハーンの婿入り先チャハルの、マンドゥールン・ハーンの未亡人マンドゥフイ・ハトンは、トゥメトのエングト（Enggüd）の出身である。[27] トゥメトは久しく陰山《いんざん》に拠り、オングトの故地を占めた。思うにエングトはオングトで、トゥメト万人隊はオングト王国の後身なのである。して見ると、その西方、甘粛の辺外に拠ったヨンシェーブは、すなわち涼州のゴデン、ジビク・テムル父子の王国の後身で、その名はジビク・テムルの都城「永昌府」の音訳であろう。

ダヤン・ハーンはハルハ万人隊に第五子アルチュ・ボラト（Alču bolad）と第十一子ゲレセンジェ（Geresenǰe）を封じたが、アルチュ・ボラトの所部は、その子フルハチ（Qurqači）の五子に因んで五オトク・ハルハ（tabun otoɣ Qalqa）となり、ゲレセンジェの所部はその七子に因んで七オトク・ハルハ（doloɣan otoɣ Qalqa）となった。『アサラクチ』、『シラ・トゥージ』によると、ジャライルの圧制に苦しんだハルハのチノス部（Činos）が、ダヤン・ハーンに請うてゲレセンジェを迎えたといい、ゲレセンジェは常に「ジャライルの皇太子」（J̌alayir-un qong tayiǰi）と呼ばれる。またその長子アシハイ（Asiqai）の相続したオトクの一つはジャライルであった。[28] 一方、五オトク・ハルハのフルハチの第三子ウバン・ボイモ（Uban boyimo）が相続したオトクはフンギラトであった。[29] これは正にジャライル国王家がフンギラトらを率いたのと合致する。ハルハ万人隊はジャライルの後身なのである。[30]

以上でダヤン・ハーンの六万人隊それぞれの前身の比定を終えたが、このほかに六万人隊の数に入らず、従ってダヤン・ハーンの勢力圏外に立ったものとしては、ダラン・テリグンの軍令に見えたホルチン、アバガがある。これらは明人が福餘衛《ふくよえい》、泰寧衛《たいねいえい》と呼んだ大興安嶺東のオジェート（Öjiyed）、オンリュート（Ongliyud）と同様に、この方面に封ぜられたチンギス・ハーンの諸弟の後裔の領するところであった。やはり嶺東の朶顔衛《ドヤンえい》はウリャーンハンの分支である。[31]

最後にハラチン（Qaračin）、アスト（Asud）について一言する。一二三六〜一二四四年のモンゴル軍のヨーロッパ遠征に従軍したモンケは、カフカズからキプチャク人、アラン人の大集団を連れ帰り、キプチャク人を老哈河《ローハ》などに、アラン人を灤河《らんが》などに遊牧させた。[32]キプチャクはハラチン、アランはアストとして知られ、彼らから編成された軍団は元帝の親軍として勇名を馳せ、ついに一三二八年の内乱でキプチャク軍団長エル・テムル（El temür）、アスト軍団長バヤン（Bayan）が元廷の実権を握るに至った。[33]ダヤン・ハーンの時に張家口外に居たハラチンとアストは、その住地から見てもこれらの子孫にちがいない。ヨンシェーブのイブラヒム太師の盛時には、ハラチン、アストはその麾下《きか》に属したが、ダヤン・ハーンの征討でイブラヒムの勢力が壊滅すると、ヨンシェーブは再び西方の本拠に退いた。[34]このためにハラチン、アストは時にヨンシェーブの名を冠して呼ばれることがあるが、これは別にヨンシェーブの起源が東方にあったことを意味しない。

10 ウリャーンハン・モンゴル族の滅亡

ダヤン・ハーンの六万人隊の一つであったウリャーンハン部族は、古くからオノン河の溪谷に住み、黄色の髪を持つ種族で、チンギス・ハーンの四世の祖から仕え、ケンテイ山中のチンギス・ハーン一族の陵墓を守った由緒ある民だった。ウリャーンハンはまたダヤン・ハーンの母の出身部族でもあったのだが、一五二四年にダヤン・ハーンが没すると、その諸孫との間で争いが起こり、一五三八年に至ってウリャーンハン万人隊は解体されて消滅した。その故地であった北モンゴルに、今のモンゴル国の国民の大部分を占めるハルハ部族が広がったのは、このあとのことである。ハルハ万人隊にもウリャーンハンの一部が相続されたので、アルタイ山西を清代に烏梁海と呼んだのである。

今日のモンゴル国の人口の大部分を構成するハルハ（Qalqa）族が北モンゴルの地に占拠する前に、その地はウリャーンハン（Uriyangqan）と称する万人隊（tümen）の遊牧するところであったが、十六世紀に解体されて消滅した。その遠縁の一部族は、明代に朶顔衛《ドヤン》として知られ、清代に入って南モンゴルのハラチン（Qaračin）二旗とトゥメト（Tümed）左翼旗となったが、その領主はいずれもチンギス・ハーンの部将、ウリャーンハンのジェルメ（J̌elme）を祖とする。

オルドス（Ordos）のサガン・エルケ・セチェン皇太子（Sayang erke sečen qong tayiǰi）が一六六二年に著すところの有名な年代記『蒙古源流』（Erdeni-yin tobči）には、バト・モンケ・ダヤン・ハーン（Batu möngke dayan qayan 在世一四六四〜一五二四年）に関する説話群を語り終わった後に、さらに次の物語を付載《ふさい》してある。

それからウリャーンハンのゲゲーン丞相、トゥクタイ・ハラ・フラトの二人をはじめウリャーンハン万人隊がそむいて敵対したときに、ダヤン・ハーンはチャハルとハルハの二つを率いて出馬して、その息子のバルス・ボラト晋王に通報したとき、［晋王は］右翼の三万人隊を率いて出馬して合流し、ジョルガルの山梁《さんりょう》の上にウリャーンハン万人隊と会戦した。そのとき左翼の万人隊からハルハのジャルートのバガスン・ダルハン・タブヌン、チャハルのジョートのサイン・チャキジャの息子のエンケベイ・コンデレン・ハシハの二人、右翼の万人隊からオルドスのハルハタンのバイチュフル・ダルハン、トゥメトのハンリンのアルジュライ・アハラフの二人、これら四人が前衛の兵を先導させて合戦して、ウリャーンハンのジョルガルの大営を斬り、残ったものを降して、［他の］五個の万人隊に収容して、その万人隊の名を放棄させた。(1)

このウリャーンハン万人隊の解体が、ダヤン・ハーンの在世中の事件ではあり得ないことは、すでに和田清が指摘している。和田によると、ウリャーンハン（兀良哈）はまた黄毛と呼ばれ、その睛《ひとみ》もまた正黄であったという、ブロンドの種族であった。一五四三年から一五四七年まで明の宣府の分守口北兵備道《ぶんしゅこうほくへいびどう》の任に在った蘇志皐《そしこう》の著わすところの『訳語』には、このウリャーンハンの末路について、次のように記してある。

蒙古には旧《もと》と誕詐《たんさ》（嘘をついてだます）無し。今は亦た然らず。小王子、把都児《バートル》・納林台吉《ナリンタイジ》・成《チン》台吉・血剌《シラ》台吉・莽晦《マングィ》・俺答《アルタン》・己寧《ジノン》の諸酋の兵を集め、西北の兀良哈《ウリャンハ》を掠《かす》め、殺傷して殆ど尽く。乃《すなわ》ち結親（結婚関係を結ぶ）を以て其の余を紿《あざむ》き、至れば則ち悉く以て諸部に分かち、啖《くら》わすに酒肉を以てし、飽かしめて尽《ことごと》くこれを殺す。此れ其の一事なり。

ここに列挙された諸酋の中、晋王、アルタン、バートル、ナリン・タイジはバルス・ボラトのそれぞれ長子、次子、第四子、第五子であって、これらダヤン・ハーンの諸孫がすでに戦争で活躍しているからには、小王子、すなわちモンゴル・ハーンはダヤン・ハーン自身ではなく、その死後に即位したボディ・アラク・ハーン（Bodi alaγ qaγan 在位一五二四〜一五四七年）でなければならず、正に蘇志皐が宣府に在任した時期に当たる。(2)

ウリャーンハン万人隊の滅亡がダヤン・ハーン死後のことであったという和田説が正しいことは、近年発見の『アルタン・ハーン伝』（Erdeni tunumal neretü sudur orosiba）によって立証される。この韻文の年代記には、一五二四年から一五四四年に及ぶ二十年間に、ダヤン・ハーンの諸孫とウリャーンハンの間の六回の戦争を伝えているが、すべてボディ・アラク・ハーンの治世に当たり、そこでは『蒙古源流』のゲゲーン丞相はゲレバラト丞相（Gerebalad čingsang）、トクタイ・ハラ・フラトはトロイ・ノヤン（Töröi noyan）と呼ばれている。

その一

申の年（一五二四年）にウリャーンハンのトロイ・ノヤン、ゲレバラト丞相が攻めて来て、
ベスト（Besüd）のオリンデイ（Örindei）という名の人を殺して幕営と人民を逐《お》い立てるのを聞いて、
再びアルタン・ハーン（Altan qaγan）はトゴケイ・ノヤン（Tögökei noyan）、ボディ・オルルク（Bodi örlüg）の兵を率いて、
戦ってウリャーンハンを破って後から追っていって、
バルジ（Balǰi）という名の地で大いなる俘《ふ》獲《かく》を取って、
歓喜をもって安全に家に帰るや否や、(3)……

その二

群集して大いなる国人を率いて辛卯の年（一五三一年）に、
再びメルゲン晋王（Mergen ǰinong）、アルタン・ハーンは二人でウリャーンハンに遠征して、
ブルハト山（Burqatu qan）に住んでいる所に至って攻撃して、
離散するまで掠奪して行く際に、
他のウリャーンハンのトロイ・ノヤン、ゲレバラト丞相の二人が兵を率いて、
入り乱れて戦った時、ウリャーンハンを屍《しかばね》の山を築くほど斬った。
ウリャーンハン万人隊を忽《たちま》ちにジョルガル（ǰoryal）の上に破って、
先祖の白室（čayan ger）の神前に下馬させたものは、
憂いなき志ある、不退転の心ある、
国人の主なる貴きメルゲン晋王とアルタン・ハーンの二人であった。
その会戦にトロイ・ノヤン、ゲレバラト丞相は追いつめられず脱走した。(4)

その三

癸巳の年（一五三三年）に、メルゲン晋王、アルタン・ハーンの二人は、
ハンガイ山（Qangγai qan）を越えて遠征してウリャーンハンを掠奪して、
驚くべく喜ぶべき大いなる俘獲を得て安全に引き返して同じ巳の年に下馬したのであった。(5)

その四

卑劣なるウリャーンハンのトロイ・ノヤンとゲレバラト丞相が、
接近してボディ・ハーン（Bodi qaγan）の人民と家を分け取り掠奪して去った時に、
直ちに六万人隊はチンギス・ハーン（ejen）の神前に会盟して、
戊戌の年（一五三八年）にウリャーンハンに遠征することを議決して、
チンギス・ハーンの白室を右翼三万人隊が供奉《きょうほう》して、
貴きメルゲン晋王とアルタン・ハーンはハンガイの南に下馬して、
エシ・ハトン神（Esi qatun）を供奉して左翼万人隊はハンガイの北に下馬して、
高貴なる大いなる国人は戊の年にそこに遊牧して家畜を肥やすや否や、
六万人隊の大いなる国人は出発して襲撃した時、
その威風に圧倒されてウリャーンハン万人隊は、
困窮してトロイ・ノヤン、ゲレバラト丞相、エルドゥネイ（Eldüanei）の三人のノヤン等が降った時、
同意して六万人隊のノヤン等は、その犯した罪が大いなる故に、
それぞれ自分に降った者を捕らえて処罰して、
分割して俘虜とした、ウリャーンハン万人隊を。
抱くべき者を抱いて、無数の多くを、
戸口ごとに入らしめた次第はかくの如くであった。
天に嘉《よみ》せられ贈り物を賜って、
抵抗する敵を支障なく破って、

大いなる国人は歓喜に満ちて、
それから平安に引き返して下馬した後、
　皇霊ある白室の神前に六万人隊が会盟して、
ハラ・モドン（Qara modun）の傍らにして福に跪拝《きはい》してチンギス・ハーンの神前から、
全ての大いなる国人はボディ・ハーンにゴデン・ハーン（Gödeng qaγan）の号を授けた。
奇特なるメルゲン・ハラ（Mergen qara）を、政道の支柱となったといって、メルゲン晋王の号を授けた。
　嫉妬深き敵を完全に破壊する者、
兄長を和合させて暮らす者、
甚だ全き政道の支柱となったといって、
アルタン・ハーンにスト（Suu-tu）の号を賜った。
　怨恨ある敵を破壊した後、
極めて多く聖なるチンギス・ハーンからノヤン等は自らの生命を請うて、
自分たちの間で名号を授け合い共に祝って、
さらに再び繰り返し和親を共にし合って解散したのであった。(6)

その五

憂いなき志あるアルタン・ハーンは辛丑の年（一五四一年）に再び、
残ったウリャーンハンに遠征して出馬して、
オンゴチャ（Ongγoča）という名の人を首とする一団の民を降して、

遅滞なく平安に自分の宮殿に引き返して下馬した。(7)

その六

甲辰の年（一五四四年）にトゥシェート・セチェン・ハーン（Tüsiy-e-tü sečen qaγan アルタン）はウリャーンハンに遠征して、

到着してウリャーンハンのマンギル丞相（Manggir čingsang）、マンハイ舎人（Mangqai sigejin）、ベルケ・ボケ（Berke böke）等を降して、

尊敬してチンギス・ハーンの白室をマンハイ舎人に守護させて、

乙巳の年（一五四五年）、安全に引き返して下馬したのであった。(8)

以上に引用するところは、ダヤン・ハーンの諸孫とウリャーンハン・モンゴル族との間の戦争の経過を物語る『アルタン・ハーン伝』の本文の訳文である。四行ずつ頭韻を踏む最初を一字下げて表す。これに依ると戦争は一五二四年に始まり、一五三八年に至ってウリャーンハン万人隊は征服、解体、分割されて消滅したが、その後も少数のウリャーンハン族は北モンゴルに残存して、アルタン・ハーンの討伐を煩《わずら》わしたことが知られる。

ところで、ウリャーンハンの乱が一五二四年に始まったというのは意味がある。これは実はダヤン・ハーンの死去に伴って、その子孫の間に内紛のあった年なのである。ダヤン・ハーンの長子トロ・ボラト（Törö bolad）は一五二三年、父に先だって死し、三子を遺したが、その長子ボディは甲子（一五〇四年）生まれで、この年二十歳であった。(9)翌年、ダヤン・ハーン自身も死んで、長孫ボディの継ぐべきハーン位を、第三子バルス・ボラト晋王が奪ったのである。ロブサンダンジン（Blo bzang bstan 'dzin）の『アルタン・トブチ』（Altan tobči）に言う。

その後に、ボディ・アラク（Bodi alaγ）が小さいといって、その叔父が大位についた。その後に、ボディ・アラク・ハーンは左翼三万人隊を率いて、八白室に跪拝《きはい》して帝位につこうと行って、バルス・ボラト晋王に言葉を語った。「お前は私が小さいといって帝位についたのが本当だといっても、帝位につくべき理由がないので、今、お前は私に跪拝せよ。理由のある主である故に、跪拝しなければ、私は戦い合おう」と、激しい言葉で叱責した。この言葉にバルス・ボラト晋王ハーンは、もっともであると思って、「私は跪拝しました」と言葉を語った。「この言葉であれば、またもっともである」といって、八白室にボディ・アラクを跪拝させて帝位につかせた。

『アルタン・トブチ』に依ると、ボディ・アラク・ハーンの在位は二十四年、未の年（一五四七年）の七月十日に死んだというから、その即位は一五二四年中にあったことになり、ダヤン・ハーンの死去、その第三子の簒位《さんい》と退位、長孫の即位がすべて同年中のことであったことが知られる。(10)

ダヤン・ハーンの在世中、ウリャーンハンはハーンと特に縁故の深い種族であったようである。『アルタン・トブチ』に依ると、ダヤン・ハーンの父バヤン・モンケ・ボルフ晋王（Bayan möngke bolqu ǰonong）は、チンギス・ハーンの後裔を父とし、オイラト（Oyirad）のエセン・ハーン（Esen qaγan）の女《むすめ》を母としてオイラトに生まれ、四人の勇士に護送されてモンゴルのウリャーンハンのフトゥクト少師（Qutuγtu sigüsi）の営に至り、その女シキル（Sikir）と婚し、バト・モンケ・ダヤン・ハーンを生んだのである。(11)

かくの如くウリャーンハンはダヤン・ハーンの母の出身部族だったのであるから、ハーンはその在世中、ウリャーンハンに対して特に愛顧を加えたことは想像に難くない。しかしハーンの死後ともなると、簒奪者バルス・ボラト晋王も、嫡嗣《ちゃくし》ボディ・アラク・ハーンも、もはやウリャーンハン氏の出ではなく、特別の関係は持たなかった。そうした部族の立場の変化が、ウリャーンハンの反乱を惹き起こし、万人隊の解体をもたらしたのであろうと考えてよかろう。

先にダヤン・ハーンの死を一五二四年と言ったが、実は『アルタン・ハーン伝』には、これとは異なる紀年が伝えられている。

七歳で後母と結婚させて、
四十万モンゴルは集会してダユン・ハーン（Dayun qayan）の号を奉って、……

また、

丁丑の年（一五一七年）に四十四歳の時に、
ダユン・ハーンは無常の道理によって崩ぜられたのであった。

と言っている。(12) しかしこの一五一七年死去の説は誤っている。七歳即位、四十四歳死去というのは、要するに三十七年間在位という意味であるが、『アルタン・トブチ』にも、

ダユン・ハーンは三十七年帝位にあって、四十四歳で崩ぜられた。

と明記されてある。(13)

ところでバト・モンケ・ダヤン・ハーンの前に在位したモンゴルのハーンは、その父バヤン・モンケ・ボルフ晋王であって、一四七九年のマンドゥールン・ハーン（Manduγulun qaγan 満都魯）の死後に立ち、明人には小王子として知られたが、その死は『明憲宗実録』の成化二十三年（一四八七年）三月癸卯の条下に「卜蘭罕《ブランハン》衛と泰寧衛の夷人が伝報すらく、小王子は已に死せり」と伝えられている。(14) この年にダヤン・ハーンの襲位があったものとすれば、その三十七年後は正に一五二四年となる。一五二四年が嗣王ボディ・アラク・ハーンの即位の年でもあることはすでに言った。

なお、ついでにダヤン・ハーンの生年について一言すれば、『蒙古源流』はその甲申の年（一四六四年）なりしことを明言しており、これはその諸子の生年（長子トロ・ボラト **Törö bolad** は一四八二年、第十一子ゲレセンジェ **Geresenǰe** は一五一三年）から見て無理がない。しかし『蒙古源流』は、ダヤン・ハーン七歳即位の伝説に誤られて、その即位を庚寅の年（一四七〇年）に置いているが、この年はダヤン・ハーンの前々王マンドゥールン・ハーンの即位（一四七五年）より前で、明らかに事実ではない。一方、『アルタン・ハーン伝』の紀年に従えば、ダヤン・ハーンの七歳即位は一四八〇年中に在った計算になるが、この年はあたかもマンドゥールン・ハーンの没年なる一四七九年の翌年に当たる。しかし一四八〇年にはダヤン・ハーンの父がまだ生存していたことは、『アルタン・トブチ』に、

その後、バヤン・モンケ・ボルフ晋王ハーンが亥の年（一四七九年）に大位に［即き］、四年在位した時に、……

とあり、また先に引いた『明憲宗実録』に依って、その死が八年後の一四八七年中の事であったことが確証されるので、その子ダヤン・ハーンの一四八〇年即位は事実でないことがわかる。要するに、ダヤン・ハーンはその即位の時、

二十四歳になっていたのであって、七歳即位というのは、その婚したマンドゥールン・ハーンの未亡人がダヤン・ハーンより年長であった事情を誇張して発生した伝説に過ぎまい。

ダヤン・ハーンの諸孫のウリャーンハン征伐は、北モンゴル・ハルハの早期の歴史に影を落としている。撰人未詳の『シラ・トゥージ』（Sira tuγuǰi）は、その所載の系譜中の人名がハルハ・サイン・ノヤン部中前旗のジャサク一等タイジ・ホンゴル（Qongγor 一七〇三年降襲、一七〇六年卒）に及んでいるところから見て、十八世紀初頭に北モンゴルで書かれた年代記であるが、その巻末に付載された記事の冒頭に、北モンゴル・ハルハの族祖ゲレセンジェについて、次のごとき興味ある説話を伝えている。

ゲレセンジェが七ホシューンを領した次第。ダヤン・ハーンに、チノス（Čінos）のウダ・ボロト（Uda bolod）が毎年、野馬、野驢《やろ》を殺して乾肉を届けていた。一度、自分の去るときに、「私たちをジャライル（J̌alayir）、ケルート（Kerüd）の舎人らが治めて暮らし、彼らに家を治めさせています。今、ハーン様から一子を乞いに私は来たのです」と申し上げれば、ハーンは同意して、ジミスケン・ハトン（J̌imisken qatun）の長男ゲレ・ボラト（Gere bolad）を与えた。ウダ・ボロトは翌年、ゲレ・ボラトをハーンのもとに連れて行って申し上げるには、「ハーン様の息子の力は大きく、頭首のないハルハの性は荒うございます。恵まれたあなたの属民は、今後、罪に落ちる恐れがあります」と返して、帰って来るときに、遊んでいるゲレセンジェという名の息子を連れて来た。これを知って、ハーンの側《かたわら》の大臣らが言うには、「ハーンが恵んで自分の息子を賜れば、かえって返してよこして、今、こっそり、何故に盗んで行くのですか。追って処罰しなければなりません」と言えば、ハーンは、「奴隷として使うのではない。連れて行くがよい」と、追わせなかった。ウダ・ボロトは［ゲレセンジェを］息子として暮らして、オジェート（Öǰiyed）のモングチェイ・ダルガ（Mönggüčei daruγa）の娘のハトゥンハイ（Qatungqai）

という名の者と、ウリャーンハンのメンドゥ（Mendü）の娘のモングイ（Möngüi）という名の者とに、姻戚として婚約させて、ウリャーンハンの娘（?オジェートの娘ハトゥンハイ）と成婚させて迎えて来るときに、白駱駝に乗らせ、黄羊の斉肩女《せいけんじょ》朝褂《ちょうか》を着せてやった。ウダ・ボロトの長男のトクタフ（Toγtaqu）は、フェルトと木を集めて、小さな家を建て、家畜の乳を搾って、ウダ・ボロトが嫁として待遇する故に、家に入らず、搾《しぼ》った乳を壁の孔を通して外から渡して暮らした。メンドゥの娘（モングイ）をチャハルが奪って取ったのであった。そこでチャハルで一人の人と恋仲になって、「私の以前の婚約者はハルハのウダ・ボロトであった」と、ハルハに逃げて来れば、ウダ・ボロトはゲレセンジェにめとらせた。そこでゲレセンジェを、別に成婚させたのであった。大妃子（ハトゥンハイ）は北側に寝て、小妃子（モングイ）は東側に寝て暮らすうちに、大妃子が言うには、「お前たち二人が楽しみ合って臥《ふ》すのを、私はどうして見ていられよう。私の家から出て行きなさい」と言ったとき、家がなく、戸外に寝ることになった。ウダ・ボロトは自分の小さな家に入らせて、いっしょに食事をして暮らすときに、大妃子はトクタフの家の外に来て言うには、「お前たちは皆、モングイといっしょになりました。お前たちから私はどうして離れるのですか」と、大声で泣いた。ジャライル皇太子がハルハの主君となった次第はこのようであった。[15]

この説話で、ウリャーンハンのメンドゥの娘がチャハルに奪い去られたと言っているが、チャハルはボディ・アラク・ハーンの直領の万人隊であるから、この事件が一五二四年に始まる戦争の際に起こったことは明白である。モングイ・ハトンは壬寅の年（一五四二年）にゲレセンジェの長女アルタイ・アバイ（Altai abai）を生んでいるから、そのチャハルに奪い去られて逃還したのはそれよりも以前でなければならない。

ダヤン・ハーンの第十一子ゲレセンジェは癸酉の年（一五一三年）に生まれ、大妃ハトゥンハイ（またハントゥハイ Qangtuqai）との間に六男、小妃モングイとの間に一男三女を儲け、戊申の年（一五四八年）に三十六歳でケルレン河のボロン（Borong）に没している。その所領の十三オトク（otoɣ）の一つをウリャーンハンといい、ゲレセンジェの死後、その第七子サム・ブイマ（Samu buyima）が相続した。

サム・ブイマの母は、即ちウリャーンハンのメンドゥの娘モングイ・ハトンである。サム・ブイマは甲辰の年（一五四四年）に生まれ、七子があったが、その第四子をチンダガン・サイン・マジク・ジョリクト（Čindaɣan sayin mağiɣ ǰoriɣtu）といい、甲戌の年（一五七二年）に生まれている。(16) このサム・ブイマの家系はハルハ右翼に属し、ジャサクト・ハーン（J̌asaɣtu qaɣan）家の被管であった。(17)

初代のジャサクト・ハーン・ライフル（Layiqur 一五六二年生まれ）には、従弟ショロイ・サイン・ウバシ皇太子（Šoloi sayin ubasi qong tayiǰi 一五六七年生まれ）があり、ウバシ皇太子はハルハ・モンゴル勢を率いてしきりとドルベン・オイラト（Dörben Oyirad）の諸部を伐《う》ったが、一六二三年、反攻を受けて敗死した。この戦争の次第を叙述したオイラトの物語『ウバシ皇太子伝』（Mongɣoliyin Ubaši xun tayiǰiyin tuuǰi oršiboi）には、ウリャーンハンのサイン・マジクが主人公の副官として登場し、ウバシ皇太子と戦略のことで衝突して、戦闘の開始前に師を旋《かえ》すのである。(18)

このサイン・マジクの子孫は、清代に入ってハルハ・ジャサクト・ハーン部の中右翼末旗と中右翼左旗のジャサクとなった。ただしこの両旗の牧地は、一六八八年のジューン・ガル（J̌üün ɣar）のガルダン・ボショクト・ハーン（Galdan bošoqtu xaan）のハルハ侵入とその後の国際関係の影響のため、北モンゴルの内部に位置しているが、本来のサイン・マジク一族の牧地は遥か西方のアルタイ山西にあった。清代にこの方面のトルコ系の住民を烏梁海《ウリャーンハイ》と呼んでいるのは、それがハルハ・ウリャーンハン・オトクのサム・ブイマの子孫に管轄されていた史実に由来している。(19)

最後に、一五三八年に解体されて姿を消すまで、北モンゴルに盤踞《ばんきょ》していたウリャーンハン万人隊の起源について一言する。

ダヤン・ハーンは一五一〇年、左翼三万人隊の兵を率いて、右翼三万人隊とダラン・テリグン（Dalan terigün）の地に会戦し、大いにこれを破った。この戦いの始末を叙した『蒙古源流』の記事中に、ダヤン・ハーンの軍令を伝えるが、その中でハーンは、敵軍のオルドスが「主の八白室を護る、大きな運命のある国人」であるのに対して、自軍のウリャーンハンは「同じ主の黄金の棺《ひつぎ》（altan kömörge）を守った、また大きな運命のある国人」であると言っている。[20] オルドスのチンギス・ハーン廟と対等の重要性を持つ、チンギス・ハーンの「黄金の棺」というものは、ケンテイ山中に葬られたチンギス・ハーンの陵墓以外には考えられない。

ラシード・ウッ・ディーン（Rashīd al-dīn）の『集史』（Jāmi' al-tawārīkh）に依ると、チンギス・ハーンのみならずその子孫も葬られたケンテイ山中の禁地を守護する者は、ウリヤンカト（ウリャーンハン）のエミールたちであったという。[21]『元史』に依ると、チンギス・ハーンの部将スベエデイ（Sübegedei 速不台）はウリャーンハン（兀良合）の人で、その先世がオノン（Onon 斡難）河上に猟していてトゥンビナイ・ハーン（Tumbinai qayan 敦必乃皇帝）に遇《あ》い、因りて相い結納したのであって、チンギス・ハーン（太祖）の時に至って時すでに五世であったという。[22] トゥンビナイはチンギス・ハーンの四世の祖である。

かくのごとくウリャーンハンはチンギス・ハーン以前からオノンの渓谷に住んでその先世に仕えた民であって、その死後、ケンテイ山中のチンギス・ハーン一族の陵墓を守ったのである。十五、六世紀に北モンゴルに拠って勢力を振るったウリャーンハン万人隊は、この守陵のエミールたちの後裔に相違ない。この万人隊が一五三八年にボディ・アラク・ハーンとその従弟たちによって征服、解体された後、ゲレセンジェのハルハ・モンゴル族がその故地に進出してこれに占拠したのである。

以上が、今はほとんど忘れられた、北モンゴルのブロンドの遊牧民、ウリャーンハン族の滅亡の次第である。

11　チョクト皇太子について

一五八一年生まれのハルハのトゥメンケン・チョクト皇太子(1)は、チベット仏教のカルマ派の熱心な信者となり、北元の宗主リンダン・ハーンと呼応して青海からチベットに入ろうとし、一六三七年にオイラトのホシュート部長グーシ・ハーンに敗死した。チベット語史料にこの戦闘の模様が詳しく述べられているが、この人物はモンゴル国ではたいへん有名で、第二次世界大戦終了後まもなく、彼を主人公にした映画も製作された。ダヤン・ハーンの子孫であり、チンギス・ハーンの子孫でもあるチョクト皇太子は、六つの仏教寺院を建立したのみならず、チャガーン・バイシン（白い城）と呼ばれる居城を構え、農園を経営し、多くの書物を収集した。しかし、彼が今でもモンゴル人から愛される最大の理由は、遠く隔たった伯母を慕って詠んだ韻文が、モンゴルの草原に立つ磨崖に刻まれて残っているからである。本論では最後にこの詩文を全訳する。チョクト皇太子は、十七世紀のモンゴルがチベットといかに密接な関係があったか、新たなモンゴル文化がチベット仏教文化の影響をいかに受けたかを理解するための、まことによい題材である。

一六三四年は、モンゴルの歴史上、記念すべき年である。この年五月、後金国のスレ・ハン・ホンタイジ（のちの清の太宗）は、八旗の兵を率いて盛京（Mukden）よりチャハル親征の途に上り、行く行く外藩モンゴルの兵を集めつつ西進し、七月二十五日にはその前鋒は帰化城（Köke qota）に至った。チャハルのリンダン・フトゥクト・ハーン（Lindan qutuɣtu qaɣan）は一戦に及ばずして先ず遠遁《えんとん》し、チベットに西奔する途上、西海（Köke naɣur）を距《へだ》たる十日程の打草灘《だそうだん》（Sira tala）で痘死した。

ついで翌一六三五年の四月二十八日、後金国のホショイ・メルゲン・ダイチン・ベイレ・ドルゴンの兵は河西トリト地方においてリンダンの嗣子《しし》エジェイ・エルケ・ホンゴル（Ejei erke qongyor）を降し、ことごとくチャハルの余衆を収め、ここに北元三百年の正統は失墜《しっつい》して、翌一六三六年、ホンタイジが元室を継いで大清寛温仁聖《だいしんかんおんじんせい》皇帝を称す

系図9　チャハルとトゥメトと漠北ハルハの関係

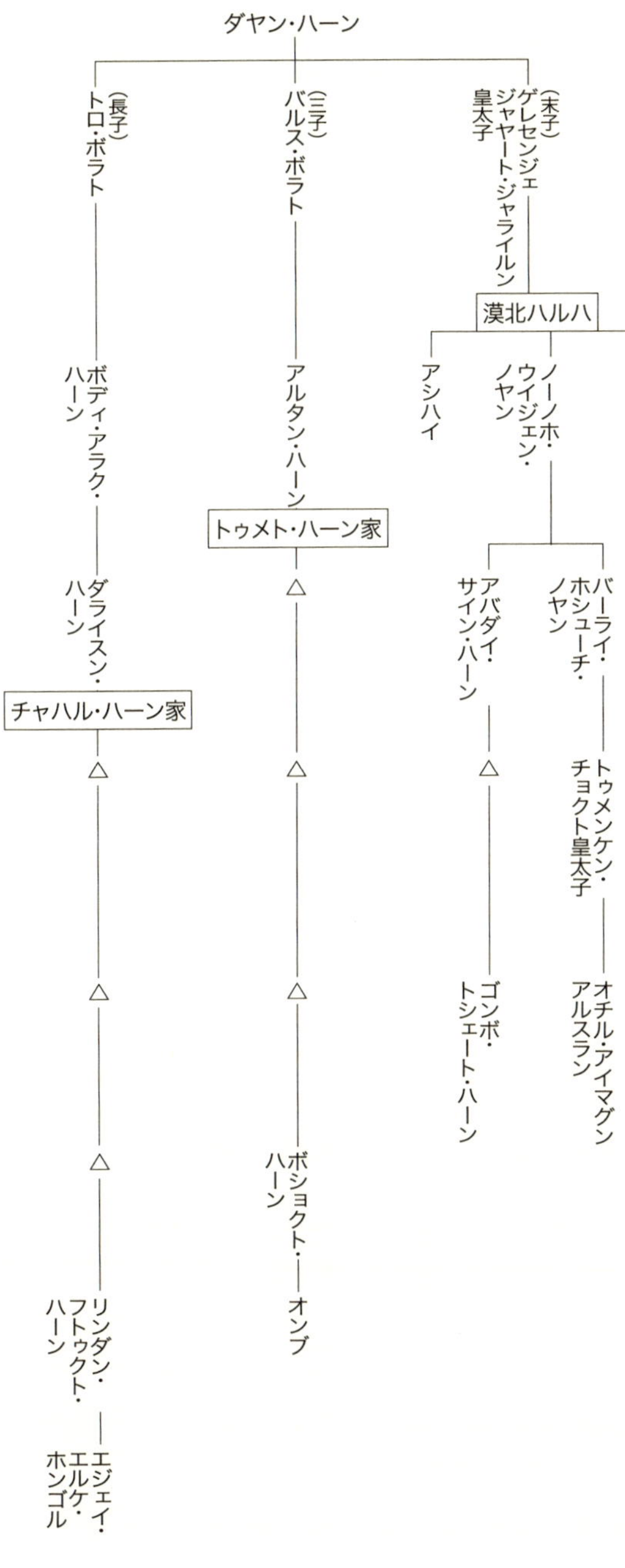

るに至るのであるが、これによって生じた南モンゴル方面の力の真空状態を満たすべく進出を策《さく》したものは、先ず第一に漠北ハルハのショロイ・マハサマディ・セチェン・ハーン（Šoloi maqasamadi sečen qaγan）であった。ショロイは先にエジェイに書を遺《おく》って自分に帰降せんことを勧め、のちにトゥメトのボショクト・ハーン（Bošoγtu qaγan）の子オンブ（Ombu）および明人と通じて後金国の人を帰化城から逐《お》おうとしたことがある。つぎにはやはりハルハのゴンボ・トゥシェート・ハーン（Gümbü tüsiyetü qaγan）が一六三八年、帰化城を襲わんとし、太宗の親征に及んで驚いて遁去《とんきょ》したことがある。

一方、南モンゴルと同じくチャハルの影響下にあった青海、ひいてはチベット方面においても新たな覇権の争奪戦が起こったのであって、その争いの一方の旗頭《はたがしら》はオイラト・ホシュート（Qosiyud）のトロ・バイフ・グーシ・ハーン（Törö bayiqu güüsi qaγan）であり、もう一方がここに説こうとするハルハのチョクト皇太子（Čoγtu qong tayiǰi）である。

この時代の青海の歴史に関する最良の研究は、山口瑞鳳「顧実汗《グーシ》のチベット支配に至る経緯[2]」であり、入念にチベット史料を総合して詳述されているので、それから必要な事項を抜粋して見ると、まず、

　一六二八年来、チャハル（Cha gwar）内部の秩序が乱され、諸酋は漠北ハルハに逃れ、その結果ハルハでは諸酋が鎬《しのぎ》を削り合って内紛が起こり、これを助長したチョクト（Chog thu）は諸酋に嫌われ、遂にハルハから追われて青海（Mtsho kha）に至り、ここでトゥメト・ホロチ（Thu med Ho lo che）主従を征服した。時は、一六三四年、リンダン・ハーン（Len tan han）の死と同年のことである。

　この頃、一方ではメ（Smad）のベリ王（Be ri rgyal po）はラマ教徒一般を迫害して居り、他方ではチョクト・ハーン（Chog thu han）が新たに加わってゲルク派（Dge lugs pa）を脅かし始めたので、この方面からのゲルク

派信者がウイ・ツァン（Dbus Gtsang）に通ずる道を絶たれてしまった。

と書き出して、つぎにスンパケンボ・イェシェペンジョル（Sum pa mkhan po Ye shes dpal 'byor）の『青海記』（Mtsho sngon gyi lo rgyus sogs bkod pa'i tshang klu gsar snyan shes bya ba bzhugs so）(3)を引いて、ゲルク派の指導者たちが使いをジューン・ガル（Jo'un gwar）に派遣して救援を要請した次第を記し、ついで、

さてジューン・ガルでは、ゲルク派の要請に対して諸酋が対策を相談した結果、ここにグーシ・ハーン（Gu shrī han）が自ら名乗り出てチベットに赴くことになったという。……乙亥（一六三五）の年、上述のチベット側の求めによって、ハーンは数人の伴と共に十一月に発って、翌丙子（一六三六）年にラサに着いた。この頃、即ち乙亥（一六三五）の年の秋、チョクトはツァンのシャマル・ラブジャンバ（Zhwa dmar Rab 'byams pa）の要請に基づいて、その子アルサラン（Ar sa lang）に一万を越える軍勢を伴わせ、ダライ・ラマ、その他高位のラマを殺してゲルク派を覆滅《ふくめつ》せんものとて、これをウイ・ツァンに遣わした。一説によると（と『青海記』は云う）、彼がドゥチュ（'Bru chu）の西（stod）に着いた時、ちょうどジューン・ガルからラサに参詣する名目で、実は実情調査に赴くグーシ・ハーン主従に出合い、彼らと同道するうちに、ゲルク派を迫害するのはよくないと、グーシ・ハーンに訓諭され、それを心に留めて彼はチベットに向かった、と云う。アルサランは軍勢と共にチベットに着いたが、父の命令のように動かず、ウイとイェル・ヨンル（G.yas ru G.yon ru）に戦い、ヤムドク（Yar 'brog）に到着してから（同盟軍である）ツァン軍と大決戦を交えた。この時、チベットの大軍至るとの噂によって、モンゴル軍はキショェ（Skyid shod）に急行した。丙子（一六三六）の年の一月には、アルサラン等はダライ・ラマ五世に拝謁を許され、ゲルク派の諸寺院を荒らすどころか、却って、これに参拝供養し

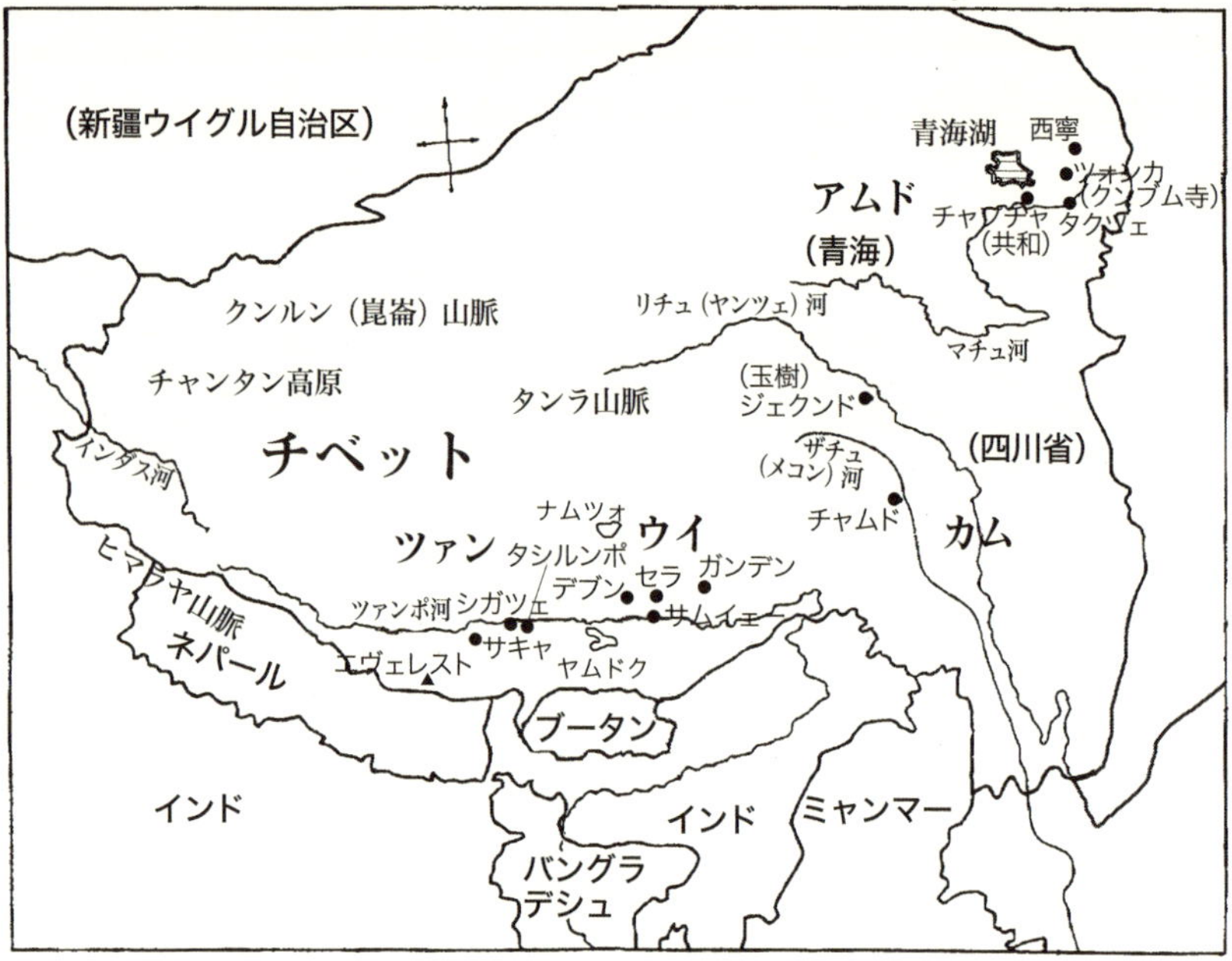

地図13　大チベット地図

た。ついで、ツァン王が招集したチベットの大軍が北方ナムツォ（Gnam mtsho）の近くに在陣するに及んで、モンゴル軍も北に向かい戦闘配置についたが、折しも、ツァン側では古派流の呪《じゅ》による強い詛《のろい》をアルサランにかけたところ、アルサランは狂い、戦場には雷電が馳せめぐったので、モンゴル軍は戦いをやめ、チベット軍も退散した、と『青海記』にあり、続いてツァン王の側にあったシャマル・ラブジャンパ等は、事の意外に驚いて急使を青海（Mtsho sngon）にたて、チョクトに抗議したところ、チョクトから返事があって「策を用いて彼を亡きものにせよ」と云うのでアルサランを謀殺した、と云う。……

再び『青海記』にかえると、一旦帰国したグーシ・ハーンはジューン・ガル・バートル太子（Pāthur the je）の軍と共に、丙子（一六三六）の年の秋冬の結氷期を利用して、イリ、タリム、ハスタク大河、大沼をわたり、青海の地、ネイ・

ブルンギル（Sne'i bu lung ger）につき、ここで休息をとった。明けて丁丑（一六三七）の一月（Hor zla）には、青海の西（stod）に至り、一万足らずの兵をもってチョクト三万の兵を一日にして殲滅《せんめつ》した。その地は、（大小）二つの山が血に染まったので以来大小ウラーン・ホシュー（che chung U lan ho sho）と呼ばれている。グーシの一子ダヤン太子（Tā yan the'i je）等は、チョクトの残兵を追い、ハルギル（Har gel）のキャロムテン（Khyags rom steng）に至ってこれを覆滅《ふくめつ》し、チョクトを土鼠窟《どそくつ》の中で捕らえて誅したと言う。

山口氏に拠れば、かくて青海を平定したグーシ・ハーンは所部を挙げてここに移牧し、やがて一六三九年にはカムのベリ・ハーンを、一六四二年にはツァンのカルマ・テンキョンワンボ（Karma Bstan skyong dbang po）を滅ぼしてチベット全土を収服し、自らチベット国王の位に登ったという。

この一六三七年にホシュートのグーシ・ハーンに滅ぼされた青海の主ハルハのチョクトを、それではモンゴル文史料はいかに伝えているであろうか。

北モンゴル・ハルハの年代記としてもっとも古くかつもっとも信用しうるものは一六七七年、即ちウラーン・ホシューの戦いのちょうど四十年後に書かれたシャンバ・エルケ・ダイチン（Byamba erke dayičing）の『アサラクチ・ネレト・トゥーケ』[4]（Asarayči neretü teüke）であるから、これに拠ってその系譜を案ずると、北元中興の祖ダヤン・ハーン（Dayan qayan 一四六四〜一五二四年）には十一子があった。その末子がゲレセンジェ（Geresenǰe）で、ジャヤート・ジャライルン皇太子（J̌ayayatu ǰalayir-un qong tayiǰi）と称せられ、漠北ハルハに封ぜられてその王公の祖となった。ゲレセンジェは癸酉の生まれ（eme qara takiy-a-tai）というから、一五一三年に生まれ、三十六歳でケルレン河のボロン（Borong）に卒したというから、一五四八年まで生存したのである。彼には七子があり、父の遺した十三部を分領したので、ここから七旗ハルハ（doloyan otoγ Qalqa）の称が起こったのであるが、その中第三子ノーノホ・ウイジェン・ノヤン（Noyonoqo üǰeng noyan）は甲午（köke mori）すなわち一五三四年に生まれ、ケルート（Keregüd）とゴルロス（Γorlos）の両部に封ぜられた。

このノーノホの六子の中、長男が有名なアバダイ・サイン・ハーン（Abadai sayin qaγan）であって、一六八六年、第三世ダライ・ラマ・ソェナムギャツォ（Bsod nams rgya mtsho）に見《まみ》えて、オチル・ハーン（Vačir qaγan またオチライ・ハーン Včirai qaγan とも）の号を授けられたことをもって知られているが、その第五弟にバーライ・ホシューチ・ノヤン（Bayarai qosiγuči noyan）があった。このバーライの子と記されるトゥメンケン・チョクト皇太子（Tümengken čoγtu qong tai-ǰi）こそ、問題のハルハのチョクトその人である。

チョクト皇太子の子孫の系図を**系図10**に示す。

この中トゥメンケン・チョクト皇太子の長子オチル・アイマグン・アルスラン皇太子については、特に「絶嗣」（köbegün ügei）と註されているが、これが『青海記』に、父の命によって謀殺されたとあるアルサランであってみれば不思議ではない。

ついで他のモンゴル文年代記に当たって見ると、撰人未詳の『若者たちの宴』（J̌alaγus-un qurim）[5]には、スタイ・イェルデン皇太子を鎮国公《ちんこくこう》スタイ・イェルデン、ホンゴル・エルケ・アハイを扎薩克台吉《ジャサクタイジ》ホンゴルとし、さらにホンゴルの子として公アヌリの名を挙げている（**系図11**参照）。これで知られることは、この系統が、一七二五年にトシェート・ハーン部より分かれて一部となった、清代のサイン・ノヤン部の中前旗《ちゅうぜんき》のジャサクになったことで、『皇朝藩部表』[6]に拠れば、初代の素泰伊勒登《スタイ・イルデン》（Sutai ildeng）は康熙三十年（一六九一年）鎮国公に封《ほう》ぜられて四十二年（一七〇三年）に卒《しゅっ》し、その子洪果爾《ホンゴル》（Qongγor）は降って一等台吉を襲《つ》ぎ四十五年（一七〇六年）に卒し、孫阿努哩《アヌリ》（Anuri）は初め一等台吉を襲いだが五十年（一七一一年）輔国公《ほこくこう》に封ぜられ、雍正九年（一七三一年）固山貝子《グサイ・ベイセ》に晋《すす》んでいる。ところで『欽定外藩蒙古回部王公表伝』[7]に当たって見ると、巻六十九の「喀爾喀賽因諾顔《ハルハ・サイン・ノヤン》部総伝」には、

系図10　チョクト皇太子の系図

- バーライ・ホシューチ・ノヤン Bayarai qosiγuči noyan
  - トゥメンケン・チョクト皇太子 Tümengken čoγtu qong tayiǰi
    - （兄）オチル・アイマグン・アルスラン皇太子 Včir ayimaγ-un arslan qong tayiǰi
    - ラトナ・エルデニ Radna erdini
    - リンホワ・セチェン・ダイチン Lingqu-a sečen dayičing
      - マガト・ダイチン太子 Maγad dayičing tayiǰi
      - エルケ・チョクト Erke čoγtu
      - エルケ太子 Erke tayiǰi
    - ガルマ・ジュグン・ジャガン皇太子 Garm-a jüg-ün ǰaγan qong tayiǰi
      - シューラクシャン・メルゲン・アハイ Šuruγaγ šan mergen aqai
      - ギルディ・エルケ・アハイ Girdi erke aqai
      - スカバラ・エルケ・ジョリクト Suγabala erke ǰoriγtu
      - スタイ・イェルデン皇太子 Sutai yeldeng qong tayiǰi
        - ハルジャン・エルデニ・アハイ Qalǰan erdini aqai
        - ホンゴル・エルケ・アハイ Qongγor erke aqai
        - トイン Toyin
    - （弟）アサラル・エルケ・ダイチン Asaral erke dayičing
      - シクシャバディ Siγšabadi
      - トイン Toyin

系図11　サイン・ノヤン部中前旗ジャサクの祖

バーライ――ガルマ――鎮国公スタイ・イェルデン――札薩克台吉ホンゴル――公アヌリ

元の太祖の十七世の孫偉徴諾顔諾諾和《ウイジェンノヤンノノホ》（Noyonoqo üiǰeng noyan）に子五が有り、長は阿巴岱《アバダイ》（Abadai）、次は阿巴和《アバフ》（Abaqu）で、土謝図汗《トウシェート・ハン》（Tüsiyetü qayan）部の祖となる。次は塔爾呢《タルニ》（Tarni）であるが嗣《し》は無い。次は図蒙肯《トゥメンケン》（Tümengken）、次は巴賚《バーライ》（Bayarai）、……巴賚は子一、噶爾瑪《ガルマ》（Garma）と曰い、扎薩克《ジャサク》鎮国公素泰伊勒《スタイ・イル》登《デン》の一旗の祖となる。

と記し、巻七十二の「扎薩克鎮国公素泰伊勒登列伝」には

賽因諾顔《サインノヤン》の図蒙肯《トゥメンケン》の弟巴賚《バーライ》の曾孫と為る。

とあるが、ガルマはバーライの子ではなく孫であるから、「総伝」にはチョクト皇太子の一代を脱しているのである。ただし「列伝」の方は正しい。

つぎに『若者たちの宴』を増補した、やはり撰人未詳の『シラ・トゥージ(8)』にはつぎの一条がある。

バーライ・ホシューチ・バートルの妃、オンニトのベルケの女太后ハトン（Tayiqu qatun）から生まれたチョロゴル・チョクト（Čoroyol čoytu）は辛巳生まれ（temür moyai-tai 一五八一年）。

先の『アサラクチ』に拠っても、バーライの子はチョクト皇太子のみのようであるから、このチョロゴルはトゥメンケンの別名であるべく、これに依って彼の誕生が一五八一年、あたかもトゥメトのアルタン・ハーンの卒年中にあ

り、一五八二年に生まれた後年の敵手グーシ・ハーンよりは一歳年長であったことが知られ、その敗死の年には五十七歳であった勘定になる。

鑲紅旗《じょうこうき》蒙古都統《ととう》ロミが一七三五年、満洲文で著した『モンゴル・ボルジギト氏の家譜』(Monggo borjigit halai giyapu bithe)(9) は、今、モンゴル・漢訳本のみ伝わるが、そのモンゴル文本にはゲレセンジェの子孫を叙《じょ》して、

第三子ウェイジェン・ノヤンの裔は四方に分かれた。……一派はココ・ノールのチョクト・ハーンの諸孫、公アヌリ等である。

と云い、漢文本にも、

三子諾和努呼魏徴諾音《ノーノホウイジェンノヤン》(Noqonuqu üiǰeng noyan)の後は、凡そ四支。……一を庫庫擣爾《ココノール》(Köke naɣur)の綽《チョ》克図汗《クトハーン》(Čoɣtu qaɣan)の孫公阿努力《アヌリ》(Anuri)等を是と為すなり。

に作る。ここに至って吾人はトゥメンケン・チョロゴル・チョクト皇太子が即ち青海のチョクト・ハーンである明証を見るのである。

さて、ここに一小冊子があって、本篇の主人公の居城について簡単な説明を加えている。英文で本文は僅か二頁、これに五葉の写真が挿入され、察するところ **Raghu Vira** の斡旋でインドで印刷されたものらしい。題名と裏表紙のレジェンドはつぎのごとくである。

Ruins of Khung Taiji Castle. By T. Dorjisoren. Published by the Committee of Sciences and Higher Education, Mongolian People's Republic, Ulan Bator. Printed by D. P. Sinha, New Age Printing Press, Rani Jhansi Road, New Delhi 1.

あまりに片々たる薄冊なので、恐らくどこでも保存しないであろうから、散佚を防ぐ意味で全文を次に移録する。

Ruins of Khung Taiji Castle

Tsokto Taiji, a nobleman descended from the Khalkha Mongols and born in 1581, was a staunch protagonist of Buddhism when it spread to Mongolia. Being a representative of the feudal intelligentsia, Tsokto Taiji was then considered a well-educated man. He attached great importance to the collection of rare books and was himself fond of reading.

A number of fortified monasteries and castles were erected under the lead of Tsokto Taiji. Starting from 1601, for instance, he constructed six monasteries and castles. It took 17 years to complete these fortifications. One of them was a temple called "Sitgeshgui Chindmana", situated on the southern slope of the Halun Zurkh Mountains in the Tansog Tal vale along the Tola River. Tsokto Taiji's own castle was at this place. At present it is known as "The White House on the Tola" or "Tsokto Taiji's White House". The castle has walls 4 metres high, and towers 6 metres high, and is more than 40 metres long.

In 1930 superficial excavations were conducted on the ruins of "Tsokto Taiji's White House". These indicated that there were ruins of a large number of dwelling and religious buildings with artistic decorations. The archaeological excavations also yielded specimens of architectural decorations like figures of dragons, of flowers, ornaments, etc. A huge stone roller for grinding grain, and traces of irrigation canal system have been discovered here which show that people were engaged in agriculture.

Inscriptions in Tibetan and Mongolian, fixed on the back of a stone tortoise to the south of the castle, have been deciphered by archaeological experts.

They have also discovered two different groups of inscriptions about Tsokto Taiji, carved on a rock standing quite near the castle in the surroundings of "Dukhmin dut nur".

One of the temples built by Tsokto Taiji is to the east of the Kharukhin River（or Khar Bukhin）of the way from Ulan Bator to Tsetserlik. It is known as "Kharukhin Balgasun" or "Khung Taiji Castle". There are 7 or 8 large and small slate buildings and the remains of stupas on this site. This temple was raised on the ruins an ancient city, which is a relic of the Kidan State which existed in X century. The walls of the age-old ruins were made out of rammed earth. Inside the walls there was a large number of buildings. Some excavations carried out in 1930 and 1949 resulted in establishing the period of history to which they belonged.

These ruins of ancient temples and castles are of important value for any study of Mongolian towns.

つぎは写真の題名である。

Tsokto Taiji's inscriptions on a stone known as *Dutin Khara Chulu*

Ruins of the "White House on the Tola"

Model of the "White House"

Architectural decorations and stone ledges found during excavations at the "White House on the Tola"

Stone wall of Kharukh Gol Temples

ここに記された事実は、いずれも貴重な情報たるを失わないが、なかんずく興味をそそられるのは、チョクト皇太子が居城を構え農園を経営していたことで、これがいわゆるバイシン（bayising）であり、モンゴルに特徴的な都市の形態である。ちなみにドルジスレンが “White House” と訳したその原語はチャガーン・バイシン（Čayan bayising）であって、そのことは一八九四年に刊行された、ドイツ語で書かれたフートの『チャガン・バイシンの碑文』という題名の著書に詳しい(10)。

これに載せられたモンゴル・チベット両文の碑文を総合すると、知られることはつぎの通りである。

ダヤン・ハーン（Dayan qayan/ Ta yan zhe byas rgyal po）の妃ジミスケン・ハトン（J̌imisken qatun）に二子があり、弟のジャライル皇太子（J̌alayir qong tayiǰi/ Ge re sen ji ca la’ir tha’i ji）は、ハンガイ山（Qangyai qan）に牧地を持つハルハ（Qalq-a/ Hal ha）万人隊の主となり、七子を生んだが、その第三がウイジェン太子（Üǰeng tayiǰi/ U’i cen zhe byas tha’i ji）であった。ウイジェンには六子があり、オチル・ハーン（Včir qayan/ Rdo rje rgyal po）、ダリチン（Daričing）、イェルデン（Yeldeng）、チョークル（Čögekür）、ホシューチ太子（Qosiyuči/ Ho shu’u chi tha’i ji）、ボディサドゥ（Bodisdv）であったが、そのホシューチ太子の妃チン・ビシレルト・サイン・マディ・タイガル・ハトン（Čing bisireltü sayin madi tayiyal qatun/ Ching tha’i hu rgyal mo）と子チョクト皇太子（Čoytu tayiǰi/ Chog thu hong tha’i ji）の二人は、トゥーラ（Turyula）河のタンスク・タラ（Tangsuy tala）の西方、ガルドゥドン・ジルケン（Taldud-un ǰirüken/ Kal tun snying po）という山の南の乾地（egsiyergü）に、辛丑（temür üker）の年から不可思議如意珠寺《にょいじゅじ》（Sedkisi ügei čindamani süme）を始めとする六寺の建立に着手し、十七年を費やして丁巳（yal moyai）の年に落成したのである。

ここで注釈を加えれば、碑文に言うウイジェン太子はもちろんノーノホ・ウイジェン・ノヤンであり、その六子はオチル・ハーンがアバダイ・サイン・ハーン、ダリチンはアブフ・メルゲン・ノヤン、イェルデンはキタト・イェルデン・ホシューチ、チョークルはトゥメンケン・コンドレン・チョークル、ホシューチはバーライ・ホシューチ・ノヤン、ボディサドゥはボディサドゥ・オトホン・ノヤンに当たる。そしてチン・ビシレルト・サイン・マディ・タイガル・ハトン、一名チン太后ハトンは、『シラ・トゥージ』に言うオンニトのベルケの女太后ハトンに相違ない。六寺の建立の開始の年辛丑は一六〇一年、チョクト皇太子の二十一歳の時であるから、このときすでに父バーライの没

系図 12　チョクト皇太子の伯母・叔母

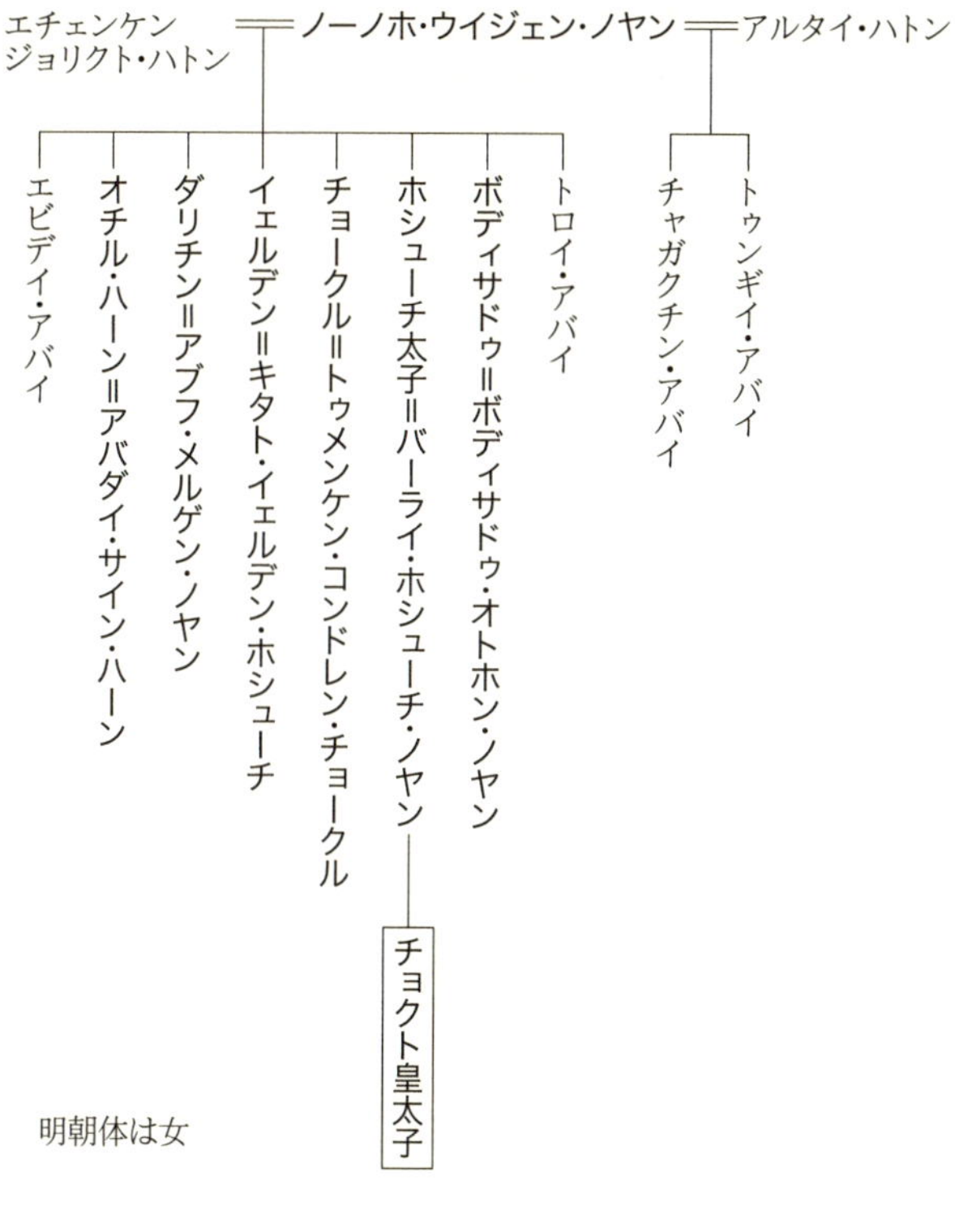

明朝体は女

後で、母が部政を執っていたのであろう。そして十七年、三十七歳の一六一七年に至ってことごとく落成したのである。

つぎにフートの録する原文から転写したものを掲げる。最初はチベット文である。

//oṃ badzra sa twa hūṃ//
oṃ ni laṃ bha ra bha ra badzra pa ṇi hri ta ya ma hā krō ta sa twa hūṃ phaṭ//
oṃ badzra caṇḍa ma hā ro ṣa na hūṃ phaṭ// //
//thams mkhas thugs rjes shākya'i rigs 'khrungs shing/
gzhan gyis mi thub bdud kyi dpung 'jom ba/
gser gyis lhun po lha bur brjid pa'i sku/
shākya'i rgyal po'i zhabs la phyag 'tshal lo//
rigs gnas chos kun gzigs pa'i spyan yangs pa/
thub bstan gsal bar mdzad pa'i thugs rjes can/
gangs can mkhas dang grub pa'i brgyan gcigs pu/
ngo mtshar sprul pa'i sku la gsol ba 'debs//
rgyud sde rnam bzhi rtsa ba rab brtan zhing/
tshad med rnam bzhi lo 'dab phyogs bcur rgyas/
'phrin las rnam bzhi 'bras bu lhun grub pas/
gling bzhi 'dren mchog grub thob bla ma rgyal/

dpag med rgyal ba rgya mtsho rnam gyis ni/
chos 'khor rgya chen rab tu bskor ba'i gnas/
'jig med rdo rje gdan gyi byang gis phyogs/
bod yul kha ba can gyi zhing khams su/
rgyal ba'i bstan pa lhag par dar rgyas 'gyur/
de nas rim bzhin byang phyogs yul khams su/
bstan pa rin chen dar bar gyur ro zhes/
rgyal ba nyid kyi yang yang lung bstan ltar/
byang phyogs yangs pa nor 'dzin lto ba 'dir/
sangs rgyas bstan pa dar zhing rgyas slad du/
lha bu ching gis rgyal po rab 'khrungs nas/
dmu rgod 'dul dka' sems can dpag med rnams/
stobs kyi sgo nas dbang bsgyur 'og tu bcugs/
lugs gnyis khrim gyi mgo chen rab brdung shing/
phyogs 'dir bstan pa'i rgyal mtshan legs par btsugs/
mnga' 'bang bde skyid dpal dang ldan par byas/
de nas bzungs te rgyal rab bco lnga'i bar/
bstan pa'i nyi ma nam mkha'i dkyil du shar/
thub bstan pad mo'i tshal chen 'dzum dkar bzhad/

skal ldan rkang drug tshogs rnam rol shing brtse/
rnam kar dge tshogs rgya mtsho gong du ’phel/
khyad par chos rgyal de rnams nang na ni/
se chen zhe byas chos rgyal de nyid kyi/
rgyal ba’i bstan pa spyi bor rgyan du mchod/
lo paṇ byang chub sems dpa’ man grab byon/
rgyal ba’i bka’ dang bstan chos mang bsgyur nas/
rgyal blon thams cad blo kha chos la bsgyur/
rgyal srid chos bzhin legs par skyangs nas ni/
sangs rgyas bstan pa dar rgyas byas zhi thos/
ching gis zhe bya’i rgyal po nas bzungs te/
chos ldan rgyal po rim dang rim pa la/
mnga’ ’bang sde bcas bya ba bzang la bkod/
phyin ci log gi bya ba rab spangs nas/
sems can rnams ni bde skyid ldan par byas/
rgyal srid chos dang mthun par legs par skyang/
thams cad gsal byed bstan pa’i nyi ma shar/
mun pa gtan bcom dge las gsal bar byas/
chos ldan rgyal po’i bstan pa dar rgyas byas/

phul tu ’byung ba’i dkar po dge las bsgrubs/
skal ldan rgyal po rnams kyi rgyal srid bzung/
skal med rgyal po ring la dam chos nub/
de nas rim bzhin lo mang song ba’i dus/
sde chen mang po ’jom ’gros byed pa’i dus/
thabs rtsod ’khrugs lod rang mgo su thon dus/
sems can de dag ’dul ba’i dus bab tshe/
ta yan zhe byas rgyal po rab ’khrung nas/
mnga’ ’bang sde bcas bde la rab bkod nas/
rgyal khrim gser gyi rnga chen rab brdung zhing/
lugs bzhin rgyal srid tshul dang ldan par byas/
mi bdang ta yan rgyal po zhe byas bu/
ge re sen ji ca la’ir tha’i ji ni/
hal ha zhe byas sde chen steng du bzhag/
phyi yi sde cen mang pod bang du bsdus/
de sras u’i cen zhe byas tha’i ji yin/
dpon po de sras rdo rje rgyal po yin/
de’i mched ni ho shu’u chi tha’i ji yin/
tha’i ji de’i btsun mo ching tha’i hu rgyal mo yin/

de sras chog thu hong tha’i ji zhes bya ba’i/
yum sras gnyis kyi dad gus rab byas nas/
khyad ’phags chos kyi bya ba ’di ltar bsgrub/
gtsug lag khang chen bzheng pa’i sa dpyad ni/
’khor lo brtsib brgyad ldan pa’i nam mkha’i ’og/
sa gzhi pad ma ’dab brgyad sde ba’i steng/
log rnams bkra shis rtag brgyad yongs bskor ba’i/
klu’i rgyal po’i mdzod ldan gnas mchog der
dbus su bsam yas gtsug lag khang zhes bzheng/
rgyab ri kal tun snying po zhe nyas ri/
shar gyi phyogs nas phung tshogs thang chen la/
mngon par mtho ba’i ’bur tho drug gis brgyan/
pur han kal tud zhe byas ri rgyal nas/
thu’u la zhe byas chu chen rab bab nas/
phun tshogs bde chen thang gi nub phyogs nas/
lha khang mdun du ’dab tshal mtsho nang du/
ngang ngur la sogs bya tshogs mang po kyang/
ca co sgrog cing rgyod ’jog rol zhing rtse/
gshogs gnyis rgyal shing phan tshun ’phur zhing steng/

lhan du tshogs cing skad snyan sna tshogs sgrog/
sa dpyad legs bar tshang ba'i gnas mchog der/
dbus gyi gtsugs lag khang chen mang nyid du/
dus gsum sangs rgyas sems dpa' brgyad bskor bzheng/
g.yas kyi lha khang chen po'i nang du ni/
rgyal ba byams pa'i sku ni yongs rdzogs bzheng/
dbus kyi g.yas zur rim bzhin bsgrigs pa yi/
so sor bzhengs pa'i lha khang nang nyid du/
gsang ba 'dus pa mi bskyod rdo rje dang/
bcom ldan kyis pa rdo rje sku rnams bzheng/
lha khang dbus ma'i g.yon gyi mdun zur nas/
bzheng pa'i lha khang gnyis kyis nang du ni/
spyan ras gzigs dang sgrol ma'i sku gnyis dang/
rdo rje 'jig byed sku ni yongs rdzogs bzheng/
lha khang nang bzhugs gsung brten bzheng tshul ni/
chos kyi phung po brgyad khri bzhi stong gi/
snying po don rnams lhan cig bsdus pa yi/
rgyal ba'i yum chen dum pa bcu gnyis kyis/
gtso mdzad rgyal ba'i bka' ni du ma bzhugs/

’di ltar rten bzheng mdzad pa’i lo rgyus dang/

gnas bshad gtsug lag khang gi zhing bkod rnams/

yum sras gnyis kyi dad pa’i skul ba’i ngor/

shākya’i btsun pa shri shi la shwa ra ba/

ming gzhan byang phyogs hor gyi yul khams ’dir/

paṇ ḍi ta shi rē thu chos rje zhes grags pas/

legs par brtsam ste yi ger bkod pa yin/

dge ba rgya mtsho lta bu ’di yi mthus/

yum sras gnyis dang rgyal rigs ’khor bcas rnams/

tshe ring nad med bde srid dpal dang ldan/

mthun skyen bsam don chos bzhin lhun grub cing/

mi mthun phyogs la rtag tu rgyal ’gyur cig/

ching tha’i hu chog thu hong tha’i ji yi/

gtso mdzad sras pho sras mo blon ’bang rnams/

gnas skabs su yang bkra shis phun sum tshogs/

mthar thugs sangs rgyas go ’phang myur thob shog//

dge bsnyen karma ting ’dzin grags ba nor bu/ rgya’i mkhas pa rdo bzo gnyis ka rdo ring la yi ge rkos pa’o//

dge’o// legs s.ho mangga lam//

つぎはモンゴル文のほうである。

//oṃ a mi tā bha a yu si dhi hūṃ//

oṃ ma ṇi pad me hūṃ//

hri padma ta kri ta badzra kro ta hā ya gri ba hū lu hū lu hūṃ phaṭ//

oṃ ā hūṃ: badzra ghu ru padma si dhi hūṃ:

oṃ ā hūṃ: badzra ghu ru padma si dhi hūṃ:

oṃ ā hūṃ: badzra ghu ru padma si dhi hūṃ:

nama'u mani γayiqamsiγ-tu om:

γurban čaγ-un qamuγ burqad-un: beyes ǰarliγ sedkil-ün mön činar: ergil nögčil-ün erdem čoγ tegüsügsen: erdeni ǰarliγ-un ündüsün-e mörgümü::

blam-a burqan blam-a om:

tegünčilen blam-a qoyar-a kiged: blam-a tegüs čoγ-tu včir bariγči: γurban oron tegüs tegüsügsen blam-a bui: blam-a-dur-iyan maγtan mörgümü::

asanggi olan galab-ud-tur:

asuru yeke buyan-i čiγulγan quriyaγsan-ača bolǰu:

aγui mongγol-un ene γaǰara γatumsiγ qari-tu bey-e töröged:

arban ǰüg deger-e qan anu boluγsan:

tere boγda činggis qaγan-ača inaγsi:

degedü qan oron-i üy-e γučin nigen boluγsan-du:

tede gün delgeregülugči dayan qaγan-i:

tegüs üǰesküleng-tü ǰimisken qatun-u qoyar köbegün-ü baγa inu ǰalayir qong tayiǰi:

qangγai qan nutuγ-tu qalq-a tümen-ü eǰen boluγsan: tegün-eče doloγan köbegün-ü qoyar-ača inu degü: üiǰeng tayiǰi-ača ǰirγuγan köbegün törögsen inu: včir qaγan: daričing: yeldeng: čögekür: qosiγuči: bodisdv: teden-ü dotora-ača naran saran metü nom yirtinčü qoyara: ülemǰi tusatu boluγsan qaγan čögekür qoyar-un ǰirγaγuluγsan sayin čaγ-tur: qosiγuči tayiǰi-yin čing bisireltü sayin madi tayiγal qatun čoγ-tu tayiǰi eke köbegün qoyar: toγ-a tomsi ügei amitan-u tusa-yi sedkiǰü: tuγula mören-ü tangsuγ tala-yin öröne ǰüg: γaldud-un ǰirüken neretü aγula-yin emünetü egsiyergüdü: temür üker ǰilün kökege sara-yin arban tabun-ača egüsčü: sedkisi ügei čindamani süme-eče ekilen ǰirγuγan süme-yi arban doloγan ǰil boluγad: γal moγai ǰilün ǰun-i ekin kökege sara daγusba::

qamiγ-a-bar töröl tutum-dur-iyan sayin ečige eke kiged taγalaltu γaǰara:

qabiyatu öber busud-un arban učiral-nuγud büridüged:

qataγuǰil sedkil-ün erdem-üd sayitur tegüsčü:

qamuγ-tur örösiyegdekü kümün-i bey-e-yi olqu boltuγai::

tengsel ügei degedü adistidtan ǰarliγ-un ündüsün-e učiraǰu:

tegüderel qaγačal ügei yabuγad γurban kündelel-iyer bayasqan:

degedü sanvar tangγariγ-yi yosuγar sakin čidaǰu:

teǰiyede ǰirγuγan baramid-iyar nasuda yabuqu boltuγai::

egüskelün ǰerge gǰii včir-un mandal-un ǰirγuγan bölüγ-yi:

endegürel ügei iddam-luγ-a sedkil-i ilγal ügei eǰelen:
egenegte dörben üyesi ülü osoldan sanaǰu:
erketü oγtarγui-bar yabuqu ekilen neyite amitan sides-ber bütükü boltuγai::
daγusqal-un ǰerge ǰirγuγan nom kiged maq-a mudura-dur:
dusul kei sudasun-u erdem-üd-i sayitur medeǰü:
todorqai-a arban belge naγiman erdem ile boluγad:
tung sačalal ügei degedü sidis bütükü boltuγai::
kilingten-ü qan baǰar bani tere yeke bodisdv:
kiǰaγalal ügei-eče yambar-iyar yabuγsan bügesü:
kilinčeten nigülten öber busud-un tula biber:
kinaǰu tegünčilen qamuγ amitan-i tusalaqu boltuγai::
aldarsiγsan boγda naro bandida tere ber:
asanggi olan galab-tur yambar-iyar yabuγsan bügesü:
arban ǰüg-ün qamuγ amitan-i tusayin tula biber:
aburida büri tegünčilen yabuqu boltuγai::
maq-a gargasudi terigüten ünen daγusuγsad burqad ber:
mayidari ekilen arban ǰüg-ün bodisdv-nar ba:
masi yeke siditen kiged arqad-nuγud ber:
maγad-iyar egenegte busud-un tusa-yin tulada::

tung qarangγui-yin ǰobalang-γi geyigülügči inu:
tügemel gerel-tü naran tengri tere büged:
toγoriǰu dörben tiib-tür toγtaqu-bar ügei metü:
toγalasi ügei amitan-u tula tegünčilen biber tusalaqu boltuγai::
qamuγ amitan ǰirγalang kiged: ǰirγalang-un siltaγan-dur tegülder boltuγai:
qamuγ amitan ǰobalang kiged: ǰobalang-un siltaγan-ača qaγačaqu boltuγai::
qamuγ amitan ǰobalang ügei: ǰirγaγsan ǰirγalang-ača ülü qaγačaqu boltuγai:
qamuγ amitan tačiyangγui ǰuγalaqui alaγčilaqui-ača qaγačaγsan: tegsi sedkil-tü-dür anu boltuγai::
mergen ubasi ekilen: γorlosun aldarsiγsan čindamani ubasi kiged: kitad-un mergen čilaγuči qoγar bičiǰü uquγsan bui::
manggalam bavandu:: ::
ene ǰirγuγan sümedü küčün-iyen ögügsen kerigüdün bintü darqan: γorlosun čimegtü darqan: eriyenčüdün činggirsanǰi ekilen qolo-či külüg buyima dörben ǰasaγul bülüge::

内容の要点はすでに提示したから、いまさら訳文を附する必要はあるまいが、チベット文のほうの作者がカルマ・ティンジンタパノルブと書かれているのは、チョクト皇太子の第五子の名がガルマであること、およびのちに彼がツァンのシャマル・ラブジャンバの要請に基づいてゲルクパを殲滅すべく派兵したことと考え合わせれば、彼の奉じたのがカルマ・シャマルパ、すなわちいわゆる紅帽派であったことを示している。またこのティンジンタパノルブは、その名義から考えて、モンゴル文のほうの作者ゴルロスのアルダルシクサン・チンダマニと同一人であろうが、このゴルロスという部名は、六寺の建立に力があったと記される四人のジャスールの一人チメクト・ダルハンにも冠せられていて、これがビント・ダルハンのケルートと同じく、チョクト皇太子の祖父ノーノホの封ぜられたところであることはすでに述べたが、それらと並んで現れるエレームチュートについては、考うるところがない。

しかしチョクト皇太子が今日記憶されるのは、彼のかかる政治上、宗教上の活動によってではない。彼はその作に係る美しい韻文によって、モンゴル文学史上に不朽の地位を占めているのである。その韻文とは、ドゥフミン・ドゥト・ノール湖畔の岩上に刻されたドゥティン・ハラ・チュルーと呼ばれる磨崖《まがい》に伝えられる、伯母を慕う切々たる情を歌ったものである。今、手もとのダムディンスルンの手になる『モンゴル文学百選』に従ってその原文を紹介し、つぎにその訳文を掲げる。(11)

(I) čaγan takiγ-a ǰil-ün namur-un ekin saraγin qorin nigen-e: čoγ-tu tayiǰi qangγai qan-u čečerlig-ün qoyitu aγulan-du:
abalan quγaγ-tu qaltar-iγan unuγad öndör degere γarču bayiqudaγan ǰegün ǰüg qaran sedkil-iyen masi uγaraǰu qalaγutu abaγa egeči-yügen sanaǰu eyin ügüleged uγila-luγ-a::

degere tengri qan-u aqu kiged:
delekei-deki qan boγdosun aqu γaǰar:
degere doroγin ilγal bolbasu ber:
ǰirγal qaγiralal qoγar-un aγar-a nigen bui::
aγanistaγin aγui-daki bodisdv-nar kiged:
altan delekei-deki bodi sedkil-ten qoγar-un:
aqu γaǰar anggida bolbasu:
asaraqu nigülesküi aγar-a nigen bui:

ende qan boγdosun sayin tüsimed kiged:
eregülügči erlig qaγan-u yeke noyad qoyar-un:
yosu öngge öbere bolbasu:
ǰöb buruγugi ilγaquyin aγar-a nigen bui::
olǰa idesi olun yadaγči kümün kiged:
aγulas modun-du yabuγči ariyatan qoyar-un:
aqu bey-e anggida bolbasu:
alan ideküyin aγar-a nigen bui::
qola oyira-ača qulaγai kigči kümün kiged:
qoto-yi ergin getegči činu-a qoyar-un:
ilete bey-e düri öbere bolbasu:
ideküi küsekü sedkil-ün aγara nigen bui::
onon mören-dü aqu qalaγutu egeči mini kiged:
orqon tuγuladu aγči ebečitü bida qoyar:
qalq-a ongniγud-un γaǰar qola bolbasu ber:
qayiralan sanalčaqu-yin aγar-a nigen bui ǰ-a::
ene beyedegen ese ǰolγolčabasu:
egün-eče qoyitu töröl tütüm-düriyen:
eke inu γaγča keüken-iyen qayiralaqu metü:

図5　チョクト皇太子の磨崖

左から（一）、（二）

撮影：杉山晃造（JPS）

eldeb üile-ber tusalčaqu boltuγai::

kemen qayilan ügülegsen-i inu qamtu aγsan erke kiy-a toγtoγoǰu sudurlan abuγsan-i:: qoyina dörben ǰil boluγad mön quluγuna ǰil-ün nigen sarayin arban nayiman-a….dayičing kiy-a güyeng bayatur qoyar qadan-dur bičibei::

(II) samantabadari kiged amindiu-a ba sigamuni burqan-a mörgümü:

gii včir kiged varakai eke ba baǰara pani-du mörgümü:

degedü tngri kiged qaγan qatun ba aliba ačitan kümün-e mörgümü:

oom mani bad me qung: oom mani bad me qung: oom mani bad me qung: oom mani bad me qung: oom mani bad me qung: oom mani bad me qung:

činggis qaγan-u üre. včir qaγan-u ači qalqayin čoγ-tu tayiǰiyin ǰarliγ-iyar: dayičing kiy-a güyeng baγatur qoyar: mongγol-un qutuγ-tu qaγan-u učira: činggis qaγan-i törögsen usun morin ǰil-eče inaγsi dörben ǰaγun ǰiran dörben ǰil boluγsan-a: ǰil-ün eki modun quluγuna ǰil: sarayin eki γal bars sarayin arban tabun yeke čaγan edür-e: qas erdeni metü qadan-dur bičibei:

（一）辛酉の年の孟秋の月の二十二日に、チョクト太子はハンガイ山のチェチェルリクの北の山に巻狩りし、甲《よろい》を着けた粉嘴棗騮《ふんしそうりゅう》に乗って高みに登って居た時に、東方を望んで大いに心を傷め、熱愛する伯母を思ってかく語って泣いたのであった。

「上なる天帝の居と、

人間界の帝王らの居処とは、

上下の区別はあっても、

安逸と愛惜の点では同じである。
色究竟天《しきくきょうてん》の広大に住する菩薩らと、
黄金の人間界に住する有菩提心者《うぼだいしんしゃ》との、
居処は離れ離れであっても、
慈悲の点では同じである。

この世の帝王らの良き大臣らと、
刑罰を与える閻魔王《えんまおう》の大官らとの、
外見は異なってはいても、
正邪を分かつ点では同じである。

獲物を食物として得られない人と、
山林を彷徨《ほうこう》する猛獣たちとの、
居と身は別々であっても、
殺して食おうとする点では同じである。

遠近から盗みを働く人と、
家畜の囲いをめぐって伺う狼との、
身の外見は異なっていても、
食を欲する心の点では同じである。

オノン河に居る熱愛する我が伯母と、
オルホン、トゥーラに居る寡人《かじん》、我ら二人は、

ハルハ、オンニュートと地は遠くても、
愛惜し思い合う点では同じであるぞ。
　今生では相逢うことは出来なくても、
今後の後生ごとに、
母がひとり子を愛しむように、
種々の行ないにより助け合えるように」
と泣いて語ったのを、同行のエルケ・キャーが整理して書き留めたのを、後に四年経って、この子の年の一月の
　十八日に、ダイチン・キャーとグイェン・バートルが岩に書いた。

(二) 普賢《ふげん》と無量光《むりょうこう》及び釈迦牟尼《しゃかむに》仏に帰命す。
空智金剛《くうちこんごう》と亥母《がいぼ》及び金剛手《こんごうしゅ》に帰命す。

上天とハーン、ハトン及び一切の恩人に帰命す。

オーム・マニ・パドメー・フーム。

オーム・マニ・パドメー・フーム。

オーム・マニ・パドメー・フーム。

オーム・マニ・パドメー・フーム。

オーム・マニ・パドメー・フーム。

オーム・マニ・パドメー・フーム。

　チンギス・ハーンの裔オチル・ハーン・ハーンの甥ハルハのチョクト太子の命により、ダイチン・キャーとグイェン・

バートルがモンゴルのフトゥクト・ハーンの治世に、チンギス・ハーンの生まれた壬午の年以来、四百六十四年経った時に、年は甲子の年、月は丙寅の月の十五、大白の日に、宝玉の如き岩に書いた。

つぎにこれに解説を加える。この磨崖《まがい》は二箇所に分かれて刻されているので、(一)、(二)と表示したのがそれに当たる。その年代は(一)の末尾に子の年、(二)の末尾に甲子の年とあるが、これは一六二四年であって、月は(一)には一月、(二)には丙寅の月とあるが、建寅の月は夏正では正月であるから問題はない。すなわちチョクト皇太子が四十四歳の時に刻されたのである。そしてこの刻文に記録された、彼のツェツェルリクの北山上の悲嘆は、それより三年前の一六二一年のことであった。察するに、彼の母チン太后ハトンはこの時までにすでに物故していたので、兄弟姉妹もなく、父バーライ・ホシューチの独り子であったチョクト皇太子としては、遠く隔たった肉親の伯母を慕う心は人一倍であったのであろう。

ここで興味あるのは、チョクト皇太子の伯母がオノン河畔のオンニュート部に嫁していたことが、この歌から窺《うかが》われることである。『シラ・トゥージ』にはノーノホの子女を列してつぎのごとく記す(系図12参照)。

ノーノホ・ウイジェン・ノヤンの妃キルイェト(Kilüyed)のベキ(Beki)の女《むすめ》エチェンケン・ジョリクト・ハトン(Ečengken ǰoriy-tu qatun)から生まれたエビデイ・アバイ(Ebidei abai)を、ノム(Nom)の子ビクト(Biytu)に娶《めあ》わせた。

アバダイ・サイン・ハーンは甲寅生まれ。

アブフ・メルゲンは丙辰生まれ。

キタト・イェルデンは庚寅生まれ。

ブリャート・セチェン・チョークルは辛酉生まれ。

バーライ・ホシューチ・ノヤン、オトホン・ボディサドゥは乙丑生まれ。

少妃で同じジョリクト・ハトンの姪アルタイ・ハトン（Altai qatun）から生まれたチャガクチン・アバイ（Čaγayčin abai）を、ノムの子ブリャーダイ（Buriyadai）に娶せた。

トゥンギイ・アバイ（Tünggii abai）を、オンニト（Ongnid）のトゥメン・ジャサクト（Tümen ǰasay-tu）に娶せた。

バーライ・ホシューチは、ボディサドゥ・オトホンと双生であった。

トロイ・アバイ（Toloi abai）を、ジャサクトの伯父ボケ（Böke）に娶せた。


これで見ると、チョクト皇太子の伯母、叔母と呼ばれる資格のあるのは、エビデイ・アバイ、チャガクチン・アバイ、トゥンギイ・アバイ、トロイ・アバイの四人であるが、前二者の嫁したノムの両子は、アバガ部のノム・テメート・ハーン（Nom temege-tü qayan）の子バクト（Baytu）とブリャーダイに違いない。後二者は確かにオンニュート部に嫁したのである。これと考え合わすべきは、チョクト皇太子自身の生母もオンニュートから来ていた事実で、もって当時の北モンゴルにおける勢力関係と通婚政策の実態の一斑が知られる。

チョクト皇太子は、この磨崖の刻成後、十三年にしてホシュートのグーシ・ハーンに敗死し、その事業も廃滅に帰したが、この一篇の悲歌によって、いつまでも人々の心に記憶されるであろう。

第三部　モンゴルのライバル、西モンゴル・オイラト

12　ドルベン・オイラトの起源

元朝が一三六八年に大都を失ってモンゴル高原に退却したあとの北元時代を、モンゴル年代記は、つねにモンゴルとオイラトの対立抗争の歴史として物語る。モンゴルのライバルとして語られるオイラトとは、どのような遊牧民だったのだろうか。本論の前半では、オイラトが一二〇二年に初めて歴史に登場してから、北元時代に入った一三八八年、フビライの弟アリク・ブガの子孫を擁立してハーン位に就け、さらにトゴンとエセンの時代にオイラト帝国を築くまでの歴史を述べる。後半では、十六世紀後半ダヤン・ハーンのもとに再結集したモンゴル諸部に対抗して、彼らがドルベン（四）・オイラトと呼ばれる理由を、後世のオイラト年代記その他の史料を渉猟して解明する。元朝崩壊後、モンゴル高原北西部の四大部族、オイラト、バルグト、ナイマン、ケレイトが反フビライ家連合を組んだ。これが四オイラト部族連合の起源となり、のちに東モンゴル三衛系のホシュートが加わったのである。本論は早くに中国で漢訳され、著者本人による英訳も刊行されている。

一　オイラトの起源

オイラト（Oyirad）という種族がはじめて歴史に登場するのは、一二〇二年のことである。ラシード・ウッ・ディーン著『集史』の「チンギス・ハーン紀」[1]によると、この年、ナイマン（Naiman）王の弟ブユルク・ハーン（Buyuruk-khan）、メルキト（Merkid）王トクタイ・ベキ（Toktai-beki）らの連合軍に、オイラト王クトゥカ・ベキ（Kutuka-beki）

も加わって、ケレイト（Kereyid）のオン・ハーン（On-khan）とモンゴルのチンギス・ハーンに対して進軍したが、寒気のため目的を達せず引き揚げた。

その翌年、チンギス・ハーンがオン・ハーンを滅ぼしてケレイトを併合すると、一二〇四年、今度はナイマン王タイ・ブカ・タヤン・ハーン（Tai-Buka Tayan-khan）が中心となり、メルキトのトクタイ、ケレイトのアリン・タイシ（Alin-Taishi）、オイラトのクトゥカ・ベキ、ジャジラト（Jajirad）のジャムカ（Jamuka）らを糾合して、チンギス・ハーンの軍とハンガイ山に戦ったが、連合軍は大敗してタヤン・ハーンは戦死し、その子クシュルク（Kushluk）はその叔父ブユルク・ハーンのもとに走った。続いてチンギス・ハーンはメルキトを平定したので、トクタイは同じくブユルク・ハーンのもとに逃れた。(2)

一二〇六年、即位式の後、チンギス・ハーンはブユルク・ハーンを襲ってこれを殺し、クシュルクとトクタイはイルティシュ河に逃れた。

一二〇八年、チンギス・ハーンはイルティシュ河に向かって進軍したが、その路上に当たったオイラトのクトゥカ・ベキは降り、兵を出してクシュルク、トクタイの征討を助けた。トクタイは戦死し、クシュルクは西遼《せいりょう》に走った。

これ以来、オイラト王クトゥカ・ベキは所領を安堵されて、四千人隊に将としてチンギス・ハーンに臣事したのであるが、(3)ラシード・ウッ・ディーンの「部族篇」(4)によると、このオイラトの住地は八河（Sekiz-muren）で、トゥマト（Tumad）の故居であり、八河は合流してケム（Kem）河を成し、ケム河はアンガラ河（Ankara-muren）に流入する。その八河の名は、コク・ムレン（Kok-muren）、オン・ムレン（On-muren）、カラ・ウスン（Kara-usun）、サンビ・トゥン（Sanbi-tun）、ウクリ・ムレン（Ukri-muren）、アカル・ムレン（Akar-muren）、ジュルチェ・ムレン（Jurche-muren）、チャガン・ムレン（Chagan-muren）である、と言う。

八河の合流して成すというケム河は、イェニセイ河のトルコ名であるから、八河の地はイェニセイの上流でなければばならない。『元朝秘史』巻四（一四四節）は、一二〇二年の戦争を一二〇一年のこととし、連合軍の敗退で、オイラトのフドゥハ・ベキ（**Quduqa beki**）は「失思吉思《シスギス》」を指して引き揚げたと言い、また巻十（二三九節）は、一二〇八年の征討を一二〇七年のこととし、しかもチンギス・ハーン自身でなくその長子ジョチが、ナイマン、メルキトの残党でなくキルギズの征伐に向かった時のこととして、フドゥハ・ベキがジョチを先導して自分のオイラトに案内し、「失黒失惕《シクシト》」に入らせたと言っている。

イェニセイ河源はモンゴル国のホブスゴル・アイマク（**Khövsgöl aimag**）にあり、ホブスゴル湖の西隣のダルハト（**Darkhad**）盆地がそれであって、これを南から北へ貫流するシシヒト河（**Shishkhid gol**）が西に折れ、ロシアのトゥワ共和国に入ってクィズィル・ヘム（**Kyzyl-Khem**）となって小イェニセイ（**Ka-Khem**）に合流し、小イェニセイは国都クィズィルで大イェニセイ（**Bii-Khem**）と合流して上イェニセイ（**Ulug-Khem**）となり、西から来るケムチク（**Kemchik**）と合流してイェニセイとなって、サヤン山脈を横断して北流するのである。

『元史』巻六十三「地理志　西北地附録」によると、大イェニセイの溪谷は撼合納《ハムハナ》（**Qabqanas**）、ケムチクの溪谷は謙州（**Kemčigüd**）の住地らしいから、結局オイラトの住地の八河とは、シシヒト河からクィズィル・ヘム、小イェニセイ、上イェニセイへかけてのイェニセイ河上流とその支流のことであって、『元朝秘史』の「失思吉思」も「失黒失惕」もこの地方を指すのであり、その名はともに「失思吉惕《シスギト》」の訛りで、すなわちシシヒトであろう。

こうして今のトゥワの地に拠った十三世紀のオイラトは、北方ではサヤン山脈をへだててキルギズの住地に接し、南方ではタンヌ・オーラ山脈を境にナイマンと隣していた。東方ではセレンゲ河のメルキトに連なり、東北方ではアンガラ河のトゥマトの地に近かった。ラシード・ウッ・ディーンが、八河をトゥマトの故居と言うのは事実であろう。アンガラ河畔のイルクーツクからイルクート河に沿って上れば、ホブスゴル湖の北端のトゥルト（**Turt**）に出、湖の西岸からダルハト盆地に入る交通路があるからである（**地図3**参照）。

これら隣接の諸部族のうち、トゥマトはバルグト（Barγud）の一部であり、メルキトとともに、モンゴル人と同系のタタルであった。これらに対し、オイラトの住地を南北から挟む形のナイマンとキルギズはトルコ系だから、その間に突出したオイラトにはかなり特色があったらしい。ラシード・ウッ・ディーンは、オイラトの言語はモンゴル語だが、他のモンゴル族とは多少ちがい、例えば「小刀」をkitugaでなくmudagaと言ったりした、と伝える。

ラシード・ウッ・ディーンの「部族篇」に従えば、オイラトは人口が多くて、いくつもの部に分かれていたが、チンギス・ハーンの時に当たってオイラトの諸王の一人クトゥカ・ベキに二子イナルチ（Inalchi）、トレルチ（Torelchi）

系図13　オイラト王家とチンギス家の通婚関係

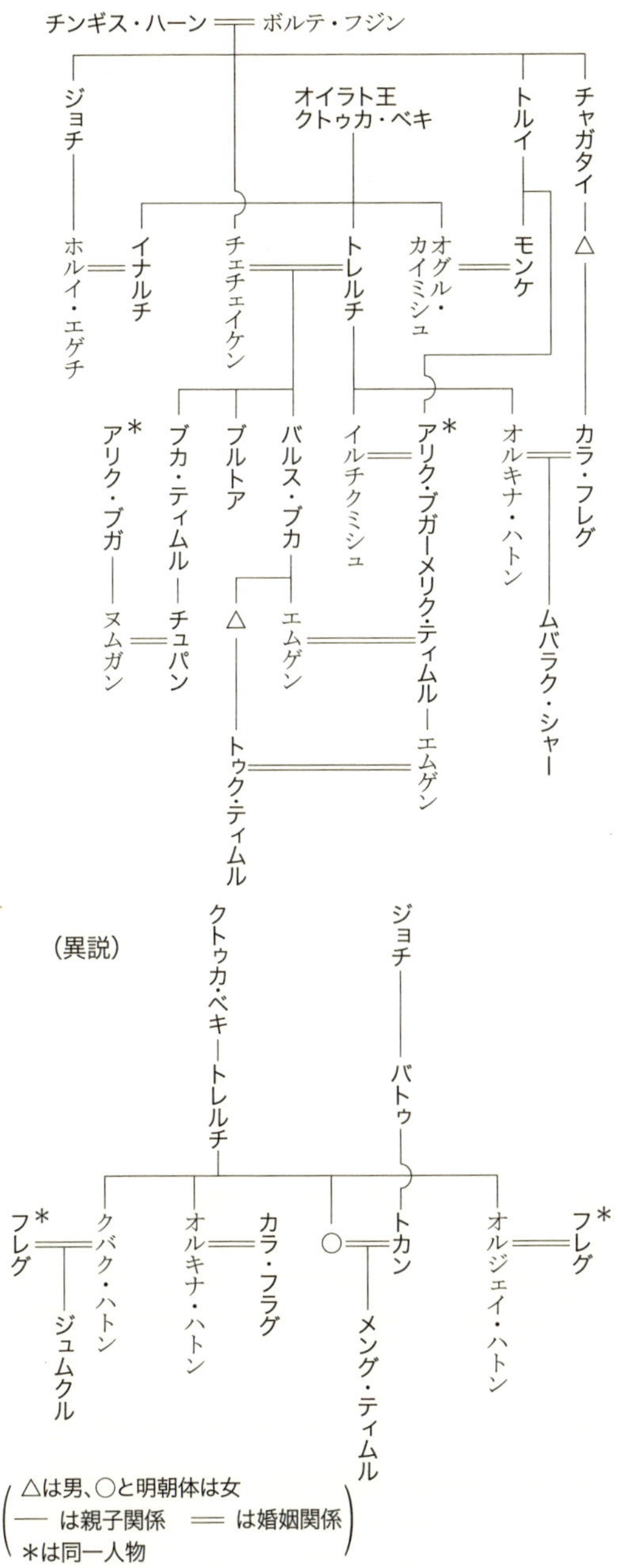

出典：宮脇淳子『最後の遊牧帝国』講談社選書メチエ、1995年

と一女オグル・カイミシュ（**Ogul-Kaimish**）があった。チンギス・ハーンはトレルチに、自分の娘チェチェイケン（**Chichigan**）を娶わせ、この結婚から三子ブカ・ティムル（**Buka-Timur**）、ブルトア（**Burtoa**）、バルス・ブカ（**Bars-Buka**）が生まれた。

　トレルチの娘について、「部族篇」は二通りの伝えを記している。その第一説によると、トレルチの娘は二人で、イルチクミシュ・ハトン（**Ilchikmish-khatun**）はアリク・ブガの元妃となって大いに寵愛を受けたが子はなく、オルキナ・ハトン（**Urkene-khatun**）はチャガタイ家のカラ・フレグ（**Kara-Hulagu**）に嫁してムバラク・シャー（**Mubarak-shah**）を生み、久しくチャガタイのウルスを治めた。別にトレルチの長子ブカ・ティムルにも二人の娘があり、そのオルジェイ・ハトン（**Uljei-khatun**）はフレグ・ハーンの妻となり、他の失名の一女はバト（**Batu**）の一族のトゥカン（**Tukan**）に嫁してメング・ティムル（**Mengu-Timur**）を生んだ。

　第二説によると、この後の方の二女はブカ・ティムルの娘ではなくトレルチの娘である。即ちブカ・ティムルには四人の姉妹があって、その一はクバク・ハトン（**Kubak-khatun**）といい、フレグ・ハーンの元妃でジュムクル（**Jumkur**）の母、二はオルキナ・ハトンでムバラク・シャーの母、三は失名でメング・ティムルの母、四はオルジェイ・ハトンでフレグ・ハーンの妻となっている。そしてラシード・ウッ・ディーン自身は、第二説の方を正しいとしている。

　いずれにせよ「部族篇」では、メング・ティムルの母は失名となっているが、「ジョチ・ハーン紀」[5]には、トゥカンはバトの次子で、トゥカンの次子メング・ティムルと第三子トゥダ・メング（**Tuda-Mengu**）の母はオイラトのクチュ・ハトン（**Kuchu-khatun**）であり、このハトンはオルジェイ・ハトンとブカ・ティムルの姉妹であったと記すから、「部族篇」でラシード・ウッ・ディーンが言う通り、オルジェイ・ハトンはブカ・ティムルの娘でなくトレルチの娘にちがいない。さらに「フレグ・ハーン紀」[6]にも、フレグの妻オルジェイ・ハトンがオイラトのトレルチ・クルゲンの娘であったことを記している。ただしクバク・ハトンはグユク・ハトン（**Guyuk-khatun**）に作るが、この方が正しかろう。

「部族篇」によると、トレルチの長子ブカ・ティムルの子ジュネン（Junen）は、アリク・ブガの娘ヌムガン（Numugan）に尚した。「フビライ・ハーン紀[7]」はチュパン（Chupan）に作る。

トレルチの次子ブルトアの二子ウルグ（Ulug）とヒン（Khin）、第三子バルス・ブカの二子シラプ（Shirap）とベクレミシュ（Beklemish）は、すべてフビライ・ハーンに臣事した。以上はラシード・ウッ・ディーンの「部族篇」の伝えだが、『元史』巻一百九「諸公主表」には、「延安公主位」として、別里迷失《ベクリミシ》駙馬《ふば》と沙藍《シャラム》駙馬がそれぞれ失名の公主に尚したことを記している。別里迷失はベクレミシュ、沙藍はシラプにちがいない。

クトゥカ・ベキのもう一人の子イナルチについては、ラシード・ウッ・ディーンは、バトが自分の姉妹の一人、すなわちジョチの娘のホルイ・エゲチ（Kului-Ikachi）を娶わせ、一子ウルド（Uldu）が生まれた、とする。「諸公主表」の火雷公主は即ちこのホルイ・エゲチだが、その適ったさきが哈答《ハダ》駙馬とあって合わない。『元朝秘史』巻十（二三九節）はもっと合わなくて、イナルチに扯扯亦干《チェチェイケン》（Čečeyiken）を、トレルチにジョチの娘豁雷罕《ホルイハン》（Qoluyiqan）を娶《めあ》わせたとし、全く取り違えている。

再びラシード・ウッ・ディーンにもどると、クトゥカ・ベキの一族にテンギズ・クルゲン（Tengiz-gurgen）があり、グユク・ハーンの娘に尚した。グユク・ハーンが死んでモンケ・ハーンが即位したとき、テンギズは謀逆《ぼうぎゃく》に坐して杖刑に処せられたが、公主の哀訴で一命は取りとめた。アルグン・ハーン（Argun-khan）の元妃クトルグ・ハトン（Kutlug-khatun）は、このテンギズと公主との間に生まれた。

「部族篇」には、クトゥカ・ベキの娘オグル・カイミシュは、チンギス・ハーンが自ら娶ろうとしたが拒んだので、モンケ・ハーンが娶《めと》った。オグル・カイミシュは夫の弟たちフビライ、フレグを息子たちと呼び、彼らから最大の敬意をもって遇せられた、と言う。しかし「モンケ・ハーン紀[8]」には、同じことをモンケの妻オグル・トゥトミシュ

(Ogul-Tutmysh)について言っているから、「部族篇」のオグル・カイミシュは誤りであろう。少なくともグユクの皇后でその死後に監国し、モンケに処刑されたオグル・カイミシュではあり得ない。ただし「モンケ・ハーン紀」が、オグル・トゥトミシュをオルジェイ・ハトンの姉妹と言っているのは心得ない。先にも言った通り、オルジェイ・ハトンはトレルチの娘であって、それとクトゥカ・ベキの娘オグル・トゥトミシュとが姉妹であるはずがない。フビライはいざ知らず、フレグをオグル・トゥトミシュが息子と呼んだのは、自分の姪のオルジェイ・ハトンとフレグが結婚していたからである。恐らく「モンケ・ハーン紀」は、オグル・トゥトミシュがオルジェイ・ハトンの夫フレグの義姉であったことから、両者の関係を姉妹と誤ったのであろう。

以上で明らかな通り、十三世紀のオイラト王家は、チンギス・ハーンの子孫のジョチ家、チャガタイ家、オゴデイ家、トルイ家のすべてと婚姻を通じ、ことにトルイ家の四兄弟、モンケ、フビライ、フレグ、アリク・ブガとはいずれも姻戚であったわけで、当時のモンゴル帝国ではきわ立った名家であった。これはオイラトの女子が美貌をもって聞こえたことにもよろうが、最大の理由は、その住地が東南はトルイ家、西南はオゴデイ家、チャガタイ家、西北はジョチ家の封地と連なり、帝国が元朝、チャガタイ・ハーン国、イル・ハーン国、黄金のオルドの四大ウルスに事実上分裂してからも、それらの接点に位するという、戦略上の要衝《ようしょう》だったからである。

その帝国の分裂の機縁となった一二六〇～一二六四年のアリク・ブガの乱に、オイラトは深い関係を持った。それはアリク・ブガの領地がオイラトの住地にもっとも近かったからである。ラシード・ウッ・ディーンの「フビライ・ハーン紀」(9)には、アリク・ブガの夏営地はアルタイに、冬営地はテケ(Teke)とキルギズにあり、三日程をへだてていたことを伝える。テケはどこか分からないが、アルタイとキルギズの間を往復するとなると、当時のキルギズの住地はサヤン山脈の北であるから、その南のオイラトの住地は正にアリク・ブガの領地の内に入ってしまうこととなる。つまり当時のオイラトは、アリク・ブガのウルスに含まれていたのである。

このアリク・ブガとオイラトの関係は、前に引いた「部族篇」にもほの見えていたが、これを「フビライ・ハーン紀[10]」によってもう一度見なおしてみよう。

アリク・ブガの妻には、オイラトのイルチクミシュ（トレルチの娘）のほかにクチュクル・ナイマンのクトゥクタ・ハトン（Kutukta-khatun）があり、それから生まれた娘ヌムガンはオイラトのチュパン・クルゲン（Chupan-gurgen）に嫁した。これは「部族篇」のジュネンで、トレルチの長子ブカ・ティムルの子である。アリク・ブガの次子メリク・ティムル（Melik-Timur）の娘エムゲン（Emugen）は、オイラトのバルス・ブカ（トレルチの第三子）の孫トゥク・ティムル・クルゲン（Tuk-Timur-gurgen）に嫁した。またメリク・ティムルの六子のうち、長子ミンカン（Mingkan）、次子アチギ（Achigi）、第三子イスン・トゥワ（Yisun-Tuva）、第四子バリタイ（Baritai）の四人は、オイラトのバルス・ブカの娘エムゲン・ハトン（Emugen-khatun）から生まれたのである。他の二子、すなわち第五子オイラタイ（Oiratai）と第六子マフムード（Maḥmūd）は、ドルベン（Dörben）のシレキ（Shireki）の娘ブラ（Bura）から生まれた。

こうした密接な関係からすると、内乱でオイラトがアリク・ブガの側に立ったのは当然であった。「フビライ・ハーン紀[11]」によると、戦争の運命を決した一二六一年のシムルタイ（Shimultai）湖の戦いで、フビライ軍に粉砕されたアリク・ブガ軍は多数のオイラト兵から成っていたと言い、『元史』巻一百二十「朮赤台《ジュルチディ》列伝」も、「石木温都《シムウルト》」の戦いのアリク・ブガ軍を「外剌《オイラト》之軍」と呼んでいる。

アリク・ブガが一二六四年にフビライに降ったあと、今度はオゴデイの孫ハイド（Qayidu）が起って元の西北境をおびやかした。そこでフビライは一二七一年、第四子ノムガン（Nomuγan）をイリ河のアルマリクに駐屯させ、これにモンケの第四子シリギ（Shireki）、アリク・ブガの長子ユブクル（Yubukur）、次子メリク・ティムル、トルイの第十子スイケト（Suktu）の子トゥク・ティムル（Tuk-Timur）をつけてハイドを防がせた。一二七七年、シリギとトゥク・ティムルは共謀してノムガンを捕らえ、フビライに叛いた。フビライは、南宋の征服に従事していたバーリン

(Bayarin) のバヤン (Bayan) を召還してシリギの討伐に当たらせ、オルホン河にこれを破った。このとき元軍の先鋒として現地に急行したのが、オイラトのバルス・ブカの子ベクレミシュである。(12)

『元史』によると、ベクレミシュは常にバヤンの部将として行動している。一二七五年、招討「別里迷失」は淮安《わいあん》の攻撃に参加し、(13) 一二七六年、淮東行枢密院《わいとうこうすうみついん》「別乞里迷失」は中書右丞となった。(14) シリギの乱が起こると、一二七八年、呵剌牙《ハラヤ》に駐兵して外剌台《オイラタイ》の寛赤哥思《コンチゲス》らの軍と合戦しその大将塔思不花《タスブハ》の堅塁《けんるい》を抜いたアスト (Asud) の伯荅児《バイダル》の先登の功を上聞したのは「別里吉迷失」であった。(15) 一二七九年、中書左丞「別乞里迷失」は同知枢密院事となり、(16) また同年、シリギらを討った孔元《こうげん》は、行院「別乞里迷失」に従ってその衆を追い、兀速洋《ウスよう》に至って還り、軍の半ばを分かってその要害の地を扼《やく》したので、余衆はついに潰《つい》え、輜重《しちょう》、牛馬を獲た。(17) 王寧が「別忽里迷失」らに従って賊外剌《わら》を撃ち、首百余級を斬ったと言うのも、一二七八年か一二七九年のことであろう。(18)

この叛乱は内紛と分裂によって失敗に終わり、一二八四年に至ってノムガンは元に帰ることができたが、このころベクレミシュは殺されたらしい。「別吉里迷失」はバヤンを誣《し》うるに死罪をもってしたことがあったが、ほどなく他の罪をもって誅せられ、バヤンが処刑に立ち会っている。時は一二八二年のアフマド (Aḥmad) の暗殺のあと、一二八五年より前である。(19)

ここで引いた『元史』の記事からうかがえる通り、「外剌」即ちオイラトが叛乱軍に加わっている。これはユブクルとメリク・ティムルがシリギ側に付き、のちにハイドに党《くみ》したからには当然であろう。

二　元朝崩壊後のオイラト

オイラト人ベクレミシュと、アリク・ブガ家派のオイラト兵の血で血を洗う戦いのあと、フビライに忠勤を励んだ当のベクレミシュが刑死したのだから、フビライ家の元朝にオイラトが好意を持ったはずがない。しかし一三〇一年にハイドが死んでからは、この方面には平和が続き、ほぼ一世紀の間オイラトの動静は史上に現れない。そして一三八八年に至ってオイラトが再び登場するとき、またもやアリク・ブガ家を支持してフビライ家に対抗するのである、即ちこの年、フビライの子孫の最後の北元皇帝トクズ・テムル・ウスハル・ハーン（**Toquz temür usqal qaγan** 天元帝）は、ブイル・ノール湖畔の本営を明軍に奇襲されて大敗し、逃走の途中、イェスデル（**Yesüder**）のさし向けた軍勢に殺されたのだが、『明太祖実録』はこれを次のように叙している。

> ブイル・ノールに敗れたトクズ・テムルは、その余衆を率いてカラコルムに還《かえ》って丞相ヤウジュ（咬住）に依ろうとし、行ってトゥーラ河に至ったところ、イェスデルに襲撃されてその衆は潰散《かいさん》した。トクズ・テムルはただ知院ネケレイ（捏怯来）ら十六騎と遁《のが》れ去ったが、たまたま丞相ヤウジュ、大尉マルハザ（馬児哈咱）が三千人を領して迎えに来た。それからココ・テムル（闊闊帖木児）の人馬が衆多なので、往ってこれに依ろうとしたところが、たまたま大雪で三日も出発できなかった。イェスデルは大王ホルフダスン（火児忽荅孫）、王府官ボロト（孛羅）を遣わしてこれを追襲せしめ、トクズ・テムルを獲《え》て弓絃《きゅうげん》をもってこれを縊《くび》り殺し、あわせてその太子天保奴《てんぼうど》を殺した[20]。

このときイェスデルに事《つか》えるのを恥じて明に降ったネケレイの報告を、甲種本『華夷訳語』の「捏怯来書」によって見ると、「アリク・ブガの子孫イェスデルらは、オイラトと共に叛いて、我らのハーンを弑《しい》し奉り、大宝を奪って、人民をことごとく殺害するので」とある。

ここで「大宝を奪って」（**yeke tamγa-yi abču**）の一句が示す通り、このときアリク・ブガ家のイェスデルは、オイラトの支持のもとに、フビライ家に代わってモンゴルのハーン位に即いたのである。ロブサンダンジン国師の『アルタン・トブチ』はイェスデルを、ジョリクト・ハーン（J̌oriγtu qaγan）というその号で呼び、その治世を一三八八～一三九一年とする。[21]

イェスデルの次に立ったハーンは、『アルタン・トブチ』によるとエンケ（Engke 在位一三九一～一三九四年）であるが、ペチ・ド・ラ・クロワの『大チンギス・ハーン史』は、多分ウルグ・ベグの『四ウルス史』によって、この人をイェスデルの子とする。

エンケの次はエルベク・ニグレスクチ・ハーン（Elbeg nigülesügči qaγan またニグレスクイ・ハーン nigülesküi qaγan とも。在位一三九四～一三九九年）だが、モンゴルの年代記は一致して、このハーンの治世にモンゴルとオイラトの分裂・対立が起こったとし、次のような物語を伝えている。

『アルタン・トブチ』によって要約すると――ハーンはオイラトのゴオハイ大尉（Γooqai tayu）の甘言にのって、我が子ハルグチュク・ドゥーレン・テムル（Qarγučur dügüreng temür）の妃オルジェイト・グワ（Öljeitü γuu-a）の美貌に横恋慕し、ドゥーレン・テムルを殺してオルジェイト・グワをめとった。オルジェイト・グワは詭計《きけい》をもって、ゴオハイが無礼を働いたとハーンに信じさせ、ハーンとゴオハイの戦いとなって、ゴオハイは殺された。その後、ハーンはゴオハイの子バトラ丞相（Batula čingsang）らに殺された（本書第二部「8 ダヤン・ハーンの先世」に詳しい）。

この大変のあとのハーンはクン・テムル（Kün temür）で、『アルタン・トブチ』はこの人をトゴーン（Toγoγan）と呼び、一三九九～一四〇二年在位としている。在位年代は同じながら、『蒙古源流』その他の年代記はこれをクン・テムルとするが、『明太宗実録』によると、一四〇〇年にモンゴル軍が辺を犯そうとしているとの諜報を受けた明の燕王（太宗、成祖）は、モンゴル（韃靼）のハーン（可汗）クン・テムル（坤帖木児）とオイラト（瓦剌）の王モンケ・テムル（猛哥帖木児 Möngke temür）らに手紙を送っているから、クン・テムルのほうが正しい。[22]

ところで問題は、やはりウルグ・ベグによったらしい無名氏の『シャジャラト・ウル・アトラーク』で、クン・テムルに当たるハーンをトゥラン・ティムル（**Tūrān Tīmūr**）とし、かつ「大位は再びチンギス・ハーンの他の子孫の手に移った」と注している。(23) この注は、この人から新しい帝系が始まったと言うのか、それともこの人で古い帝系が終わったと言うのか明らかでないが、「他の」の一語からすれば後者と解すべきであって、イェスデルからこの人に及ぶ四代はすべてアリク・ブガ家の人であったが、次のハーンはちがうと言うのである。

それはそれとして、『シャジャラト』の「トゥラン・ティムル」は、明らかにモンゴルの年代記の「ドゥーレン・テムル」で、エルベク・ハーンに殺された皇子の名である。これから考えると、案外クン・テムルとドゥーレン・テムルは同一人で、父エルベク・ハーンに妃を奪われたのは事実としても、殺されたというのは物語の誇張であり、本当のところは一三九九年にはじめてオイラトの手でハーンの廃立が行われたと言おうとしているだけなのかも知れない。そう考えると分かるのは、『アルタン・トブチ』が「トゴーン」という見慣れないハーン名をここにはめこんでいる理由である。『アルタン・トブチ』の史料の一つの王名表には、ここに「ドゥーレン・テムル」とあったのだが、別の史料から採った本文の物語でドゥーレン・テムルはすでに殺されてしまっているために、さらに他の史料によって「トゴーン」と書き換えなければならなかったのだろう。そして「トゴーン」は「トガン」（**Toyan**）から来、「トガン」は「ドゥーレン」（**Düren**）の誤読なのだろう。

『明太宗実録』によると、クン・テムルの次のハーンは鬼力赤《グイリチ》で、一四〇三〜一四〇八年にかけて姿を現している。すなわち明の成祖（太宗）は一四〇三年、一方ではモンゴルのハーン鬼力赤、太師右丞相マルハザ（馬児哈咱）、太傅左丞相イェスンテイ（也孫台）、太保枢密知院アルクタイ（阿魯台 **Aruytai**）に、他方ではオイラトのマフムード（馬哈木）、タイピン（太平）、バト・ボロト（把禿孛羅）に別々に使者を送って即位を通告している。(24) つまり鬼力赤の代になってモンゴルとオイラトの間に分裂が起こり、またオイラトの首領が一人から三人に増えている。これはオイラトの内部にも重大な変化があったことを示しているが、それについては後で論じよう。

ところでこの鬼力赤ハーンは、もはやアリク・ブガ家の人ではなかった。『シャジャラト』はこれに当たるハーンをオルク・テムル（Uruk Tīmūr < Örüg temür）と呼び、オゴデイ・ハーンの子カラク・オグル（Qarāq oɣul）の子ヌビヤ（Nubiya）の子とする。カラク・オグルとは、『元史』巻一百七「宗室世系表」の太宗皇帝の第六子ハダン（合丹）大王、ラシード・ウッ・ディーンの「オゴデイ・ハーン紀[25]」のオゴデイの第六子カダン・オグル（Kadan-ogul）である。しかしその子とされるヌビヤは、ラシード・ウッ・ディーンの言うカダン・オグルの第六子ヤヤ（Yaya）の異読らしく、ヤヤの長子は確かにオルク・テムルである。しかしこのオルク・テムルは十三世紀の人で、十五世紀初頭のハーンとは同一人ではあり得ない。『シャジャラト』の著者なり、その原史料の編者なりは、このハーンをオゴデイ家の人とする伝承に基づいてラシード・ウッ・ディーンを検索し、この系図を発見したに過ぎまい。

『明太宗実録』によると、このオゴデイの子孫のオルク・テムル（鬼力赤）は絶えずオイラトと戦い、その部下の重臣にアルクタイがあったが、一四〇八年、プンヤシュリー（本雅失里 Puṇyaśrī）なる皇子がサマルカンドからベシュバリク経由で帰って来ると、オルク・テムルは部下に廃位されて殺され、アルクタイはプンヤシュリーを迎立して、協力してオイラトに対抗するようになった。

このプンヤシュリーをモンゴルの年代記はオルジェイ・テムル（Öljei temür）と呼んでいるが、『明太宗実録[26]』はオルジェイト王（完者禿王 Öljeitü ong）とし、本名がプンヤシュリーで「元の遺裔」であると言っている。しかしこれはフビライの子孫という意味ではなくて、トルイ家の出であることを言うのであって、『シャジャラト』はこの人に当たる「太子」（Tāyzī）をアリク・ブガの子孫とする。ヤズディーの『ザファル・ナーマ』によると、この「太子」はハーンと争い、オイラトから逃れてティームールの宮廷に亡命した。シャーミーの『ザファル・ナーマ』によると、この事件は一三九八年のことであった。時は正しくエルベク・ハーンの横死の前年である。

して見るとオルジェイ・テムル＝プンヤシュリーは、エルベク・ハーンの皇子なので、オイラトの実権が強大になり過ぎたので出奔したのであろうし、その後でオイラトがエルベクを殺してクン・テムルを擁立したのであろう。そうした因縁からすれば、オルジェイ・テムルがアリク・ブガ家の出身でありながら、北元の遺臣のアルクタイと手を組んで、父の仇のオイラトに敵対した事情もよく分かる。

オルジェイ・テムルは一四一〇年、明の成祖の親征軍に撃破されて西奔し、一四一二年に至って、オイラトのマフムードらから、オルジェイ・テムルを滅ぼして伝国の璽を得たむね、明廷に報告があった。このときマフムードらは、中国に在るトクトア・ブハ王（脱脱不花王 Toγtoγa buqa ong）なる人を還《かえ》すよう請うたが、成祖はこれに応じなかった。[27]

トクトア・ブハは最初、アルクタイらと共に、オルク・テムル・ハーンの部下の重臣であったが、[28]オルク・テムルが殺されてオルジェイ・テムルが即位すると、トクトア・ブハは一四〇九年、明に来帰して甘粛辺外のエジネに止まった。[29]それ以来、オルジェイ・テムルの在位中、ずっと漠北に帰らなかったのである。

一四一三年、オイラトのマフムードらがダルバク（荅里巴 Dalbaγ）なる人を立てて主となしたことが明に聞こえた。[30]このダルバク・ハーンを、『シャジャラト』も、ホーンデミールも、ペチ・ド・ラ・クロワも、アリク・ブガの子孫とする。オイラトはまたもアリク・ブガ家を奉じたわけだが、一四一四年、成祖が第二回の親征でフラーン・ホシューン（忽蘭忽失温 Hulaγan qosiγun）に破ったマフムード、タイピン、バト・ボロトのオイラト軍はダルバク・ハーンを戴《いただ》いていた。この敗戦の後、ダルバクは再び姿を見せず、モンゴルの年代記によると一四一五年に死んでいる。そして一四一六年、マフムードも死んで、その子トゴン（Toγon）が嗣いだ。

ダルバク・ハーンの次に立ったのはオイラダイ（Oyiradai）で、『アルタン・トブチ』は一四一五～二五年の在位とする。この人を、ホーンデミールはアリク・ブガの子孫とし、『シャジャラト』はアリク・ブガの裔メリク・ティムル（Malik Timūr）の子とし、ペチ・ド・ラ・クロワはメリク・ティムル（Melic Timur）の子オルダイ（Orday）の子とする。前に記した通り、アリク・ブガの次子はメリク・ティムルで、その第五子にオイラタイがあった。これも鬼力赤＝オルク・テムルの場合と同じく、ラシード・ウッ・ディーンを検索した結果、こうした記述になったのだろうが、このオイラダイ・ハーンがアリク・ブガの後裔であることは信じてよい。

オイラダイ・ハーンはオイラト側で擁立していたもののようで、これに対してモンゴル側のアルクタイが奉じていたハーンが別にあったらしいことは、一四二三年、アルクタイがその主を殺したことが『明太宗実録』に言及されていて窺《うかが》われる。(31) そして次のアダイ（Adai）になると、アルクタイに戴かれていたことははっきりしている。『アルタン・トブチ』はアダイの在位を一四二五〜三八年とし、『シャジャラト』、ホーンデミール、ペチ・ド・ラ・クロワの三者とも、この人をオルク・テムル＝鬼力赤の子とするから、つまりオゴデイ家の人である。

一四三一年、オイラトのトゴンは大いにアダイ、アルクタイを破り、その本拠であったケルレン河の流域を奪った。一四三二年、トクトア・ブハは二十数年住み慣れた甘粛辺外を離れ、一四三三年、トゴンによってハーン位に即けられ、一四三四年、兵を率いてアルクタイを討って再びその勢力を粉砕した。アルクタイは同年、トゴンの手で滅ぼされ、アダイ・ハーンは一四三八年、トクトア・ブハ・ハーンに滅ぼされた。これと前後してタイピン、バト・ボロトもトゴンに併合されたから、ここに実質的にはトゴンによる統一が完成したわけだが、それでもケルレン河以東の地方のモンゴルの故土は、トクトア・ブハ・ハーンの統治に委ねられた。

このトクトア・ブハ・ハーンの出自がフビライにあることは、かえって『朝鮮世宗実録』によって立証される。すなわち同王の二十四年、一四四二年の五月戊辰の条に、このときに半島に伝えられたトクトア・ブハ・ハーンのモンゴル字の勅書を引いて、「太祖チンギス・ハーン（成吉思皇帝）は八方を統馭《とうぎょ》し、祖のセチェン・ハーン（薛禅皇帝）の即位の時分、天下は命に順《したが》わざるはなし。丙申（一二三六年）、高麗国は交好他国に倍し、親しむこと兄弟の若し。

世衰え乱に遭《あ》い、城を棄てて北に依ること已《す》でに累年なり。今、我れは祖宗の運を受け、即位すること今已でに十年なり。若《も》し人をして交通せしめずんば、是れ祖宗の信意を忘るるなり。今後若し海青《かいせい》（鷹の一種）及び賀表を送らば、則ち朕は厚く賞し厚く待たん」とある[32]。

すなわちトクトア・ブハは、モンゴルと高麗国との友好の歴史を数えて、チンギス・ハーンとフビライ・ハーンの故事を思い起こしているのだが、とりわけフビライの世の友誼《ゆうぎ》を強調しているのは、まさに久しぶりにフビライ統に出でて位を正したハーンとしてはそうあるべきところである。

トゴンは一四四〇年に死んで、長子エセン（Esen）が嗣いだ。一四五一年に至ってトクトア・ブハ・ハーンとエセンとの間に分裂が生じ、トクトア・ブハ・ハーンは一五四二年一月十九日、エセンによって攻殺され、エセンは一四五三年、自らハーン位に登ったが、一四五四年、部下の叛乱で殺された。

三　ドルベン・オイラト

エセンの死と同時にオイラトは勢力を失って西北方に後退し、東南方ではモンゴル人が先ずトクトア・ブハの幼子マルコルギス（Markörgis 在位一四五五～六五年）、次いでその異母兄モーラン（Muulan 在位一四六五～六六年）をハーンに推戴したが、いずれも部下に殺され、空位時代ののち、トクトア・ブハの異母弟と言われるチャハル万人隊長マンドゥールン（Manduyulun 在位一四七五～七九年）が即位する。しかしこれも内乱に倒れ、その死後はオルドス万人隊長バヤン・モンケ・ボルフ晋王（Bayan möngke bolqu ǰinong）がハーンとなって活動したがこれも殺され、ようやくボルフ晋王の子バト・モンケ・ダヤン・ハーン（Batu möngke dayan qayan）の治世（一四八七～一五二四年）になって、はじめてモンゴル系の六万人隊の連合体が成立した。そしてダヤン・ハーンの孫のトゥメトのアルタン・ハーン

(Altan qaγan) は、一五四一年のその長兄オルドスのグン・ビリク・メルゲン晋王 (Gün bilig mergen ǰinong) の死とともにモンゴルの大部分の指導権を握り、たびたびの征伐で、一五八二年のその死までにオイラトを完全に屈服させた。モンゴルの年代記に、オイラトの実情を窺《うかが》わせる記事が現れはじめるのは、このアルタン・ハーンの時代からである。

『蒙古源流』[33]によると、アルタンは一五五二年、四オイラト (Dörben Oyirad) に出馬して、クンゲイとジャブハンの両河のほとりに八千ホイト (naiman mingγan Qoyid) の首領マニ・ミンガト (Mani mingγatu) を殺し、その妻子・人民をすべて降した。次に一五六二年、オルドスのフトゥクタイ・セチェン皇太子 (Qutuγtai sečen qong tayiǰi) は四オイラトに出馬し、イルティシュ河のほとりでトルグート (Turγaγud) を襲い、その首領ハラ・ブーラ (Qara buγura) を殺してその竈《かまど》に自分の黒い軍旗を突き立て、シルビス (Silbis) とトルグートの一部を収容して引き揚げた。さらに一五七四年、やはりオルドスのブヤン・バートル皇太子 (Buyan baγatur qong tayiǰi) は四オイラトに出馬し、ハルガイ山の南にエセルベイ・キャー (Eselbei kiya) を首領とする八千ホイト万人隊をことごとく降した。これと同時に、シル河畔にカザフ王の軍を破って凱旋中であったフトゥクタイも、バルクルに輜重《しちょう》を置いて征伐に加わり、ジャラマン山の北にハムス (Qamsu) とドゥリトク (Düridkü) の二人を首領とするバートト (Baγatud) を収容した。フトゥクタイの息子のオルジェイ・イルドゥチ (Ölǰei ildüči) は、三個月も敵を追い、トブハン山の南にチョロース (Čooroγas) のバジラ舎人 (Baǰira sigeǰin) を首領とするドルボト・オトク (Dörbed otoγ) を収容して帰った。

これとは別に、北モンゴルの年代記の伝えでは、ハルハのアバダイ・サイン・ハーン (Abadai sayin qaγan) はコブケルの戦いにホシュート (Qosiγud) を破り、その首領ハーナイ・ノヤン・ホンゴル (Qanai noyan qongγor) を殺したと言うが、その時期は一五八〇年代と推定される。

これらのモンゴルの征戦によってオイラトの勢力は甚だしく衰え、一六二三年に至るまでモンゴル、ことにハルハへの隷属状態から抜け出せなかった。オイラトの文学作品『ウバシ皇太子伝』には、この年にモンゴルの一首領ショロイ・サイン・ウバシ皇太子を攻殺した四オイラトの連合軍の構成単位として、ホイト、ジューン・ガル（J̌egün γar）、トルグート、ホシュート、及びドルボトかと考えられるもの、すべて五つの集団が挙げてある。

　ここで問題になるのが、「ドルベン・オイラト」すなわち四オイラトという呼称である。ここに顔を出した集団だけを数えても、（一）ホイト、（二）トルグート、（三）バートト、（四）ドルボト、（五）ホシュート、（六）ジューン・ガルと、すでに六つになってしまう。しかし四オイラトと言うからには、オイラトは四つの部分から成っているという考えがあるはずである。それは何々か。

　実はオイラト人自身の記述に従えば、四オイラトの構成単位は六つよりもっと多いのだが、やはり四部に分類しようとしているようである。現在利用できるオイラトの年代記でもっとも古いのは、ヴォルガ・カルムィクのトルグートのエムチ・ガワンシャラブ（Emči Γabang šes rab）が一七三七年に書いた『四オイラト史』(34)だが、それには次の九つの集団を四つのグループに分けてある。

（I）オーロト（Ölöd < Ögeled）
（II）ホイト（Xoyid）
　バートト（Bātud < Bayatud）
（III）バルグ（Barγu）
　ブリヤート（Burād < Buriyad）
（IV）ドルボト（Dörböd）
　ジューン・ガル（J̌öün γar）

ホシュート（Xošōd < Qosiyud）
トルグート（Toroyoud）

やはりヴォルガ・カルムィクだが、ホシュートのバートル・ウバシ・トゥメン（Bātur ubaši tümen）が一八一九年に書いたほうの『四オイラト史』[35]では、分類は同じながら、トルグートのところにトゥメト（Tümed）を入れ、トルグートを別扱いにしている。

しかしこれら十集団のすべてが、十八〜十九世紀に現存していたのではない。さきに言ったハルハ・モンゴルのウバシ皇太子は、一六一七年から一六二三年のその敗死に至るまで、連年はげしいオイラト征伐を行なっていたし、ウバシ皇太子の戦死のあとは、一六二五年、オイラトで遺産の分配をめぐる内紛が起こり、たちまちにしてすべての集団をも巻きこんで大混乱となった。内戦は一六二八年に至ってやっと終結したが、この間にホイトの首領サイン・キャー（Sayin kā）は殺されてホイトは衰弱し、バルグ、バートトは消滅した。その事情は、一六四〇年、ハルハ、オイラトの首領たちが調印した『モンゴル・オイラト法典』の第三条に、一六一七〜二八年の間に捕獲された俘虜の交換を協定しながら、バルグ、バートト、ホイト人に限って送還を免除していることから窺われる。これ以後、実質的にはドルボト、ジューン・ガル、ホシュート、トルグートの四集団、すなわちガワンシャラブの言う第四グループだけが残って、これが四オイラトと見なされたが、これは新しい変化なのであって、本来の「ドルベン・オイラト」は全く別のものを指したはずである。それを究明するために、前述の十集団のそれぞれについて、起源をたどって見よう。

（二）オーロト（Ölöd/Öyilöd<Ögeled）

オーロトという呼称は満洲人がオイラトと同義に使い、漢字では「額魯特」とか「厄魯特」とか写されたが、本来は古く消滅したある集団の名とされたらしい。ガワンシャラブは「オーロトは、黄魔《こうま》（šara šumu）にそそのかされて遷《うつ》り去った」と言い、また「オーロトはハザルバシ（Xazalbaš）氏となって離散した」と言う。バートル・ウバシ・トゥメンも「オーロト、これらを、黄魔（šara šuman）にそそのかされてオイラトからあてもなく去ったので、オーロトと名づけたのあった。オーロトはハザルバシに入った」と言い、典拠としてウンザト・アルダル・カブチュ（Unzad Aldar kabču）の史書を挙げている。

この書き方から見て、オーロトがオイラトから分離したのはよほど大昔のこととされているらしい。そのオーロトがなったというハザルバシは、トルコ語で「紅頭」の意のクズル・バシュ（kızıl baş）で、もとペルシアのサファヴィー朝（一五〇二〜一七三六年）の建国を助けたテュルクメン七部族を指し、のちペルシアのトルコ系遊牧民を意味した。思うにイル・ハーン国の創建に際してペルシアに移住したオイラト人の記憶が、こうした形で残っているのであって、オーロトという名それ自体も古い時代にさかのぼるものだろう。これについては後で論ずる。

モンゴルの年代記『シラ・トゥージ』(36)は、古い本文の部分と新しい追補の部分から成るが、その本文のほうは、所載の系譜の人名から察して、ハルハのサイン・ノヤン部の中前旗《ちゅうぜんき》で一七〇三〜〇六年の間に書かれたらしい。この部分にやはり四オイラトの集団名を列挙して、オーロトは「今はサルギス（Sargis）という国人になった」と記している。このサルギスもハザルバシの訛《なま》りであろう。

（二）**ホイト**（Xoyid < Qoyid）

（三）**バートト**（Bātud < Bayatud）

『シラ・トゥージ』の本文に、オイラトの系譜を説いて「ホイトの一族はヤバガン・メルゲン（Yabaγan mergen）の後裔である。ホイトのフダハ・ベキ（Qudaqa beki）の子イナルチ（Inalči）に、チンギス・ハーンは自分の娘チェチェイケン（Čečei-ken）を娶わせた。イナルチの兄トロルチ（Törölči）にジョチの娘ホルイハン（Qolui-qan）を娶わせた」とある。これは『元朝秘史』に引きずられて兄弟を取りちがえているが、要するにホイトは、チンギス・ハーンの時代以来のオイラト王家の直系なのである。同じことを『シラ・トゥージ』の追補には「ホイトの首領たちはイナルチ、トロルチの後裔である」と言っている。

パラスの『モンゴル民族史料集[37]』によると、ホイトの始祖ヨボゴン・メルゲン（Joboghon Mergenn）は、チンギス・ハーンより三世代前の時代の英雄であって、内乱に苦しんでいた中国に請われて救援におもむき、鎮圧の功を建てたが、中国人に忌まれて毒殺された。帰国した五人の部将はオイラトを五部に分かち、その一つが後にジューン・ガルとドルボトになった。ホイト人の言うところによると、バートトというのは、彼らの勇猛の故に中国人が与えた尊称である、と。

この伝説は、元朝時代にオイラトがアリク・ブガ家を助けてフビライ家に抗したことを思い出させる。それはともかく、バートトがホイトと祖を同じくすることがここに示されている。ガワンシャラブがこの二つを同じグループに入れたのはそのためであろう。

なおガワンシャラブは「ホイトは回部（Xoton）とジューン・ガルに入った。……バートトの大部分は青海のオイラトとトルグートに入った」と言っている。つまりホイトはジューン・ガルに、バートトはホシュートに吸収されたのである。

（四）バルグ（Baryu/Barya < Baryu）

（五）ブリャート（Burād < Buriyad）

（六）トゥメト（Tümed）

ラシード・ウッ・ディーンの「部族篇」[38]によれば、十三世紀には、バイカル湖東のバルグジン・トクム（Bargujin tokum）地方にはバルグト（Bargut）、コリ（Kori）、トゥラス（Tulas）の三部族があってバルグトと総称され、また湖西にはバルグトの分かれのトゥマト（Tumat）部族があってキルギズに接していた。オイラトの住地である今のトゥワが、トゥマトの故居と言われていたことはすでに触れた。

十七世紀のシベリアに進出したロシア人は、アンガラ河をさかのぼり、一六二九年、オカ河口の今のブラーツク（Bratsk）の地において初めてブリャート人と接触した。この方面は昔トゥマト人の住地だったところである。つまりトゥマト、ホリ（コリ）などがブリャート人になったのであって、パラスが伝える、一六二三年の戦いまでホイトのサイン・キャーが納貢していたという相手のブリャート人（Buräten）は、このアンガラ河のトゥマトの後裔であるブリャートであろう。つまりモンゴルに伐たれて窮迫したホイトは、シベリアに逃れてブリャートに頼っていたのである。

なおバートル・ウバシ・トゥメンが挙げているトゥメトは、ブリャートと同時に存在した現実の集団ではなく、オイラトの先住民と伝えられたトゥマトを指すようである。パラスに、トゥメト（Tümmüt）またトゥマト（Tummut）は、黄魔（Scharaschulma）に誘われて他のオイラトから離れ去った、とオーロトと同様の伝説を記しているのがその証拠である。

そういうわけで、ガワンシャラブが一つのグループとするバルグとブリャートは、ともに昔のバルグト（Barγud）

に由来するのである。

（七）ドルボト（Dörböd < Dörbed）

（八）ジューン・ガル（J̌öün γar < J̌egün γar）

ガワンシャラブは言う。

「ドルボト、ジューン・ガルの一族は天から出たという。その故は、瘤《こぶ》のある樹に小さな幼児が居たのを狩人が見つけて取った。樹の形が管（čoryo）状なので、チョロース（Čorōs）といった。その樹の液が幼児の口に滴《したた》っていた。瘤のある樹とフクロウから生まれたという。アミニ（Amini）とドモノ（Dömönö）というものから出た。アミニには十子、ドモノには四子があった。ドルボト、ジューン・ガルの一族が、小さな幼児が樹の根もとに居たので、天から出たという故はそれである」

これはいかにも舌足らずで、何のことか分かりにくいので、パラスによって見ると、むかしチベットの西方に住んだオーロトの首領たちの間に、一人の巫（Böh < böge）術に長けた者があって、ボー・ノヨン（Böh-Nojon）または龍王（Loussun Chan）と呼ばれた。ホイトのヨボゴン・メルゲンは、狩猟の途上で美しい乙女に会ったが、これは罪によって天を逐われた天女（Tänggrin）であった。ヨボゴン・メルゲンはこの乙女と結婚したが、天女は地上の男では満足しないものなので、ヨボゴン・メルゲンが出征した留守に、ボー・ハーンと不義の関係を結んだ。乙女は夫が帰って来る前に一人の男の児を生んだが、これをある樹の下に棄てた。これを知ったボー・ハーンは、自分に嗣子がないこととて、探しに来て霧（Budun）の中で見つけ、その上にフクロウ（Ooli Schabuun）が飛び回っていたので、その児をオーリンダ・ブドゥン（Oolinda-Budun）と名づけて後継ぎとした。オーリンダ・ブドゥン太師は幼時に、母に棄てられた樹の下で、曲がった小枝の先を口に含んで樹液を吸って栄養をとっていたが、その枝の形が、カルムィ

ク人が乳酒の蒸留に使う曲がった管（Zorros）そっくりだったので、かれの子孫はチョロースと呼ばれた、と。

これと同じ話を『皇輿西域図志《こうよさいいきずし》』巻四十七には「ボー・ハーン（孛汗）は正妻に背き、他婦と野合して子を生んだ。婦はこれを沢中に棄てた。ボー・ハーンは収めてこれを養った。後に嗣いでその部を統べた。いわゆるウーリンタイ・バダン太師（烏林台巴丹台什）である」と言い、『西域同文志《さいいきどうぶんし》』巻七にも、ボー・ハーン（Bohan）をチョロースの始祖、その子ウーリンタイ・バダン太師（Ulintai badan taiši）を第二世としている。

さらにオルドスのチンギス・ハーン廟に伝わる「チンギス・ハーンの大祝詞[39]」には「フクロウを父とし、瘤のある樹を母とするウイグトの（Uyiyudai）バダン太師（Badang tayisi）」を歌った一節があるが、この「ウイグト」すなわちウイグルは、オイラトの誤写であろう。

以上を総合すれば、ドルベトもジューン・ガルもチョロース氏の分かれで、その始祖は樹が孕《はら》んで生んだのであり、母なる樹から乳ならぬ樹液を吸って育ったので、父はフクロウであることになる。そうしてボー・ハーン（Bö xān＜**böge qayan**）の名は「巫王」を意味するが、チョロースの始祖との関係はあいまいである。

ここで思い起こされるのが、天山のウイグル王国の始祖伝説である。『国朝文類』巻二十六に収める虞集《ぐしゅう》の「高《こう》昌王世勲碑《しょうおうせいくんひ》」にはかく伝える。

「ウイグル（畏吾而）の地にコルム（和林）山があって、二水がこれから出、トゥグラ（禿忽剌）、セレンゲ（薛霊哥）という。一夕、天の光が両河の間に在る樹に降った。国人が即《つ》いてこれを候《うかが》うと、樹に癭《こぶ》を生じて人が妊娠したようである。これから光は恒《つね》に見《あら》われたが、九月と十日たって癭が裂け、嬰児五を得てこれを収養した。その最も穉《おさな》い者をブグ・カガン（卜古可罕）といい、既に壮となると、遂に能くその民人、土田を有ってこれが君長と為った」

これと同じ話ながら、ジュワイニーの『世界征服者の歴史[40]』は細部が少し異なり、樹が二本になり、瘤は両樹の間の塚に変わっている。

「その時代に、カラコルムの、一つはトゥグラ（Tughla）、他はセレンゲと呼ばれる二河はカムランチュ（Qamlanchu）という地で合流し、両河の間に密接して二本の樹が立っていた。一本はクスク（qusuq）と呼ばれ、松のような形をし、葉は冬も糸杉のごとく、実は形も味も松の実のようであった。もう一本はトズ（toz 樺）と呼ばれた。両樹の間に大きな塚が盛り上がり、空から光がそれを照らした。塚は日に日に大きくなった。この不思議な光景を見て、ウイグル族は驚異の念に満たされ、敬虔な態度で塚に近づくと、歌うような美しく快い音が聞こえた。そして毎夜、光が塚の周囲を三十歩の距離まで照らし、とうとう妊婦の分娩の時のように、扉が開いて内に一つずつ別々になったテント状の小室が五つ現れ、それぞれの内には男の児が一人ずつ坐っていて、その口の前には管が下がっていて必要な乳を供給しており、テントの上には銀の網が延びていた。族長たちはこの奇瑞を見に来て、敬意をもって跪拝《きはい》した。風に吹かれると、幼児たちは力がついて動き回りはじめた。しまいに小室から出て来て乳母たちにあずけられ、人々はあらゆる奉仕と栄誉の儀礼をとり行なった。乳離れして口がきけるようになるとすぐ、彼らは自分たちの両親について問い、人々は両樹を指して教えた。彼らは両樹に近づき、孝行な子どもたちが両親にするように拝礼をし、また両樹の生えている土地に対して尊敬の念を示した。すると両樹は話し出して、『もっとも高貴な徳を身につけたよい子どもたちは、常にこの道を歩み、両親に対する義務を守るものである。お前たちの生命は永く、名は久しからんことを』と言った。その地方のあらゆる部族は幼児たちを見に来、王子たちにふさわしい敬意を払った。そして帰るときにそれぞれに名をつけたが、一番上の児はソンクル・テギン（Sonqur Tegin）、二番目はコトゥル・テギン（Qotur Tegin）、三番目はトゥケル・テギン（Tükel Tegin）、四番目はオル・テギン（Or Tegin）、五番目はブク・テギン（Buqu Tegin）と呼んだ」

そしてこの一番下のブク・テギンが選挙されてブク・ハーン（Buqu Khan）となり、ウイグル王家の始祖となって世界を征服するのである。

天山のウイグル王国だけでなく、陰山のオングト（Önggüd）王国にもこのブク・ハーン伝説があったもののようで、『国朝文類』巻二十三の閻復《えんふく》の「駙馬《ふば》高唐忠献王碑《こうとうちゅうけんおうひ》」には、「始祖ブグイ（卜国）はオングト（汪古）部の人で、世々部長と為った」とある。それはともかく、ブク・ハーンの母は樹であり、管を通して樹液を吸って育った点で、チョロースの始祖と全く同じであるばかりでなく、ボー・ハーンとはブク・ハーンの訛《なま》りにちがいない。

ここで考えるべきは八四〇年にウイグル帝国がキルギズの侵入で崩壊したとき、四散したウイグル人の移住先である。室韋《しつい》の地に入ったものは別として、南方は陰山《いんざん》から以西、甘粛、天山、およびカルルク（Qarluq）が知られている。陰山のものはオングトとなり、甘粛のものは西夏王国に吸収され、天山のものはいわゆる高昌《こうしょう》王国となり、カルルクはカラ・ハーン朝を出し、のち西遼に征服され、モンゴル帝国に入ってはチャガタイ家の所領となった。

こう見てくると、チョロースと同じ始祖伝説を持つ天山のウイグルはもちろん、陰山のオングトも、ウイグル帝国の分支であることになるが、チョロースはこれらのどの後身でもあり得るわけである。しかしオングトは、元朝の崩壊後、やはり陰山に遊牧してモンゴルジン（Mongγolǰin）、一名トゥメト（Tümed）として知られ、モンゴルのダヤン・ハーンの六万人隊の一つとなったし、甘粛の西夏の遺民は、オゴデイ・ハーンの次子ゴデンの永昌王家の所領となり、元朝以後はやはり甘粛辺外を本拠としてヨンシェーブ（Yöngsiyebü）と呼ばれ、トゥメトと同じくダヤン・ハーンの六万人隊の一つとなった。天山のウイグル王国は、元朝時代にすでにチャガタイ・ハーンの子孫に吸収されている。

とすると、残るのは、その住地からやはりウイグル帝国の片割れと推定されるナイマン（Naiman）だけである。ナイマンは、のちのドルベン・オイラトの中心の聖山と仰がれたボグド・オーラ山のあるアルタイ山脈の東西から、東はハンガイ山脈の南面にかけて広がっていた。ナイマンの言語は、ウイグルと同じくトルコ語と考えられるから、ウイグル系とすればナイマンにもブク・ハーン伝説があったはずであり、その故居に住んでブク・ハーン伝説を持っていたチョロースのドルボトとジューン・ガルは、その昔のナイマン王国の遺民なのであろう。

しかしドルボトもジューン・ガルも、同じチョロース氏であっても、両者の関係は必ずしも明らかではない。系譜を案ずるに、ガワンシャラブは、樹から生まれた始祖の次に、卒然とアミニ、ドモノの二人を挙げ、さらに次の世系の記述に入る。

① トゴン太師（Toγon tayiši）
② エセン（Yesen）
③ オシュトモイ・ダルハン・ノヨン（Öštömöi dar-xan noyon）
④ ブリン・アユールガ（Burin ayoulγa）
⑤ オロコノイ太師（Ölökönöi tayiši）
⑥ ダルハン・ノヨン（Darxan noyon）
⑦ ケシク・オロク（Kešiq öröq）
⑧ ハムク太師（Xamuq tayiši）
これにウシュハナ太師（Ušxana tayiši）、アラガ丞相（Araγa čingsen）、オンゴイ（Ongγoi）の三子がある。
⑨ アラガ丞相
これにオンゴチョ（Ongγočo）、オンゴイ（Ongγoi）の二子がある。
⑩ オンゴチョ
⑪ アビダ・ブリーン太師（Abida bulīn tayiši）
⑫ ハラ・フラ（Xara xula）

これに十子があり、その長は

⑬　バートル皇太子（Bātur xon tayiǰi）

これの十子のうち二人が

⑭　センゲ（Sengge）

　ボショクト・ハーン（Bošoqtu xān）

トゴン太師とその子エセンについては言うまでもないが、エセンの子とされているオシュトモイは、一四五〇年代にシル河上で、ウズベクのアブールハイル・ハーン（Abulkhair Khan）を破ったと伝えられるオズ・テムル太師[41]（Uz Timur Taishi）であり、また『明憲宗実録[42]』に一四六六年に明に使いを遣わしたとあるオイラトの太師オシュ・テムル（阿失帖木児）、また一四六九年にその部下が乱を作したとあるオシュ・テムル（斡失帖木児）である。明帝の勅には「爾《なんじ》が祖トゴン（脱歓）」とあるから、エセンの子であって、『明史』巻三百二十六「瓦剌列伝」に「エセン（也先）の孫」とあるのは誤りである。

このオシュトモイの玄孫となっているケシク・オロクは、あるいは『明憲宗実録[43]』に、一四八四年にモンゴルのハーンと連和したと言うオイラトのケシク（克失）、一四八六年に死んでその弟アシャ（阿沙）が立ってまた太師と為ったと言うケシェク（克捨）太師であろう。そうすれば年代から見て、中間の三代の実在は疑わしく、ケシク・オロクはオシュトモイの子としたほうがよい。さて次に、『シラ・トゥージ』の本文には、トゴン太師以前の世代から始めて、次の系譜を伝える。

①　ゴオハイ太尉（Γooqai dayu）

② バトラ丞相（Batula čingsang）
③ トゴン太師（Toyon tayisi）
④ エセン太師（Esen tayisi）
⑤ アラハン太師（Araqan tayisi）
⑥ オンゴチャ（Ongyoča）
⑦ ブラン太師（Bula-n tayisi）
⑧ コメチ・ハラ・フラ（Kömeči qara qula）
⑨ ホトクチン・バートル皇太子（Qotoyčin bayatur qong tayiǰi）
⑩ センゲ（Sengge）
ガルダン・ボシクト（Galdan bosiγ-tu）

この系譜の冒頭に来るゴオハイ、バトラの二代は、モンゴルのエルベク・ハーンの弑《しい》死《し》の伝説の登場人物であるが、トゴンの父はマフムードであってバトラではない。この二代は伝説から採ってトゴンの前に接合されたのであろう。またエセンの子が直ちにアラハン（アラガ）となっているが、一四一六〜四〇年に活躍したトゴン、一四四〇〜五四年に活躍したエセンと、十七世紀の初めに現れて一六三四年に死んだハラ・フラとの間には、三代ではなく六代ほどを置かなければならない。だから『シラ・トゥージ』の系譜には、エセンとアラハンの間に脱落があるのだろう。

『西域同文志』巻七の系譜はここに六代を数えて無理はないが、いくらか混乱があり、かつ『シラ・トゥージ』のものの上にさらに始祖伝説の人物をくっつけている。

① ボー・ハーン（Bohan）
② ウーリンタイ・バダン太師（Ulintai badan taiši）
③ ゴオハイ太尉（Goohai dayoo）
④ オルルク・ノヤン（Orluk noyan）
⑤ バトラン丞相（Batulan cingsen）
⑥ エセン・ノヤン（Esen noyan）　二子
⑦ エスメト・ダルハン・ノヤン（Esmet darhan noyan）
⑧ エストゥミ（Estumi）
⑨ ハムク太師（Hamuk taiši）　三子
⑩ アラハ丞相（Araha cingsen）
⑪ オンゴチュ（Onggocu）
⑫ ブラ太師（Bula taiši）　十子
⑬ ハラ・フラ（Hara hūla）　七子
⑭ バートル皇太子（Batur hon taiji）　十二子
⑮ センゲ（Sengge）
　ガルダン（G'aldan）

ここではゴオハイとバトラン（バトラ）の間に余計なオルルク・ノヤンをはさみ、エセンの前にトゴンを脱している。エセンの次のエスメト、エストゥミの二代は、オシュトモイ（オズ・テムル／オシュ・テムル）を訛って二人に分けたものである。

要するにチョロースの系譜の原形は、トゴン太師に始まり、エセン、オシュトモイ、ケシク・オロクを経てハムク太師以下に連なるものであったと思われ、ハムク太師から傍支が生ずることから見て、これ以後の世代は確実な部分であり、それ以前は伝聞に基づく追記であろう。

ところでドルボトの世系がこの系譜とどうつながるかというと、『西域同文志』はエセンの長子ボロ・ナハル（Boro nahal）なる者を設定して、これがドルボトの祖となったとする。ところがパラスによると、普通にはオンゴツォ（Ongozo）、オンゴルホイ（Ongorchoi）なる兄弟があって、オンゴツォの子孫がジューン・ガル、オンゴルホイの子孫がドルボトになったとするらしい。しかしこの兄弟が誰の子かとなると、諸説があって一定しない。一説ではオーリンダ・ブドゥン太師の両子とし、また一説ではアルハニ丞相（Archani Tschingsän）の両子とするが、これはガワンシャラブの言うアラガ丞相の二子、オンゴチョとオンゴイに当たるようである。さらに一説は、オシュトモイに当たるアシュテメ・ダルハン・ノヨン（Aschtämä Darchan Nojon）の両子をオンゴツォ、オンゴルホイとしている。

これらの諸説はいずれもあてにならない。オンゴルホイはともかく、オンゴツォがアルハニ（アラガ）丞相の子であることは、ジューン・ガルの系譜ではみな一致している。ガワンシャラブにはそのオンゴルホイに当たるオンゴイの子孫を記し、また『西域同文志』には、ハムク太師の第三子の、ガワンシャラブのもう一人のオンゴイをオンゴルフイ（Onggorhüi）とし、その子孫を伝えているが、いずれもジューン・ガルに属し、ドルボトとは何の関係もない。その上ガワンシャラブは「ドルボトの一族はジューン・ガルと同姓だが、どの首領から出たのか、はっきり分からないので記さなかった」と断り、バートル・ウバシ・トゥメンは、ドルボトの系譜として、始祖ウドゥンタイ・バダン太師（Uduntai badan tayiši）の名を挙げただけで、直ちに十七世紀初頭のダライ太師（Dalai tayiši）に移ってその子孫を叙している。つまりダライ太師以前の世系は、全くの偽作なのである。

（九）ホシュート（Xošōd/Xošoud/Xošuud < Qosiγud）

ホシュートの首領の家系が、チンギス・ハーンの同母弟ジョチ・ハサルから出ることについては、すべての史料が全く一致している。ガワンシャラブは次の系譜を伝える。

① ハブト・ハサル（Xabutu xasar）
② エンケ・スメル太子（Engke sümer tayiǰi）
③ アドシュリ・ガルジュー・チン太子（Adšri γalǰou čang tayiǰi）
④ ケー・ケムネクト（Kē kemneqtü）
⑤ ブルハン・サジ（Burxan sagyi）
⑥ サバ・シルメン（Saba širmen）
⑦ アクスグルディ・ノヨン（Aqsu-γuldi noyon）
これにアルク・トモル（Aruq tömör）、オロク・トモル（Öröq tömör）の二子がある。
⑧ オロク・トモル
「兄に財産の分け前を与えられず、オーロト・オイラトのトゴン太師に頼った」
⑨ ドゥーレン・ドチン（Döüren döčin）
⑩ トグデイ丞相（Tögüdei čingsen）
「三族ガルギャース（γurban ečige Γalgās）はそれから成った」
⑪ サムルフ・チェチェン（Samulxu čečen）

⑫　アクタイハイ（Aqtayixai）

⑬　アグディ（Aγudi）

これに八子があり、その長は

⑭　クセイ（Küsei）

これにウバク丞相（Ubaq čingsa）、ボコイ・ミルザ（Bököi mirǰa）の二子がある。

⑮　ボコイ・ミルザ

⑯　ノヨン・ホンゴル（Noyon xongγor）

これにアハイ・ハトン（Axai xatun）から五虎（tabun baras）と呼ばれる五子、アルブト・アガ（Albutu aγa）から二子があったが、五虎の第三が

⑰　トロ・バイフ大国師持教法王（Törö bayixu dai güüši šaǰin bariqči nomiyin xān）

すなわち青海とチベットを征服したグーシ・ハーン（一五八二〜一六五四年）である。

これがホシュート人バートル・ウバシ・トゥメンになると少しちがう。

①　ハブト・ハサル（Xabutu xasar）

②　エンケ・ソモル太子（Engke sömör tayiǰi）

③　アダシリ・ガルジュー・チン太子（Adaširi γalǰuu čing tayiǰi）

④　ケイ・ケムネクト（Kei kemneqtü）

⑤　ブルハン・サンジ（Burxan sanǰi）

⑥　サバ・シルマン（Saba širman）
⑦　アクサルグルダイ・ノヨン（Aqsaryuldai noyon）
これにオロク・トモル（Öröq tömör）、アラク・トモル（Araq tömör）の二子がある。
⑧　オロク・トモル
これにドゥーレン・ドチン（Düreng dočin）、公トゥグディ（Küng Tügüdi）、丞相トモル（Čingsa Tömör）の三子がある。
(9)　トゥグディ
これにサムフ（Samuxu）、アタハイ（Ataxai）、ナグディ（Nagudi）、クセイ（Küsei）、ウブク丞相（Ubuq čingsa）、ボコ・ミルザ（Bökö mirǰa）の六子がある。
⑨　ボコ・ミルザ
⑩　ハーン・ノヨン・ホンゴル（Xān noyon xongyor）
これに八子があり、その第四が
⑪　法王国師（Nomiyin xān güüši）
すなわちグーシ・ハーンである。

スンパ・ケンポの『パクサムジョンサン(44)』の系譜は次の通りである。

①　ハバト・ハサル（Ha-pa-thu ha-sar）
②　エンケ・サムル（Eṅ-khe sa-mur）

③　アンディシュリー（An-ti-shrī）
④　ゲゲ・ケメニクト（Ge-ge khe-me-nig-thu）
⑤　ボルガンまたはサンギェ（Por-gwa-nam Sangs rgyas）
⑥　サビ・シュリムン（Sa-pi shri-mun）
⑦　アサガルダイ（A-sa-gwal-ta'i）
これの長子はアルク・テムル（A-rug the-mur）で、次子は
⑧　オロク・テムル（O-rog the-mur）
⑨　ドゥグリン・トゥチギン（Tu-ku-rin thu-chi-gin）
⑩　ボロト・ブハ（Po-lod pu-ha）
⑪　アナンダイ（A-nan-ta'i）
⑫　テグデイ（The-gu-ta'i）
⑬　アトゥハイ（A-thu-ha'i）
⑭　サイマルグ・チクチ（Se'i-mal-gwu chig-chi）
これに八子があり、その第六が
⑮　クイ丞相（Khu'i ching-sang）
これにオブク丞相（O-pug ching-sang）とボボイ・マルザ（Po-po'i mar-dza）の二子がある。
⑯　ボボイ・マルザ
これにハーナイ・ノヨン・ホンゴル（Ha-na'i no-yon hong-gor）とハムク（Ha-mug）の二子がある。
⑰　ハーナイ・ノヨン・ホンゴル

大妃に二子があり、次妃アハイ・ハトン（A-ha’i ha-thun）の五子は五虎（tha-bon bar）と呼ばれてその第三が

⑱　トロ・バイフ国師ゲゲーン・ハーン（Tho-ro be’i-hu gu’u-shrī ge-gen han）

『西域同文志』巻十の系譜はさらに異同がある。

①　アクサガルダイ・ノヤン（Aksagaldai noyan）
②　ウルク・テムル（Uruk temur）
③　ボロト・ブグ（Bolot bugū）
④　ボロト・テムル（Bolot temur）
⑤　ドゥーレン大夫（Dureng daibo）
⑥　トゥグドゥイ（Tugudui）
⑦　ナゴダイ（Nagodai）
⑧　サイモルフ（Saimolhū）
⑨　クスイ（Kusui）

これにオボク（Obok）、ボベイ（Bobei）の二子がある。

⑩　ボベイ

これにハナク・トゥシェート（Hanak tusiyetu）、ハーナイ・ノヤン・ホンゴル（Hanai noyan honggor）の二子がある。

⑪　ハーナイ・ノヤン・ホンゴル

これに五子があり、その第三が

⑫ 国師ハーン（Guši han）

となる。

以上の四種の系譜を比べると、ハブト・ハサルからアクサガルダイに至る最初の七代だけはみな一致している。この部分は実は、ハサルの子孫としては本家の、モンゴルのホルチンの系譜から借りて来たものであって、ホルチンのものにはアクサガルダイの子アルク・テムルこそあれ、その弟オルク・テムルは全く知られていない。オルク・テムルは、その名の類似によって、アルク・テムルの弟としてあとからくっつけられたものであって、『シラ・トゥージ』の本文には、次のような別の所伝がある。

① チャガダイ丞相（Čaγadai čingsang）
② チェブデン丞相（Čebden čingsang）
③ オルク・テムル（Örüg temür）
④ ドチェーン・ドゥーレン（Döčiyen dügüren）
⑤ ボロト・ブグ（Bolod buγu）
⑥ ナガダイ（Naγadai）
⑦ テグデイ（Tegüdei）
⑧ ナフダイ丞相（Naqudai čingsang）
⑨ サイマルフ・チンチ（Sayimalqu čingči）

⑩　クスイ丞相（Küsüi čingsang）
⑪　ボボイ・ミルザ（Boboi mirǰa）
⑫　ハーナイ・ノヤン・ホンゴル（Qanai noyan qongγor）
⑬　トロ・バイフ国師ハーン（Törö bayiqu güüsi qayan）

これからして、もっとも古い形の系譜はオルク・テムルから始まり、のちにその父が仮託されたらしいことが分かる。

ところでそのオロク・トモル／オルク・テムルからあとの部分を比較すると、共通の人名が多いながらその次序がまちまちであり、すべて一致するのはクセイ／クスイとその両子よりあとであることが分かる。それにクセイの長子ウバク／オボクについては、いずれの系譜も、ずっと後世の子孫まで記しており、クセイからあとは確実な部分であることを示す。ただバートル・ウバシ・トゥメンのみは例外だが、これは原拠の史料の父子を兄弟と読み誤ったのだろう。

ところで問題なのは、どうしてハサルの子孫がオイラトに居るのか、ということである。チンギス・ハーンは、その諸弟をすべて東方の大興安嶺方面に封じて左手の万人隊に属せしめた。現にハサルの子孫のホルチン（Qorčin）、ドルベン・クーケト（Dörben Keüked）、ウラト（Urad）、モー・ミンガン（Muu Mingγan）、ハチウンの子孫のオンニュート（Ongniud）、ベルグテイの子孫のアバガ（Abaγa）、アバガナル（Abaγanar）は、すべて遼西から南モンゴルにかけて分布している。それがどうしてホシュートのみ、右手の万人隊に属するアルタイ方面にいるのだろうか。

ここで一つの手がかりは、ホシュートを一にオジェート（Öǰiyed）とも呼ぶ事実である。『シラ・トゥージ』の追補に次の一節がある。

ノール・ウイジェン（Nayur üijeng）の父はヤダイ（Yadai）、母はアハイハン・ハトン（Aqayiqan qatun）で、ヤダイの死後、ハーナイ（Qanai）から生まれたバイバガス（Bayibayas）と二人であって、オジェート氏（Öjiyed omoy-tai）である。ハーナイを、コブケル（Köbker）の陣に、サイン・ハーン（Sayin qayan）が殺した。

アハイハン・ハトンはすなわちアハイ・ハトンであって、はじめウバク／オボク丞相の子ヤダイ丞相に嫁してノール・ウイジェンを生んだが、夫の死後、その従弟ハーナイ・ノヨン・ホンゴルと再婚して五虎を生んだ。バイバガスは五虎の長兄である。つまりウバク丞相、ボコイ／ボボイ・ミルザの兄弟はオジェート氏だということになる。

オジェートと言えば思い出されるのが、一三八九年に明の太祖が大興安嶺東の地に置いた三衛のことである。その一つ福餘衛《ふくよえい》は嫩《ノン》江流域のチチハル方面に置かれたが、『武備志』巻二百二十七によると、その土名を「我着《オジョ》」すなわち「オジェート」と言った。明人は三衛を、もっとも南の朶顔《ドヤン》衛の本名に従って「兀良哈《ウリヤンハ》」すなわち「ウリャーンハン」とも呼んだが、モンゴル人はもっとも北の福餘衛をもって三衛を代表せしめたので、『アルタン・トブチ』[45]には、三衛が靖難の役《えき》に成祖を助けたという俗説のモンゴル版を伝えたところに、三衛を「山前の六千オジェート」(ölge-yin jiryuyan mingyan Öjiyed）と呼んでいる。

その三衛がオイラトの傘下に入ったのは、トゴンとトクトア・ブハ・ハーンがアルクタイを滅ぼした一四三四年からのことで、トゴンは三衛を誘って、はるか西方の独石、宣府、大同、延安、綏徳《すいとく》の明辺に侵寇せしめたが、その子エセンの時には五原《ごげん》の方面や、さらにエジネの西方にまで三衛の衆を移住せしめたらしい。エセンの死後、その一部は放回されたが[46]、恐らく大きな集団がオイラトに残ったのであろう。そしてこれがオジェートと呼ばれ、後のホシュートになったのであろう。ガワンシャラブは、オロク・トモルがはじめてトゴン太師に仕えたと言い、また「ホシュートという名は、トゴン太師が与えたものである」と言う。同じことをパラスには、ブルガリ・ハーン（Bulgari Chan）との戦いに功を立ててこの名を受けたとする。ブルガリ・ハーンはすなわちウズベクのアブールハイル・ハーンであるから、トゴンの時代ではなく、その孫オシュトモイ（オズ・テムル、オシュ・テムル）の治世である。いずれにせよ、ホシュートがオイラトに加わったのが十五世紀の中葉だったことを示している。

（十）トルグート（Toroyoud/Toryoud/Toryuud < Turyayud）

ガワンシャラブは言う。

「アルダル・カブチュのお言葉に『バイル（Bayiri）というのはチベット語（Tangyad）である。ダライ・ハーン（Dalai xān）のお言葉に、ワン・ハーン（Vang xān）はチンギスと同姓と仰せられ、清の将軍ドルジラブタン（Rdo rje rab tan）に「汝はワン・ハーンから出たものである。汝の兄弟のもとに連れて行こう」といっている。トルグートがワン・ハーンから出たことはモンゴルの書にあるぞ』と書かれているので、記さなかった」

ワン・ハーンはもちろんケレイト（Kereyid）のオン・ハーン（Ong qayan）だが、アルダル・カブチュが典拠としているダライ・ハーンとは、青海ホシュートのグーシ・ハーンの長孫ゴンチョク・ダライ・ハーン（Gončoq dalai xān 在位一六六八〜一六九六年）だろう。

ガワンシャラブは続けて「トルグートがオイラトに頼った最初はキワン（Kivang）」とし、次の系譜を記す。

① キワン
② ススイ（Susui）
③ バイル（Bayir）

④　メンゲ (Mengge)

「メンゲの子は九人で、長はボイゴ・オルロク (Boyiyo örölöq)、次はオンホン・チャブチャーチ (Ongxon čabčači)、三は……、他の諸子はマハチーン・ケレイト (Maxačiyin Kerēd) である」

⑤　ボイゴ・オルロク

これに八子があり、長子は

⑥　ジュルジャガ・オルロク (J̌ulǰaya örölöq)

⑦　ホー・オルロク (Xō örölöq)

ホー・オルロクは一六二八〜三〇年にトルグートを率いてヴォルガ河の流域に移住し、ノガイ人を征服し、一六四四年、逃げたノガイを追ってコーカサス山中のカバルダに攻め込み、ここで戦死した人である。

ガワンシャラブは初代のキワンの名を解釈して「賢智に力ある」(mergeni erketü) の意だと言っているが、チベット語のケーワン (mkhas dbang) のつもりであろう。次のススイについても、「功徳を保護する者」(buyani tedküqči) と解するが、チベット語にすればソェナム・キョンパ (bsod nams skyongs pa) となって音が合わない。第三代のバイルをも、アルダル・カブチュがチベット語だと言っていることは、先に引いた部分に見えている。これらはガワンシャラブがアルダル・カブチュの書から引用したに過ぎず、チベット語と解するのは正しくなかろう。

『シラ・トゥージ』の本文の系譜は先ず「トルグートというものは、ケレイトのオン・ハーンの後裔である」と明言し、次の各代を列する。

①　ソースン (Soyosun)

② バヤル（Bayar）
③ マハチ・メンゲイ（Maqači menggei）
④ ボイガ（Boyiya）
⑤ ジュルジャガイ・オルロク（J̌ulǰayai örlög）
⑥ ホワ・オルロク（Quu-a örlög）

さらに『シラ・トゥージ』の追補には「キ・メルゲン・テメネ（Ki mergen temene）はケレイト氏である」とあるが、ボイゴ・オルロクの次弟オンホン／オンゴン・チャブチャーチの長子エジェネイ太子（Eǰenei tayiǰi）の次子がテネス・メルゲン・テムネ（Tenes mergen temne）で、トルグートの有名な首領である。

つまりトルグートは一にケレイトと呼ばれ、オン・ハーンの後裔とされ、マハチ・メンゲの諸子の子孫はマハチーン・ケレイトと呼ばれているのだから、トルグートがその昔のケレイト王国の遺民であることは論のないところである。

四　結　語

ヴォルガ・カルムィクの史書に、ドルベン・オイラトとして挙げてある十集団を整理して、実在のものでないオーロトとトゥメトを除くと、残りの八集団は次の五系統に分かれる。

（一）旧オイラト系

ホイト

バートト

(二) バルグト系

バルグ

ブリャート

(三) ナイマン系

ドルボト

ジューン・ガル

(四) 三衛系

ホシュート

(五) ケレイト系

トルグート

このうち新参のホシュートを除いた他の四系統について考えると、十三世紀の分布は、イェニセイ上流を中心とするオイラト族の南に接して、アルタイ山脈を中心とするナイマン族が東はハンガイ山西まで広がり、その東に接してケレイト族がハンガイ山東からケンテイ山西に達し、さらにその北のバイカル湖を中心とするバルグト族が西に延びて、オイラト族と接していた（**地図3**参照）。一三八八年にイェスデルが、フビライ家を倒してアリク・ブガ家の新王朝を樹立したとき、これら西北の四大種族がその旗のもとに馳せ参じて連合体を結成し、これがアリク・ブガ家の外戚に因んでまたオイラトと呼ばれた。これがドルベン・オイラトの起源であったろう。オイラトの首領が、一四〇〇年のモンケ・テムル一人から、一四〇三年のマフムード、タイピン、バト・ボロトの三人に変わったことは、この連合が十四世紀の終末に成立したことを暗示している。

ところで問題なのは、ドルベン・オイラトをまたオーロトとも呼ぶことである。羽田明が指摘する通り[47]、オーロト（ölöd）はオーロン（ölön < ögelen）の複数形である。この語は ögelen köü「連れ子」、ögelen keüked「連れ子たち」、ögelen ečige「継父」、qoyitu ögele「継父」と用いられ[48]、ögelen aqa degüü は「同母異父兄弟」を意味する[49]。かく母の再婚による関係を表す ögelen は、同義のトルコ語 ögäy と同じく、トルコ語 ög「母」から由来する。

ここで思い出すのが、先に引いたパラスが伝える、ホイトの始祖ヨボゴン・メルゲンの妻となった天女が、一人の夫に満足できず、オーロトのボー・ハーンと密通して、チョロースの始祖オーリンダ・ブドゥン太師を生んだ、という説話である。これをガワンシャラブや「チンギス・ハーンの大祝詞」に見える、ウイグルの原形に近い単純なものに比べると、いかにも不自然で加工の跡が目立つが、これは明らかにチョロースの世系を、旧オイラトの宗家ホイトのそれに結びつけて箔をつけようとした作為の結果である。

これと関連して注意を惹くのが、『蒙古源流』がトガン太師の言葉として伝えるものである。すなわち、一四三八年にモンゴルのアダイ・ハーンを滅ぼしたあと、トガン太師は馬上にチンギス・ハーン廟を三度めぐって斬りつけつつ罵《ののし》り、「お前がスト（Sutu）自身の白いゲル（čayan ger）ならば、私はスタイ（Sutai）の子孫のトガンである」と言った。ところがトガン太師がいよいよモンゴルのハーン位に即こうとして、チンギス・ハーンの神前に供物《くもつ》を捧げて退こうとすると、廟《びょう》中のチンギス・ハーンの箙《えびら》が鳴り響き、トガン太師は鼻と口から血を流して卒倒した。衣を解いて見ると、背に矢傷のようなものがあり、箙に挿した矢の一本にべっとりと血が附いていた。瀕死《ひんし》のトガンはその子エセンを呼び寄せて言う。「男であるストは、自分の男系を創り出した。女であるスタイには、保護することができなかった。母なるスタイに求めて暮らしているうちに、主君さま（eǰen boyda）にこうされたのだ、私は」。そしてトガン太師は死ぬのである[50]。

ストは「傑出せる」の意で、「主君さま」と同じくチンギス・ハーンを指すが、これに対するスタイはストの女性形である。文意からすれば、スタイはトガン太師を加護すべきチョロースの祖先母神でなければならない。とすればこれは正にパラスの言う、ホイトの始祖の妻でありながらチョロースの始祖の母ともなった天女のことであろう。言い換えれば、この天女はホイトとチョロースを、同母異父兄弟として結びつける役割をしているのであって、この関係をモンゴル語で表現すれば **ögeled** すなわちオーロトとなる。

つまりオーロトとは、十四世紀末に結成されたドルベン・オイラト連合体において、最初にその中核となった旧オイラト（ホイト、バートト）と、次いでそれをしのぐ勢力となったナイマン系のチョロース（ドルボト、ジューン・ガル）とを引っくるめた名称なのであったが、チョロースによる統一が確立してからドルベン・オイラトに取りこまれた三衛系のホシュートも、チョロースとの密接な関係の故に、やはりオーロトに含められて、かくしてオーロトはオイラトとほとんど同義に使われるに至ったのであろう。

13 『ウバシ皇太子伝』考釈

北元時代のモンゴルとオイラトの対立抗争史の最終章を飾るのは、モンゴル諸部の中でもっとも西方に広がったハルハ部の貴族として、一五六七年に生まれたショロイ・サイン・ウバシ皇太子である。オイラトに君臨した最後のモンゴル君主であるウバシ皇太子が、四オイラト連合軍に敗れて死んだ物語を詠ったのが、オイラトの文学作品として有名な『ウバシ皇太子伝』である。本論では、この一大英雄叙事詩をまず日本語訳し、次いで各種のモンゴル年代記やオイラト年代記、さらに十七世紀にシベリアに進出してきたロシア人が残した文書を利用しながら、英雄叙事詩で詠われるモンゴル側とオイラト側の登場人物をそれぞれ比定する。最後に『ウバシ皇太子伝』が題材としたモンゴルとオイラトの戦争は、実際に一六二三年に起こった史実であったのを、叙事詩は十干を誤って、一五八七年の亥年としたことを解明し、ウバシ皇太子の子と孫にいたるモンゴル・オイラト関係史を述べる。

オイラトの文学作品として著名な『ウバシ皇太子伝』(Mongγoliyin ubaši xun tayiǰiyin tuuǰi oršiboi) は、一八五八年ラマ・ガルサン・ゴンボエフ (Lama Galsan Gomboev) が初めて刊行してから人に知られるようになったが、[1]これはオイラト文字で書かれたテキストで極めて読み難く、我が国におけるモンゴル研究にはあまり顧みられなかったようである。しかるに幸い、一九五九年にウラーンバートルから刊行されたダムディンスルン (Če. Damdinsürüng) 氏の編した『モンゴル文学百選』には、モンゴル文字のテキストが載せてある。[2] 編者の言に依れば、前述のガルサン・ゴンボエフ本と、ウラーンバートルの国立図書館に存するモンゴル文字本とを対校して定めたものであるとのことで、本文中に多くの括弧を挿入して難解の語句に説明を加えてあってずいぶん読みやすくなっている。そこで先ずこのテキストに従ってその内容を詳しく紹介し、その史実性について考えて見ることとしたい。

〔要　約〕

モンゴルのウバシ皇太子（Ubasi qong tayiǰi）とウリャーンハイ（Uriyangqai）のサイン・マジク（Sayin maǰiy）の二人は、ハンガイ（Qangγai）のハラ・ブラク（Qara bulaγ）から四オイラトの征伐に、八万の兵を率いて進発し、ナラフ・ウケル（Nalaqu üker）の峠を越えてナル・ハラ・ブルク（Nal qara bürüg）に到着した。しかし四隊の哨兵を発しても、四オイラトの所在は捕捉出来なかった。そこでウバシ皇太子は全員を集合させ、サイン・マジク以下の将領に諮《はか》って言った。

「敵が発見されないのだから、四オイラトに通告して引き返してはどうか。お前たちが同意すれば引き返そう。反対ならば進もう」

これに対し、サイン・マジクが言った。

「モンゴルのウバシとウリャーンハイのマジクの二人がオイラト征伐に来たということは、遠近、敵味方に隠れもない。今、風声鶴唳《ふうせいかくれい》に驚いて逃げ帰れば、子孫の代までの名折れになるだろう」

モンゴル軍の全員がこの意見に賛成したので、ウバシ皇太子は言った。

「四オイラトの牧地は前にあるのか、後《うしろ》にあるのか、どちらへ行こうか」

サイン・マジクが言った。

「四オイラトの牧地がいかに大きくとも、どうせこの大陸の上にあるのだ。八昼夜を限って秘密に捜索させよう。

どちらへ行くかは私が指示しよう。二百名の兵と四百頭の馬を選び出して、私の指示通り進んで捜索させ、敵を発見出来ても出来なくても、八昼夜後には帰って来させることにしよう」

皆が賛成したので、サイン・マジクは二百名の哨兵を率いて出発し、陣営の傍らの樹の茂った山の頂に登った。そして二百の哨兵に向かい、四オイラトの牧地の方角を指さしてから言った。

「この方角に行くがよい。お前たちの前面にイルティシュ（Erčis）という河が現れる。イルティシュという河を下って行くがよい。上流にはハラ・モドゥン（Qara modun）、下流にはシャラ・フルスン（Šara qulusun）、その二つの間にマニ（Mani）という渡し場がある。そこを渡るがよい。その河原を上流へ下流へと捜索するがよい。そこで何も見つからなければ、それから上がって急坂を登るがよい。朝晩水を飲んで休息するがよい。エメール（Emegel）の河口のシャラ・フルスンという、沼沢のある樹の茂った山がある。そこを進んで捜索するがよい。そこで何も見つからなければ、その山に沿って流れて絶えるバジ（Bajï）、ギンジリ（Ginjïli）という二つの河の源に来る。そこを捜索するがよい。この三箇所で何も見つからなければ帰って来い。もし出来れば、土地の者を捕らえて来い。出来なければ、見るだけで帰ってこい。敵を発見出来ても出来なくても、八日間しっかり行動して、もどって来て情況を報告するがよい。さあ、若者たちよ、任務を果たして無事に帰るがよい。私は隊にもどろう」

そう言って帰って行った。

それから、サイン・マジクの指示通りモンゴルの哨兵はイルティシュ河のマニ渡口を渡り、その河原を上へ下へと捜索したが何も見つからなかった。エメール河口のシャラ・フルスンを捜索したが敵の牧地は見つからなかった。バジ、ギンジリの河原を捜索中に、絹の帯を締めビロードの靴下を穿いた七歳の男の児が、鼻の白い栗毛の三歳馬に乗っているのに出会った。その児を朝から追って夕方追いついて捕らえた。そして二百の哨兵の真ん中に引き据えて敵情を訊問し、

「誰の子か、何をしていたのか」

と問うた。

「私はバイバガス・ハーン（Bayibayas qayan）の部民です。九頭の白い駱駝を捜して行くところです」

とその児は答えた。

「四オイラトは戦備をととのえているのか、いないのか。牧地はどこにあるのか」

男の児は言った。

「あなた方は訊問して来いと命ぜられたのでなく、捕らえて来いと命ぜられたのではありませんか。話は指導者にするもの、着物は縁を持って着るものではありませんか。私を生かして連れて行って下さい。口ずから話しましょう」

それ以上は、おどしたりすかしたりしても、どうしても口を割らせることが出来なかったので、結局モンゴル兵たちもこの児を連れ帰ることにし、先に二人を送って、七歳の男の児を捕らえたことを報告させた。

モンゴル軍の陣営では、ウバシ皇太子以下全員が、この知らせについて語り合っていた。そこへ男の児が連れて来られた。なかなかしぶとい児だと聞いていたので、八本脚の梅檀《せんだん》の台の上に抜き身の刀を置いていた。そしてその児をウバシ皇太子の帳幕に連れて来て、台の下に跪《ひざまず》かせ、両腕を背へ回して縛《しば》り、右膝をサイン・マジクが、左膝をバーハン・チェチェン（Baqan čečen）が押さえつけて坐らせた。

それからウバシ皇太子の訊問に答えて、オイラトの諸酋の情況が、男の児の口から語られるのである。

マンガト（Mangyad）の子サイン・セルデンキ（Sayin serdengki）は二千の兵を率いる。

ホイト（Qoyid）のエセルベイン・サイン・キャー（Eselbei-yin sayin kiya）は四千の兵を率いる。

ジューン・ガル（J̌egün yar）のホトゴイト・ハラ・フラ（Qotoyoyitu qara qula）は六千の兵を率いる。

オイラトのサイン・テメネ・バートル（Sayin temene bayatur）は八千の兵を率いる。

五虎（tabun bars）の長兄のホシュート（Qošud）のバイバガス・ハーンは一万六千の兵を率いる。いずれも勇躍して、モンゴル軍との合戦を今や遅しと待ちかねている。

聞き終わって、ウバシ皇太子は、

「この児を連れ出して軍旗（tuy）を祭れ」

と命じた。（すなわち殺して軍旗の霊への犠牲に供えようというのである。）すると男の児は、

「申し上げることがあります」

と言う。再び引き据《す》えるとこう言う。

「モンゴルのサイン・ライフル・ハーン（Sayin layiqur qayan）と四オイラトの良き官人たちがエメール河口のシャラ・フルスンで対陣して和を結んで、引き揚げる時に約束したというではありませんか。訊問のために捕らえた人に、白状させ終わって殺すような罪を犯せば、舌が切れて死ぬだろうと誓い合ったではありませんか。立派な約束を忘れ、立派な誓いを破って、あなたは何で私を殺すのですか。私はまだ七歳の身分の卑しい者の子です。私の命を助けて下さい、お殿様」

ウバシ皇太子は何も答えない。再び連れ出そうとすると、男の児が言う。

「オイラトの情況で話したいことがあります」

「語れ」

「殺したり奪ったりするのが好きな、畏《おそ》るべき五虎の長兄ホシュートのバイバガス・ハーンが言っているそうです。『ウバシ皇太子の屍《しかばね》を横たわらせて、鮮血を流させて、彼の黒い軍旗を皆の前でへし折って捨てて、彼の愛するダラ・ハトン（Dara qatun）と交わって、彼女の血のように紅い頬に接吻して、彼女の名高い白い身体を抱いて、彼女の筋のある白い腹に十本の黒い爪を触れて、彼女の塗った紅い頬に恵まれた美しい髭を触れて、彼の功徳と幸福を我が物

にするのだ』と言って、昔バンバダ（Bambada）から取ったギンタ鋼（ginta bolod）の刀で、焼きを入れて作った黒鋼の五徳を火花が出るほど斬ったといいます。この話をあなたはお考えにならないのですか」

それからその児を連れ出して軍旗を祭ることになった。モンゴルの中から軍旗に祝詞を唱えるものが出ないので、

「私は軍旗の霊になるのだから、私が祝すればどうか」

と男の児が言った。

「男の児よ、よく祝せよ」

「私もよく祝しよう。あなたもよく聞いて下さい」

「尊い軍神よ、食い飲んで下さい。ウバシ皇太子の鮮血を流させるのだ。彼の屍を横たわらせるのだ。彼の黒い軍旗を皆の通路に折って投げ捨てるのだ。彼の愛するダラ・ハトンを、万人の主バイバガスがめとるのだ。彼の長い黒い軍旗は、オイラトの足下に折れたまま残るのだ。彼の乗用の噛《か》み癖のある栗毛馬（uruy šaryal mori）が、紅い絹の端綱《はづな》を引きずって行くのを、一人のオイラト人が手綱を槍で引っかけて捕らえて、乗って行くことになるがよい。バジ河になだれこむほど総崩れになって、平原に覆《くつが》えるほど突き刺されるがよい。エメールのオラン・トロガタイ（Olan toloyatai）で肝臓・腎臓を失うがよい。ハダイ河（Qadai yool）の源で小石に打たれるがよい。泉のあるコンデイ（Köndei）の河口で粉砕されるがよい。お前の功徳と幸福をオイラトの若者たちが奪うことになるがよい。高い山に至って倒れて転げ回ることになるがよい」

そう言って男の児は絶命した。

そこでモンゴル軍は全員、この凶兆に大いに憂えた。しかしウバシ皇太子は、

「敵に背中を見せたと言われては、名折れになる。吉凶いずれにもせよ、進んでどうなるか知ろう」

と言い、進軍を開始した。イルティシュ河を渡り、エメール河口のシャラ・フルスンを進んで、バジ、ギンジリの河

源に到り、そこに八万の兵は下営し、十三歳から三十七歳の今日まで敵の行動を見誤ったことのないバーハン・ボルバスン（Baqan bolbasun）を、二昼夜を限って四オイラトの偵察に派遣した。

ウバシ皇太子は、テントを積んでいた東トルキスタン産の白い駱駝を殺し、若者たちを招いて励ましの言葉をかけると、若者たちは、死んでも主君を離れないと、叫びながら退出した。

それからバーハン・ボルバスンが帰って来て、

「四オイラトは針鼠《はりねずみ》の毛、鋸《のこぎり》の歯のように陣を作って集結している。われわれが来るとて備えを固めているのかも知れない」

と報告した。ウバシ皇太子は、

「四万を掠奪隊とし、四万を本隊として、オイラトに向かって進んだらどうか」

と言った。バーハン・ボルバスンが、

「四オイラトと対陣して、朝のうちに逃れれば脱出出来よう。夕刻になって逃れれば首がないであろう」

と言うと、ウバシ皇太子は、

「お前は、私の大事な若者たちの士気を消沈させるような言葉を語った」

と、

「先の男の児のようにせよ」

と言った。バーハン・ボルバスンは馬に飛び乗って逃げ去った。

それからウバシ皇太子と、ウリャーンハイのサイン・マジクの二人は、後世の名誉のために進むことに意見が一致して、

「掠奪隊を明朝放とう」

と言っていたのに、ウバシ皇太子は自分の掠奪隊の者どもを先に派遣してしまった。ウリャーンハイのサイン・マジクはそれに嫌気がさして、ウバシ皇太子のもとに行ってこう言った。

「家から出発して以来、あなたは多くの間違ったことをした。今やあなたのこの間違いに私は我慢が出来ない。捕らえた男の児に訊問した上で殺したのが、あなたの凶兆の第一だ。八本脚の梅檀の台の脚を折って投げ捨てたのが、あなたの凶兆の第二だ（このことは前に見えない）。東トルキスタン産の白い駱駝を犠牲にして食わせたのが、あなたの凶兆の第三だ。今、私の手に敵の家畜が入るのを嫌って、（抜け駆けして）掠奪隊の者どもを先に進発させたのが、あなたの凶兆の第四だ。自分の別当として仕えてきた良き家来に、敵の家畜をあなたが惜しむのは、黒い犬が血を奪い合うのと同様だ。私は帰る」

そう言って、一万五千の自分の掠奪隊を率いて引き返した。ウバシ皇太子は四オイラトを目指して進んだ。

ウリャーンハイのサイン・マジクは、各人四頭の馬を持った二千人を派遣し、バーハン・ボルバスンに言いつけて、

「ボーロ（Bögere）から行って襲撃して、ケルテゲイ（Keltegei）からもどって来い。土地の者を捕らえて四オイラトに通告せよ。『我が牧地はハンガイのハラ・ブラクにある。異族なるお前たち四オイラトと相見《あいまみ》えようとして我々は来たのであるが、今、私は自分の四万人を率いて引き返す。お前たちのこちら側から、ウバシ皇太子は牧群のように列を作って行っている。彼をどうするかは、お前たちの勝手にするがよい』こう言って通告せよ」

かく言いつけて派遣した。サイン・マジクの言いつけ通り、バーハン・ボルバスンは先ず到って駱駝を捕獲し、帰りざまに通告した。

ウバシ皇太子の掠奪隊は、牛・羊を分捕って休止した。すると四オイラトの軍が集まって来て、ウバシ皇太子を後退も前進も出来なくし、そこに下営させて三日三晩攻めた。モンゴル兵はことごとく困憊《こんぱい》したので、彼らの招集のため、ウバシ皇太子が黒い軍旗を引きずり愛する若者たちを連れて脱出しようとしていると、オイラトのサイン・セル

デンキが多くの兵の中からぬきん出て突っこんで、ウバシ皇太子に槍をつける時にこう言った。

「さあ、お殿様、私はあなたの麝香《じゃこう》の匂う衣料を着せて頂いて暮らして参りました。あなたの塩味のついた肉を頂いて暮らして参りました。しかし今は異族なる四オイラトの名誉のために、あなたの灰色の腎臓に鋼《はがね》の槍をさし上げましょう。あなたの脇腹に硬い刀をさし上げましょう。お殿様、私の首はここです」

と言って突き刺した。

それからウバシ皇太子は、その傷で息を引き取る前、

「私の噛み癖のある栗毛馬を放ってくれ。故国に消息を伝えさせるがよい。若者よ、お前たちももう帰ることは出来ないぞ。大事な名誉を思って、ためらうことなく戦って、退《しりぞ》いて中止することなく、一人一人相次いで突入してくれ」

そう言って馬の右側から飛び去った（落馬して死んだ）。ウバシ皇太子の愛する若者たちは、主君の屍のもとで馬の左側の鐙《あぶみ》の紐を切って、四オイラトの兵とそこを動かず斬り結んで死んだのであった。四オイラトがモンゴルを破った物語は以上である。

オイラトの守護神が七歳の男の児に姿を変えてモンゴルに呪いをかけたのがそれである。

この戦いは丁亥の年（一五八七年）にあった。

〔解　説〕

以上はほとんど全訳に近い内容の紹介である。(3) 次にその内容について考証してみたい。先ず問題となるのが主人公のウバシ皇太子である。彼はハンガイのハラ・ブラクから進軍を開始しているのであるから、ハンガイ山に遊牧して

いたハルハ（Qalqa）モンゴルの内でもジャサクト・ハーン（J̌asaγtu qaγan）部に属する酋首であることは論のないところである。ハルハ初代の君主ゲレセンジェ（Geresenǰe ǰaγaγatu ǰalayir-un qong tayiǰi）は、ハルハの年代記『アサラクチ』（Asaraγči neretü teüke）に拠れば、一五一三年に生まれ、三十六歳でケルレン（Kerülen）河のボロン（Borong）に卒したと言うから、一五四八年まで生きていたのである。彼の死後、その支配した十三オトク（otoγ）は遺産として彼の七子に分配されたが、長子アシハイ（Asiqai darqan qong tayiǰi）の孫ライフル（Layiqur qaγan）が初めてハーンと称し、ジャサクト・ハーン家の祖となった。すなわち本文に出たサイン・ライフル・ハーンである。

ゲレセンジェの他の六子の内、第五子のダライ（Darai tayiǰi）には男子がなく、第三子ノーノフ（Noyonoqu üiǰeng noyan）、第四子アミン（Amin duraγal noyan）の裔はそれぞれトゥシェート・ハーン（Tüsiyetü qaγan）、チェチェン・ハーン（Sečen qaγan）の両部を成して独立したが、次子ノヤンタイ（Noyantai qatan baγatur）、第六子デルデン（Deldeng köndeleng）、第七子サム（Odqon samu buyima）の子孫は皆ジャサクト・ハーンの隷下に残った。

これがジャサクト・ハーン部の由来であるが、本篇の主人公ウバシ皇太子は、アシハイの孫で、ライフル・ハーンの従弟のショロイ・サイン・ウバシ皇太子（Šoloi sayin ubasi qong tayiǰi）のことである。『シラ・トゥージ』（Sira tuγuǰi）に拠れば、ショロイ皇太子は一五六七年の生まれであるという（系図4参照）。

サムがゲレセンジェの死後相続したオトクはウリャーンハン（Uriyangqan）であったが、彼の七子の中、第四がチンダガン・サイン・マジク・ジョリクト（Čindaγan sayin maǰiγ ǰoriγtu）といった。すなわちウバシ皇太子の大臣サイン・マジクであり、彼がウリャーンハイの人と呼ばれているのは当然である。『シラ・トゥージ』はチンダガ・ジョリクトを一五七四年の生まれとする。

サイン・マジクの部下のバーハン・ボルバスンは、恐らくチンダガンの長兄ホンゴル・ジョルゴル・ハーン（Qongγor ǰorγol qaγan）の長子ボルバイサ・ノムチ（Bolbayisa nomči）であろう。すなわちサイン・マジクの甥に当たるわけである。ボルバイサの生年は未詳であるが、その父ホンゴルは一五六二年の生まれで、チンダガンより十二歳上である。して見ればボルバイサの生まれは一五八二年前後であろう。

さて次にオイラトの諸酋について考えよう。

サイン・セルデンキについては何部に属するか記載がないが、他の四酋がホイト、ジューン・ガル、トルグート、ホシュートの首領であることから見て、バートト（Bayatud）かドルボト（Dörbed）の酋長でなければならない。パラスの『モンゴル民族史料集』に拠れば、チョロース（Čoroyas）にオンゴツォ（Ongozo）、オンゴルホイ（Ongorchoi）兄弟があり、兄はジューン・ガル、弟はドルボトの祖となった。[4] オンゴツォの孫がフトゥガイト・ハラフラ太子（Chutugaitu Charachula Taidshi）であり、オンゴルホイの子がマンガン太子（Manghan Taidshi）である。サイン・セルデンキの父マンガトは、多分このマンガン太子であろう。そうすればサイン・セルデンキとホトゴイト・ハラ・フラとは再従兄弟の間柄となり、ちょうど同時代に生存したことになろう。

次のホイトは、『ジャロースン・フリム』（J̌alayus-un qurim）に拠れば、フドゥハ・ベキ（Quduqa beki）の後裔で、すなわち元代のオイラト王家の直系である。オチライ・ミンガト（Vačirai mingy-a-tu）の子がスタイ・ミンガト（Sutai mingy-a-tu）、その子がエセルベイ・キャー（Eselbei kiy-a）、その子がノム・ダライ（Nom dalai）、その子がスルテン太師（Sülten tayisi）とされる。ホシュートのバートル・ウバシ・トゥメン（Batur ubaši tümen）の撰した『四オイラト史』（Dörbön oyiradiyin tüüke）には、同じ世系を記してエセルベイ（Eselbei）の子がサイン・キャー（Sayin kā）、その子がスルタン太師（Sultan tayiši）としているから、サイン・キャーの本名がノム・ダライであることがわかる。本伝に姿を現すエセルベイン・サイン・キャーはすなわちこのノム・ダライ・サイン・キャーであって、父の名に因んでかく呼ばれたに違いない。何となればエセルベインとは「エセルベイの」を意味するからである。後に説くごとく、エセルベイ・キャーは一五七四年のオルドス・モンゴルのオイラト征伐に際して史上に姿を現しているから、その子サイン・キャーがウバシ皇太子と同時代に生存したことは確かである。

ジューン・ガルのホトゴイト・ハラ・フラについてはすでに触れたが、パラスに拠れば、ハラ・フラの子バートル皇太子（Baatur Chuntaidshi）は、父の死後、一六三五年頃、部長の地位に即いたという、これから推して、ハラ・フラの生年は一五七三年頃となろう。

サイン・テメネ・バートルはトルグート（Turγayud）の首領である。パラスに拠れば、トルグートのボエゴ・オルルク（Boëgho Örlük）の弟にウンハン・チャブチャージ（Ungchan-Tschabtschadshi）があり、その子がエゼネ太子（Äsänä Taidshi）、その四子の第二がテヌス・メルゲン・テメネ（Tenüs-Mergen-Tämänä）であるという。

バートル・ウバシ・トゥメンでは、ブイゴ・オルロク（Buyiγo örlöq）の次弟がオンホ・チャブチャーチ（Ongxo čabčači）、その子がエジェネー太子（Eǰenē tayiǰi）、その子が四人あって、その次子がテネス・メルゲン・テメネ（Tenes mergen temene）であるとする。

『欽定外藩蒙古回部王公表伝』巻八十九「扎薩克《ジャサク》一等台吉《タイジ》達爾扎《ダルジャ》列伝」に拠れば、ボイゴ・オルロク（貝果鄂爾勒克）の弟がオンゴイ（翁貴）、オンゴイの子がエジネイ（額済内）、エジネイの四子の第二がテムネ（特穆納）であって、三者は全く一致する。

ところで、ブイゴ・オルロクの長子はジュルジュガ・オルロク（J̌ulǰuγa örlöq）、ジュルジュガの子がホー・オルロク（Xō örlöq）である。ホー・オルロクは一六四四年、逃げたノガイを追ってコーカサス山中のカバルダに攻め込み、そこで戦死するまで活躍したのであるから、その再従弟のテメネも同じ頃の人でなければならない。

現に若松寛「カラクラの生涯」に拠れば、[5] メルゲン・テメニ太師（Mergen-temen'-taisha）の名は一六二一年から一六三〇年にかけてロシアの史料に現れている。

その生年を推定させる手掛かりは、『ネイジ・トイン伝』（Boγda neyiǰi toyin dalai manǰusriiyin domoγ-i todorqai-a geyigülügči čindamani erike kemegdekü orosiba）[6] である。同伝に従えば、ネイジ・トイン（Neyiǰi toyin）はメルゲン・テベネ（Mergen tebene）の子で、一六五三年、九十七歳で入寂した。して見るとテメネがネイジ・トインを生んだのは一五五七年ということになる。かりにこの年にテメネが二十七歳であったとすれば、一六三〇年には九十三歳であったことになる。しかしこれは前述のホー・オルロクとの関係から見れば、あまりに年長すぎて疑わしい。恐らく『ネイジ・トイン伝』の「九十七（yeren doloγan）」は「六十七（ǰiran doloγan）」の誤刻で、ネイジ・トインが生まれたのは一五八七年のことだったのであろう。そうすればその父テメネも一六三〇年には六十歳くらいで無理ない。結局テメネの生年は一五六七年くらいであろうと思われる。

　最後のホシュートのバイバガス・ハーンは、チンギス・ハーンの同母弟ジョチ・ハサル（J̌oči qasar）の後裔であることは言うまでもない。その生年は確かでないが、彼は五虎と呼ばれた五人兄弟の長であって、第三弟トロ・バイフ・グーシ・ハーン（Törö bayiqu güüsi qaγan）は、山口瑞鳳「顧実汗のチベット支配に至る経緯」に拠れば、一五八二年に生まれている[7]。これから推して、バイバガスも一五七三年頃に生まれたことは疑いない。『ザヤ・パンディタ伝[8]』に拠ると、ザヤ・パンディタ（J̌aya bandida）はバイバガスの養子で、一五九九年に生まれ、十七歳の時、養父の命を奉じて出家したというから、一六一五年、バイバガスはまだ生存していたのである。

　以上で本篇の登場人物の考証を終えた。結論は、すべて一五六七年から一五七三年にかけて生まれた人々であるということになる。これらの人物が活躍する時代と言えば、彼らが壮年になった一六一〇年代から一六二〇年代にかけてでなければならない。そこで注意すべきは、本文に記されたバーハン・ボルバスンの三十七歳という年齢である。先に彼をボルバイサ・ノムチに比定し、その生年を一五八二年頃とした。これを基として数えれば、ウバシ皇太子の戦死は一六一七年頃のこととなる。

　そこで問題になるのが、本文の末尾に記された「丁亥」の年紀である。この辺で丁亥を求めれば一五八七年しかないが、この年、ウバシ皇太子は僅か二十一歳、サイン・マジクに至っては十四歳の小児で、とうてい大軍を率いて遠征すべき年齢ではない。このことはオイラトの諸酋についても然りであって、結局、この「丁亥」は何かの間違いでなければならない。では、正しい年代は何時であろうか。ここに至って、両族の関係史をたどって見る必要が出て来る。

モンゴルの年代記に、最初の確実なオイラト関係記事が現れるのは、一五五二年のことである。『蒙古源流』(Erdeni-yin tobči) によると、トゥメト (Tümed) のアルタン・ハーン (Altan qaγan) は、この年、四オイラトに出馬して、クンゲイ (Künggei) とジャブハン (J̌abqan) のほとりに八千ホイトのノヤンのマニ・ミンガト (Mani mingγatu) を殺し、その妻と二子、及び国人すべてを降して、かくして四オイラトを征服したという。(9) このマニ・ミンガトの名は前引の『シラ・トゥージ』の系譜に見えず、その両子の名もトホイ (Toqoi)、ボケグデイ (Bökegüdei) とあって考うるところがない。多分オチライ・ミンガトの子で、スタイ・ミンガトの弟か何かであろう。

ともかくこの一五五二年の征戦の結果、モンゴルの勢力は大きく西方に伸びて、ハンガイ山に達したようである。その証拠は、この四年前に死んだハルハのゲレセンジェの牧地は、ケンテイ山東のケルレン河にあったのに、僅か二年後の一五五四年にゲレセンジェの孫アバダイ・サイン・ハーン (Abadai sayin qaγan) が生まれたとき、彼らはすでにセレンゲ (Selengge) 河畔に遊牧していたと『アサラクチ』に記されていることである。

次にオイラトが姿を現すのは、十年後の一五六二年のことである。この年、オルドス (Ordos) のフトゥクタイ・セチェン皇太子 (Qutuγtai sečen qong tayiǰi) は、イルティシュ河のほとりでトルグートを襲い、ハラ・ブーラ (Qara buγura) を殺し、その竈《かまど》に黒い軍旗を突き立てて、シルビス (Silbis) とトルグートの二つのあるものを収容して凱旋したと『蒙古源流』は伝えている。(10)

パラス及びバートル・ウバシ・トゥメンに従えば、トルグートのブイゴ・オルロクの次子はブーラ (Buura) であるが、これがハラ・ブーラに違いない。『王公表伝』巻八十九「扎薩克一等台吉索諾木喇布担多爾済《ソノムラブタンドルジ》列伝」に出ている、ボイゴ・オルロクの次子ボーラン・アガルフ（保蘭阿噶勒琥）もこのブーラである。とにかくここに至って、モンゴルの勢力はアルタイ山を越えて天山の北まで達したのである。

さらに十二年後、一五七四年には大規模な対オイラト作戦が展開される。やはり『蒙古源流』に拠ると、この年、オルドスのブヤン・バートル皇太子（Buyan bayatur qong tayiǰi）はオイラト征伐に出馬した。ちょうどシル河上にカザフ王の軍を破って凱旋中であったフトゥクタイ・セチェン皇太子は、これを聞いてバルス・コル（Bars köl）のほとりに輜重《しちょう》を置いて、同時に四オイラトに遠征した。

ブヤン・バートル皇太子はハルガイ山の南に、エセルベイ・キャー（Eselbei kiya）をはじめとする八千ホイト万人隊をことごとく降した。一方、フトゥクタイ・セチェン皇太子の軍はジャラマン山（J̌alaman qan）の北に、ハムス（Qamsu）とドゥリトク（Düridkü）の二人をはじめとするバートト（Bayatud）を収容した。

さらにセチェン皇太子の息子のオルジェイ・イルドゥチ（Ölǰei ildüči）は、三個月になるまで追い、食糧がなくなって、ブラ・トゥレゲという石を食べて行って、トゥブハン山（Tubqan qan）の南に、チョロースのバジラ舎人（Baǰira sigeǰin）をはじめとするドルボト・オトクを収容して帰って来た。

帰途、フトゥクタイ・セチェン皇太子はブヤン・バートル皇太子に使者を送って、八千ホイト万人隊の解体を勧めたが、ブヤン・バートル皇太子は同意しなかった。その使者に、エセルベイ・キャーは鍋の肉から選んで、馬の八本の長い肋骨を与えた。

使者が帰ったあとで、ブヤン・バートル皇太子はエセルベイの勝手な振る舞いを大いに怒り、罰として一頭の馬の完全な四本の長い肋骨と、頸《くび》のつけねの脂肪の多い部分を脚で踏んで、彼の指をはさんで食べさせようとした。エセルベイはその肉を食べてしまって、「こんなものを食うぐらいなら、私の父のスタイ・ミンガトの八本の肋骨を食べるほうがましだ」と言い放ち、脚を踏み鳴らして去った。そしてその夜のうちに兵を集めて出馬して来て、キルジャバク（Kirǰabay）の河のほとりでブヤン・バートル皇太子を殺し、エセルベイ・キャーは叛き去った[11]。

以上が『蒙古源流』の所伝であるが、この記事の中心人物エセルベイ・キャーは、前述のごとく『ウバシ皇太子伝』に顔を出すエセルベイン・サイン・キャーの父である。しかしエセルベイ・キャーとエセルベイン・サイン・キャーは混同されやすかったと見えて、パラスには同じ事件をエシルベーン・サイン・キャー（Essilbän Sain Ka）の功とし、大いに説話的歪曲を加えて次のように記している[12]。

「その頃かまたはもっと前に、ホイト部出身の英雄キャーが立ち上がって、征服されたオイラト諸部の解放者となった。彼は父の名によってか、または別の理由で、エシルベーン・サイン・キャー（エシルベーの良きキャー）とあだ名されていたが、全く貧しい首領で、以前はブリャート人（Burāten）に貢税を払っていて、その頃は敗者の中にあったのであるという。彼は密かに決死の兵士たちを多数集め、二、三のオイラトの首領たちに彼の意図を告げて、彼らがつぎのように振る舞うようにと言った。すなわち彼らは昔からの習慣に従って、モンゴルの支配者に臣従の礼を尽くすため、飾り立て、贈り物を載せ、優雅な絨毯で蔽《おお》った駱駝の行列をとどけようと、駱駝の両側に下げる大きな荷籠の中には、キャー自身がもっとも勇敢な戦士たちとともに隠れたので、駱駝一頭ごとに良い剣で武装した者が二人ずつ載せられたが、これには駱駝牽《ひ》きと行列の先導役は入っていない。オイラトの首領たちの代表者が、この行列とともに、すべての大人たちが集まって油断しているモンゴルの宮廷に到着するや否や、恒例の儀式が始まった。そして最後に駱駝から荷が下ろされると、隠れていた兵士たちは直ちにモンゴル人たちに襲いかかって一人残らず殺戮《さつりく》した。オイラト人の大軍は、混乱に陥ったモンゴルの陣営を攻めて、彼らの優位を奪って逐い出し、オイラトの首領たちの自由と平等の同盟を承認させた」

このアリ・ババと四十人の盗賊的モチーフは物語の常套であるが、ともかくエセルベイがオルドスの首領を攻殺した故事は、オイラト人の間に語り伝えられたのである。

これと同じ物語はバートル・ウバシ・トゥメンにも出ているが、ただ異なるところは、その時代をウバシ皇太子の戦死の後に置き、その遺児ムフル・ムジク（Muxur mujǐq）なる者が復讐のために来襲し、オイラトを破った時のこととすることと、エセルベイン・サイン・キャー（Eselbeyin sayin kā）自身は荷の中に隠れず、駱駝隊を率いてムフル・ムジク・ハーンの宮廷に赴くこと、及びモンゴル・ハーンを捕らえても殺さず、子孫代々、モンゴルはオイラトに害を及ぼさぬことを誓約せしめたとあることとである。

第一の年代の相違は、サイン・キャーがエセルベイの子であることをバートル・ウバシ・トゥメンが知っていたためであろう。第二の差異はあまり重要ではないが、第三のムフル・ムジク・ハーンと、彼がオイラトに捕らえられて和平の誓いを立てたという要素についてはあとに述べる。

ちょうどこの頃、ハルハのアバダイ・ハーン（Abadai qayan）も盛んにオイラトを伐っていた。『アサラクチ』に言う。「十四歳から二十七歳に至るまで、絶えず戦争に従事し、異族の敵を自分の力に従えた」[13]

十四歳は一五六七年、二十七歳は一五八〇年に当たる。ここに言う異族の敵がオイラトを指すことは、ガルダン（Galdan）の『エルデニイン・エリケ』（Erdeni-yin erike）で知られる。[14]

同書に依れば、アバダイ・ハーンはハルハの兵を率いて出馬し、コブコル・ケリェー（Köbkör keriy-e）というところで戦って、オーロト（Ögeled）を大いに破った。オーロトはあるいは死し、あるいは馬足を抱いて命を乞うた。アバダイは師を旋《かえ》し、自分の子シュブーダイ（Šubuyadai）を派してオイラトにハーンたらしめたという。これだけでは明らかではないが、この時の敵手はホシュートであったらしい。

『シラ・トゥージ』に「ハーナイ（Qanai）をコブケル（Köbker）の戦いにサイン・ハーン（Sayin qayan）が殺した」とあり、サイン・ハーンはアバダイ・ハーンのことであり、ハーナイはホシュートのバイバガス・ハーンの父ハーナイ・ノヤン・ホンゴル（Qanai noyan qongγor）であるからである。

ここで始めてホシュートが史上に登場するが、『王公表伝』巻八十一「青海厄魯特《オーロト》部総伝」に拠れば、ホシュートはハーニ・ノヤン・ホンゴル（哈尼諾顔洪果爾）の父ボボイ・ミルザ（博貝密爾咱）が始めてオイラト・ハーンと称したのであって、その年代を案ずればちょうど一五五二年のアルタン・ハーンのホイト征服の頃である。

恐らくホイトの衰微に乗じてホシュートが興り、オイラトの指導権を握ったのであろう。それがアバダイ・ハーンによって打撃を受けたのである。戦場のコブコルまたはコブケルは、バッドリ[15]に載せるレナート（Renat）の地図のケブケル（Kebker）で、ジャブハン河の南、アルタイ山の北に位置する交通の要衝である。年代は判然としないが、ハーナイ・ノヤン・ホンゴルの第三子トロ・バイフ・グーシ・ハーンの生まれた一五八二年よりは後でなければならない。

またこの戦勝の後でオイラト・ハーンに封ぜられたというシュブーダイは、アバダイの長子シャブーダイ・オルジェイト皇太子（Sabuγudai öljeyitü qong tayiǰi）のことで、『シラ・トゥージ』に拠れば一五七三年に生まれた。従ってその受封は、本人が成年に達した一五九〇年頃のことでなければならない。そこでコブコル・ケリェーの戦いの年代は一五八〇年代の後半に置くべきかと思われる。

しかしシュブーダイはやがてオイラトに殺される。『エルデニイン・エリケ』に曰く、「戊子の年（一五八八年）ダライ・ラマ・ソェナムギャツォ（Dalai bla ma Bsod nams rgya mtsho）とアバダイ・サイン・ハーンが薨去した。サイン・ハーンが薨ずるや否やオイラト人たちはシュブーダイ・ハーンを捕らえて弑して叛いた[16]」

戊子の一五八八年は、シュブーダイは僅か十六歳である。一方『アサラクチ』に拠れば、彼には三人の子があり、『シラ・トゥージ』に拠ればそれぞれ別の妃から生まれたのである。三人も妃をめとり、三人の子を生んでいるところから見て、十六歳で殺されたとは疑わしい。恐らくアバダイの卒年が誤っているので、シュブーダイの非業の死も、やはり一五九〇年代に求められるべきであろう。

アバダイの死後、オイラト経営に従事したのは、初代のジャサクト・ハーン・ライフルであった。パラスの記すところでは、オイラト諸部はモンゴルのライヘル・ハーン（**Laicher Chan**）との数度の戦いに敗れ、その宗主権を承認し、部分的に納貢の義務を負わなければならなかったという[17]。

これは若松の指摘する通り、『ウバシ皇太子伝』の男の児の言葉にある、モンゴルのサイン・ライフル・ハーンと四オイラトの良き官人たちとがエメール河口のシャラ・フルスンで対陣して和を結んだという故事と対応している。その年代は一六〇六年であった。

山口はグーシ・ハーンの略歴を記して、「二十五歳の時、母を失い、同年、即ち、丙午の年には、**O'i lod**（オーロト）と**Hal ha**（ハルハ）との間に争が起り、大事に至らんとするとき、大胆にも**Hal ha**に乗り込んでこれを調停した。ために、**Hal ha**の諸酋と、**Stong 'khor chos rje**（トンコル・チョェジェ）とから**Ta'i gu shrī**（大国師）の称号を受け、以来**Gu shrī han**（グーシ・ハーン）と称せられた」と言っている[18]。

その経緯から推して、これがシャラ・フルスンの和約を指すことは疑いない。以後オイラトはハルハに納貢するようになったのであるが、『シラ・トゥージ』に従うとライフル・ハーンは一五六二年の生まれであるから、一六〇六年には四十五歳の壮年であった計算になる。

この和約から十年ほどの間は平和が続いたようであるが、一六一〇年代の終わりになって今度は本伝の主人公ショロイ・ウバシ皇太子が活躍を始める。若松に拠れば、ウバシ皇太子はロシア史料にはアルティン・ツァーリ(**Altyn-tsar'**)と呼ばれ、一六〇七年初めてその名が現れる。しかしウバシ皇太子の本格的なオイラト征伐は一六一七年から始まったらしい。

田山茂『蒙古法典の研究』に拠れば、一六四〇年八月五日、ハルハ、オイラトの首領たちによって調印された「モンゴル・オイラト法典」の第三条に、「丁巳の年からのち戊辰の年まで、バルグ（**Baryu**）、バートト（**Bātud**）、ホイト人でモンゴルにいるのはモンゴルのものとした。オイラトにいるのはオイラトのものとした。彼ら以外の生存者は、すべて遅滞なく相互に引き取ることになった。誰でも渡さないなら、人ごとに二十の馬（群）、二頭の駱駝を没収し、身柄をとらえて引き渡すことになった」とあるが、[19] その丁巳は一六一七年であり、モンゴルとオイラトの間の戦争状態の始まった年とされている。

戊辰は一六二八年であるが、この年にチャハル（Čaqar）のリンダン・フトゥクト・ハーン（Lingdan qutuγtu qaγan）は大兵を挙げて大興安嶺を越えて西徙《せいし》し、ハラチン（Qaračin）、トゥメト（Tümed）の両部を滅ぼし、オルドス（Ordos）を従え、青海を威圧し、直ちに漠北ハルハに迫った。あとに言うように、翌年にはアルティン・ツァーリがリンダン・ハーンの攻撃を蒙っている事実がある。この危機に直面して、ハルハ、オイラトも旧怨をすてて新敵に当たらざるを得なかったのであろう。

この一六一七年から一六二八年に至る期間のハルハ・オイラト関係を、ロシア史料によって跡づけて見よう。

一六二〇年、ジューン・ガルのハラ・フラは、四千の兵を率いてウブサ・ノール湖畔のウバシ皇太子の本営（ウルス）を攻め、多くの捕虜を奪った。しかしウバシ皇太子はこれを取り押さえるため、ハラ・フラに四千の兵を差し向け、背後から三千人を差し向けた。そしてハラ・フラの民を皆殺しにした。わずかにハラ・フラは子どもをつれて逃れ、オビ河の支流チュムシュ河口に避難し、ここに堡塁を築いて拠り、再起をはかった。

ドルボトのダライ太師は、これまでイルティシュ河の東岸、いまのセミパラチンスクに近いヤムシ湖周辺に住牧していたが、この敗戦の結果、はるかに北西のイシム河の下流に沿ったイティク山に移動せざるを得なかった。またハラ・フラの軍に加わっていたドルボト、トルグートの首領たちも、故地を失って遠徙せざるを得ず、ヤムシ湖はウバシ皇太子の手に落ちた。

これから三年、一六二三年に至ってオイラトは大挙して再起を謀った。イティク山に在ったダライ太師らとトルグー

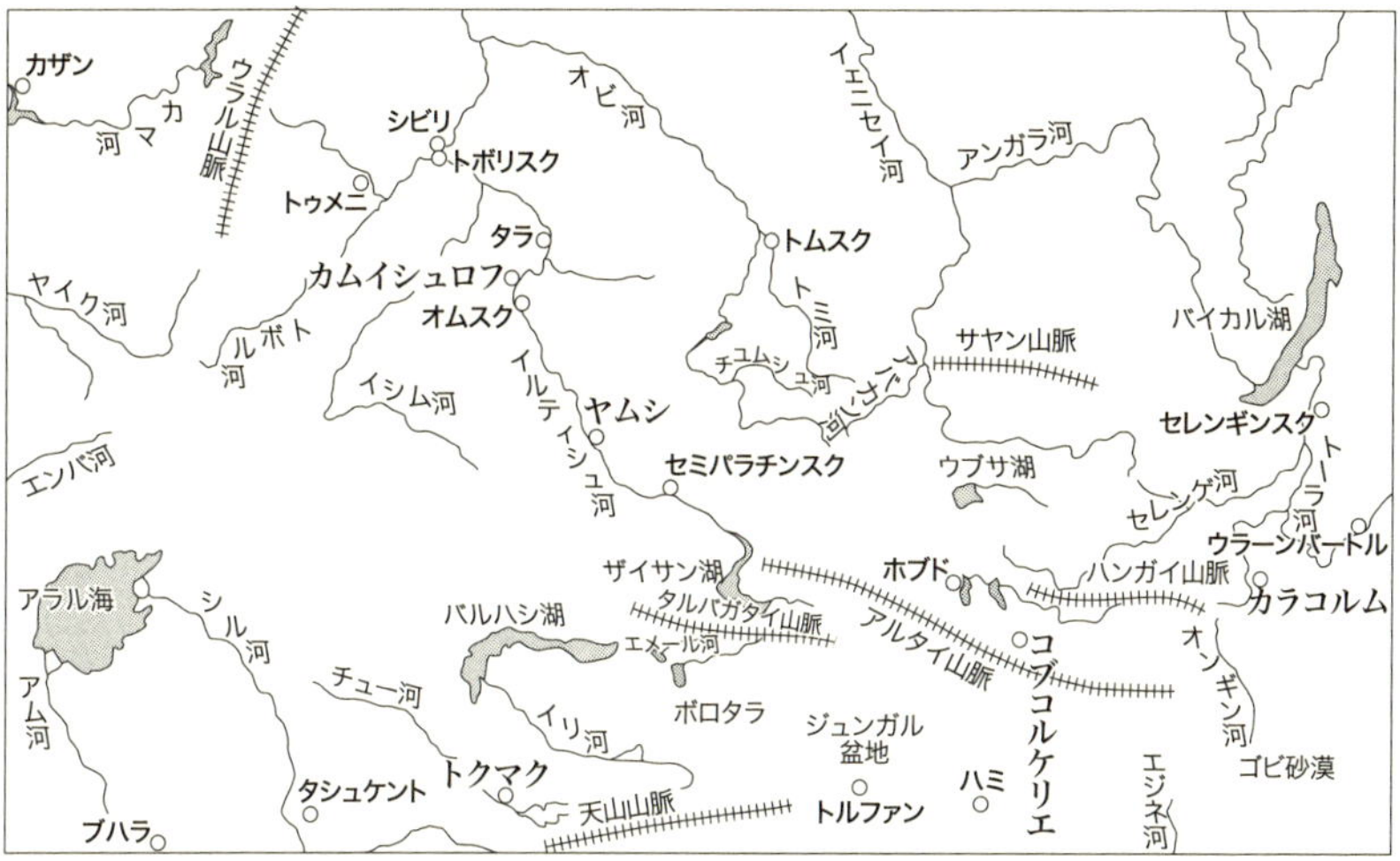

地図 14　モンゴルとオイラトの戦争

トのホー・オルロクは、移ってイシム河畔に兵力を集結し、チュムシュ河口のハラ・フラの軍と東西呼応してウバシ皇太子を伐ち、イルティシュ河上流のオイラトの故地を恢復《かいふく》しようとしたのである。

この度の戦争の結果についてはロシア史料には何も伝えられていない。ただ翌一六二四年、トゥメニ市にオイラトの使者が到着し、アルティン・ツァーリの迫害を理由に、ロシア皇帝の保護を求めた事実がある。パラスと若松は、これをもってオイラト軍が再度非運に見舞われたことを暗示するものととっているが、これは疑問がある。と言うのは、さらに翌年に始まったオイラトの内紛の事情から見て、実は一六二三年の戦いはオイラト軍の勝利に終わっていたのではないかと考える余地があるからである。

一六二五年、ホシュートのチン太師（Chin taisha）が死んだ。その遺産なる部衆一千人の分配をめぐって、同母異父兄弟のチョークル（Chokur）とバイバガスの間に戦争が起こり、忽《たちま》ちにして他のオイラト諸部の首領たちを巻きこんでしまった。チョークルはトルグートのメルゲン・テメネ及びバートトの首領と連合軍を組織し、多くの家畜を奪い、部衆を殺し、残りの者を手中に収めた。そこでハラ・フラはバイバガスの援助に赴いた。この混乱に乗じて、彼らの本営からモンゴルの捕虜たちがモンゴルに逃げて行った。

さらに三年後の一六二八年には、ダライ太師とホー・オルロクの軍はチョークルの討伐に向かい、チョークルはイシム河に逃れた。しかし間もなくチョークルとメルゲン・テメネはバイバガスを攻殺して内乱の勝利者となった。

以上がオイラトの内紛の経緯であるが、一六二〇年から一六二五年までの間に、オイラトのかつての本営ヤムシ湖が彼らの手にもどっている上、モンゴル人の捕虜なるものが逃亡している。この二つの事実は、一六二三年の戦いが、実はオイラトの勝利に終わっていた証拠でなくてなんであろうか。現に一六二四年の、オイラトのロシア皇帝に対するアルティン・ツァーリの迫害よりの保護の請願にもかかわらず、これ以後アルティン・ツァーリは全くロシア史料に現れず、一六二九年に至ってチャハル・ハーンの攻撃を蒙っていると伝えられたアルティン・ツァーリは、すでにウバシ皇太子の第四子でその後を嗣いだバトマ・エルデニ皇太子（**Badm-a erdini qong tayiji**）、すなわち清朝史料に謂うところのオンブ・エルデニ（俄木布額爾徳尼）であった。この事実を『ウバシ皇太子伝』と考え合わせれば、自然に出て来る結論は、一六二三年オイラト軍はハルハ軍を破ってウバシ皇太子を殺したのだということである。

この推測を助けるのは、一六三五年、エルデニ皇太子の側近ダイン・メルゲン・ランズ（**Dain mergen lanzu**）がロシア皇帝に送った書簡に「アルティン・ツァーリは、黒カルマックと七年間戦った。わたしはアルティン・ツァーリとハラ・フラの子皇太子を永遠に和睦させた」とあることである。

これは文字通り、オンブの嗣立以来、七年の間、オイラトとの間に戦争状態が続き、そして和約が成立したという意味であろう。和が結ばれたのは多分、オンブが背後からリンダン・ハーンの攻撃を受けたという一六二九年のことで、腹背に敵を受けたオンブは、急遽オイラトと和してチャハルに当たらなければならなかったのである。そして一六二九年から数えて七年前は正に一六二三年に当たる。

もっとも前引の『モンゴル・オイラト法典』の言うところでは、戦争は一六二九年でなく一六二八年に終わったごとくであるが、これも草原の戦争の常道として、一六二八年の秋冬の交まで戦闘が続き、翌年の春が来るとともに正式に休戦が成立したものとすれば、実際に一六二九年には戦闘が行なわれないものとしても、戦争状態は続いているわけである。

以上の考察によって、『ウバシ皇太子伝』の年紀が一五八七年でなく、一六二三年とすべきことをほぼ論定したが、ここに注意すべきは一六二三年の干支が癸亥であることである。して見れば、『ウバシ皇太子伝』の末尾に記された「丁亥」は、「癸亥」とすべきものを十干を繰り誤ったに過ぎまい。一六二三年、ウバシ皇太子は五十七歳であった。

一方、この戦いを一六二四年のこととする伝承もあったらしい。バートル・ウバシ・トゥメンの書に言う、

「今から百八十四年前の丙子の年に、オイラトの政治・法度《はっと》を壊《やぶ》り、オイラトを俘獲《ふかく》としようという意図を懐《いだ》いてモンゴルのハーン・ウバシ皇太子が、大臣ウリャーンハン（Urāngxan）のサイン・マジャク（Sayin majaq）とともに、大軍を率いて四オイラトを討ち取りに来たのを、こちらからはオイラトのハーン・バイバガスをはじめとして、オイラトの官人たち戦士たちが出陣して、合戦して、モンゴルのウバシ皇太子ハーンをオイラトのエレーン・サイン・セルデンゲ（Erēn sayin serdengge）という勇士が、イルティシュ河のマニト渡口（Manitu γatulγan）のほとりにウバシ皇太子を捕らえて害した[20]」

その固有名詞の綴りから見て、バートル・ウバシ・トゥメンが『ウバシ皇太子伝』の異本を利用したことは疑いを容れないが、この史書は一八一九年に成ったので、その百八十四年前の丙子は一六三六年に当たる。しかし前述のごとく、これはすでにオンブ・エルデニの治世であるから、これも十干の繰り誤りで、実は十二年前の甲子、一六二四年なのであろう。

この一六二三年の戦後、間もなくエセルベイン・サイン・キャーは仲間に殺されたらしい。パラスに曰く、

「勝利者となったキャーは、ある程度までオイラトの元首となったが、彼に従うことは欲しないある者は、トルキスタン（Bucharei）に逃げて行った。その頃、オイラトの首領たちは進んで彼に指導を委せようとしたが、キャーは怒りっぽく酒に溺れ、自分に対する敵意を煽《あお》りたてた。そこであるトルグートのノヨンでアブダ・ボージ（Abuda boodshi 射手のアブダの意で、初めて火器を使用した故という）という者が、憎悪の念を懐いてキャーを襲って捕らえ、他のカルムィクの首領たち（その中にはハラ・フラの子で、キャーがかつてその生命を救ったことのあったシューケル（Schüker）もいた）の援助のもとに、さんざん譴責《けんせき》を加えた上、ウラーン（Ulan）という卑しいカルムィク人に殺させた[21]」

サイン・キャーが功によってオイラトの元首となったというのは、バートル・ウバシ・トゥメンの書にも、サイン・キャーにハーンの称号を奉ったとまで言われているが、いずれ父のエセルベイ・キャーとの混同の上に発生した、根も葉もない作り話であろうが、彼を殺す謀議に参画したというシューケルは、すなわち前述のオイラトの内乱の立役者チョークルに他ならない。バートル・ウバシ・トゥメンも、忘恩の例として「三族のガリキャース（γurban ečege Γalikās）がチュークル（Čüükür）を殺そうとする時、サイン・キャーが奪い去ったのであった。後にサイン・キャーを害する時、チュークルは謀議に加わったのである」と記している[22]。

思うに、一六二五年に始まった内乱に際して、サイン・キャーはバイバガスに荷担したため、チョークルに攻め滅ぼされたのであろう。『モンゴル・オイラト法典』によって、この戦乱で最大の打撃を受けたのがホイト、バートト、バルグの三部であったことが窺われるが、ホイトが衰弱して全く微力になり、バートト、バルグが跡もなく消え失せたのは、多分この時のことと思われる。

パラスには、また『ウバシ皇太子伝』の後日譚《ごじつたん》を記して次のごとくある。

「またカルムィクの年代記類の語るところでは、その頃のモンゴル人との戦争で、モンゴルのウシ皇太子（Uschi-

Chuntaidshi）は全軍とともにカルムィク人の夜襲を受けて殺された。彼の乗馬ウルク・ショルハル（Uruk Schorchal）だけが帰って、あとに残された婦人たちに夫たちの敗北を伝えた。そこで、当時身重であったウシの夫人デーレ・ツェツェン・ハトン（Deere-Zäzen Chattun）は、大部分武装した婦人たちから成る軍隊を率いてカルムィク人に向かって進軍した。しかし彼女はアブダ・ボージの放った弾丸によって下腹部に負傷した。この女丈夫が後に産んだ子は、生まれた時から右手に指がなかったので、一生ムホル・ロウザン（Muchor-Lousang）片輪のロウザンの名を負った[23]」

ウシはウバシの訛りであり、その乗馬ウルク・ショルハルはすなわち噛《か》み癖《ぐせ》のある栗毛馬（urury šaryal）であるし、デーレ・ツェツェン・ハトンはダラ・ハトンである。ウバシ皇太子の未亡人でオンブ・エルデニの母がチェチェン・ハトン（Tsaritsa Chechen）と呼ばれたことは、一六三五年、アルティン・ツァーリのもとに奉使したロシアのヤコフ・トハチェフスキイの報告にあり、バッドリが紹介している。

言い落としたが、トルグートのアブダ・ボージは、バートル・ウバシ・トゥメンにはブイゴ・オルロクの第四子がマンハイ（Mangxai）、その子がアビダ・ブーチ（Abida bučí）とあり、『王公表伝』巻八十九にはマンハイ（莽海）の子アビダイ・ボーチ（阿畢岱保斉）とある人に相違なく、ホー・オルロクの従弟である。

しかしムホル・ロウザンはウバシ皇太子の子ではなく、実は孫であった。オンブ・エルデニは一六五九年に卒し、後を嗣いだのは長子リンチン・サイン皇太子（Rinčin sayin qong tayiǰi）であった。彼は清朝の記録には羅卜蔵台吉（ロブザン太子）として知られているが、一六六二年、私憾《しかん》をもって宗家のジャサクト・ハーン・ワンシュク（旺舒克）を殺した。この事件はトゥシェート・ハーンの介入を招き、やがてガルダン（Galdan）のハルハ侵入にまで発展するのであるが、それはあとのことである。清朝には、ロブザンは奔《はし》ってオーロト（厄魯特）に就《つ》いたと伝えられたが、事実はジューン・ガルに捕らえられたのである。

一六六七年、時のジューン・ガル部長センゲ（Sengge）に使いしたロシア人パーヴェル・クルヴィンスキイは、ちょうどセンゲがモンゴルのツァーリ・ロージャン（Lodjan）、すなわちロブザンを捕虜にして凱旋したのに会ったが、センゲはロブザンの右手を手頸《てくび》から斬り落とし、喉《のど》に犬の肉を押しこんだとバッドリは伝えている。これがパラスの言う片輪のロウザンの名の起こりで、バートル・ウバシ・トゥメンの所伝のムフル・ムジク・ハーンも、その名義から見てロブザンのことでなければならない。ムフル・ムジクが生擒《せいきん》されて和平の誓いを立てたと言うのも、ロブザンのこととすれば事実である。しかしダラ・チェチェン・ハトンが亡夫の復讐の師を起こしたというのは、モンゴルによくある女英雄伝説の型であるに過ぎない。

以上、『ウバシ皇太子伝』を中心として一五五二年から一六六七年に及ぶ百数十年間のモンゴル・オイラト関係史の概観を了《お》える。

〔**追記**〕本章のもとになる論文を書き了えてから、たまたま *New Orient*, vol.6, No.2, April 1967（Czechoslovak Society for Eastern Studies, Prague）に、C. R. Bawden の The Tale of Ubashi Khungtaiji of the Mongols と題する英訳を載せているのを発見した。これもダムディンスルンのテキストに基づくことが窺われるが、何の解説も註釈もない。

第四部　モンゴル文化を受け継いだ満洲

14　清の太宗嗣立の事情

モンゴル高原の東方に住む狩猟民である女直（女真）人は、北元時代には南方の明に懐柔され、明の軍制を模した衛・所が置かれた。そのなかの建州左衛に一五五九年に生まれたヌルハチが、まわりの女直諸部を併合して一六一六年に即位したことをもって後金《こうきん》国の建国とする。一六二六年にヌルハチが死ぬと、八男ホンタイジが後を嗣ぎ、一六三五年にゴビ砂漠の南のモンゴル諸部を支配下に入れ、女直という種族名を満洲に変えて、一六三六年には大清を建国した。ホンタイジが清の太宗、ヌルハチは清の太祖と諡《おくりな》される。満洲人はモンゴル人同様、嫡子の間では継承権は平等に存する。ヌルハチの八人の嫡子のうち、なぜ有力候補であった第二子ダイシャンではなく、第八子ホンタイジが父の後を嗣いだのか、著者たちが一九五五年〜一九六三年に日本語訳注を発表した『満文老檔《まんぶんろうとう》』においては明らかではなかった。本論は、その後台湾から刊行された『満文老檔』の原資料である『旧満洲檔《きゅうまんしゅうとう》』に拠って、跡目争いに決定的な要因となった一六二〇年の大事件の全貌を明らかにする。ヌルハチと息子たちの問答は、満洲語ならではの率直さに溢れている。

清の太祖ヌルハチ（Nurhaci）には十六子があったが、その中で嫡子と称すべきは、四人のアンバ・フジン（amba fujin 正妃）から生まれた八子である。すなわちトゥンギヤ氏（Tunggiya）所生のチュエン（Cuyeng）、ダイシャン（Daišan）、フチャ氏（Fuca）所生のマングルタイ（Manggūltai）、デゲレイ（Degelei）、イェヘ・ナラ氏（Yehe Nara）所生のホンタイジ（Hong taiji）すなわち太宗、ウラ・ナラ氏（Ula Nara）所生のアジゲ（Ajige）、ドルゴン（Dorgon）、ドド（Dodo）がこれである。(1) 満洲の旧俗では、長幼に拘《かか》わらず嫡子はすべて継承権に関しては平等であるから、ヌルハチの生前、万暦《ばんれき》四十三年（一六一五年）八月、罪に因って死に処せられたチュエンを除く七人は、天命十一年（一六二六年）八月十一日のヌルハチの死後、いずれも第二代金国ハンたり得たのである。それが四十四歳のダイシャン、四十歳のマングルタイの老成をさしおいて、三十五歳の第八子ホンタイジが位を嗣いだ事情は、これまで明らかにされていない。

系図14　清朝皇室の略系図

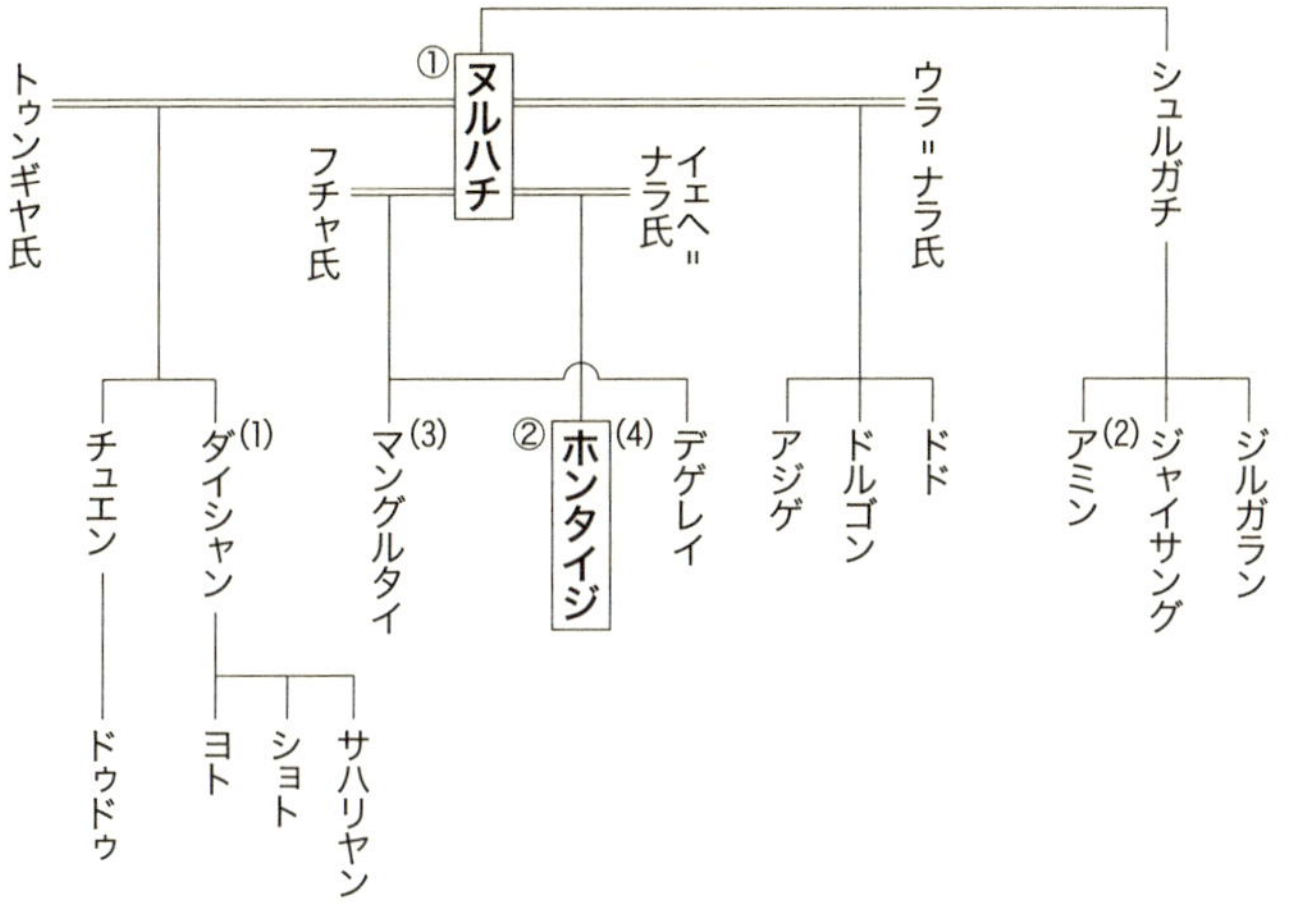

ヌルハチは全嫡子を年齢順に、シュルガチは主要な嫡出子を掲げた。
□と丸囲み数字はハン、丸カッコ数字はヌルハチ時代の四大ベイレの序列を示す。

　これは一に史料の欠如によるものだが、幸いにも近時（一九六九年八月付）台北の国立故宮博物院から十冊、五三七八頁として景印《えいいん》刊行された『旧満洲檔』は、乾隆朝の『満文老檔』編纂の原資料となった多くの満文古文書と、それに漏れた文書若干を含み、これを利用することによって清初史の真相に逼《せま》ることが可能になった。以下この『旧満洲檔』を中心とし、その他の根本史料を引照しつつ、清初の継嗣《けいし》問題を究明しよう。

　ホンタイジの嗣立をめぐる疑問は、その年の若さについてだけではない。ホンタイジの生母が果たしてアンバ・フジンであったかどうか、言い換えればホンタイジがヌルハチの嫡子たり得たかどうかには、重大な疑義が存するのである。

ヌルハチの最初のアンバ・フジン・トゥンギヤ氏は本名をハハナ・ジャチン（Hahana jacin）といい、その父タブン・バヤン（Tabun bayan）は『八旗満洲氏族通譜《はっきまんしゅうしぞくつうふ》』巻二十にトゥンギヤ地方の人、佟養真《とうようしん》、佟養性《とうようせい》らと同族とする。[2]『満洲実録』にいう、ヌルハチが万暦五年（一五七七年）十九歳で分家したときの壻《むこ》入り先が、このトゥンギヤ氏のところであった。[3]このアンバ・フジンがいつ頃卒《しゅっ》したのか記録がないが、『実録』の万暦十一年（一五八三年）、十二年（一五八四年）の条に、このアンバ・フジンと所生の長女・二男が言及されているから、[4]その後間もなく死んだのであろう。二子はチュエンとダイシャン、長女はドンゴ部（Donggo）のホホリ（Hohori）に嫁したヌンジェ・ゲゲ（Nunje gege）である。[5]

次のアンバ・フジン・フチャ氏は本名をグンダイ（Gundai）といい、その父マンセ都指揮（Mangse dujuhū）は『通譜』巻二十五にシャジ（Šaji）地方の人とする。[6]グンダイは最初ヌルハチの再従兄ウェイジュン（Weijun）に嫁してアランタイジュ（Alantaiju）、チュンシャン（Cungšan）、アンガラ（Anggara）の三子を生み、ウェイジュンが二十九歳で陣亡してからヌルハチと再婚したのである。この事は清朝の記録には諱《い》んであるけれども、『愛新覚羅宗譜《アイシンギョロそうふ》』を細検すれば判明する。[7]ウェイジュンはヌルハチの祖父ギオチャンガ(Giocangga)の第三兄ソーチャンガ(Soocangga)の次子ウタイ（Utai）の次子である。

ウェイジュンの卒年は不明だが、アランタイジュは万暦十一年、チュンシャンは翌十二年に生まれており、一方マングルタイの誕生は十五年（一五八七年）のことだから、[8]グンダイがヌルハチに嫁したのは万暦十三、四年（一五八五、一五八六年）頃に違いない。このアンバ・フジンは『実録』万暦二十一年（一五九三年）の条に本名で登場し、[9]天命五年（一六二〇年）三月、罪を獲て廃せられた。[10]『満文老檔』にはダイシャンと密通したように書いてあるけれども、それはホンタイジ派の史官の曲筆で、実はヌルハチの死後の安全を慮《おもんぱか》って諸王大臣に私恩を売ったのが怒りに触れたというのが真相であろう。

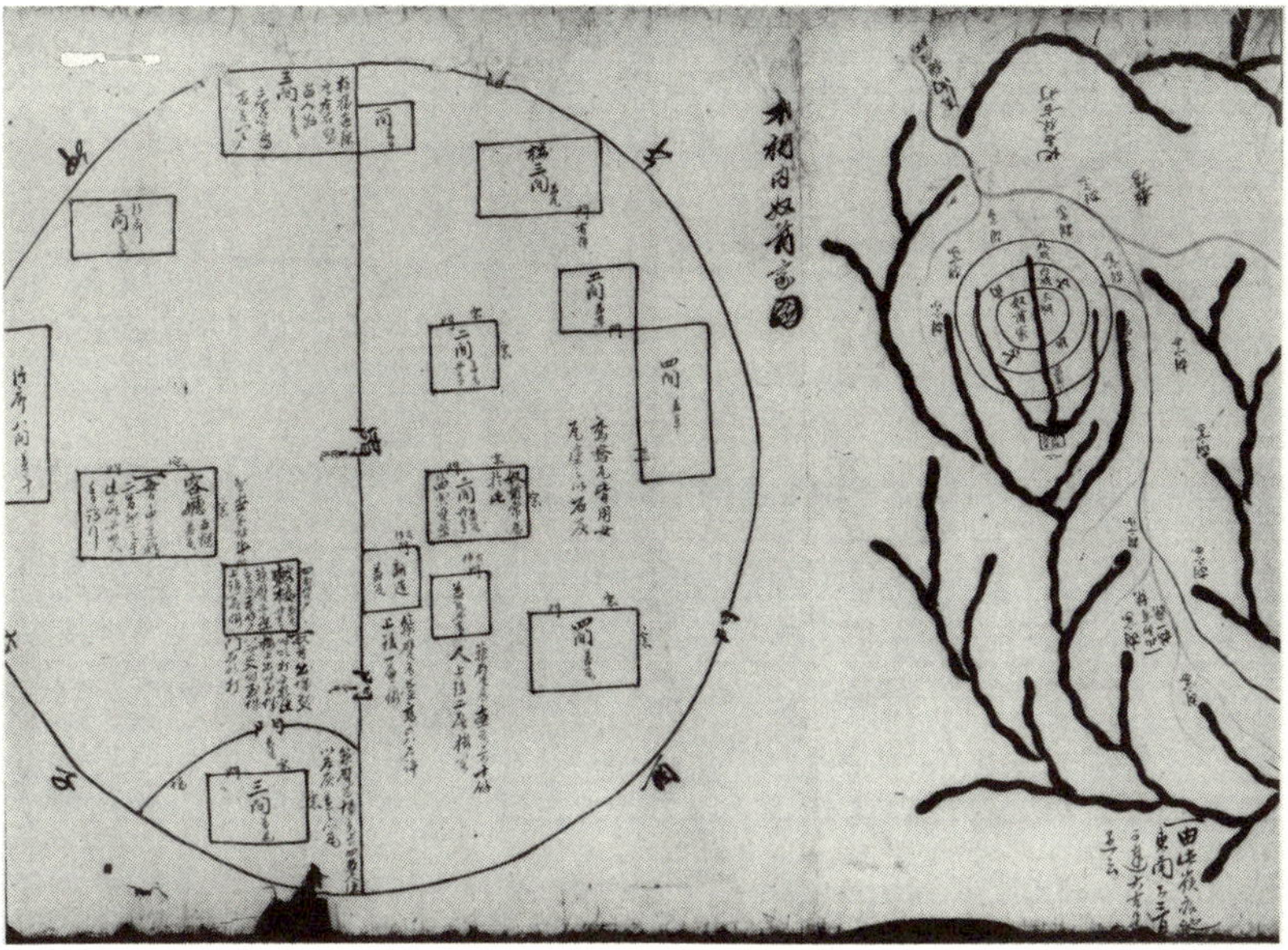

図6　ヌルハチ屋敷の配置図

（『建州紀程図記』申忠一書啓）

　ところで問題は第三のアンバ・フジン、イェヘ・ナラ氏モンゴ姐姐（Monggojeje）で、万暦十六年（一五八八年）僅か十四歳で来嫁し、二十年（一五九二年）ホンタイジを生み、三十一年（一六〇三年）に死んでいるから[11]、その生存年代はフチャ氏がアンバ・フジンであった時期と重なるわけである。金国ハン即位前のヌルハチに、同時に二人のアンバ・フジンがあったとは考え難いから、イェヘ・ナラ氏のアンバ・フジン号は後の追尊に係り、生前にはアスハニ・フジン（ashan i fujin 側妃）だったに過ぎまい。これはホンタイジのハン位継承権を弱める要素である。

　ヌルハチの最後のアンバ・フジン、ウラ・ナラ氏は本名アバハイ（Abahai）で、万暦二十九年（一六〇一年）に来嫁した[12]。フチャ氏の廃位とともにアンバ・フジンに昇格したらしく、『実録』には天命十年（一六二五年）正月の条に姿を現し、翌年八月十一日にヌルハチが死ぬと、翌日その後を追って殉死した[13]。『実録』にはこのときアンバ・フジンが殉死を欲しなかったのを、諸王大臣が遺命をもって殉ぜしめたように書いてあるのは、やはり史官の曲筆で、殉死を許されるのは妻妾の最高の名誉であるから、これは所生の三子、アジゲ、ドルゴン、ドドの地位を弱めるための宣伝に相違ない。

ところで清初の継嗣問題を論ずるに当たって見落とせないのは、これらヌルハチの実子ばかりでなく、甥のアミン(Amin)である。アミンはヌルハチの同母弟シュルガチ(Šurgaci)の第二子であった。『老檔』によると、ヌルハチ、シュルガチ兄弟は初め対等の地位にあったが、万暦三十七年(一六〇九年)三月、ヌルハチはことごとく弟の所部を奪い、シュルガチはこれより怏々《おうおう》として楽しまず、三十九年(一六一一年)八月十九日に死んだ。[14]『宗譜』によれば、シュルガチの第一子アルトゥンガ(Altungga)、第三子ジャサクトゥ(Jasaktu)は万暦三十八年(一六一〇年)罪を犯せるに因って死に処せられたというが、[15]この事件の犠牲になったに違いない。この時第二子のアミンは免れたが、『宗譜』によればその生母はフチャ氏の出身であった。[16]天命五年(一六二〇年)三月の離婚騒動の際のヌルハチの言を、『老檔』は「これの悪事を思って殺せば、我が眼に入れても痛くない三人の息子、一人の娘をどんなにか泣かせるだろう」と伝えているが、このアンバ・フジンが生んだのはマングルタイ、デゲレイの他には、ハダ(Hada)のウルグダイ(Urgūdai)に嫁したマングジ・ゲゲ[17](Manggūji gege)だけだから、もう一人の息子とはアミンのことで、父の死後ヌルハチの養子となって、母の里方の出のアンバ・フジン・フチャ氏の手もとに引き取られたのであろう。

その次に起こったお家騒動は、ヌルハチの長子チュエンに関する。『老檔』によると、シュルガチを片づけた後、ヌルハチはチュエン、ダイシャン兄弟に所部の大半を与え、チュエンを執政に任じた。しかし専横のふるまいが多かったので、万暦四十年(一六一二年)ヌルハチはチュエンの所領を奪って、ダイシャン、アミン、マングルタイ、ホンタイジの四弟と均等に再配分した。失意のチュエンは父と四弟を呪詛し、発覚して四十一年(一六一三年)三月幽囚せられた。『老檔』には削除してあるが、『旧満洲檔』に収める「荒字檔《こうじとう》」の原文によれば、チュエンは翌々四十三年(一六一五年)八月二十二日、死に処せられたのである。[18]

これでヌルハチの跡目相続の候補者は、トゥンギヤ系のダイシャン、フチャ系のアミン、マングルタイ、イェヘ・ナラ系のホンタイジの四人となったが、天命五年（一六二〇年）三月のアンバ・フジン・フチャ氏の失脚はアミン、マングルタイを傷つけ、勢力関係の大変動をひきおこしたに違いない。その余波と覚しきものが、『老檔』同年九月の条に記されている、ジャイサング（**Jaisanggū**）、ショト（**Šoto**）らの逃亡事件である。[19] ジャイサングはシュルガチの第五子で、アミンの異母弟であるが、兄と合わず、ダイシャンの第二子ショトとともに明に投じようとしていると告げるものがあり、九月十三日、二人は幽囚された。ダイシャン、アミンはそれぞれ自ら二人を殺さんと請うたが許されなかった。

『老檔』の文は、二人の身のふり方に関するヌルハチと諸妃の相談の途中でぷっつりと切れているので、これを『旧満洲檔』の原文に当たってみると、「昃字檔《しょくじとう》」の末尾四葉[20]の各葉表の左端欄外にそれぞれ **uju**（第一）、**jai**（第二）、**ilaci**（第三）、**duici**（第四）と丁付けがあって、元来この事件の一件書類が別の一冊を成したことが知られるが、その第四葉表の下半が脱落していて、これが『老檔』の文の中断の原因なのである。しかし幸いこの脱落と、第五葉以下の錯簡・断片は、『旧檔』中の「蔵字檔」、「無編号残檔」から補える。[21] 次にその接合の順序を示す。

第一葉	表	五六一頁	裏	五六二頁
第二葉	表	五六三頁	裏	五六四頁
第三葉	表	五六五頁	裏	五六六頁
第四葉	表	五六七頁＋二五五七頁下	裏	五六八頁
第五葉	表	二五二七頁＋二五三七頁	裏	二五二八頁＋二五三八頁
第六葉	表	二五三三頁＋二五五一頁下	裏	二五三四頁＋二五五二頁下

第七葉　表　二五四九頁上＋二一九〇頁　　　裏　二五五二頁上＋二一九一頁
第八葉　表　二五四七頁上＋二五三五頁下　　裏　二五四八頁上＋二五三六頁下
第九葉　表　二五三一頁＋二一八七頁　　　　裏　二五三二頁＋二一八八頁
第十葉　表　二五四五頁上＋二五三九頁　　　裏　二五四六頁上＋二五四〇頁

このように復原した原文を読んでみると、ジャイサング、ショトの逃亡未遂は意外な大事件に発展したことがわかる。以下要を採って記す。

ヌルハチはダイシャンの長子ヨト（Yoto）、次子ショトの領民を調査して、異母弟たちより割りが悪くなっていることを知り、シュルガチの第六子ジルガラン（Jirgalang）にその領民と交換するように命じたが、ジルガランは承知しなかった。ついでヌルハチはダイシャンに、ショトに与えた領民の名を問うたところ、ダイシャンは答えのついでに、ショトが庶母に姦通したと言い、ダイシャンの妾二人とショトの妻ら三人がダイシャンの荘へ行き、後からショトとセオゲン（Seogen）という者が一馬に畳騎《じょうき》（二人乗り）して行って合流したと、カルジュ（Kalju）という者を証人としてヌルハチに告げた。ヨト、ショトがダイシャンの先妻の子であり、継母に憎まれていることを知っていたヌルハチは、ダイシャンに、

「お前も先妻の子だ。どうして我が身に引きくらべて考えないのか。なぜ妻の口車に乗せられて、成人した大きい方の息子たちをいじめるのか。またお前には、我はよい領民を選んで専管させているぞ。なぜお前は我にならって、よい家来をヨト、ショトに与えなかったのか。お前は妻の尻にしかれていて、年上の子どもたちには悪い領民を与え、よい領民はみな、自分の現在の妻から生まれた年下の子どもたちに専管させているぞ」

と言った。諸王大臣は何とも言わずに黙っている。マングルタイが、

「父上のおっしゃる通りです。我々弟たち、子どもたち、国の諸大臣はみな、兄上の妻を大いに恐れています」

と言った。ヌルハチが、

「それならなぜ他の諸王大臣は何とも言わないのか」

と言うと、マングルタイは、

「私はみんなの気持ちを代表して言ったのです」

と答えた。

翌日、ヌルハチは、ショトにもっとよい領民を与えようと、記録を取り出し、ダイシャンを呼んで来ていっしょに調べていた。するとダイシャンは父に向かって脱帽叩頭して、

「マングルタイは私に向かって、理由もなくいつもいやな顔をします。私をこころよく思わないのです」

と訴え、またヌルハチの一の養子フルハン（**Hūrhan**）をも悪く言った。ヌルハチは腹を立てたが、黙って手にした書類を下に置いて立ち上がり、外に出て工事中の堂子を見に行って、もどって来て門のところでジルガランを叱責し、ジャイサングとショトの領民を交換してやるように言いつけて家に入った。

そこで諸王はみな外に出て、二人の領民の交換についての書類を作ってヌルハチにとどけ、またショトの姦通事件の取り調べを始めた。まずカルジュが呼び出されて、ダイシャンの言った通りの証言をした。ヌルハチが問う、

「お前は女とショトが寝ている現場を見たのか」

「それは見ませんでした。ベイレ（ダイシャン）の二人の妾とショトの妻が車に乗って荘へ先に行き、ショトとセオゲンが一頭の馬に乗って後から行ったと聞いて、私が後から探しに行くと、連中がもどってくるのに城門

の外で出会って、セオゲンと罵り合い、『ショトはベイレが私に世話をさせている。ショトとどこかへ行くなら、私がいっしょにゆくべきだ。なぜお前が行くのか』と言いました。もう一度、同じ二人の妾がショトの妻と車に乗って荘へ行くのを見て、私が車に繋《つな》いだ牛を解き放ったことがあります」

「お前、正直に言え。フジン（ダイシャンの妻）がお前をそそのかして、お前のベイレに言いつけさせたのだろう」

「フジンにそそのかされたのではありません。私は本当に見たのです」

ヌルハチがさらに、

「お前はこの事を外の誰に告げたか」

と問うと、ダイシャンとヨトに告げたとの返事である。ヨトを呼んで全員の前で問うと、カルジュからそんな事は全く聞いていないと言う。そこでカルジュを捕らえて縛《しば》り上げ、ショトが呼び出された。訊問に答えてショトは、

「荘に行ったりしたことは全くありません。こんな身に覚えのない濡れ衣を着せられて、訴えて出ようかと思い、兄ヨトに相談しましたが、『この事件が表沙汰になって取り調べになれば、お祖父さま（ヌルハチ）のお耳に入る。そこでお前が悪いとなればしかたがない。お祖父さまに殺されるならば我々は死んでもよいが、父上（ダイシャン）が悪いとなったらどうする。お祖父さまは母上（ダイシャンの後妻）を殺すだろう。母上が殺されるようなことになれば、我々は今後どうして父上と暮らして行けようか』と言いました。それだからこそ、誰にも言わず、黙ってひとりで死ぬほど苦しんだのです」

と言う。

さらに取り調べると、明らかになったことは、ショトの妻、ヨトの妻、セオゲンの妻と、ダイシャンの二人の

妾が、ダイシャンの家の窓ぎわに坐っていて、

「我々五人で一銭ずつ銀を出し合って、羊を一頭買って、荘に行って殺して食べよう」

と相談してその通り実行したのであるが、同勢は男女三十余人であったという。そこで一行に加わった男女二十人ほどを探し出して訊問すると、ショトとセオゲンは行っていなかったという点で、すべての証言は一致した。

こうしてショトの無実とカルジュの偽証が明白となったので、ヌルハチはダイシャンを叱責して言った。

「お前が妻の陰謀でカルジュの口から言わせた中傷話に乗って、ショトが姦通したとて殺すようならば、どうしてヨトをさえ生かしておこうか。ヨトもショトもお前の子どもだ。子どもすら妻の口車に乗って殺すようならば、弟たちをも生かしておこうか。妻にそそのかされて子どもたちや弟たちを殺すようなお前を、どうして国主に出来ようか。また我とマングルタイの父子が大アゲ（ダイシャン）の妻の非をあばいた時、お前たち諸王大臣は大アゲの顔色をうかがって、何も言おうとしない。お前たちが心に我々の言い分が間違っていると思うならば、お前たちホンタイジ、アミン・タイジ、ダルハン・ヒヤ（**Darhan Hiya** 即ちフルハン）はそのむね天に誓え。お前たちがそう誓うならば、我とマングルタイ二人の方が間違っているのだろう。しかしお前たちが誓おうとしないのならば、何でうわべをつくろってアゲの側に坐っているのだ。離れて我の方へ来い」

こう言うと、ホンタイジ、アミン、フルハンの三人は立ち上がってヌルハチの側に移って来た。

こうして緊張に満ちた対決に勝利を収めたヌルハチは、ダイシャンを妻と二人暮らしにし、太子（taise）の位と所部の臣民を奪った。すべてを失ったダイシャンは、妻を自らの手で殺さんと請うたがヌルハチは許さず、未《み》時《どき》（午前十時）に衆人を集めてショトを釈放し、カルジュを柱に縛りつけて、ショトに小刀でなぶり殺しにさせた。

九月二十八日、ダイシャンはついに自ら妻を殺し、ヌルハチに人を遣わして、

「私は妻を殺しました。私のような人殺しでも、父上が殺さず生かしておいて下さるならば、私は父上にお目

にかかって叩頭しとうございます」

と申し入れた。『宗譜』によると、この妻はイェヘ・ナラ氏、ブジャイ・ベイレ（Bujai Beile）の娘で、ダイシャンの第三子サハリヤン（Sahaliyan）、第四子ワクダ（Wakda）、第五子バラマ（Balama）の母であった。(22)

ヌルハチはダイシャンに、先ずマングルタイと和解し、往事を水に流すことを諸弟とともに天に誓うことを命じたので、ダイシャンは、

「父上の教訓を守らず、私のために忠告してくれた三人の弟（アミン、マングルタイ、ホンタイジ）と一人のヒヤなる兄（フルハン）の言うことをきかず、妻の言いなりになり、父上が私に委託された大権を失ったので、我と我が妻を殺すようなことになった。自分が悪く自分が非なので殺したのだから、後日、非を是、悪を善と思って怨恨や敵意をいだくようなことがあれば、天地に罰せられて死んでもよい」

と誓紙を書いて焼き、天に誓った。

これに答えて他の諸王も誓紙を焼いたのであるが、その後半は特に重大な文言を含む。

……今あなたの悪行を父上が知ろしめして、一人だけを信用するわけにはいかないとて、アミン・タイジ、マングルタイ・タイジ、ホンタイジ、デゲレイ、ヨト、ジルガラン、アジゲ・アゲ、ドド、ドルゴンの八王を八ホショのベイレ（jakūn hošoi beile）に立てた。ハンとなる者は、八旗の衆人の与えるものを受け、捧げるものを食え。政務をハンの恣意《しい》のままにはしない。天の恵みでハンが立てた政治を乱すような悪行を一ホショの主が犯せば、他の七ホショの主が会合を開いて、みんなで辱《はずかし》めるべき事ならば辱め、殺すべき事ならば殺す。生活道徳を乱さず、政のために勤めて正しく生きる者を、国を治めるハンが自分だけ悪く思ったとて、その者を降等するような

ことは曲事であるから、他の七旗の者はハンに譲歩するようなことはしない。

これはまた驚くべき大事件ではないか。ダイシャンが「太子」であったことは、これまで知られなかった全くの新事実であるが、ここで徹底的に叩きつけられて、ダイシャンの威信はどん底に落ちこんだのである。それにこの文書によってはじめて、八ホショの八王が八旗を分管する制度が天命五年（一六二〇年）九月に成立したことが判明したわけである。ただし八王とは言っても、実は九人の名が挙がっているが、原文にはドドとドルゴンの間に句点がなく、またこの時ドルゴンは九歳、ドドは七歳の幼齢であるから、この二人で一旗を専管したのであろう。

『老檔』によれば、ヌルハチはその後天命七年（一六二二年）三月三日、八子を招集して、ハン位の後継者の選出は八王の互選によるべきこと、ハンと他の七王は完全に平等の地位と権利を持つこと、国事の決定はハンと七王の合議制とすることなどについて詳細な指示を与えているが、[23] ダイシャンの失位と、アンバ・フジン・フチャ氏の離縁に伴うアミン、マングルタイの地位の低下により、相対的にホンタイジが有力なハン位継承候補として浮かび上がってきたことは間違いない。

同じく『老檔』天命八年（一六二三年）六月の条によると、[24] マングルタイの妹壻ウルグダイの収賄罪がダイシャンの報告によって発覚し、これに連坐したホンタイジはその党与デゲレイ、ジルガラン、ヨトとともに罰せられたが、この時ヌルハチはホンタイジを譴責《けんせき》して、

汝は自分独りを誠実とし他人に対して分を越えた行ないをするが、諸兄をさし措いて汝がハンの位に即きたいとでも思うのか。役所に集まって別れる時、汝は諸兄を送って行き、諸兄の子弟はその報いに汝を汝の家に送って行けば礼に適っているぞ。汝は諸兄を送って行かずにいながら、諸兄の子弟が汝を送って行くのを、何故黙っ

て受けるのか。

と言っており、ホンタイジの得意とデゲレイらの阿附《あふ》（こび）の状がしのばれる。なおヌルハチがホンタイジを「父なる我の愛しい妻（haji sargan）から生まれた唯一人の血筋」と呼んでいるのは、ホンタイジが嫡子扱いを受けていることを示す。

それにしても天命五年（一六二〇年）に相次いで起こった二大事件でホンタイジが漁夫の利を占め、輩行《はいこう》が上のダイシャン、アミン、マングルタイの三王の身内にさえホンタイジに媚《こ》びを売る者が出たことは、天命八年（一六二三年）当時すでにダイシャンの子ヨト、アミンの弟ジルガラン、マングルタイの同母弟デゲレイが、ホンタイジ派の側近と目されていることでわかる。この三人はそれぞれ財産相続上不利な立場にあり、これが成長株のホンタイジと結託した理由であろう。

ヌルハチは生前後継者を指名しなかったけれども、天命十一年（一六二六年）のその死後、ホンタイジの推戴を首先唱導したのはヨト、サハリヤン兄弟で、父ダイシャンを動かして諸王に提案せしめ、その賛同を得てホンタイジの即位が実現したことは『清太宗実録』の記すところである。(25) ヨトは前述のごとく早くからホンタイジ派だったが、サハリヤンの方は母方の祖父ブジャイがホンタイジの母の従兄であったから、(26) 同じイェヘ・ナラ系に属したわけで、これがサハリヤンがホンタイジの忠臣となった理由である。

その他こうした政治情勢に伴う八旗制の発展などについても、『旧満洲檔』によって解明される事情が多いが、ここでは清初史の理解には、家族構造、ことに母系の考慮が不可欠であることを指摘するに止める。

15　清初の満洲文化におけるモンゴル的要素

のちに清の太宗となるホンタイジには五人の正后妃がいたが、五人ともすべてモンゴル人であった。三人はチンギス・ハーンの弟の子孫のホルチン部出身で、あと二人は北元の宗主チャハルのリンダン・ハーンの未亡人たちである。ホンタイジは日常的にモンゴル文学に親しんでいたらしく、一六三二年に家臣のバクシ（漢語の「博士」を起源とするモンゴル語で、「先生」という意味で使われる）たちに行なった訓話は、モンゴル語で伝えられたチンギス・ハーンの格言集に基づくことが明らかである。本論ではこの他、ホンタイジが、それまでの種族名「ジュシェン／ジュルチェト（女真／女直）」の使用を禁じて、「マンジュ（満洲）」を使用することにした上諭も紹介する。このあと「満洲」は支配階級を指す言葉となるが、その理由は、普通名詞の「ジュシェン」が「隷属民」の意味を帯びるようになっていて、国族の称号としてふさわしくなかったからである。

一六三二年三月二十八日（天聡《てんそう》六年二月六日）、満洲ハン・ホンタイジ（のちの清の太宗）は、副将高鴻中《こうこうちゅう》の上書を機として、バクシ（**baksi**）たちに向かって一場の訓話を行なった。『満文老檔』によると、その全文は次のようである。

書を呈するのはやめさせるべきことではない。とはいっても呈する書には必ず先の事の過失を書く。書を見ているうちに失念して先の事を非とする言がでるぞ。今汝等バクシ等はいつでも注意せよ。かりにも先の事を非とする言が出ては困る。昔チンギス・ハーンの子チャガダイが鋸歯《のこぎりば》の小刀で御柳（タマリスク）を削って鞭を作り、『この黎民《れいみん》（原文「薄黒く共に立った民」）は父チンギス・ハーンが集めたのであるが、この御柳の鞭は我れが作り出したものだ』と言ったので、オチル・スレ（Ocir sure）が『この鞭を作った小刀を父ハーンが集めた工匠が打ったのでなければ、汝はこの御柳を爪で削り、歯で噛《か》み切るところでなかったか』と答えたという。これほどの大政、国土人民一切のものは皆父ハーン（ヌルハチ）が自分独りで創立したものである。それを今また非とし、我等自身を聡明として語るのは、譏《そし》りを万世に遺すものであるぞ。汝等はよく記憶せよ。互いに注意したい。(1)

この記事のもとになった『旧満洲檔』「地字檔」も、綴り字は別として内容はほとんど変わらないが、(2)漢文本『大清太宗文皇帝実録』では、チャガダイを諌《いさ》める賢臣の名がオチル・スレではなくて、オチル・セチェン（俄斉爾塞臣）となっている。(3)モンゴル語の **sečen** は満洲語の **sure** と同義で、「賢い」を意味する。

このホンタイジが引用したモンゴルの故事は、「ビリク」（**bilig**）と総称される、チンギス・ハーン自身やその子孫、廷臣、その他の賢人たちの格言集が出典である。一九二五年、汪睿昌《おうえいしょう》（モンゴル名 **Temgetü**）創立の北京の蒙文書社が発行した活字本『チンギス・ハーン伝』（**Činggis qaγan-u čadiγ**）は、二年後には改版、『聖チンギス・ハーン伝』（**Boγda činggis qaγan-u čidig** 漢題『成吉思汗伝』）と改題して再発行された。その内容は、普通に『黄金史』として知られる著者不明の年代記 **Qad-un ündüsün quriyangγui altan tobči** に、いくつかの短いテキストを付加したものであるが、その一つのテキストがここに言う格言集である。

一九二五年版『チンギス・ハーン伝』本でも、一九二七年版『聖チンギス・ハーン伝』本でも、この格言集は三十三章より成り、その第二章は次のようである。

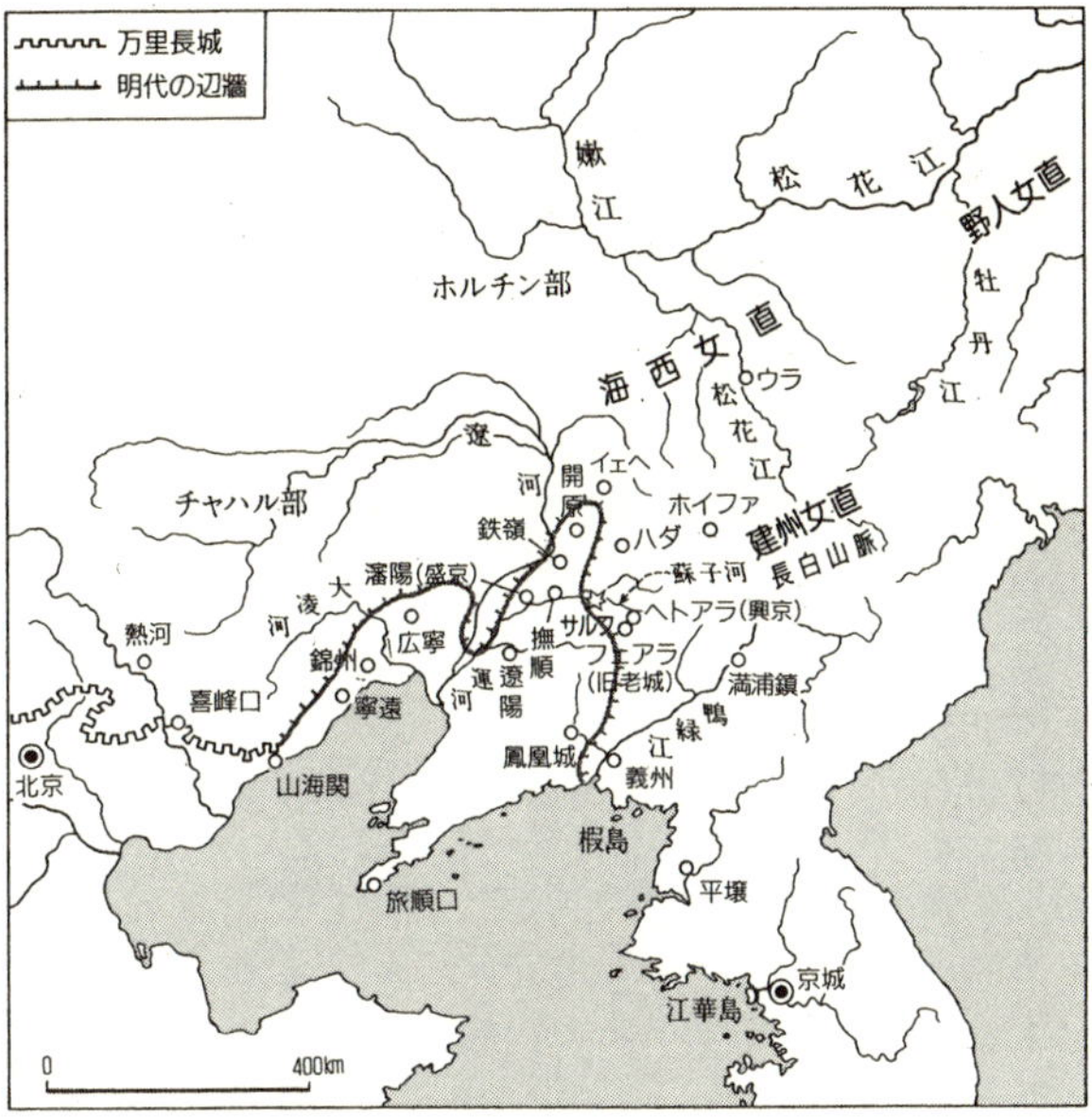

地図 15　清朝興起時代の形勢

『民族の世界史 3 東北アジアの民族と歴史』三上次男・神田信夫編、山川出版社、1989 年、254 頁

チャガダイ皇子は春営地から移動して夏営地に登って行く時、ゲルの前に坐って居ながら、鋸歯の小刀で御柳を切り取って鞭の柄を作っている時、傍らにオチル・セチン（Včir sečin）がいた。「おい、オチル・セチンよ、この黒く暗く暮らしている国民を集めることは、我が父チンギス・ハーンが成し遂げたものであるぞ。今、私はこの鋸歯の小刀で、二本の鞭の柄を成し遂げた」というと、オチル・セチンは「控えなされ」といって、言うには、「この黒く暗く暮らしている国民を集めることは、父なるチンギス・ハーンが成し遂げたものであるぞ。あなたは柄にした木を自分で成し遂げたというのか。鋸歯の小刀を鍛造《たんぞう》した工匠たちを集めることを、あなたの父チンギス・ハーンが成し遂げていなければ、御柳を歯で噛み切るところだった。それとも爪で掻き切るところだったか[4]」

明らかにこれが、ホンタイジが一六三二年に引用した問答の原典である。典型的なモンゴル風の表現「黒く暗く暮らしている国民」（qaralaǰu borolaǰu bayiqu ulus）を、ホンタイジは「薄黒く共に立った民」（sahahūn ilicaha irgen）と直訳しているが、これは満洲語としては異例の表現であり、出典がモンゴル語であることを示している。

この訓話から三年後の一六三五年九月二十三日（天聡九年十月十三日）、ホンタイジは諭して「ジュシェン」（Jušen）の号の使用を禁じた。漢文本『大清太宗文皇帝実録』によれば、その全文は次のようである。

> 我が国には、もともとマンジュ（満洲）、ハダ（哈達）、ウラ（烏喇）、イェヘ（葉赫）、ホイファ（輝発）等の名があった。さきには無知の人が、往々にして称してジュシェン（諸申）となすことがあった。かのジュシェンの号は、すなわちシベ（席北）のチョー・メルゲン（超墨爾根）の裔のことであって、まことは我が国とかかわりがない。我が国がマンジュの号を建てたことは、はるか昔からのことであって、代々伝えて来たものである。今より以後は、あらゆる人々は、ただ我が国のマンジュという原名だけを称するべく、これまでのようにみだりに称してはならない。(5)

この上諭の趣旨に反して、ジュシェンの号のほうが古い伝統があった。ジュシェンは音韻上、モンゴル語のジュルチェト（Jürčed/Jürčid）に対応し、漢語「女直」の原語である。元朝以後のジュシェンは二大群に区別された。フルン（Hūlun）はハルビン北方の呼蘭河《フラン》に発祥して、十二～三世紀の金帝国の基幹氏族を出した。明人には「海西《かいせい》女直」として知られ、南下して遼河デルタの明の飛び地の辺外に移り、ハダ（Hada）、ウラ（Ula）、イェヘ（Yehe）、ホイファ（Hoifa）の四国を建てた。他の一大群がマンジュ（Manju）で、明人には「建州女直」として知られ、松花江と牡丹江《ぼたんこう》の合流点の依蘭《イラン》付近に発祥して、やはり南下して朝鮮国境に移った。ヌルハチ（清の太祖）はマンジュから出て先ず同族を統一し、次いでフルン四国を次々と併合した(6)。その子のホンタイジが一六三五年の上諭に列挙したマンジュ以下の五つの称号は、それまで「ジュシェン」の下位集団として並存したものであったが、この上諭によって「ジュシェン」に代わる新たな総称として「マンジュ」が使用されることになり、これが清代の「満洲」の起源となった。「ジュシェン」の称の禁止の理由は、「ベイレ」(beile 領主)との対比において、普通名詞の「ジュシェン」(jušen)が「隷属民」の意味を帯びるようになっていて、国族の称号としてふさわしくなかったからである。

面白いことに、ホンタイジは上諭の中で、ジュシェンはシベのチョー・メルゲンの子孫のことであると言っている。シベ(Sibe)はモンゴルのホルチン(Qorčin)部族に隷属したトゥングースの民で、その言語は満洲語に近い。一五九三年、フルン四国の連合軍がヌルハチを攻めて大いにグレ山に戦った時、四国と同盟して来攻したホルチンの兵にシベが従っていたことが『清太祖実録』に見えるのが、記録上のシベの初見である。しかしシベの始祖がチョー・メルゲンであるというのは不思議である。というのは、チョー・メルゲンは、モンゴル文学のチンギス・ハーン叙事詩群中の登場人物だからである。

南モンゴル・オルドスのエジェン・ホローのチンギス・ハーン廟所蔵の『黄金冊』(Altan debter)に収める「チンギス・ハーンの大祝詞」(Činggis qaγan-u yeke öčig)はチンギス・ハーンの「九将」(yisün örlüg)の中に「ジュルチトのチョー・メルゲン」(J̌ürčid-ün Čuu mergen)を挙げ、次のようにその勇姿を描いている。

オンギの河の
林や谷を偵察して行く時に、
モンゴルの主のあなたが
馬上に山を登って

向かって行く時に、
寝言を言って逃げだして、
同意して引き返して、
三つの高みを越えて行くうちに、
三つの黒い軍旗を持った敵に出会って、
タイチュートかと確かめかねて、
モンゴルかと
見いだしかねて、
オイラトかと
判りかねて、
探りだし確かめ
見いだしに出馬して見れば、
その先鋒、
血紅《けっこう》の赤馬には額に星あり、
全身には赤い鎧《よろい》、
濃い黒髯《くろひげ》の、
その人の兜の緒の下、
一指の幅を指示してやって、
あなたの御命令どおりに

弓を引き絞り、
あなたの御指示どおりに
弓を引き張って、
矢が落ちるほど射たのは、
あなたのジュルチトのチョー・メルゲン・ノヤンでしょうか。[7]

この韻文の頌辞《しょうじ》の中の、チョー・メルゲンが敵前で先ず逃亡して後に勇戦するくだりの意味は、これが基づく「三百のタイチュートの故事」と呼ばれる物語で明らかになる。この物語の全文は、ロブサンダンジン国師の『アルタン・トブチ』(Altan tobči) にも、[8]『チンギス・ハーン伝』にも載っている。[9] 要旨は次のようである。

ある時チンギス・ハーンは九将とともに偵察に出ていた。九将を三組に分かち、ジェルメ、チョー・メルゲン、シギ・フトゥフを一組、ボオルチュ、ボログル、ムハリを一組、スルドゥスのソルハン・シラ、ベストのジェベ、オイラトのハラ・キルを一組とし、最後の三人を家に残して、他の六人とともに出発した。チャガライ山の北側、ジャラマン山の南側を行くときに、チンギス・ハーンは急に眠気を催して、馬上でしばし眠った。目が覚めると、ハーンは六将に夢を告げて、行く手の山の岩棚に三百人の敵が三本の黒い軍旗をもっており、その先鋒は濃い黒髯を生やした、額に星のある血紅色の赤馬に乗り、全身紅い鎧を着た、若々しい色の黒い人であると夢に見たと言い、もしこの夢が本当となれば、おまえたちはどうするかと問うた。それぞれ得意の技で敵を破ろうと答えた中で、チョー・メルゲンは「私は臆病者です。恐れて逃げるでしょう。その時あなたが叱って帰って来るようお命じになれば、御指示のいかなる的をも外さずに射てさしあげましょう」と言った。

敵は三百人のタイチュートであった。戦いが始まると、チョー・メルゲンは逃げだした。ボオルチュが振り返ってこれを見、「おおい、おまえか、チョー・メルゲンよ、主人の御前でこのように振る舞って、何としてお仕えするつもりだ。コクマルガラスが巣穴から飛び出すように逃げだすとは何たることだ」と呼びかけると、チョー・メルゲンは笑いながら引き返して来て、「御主人様、私の鏃《やじり》はまだ鍛えてありません。あなたの矢を少しくだされ」と言った。チンギス・ハーンは、自分の黄金の箙《えびら》から朱色の矢を抜き出して与えた。チョー・メルゲンが弓を引き絞り、矢を放つと、ハーンの指示したとおり、矢は敵の先鋒の下唇と兜の緒の間に命中して射殺した。それからチョー・メルゲンは敵の乗っていた額に星のある赤馬を捕らえて曳いて来て、チンギス・ハーンに乗らせた。チンギス・ハーンが乗るやいなや、馬は風に乗って飛ぶように馳せた。チンギス・ハーンは喜んで笑った。

戦いが勝利に終わった後、チンギス・ハーンは六将を讃えて歌った。チョー・メルゲンの賛歌は次のようである。

私が命じて指示した
間隔を外すことなく、
輝く人の
下唇を、
良き人の
緒紐を
切るほどに射て、
赤馬を捕らえて曳いて来た、

逆らう敵を
少なくした、
戦う敵を
半ばにした、
我がジュルチトのチョー・メルゲンよ。[10]

このようにモンゴルの叙事詩文学では、ジュルチト（ジュシェン）のチョー・メルゲンは、臆病な弓矢の名手とされている。こうした面白い性格が与えられているチョー・メルゲンが、チンギス・ハーンの宮廷の実在の人物の誰に対応するかは興味の存するところである。よく言われるのが、耶律楚材《やりつそざい》ではないかというのだが、確かに耶律楚材は金朝に仕えた契丹人で、中都の陥落とともにチンギス・ハーンに召されて左右に処らしめられた。[11] しかしチョー・メルゲンと耶律楚材の共通点は、女直の金朝とチンギス・ハーンとの関係だけである。チョー・メルゲンの性格には、耶律楚材をチンギス・ハーンが「ウルトゥ・サハル」（吾図撒合里 Urtu saqal 長い髯）と呼んだゆえんの美髯もなく、チンギス・ハーンに重用されたゆえんの深い学識も賢い諫言《かんげん》もない。チョー・メルゲンはしょせん、文学的創作の産物とするべきであろう。[12]

一六三五年にホンタイジが、チョー・メルゲンをシベの始祖と呼んだ理由は、ホンタイジとホルチン・モンゴルとの深い関係に求められる。ホルチンの王公は、チンギス・ハーンの同母弟ジョチ・ハサルの後裔である。一五九三年、ヌルハチがグレ山の戦いにフルン四国の連合軍を破った時、四国とともに敗走したホルチンは、その後ヌルハチと和を結んで婚姻を通ずるようになった。ヌルハチの息子のホンタイジは、一六一四年にはホルチンのマングス・ノヤンの娘（孝端文皇后）をめとり、一六二五年には同じくジャイサン・ノヤンの娘（孝荘文皇后、孝端の姪）をめとり、一六三四年にはさらにその姉（敏恵恭和元妃）をめとっている。後に一六三六年、ホンタイジが大清寛温仁聖皇帝《だいしんかんおんじんせい》の位に即いた時、五人の正后妃を冊立したが、その三人はこれらホルチン人の夫人たちであった。残りの二人はやはりモンゴル人で、ともにアバガ部族の出身、チャハルのリンダン・ハーンの未亡人である。ホルチン出身の三人の内、孝荘は一六三八年、フリン（Fulin 福臨、世祖順治帝《せいそじゅんちてい》）を生んでいる。

そういうわけで、ホンタイジは日常、ホルチン・モンゴル人に取り巻かれて暮らしていた。このことで、ホンタイジがモンゴル文学に親しんでいた理由がわかる。また、ジュルチトのチョー・メルゲンをシベの始祖と見なした理由もわかる。ホルチン・モンゴル人にとっては、「ジュルチト（ジュシェン）」とは、身近なトゥングースのシベ人であり、叙事詩文学中のチンギス・ハーンの九将の一人のチョー・メルゲンをシベと結び付けて考えるのは自然なことであったに相違ない。「かのジュシェンの号は、すなわちシベのチョー・メルゲンの裔のことである」というホンタイジの言は、ホルチン・モンゴル人の見方の反映であった。

ジュシェン（女直）は元朝の治下で高度にモンゴル化し、ついには自らの文字を忘却するに至った。一四四四年（正統九年）には、明廷はジュシェンの請いに応じて、その通信に女直文字を廃してモンゴル文字を使用することとなった。かくして十五〜六世紀には、モンゴル語がジュシェンの唯一の書写言語となった。一五九九年にヌルハチがバクシたちに命じて、モンゴル文字をもってジュシェン語を綴らしめ、満洲文語を創始したのは、こうした事情があったからである。(13)

清初のバクシたちは、満洲・漢・モンゴルの三国の語文に通じた人々であった。『八旗通志初集』儒林伝《じゅりんでん》によると、エルデニ・バクシ（Erdeni baksi 額爾徳尼巴克什）はモンゴル文に明習し、兼ねて漢文に通じ、ヌルハチの創業の初め、文字をもって侍従し、大兵に随って至るところの漢人及びモンゴルの地は、倶《とも》に能《よ》くその本地の語言文字をもって詔《しょう》旨《し》を伝宣し、降るを招き款《かん》するを納《い》れ、著しく労績があった。一五九九年にヌルハチがモンゴル文字をもって製して国語と為そうとした時、命を受けたのはエルデニ・バクシとガガイ・ジャルグチであった。ダハイ・バクシ（Dahai baksi 大海巴克什）は生まれて聡穎《そうえい》で、九歳で即ち満漢文に通じ、初めヌルハチに事《つか》えて、内廷の機密の重地に置かれ、専ら文翰《ぶんかん》を司《つかさど》り、凡そ明朝及びモンゴル、朝鮮との詞命はことごとくその手に出た。エルデニ・バクシらが創った満洲文字の不備を補い、十二字頭の正字の外に漢字を対音するための外字と、二音節連写の方式を定めたのはダハイ・バクシであった。クルチャン・バクシ（Kūrcan baksi 庫爾纏巴克什）は少時、ヌルハチによって宮禁に養育され、長ずるころおい、その識見の人に過ぐるを嘉《よみ》せられて文館において事を辨《べん》ぜしめられた。またしばしばモンゴル諸部族に使いし、一六三一年、漢書に学習し、諸人を訓誨《くんかい》して、国家において大いに裨益《ひえき》ありとして、ダハイとともにバクシの名を賜った。(14) また儒林伝以外でも、名臣列伝のヒフェ・バクシ（Hife baksi 希福巴克什）とソニン・バクシ（Sonin baksi 索尼巴克什）は、ともに満・漢・モンゴルの文字に兼ね通ずるをもって、名をバクシと賜っている。(15)

一六三二年にホンタイジが、チャガダイとオチル・セチェンの問答の故事を引用して訓話を行なった相手のバクシたちは、こうした満・漢・モンゴルの語言文字に通じた人々であった。清初の満洲文化におけるモンゴル的要素は、清帝国の興起を論ずるに当たって、十分に重視さるべき問題である。

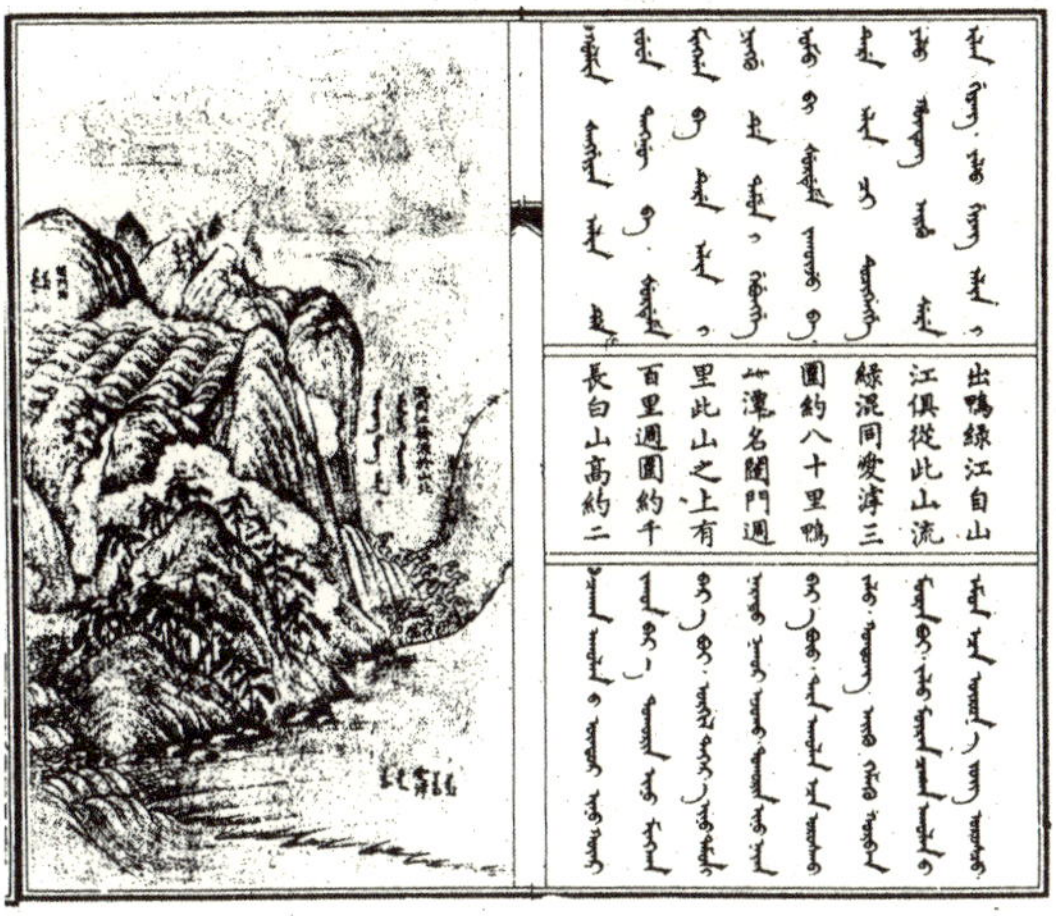

図7　乾隆年間に作成された『満洲実録』

上から満洲語、漢語、モンゴル語の三体で書かれている。多くの挿絵が入るが、これはその最初の部分

16　征服王朝と被征服文化
——八旗・北京官話・子弟書

一六三六年、万里の長城の北側の瀋陽で建国された清朝は、満洲人・モンゴル人・漢人の三種族の合同政権だった。清朝の支配層は、八旗《はっき》満洲・八旗蒙古・八旗漢軍に分かれていたが、彼らは行政上は満洲人として扱われ、一六四四年の清の中国征服とともに南下し、北京内城の胡同（フートン）と呼ばれる官舎街に移り住んだ。国初には武勇を誇った八旗の満洲人たちも、十八世紀の乾隆時代ともなると、北京の内城の社交界で、学問や趣味の芸能に憂き身をやつすようになった。旗人の貴公子たちの自作自演の芸事の一つ「子弟書」は、古くは「満漢兼」という形式で書かれており、どの一句も満洲語と漢語のちゃんぽんである。じつは後世の漢字だけで書いた子弟書にも、満洲語がふんだんに入っている。このような北京の内城の旗人たちの、満漢まぜこぜの発音が、「北京官話」として、もっとも典雅な中国語とされ、それが基礎となって大陸の「普通話《プートンホワ》」、台湾の「国語《グオユー》」が作られた。征服王朝の下で、中国文化が征服者の文化に同化されてきた、よい実例である。

北京は満洲人の町である。今は北京の城門も城壁も、すべて取り払われてなくなってしまったが、本来の北京城は北寄りの「内城」と、その南に接する「外城」に分かれ、内城は清朝の中国征服とともに一六四四年以来、入居した満洲人の官舎街であり、外城は漢人の商業地であった（**地図8**参照）。

満洲人は「八旗《はっき》」と呼ばれる八つの集団に組織され、それぞれ所属の旗の兵営に家族とともに住みこんでいた。八旗というのは、軍旗に黄・白・紅・藍の四色があり、これにふちどりのないもの（正《せい》）とふちどりのあるもの（鑲《じょう》）

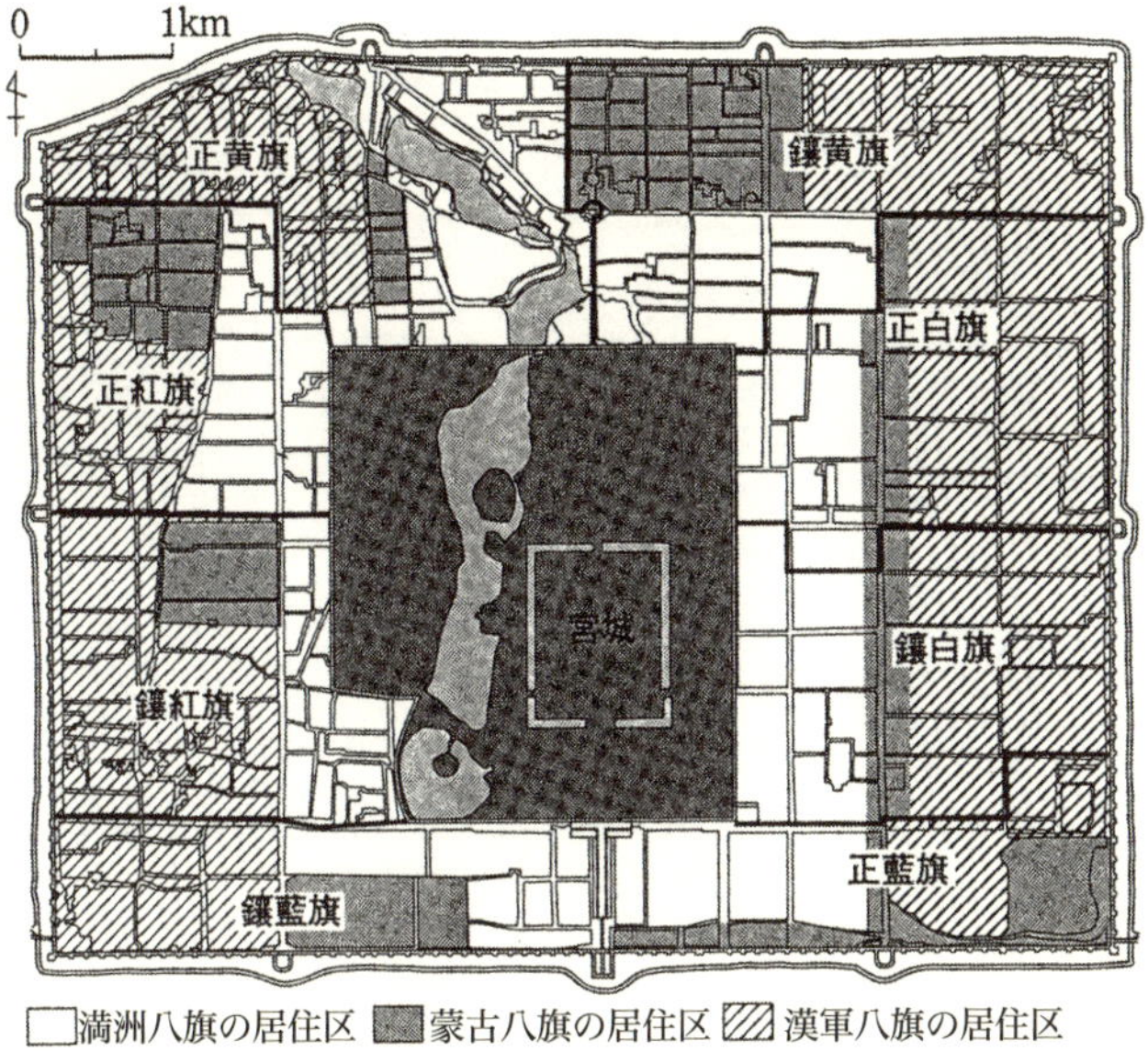

地図 16　清代の北京内城

Mark Elliott, *The Manchu Way*, Stanford University Press, 2001, p.103 を日本語訳

の区別を加えて、鑲黄旗《じょうこうき》、正黄旗《せいこう》、正白旗《せいはく》、正紅旗《せいこう》、鑲白旗《じょうはく》、鑲紅旗《じょうこう》、正藍旗《せいらん》、鑲藍旗《じょうらん》の八旗ができる。そして軍旗の色とふちどりをもって、軍団の名を呼んだのである。その八旗にも序列があって、いま並べた順番の最初の三つ、鑲黄旗・正黄旗・正白旗は皇帝の直轄領であり、「上《じょう》三旗」と呼ばれて地位が高かった。

北京の内城では、おおざっぱに言えば、北寄りが両黄旗、東寄りが両白旗、西寄りが両紅旗、南寄りが両藍旗の街区になる。もっと詳しく言うと、内城には、中央に「皇城《こうじょう》」という区画が南北に伸びていて、その内側は皇帝の使用人、内務府の役人や宦官《かんがん》たちの居処になっている。皇城の中央に、紫禁城《しきんじょう》があり、ここが皇帝の居処と朝廷のあるところで、今では故宮博物院になっている。紫禁城の西側の、今の北海公園や、共産党の高級幹部の住宅のある中南海は、もとは皇城の内部であった。この皇城のために、内城の市街は東西に分断され、「東城」・「西城」と俗称された。

図8　紫禁城

東城で言うと、北の城壁から南へ、東直門大街までが鑲黄旗の街区、その南の朝陽門大街までが正白旗の街区、さらに南へ東長安街、東単市場に至るまでが鑲白旗、その南の城壁に至るまでが正藍旗ということになる。だから北京の銀座通り、王府井《ワンフーチン》は鑲白旗の領分だったのである。

西城では、北の城壁から西直門大街までが正黄旗、さらに南へ阜成《ふせい》門大街までが正紅旗、さらに南へ西長安街、西単に至るまでが鑲紅旗、そこから南の城壁までが鑲藍旗の街区であった。

こうして北京の内城に、皇城をとり囲んで住んだ満洲人たち——八旗に属するので旗人とも呼ばれる——は、人種から言えば、トゥングース系の満洲語を話す、本来の満洲人だけではなかった。八旗に編入されたモンゴル人、朝鮮人、漢人、ロシア人、その他の種族も居たのであって、これらも旗人としては、満洲人として待遇された。ただしどの旗にも、「満洲」（マンジュ **Manju**）・「蒙古」（モンゴ **Monggo**）・「漢軍」（ウジェン・チョーハ **Ujen cooha**）の区別があり、それぞれ別の参領《さんりょう》（ジャラン **jalan** 連隊）・佐領《さりょう》（ニル **niru** 中隊）に編制されていた。満洲は狩猟民の氏族・部族の系統の人々、蒙古はもと大興安嶺の東麓《とうろく》に住んでいて清朝に征服されたモンゴル遊牧民の系統、漢軍は遼河デルタの高麗系漢人を中心とし、それに漢化した満洲族や、捕虜になった朝鮮人を加えたもので、農耕民・都市民の系統だと考えればいい。そういうわけで、満洲人とはいっても、人種は一様でない。この人々が北京の内城に住んで、征服王朝としての清朝のバックボーンを成していたのである。

しかし国初には武勇を誇り、向かうところ敵のなかった八旗の満洲人たちも、十八世紀の乾隆時代ともなると、打ち続いた平和の日々に無聊《ぶりょう》に苦しんで、学問や趣味の芸能に憂き身をやつすようになった。そのため北京の内城の社交界には、旗人の貴公子たちの自作自演の芸事が生まれ、洗練されて磨きがかかり、それが後には漢人の社会にも浸透して、中国の伝統芸能の根底を作ってゆくことになったが、その一つが「子弟書《していしょ》」である。

波多野太郎氏の研究によると、十八世紀の中葉に発生した子弟書は、三弦の伴奏にのせた語りもので、八旗の子弟が創造して自演した。商売ではなく、旗人の間の宴会の余興などに招待されてやって来て、食事に加わり、また夜になると、城内の道路は通行禁止になるので、泊まって行ったものである。のちに漢人の専門家が現れて、金を取って演奏するようになった。現存する子弟書のテキストは、ほとんどが漢文で綴られたものである。しかしごく少し残っている古い子弟書は「満漢兼」という形式で書かれている。これは満洲文を主として、これに漢語をまぜたもので、写本の形式も、満洲文の書物のように、各頁の左端から縦書きにしてあって、漢文の書物とは反対である(1)。

この満漢兼というのがどんなものかというと、波多野氏が紹介している『カトゥリ・ジェテレ **Katuri jetere** 子弟書』が見本である。満洲語で「カトゥリ **katuri**」は「カニ」、「ジェテレ **jetere**」は「食べる」だから、題名からすでに満洲語と漢語が半々でできているわけだが、内容は、ある満洲人が漢人の女を妻にしたが、利口者ですぐ満洲語がうまくなる。ある日のこと、夫がカニを買って来たが、はじめてのことで食べ方がわからない。そのうちにカニに指を挟まれて大騒動。やっとのことで取り押さえてゆでたが、殻を開けることを知らないので、固くて食べられない。何でこんな物を買って来た、と夫婦喧嘩。その仲裁に隣の美人が乗り出して、食べ方を教え、その美味に喜んで夫婦仲直りをする、という筋である。話の本筋の最初の部分を、参考までに示す。満洲文字はアルファベットに転写する。

有一個 age 不知是 hala ai
也不知 colo 作 ai niyalma
又不知 manju monggo 是 ujen cooha
更不知那 nirui ya gūsa
tokso de 住了二年半
gaiha sargan uthai tubai 蛮子家
也不問 dancan ergi gebu hala 誰家女
hūlhi lampa-i 娶到了家

一人のおかたがありまして、姓はなにやら存じませぬ。
お名前もなにびとと呼ぶやら存じませぬ。
満洲か蒙古か、また漢軍かも存じませぬ。
それにまたどの佐領のどの旗かも存じませぬ。
いなかに住むこと二年半、
娶った妻はすなわちそこの漢人で、
里方の名も姓も誰の家の娘か聞きませぬ。
めくらめっぽう娶って連れて来ました。

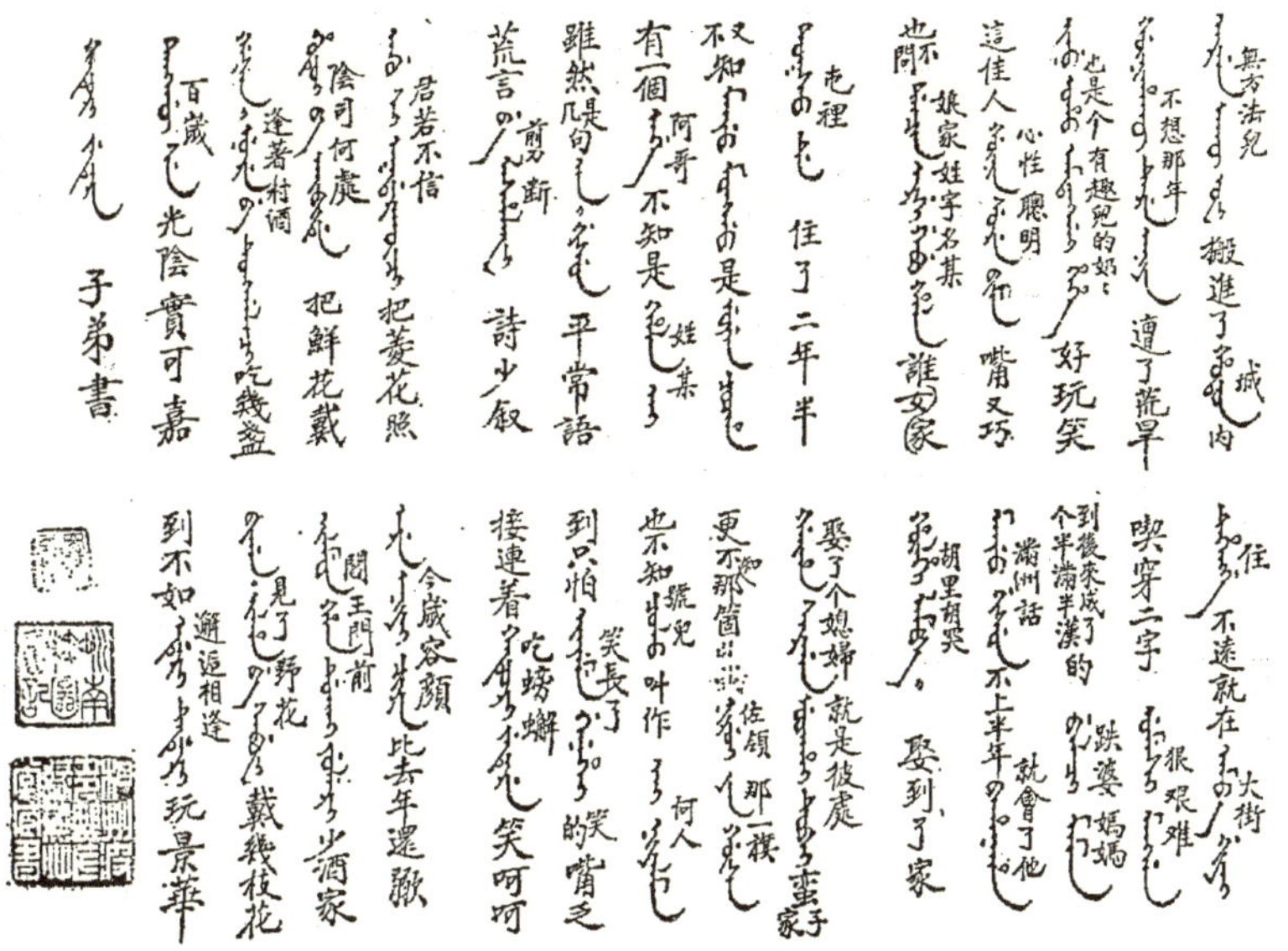

図9 『カトゥリ・ジェテレ子弟書』冒頭

まず全篇、こうした調子で、どの一句も満洲語と漢語のちゃんぽんでき上がっている。これが乾隆時代の北京の日常語のスタイルだったのであろう。いわば本当の、本物の北京語である。

ところで、『カトゥリ・ジェテレ子弟書』だけではなくて、後世の漢字だけで書いた子弟書のテキストにも、よく見ると満洲語がふんだんに入っている。やはり波多野氏が集められた子弟書のうち、『査関《さかん》子弟書』と題するものがその例である。

その筋は、漢の皇太子劉唐建《りゅうとうけん》が沙漠に亡命して、ただ一騎、一本の槍をひっさげ、月夜にとある岩の上にごろ寝して野宿する。そこへ提灯をさげて来かかるのが道化役の番兵ソロヤン（梭羅宴）で、夜回りに出たのだが、岩の上に紅い光を見てびっくりし、あわてて女主人のお嬢さま（二姑娘）に知らせに行く。

楞頭青阿拉一声説不好了
呼敦軋補去報姑娘

　このとんま、あっと一声、こりゃいかん、
　早いとこ行ってお嬢さまにお知らせせにゃ。

「阿拉《アラ》」は満洲語の**ara**で感嘆詞、「呼敦《フドゥン》」は**hūdun**で「早く」、「軋補《ヤブ》」は**yabu**で「行け」を意味する。

番兵は大変大変と叫びながら走って蒙古鉢（**monggo boo**モンゴル式の組み立て家屋、いわゆる包《パオ》）にやって参ります。お嬢さまが「誰だね。何に驚いて、そんなにあわてているのだえ」。番兵は跪《ひざまず》いて「ソロヤンでございまする。大事なことがありまして、触火麼《チョホメ》（**cohome**特に）お嬢さまにお知らせに参りました。亜巴《ヤバ》（**yaba**どこ）から来た隠密かは存じませんが、厄母塞払勒牙哈《エムセフェレヤフ》（**emu sefere yaha** 一つかみの炭）を焚《た》いて、赤々となっております」

お嬢さまも驚いて、ソロヤンについてテントを出ると、四方には夜回りの拍子木《ひょうしぎ》の音がひびき、雲は晴れて一面の月明かり。紅い光をめざしてやって参りますと、紅い光は消え失せて、一人の若い漢人が岩の上で眠っております。そばには一頭の白馬と一本の槍。よくよく見ればお嬢さまと同じ年かっこうで、貴人らしく容貌の上品なこと。お嬢さまは小声でソロヤンに申します。「お前、この方の白馬を引いて行って、この方の槍を盗んでおくれ。目をさましたら、この方のお名前と誰の子か、お生まれと郷里、奥さまがおありかそれともまだか、どこからいらしてどこへおいでか、伺っておくれ」

言われて番兵は槍と馬を盗みましたが、草がはね返って太子ははっと目をさまし、起き上がって目を開けば、いきなり見えたはモンゴル人。目の前に立った姿は皮袋のごとく、顔は黒く髪は黄ばみ、頸《くび》は短く眉は太く、どんぐりまなこに大耳たぶ、兎の毛皮のふちどりの新しい帽子をかぶり、羊の毛皮のすり切れた古い衣裳を着こみ、足にはいた牛皮の長靴は先が尖って鷹のくちばしのごとく、ラクダのフェルトのベルトをしめております。

太子は驚いて「私の槍と馬じゃ」。番兵が言う、「摸林阿庫《モリンアク》（**morin akū** 馬はない）よ。何の槍だって」。太子が言う、「お前が盗んだにちがいない」。番兵は大いに怒って手をふり上げます。お嬢さまはいそいで太子の背後から手を振って、意味をこめて眉を寄せて目くばせを致します。

ソロヤンはお嬢さまを見て、太子を見て、「まあまあ、お前、ちょっと舒拾哈攤他《スシハタンタ》（**šusiha tanta** 鞭で打つ）のを待って、おれのお嬢さまを見な。南方の漢人よ、哥布矮《ゲブアイ》（**gebu ai** 名は何）、矮哈拉《アイハラ》（**ai hala** なんという姓）か本当のところを言いな。牛か馬か朱（猪）か楊（羊）か、西委居《シウェイジュイ》（**si wei jui** お前は誰の子）か、西尼阿媽《シニアマ》（**sini ama** お前の父親）は誰なのか。亜巴衣尼牙拉媽《ヤバイニヤルマ》（**ya ba-i niyalma** どこの者）でどこに住んでいるのか。五都塞《ウドゥセ》（**udu se** 何歳）か、七十か八十かまたは二三歳か。矮阿尼牙《アイアニヤ》（**ai aniya** 何の年）か、戌か卯かそれともお申さんか。矮逼七鶏合《アイビチジヘ》（**aibici jihe** どこから来た）のか、どこへ行くのか。いちばん大事は西你撥得《シニボーデ》（**sini boo de** お前の家に）女房はあるのか。ごらんなされ、こいつは弥尼鶏尊《ミニギスン》（**mini gisun** 私の言葉）が聞こえないふりをして、私のことを牙薩禿窪莫《ヤサトゥワメ》（**yasa tuwame** 目に見えながら）見えないふりをしておりまする」

太子はしばらく聞いておりましたが、ぼうっとして何が何やらわかりません。その背後でにっこり笑ったのはお嬢さまでございます。

太子は振りかえって、魂はふらふらとなり、「ここは仙郷であったのですか。そうでなければ仙人が居るはずはありません。天地の秀気はことごとく塞北に収蔵されているというのも無理はない」

その姿は窈窕《ようちょう》の中に典雅を蔵し、様子は温柔のうちに端荘を露わし、眼はぱっちりと冴えかえり、眉はほっそりと横たわり、月光を浴びてお白粉はつけなくとも天然の美貌、清風を受けて香水はつけなくとも自然の芳香。

漢の宮中の美女三千人の化粧をも恥じ入らせ、すんなりとした玉の指だけでも皇后さまにふさわしいというもの。ことわざに「月下と灯前は美女を現す（夜目、遠目、笠の内）」というが、やっぱりそれは本当でございます。みどりの黒髪に挿《さ》した黄金のこうがいには真珠と翡翠《ひすい》をちりばめ、紫の貂皮《てんがわ》の帽子をかぶり、刻繍《こくしゅう》のベルトをしめ、海棠《かいどう》の花が春雨にぬれたような真紅の外套をまとい、白狐の毛皮の服をつけ、宮中風のぬいとりの靴は三寸の底といったいでたち。

太子は酔ったように呆けたように、うっとりとして見つめております、ソロヤンはひげをふり立てて顔を真っ赤にし、大声でどなりつけて「哇布魯《ワブル》（waburu くたばれ）！　死んじまえ。お前の尼牙蛮嘎朱《ニヤマンガジュ》（niyaman gaju 心をとりもどせ）、酔いからさめろ。誰がお前に弥尼額真《ミニエジェン》（mini ejen 私のご主人）をじろじろ見ろといった。お前の波牛牙薩《ボニオヤサ》（bonio yasa 猿まなこ）をえぐり出してやるところだ」

お嬢さまは腹立ちを顔に表して申します。「ソロヤン、見せてあげて何がいけないのだえ」。太子に向かって「家来のご無礼、お怒りならないで下さいませ」。太子はいそいで立ち上がり「申しわけございませぬ。お嬢さま。この者がいま申しましたことは、どういう話なのですか」。お嬢さま「あなたさまのご苗字とお名前を伺っているのでございます」。太子「私の姓は劉、名は唐建と申します」。お嬢さま「どちらのご出身でいらっしゃるのでしょう」。太子「帝業を承《う》けて久しく宮中に居ります」。お嬢さま「お父さま、お母さまはご存命ですか」。太子「上天のお助けで元気でおります」。お嬢さま「きっと大将か大臣になって朝廷でお働きなのでしょう」。太子「私の父は大漢の皇帝で、母は皇后として後宮を治めております」

お嬢さまは喜びを顔に表して「これはこれは殿下でいらしったのですか」。恥ずかしいのが半分、驚いたのが半分、窪杭《ワハン》（wahan 袖）をふるって太子に向かい、腕を組んでさしあげてさっとひざまづき、「願わくは殿下、寿は山岳に同じく永く、福は海天と共に長からんことを」。太子はびっくり、あわてて扶《たす》けおこし、「お嬢さま、お立ち下され。衣裳が汚れます」。お嬢さま「地面は霜でいっぱいです。殿下はお寒くていらっしゃるでしょう。どうぞ私どもの牛皮の小テントにいらっしゃいませ」

太子はテントに入って座を占めます。やさしい香りがほんのりと匂って、お嬢さまは月下よりも灯前でさらに一段と美しく、玉の腕にはめた金の腕輪をゆすって、にっこり笑いながらタバコを煙管《きせる》につめて勧めます。太子「これは何やら、私は知らぬ」。番兵は笑って「味は言いがたし、まあ吸ってみなされ」。お嬢さまは細い玉指で牛乳茶をさし出します。太子はしかたなく受けとってそばに置く。番兵「殿さま、飲まねえなら私に下され]」。太子は笑って「持ってゆけ。なまぐさくてかなわぬ」。くだんの番兵はお礼を言って、茶を持って外に出て、馬の世話をしに行きます。

太子は笑いを含んでお嬢さまをからかい「夜も更けました。私はどこに参ろうか。まわりは沙漠で地面は霜だらけ。そうでなければソロヤンのテントに行って休むと致そうか」。お嬢さま「いけませぬ。あまりにむさくるしゅうございます」。太子「このテントはけっこうですが、ちと具合がわるい。お嬢さまのお休みになるベッドが一つあるだけではありませんか」。お嬢さまは言葉もなく、うなだれてベルトをいじっております。頬に血が上って酔った海棠の花のよう。恥じらって、言いだそうとしてはやめることいくたびか、朱唇《しゅしん》をひらいて鶯声《おうせい》を吐こうとしては玉面をおおいかくします。

太子「あなた、あなた、いじわるをしているのではありません。私はとっくにあなたの気持ちはわかっていました。ただしめぐり逢ったばかりで夫婦になれば、この草原でも人の口の端にのぼるのが心配だ。私、劉唐建に天運があって帝位に登れば、あなたを正皇后に立てて後宮を治めさせましょう。そうすれば人にとやかく言われることもなし、立派な婚礼を挙げて面目も立つというものです」

お嬢さまははにかみながら笑顔でお礼を申します。太子は小声で「お立ちなさい、私の皇后よ」。お嬢さま「殿下は何でここにいらっしゃったのですか」。太子「明朝、またゆっくりと委細を話しましょう」
たちまち、がたんと一声、ソロヤンがまたひざまづいて「阿哈《アハ》（**aha** しもべ）を、もしよかったら使って下さいませ」。太子「朝廷に帰ったら、お前を登用して将軍の印を佩びさせてやろう」。番兵「弥尼波掖《ミニベイエ》（**mini beye** 私自身は）そんな柄ではございません。あの牙法哈烏克身《ヤファハンウクシン》（**yafahan uksin** 警官）がうらやましい。衣能以達哩《イネンギダリ》拝他阿庫《バイタアク》（**inenggidari baita akū** 毎日用事がなく）ただ拍子木を叩くだけ。哈郎阿《ハランガ》（**harangga** 受け持ちの）街を叫んで歩き、蘇拉尼牙拉瑪《スラニヤルマ》（**sula niyalma** よそ者）に遇えばひっとらえる」。お嬢さまは袖で紅い唇をおおってくすくす笑い。太子「明朝、ゆっくりとまた相談しよう」

番兵は「遮遮《ジェジェ》」（**je je** はいはい）と答えていそいで出て行きます。太子はうっとりとお嬢さまを見つめて、申されるには「夜も更けました。お嬢さまもお疲れじゃ。安寝して夢郷に入られませぬか」

お聞きなされ、こおろぎの声が四面にとぎれたり続いたり。ごらんなされ、テントの外では西に傾いた月かげが寒々としておりまする。あのふたりが寝ついたものやら寝つかないものやら、この短いお話ではそれまでで、あとはお聞きなさらぬものじゃ。

以上が『査関子弟書』のほぼ全訳である。

この子弟書を『**Katuri jetere** 子弟書』と比べてみると、満洲語は道化役の番兵ソロヤンの言葉のなかに登場するものがほとんどで、それ以外には「蒙古鉢」（**monggo boo**）と「窪杭」（**wahan**）が地の文に現れるにすぎない。『**Katuri jetere** 子弟書』のように、どの一行をとってもかならず満洲語と漢語が混じっている、といったものではないのである。

とは言っても、この子弟書の面白さは、主としてソロヤンの朴訥《ぼくとつ》、率直さであって、それに太子とお嬢さまの恋愛模様のエロティシズムが加わったものである。もし聴衆に満洲語がわからなかったならば、この子弟書の価値はほとんどなくなってしまう。十九世紀の北京の内城の住人たち、当時の旗人たちは、ソロヤンの満洲語を聞きながら、抱腹絶倒したにちがいないのである。

それにしても注目すべきは、この子弟書の人種的偏見のなさである。主人公の劉唐建は漢の太子、それと愛を誓い合う相手は、テントに住む草原のプリンセス、明らかにモンゴル人を想定している。そして太子は正式の結婚を申し入れて、お嬢さまを皇后に冊立しようと言う。そうすれば人にとやかく言われることはない、というのである。漢の皇帝の皇后がモンゴル人というのは、いかにも清朝時代の雰囲気を反映しているが、しかも太子はお嬢さまの美貌をたたえて「天地の秀気はことごとく塞北に収蔵されているというのも無理はない」と、北アジアの女性の美を確認している。この表現には、旗袍《チーパオ》姿の満洲美人への漢人の評価が表れているように思う。そして場面はモンゴルの沙漠のはずなのに、お嬢さまのしもべの番兵ソロヤンの話す言葉が満洲語なのは、モンゴルとはいっても実は満洲人を想定しているからであろう。

そう言えば、『Katuri jetere 子弟書』でも、主人公は満洲人の男と漢人の女の夫婦であって、しかもこの妻が利口者で覚えが早く、半年でもう、満洲語のうまい「半満半漢的 belci mama」になった、といっている。belci というのは人の言動を真似すること、mama は年上の婦人への呼びかけで「おばさん」に当たる。満洲人そっくりのおしゃべりおばさんの意味であろう。これで清朝時代の北京では、漢人も満洲語を話したことがうかがわれるというものである。

これまでよく、中国文化の同化力の強さ、などと言われて来た。しかしそれはどうも、辛亥革命以後の民国時代の偏見であって、歴史的には事実ではない。むしろ征服王朝の下では、中国文化は征服者の文化に同化されていたのであって、征服王朝が倒れて漢人の支配時代になると、それまで支配者の特権だったものが漢人に受けつがれる。清朝時代には旗人に限られていた旗袍《チーパオ》が漢人の晴れ着になって、いわゆるチャイニーズ・ドレスができたことはその好例である。そして言葉である。北京の内城の旗人たちの発音が「北京官話」として、もっとも典雅な中国語とされ、それが基礎となって現在の大陸の「普通話」（プートンホワ）、台湾の「国語」（グオユイ）が作られた。実に中国語は満洲人の言葉なのである。その他、子弟書に限らず、京劇も源流は金・元の雑劇にさかのぼり、清代の北京で洗練されたものだから、もともと征服王朝側の産物であって、被征服民の漢族が自主的に創り出したものではない。征服王朝文化こそ、中国文化の本流なのである。

第五部　書評

17 シャンバ撰（パリンライ編）『アサラクチ・ネレト・トゥーケ』

Paringlai, ed., *Byamba, Asaraγči neretü-yin teüke*. Monumenta Historica Instituti Historica Comiteti Scientiarum et Educationis Altae Reipublicae Populi Mongoli, Tomus II, Fasciculus 4. Erdem Shinjilgeenii Khevlekh Üildver, Ulaanbaatar, 1960. 108pp.

第二部に掲載した「7 ダヤン・ハーンの年代」「8 ダヤン・ハーンの先世」執筆中の一九六五年に発表した書評がこれである。我が国のダヤン・ハーン論争の焦点となった代表的なモンゴル年代記『蒙古源流』は、ダヤン・ハーンの子孫のオルドス部の貴族が一六六二年に編纂したものであるが、『アサラクチ・ネレト・トゥーケ』はこれに次いで古く、同じくダヤン・ハーンの子孫の北モンゴル・ハルハ部のサイン・ノヤン部長が一六七七年に著した。一九六〇年になってようやく、編者による縦書きモンゴル文字の自筆稿の影印本が、当時のモンゴル人民共和国から公刊された。本論では、清朝史料に拠って著者シャンバの略歴を述べ、内容の紹介を行ない、さらに題名が、編者の言うような『アサラクチ・ネレトイン・トゥーケ（慈氏と名づくるものの史）』ではなく、『アサラクチ・ネレト・トゥーケ（慈氏と名づくる史）』が正しいことについても論ずる。ところで、二〇〇二年にモンゴル国ウラーンバートルから、元のテキストの影印にラテン文字転写と索引を付けた本書が再度刊行されたが、題名は『アサラクチ・ネレト（イン）・トゥーケ』となっており、岡田の書評の影響を受けたことが明らかである。*Byamba-yin Asaraγči neretü* (*-yin*) *teüke*, Transcription and Index by Ts. Shagdarsüreng & Lee

Seong-Gyu, Edited by Sh. Choimaa. Monumenta Mongolica: Tomus 1, Ulaanbaatar, 2002.

「モヌメンタ・ヒストリカ」（Monumenta Historica）は、モンゴル人民共和国科学高等教育委員会（現在は科学学士院 Shinjlekh Ukhaany Akademi）の歴史研究所から出ている叢書で、編集にはナツァグドルジ（Natsagdorj）氏が当たっているが、この一冊に収められた『アサラクチ・ネレト・トゥーケ』（Asarayči neretü teüke）は、これまで（一九六五年付）に公刊されたモンゴル文年代記の中でももっとも興味あるテキストの一つである。

ダムディンスルン氏に拠れば、本書の編者パリンライ（Paringlai）氏は『『元朝秘史』地名解』を著し、一九四八年『シンジレフ・ウハーン』（Shinjlekh Ukhaan）誌の第二・三号に発表したと云い(1)、本書九六頁に依ってこれが Niγuča tobčiyan-du γaruday γaǰar usun-u nere-yin yekengki-yi qayiǰu oluγsan anu と題する論文であることが知られる。その他「未知の三写本」、「モンゴル革命以前の歴史著述の問題について」、「モンゴル史の未知の二三の年紀資料」などの労作があるらしく、新進のモンゴル史学者の一人である。

それはさて措き、本書は、扉の二枚を除き、全巻旧モンゴル文字で書かれ、すべて編者の自筆稿を影印したものである。最初の六頁は編者の序で、詳細な解説が与えられ、末に一九五九年三月の日付がある。第七頁より九四頁前半まではこの年代記の本文、同後半より一〇八頁までは編者による註となり、主として史学的見地に立った解釈が一四二条に渉って加えられている。

パリンライ氏の序によれば、この版の底本となった写本は現在ウラーンバートルの国立図書館の架蔵に係り、その来歴は不明であるが、恐らく一九二四年から六年までの何時かに入ったものと思われ、同館の前館長ロブサン・フルチャ（Lobsang Qurča）氏の筆跡で「Činggis-eče Uqayatu Toyon Temür kürtel-e Mongyol-un teüke（チンギスからウハート・トゴン・テムルに至るモンゴル史）」との題名が付されており、本文は毛辺紙に竹筆を用いて墨書され、十八世紀初頭のハルハ部の書風を示しているという。

底本には書名も著者名も記されていないが、編者は種々考証の結果、著者はハルハ・サイン・ノヤン部長シャンバ、題名は『アサラクチ・ネレト・トゥーケ』（Asarayči neretü teüke）で、一六七七年（康熙十六年）に成ったことを明らかにしている。パリンライ氏の論はなかなか鮮やかであるから、ここに紹介しよう。

先ず著者の比定であるが、これは本文の後半、ハルハ部の世系を記した部分に、bi öber-iyen Byamba erke dayičing（我自身シャンバ・エルケ・ダイチン）とあることを指摘し、これが『欽定外藩蒙古回部王公表伝』巻六十九に伝のある喀爾喀《ハルハ》（Qalqa）賽因諾顔《サインノヤン》（Sayin noyan）部の扎薩克和碩《ジャサクホショイ》親王善巴《シャンバ》（Šamba）に外ならぬことを明らかにしている。

今『表伝』の記すところを本書所載の世系と比較してみると、ハルハ四部の始祖は北元中興の英主バト・モンケ・ダヤン・ハーン（Batu möngke dayan qayan 達延車臣汗）の第十一子ゲレセンジェ・ジャヤート・ジャライルン皇太子（Geresenǰe ǰayayatu ǰalayir-un qong tayiǰi 格哷森扎扎賚爾琿台吉）で、これに七子あり、その第三ノーノホ・ウイジェン・ノヤン（Noyonoqo üiǰeng noyan 諾諾和偉徴諾顔）の第四子トゥメンケン・コンデレン・チョークル（Tümengken köndeleng čögükür 図蒙肯昆都倫諾顔）の裔が蕃延《はんえん》して後にサイン・ノヤン部を成したのである。

トゥメンケンは、紅教に対して黄教を護持したので、ダライ・ラマからサイン・ノヤンの号を授けられたと『表伝』には称するが、その真偽はともかく、その次子カンドジャブ・エルデニ・ウイジェン・ノヤン（Kandusǰab erdini üiǰeng noyan）は入道してアルダルシクサン・ノムン・エジェン（Aldarsiγsan nom-un eǰen）と号したという。これが『表伝』に言うトゥメンケンの次子ダンジン・ラマ（Danǰin lama 丹津喇嘛）であることは疑いなく、父を継いでノムン・ハーン（nom-un qayan 諾捫汗）の号をダライ・ラマに受けたと伝えられ、一六三八年（崇徳《すうとく》三年）、始めて使いを遣わして清に通じたと云う。

けだし『清太宗実録』巻四十三、崇徳三年八月壬子の条に見えたウイジェン・ノヤン（Üiǰeng noyan 衛徴諾顔）がこれであろう。一六五五年（順治《じゅんち》十二年）にハルハに八ジャサクが置かれた際、ダンジン・ラマはその一を領した。このことは『清世祖《せいそ》実録』巻九十五、順治十二年十一月辛丑の条に見える。

ダンジン・ラマは一六六〇年代の初めに歿し、その長子タスキブ・イルデン・ドゥールゲチ（塔斯希布伊勒登都爾格斉 **Yeldeng dügürgeči**）が嗣いだが、間もなくまた歿したらしく、一六六七年（康煕《こうき》六年）シャンバがジャサクを嗣ぎ、使いを遣わして清に告げ、信順エルケ・ダイチンの号を賜った。

この号のモンゴル文をパリンライ氏は「イテゲムジト・エイェテイ・エルケ・ダイチン」（**itegemǰitü eyetei erke dayičin**）と記すが、『シラ・トゥージ』には信順を「イテゲルト・ナイラト」（**itegeltü nayiratu**）と書いている。(2)いずれにせよこの遺使は、『清聖祖《せいそ》実録』巻二十三、康煕六年八月丁酉の条に記されたハルハ（喀爾喀）のエルケ・ダイチン太子（額爾克戴青台吉）の進貢に相当するものであろう。一六八八年（康煕二十七年）に至り、ジューン・ガルのガルダンの侵入に遭って敗れたシャンバは部衆を率いて清に投じ、ウラト界外のホルボジンに居た。一六九一年（康煕三十年）、ドローン・ノールの会盟に参加して多羅《ドロイ》郡王に封ぜられ、一六九六年（康煕三十五年）ジョーン・モドの戦いにも活躍して信順和碩《ホショイ》親王に晋封せられ、一六九七年（康煕三十六年）ガルダンが亡びると旧牧に帰り、一七〇七年（康煕四十六年）に卒した。サイン・ノヤン部が独立したのは一七二五年（雍正《ようせい》三年）のことである。

さて著者をかくのごとき人と定めて、本書の正しい題名はと云えば、巻末（九二頁）の韻文の跋《ばつ》の中に次の二行がある。

ulaburi sira moɣai ǰil-ün gardig sarayin ider edür-e:
ulam qoyitusi uqaqu-yin tula asaraɣči neretü teüke bolɣan bičibe::

丁巳の年のカールッティカ月の壮んな日に、

後生の覚らんがために「慈氏と名づくる史」となし書けり。

「アサラクチ」（asaraγči）とは弥勒のモンゴル名で、これをチベット語で言えば「シャンバ」（byams pa）である。もって著者の名を寓したのであろうというのがパリンライ氏の説である。かく編者は「アサラクチ」を著者を指すものと見たので、この版の題名にも「アサラクチ・ネレトイン・トゥーケ」（Asaraγči neretü-yin teüke）すなわち「慈氏と名づくるものの史」としたのであろうが、厳密に言えばこれは「アサラクチ・ネレト・トゥーケ」（Asaraγči neretü teüke）すなわち「慈氏と名づくる史」とすべきであったろう。

また著作の日付の「丁巳」は一六七七年で、康熙十六年になるが、このことは他の記事からも確かめられる。それは本文（七八頁）にハルハ初代のハーン・アバダイの興教について述べた中に、

乙酉の年の夏、シャンフト（Šangqu-tu）の山陰の古城に基礎を築き、その年に寺の工事を行なった。この寺の建立から今、第十一周期（sayitur boluγsan チベット語ラブチュン rab byung）の丁巳まで九十三年になる。

とある。これは有名なエルデニ・ジョー寺のことであるが、その乙酉は一五八五年（明の万暦《ばんれき》十三年）に当たるから、一六二七年に始まる第十一ラブチュンの丁巳（康熙十六年）まではあたかも九十三年である。これによって本書が一六七七年十月、シャンバがジャサクを嗣いでより十年、ガルダンの侵入以前に北モンゴル・ハルハにおいて撰せられたことが明らかになった。この一六七七年という年代は、一六六二年に成った『蒙古源流』に次いで古いものである。

これと相前後するものとしては、国師ロブサンダンジンの『アルタン・トブチ』（Altan tobči）がある。この年代記の前半の最後に、チャハル親王の世系を述べて、

アブナイ王のハトン公主から生まれたブルニ王、ロブサン太子の二人がある。

と言っている。(3)『アサラクチ』(六三頁)にも、同様の記述がある。

一六六九年(康熙八年)、康熙帝はクーデターによって権臣オボーイを追放すると同時に、アブナイの爵位を剥奪《はくだつ》して瀋陽に監禁し、アブナイとマカタ・ゲゲ(公主)との間に生まれたブルニにチャハル親王を継がせた。ことは『清聖祖実録』巻二十九、康熙八年五月己未の条に見える。一六七三年(康熙十二年)三藩の乱が起こると、一六七五年(康熙十四年)ブルニは清朝に対して叛乱を起こしたが、ブルニ兄弟は追いつめられて射殺された。ことは『清聖祖実録』巻五十五、康熙十四年五月辛酉の条に見える。

ロブサンダンジン国師は一六六七年(康熙六年)刊の『五台山志』(**Uta-yin tabun ayulan-u orosil süsügten-ü čikin čimeg orosiba** 文殊志)の著者でもあり、(4)シャンバの同時代人である。いずれにせよ、この三種の年代記は、現在まで刊行されたものの中もっとも古く、多くの価値ある史料を提供する。

さて『アサラクチ』の内容であるが、本書は大体において二部に分かれ、前半(七〜七二頁)はモンゴルの始祖ボルテ・チヌアからボルジギン氏の祖ボドンチョル、チンギス・ハーンを経てバト・モンケ・ダヤン・ハーン及びその十一子の中、年長の十子の子孫に至るまでを叙し、後半(七二〜九五頁)はダヤン・ハーンの第十一子ゲレセンジェが始めてハルハに君となってからアバダイ・ハーンの治世、さらに著者と同時代の人々に及ぶハルハの系譜を記す。その二部の首には、おのおのナモ・グラヴェー **Namo gurave** という文殊への呼びかけが冠せられ、一見してそれと分かる。この中、後半は全く他に比を見ない一等史料で、ハルハ史を治める者にとって誠に幸いなことであり、本書の価値の大半はここに存するが、前半とてなかなか面白い記事が多い。

先ず眼を惹くのは開巻劈頭《へきとう》に「ダライ・ラマの著したゾクデン・デプテル **Sjovags ldan debter** に譬喩《ひゆ》を引くには」と前置きして掲げられた七行の文章である。このダライ・ラマは第五世ガワンロサンギャツォ（**Ngag dbang blo bzang rgya mtsho**）で、その著書とは有名な『チベット仏教史』（**Rdzogs ldan gzhon nu'i dga' ston**）のことであり、一六四四年（明の崇禎十七年、清の順治元年）に撰せられた。今パリンライ氏の引く原文と対校するに、本書のこの七行は極めて忠実な逐語訳であり、**rlang-un bserü** のごとく訳しかねた語にはチベット文字で原文を挿入してある。

さてこの仏教史は、モンゴルでは「ジャロースン・フリム」（**J̌alaγus-un qurim** 若者たちの宴）の名で広く流布したのであるが、ここに思い起こされるのは、『シラ・トゥージ』の冒頭に、やはり「ダライ・ラマの説いたジャロースン・フリムという史書に」とあって、六行ばかりの引用があることである。そこでこの二つを比較してみると、直ちに知られるのは、『シラ・トゥージ』のほうは、本書の引文を短縮して、やや平明に書き換えたものに過ぎないことである。決して独立に訳出したものではない。

これは『シラ・トゥージ』の成立年代が本書の一六七七年を下るものであることの重要な証拠である。『シラ・トゥージ』には多く後世の書き足しがあるが、これのない古い写本は、この冒頭の引文に因んで『ジャロースン・フリム』と題されている。[5] いずれにせよ『シラ・トゥージ』が、『蒙古源流』の七つの史料の一つとしてサガン・エルケ・セチェン皇太子が挙げている「昔のモンゴルの帝王の源流の『大黄冊』」（**Erten-ü Mongγol-un qad-un ündüsün-ü yeke sira tuγuǰi**）とは別であることは疑いなく、このことはその記すところの系譜中の人物が十八世紀に及ぶところからも確かめられる。

それはさて措いて、本書に名を挙げて引用された史料には他に『青冊』（**Kökö debter**）すなわち **Deb ther sngon po** があるが、本文を按ずるに、他にも所拠の原典は多かったようである。なかんづく注目すべきは『元朝秘史』との関係であって、ボドンチョル（九頁）からチンギス・ハーンがタングトのシドゥルグ・ハーンを殺させる（三五頁）までは、中間に多少の異源の記事を含みながらも、大体において『元朝秘史』の第四二〜二六六節とよく一致する。しかも『アルタン・トブチ』に見られるような忠実な転録ではなく、かなり語を入れ換えて理解を容易にし、かつ簡略にしたあとが見られる。

その上、特記すべきことに、本書のかかる箇所は『アルタン・トブチ』とは互いに出入があり、決して後者からの抄出とは見られない。これは、南モンゴルで著述したらしいロブサンダンジンの手もとばかりでなく、北モンゴル・ハルハにも『元朝秘史』のモンゴル文原本が存在したらしいことを示す。

この『アルタン・トブチ』の影響を受けていないということは、元朝以後のモンゴル史を説く部分においても立証出来る。本書に記す各ハーンの代数と在位年代はことごとく『アルタン・トブチ』と同じであり、かつハーンに係《か》けられている物語の内容も極めてよく似たものであるにもかかわらず、時として紀年と物語の配当方法が『アルタン・トブチ』と一致しない。

一例を挙げれば、本書にタイスン・ハーンが弟アクバルチ晋王に裏切られて敗死したことを述べた（五三〜五四頁）あとに、マガ・コルゲス・ハーン、ムルン・ハーン、マンドゥーリ・ハーン三代を記し、さてアクバルチン晋王がオイラトにまた裏切られて弑せられる次第を叙する（五五〜五六頁）。

かかるアナクロニズムは、本書が単に『アルタン・トブチ』を祖述したものなら起こり得ない性質のもので、現に後者には妥当な位置に同じ物語が挿入されている。これを説明するには、ハーンの名と紀年を記した原史料と、物語とはそれぞれ別の成立であったのを、『アルタン・トブチ』も本書も独立に結合して現在の組織を作り上げたものとする以外にはない。

以上述べたごとく、この『アサラクチ』は新たにモンゴル史研究に有力な新史料を提供したものであって、今後、一層の研究と利用が望ましい。

18 ワルター・ハイシヒ著『仏典モンゴル訳史の研究』

Walther Heissig, *Beiträge zur Übersetzungsgeschichte des mongolischen buddhistischen Kanons*. Abhandlungen der Akademie der Wissenschaften in Göttingen, Philologisch-Historische Klasse, Dritte Folge, Nr. 50. Göttingen, 1962.

第一部に掲載した「3 モンゴル史料に見える初期のモンゴル・チベット関係」と同じ一九六二年に発表した書評で、著者岡田の恩師の一人、当時の西ドイツ・ボン大学教授のハイシヒ先生のドイツ語著書の紹介である。この書評をとくに再録する理由は、十六、七世紀のモンゴルにおけるチベット仏教伝播に関する、きわめて重要な論点を含むからである。清の太宗ホンタイジに敗れて一六三四年に病死した北元の宗主チャハルのリンダン・ハーンは、一六二八〜二九年に仏教経典のモンゴル語訳を編纂したことで有名である。これらモンゴル語仏典は、清朝の乾隆時代の一七一八〜二〇年になって北京で刊行された。ところが、現サンクト・ペテルブルグに残る写本の奥書《おくがき》等を研究すると、訳経者たちはトゥメトのアルタン・ハーンのもとで活躍した者たちであり、リンダン・ハーンはトゥメト時代の業績を利用して奥書を改変し、前人の功を奪った場合があったことがわかる。しかも、いわゆるアルタン・ハーンの仏教帰依も、実はそれまでのニンマ派、サキャ派、カギュ派などの宗派から、ゲルク派への改宗を意味するだけだったことが明らかになる。

ハイシヒ博士は、言うまでもなく、ドイツ・ボン大学教授で、モンゴル文献学・歴史学の専門家であり、近年（一九六二年付）、矢継ぎ早に現れた精力的な業績の淵博さは、真に人をして瞠目せしむるものがある。手当たり次第にその一斑を挙げれば、先ず、

Die Pekinger lamaistischen Blockdrucke in mongolischer Sprache. Wiesbaden, 1954.

は、二百を越えるモンゴル文刊本を網羅して、その詳細な解説を収め、モンゴル研究の文献学的基礎を置いたものであるし、

Mongγol Borǰigid Oboγ-un Teüke von Lomi (1732). Wiesbaden, 1957.

は、これまで僅かに西斎博明《せいざいはくめい》による漢訳『蒙古世系譜《せいけいふ》』を通じてのみ知られていた満文年代記の原本よりのモンゴル訳本の公刊であり、

Die Familien- und Kirchengeschichtsschreibung der Mongolien, I. 16-18 Jahrhundert. Wiesbaden, 1959.

は、まだ上巻のみであるが、実に二十二種のモンゴル文年代記について詳述して、モンゴルに原語史料はないという従来の定説を鮮やかに打ち破った上、サガン・エルケ・セチェン皇太子の『蒙古源流』の所依となったらしい史料『チャガーン・トゥーケ』（Čaγan teüke）、『チフラ・ケレクレクチ』（Čiqula kereglegči 彰所知論）、『ジャロースン・フリム』（J̌alaγus-un qurim 黄冊）の原文のファクシミリを付録してある。下巻の十九世紀以降の部は、間もなく出版されるとのことである。また、

Mongolische Handschriften, Blockdrucke, Landkarten. Verzeichnis der orientalischen Handschriften in Deutschland, Band I. Wiesbaden, 1961.

は、およそ東独・西独を問わず、存する限りのモンゴル文・カルムィク文の資料は、断片たりとも逃さず収録した一種のユニオン・カタローグで、厖然《ぼうぜん》たる巨帙《きょちつ》である。また、K. Grönbech の死後中絶していた Monumenta Linguarum Asiae Majoris を再興して自ら編輯《へんしゅう》に当たり、Seria Nova の I・II としてそれぞれ、

Altan Kürdün Mingγan Gegesütü Bičig. Eine mongolische Chronik von Siregetü Guosi Dharma (*1739*). Kopenhagen, 1958. *Erdeni-yin Erike. Mongolische Chronik der lamaistischen Klosterbauten der Mongolei von Isibaldan* (*1835*). Kopenhagen, 1961.

とすでに二つのモンゴル文年代記を校刊し、次にはBolor Toli、第四冊にはAltan Erikeを予定しているという。ハイシヒ博士は目下（一九六二年六月〜九月）日本に滞在中であるが、その直話によれば近く一千頁を越えるモンゴル文学史を出版するとのことで、その校正刷りを示された。また訪日の目的の一つは、先に挙げた*Die Pekinger lamaistischen Blockdrucke*の改訂版の準備として、我が国に在るところの刊本類を捜索することであるという。

以上の大規模な業績と比較すれば、本文六〇頁、図版一八頁の本書は、いかにも小さく見えるかも知れない。しかし他がどちらかと言えば文献学的であるに対し、本書は文献学から踏み出して歴史学、それもモンゴル政治史上もっとも興味ある時代である北元の末裔・清朝の勃興期のチャハルのリンダン・ハーン（Legs ldan qaγan）をめぐる政治情勢に照明を当てたものである点、真に著者の本領を発揮したものであって、この人ならではの感を深くする次第である。

全篇は三章に分かたれ、第一章は「リンダン・ハーンのカンギュルにおける奥書変更とそれに対応する政治的背景」と題する。リンダン・ハーンが施主となって一六二八〜二九年に行なわれたカンギュル（仏教の教典）編纂のことは人に知られているが、著者は先ず、これ以前すでに部分的ながら仏典のモンゴル語訳が行なわれていたことを指摘する。その証拠として挙げられるのが、レニングラード（現サンクト・ペテルブルグ）のカンギュル写本である。この写本の律部は、北京刊本のカンギュルと内容は同じであるが、巻数の分合は一致しない。そればかりでなく、北京刊本に闕《か》けている奥書が、五種に付されている。本書にはこの五つの奥書のモンゴル語原文と訳文が掲げられているが、ここではその内もっとも重要なノムガトハフ・シトゥゲン（Nomuγadqaqu sitügen）の奥書を訳出して見る。

……菩薩、

世界の衆生に利益と喜楽を興そうと、
総じてこの雪国に人の形を取った、
不滅の救済者サキャ・アーナンダガルバ（Kun dga’ snying po）に帰命する。
その子クトン・アーナンダジュヴァラ（Kun dga’ ’bar）、
いと高き功徳・智慧の極を究めたプニャナーカ（Bsod nams rtse mo）、
顕《あら》わに名声の旗幟《きし》を執る者クリティドヴァジャ（Grags pa rgyal mtshan）、
具足大吉祥《ぐそくだいきっしょう》の千光あるシュリープラバ（Dpal chen ’od po）、及び
すべての善き法の勝者サキャ・パンディタ、
明察の悟性《ごせい》あるプニャドヴァジャパーダ（Bsod nams rgyal mtshan）、
すべての衆生の師・法王パクパといわれる
玉の数珠のように連続して現れた七文殊師利《もんじゅしり》に跪拝《きはい》する。
清浄なる法の三蔵の諸河を集めた大海、
あらゆる四タントラの葉を拡げた歓喜の花園、
阿含《あごん》学の精髄に満ちた善きものすべてに、
あらゆる必要物を生ずる如意宝珠《にょいほうじゅ》シャルパ・フトゥクトに祈念する。
婆伽梵《ばがぼん》能者の威力ある釈迦牟尼《しゃかむに》尊者が、
特に四種の諸天より辞した故に、

最勝・天中天・仏陀と讃嘆されたごとく、
明らかに人間に威力ある天中天・転金輪王《てんこんりんおう》が、
衆生の所依《しょえ》いと高き能者のお言葉を翻訳することを望んだ時、
清浄主・文殊師利の化身パクパ・フトゥクトの
いと明らかな智慧の子・大乗法王
声明《しょうみょう》学者の頭・灌頂《かんじょう》国師と称えられた、
無価の如意珠宝のごとき
根本上師に委託して、
無知の智力の及ぶ限り、
ウヌクイ・ビリクト大国師がモンゴル語に翻訳した。

この奥書に列挙されている人名の中、最初の八人は、チベット仏教四大派の一つサキャ派の教主たちであり、その第八のパクパは、言うまでもなく有名な元の世祖の帝師八思巴である。次のシャルパ・フトゥクトは、『蒙古源流』にリンダン・フトゥクト・ハーンがサキャ・ダクチェン・シャルパ・フトゥクトに帰依したと述べられているのでも明らかなように、やはりサキャ・シャルパのラマである。そして一七一八～二〇年の北京刊本は、リンダン・ハーンの本文にはほとんど手を加えず、ただ差し障りのある奥書を除いただけのものであるが、その北京刊本の冒頭にも次のようにシャルパ・フトゥクトとリンダン・ハーンの関係が言及されている。

人間に威力あるリンダン・フトゥクト大元《だいげん》セチェン・ハーンが生まれて、

根本は正に金剛持《こんごうじ》に連なった、
教学は正に大瑜伽《ゆが》の相応なる、
種姓は正にサキャの子孫である、
空中の日のようなシャルパ・フトゥクトと逢って、
高貴なる法を日のように揚《あ》げて、
国民を金剛乗の道に導き、
太平安楽の政によって喜ばせて……、

これは明らかにシャルパ・フトゥクトがリンダン・ハーンの訳経事業に密接な関係があったことを示す。ところでその名が現れるのは、前引のノムガトハフ・シトゥゲンの奥書のみであって、他の諸経には言及されていない。しかもこの経が律部の最初に置かれていることは注意を要する。リゲティが指摘した通り、リンダン・ハーンのカンギュルの完成は一六二九年中にあったことは確かであるが、正にこの時、律部の編纂が終わりに近づいていた時、リンダン・ハーンとシャルパ・フトゥクトとの間に衝突が起こったらしいのである。その証拠は、一七三九年にジャルート部のシレート国師ダルマがモンゴル文で著した年代記『アルタン・クルドゥン・ミンガン・ケゲースト・ビチク』（Altan kürdün mingγan kegesütü bičig 金輪千輻書《こんりんせんぷくしょ》）の次の記事である。

空行母《くうぎょうも》とフトゥクトを大いに苦しめ行ない、
聖上ラマを放逐して、
仏法を敢棄《かんき》して……、

すなわちリンダン・ハーンがシャルパ・フトゥクトを遠ざけた結果、それ以後に書かれた奥書には後者の名が省かれたのである。

次に著者ハイシヒ博士は、第二章「十七世紀初頭における仏典の部分的翻訳とその翻訳者」でリンダン・ハーン以前の情況に遡る。先ずリンダン・ハーン以前に同様の事業に従事した人として、チャハルのダイチン太子（Dayičing tayiji）が挙げられる。その名はモンゴル文蔵経中の三種の奥書に言及されているが、その一つは一六二〇年の日付のある『大般若経』である。

ところでリンダン・ハーン時代の訳経者の一人として頻繁に現れるのはダイグン大元小国師（Dayigung dayun sikü guosi）であるが、マールブルクに在る『スブシダイン・タイルブル』（Subusida-yin tayilbur）、すなわちサキャ・パンディタ・クンガギェンツェン（Sa skya paṇḍita Kun dga' rgyal mtshan）の名著『スバーシタラトナニディ』（Subhāṣitaratnanidhi 善語宝蔵）の註釈書の奥書にも、次のようにその名が現れるのである。

それから次々と国の民に、
福分を具足した訳経者らが生まれて、
そのあらゆる国の言語で拡め、
いと高き諸法を翻訳した。
不滅の徳なるサキャ・パンディタの『スバーシタ』に、
すべての衆賢の著《あらわ》した註釈を、

図 10　モンゴル語およびチベット語の「八千頌般若経」

撮影：杉山晃造（JPS）

世間の政・法の特質を覚《さと》るようにと、
すべての主なるアルタン・ハーンの曾孫、
昔の福徳の力によって生まれた
威力あるデルゲル・アユシ皇太子（Delger ayusi qung tayiǰi）が望んだ時、
功徳と罪業をこれによって理解するようにと欲して、
このように翻訳した、ダイグン大元小国師は……

ここでこの翻訳の施主となっているデルゲルは、本文でも明らかな通り、アルタン・ハーンの曾孫で、実にかの第四世ダライ・ラマ・ヨンテンギャツォの兄弟に当たる人である。これは言うまでもなく、一六二八～二九年のリンダン・ハーンの西征によるトゥメト部の滅亡以前に係り、この訳経者が最初トゥメト部にあって活動し、のちリンダン・ハーンの庇護《ひご》下に入ったことを物語る。もっと時代の明らかなのは一五九二年の奥書のある『文《もん》殊師利結集経《じゅしりけつじゅうきょう》』で、そこでは施主はアルタン・ハーンの孫イラグクサン・ブヤヌ・エルケ・バヨート大皇太子（Ilaγuγsan buyan-u erke bayaγud dai qung tayiǰi）と記されている。

さて元へもどって『スブシダイン・タイルブル』の訳者ダイグン大元小国師のことであるが、この人はまたオンブ皇太子（Ombu qung tayiǰi）のためにもいくつかの仏典を訳している。このオンブはやはりアルタン・ハーンの孫で、アルタンの嗣子センゲ・ドゥーレンの末子である。このようにして著者ハイシヒは、トゥメト時代の帰化城で活動したことの確かな訳経者の名を拾い集め、これをリンダン・ハーン時代のものと比較して、その間に同一人と思われるものの多いことを指摘し、結局リンダン・ハーンはトゥメト時代にすでに開始されていた訳経事業を引き継いだに過ぎないことを示し、またトゥメト訳本とリンダン・ハーン訳本の本文を比較して、その間の行文・用語の一致を見出し、結局リンダン・ハーンはトゥメト時代の業績を利用して奥書のみを改変し、前人の功を奪った場合のあったことを明らかにする。

第三章「満洲の乾隆帝治下に於ける蒙文古書の蒐集と検閲」は、矢野仁一『近代蒙古史研究』に、

乾隆帝は蒙古には成吉思汗以後の盛んな時代に、各地方から蒙文に訳成して献納した書籍が沢山あることを知り、乾隆七年（西暦一七四二年）の詔を以て、蒙古に有る限りの古書を悉く北京に送致せしめた……。

とある事件の背景を分析する。矢野博士は「これなども、清朝の蒙漢分離策の一端と見られる」と解釈して居られるが、著者は別にチベットの一宗派ゲルク派とそれを援助する清朝の一種の思想統制をそこに見出す。その証拠は北京故宮博物院に蔵する四十九種の写本の上に貼付された簽《せん》であって、それにはいずれも満文で、

乾隆八年十一月十七日に旨に依りチャンキャ・フトゥクトらに委ねて検閲した白紙にモンゴル字で書いた「経名」一巻。

と記す。チャンキャ・フトゥクト・ロルペードルジェ（Lcang skya hu thog tu Rol pa'i rdo rje）がゲルク派であり、清朝が南モンゴルの宗教的元首の地位を与えた者であることは説くまでもない。元来、元朝以後のモンゴルにはニンマ派、サキャ派、カギュ派が並び行われていたのであって、いわゆるアルタン・ハーンの仏教帰依も、実はゲルク派への改宗を意味するだけであった。ゲルク派が他を圧倒して優勢になったのは、モンゴル統治の政治的必要から、清朝が意識的に保護を加えたのによるのである。こう見れば、乾隆七年（一七四二年）の詔の意義も初めて明らかになる。

以上、極めて簡単ながら、重みのある好著を読んだ喜びをもって紹介の筆を擱《お》く。

注

1　概説　モンゴル帝国から大清帝国へ

（1）テムル（ティームール）は、ふつう明への遠征途上、死亡したと言われているが、実際には北元に向かったのである。その証拠となるのが、たまたまその直前、スペイン王エンリケ三世がテムルに派遣した大使ルイ・ゴンサレス・デ・クラヴィホの紀行である。

一四〇四年九月八日、クラヴィホがサマルカンドの宮廷でテムルに謁見したとき、テムルの宮廷にはキタイの皇帝トクズ・ハーンの使節も同席していた。トクズ・ハーンとは「九つの帝国の皇帝」を意味する称号であるが、モンゴル人たちは嘲弄して「トングズ・ハーン」すなわち「豚皇帝」と呼んでいた。キタイ皇帝の使節の口上では、テムルの所領はかつてキタイの属領であった地方であるので、テムルは年々の貢税をキタイ皇帝に支払うべきであるのに、この七年間一度も支払ってないので、今やテムルはその全額を直ちに支払うべきである、というのであった。これに対してテムルは「貢税は私が自分で持参しよう」と言い、キタイの使節たちを抑留し、全員の処刑を命じた。キタイが七年間も貢税を取り立てなかった理由は、キタイの前皇帝の死後、三人の息子たちの間に相続争いが起こり、長男が三男を殺したが、次男は戦って長男に勝ち、長男は絶望して、自分のテントに火を放って焼け死んだ。勝ち残った次男が皇帝となり、争乱が収まったので、テムルに使節を送って貢税の支払いを要求したのだという。

キタイとは契丹（遼）のことで、契丹帝国が支配したモンゴル高原と満洲と、契丹のあとを受けた金帝国が支配した華北を含めた名称である。つまりキタイ皇帝とは、これらの地域を本拠とするフビライ家の元朝のハーンでなければならない。「トクズ・ハーン」というのは、北元のトクズ・テムル・ハーン（天元帝、一三七八〜一三八八年に在位）にちなんだ呼び方で、モンゴル高原の北元のハーンのことである。キタイの内紛のために、テムルは七年間、キタイ皇帝に支払うべき貢税を支払っていなかったというのは、このキタイが北元であって明朝でない証拠である。なぜなら、テムルが明朝に貢税を支払ったことは一度もないし、明朝の皇帝は華南に本拠があるから、モンゴル人ならば「マンジ」（蛮子）のハーンと呼ぶはずだからである。岡田英弘著『モンゴル帝国の興亡』筑摩書房、二〇〇一年、二一二～二一三頁。クラヴィホ（山田信夫訳）『チムール帝国紀行』桃源社、一九七九年、二〇〇頁。

（2）同時代の明側の漢文史料は、バイシンを「板升」と漢字で写し、その中で最大のものであるフヘ・ホト（モンゴル語で「青い城」）を「大板升」と写している。現代モンゴル語でもバイシンは固定家屋を指す言葉であるが、じつはバイシン **Bayising** の原義は城でも家屋でもなくて、ある種の人間の集団を言った。その証拠が清朝初期の満洲語史料にある。天聡《てんそう》二年（一六二八）二月、清の太宗は遼寧省西部のチャハル部を討ちに瀋陽を進発したが、その途次、「**Oo Muren** に **Sereng Cing Baturu** とその国人（**gurun**）**baising** すべてがいる」という情報が入った（『満文老檔』太宗、一二三頁）。満洲語の **gurun** はモンゴル語の **ulus**、満洲語の **baising** はモンゴル語の **bayising** である。つまりこのセレン・チン・バートルという名のモンゴル人領主の部衆のうち、遊牧モンゴル人が **ulus**、農耕漢人が **bayising** なのであって、中国語の「百姓」がモンゴル語「**bayising**」の語源なのである。バイシンは漢人農民の意味から拡大して、彼らの作る農園の意となり、農園に立つ中国式定住家屋の意となり、さらにその大なるものとして、フヘ・ホトの中国式宮殿が「大板升」と呼ばれるようになったのである。因みにこの語が「板升」と表記されるのは、中国語の山西方言の大同《だいどう》音で、「百姓」が「**pæ:ʃəŋ**」と読まれるからである。

2 『元朝秘史』の成立

（1）『元朝秘史』十巻は、チンギス・ハーンの祖先の物語から始まり、一二〇六年にチンギス・ハーンが即位するまでを記す。『元朝秘史続集』二巻は、即位後一二二七年に死ぬまでのチンギス・ハーンの行動と、一二二九年の第二代オゴデイ・ハーンの即位までを記す。日本語訳はすでに一九〇八年、那珂通世《なかみちよ》訳注『成吉思汗実録』大日本図書株式会社が刊行された。現在入手が容易なのは、村上正二《まさつぐ》訳注『モンゴル秘史』一、二、三、平凡社東洋文庫、一九七〇、七二、七六年、小澤重男『元朝秘史』上・下、岩波文庫、一九九七年など。漢字のみで書かれた原本のすべての単語をモンゴル語に復原して注記した『音訳蒙文元朝秘史』は、白鳥庫吉《しらとりくらきち》訳（実際にモンゴル語のラテン文字転写を付したのは竹内幾之助）として、一九四二年に東洋文庫から刊行されている。

（2）『遼史』百衲本、商務印書館、一九五八年、巻三十「天祚皇帝本紀」四、四葉下。

（3）『金史』百衲本、商務印書館、一九五八年、巻九十三「宗浩列伝」十七葉上～十八葉上。婆速火は『元史』巻一百十八、

特薛禅列伝、一葉上にデイ・セチェンの姓として記される孛思忽児Bosqurであることは疑いない。

(4)『元史』百衲本、商務印書館、一九五八年、巻一百十八「特薛禅列伝」一葉上〜下。

(5)同、四葉下。

(6)同、一葉下。

(7)『元史』巻一百六「后妃表」一葉下。同巻一百十四、后妃列伝一、二葉上。同巻一百十八、特薛禅列伝、四葉下。

(8)『元史』巻一百十四「后妃列伝」一、二葉上。

(9)『元史』巻一百二十六「安童列伝」一葉上。

(10)『元史』巻一百十九「木華黎列伝」十五葉上〜下。

(11)**Rashid-ad-din: *Sbornik letopisei*, tom I, kniga pervaia, Moskva-Leningrad, 1952. str.93.**

(12)『元史』巻一百六「后妃表」三葉上〜下。

(13)以下に説く元朝の権力構造については、本書1「モンゴル帝国から大清帝国へ」の三「大元帝国」を見よ。

(14)『元史』巻一百二十六「安童列伝」一葉上。但し、ここでアントンが「中統の初め、年方に十三」というのは計算が合わない。至元三十年、四十九歳で薨じたアントンは、中統二年の父の死に際しては十七歳だったはずである。

(15)『元史』巻四「世祖本紀」一、六葉下。

(16)『元史』巻二「太宗本紀」二葉下。

(17)『元史』巻二百六「叛臣列伝」王文統、四葉上。王文統は、当時最大の軍閥、益都の李璮の幕僚で、かつその妻の父であった。

(18)『元史』巻一百五十八「許衡列伝」八葉上〜下。

(19)『元史』巻四「世祖本紀」一、二十一葉下。

(20)『元史』巻五「世祖本紀」二、十葉下。

(21)『元史』巻五「世祖本紀」二、十四葉上。

(22)『元史』巻六「世祖本紀」三、四葉上。同巻一百二十六「安童列伝」一葉下。

(23)ドーソン著・佐口透訳注『モンゴル帝国史3』東京、平凡社、一九七一年六月、一二二頁。

(24)『元史』巻二百五「姦臣列伝」阿合馬、一葉下、二葉下。

(25)『元史』巻六「世祖本紀」三、十五葉下。

(26)『元史』巻七「世祖本紀」四、十三葉下~十四葉下。

(27)『元史』巻七「世祖本紀」四、十四葉下~十五葉上、同巻二百五「姦臣列伝」阿合馬、三葉下。

(28)『元史』巻八「世祖本紀」五、二葉下。同巻一百十四「后妃列伝」一、二葉上~下。同巻一百十五「裕宗列伝」四葉下~五葉上。

(29)『元史』巻七「世祖本紀」四、十九葉下。

(30)『元史』巻十一「世祖本紀」八、五葉上。同巻一百八「諸王表」一葉下。

(31)前掲『モンゴル帝国史3』一〇八~一〇九頁。『元史』巻一百二十六「安童列伝」三葉上。

(32)『モンゴル帝国史3』一〇九~一一〇頁。『元史』巻九「世祖本紀」六、二十葉下。

(33)『元史』巻十三「世祖本紀」十、三葉上。同巻一百二十六「安童列伝」三葉上。

(34)『元史』巻十「世祖本紀」七、二十五葉上。

(35)『元史』巻十一「世祖本紀」八、十二葉上。同巻一百十四「后妃列伝」一は、至元十八年とすべきところを「十四年」と誤る。

(36)『元史』巻二百五「姦臣列伝」阿合馬、七葉下~八葉上。

(37)『元史』巻六十二「地理志」五、十七葉下。

(38)『元史』巻九十九「兵志」二、五葉下。

(39)『元史』巻一百十五「裕宗列伝」九葉下~十葉上。江南は江西行省に代表される通り、皇太子チンキムの私的勢力圏であった。

(40)『元史』巻一百十五「裕宗列伝」十葉上。同巻十三「世祖本紀」十、二十三葉下。

(41)『元史』巻一百七「宗室世系表」十二葉上。同巻一百十五「顕宗列伝」十葉上。同「順宗列伝」十二葉下。

(42)『元史』巻一百十六「后妃列伝」二、一葉下。

(43)『元史』巻一百十四「后妃列伝」一、四葉上。同巻一百十八「特薛禅列伝」五葉上。**Rashīd al-Dīn** の **Jāmi' al-tawārīkh** によれば、ナンブイ・ハトンはナチン・クレゲンの娘だという(**John Andrew Boyle, *The Successors of Genghis Khan* translated from the Persian of Rashīd al-Dīn, New York, 1971, p.245**)。

(44)『元史』巻一百十五「順宗列伝」十二葉下~十三葉上。

(45)『元史』巻一百十五「顕宗列伝」十一葉上。

(46)ノムガンは、この時すでに北平王から、北安王に改封されていた。『元史』巻一百八「諸王表」一葉上、二葉下。
(47)『元史』巻十七「世祖本紀」十四、二十葉上。同巻十八「成宗本紀」一、一葉上。
(48)『元史』巻一百二十七「伯顔列伝」十九葉下。
(49)『元史』巻十八「成宗本紀」一、一葉下。同巻一百十六「后妃列伝」二、二葉下。同巻一百七十三「崔彧列伝」十二葉下。この玉璽は、ジャライルのムハリ国王の曾孫シッディの家から出たというが、こんな怪しげな物が登場する所を見ても、テムルの皇位継承が既定の事実ではなかったことが察せられる。
(50)『元史』巻十八「成宗本紀」一、二葉上、三葉下。同巻一百十六「后妃列伝」二、二葉下～三葉上。
(51)陳高華『元の大都』中央公論社、一九八四年六月、七一、九一～九二頁。
(52)その機構の詳細は、『元史』巻八十九「百官志」五に二から七葉にわたって記されている。
(53)『元史』巻二十「成宗本紀」三、六葉下。同巻一百十六「后妃列伝」二、三葉下。
(54)『元史』巻二十「成宗本紀」三、十七葉上。同巻一百十五「顕宗列伝」十二葉上。
(55)『元史』巻二十九「泰定帝本紀」一、一葉上。同巻一百十六「后妃列伝」一、三葉下。
(56)『元史』巻二十一「成宗本紀」四、二十葉下、二十三葉下。同巻一百十四「后妃列伝」一、四葉下。
(57)『元史』巻一百十四「后妃列伝」一、五葉上～下。
(58)『元史』巻二十二「武宗本紀」一、二葉上～下。同巻二十四「仁宗本紀」一、一葉上～二葉下。同巻一百十四「后妃列伝」一、五葉下。同巻一百十六「后妃列伝」二、四葉上～五葉上。同巻一百三十六「阿沙不花列伝」八葉下～九葉下。同巻一百三十八「康里脱脱列伝」二葉上～三葉下。
(59)『元史』巻二十二「武宗本紀」一、三葉下、十六葉下。同巻一百十六「后妃列伝」二、五葉下。
(60)『元史』巻二十二「武宗本紀」一、二十四葉下。同巻一百十六「后妃列伝」二、五葉上。
(61)『元史』巻二十三「武宗本紀」二、二十七葉上。同巻二十四「仁宗本紀」一、三葉上、六葉上。
(62)『元史』巻三十一「明宗本紀」一葉上。同巻三十二「文宗本紀」一、一葉上。同巻一百十四「后妃列伝」一、六葉上。
(63)『元史』巻二十七「英宗本紀」一、一葉上。同巻一百十四「后妃列伝」一、六葉上。
(64)『元史』巻二十七「英宗本紀」一、一葉上。同巻一百十六「后妃列伝」二、六葉上～下。
(65)『元史』巻二十六「仁宗本紀」三、十九葉下。同巻二十七「英宗本紀」一、一葉下、三葉下。
(66)『元史』巻二十七「英宗本紀」一、四葉上。同巻一百十六「后妃列伝」二、五葉下。

(67)『元史』巻二十八「英宗本紀」二、六葉下。同巻一百十六「后妃列伝」二、六葉下は「至治三年二月崩」に作るが、実は二年九月丙辰である。

(68)『元史』巻二十八「英宗本紀」二、七葉上。同巻一百三十六「拝住列伝」十六葉上。

(69)『元史』巻二十八「英宗本紀」三、十六葉下～十七葉上。同巻一百三十六「拝住列伝」十七葉上。同巻二百七「逆臣列伝」二葉上～下。

(70)『元史』巻二十九「泰定帝本紀」一、一葉下～四葉下。

(71)『元史』巻三十「泰定帝本紀」二、二十四葉上～下。同巻三十一「明宗本紀」二葉下～十葉上。同巻三十二「文宗本紀」一、二葉上～十六葉上。同巻三十三「文宗本紀」二、三葉下～十五葉上。同巻一百三十八「燕鉄木児列伝」六葉下～十三葉上。

(72)村上正二訳注『モンゴル秘史3』（平凡社、一九七六年八月、三九六頁）には、「泰定帝の甲子のクリルタイ（実際にはクリルタイは前年の癸亥年に開催されたことは本文中で触れた通り——岡田）については、たしか三年ほど前のモンゴル学会の席上で岡田英弘教授によって言及された以外、どの国の学者によっても触れられていないが、……」とある。

(73) Hidehiro Okada, "*Yüan ch'ao pi shih*, a pseudo-historical novel." *Proceedings of the Third East Asian Altaistic Conference, August 17-24, 1969, Taipei, China*, pp.194-205. H. Okada, "*The Secret History of the Mongols*, a pseudo-historical novel." *Journal of Asian and African Studies*, No.5, 1972, pp.61-67. 岡田英弘「チンギス・ハーン崇拝とモンゴル文学」『歴史と地理』一八二、一九七〇年十一月、二二～二三頁。

(74)『元朝秘史』の物語が史実らしくない点が多いことについては、次のものを見よ。吉田順一「元朝秘史の歴史性——その年代記的側面の検討」『史観』七八、一九六八年、四〇～五六頁。同「『元史』太祖本紀の研究——特に祖先物語について」『中国正史の基礎的研究』早稲田大学出版部、一九八四年三月、三五七～三八三頁。

3 モンゴル史料に見える初期のモンゴル・チベット関係

(1)『元史』巻二「太宗本紀」、巻一百七「宗室世系表」、巻一百五十五「汪世顕列伝」。因みに汪世顕は漢人でなく、トルコ系のオングト（Önggüd）族である。

(2) Giuseppe Tucci, *Tibetan Painted Scrolls*, Vol.1, pp.7-17, Rome, 1949.

(3) George N. Roerich, *The Blue Annals*, Part I, p.91, Calcutta, 1949.

（4）Tucci, *op.cit, loc.cit.*

（5）Sarat Chandra Das, "Contribution on Tibet", *Journal of the Royal Asiatic Society of Bengal*, Calcutta, 1881, pp.238-239; 1882, pp.19-20.

Paul Pelliot, "Les systèmes d' écriture en usage chez les anciens Mongols," *Asia Major*, II, 2, Leipzig, 1925, pp.284-289.

Roerich, "Kun-mkhyen Čhos-kyi ḥod-zer and the origin of the Mongol alphabet", *Journal of the Royal Asiatic Society of Bengal*, Vol.XI, 1945, No.l., pp.52-58.

James E. Bosson, "Sa-skya Pandita", MS. delivered at the Inner Asia Research Colloquium, University of Washington, Seattle, Dec.6, 1960.

（6）Kun-dga' Rdo-rje, *The Red Annals*, Part I, The Tibetan Text, Gangtok,1961.

（7）Roerich, op.cit., *loc.sit.*

（8）『元史』巻二百二「釈老列伝」。

（9）Pelliot, *op.cit., loc.cit.* Roerich, *op.cit., loc.cit.*『仏祖歴代通載』巻二十二、大徳七年条。

（10）bLo bzaṅ bsTan 'jin, *Altan Tobči, A Brief History of the Mongols*, Scripta Mongolica I, Cambridge, 1952.

（11）『元朝秘史続集』巻二、第五葉表。

（12）岩村忍『マルコ・ポーロの研究』上巻、一九四八年、二六二頁。

（13）N. P. Shastina, *Shara Tudzhi, Mongol'skaia letopis' XVII veka*, Moskva, 1957, p.44.

（14）Roerich, *op.cit., loc.cit.*

（15）Shastina, *op.cit.*, pp.44-45.

（16）『元朝秘史続集』巻二、第五葉表。

（17）岩村、前掲書、二六七頁。

（18）岡田英弘訳注『蒙古源流』東京、刀水書房、二〇〇四年、一一九―一二〇頁。

（19）『元史』巻一「太祖本紀」。

（20）同上。

（21）ゴルパケンボ・ソェナムギャツォ・リンポチェ（Ngor pa mkhan po Bsod nams rgya mthso Rin po che）の御教示による。Cf., Roerich, *The Blue Annals*, Part II, p.1047.

（22）岡田、前掲書、一四一～一四三頁。
（23）Robert E. Ekvall 氏の談話による。
（24）Bosson, *op.cit.*, p.2.
（25）『元史』巻三「憲宗本紀」。
（26）『元史』巻一百二十六「廉希憲列伝」。
（27）『五涼考治六徳集』巻三「永昌県誌」古蹟「斡児朶古城、県東南一百二十里、俗伝為永昌王牧馬城、地名黄城児。唐家沙溝南八十里有永昌王避暑宮、遺址尚存。」「永昌王潤端墓、県東南二十里、俗伝元宗室永昌王葬処。其西又有二墓、俗呼娘娘墳、意其妃墓。」同書巻一「武威県誌」村社「永昌堡　県北三十里。」『嘉慶永昌県志』巻二　古蹟「至武威西北三十里之永昌府、其行宮也。」
（28）Shastina, *op.cit.*, pp.24, 47-49.
（29）Rasipungsuγ, *Bolor Erike, Mongolian Chronicle*, Scripta Mongolica III, Cambridge, 1959. Part I, pp.171-172; Part IV, pp.121- 122.
（30）*Ibid.*, Part I, p.217; Part IV, p.176.
（31）*Ibid.*, Part I, pp.218-219; Part IV, pp.176-178.
（32）Bosson, *op.cit.*, Part., pp.2-3.
（33）Rasipungsuγ, *op.cit.*, Part I, pp.219-220; Part IV, pp.179-180.
（34）Sumatiratna（Blo bzang rin chen）, *Bod Hor-gyi Brda-yig Ming-tshig-don-grum Gsal-bar Byed-pa'i Mun-sel Sgron-me*, Corpus Scriptorum Mongolorum, Tomus VI, Ulaanbaatar, 1959, p.787.
（35）東洋文庫蔵本。この本は、綴り字の特徴から推してブリャート刻本なるかの疑いがある。

4　元の瀋王と遼陽行省

（1）『李朝太祖実録』巻一「太祖康献至仁啓運聖文神武大王、姓李氏、諱旦、字君晋、古諱成桂、号松軒、全州大姓也。」
（2）『李朝太祖実録』巻一、九頁下「初三海陽（今吉州）達魯花赤金方卦、娶度祖女、生三善三介、於太祖、為外兄弟也。生長女真、膂力過人、善騎射、聚悪少、横行北邊、畏太祖、不敢肆。……」「ジュシェン」という種族名を、朝鮮と宋の漢文史料は「女真」と写し、遼・金・元・明の漢文史料は「女直」と写す。

（3）C. D'Ohsson, *Histoire des Mongols*, I-IV, La Haye et Amsterdam, 1834-1835, tome II, p.638.

（4）ブロシェはこの地名をDjoundjouと読み、大寧路の川州をこれに擬している。しかし川州は今の朝陽の東北、四角坂の廃城ジョソ・ハラ・ホトン（卓索喀喇城）であって、かつて省治たりしこともなく、まして高麗人との関係は全く考えられない。E. Blochet, ed., *Histoire des Mongols, successeurs de Tchinkkiz Khaghan*, Leyden-London, 1911, p.485, note C.

（5）『元史』巻五十九、志十一「地理」二、五葉表裏。

（6）『元史』巻一百五十四「列伝」四十一、一葉表～二葉裏。

（7）『高麗史』巻一百三十「叛逆」四、国書刊行会編（一九〇九年）、巻三、六四五頁上下。

（8）『元史』巻一百五十四「列伝」四十一、七葉表裏。

（9）この問題を扱った論文としては、丸亀金作「元・高麗関係の一齣――瀋王に就いて」『青丘学叢』一八、一九三四年十一月、が唯一のものである。本稿で紙幅上省略せざるを得なかった瀋王関係の種々の史料については丸亀氏の論文について見られたい。

（10）『高麗史』巻三十三、「世家」とは高麗王の治世について述べた部分で、中国の正史の「本紀」に相当する。国書刊行会編、一九〇八～一九一〇年、巻一、五一五頁下。

（11）オルジェイトが一時高麗国世子となったことは多く看過されて来、丸亀氏すら瀋王世子となったと記述しているが、これは『高麗史』年表の誤謬を襲ったもので、かくては何故オルジェイトがあれほど執拗に国王位を窺ったか解せられなくなる。

（12）『高麗史』巻九十一、国書刊行会編、巻三、四五頁下～四六頁上。

（13）『高麗史』巻九十一、国書刊行会編、巻三、四七頁上。

（14）『高麗史』巻九十一、国書刊行会編、巻三、四七頁上。

（15）『明代満蒙史料　李朝実録抄』一、東京大学文学部、一九五四年、一九〇頁。

（16）和田清「満洲を三韓といふことについて」『東亜史研究（満洲篇）』東洋文庫、一九五五年、二四九頁。

5　元の恵宗と済州島

（1）貝瓊の伝は勅修の『明史』巻一百三十七にも出ているが、王鴻緒の『明史稿』巻二百六十六の方がやや詳しい。次にその要を掲げておく。

貝瓊、字廷琚。一名闕、字廷臣。崇徳人。性坦率、篤志好学。年四十八、始領郷薦。張士誠拠平江、屢徴不就。洪武初、聘修『元史』、既成、受賜帰。六年（一三七三）、以儒士挙、至京師、除国子助教。……九年（一三七六）、以本官改中都国士監、教勳臣子弟。瓊学行素優、雖将校武夫、皆知礼重。十一年（一三七八）致仕、帰未幾卒。子翺、字季翔、官楚府紀善、亦能詩。

（2）『明史』巻九十九、志第七十五、藝文四、集部別集類「貝瓊『清江文集』三十巻、『詩』十巻」

（3）実は『乾隆浙江通志』巻二百四十四、経籍四、史部下「地理」の項に「『耽羅志略』三巻」を挙げ、「永嘉李至剛記、貝瓊後序」と注していて、この後序は早くから注意されていたらしい。『乾隆温州府志』巻二十七、経籍、雑著の項も同文である。更に先に引いた『温州経籍志』にも「見清江文集」としてこの後序の全文が掲げてある。私が『躭羅志略』に興味を持ったのも、『乾隆浙江通志』の記事に由る。

（4）楊維楨の伝は『明史』巻二百八十五、列伝一百七十三「文苑」一に出ている。それに拠れば、楊維楨は字を廉夫といい、山陰（浙江省紹興県）の人、元の泰定四年（一三二七）の進士であったが、兵乱に会って地を富春山（浙江省桐盧県の西）に避け、更に銭塘（杭州）、松江と従った。洪武三年（一三七〇）、明の太祖の懇請で礼楽書の纂定に与り、叙例略ぼ定まるや直ちに辞し帰ったが家に抵って卒した。維楨の詩は鐵崖体として一世を風靡した。

（5）「曹涇鎮、在江蘇松江県東南七十里、介柘林鎮・金山衛之間、南濱海。旧有県丞駐此。一作漕涇。」（『中国古今地名大辞典』）

（6）路允迪等の舟は宣和五年（一一二三）五月十六日明州を発し、十九日定海県（舟山島上）に至った。二十四日定海を発し、翌日沈家門（普陀県）に至り、順風を候った。二十八日（六月二十四日）風が正南に回ったのに乗じて舟を外洋に放ったが、翌二十九日「入白水洋、其源出靺鞨、故為白色。」「黄水洋、即沙尾也。其水渾濁且浅。舟人云、其沙自西南来、横於洋中千余里、即黄河入海之処。舟行至此、則以鶏黍祀沙。蓋前後行舟、過沙多有被害者、故祭其溺死之魂云。自中国適句麗、唯明州道則経此、若自登州板橋以済、則可以避之。」「黒水洋、即北海洋也。其色黯湛淵淪、正黒如墨、猝然視之、心胆倶喪。怒濤噴薄、屹如万山、遇夜則波間熠熠、其明如火。方其舟之升在波上也、不覚有海、唯見天日明快。及降在窪中、仰望前後水勢、其高蔽空、腸胃騰倒、喘息僅存、顛仆吐嘔、粒食不下咽。」二日後の六月二日、華夷の限という夾界山を望み、三日黒山を過ぎた。高麗の民居・官衙が有るのはこの島が最初である。四日竹島に、五日苦苫苫に泊し、六日群山島に至った。国都の港である礼成港に入ったのは十二日であった。沈家門から群山島まで凡そ八日、明州から礼成江までも二十六日である。帰途は同年七月十五日礼成江を発し、二十四日群山島に至ったが、風が不順で何度も放洋を試みて失敗し、八月十六日（九月八日）東北風に乗じて出発し、竹島に泊した。しかし再び逆風に遭い、十九日（九月十一日）に至って始めて竹島を発し、二十日黒山・夾界山を過ぎ、二十一日沙尾（黄水洋）を過ぎ、二十六日栗港に泊し、二十七日定海県に到った。群山島から三十二日目であった。

（7）内藤雋輔「朝鮮支那間の航路及び其推移に就て」（『内藤博士頌寿記念史学論叢』弘文堂書店、一九三〇年）

（8）『明史』巻一百五十一、列伝三十九に李至剛という人が見えている。それに拠れば、李至剛は名を鋼といい、字を以て行われた。松江華亭の人、洪武二十一年（一三八八）明経の選に挙げられ、懿文太子に侍し、礼部郎中を授けられたが事に坐して謫せられた。尋いで工部郎中、河南右参議を経、建文中湖広右参議のとき再び事によって獄に繋がれた。成祖の即位後、右通政と為り『太祖実録』の編修に与った。甚だ帝の親信を得、礼部尚書を以て左春坊大学士を兼ねたが、解縉と衝突して礼部郎中に降った。そこで解縉を怨み、これを中傷し、縉も下獄したが自分も連坐して繋がるること十余年に及んだ。仁宗の即位に際して釈され、左通政となったが、大行皇帝の晏駕に於ける不謹慎を劾せられ、出でて興化知事と為ったが年すでに七十、再歳にして官に歿した。これは明らかに『躭羅志略』の著者とは別人である。華亭の人で永嘉の人でないばかりでなく、仁宗の即位（一四二五）の年に七十歳ならば、至正二十五年（一三六七）には僅かに十歳だったことになり、到底躭羅に使いする齢ではない。『明史』ではこうなるが、焦竑の『国朝獻徴録』巻三十三、礼部一、尚書の所に収められた、楊士奇撰する所の「資善大夫礼部尚書兼左春坊大学士敬齋李公至剛墓表」に拠れば、歿したのは宣徳二年（一四二七）七月四日、享年七十であるから、至正二十五年には僅かに八歳であったわけになる。いずれにせよ別人に違いない。なお明代にはもう一人の李至剛がある。過庭訓の『本朝分省人物考』巻一百七、四川成都府の項に見える人がそれで、これは成都護衛の人、弘治の進士で、刑部員外郎から広東僉事に至っている。

（9）清の厲鶚の『東城雑記』は雍正六年（一七二八）の序があり、一巻本と二巻本があるが内容に変わりがない。この書には「蘭芳軒」と題する一章があり、「貝清江瓊蘭芳軒記云」としてその全文を引き、「按珊瑚網、題趙子固水仙巻云天台李至剛」と注意している。そこで明の汪砢玉編する所の『珊瑚網名画題跋』を見ると、巻六に「趙孟堅水墨双鈎水仙長巻」があり、これに附せられた彝齋（筆者の趙孟堅）・鮮于枢（漁陽人）・子昂（趙孟頫）・周密（済南人）、瓚（未詳）・仇遠（銭塘人）・鄧文原（綿州人）・張瑛（未詳）・叔野（未詳）・林鐘（未詳）・李至剛・張伯淳（崇徳人）の題跋が列してある。前後の人名から見て、李至剛が元人であることに疑いはない。その題する所は次の通りである。

水精宮闕夜不閉　仙子出游凌素波
何事低頭弄名月　不知零露溼衣多

しかしこの李至剛は天台即ち台州の人で、温州の人である『皝羅志略』の著者とは別人とした方が良いだろう。厲鶚も同一人と断じたわけではない。なお厲氏は『明閣学記』を引いて華亭の李至剛の事を叙し、「蓋傾険之流也。其僑居銭塘、当別是一人」と評している。

(10)『元史』巻一百九十「列伝」七十七「儒学」二に拠れば、李孝光は字を季和といい温州楽清の人、鴈蕩山の五峰の下に隠居して教え、丞相タイ・ブハ（泰不華）もこれに師事した。至正七年（一三四七）詔を以て徴せられて京師に赴き、恵宗に見えて『孝経図説』を進めて大いに悦ばれ、明年（一三四八）秘書監著作郎から文林郎秘書監丞に陞り、官に卒した。年五十三。『永嘉詩人祠堂叢刻』に李孝光の『五峰集』が入っているが、その尾に『楽清県志』から録出した「李五峰行状」が附いている。これは李孝光の長女の夫陳徳英の撰に係るが、これに依れば李孝光は至正十年（一三五〇）冬十月既望、享年六十六を以て没したのであり、『元史』の説は誤りとすべきである。

(11)『明史』「楊維楨列伝」にはその松江生活を叙して、「海内薦紳大夫、与東南才俊之士、造門納履無虚日、酣酒以往、筆墨横飛、或戴華陽巾披羽衣、坐船屋上、吹鉄笛作梅花弄、或呼侍児歌白雪之辞、自倚鳳琶和之、賓客皆蹁躚起舞、以為神仙中人」と言っている。若い李至剛がこの中に出入した事は十分想像出来る。

(12)貝瓊自身、『清江貝先生文集』巻七の「鐵崖先生大全集序」の尾で「門人貝瓊」と署しているし、『清江文集』の序にもこの事が伝えられている。楊氏の序は『東維子文集』に見えない。

(13)『元史』巻一百九十九「列伝」八十六「隠逸」に拠れば、杜本は字は伯原、清江の人、武宗の時御史大夫フラチュ（忽剌朮）の薦で召されて京師に至ったが、幾ばくもなく帰って武夷山中に隠れ、文宗の徴にも起たなかった。至正三年（一三四三）恵宗に翰林待制奉議大夫兼国史院編修官を以て召されるや、行いて杭州に至って固辞し、遂に行かなかった。至正十年（一三五〇）七十五歳で卒した。

(14)『三国志』巻三十『魏書』三十「東夷」。『後漢書』巻百十五「列伝」七十五「東夷」。『太平御覧』巻七百八十「四夷部」一「東夷」一、三韓の条に引かれた「魏志」は、実は『通典』巻百八十五「辺防」一「東夷」上、馬韓の条から取ったものである。州胡が済州島の住民を指すことについては、末松保和『任那興亡史』大八洲出版、一九四九年、四八頁を見よ。

(15)今日でも済州島の方言は韓国語の内でも特異な地位を占めている。朝鮮中期の『新増東国輿地勝覧』巻三十八、済州牧、風俗の条にも「村民俚語艱渋、先高後低」と言ってある。

(16) 末松、前掲書、三七～六三頁。

(17) 同右、一一五頁。『三国史記』巻二十六「百済本紀」には、文周王二年（四七六）「夏四月、躭羅国献方物。王喜、拝使者為恩率」、東城王二十年（四九八）「八月、王以躭羅不修貢献、親征至武珍州。躭羅聞之、遣使乞罪。乃止（躭羅即躭牟羅）」とあるが、百済の記録に拠ったと思われる『日本書紀』に従うべきであろう。

(18) 『隋書』巻八十一、列伝四十六「東夷」百済「平陳之歳、有一戦船、漂至海東聃牟羅国。其船得還、経于百済。昌資送之甚厚、并遣使奉表賀平陳。高祖善之、下詔曰、『百済王既聞平陳、遠令奉表、往復至難、若逢風浪、便致傷損。百済王心迹淳至、朕已委知。相去雖遠、事同言面、何必数遣使、来相体悉。自今以後、不須年別入貢。朕亦不遣使往、王宜知之。』使者舞蹈而去。」『北史』巻九十四、列伝八十二「百済」の条はこれよりやや簡略である。

(19) 『北史』には聃を躭に作る。

(20) 『冊府元亀』巻九百七十「外臣部」十五、朝貢第三「龍朔元年八月、多篾国王摩如失利・多福国王難修強宜説・耽羅国王儒李都羅等、竝遣使来朝、各貢方物。三国皆林邑之南、辺海小国也。」『新唐書』巻二百二十、列伝百四十五、東夷「龍朔初、有儋羅者。其王儒李都羅遣使入朝。国居新羅武州南島上。俗朴陋、衣犬豕皮、夏居草屋、多窟室。地生五穀。耕不知用牛、以鉄歯杷土。初附百済。麟徳中酋長来朝、従帝至太山。後附新羅。」

(21) 『日本書紀』巻二十六、斉明天皇七年（六六一）五月「丁巳、躭羅始遣王子阿波伎等貢献（『伊吉連博徳書』云、辛酉年（六六一）正月廿五日還到越州。四月一日従越州上路東帰。七日行到檉岸山。明以八日鶏鳴之時、順西南風、放船大海。海中迷途、漂蕩辛苦、九日八夜、僅到躭羅之嶋。便即招慰嶋人。王子阿波伎等九人同載客船、擬献帝朝。五月廿三日奉進朝倉之朝。躭羅入朝始於此時）。」

(22) 『三国史記』巻六「新羅本紀」六、文武王二年（六六二）二月「躭羅国主佐平徒冬音律（一作津）来降。躭羅自武徳以来臣属百済、故以佐平為官号。至是降為属国。」

(23) 『旧唐書』巻八十四、列伝三十四、劉仁軌「仁軌遇倭兵於白江之口、四戦捷、焚其舟四百艘、煙焔漲天、海水皆赤。賊衆大潰。餘豊脱身而走、獲其宝剣。偽王子扶餘忠勝・忠志等率士女及倭衆并耽羅国使一時竝降、百済諸城復帰順。」

(24) 同右、「麟徳二年（六六五）封泰山。仁軌領新羅及百済・耽羅・倭四国酋長赴会。高宗甚悦、擢拝大司憲。」

(25) 『日本書紀』巻三十、持統天皇八年十一月壬辰を以て最後とする。

(26) 『続日本紀』巻三十五に拠れば、光仁天皇の宝亀九年（七七八）、遣唐第四船が帰国の途上耽羅嶋に漂着し、判官海上真人三狩等は嶋人に抑留されたが、録事韓国連源等は遺衆四十余人を率いて脱帰し、この事件を朝廷に報じたので、翌年（七七九）二月、太宰少監下道朝臣長人を遣新羅使とし、三狩等を迎えに行かせた。耽羅の事件で日本が新羅に使いを送ったのは、日本が耽羅を新羅の附庸国と認めていた証拠である。また『三国史記』巻十に拠れば、これよりやや遅れて新羅哀荘王二年（八〇一）十月「耽羅国遣使朝貢」とある。

(27)『扶桑略記』巻二十四、醍醐天皇延長七年（九二九）五月十七日の条に拠れば、甄萱の人民が貪羅嶋に海藻を採りに行って難破し対馬国に漂着したので、日本の官吏がこれを甄萱の都全州まで送りとどけたと言う。後百済の民が耽羅に往来していたことは、この島が甄萱の勢力下にあったことを示すのであろう。但しこれより四年前の高麗の太祖八年（九二五）には高麗に朝貢したことがある。

(28)『高麗史』巻一「世家」一、太祖八年（九二五）「十一月己丑、耽羅貢方物。」

(29) 星主・王子の号の実際『高麗史』世家に現れるのは、靖宗九年（一〇四三）の「十二月庚申、乇羅国星主游撃将軍加利奏『王子豆羅近因卒、一日不可無嗣。請以号仍為王子。』仍献方物」とあるのが最も早い。徒上は更に降って毅宗七年（一一五三）十一月「庚子、耽羅縣徒上仁勇副尉中連珍直等十二人来献方物」とあるのが唯一の例である。ところで『高麗史』巻五十七、志十一「地理」二の全羅道耽羅県の条に古記を引いて耽羅の開国神話と星主・王子・徒上の起源を説いた所がある。その性質上信ずべき限りでないが、興味のある話だから次に引く。

其古記云、大初無人物、三神人従地聳出（其主山北麓、有穴曰毛興、是其地也）長曰良乙那、次曰高乙那、三曰夫乙那。三人遊猟荒僻、皮衣肉食。一日見紫泥封蔵木函、浮至于東海濱。就而開之、函内又有石函、有一紅帯紫衣使者、随来開石函、出現処女三及諸駒犢五穀種。乃曰、我是日本国使也。吾王生此三女、云、西海中岳降神子三人、将欲開国而無配匹。於是命臣、侍三女以来、爾宜作配以成大業。使者忽乗雲而去。三人以年次分娶之、就泉甘土肥処、射矢卜地。良乙那所居曰第一都、高乙那所居曰第二都、夫乙那所居曰第三都、始播五穀、且牧駒犢、日就富庶。

至第十五代孫高厚・高清、昆弟三人造舟渡海、至于耽津。蓋新羅盛時也。于時客星見于南方。太史奏曰、異国人来朝之象也。遂朝新羅。王嘉之、称長子曰星主（以其動星象也）、二子曰王子（王令清出胯下、愛如己子、故名之）、季子曰都内。邑号耽羅、蓋以来時初泊耽津故也。各賜宝蓋衣帯而遣之。自此子孫蕃盛、敬事国家。

以高為星主、良為王子、夫為徒上。後又改良為梁。

これは二つの系統を異にする伝承を継ぎ合わせたものと覚しく、上に分けた第二段で、意義の上で連絡する第一段と第三段が分断されている。第一段・第三段では高・梁・夫の三氏が星主・王子・徒上となったとするが、第二段では高氏の三人兄弟が星主・王子・都内となったとするのは明らかに矛盾している。第一段・第三段は、梁を高に先立たせている所から推して恐らく王子梁氏系の伝承であるべく、第二段は高のみを説く所から見て星主高氏系の伝承とすべきであろう。ただし星主・王子の起源については、やはり太祖世家の伝えに従って高麗太祖よりの賜爵とする方が安全かと思う。もっともこの伝えも何か伝説的な匂いがするが。

(30) 二宮啓任「高麗の八関会について」『朝鮮学報』第九輯、一九五六年。

(31)『高麗史』巻四「世家」四、顕宗二年九月「乙酉、耽羅乞依州郡例賜朱記。許之。」

(32)『高麗史』巻九「世家」九、文宗三十三年（一〇七九）十一月「壬申、耽羅勾当使尹応均献大真珠二枚、光耀如星。時人謂夜明珠。」同巻十、世家十、宣宗七年（一〇九〇）正月「己丑、礼賓省拠耽羅勾当使申状奏、星主游撃将軍加良仍死、母弟陪戎副尉高福令継之。賵賻之物宜準旧例支送。制可。」

(33)『高麗史』巻九十八「列伝」十一、高兆基。高維の名は世家文宗十一年（一〇五七）正月己丑の条にも見える。高兆基は本伝に拠れば睿宗元年（一一〇六）の進士、毅宗十一年（一一五七）に卒した。

(34)『高麗史』巻五十七、志十一「地理」二、全羅道耽羅県「粛宗十年、改毛羅為耽羅郡。」

(35) 同右、「毅宗時県令官。」また29に引いた毅宗世家の記事を見よ。

(36) 耽羅県が済州となった正確な時日は不明であるが、『高麗史』「世家」には高宗十六年（一二二九）の条に済州の名が出ているので、それ以前なのは確かである。

(37) この辺の事情については、池内宏博士の諸篇、「金末の満洲」『満鮮史研究――中世第一冊』吉川弘文館、一九七九年（初版岡書院、一九三三年）、「高麗に駐在した元の達魯花赤について」「高麗に於ける元の行省」『満鮮史研究――中世第三冊』吉川弘文館、一九六三年、及び『元寇の新研究』東洋文庫、一九三一年、に詳しい。

(38)『高麗史』巻二十六「世家」二十六、元宗七年十一月「済州星主来見。甲子、遣正言玄錫、以星主如蒙古。」

(39)『元史』巻六「本紀」六「世祖」三、至元四年正月「乙巳、百済遣其臣梁浩来朝。賜以錦繡有差。」同巻七、至元九年（一二七二）五月庚午の条に「詔議取耽羅及済州」とあるが、耽羅列伝のこれに応ずる箇所に中書省臣及び枢密院臣の議として「且耽羅国王嘗来朝覲」と見えるのがその証拠である。

(40) 池内宏「高麗の三別抄について――附三別抄の叛乱」「元の世祖と耽羅島」『満鮮史研究――中世第三冊』吉川弘文館、一九六三年。

(41)『高麗史』巻三十一、世家三十一「忠烈王」四、二十年五月「王以四事奏于帝、一請帰耽羅、二請帰披虜人民、三請冊公主、四請加爵命。帝命耽羅還隷高麗……。」『元史』巻二百八、外夷列伝九十五、耽羅「[至元]三十一年、高麗王上言、耽羅之地、自祖宗以来臣属其国。林衍逆党既平之後、尹邦宝充招討副使、以計求径隷朝廷。乞仍旧。帝曰、此小事、可使還属高麗。自是遂復隷高麗。」

(42)『高麗史』巻二十八、世家二十八「忠烈王」一、二年「元遣塔剌赤為耽羅達魯花赤、以馬百六十匹来牧。」同巻五十七、志十一、地理二、全羅道耽羅県「忠烈王三年、元為牧馬場」の三年は二年の誤りである。

(43)元貞元年（一二九五）に当たる翌二十一年三月庚午の条にも「元遣伯帖木児来、取馬于耽羅」とある。

(44)この問題の発端は、『高麗史』「地理志」に「[忠烈王]二十六年、皇太后又放厩馬」とある事件かも知れない。忠烈王二十六年（一三〇〇）は大徳四年である。忠烈王世家二十七年（一三〇一）五月庚戌の条は次の如く伝えている。「遣知都僉議司事閔萱如元……。又請罷耽羅総管府、隷本国、置万戸府。表曰、地如隣敵、為備要詳、天必聴卑、所須当聞、庶仗早図之力、欲消後悔之萌。伏念、蕞爾耽羅、接于倭国、恐姦人倏来忽往、或漏事情、令戍卒厳警粛装、不容窺覘。於是謂在軍官而作帥、宜加宣令以播威、頃者臣之所以擬議設立軍民都指揮使司者、不知上国曽有是命、徒以本国旧例、凡大官出鎮辺境者、令帯指揮使之名、故欲於是名加受宣命虎符、如合浦鎮辺事耳。今承中書省咨、奏准設立耽羅軍民総管府。勢有大乖、事非本望。倘許従便而毋固、第期無失於所施、令罷耽羅総管府、依旧隷属本国、開置万戸府、如合浦鎮辺事、但於頭目人員頒降宣命虎符、使得増威鎮圧、則譬若毛之有皮、得其所附、亦如臂之使指、動罔不宜……。中書省移咨略曰、征東省欲依慶尚全羅道鎮辺万戸府例、於耽羅設立万戸府事、奉聖旨、可、依所請者……。」『元史』成宗本紀大徳五年（一三〇一）七月戊申の条の「立耽羅軍民万戸府」はこの結末を録したものであろう。しかし『高麗史』地理志の「[忠烈王]三十一年、還属于我」から見れば、大徳九年（一三〇五）まで返還は実現しなかったのかと思われる。

(45)『高麗史』巻三十七、世家三十七「忠穆王」三年（一三四七）八月「戊寅、元太僕寺遣李家奴帖木児・安伯顔不花来、取耽羅馬。」

(46)これについては池内宏「高麗恭愍王の元に対する反抗の運動」「高麗辛禑朝に於ける鉄嶺問題」「高麗恭愍王朝の東寧府征伐に就いての考」「高麗末に於ける明及び北元との関係」『満鮮史研究――中世第三冊』吉川弘文館、一九六三年、を見よ。

(47)『高麗史』巻三十九、世家三十九「恭愍王」二、五年（一三五六）六月「庚申、以前賛成事尹時遇為済州都巡問使。」

(48)同右、十月「丙寅、済州加乙赤忽古托等叛、殺都巡問使尹時遇・牧使張天年・判官李陽吉。」この事件は、恭愍王が洪武三年（一三七〇）明に上った耽羅計稟表に、「乃者奇氏兄弟謀乱伏誅、辞連耽羅達達牧子忽忽達思、差人究問、宰相尹時遇等尽為所殺」とあるもので、忽古托が即ち忽忽達思なことは疑いない。加乙赤とは牧子の意で、ハラチ（Qarači）

であろう。『高麗史』の他の箇所では哈赤と書かれている。

(49)同右、六年（一三五七）二月「辛亥、済州来降、献方物。」

(50)古禿不花（Qutuγ buqa）は後に言う肖古禿不花と同一人であろう。『新増東国輿地勝覧』巻三十八「済州牧」姓氏の条に依れば、石・肖は元姓であるから、古禿不花は石迭里必思（Derbis < Darwīsh）と同じく元人とすべきである。

(51)文氏はやはり『勝覧』によれば済州の土姓の大なるものであるから、文アルタン・ブハは本来耽羅人であろう。

(52)『高麗史』巻四十三、世家四十三「恭愍王」六、二十年（一三七一）三月甲寅・四月己卯・壬辰・壬寅・丙午・六月戊戌・九月壬戌。

(53)『高麗史』巻四十四、世家四十四「恭愍王」七、二十三年（一三七四）四月戊申・七月乙亥・戊子・己丑・辛酉、巻一百十三、列伝二十六、崔瑩。

(54)『高麗史』巻一百三十三、列伝四十六「辛禑」一、元年（一三七五）十一月。

(55)『高麗史』巻一百三十四、列伝四十七「辛禑」二、八年（一三八二）七月。

(56)『高麗史』巻一百三十七、列伝五十「辛禑」五。

(57)『朝鮮太宗恭定大王実録』巻十一、六年（一四〇六）四月己卯・庚辰。

6　恵宗悲歌の源流

(1) Hans-Peter Vietze & Gendeng Lubsang (ed.), *Altan Tobči, Eine mongolische Chronik des XVII. Jahrhunderts von Blo bzan bstan 'jin*, Text und Index. Institute for the Study of Languages and Cultures of Asia and Africa, Tokyo, 1992, p.96, 4219-4236.

(2)同右、pp.96-97, 4236-4256.

(3)岡田英弘訳注『蒙古源流』刀水書房、二〇〇四年、一七三～一七五頁。

(4)原文は yere yisün čaγaγčinud-iyan barin kürlegči で解し難いが、『チャガーン・トゥーケ』（Čaγan teüke）の第三章に「四季の宴」を行うべきことを説いて、三月二十一日にチンギス・ハーンの九十九頭の牝馬を繋いで白群の宴を行い、五月十五日に九十九頭の白牝馬の初乳を搾って夏気の宴を行うと言うが、これらの行事を指すことは疑いない。

(5)岡田訳注『蒙古源流』一六九～一七一頁。

(6) Byamba, *Asaraγči neretü-yin teüke*. Monumenta Historica, Tomus II, Fasc.4, Ulaanbatar, 1960, pp.46-48.

(7) Walther Heissig (ed.), *Altan kürdün mingγan kegesütü bičig, Eine mongolishe Chronik von Siregetü Guosi Dharna* (1739). Kopenhagen. 1958,

(8) Antoine Mostaert & Francis Woodman Cleaves (ed.), *Bolor Erike, Mongolian Chronicle by Rasipungsuγ*. 5 vols, Cambridge, 1959, III, PART V, pp. 291-292.

(9) Č. Damdinsürüng, *Mongγol-un uran ǰokiyal-un teüke* (*arban γurbaduγar-ača arban doloduγar ǰaγun-i kürteleki üy-e*). Köke qota, 1957, pp.234-236.

(10) Če. Damdinsürüng, *Mongγol-un uran ǰokiyal-un degeji ǰaγun bilig orusibai*. Ulaγanbaγatur qota, 1959, p.73.

7　ダヤン・ハーンの年代

(1)『皇朝藩部要略』巻一。

(2)『欽定外藩蒙古回部王公表伝』巻四十五、五十三、六十一、六十九。

(3)『明史』「日本伝」巻三百二十二、列伝、外国三「日本故有王、其下称関白者最尊、時以山城州渠信長為之。偶出猟、遇一人臥樹下、驚起衝突、執而詰之。自言平秀吉、薩摩州人之奴、雄健蹻捷、有口辯。信長悦之、令牧馬、名曰木下人。後漸用事、為信長画策、奪并二十余州、遂為摂津鎮守大将。有参謀阿奇支者、得罪信長、命秀吉統兵討之。俄信長為其下明智所殺、秀吉方攻阿奇支、聞変、与部将行長等乗勝還兵誅之、威名益振。尋廃信長三子、僭称関白、尽有其衆、時為万暦十四年。(日本にはもと王があって、その臣下では関白というのが一番偉かった。当時、関白だったのは山城守信長であって、ある日、猟に出たところが木の下に寝ているやつがある。びっくりして飛び起きたところをつかまえて問いただすと、自分は平秀吉といって、薩摩の国の人の下男だという。すばしっこくて口がうまいので、信長に気に入られて馬飼いになり、木下という名をつけてもらった。その後、だんだんにその用を勤めるようになって、信長のために画策し、二十余国を平らげ、ついに摂津の鎮守大将になった。信長の参謀の阿奇支というのが落ち度があったので、信長は秀吉に命じて軍隊を率いて攻めさせた。ところが突然、信長は家来の明智に殺された。秀吉はちょうど阿奇支を攻め滅ぼしたばかりだったが、変事を聞いて部将の行長らとともに、勝った勢いで軍隊を率いて帰り、明智を滅ぼした。威名はますます振るった。ついで信長の三子を廃して、自ら関白と称し、ことごとくその衆を有した。時は万暦十四年である。)」

(4) 江実訳注『蒙古源流』東京、昭和十五年(一九四〇年)、満文原文八二頁。

（5）岡田英弘訳注『蒙古源流』東京、刀水書房、二〇〇四年、二一九頁。

（6）このことは江氏がすでに注意している。同氏前掲書、註二五頁に「bolhū jinung は bayan mungke 自身の称号であるから、『bolhū jinung が二十九歳の時に bayan mungke を産みぬ』というこの満文は極めておかしい」とある。

（7）沈曾植『蒙古源流箋証』巻六。

（8）岡田『蒙古源流』二三七頁。

（9）ただし萩原氏の言うところとは異なり、『辺政考』と『万暦武功録』の文は、これと著しく違っている。『明代満蒙史研究』一九六三年、二四三頁。

（10）ちなみに萩原氏は「内蒙古諸部落の起源」を誤読して、和田説でダヤン・ハーンの死は嘉靖二十三年ごろ、在位は従って六十五年となっているように書いているが、実は原文では「嘉靖二三年」で、二年または三年の意であり、従って在位は四十余年となっていたことを注意しておく。

（11）和田清『東亜史研究（蒙古篇）』一九五九年、五一一頁。

（12）これは嘉靖二十六年（一五四七年）のチャハル部の東遷から天啓末年（一六二七年）までの形勢である。

（13）Walther Heissig, *Die Familien- und Kirchengeschichtsschreibung der Mongolen, I, 16.-18 Jahrhundert*, Wiesbaden, 1959, pp.17-26; Facsimilia, pp.1-25. その後、一九八四年に至って『エルデニ・トゥヌマル・ネレト・スドゥル・オロシバ』(Erdeni tunumal neretü sudur orosiba 阿拉坦汗伝）が民族出版社から刊行され、十六世紀の成立だとされている。

（14）日本語全訳が、岡田英弘訳注『蒙古源流』として、刀水書房から二〇〇四年に刊行された。本論の引用にはこの書物の頁数を挙げる。

（15）Rev. Antoine Mostaert & Francis Woodman Cleaves (ed.), *Altan Tobči, A Brief History of the Mongols by bLo bzan bsTan 'jin*, Cambridge, 1952.

（16）一六七五年、チャハル親王ブルニが清の康熙帝に対して反乱を起こし、追いつめられて射殺された。このブルニの乱の当事者が本書に書いてあるので、そう思われる。

（17）Heissig, op. cit., pp.50-75.

（18）Heissig, *Geschichtsschreibung*（註13前掲書）, pp.75-79. 刊本には次の諸版がある。

（一）Galsan Gomboev, Altan Tobchi, Mongol'skaia Letopis', v podlinnom tekste i perevode, s prilosheniiem kalmytskago teksta Istorii Ubashi-Khuntaidzhiia i ego voiny s oiratami. *Trudy Vostochnago Otdeleniia Imperatorskago*

Arkheologichekago Obshshestva, Chasti' shestaia, Sanktpeterburg, 1858.

（二）*Činggis qaγan-u čadig*. Peking, 1925.

（三）*Boγda činggis qaγan-u čidig*. Peking, 1927.

（四）『蒙文蒙古史記』*Mongol Chronicle Činggis Qaγan u čidig including Altan Tobči*. No dates.

（五）小林高四郎『アルタン・トプチ（蒙古年代記）』外務省調査部第三課、一九三九年。

（六）藤岡勝二『羅馬字転写　日本語対訳　喀喇沁本蒙古源流』東京、文江堂、一九四〇年。

（七）Charles Bawden, *The Mongol Chronicle Altan Tobči*. Wiesbaden, 1955.

(19)『八旗通志初集』巻十二、旗分十二「八旗佐領」。同条によれば、ロミは兄ソノム（索諾穆 Sonom）の死後、その佐領を管理したが、「人及ばざるに因り」革退せられたとあり、その年代を明らかにしない。

(20)『雍正畿輔通志』巻六十「布政使」。

(21)『清世宗実録』巻二十七、雍正二年十二月己卯。

(22) 同書巻三十五、雍正三年八月戊子。

(23) 同書巻五十九、雍正五年七月己卯。

(24) 同書巻一百二十四、雍正十年十月壬戌。

(25)『八旗通志初集』巻一百十「八旗大臣年表」四、八旗蒙古管旗大臣年表下。

(26)『清世宗実録』巻一百五十六、雍正十三年五月癸卯。

(27)『欽定八旗通志』巻三百二十五「八旗大臣年表」十六、八旗都統年表六、蒙古八旗三。

(28) Walther Heissig & Charles R. Bawden (ed.), *Mongγol Borǰigid Oboγ-un Teüke von Lomi (1732)*. Wiesbaden, 1957. 一九八五年になって『蒙古家譜』二巻と題する本が内蒙古人民出版社から刊行された。これは乾隆四十六年（一七八一年）博清額が重纂したもので、朱風・賈敬顔訳『漢訳蒙古黄金史綱』に附録されている。

(29) *Gombodzhab, Ganga-iin Uruskhal, "Istoriia zolotogo rode vladyki Chingisa.—Sochinenie pod nazvaniem <Techenie Ganga>"*. Moskva, 1960.

(30) Walther Heissig (ed.), *Altan Kürdün Mingγan Gegesütü Bičig, Eine mongolische Chronik von Siregetü Guosi Dharma (1739)*. Kopenhagen, 1958.

(31) Rev. Antoine Mostaert & Francis Woodman Cleaves (ed.), *Bolor Erike, Mongolian Chronicle by Rasipungsuγ*. Cambridge,

1959. 5 vols.

（32）Byamba, *Asarayči neretü-yin teüke*. Ulaanbaatar, 1960. 本書第五部書評17参照。

（33）Heissig, *Geschichtsschreibung*, Facsimilia, pp.86-111.

（34）N. P. Shastina (ed.), *Shara Tudzhi, Mongol'skaia letopis' xvii veka*. Moskva-Leningrad, 1957.

（35）Hans-Peter Vietze & Gendeng Lubsang, *Altan Tobči, Eine mongolische Chronik des XVII. Jahrhunderts von Blo bzaṅ bstan jïn, Text und Index*. Tokyo, 1992, 4302-4718.

（36）実は原文には「巳年」(moγai jil) とあり、一四〇一年を指すようであるが、それでは前後の在位年数と合わない。taulai（卯）の誤写と見て改めた。

（37）和田、二四〇、八三七頁。

（38）同書、二〇二頁。

（39）同書、二〇二、二〇六～二一〇頁。

（40）岡田『蒙古源流』、一七六～二一八頁。

（41）和田前掲書、四二七頁。

（42）*Ganga-iin Uruskhal*, pp.23-25, 19-21, 16-27. 同書には錯簡があり、一九頁一一行から二五頁八行後半、二六頁一〇行から二一頁六行、二五頁八行前半から一九頁一二行、二一頁六行から二六頁一一行にそれぞれ続かなくてはならない。

（43）和田前掲書、三五五頁。

（44）Vietze, *op.cit.*, 5130-5132.

（45）岡田前掲書、二四一頁。

（46）*Ganga-iin Uruskhal*, p.31.

（47）和田前掲書、五三七～五三八頁。

（48）岡田前掲書、二一九頁。

（49）和田前掲書、五二四頁。岡田前掲書、二四〇～二四二頁。

（50）Vietze, 5079-5080.

（51）*Ganga-iin Uruskhal*, p.28.

（52）*Ibid.*, p.30.

（53）Vietze, 4725-4726, 4817-4818. 本書には錯簡があり、4725 前半から 4763 後半、4806 後半から 4763 前半、4725 前半から 4806 後半に続けて読まねばならない。
（54）*Ganga-iin Uruskhal*, pp.27-28.
（55）岡田前掲書、二三九頁。ここの記しかたではゲレセンジェも壬寅生まれのごとくであるが、正しくは癸酉（一五一三年）であるから今取らない。
（56）Vietze, 4882-4885.
（57）「蒙古源流年表稿」『史学雑誌』第七一編第六号、六一～七〇頁、一九六二年。岡田英弘訳注『蒙古源流』も参照のこと。
（58）*Shara Tudzhi*, pp.109-118.
（59）和田前掲書、四六四、五三二頁。
（60）このことは本篇の続稿「ダヤン・ハーンの先世」で論ずる。
（61）和田前掲書、二六九頁。

8　ダヤン・ハーンの先世

（1）和田清『東亜史研究（蒙古篇）』（東洋文庫論叢第四十二、一九五九年）、二〇二頁。
（2）Hans-Peter Vietze & Gendeng Lubsang, *Altan Tobči, Eine mogolische Chronik des XVII. Jahrhunderts von Blo bzan bstan 'jin, Text und Index*, Tokyo 1992, 4302.
（3）和田前掲書、二三四頁。
（4）和田前掲書、三〇、三四、一八二—四頁。
（5）和田前掲書、一八三頁。なおアリク・ブガの名はイスラム教徒の史家によって ārīgh būkā と写され、一般にモンゴル語の ariy böge「清い巫」または ariy böke「清い力士」を意味するものと解されているが、音韻上 būkā が böge ではあり得ないことはボイルの指摘するとおりである（J. A. Boyle (tr.), *The History of the World-Conqueror by 'Ala-ad-Din 'Ata-Malik Juvaini*, Manchester, 1958. Vol.II, p.518）。しかし『元史』には阿里不哥とあり、不哥は büge または büke でなければならず、ふつう孛可と写される böke でもなさそうである。そのうえ経廠本『華夷訳語』（涵芬楼秘笈第四集）の「捏怯来書」には阿里孛可と転写し、原本が ari böke と読まれる綴りであったことを示す。böke は büke とも büge とも読めるから問題はないが、ariに語末子音がないのに注意したい。クンガドルジェの『フラーン・デブテル』には**a ri sboga**とあり（稲葉正就・佐藤長訳『フゥランテプテル』京都、一九六四年、七九頁）、『アルタン・トブチ』には**ari bay-a**及び**aribuγ-a**と記して（Vietze, *op.cit.*, 3549, 3980）、ともに阿里が**ariγ**でなく**ari**であることを示している。**ari büge**はとうていモンゴル語でもトルコ語でもあり得ないから、これはむしろ梵語の**ārya-bhoga**「聖受用」の訛ではなかろうか。ふつうモンゴル人の仏教との接触はサキャのクンガギェンツェンがグユク・ハーンの元年すなわち一二四六年に涼州に至った時に始まるとされ（「モンゴル史料に見えるモンゴル・チベット関係」一二九頁参照）、アリブガの誕生より後であるが、それはチベット人の見方で、実はチンギス・ハーンはその西征の途次、東トルキスタンやカシミールにおいて仏教と接触する機会が多かったに違いなく、その孫に梵語起源の名を有する者があっても異とするに足りない。

（6）V. Minorsky（tr.）, V. V. Barthold, *Four studies on the history of Central Asia*, Volume II, Ulugh-Beg, p.137. Honda, Minobu, "On the Genealogy of the Early Northern Yüan", *Ural-Altaische Jahrbücher*, Band XXX, Heft 3-4, 1958.

（7）Minorsky, *op.cit.*, pp.50-51. バルトリドが太子オグランをオルジェイ・テムルの嗣というのは誤りである。

（8）和田前掲書、二六〇頁。

（9）Pétis de la Croix は Tocatmur を fils de Timur Can と記すが、元の成宗鉄穆耳には後が無かったから、これが恵宗妥懽貼睦爾を指すことは疑いない。

（10）和田前掲書、一八三頁。

（11）Minorsky, *op.cit.*, pp.50-51.

（12）*Ibid.*

（13）和田前掲書、八三八頁。

（14）和田前掲書、八三七頁。

（15）和田前掲書、二〇四～二一三頁。

（16）和田前掲書、二六九～二七一頁。

（17）『明代満蒙史料　李朝実録抄』第四冊、三一三～三一五頁。

（18）『金輪千輻書』には『蒙古源流』所載のものによく似た次の系譜を伝える。Cf., Walther Heissig (ed.), *Altan Kürdün Mingyan Gegesütü Bičig, eine mongolische Chronik von Siregetü Guosi Dharma* (1739), Monumenta Linguarum Asiae Maioris, Seria Nova, I, pp.37-39.

- ビリクト
- ウスハル
  - エンケ・ジョリクト
  - エルベク
    - クン・テムル
    - オロイ・テムル
    - ダルバ──オイラダイ
    - アダイ──タイスン
  - ハルグチュン・ドゥーレン──アジ

『蒙古源流』との顕著な相違は、ハルグチュクとアジャイの存在を認めながら、タイスン・ハーンを後者の子とせず、かえってアダイの子としていることである。この系譜も、本文に述べた理由から、史実を反映しないものとすべきである。なお『水晶の数珠』にも同様な記述がある。Cf., Antoine Mostaert & Francis Woodman Cleaves (ed.), *Bolor Erike, Mongolian chronicle by Rasipungsuγ*, Cambridge, 1959, Part III, pp.121-136; Part IV, pp.198-305.

(19) L. S. Puchkovskii (ed.), *Gombodzhab, Ganga-iin uruskhal*, Moskva, 1960, p.21.

(20) 和田前掲書、三五五頁。

(21) 岡田英弘訳注『蒙古源流』二〇〇四年、東京、一七八〜一八三頁。

(22) Owen Lattimore, *Mongol Journeys*, New York, 1941, p.25.

(23) Vietze, 4262〜4291. 岡田、三二五〜三二七頁。

(24) Vietze, 4308-4346.

(25) 和田前掲書、二三七〜二三八頁。

(26) 岡田、一八三〜一八九頁。

(27) 岡田、一九二頁。

(28) 和田前掲書、二三七〜二七三頁。

(29) 和田前掲書、二七二〜二七三頁。

(30) 和田前掲書、三三三〜三三九頁。

(31) 岡田、一九五〜一九八頁。

(32) 和田前掲書、三四一頁。

(33) Vietze, 4425-4467.

(34) ジャダの法とは、牛馬の内臓の結石を水に浸して雨を降らせる呪法で、遊牧民の間では古くから知られていた。チンギス・ハーンがケレイトのオン・ハーンと組んで、ナイマンやメルキトやオイラトと組んだ仇敵ジャムハと戦ったコイテンの野の戦闘においても用いられたことが、『元朝秘史』巻四、一四三節にある。那珂通世訳注『成吉思汗実録』(一九〇八年)では、元末明初の『輟耕録』を引用してジャダを説明している。

(35) 和田前掲書、三三四〜三三六頁。

(36) Vietze, 4353-4377.

(37) 岡田、二〇〇〜二〇三頁。

(38) この一句は、晋王が驢馬と化した故事が語り伝えられたことを示して、興味深い。

(39) Vietze, 4500-4515.

(40) 岡田、二〇三〜二〇五頁。

(41) Vietze, 5253-5254 には、「聖主のジョチの子孫はトモクにいる。チャガタイの子孫はオロスのチャガーン・ハーン(ロシアのツァーリ)である」とあって、これまた両者を転倒している。

(42) Vietze, 4515-4571.

(43) N. Elias & E. D. Ross, *A History of the Moghuls of Central Asia*, London, 1895, pp.65-67.

(44) 間野英二「十五世紀初頭のモグーリスターン――ヴァイス汗の時代」『東洋史研究』第二三巻第一号、一九六四年。間野英二『バーブルとその時代』(松香堂、二〇〇一年)に収録。

(45) 岡田、二〇五―二〇七頁。

(46) Vietze, 4776-4806.

(47) 和田前掲書、三八四〜三八六頁。

(48) Vietze, 4587-4588. そこには「女児ならば髪を梳け。男児ならば大動脈を梳け」の文句も出ている。また同書(5116-5117)にホルチンの諸王のゴルロス征伐の経緯を記した中に、ソロンゴトのハラクチン大夫人の裔サガダイの子サイン・タマガトらの活躍ぶりが見え、ハラクチン大夫人が本来ホルチンの祖先伝説のサイクルに属した人物であることは確かである。

9 ダヤン・ハーンの六万人隊の起源

(1) 岡田英弘訳注『蒙古源流』東京、二〇〇四年、二二七〜二三五頁。

（2）岡田、二三四頁。
（3）ドーソン著・佐口透訳注『モンゴル帝国史2』東京、一九六八年、五六～六一頁。
（4）『元史』巻一百六「后妃表」。
（5）『元史』巻一百十五「顕宗列伝」。
（6）『元史』巻二十九「泰定帝本紀」一。
（7）『元史』巻一百八「諸王表」。
（8）『元史』巻一百十九「木華黎列伝」。
（9）『元史』巻一百二十六「安童列伝」。
（10）『元史』巻一百十八「阿剌兀思剔吉忽里列伝」。
（11）『元史』巻二「太宗本紀」。佐口透「河西におけるモンゴル封建王侯」『和田博士還暦記念東洋史論叢』東京、一九五一年。
（12）『元史』巻三「憲宗本紀」、巻四「世祖本紀」一。
（13）『元史』巻七「世祖本紀」四。
（14）『元史』巻一百八「諸王表」。
（15）『元史』巻二十二「武宗本紀」一、巻二十四「仁宗本紀」一、巻一百十四「后妃列伝」一。
（16）『元史』巻二十九「泰定帝本紀」一、巻一百八「諸王表」。
（17）『元史』巻三十六「文宗本紀」五、巻二百二「釈老列伝」。
（18）ドーソン著・佐口透訳注『モンゴル帝国史1』、三〇九頁。『元朝秘史』一四四節の「失思吉思」、二三九節の「失黒失惕」はイェニセイ河源の Shishkhid gol である。
（19）岡田「ドルベン・オイラトの起源」（本書第三部、12に再録）。
（20）和田清『東亜史研究（蒙古篇）』東京、一九五九年、二六七～四二三頁。岡田「ダヤン・ハーンの年代」、「ダヤン・ハーンの先世」。Okada, Hidehiro, "Life of Dayan Qayan", *Acta Asiatica*, 11, 1966.
（21）岡田英弘「北元奉祀聖母瑪利亜攷」、『国立政治大学辺政研究所年報』一、一九七〇年。
（22）『元史』巻三十八「順帝本紀」一。
（23）岡田『蒙古源流』、一九五～二一八頁。Vietze, 4425-4760.
（24）佐口『モンゴル帝国史』2、二五頁。

(25)和田前掲書、四五四～四五七、四七七～四七八頁。『蒙古源流』はこれをダヤン・ハーンの時のこととするが、その年代から見てボディ・アラク・ハーンの時なのは疑いない。岡田『蒙古源流』、二三七～二三八頁。
(26)Owen Lattimore, *Mongol Journeys*, New York, 1941, pp.31, 35-43.
(27)岡田『蒙古源流』、二一五頁。Vietze, 4713-4714.
(28)Byamba, *Asarayči neretü-yin teüke*, Monumenta Historica, Tomus II, Fasc. 4, Ulaanbaatar, 1960, pp.72-73. *Shara Tudzhi, Mongol'skaia letopic' XVII veka*, Moskva-Leningrad, 1957, pp.107-110.
(29)*Bolor erike, Mongolian chronicle*, Scripta Mongolica, III, Cambridge, 1959, Part III, pp.199, 231.
(30)森川哲雄「ハルハ・トゥメンとその成立について」『東洋学報』第五五巻第二号、一九七二年。
(31)和田前掲書、一一三、一一九～一二〇、一二七頁。
(32)『元史』巻一百「兵志」三、巻一百二十八「土土哈列伝」、巻一百三十二「抜都児列伝」。
(33)『元史』巻一百二十八「土土哈列伝」、巻一百三十八「燕鉄木児列伝」「伯顔列伝」。
(34)和田前掲書、四四九～四五三、四六七、四九〇～四九七、六六九～六九〇頁。

10　ウリャーンハン・モンゴル族の滅亡

(1)岡田英弘訳注『蒙古源流』東京、二〇〇四年、二三七頁。
(2)和田清『東亜史研究（蒙古篇）』東京、一九五九年、四五四～四五七、四七七～四七八頁。
(3)珠栄嘎校注『阿拉坦汗伝』北京、一九八四年、三四～三五頁。
(4)珠栄嘎、三五～三六頁。
(5)珠栄嘎、三七頁。
(6)珠栄嘎、四一～四六頁。
(7)珠栄嘎、四六～四七頁。
(8)珠栄嘎、五一～五二頁。
(9)岡田、二四〇頁。
(10)岡田、二四二頁。
(11)岡田、二〇七～二〇八頁。

(12) 珠栄嘎、二〇、三二頁。

(13) 岡田、二三九頁。

(14) 和田、四三九頁。

(15) 岡田、二四九～二五〇頁。

(16) Perlee, *Byamba, Asarayči neretü-yin teüke*, Ulaanbaatar, 1960, pp.72-73, 89. N. P. Shastina, *Shara tudzhi, mongol'skaia letopis' XVII veka*, Moskva-Leningrad, 1957, pp.109-110, 112-113.

(17) 宮脇淳子「十七世紀清朝帰属時のハルハ・モンゴル」『東洋学報』第六一巻第一・二号、一九七九年、一一四、一三七頁。

(18) 岡田英弘「ウバシ・ホンタイジ伝考釈」『内陸アジア史論集』第二冊、一九七九年、八七～一〇二頁（本書第三部 13 に再録）。

(19)『欽定外藩蒙古回部王公表伝』巻六十五、「扎薩克輔国公通謨克列伝」一葉下、巻六十七、「扎薩克一等台吉普爾普車凌列伝」八葉上。張穆『蒙古游牧記』巻十、一二葉下～一四葉上、一五葉上～一六葉上。

(20) 岡田、『蒙古源流』、二三四頁。本書「9 ダヤン・ハーンの六万人隊の起源」も参照されたい。

(21) O. L. Smirnova, *Rashid-ad-Din, Sbornik Letopisei, Tom I, Kniga voraia*, Moskva-Leningrad, pp.234-235.

(22)『元史』巻一百二十一、列伝八「速不台」一葉上。

11 チョクト皇太子について

(1) 本論11、および13の題名にもある「皇太子」は、モンゴル語の称号「ホンタイジ」を漢字で表したものである。ただし、本来の意味から外れて使用されていることに注意が必要である。モンゴル人は元朝時代に漢字の官職名を採用し、草原に撤退した後も利用し続けたが、もとは帝位を継ぐ後継者の意味だった「ホンタイジ（皇太子）」は、モンゴル草原ではハーンに次ぐ副王の意味に使われるようになった。その上、時代が下ると自称が増えたので、必ずしも副王でもなくなった。さらに十七世紀半ばになると、モンゴルの西隣オイラトにも伝わり、ジューンガル帝国の君主の称号と化した。人気のあった称号である。

(2) 山口瑞鳳「顧実汗のチベット支配に至る経緯」『岩井博士古稀記念典籍論集』東京、一九六三年、七四一～七七二頁。

(3) *Mtsho sngon gyi lo rgyus sogs bkod pa 'i tshangs glu gsar snyan zhes bya ba bzhugs so, Collected Works of Sum-pa-mkhan-po*, Vol.2 (kha), 971-1007, Śata Pitaka series, Vol.215, New Delhi, 1979.

（4）本書第五部「書評」17論文を参照。
（5）本書第二部「7ダヤン・ハーンの年代」二各種のモンゴル年代記（九）参照。
（6）『皇朝藩部要略』の最後に付せられた表。『皇朝藩部要略』は祁《き》韻《いん》士《し》の著作として有名であるが、実は祁韻士の没後、別人の手によって編纂された書で、『王公表伝』の要約本である。一八三九（道光十九）年の李兆洛の序、一八四五（道光二十五）年の祁《き》寯《しゅん》藻《そう》の跋があり、一八八四（光緒十）年に浙江書局から刊行された。
（7）『欽定外藩蒙古回部王公表伝』は、清朝の外藩であったモンゴル、オイラト、チベット、回部の王公の封爵の承襲と、各部の総伝と王公の列伝からなる。一七七九（乾隆四十四）年勅命を受けて纂修が開始された。纂修の中心人物は、漢人科挙官僚の祁韻士で、一七八九（乾隆五十四）年に満文本と漢文本が完成した。モンゴルで「イレトケル・シャスティル *Iledkel Šastir*（表伝）」として有名なモンゴル文本は、このあと理藩院で満文本から翻訳された。満洲語、モンゴル語、漢語の三体で書かれた各一百二十巻、全三百六十巻、一百八十冊が武英殿から刊行され、外藩の各部に頒布された。詳細は、宮脇淳子「祁韻士纂修『欽定外藩蒙古回部王公表伝』考」『東方学』八一、一九九一年、一〇二～一一五頁。
（8）本書第二部「7ダヤン・ハーンの年代」二各種のモンゴル年代記（十）参照。
（9）本書第二部「7ダヤン・ハーンの年代」二各種のモンゴル年代記（四）参照。
（10）*Die Inschriften von Tsaghan Baisin*. Tibetisch-mongolischer Text mit einer Übersetzung sowie sprachlichen und historischen Erläuterungen herausgegeben von Dr. Georg Huth, Privatdocent an der Universität zu Berlin. Gedruckt auf Kosten der Deutschen Morgenländischen Gesellschaft, Leipzig, in Commission bei F. A. Brockhaus, 1894.
（11）Če. Damdinsürüng, *Mongγol uran ǰokiyal-un degeǰi ǰaγun bilig orusibai*. Corpus Scriptorum Mongolorum Instituti Linguae et Litterarum Comiteti Scientiarum et Educationis Altae Reipublicae Populi Mongoli, Tomus XIV. Bügüde Nayiramdaqu Mongγol Arad Ulus-un Sinjileku Uqaγan ba Degedü Bolbasuralun Küriyeleng-ün Keblel. Ulaγanbaγatur qota, 1959.

12 ドルベン・オイラトの起源

（1）O. I. Smirnova, *Rashid-ad-din, Sbornik letopisei. Tom I, 2*. Moskva-Leningrad, 1952. pp.121-2, 146-152.
（2）L. A. Khetagurov, *Rashid-ad-din, Sbornik letopisei, Tom I, 1*, Moskva-Leningrad, 1952, pp.137-138.
（3）Smirnova, *op.cit.*, p.269.
（4）Khetagurov, *op.cit.*, pp.118-121.

(5) Yu. P. Verkhovskii, *Rashid-ad-din, Sbornik letopisei, Tom II*, Moskva-Leningrad, 1960. pp.72-73.

(6) A. K. Arends, *Rashid-ad-din, Sbornik letopisei, Tom III.* Moskva-Leningrad, 1946, p.18.

(7) Verkhovskii, *op.cit*, p.201.

(8) *Ibid.*, p.127.

(9) *Ibid.*, p.201.

(10) *Ibid.*, pp.200-203.

(11) *Ibid.*, p.163.

(12) *Ibid.*, pp.168-171.

(13) 『元史』巻一百二十七「伯顔列伝」

(14) 『元史』巻九「世祖本紀」

(15) 『元史』巻一百三十二「杭忽思列伝」

(16) 『元史』巻十「世祖本紀」

(17) 『元史』巻一百六十五「孔元列伝」

(18) 『元史』巻一百六十六「王昔剌列伝」

(19) 『元史』巻一百二十七「伯顔列伝」

(20) 『明代満蒙史料　明実録抄　蒙古篇』一、京都大学文学部、一九五四年、二〇四頁。

(21) Hans-Peter Vietze & Gendeng Lubsang, *Altan Tobči, Eine mongolische Chronik des XVII. Jahrhunderts von Blo bzan bstai 'jin.* Institute for the Study of Languages and Cultures of Asia and Africa, Tokyo, 1992. 4305-4307.　以下同様。

(22) 『明代満蒙史料　明実録抄　蒙古篇』一、二六一頁。

(23) Honda Minobu, On the genealogy of the early Northern Yüan, *Ural-Altaische Jahrbücher*, xxx-314, 1958.　以下同様。

(24) 『明代満蒙史料　明実録抄　蒙古篇』一、二七〇～二七一、二七五頁。

(25) Verkhovskii, *op.cit.*, p.17.

(26) 『明代満蒙史料　明実録抄　蒙古篇』一、三三〇頁。

(27) 同、四一六頁。

(28) 同、二七八頁。

（29）同、三五二・三五四頁。
（30）同、四二六頁。
（31）同、五四一頁。
（32）『明代満蒙史料　李朝実録抄』四、東京大学文学部、一九五四年、三一四〜三一五頁。
（33）岡田英弘訳注『蒙古源流』刀水書房、二〇〇四年、二五五、二五七、二六二〜二六三頁。
（34）Emči Γabang šes rab, *Dörbön oyirodiyin töüke*. Corpus Scriptorum Mongolorum Instituti Linguae et Litterarum Academiae Scientiarum Reipublicae Populi Mongoli, Tomus V, Fasc.2-3, Ulanbator, 1967.
（35）Xošuud noyon Bātur ubaši tümeni tuuribiqsan *Dörbön oyiradiyin tüüke*.（A. Pozdneev, *Kalmytskaia khrestomatiia*. Petrograd, 1915, pp.24-43.）
（36）N. P. Shastina, *Shara Tudzhi, Mongol'skaia letopis' xvii veka*. Moskva-Leningrad, 1957.
（37）P.S. Pallas, *Sammlungen historischer Nachrichten über die mongolischen Völkerschaften*, St.-Petersburg, 1776.
（38）Khetagurov, *op.cit.*, pp.121-122.
（39）Činggis qaγan-u yeke öčig.（Če. Damdinsürüng, *Mongγol uran ǰokiyal-un degeǰi ǰaγun bilig orusibai*. Corpus Scriptorum Mongolorum Instituti Linguae et Litterarum Comiteti Scientiarum et Educationis Altae Reipublicae Populi Mongoli, Tomus XIV, Ulaγanbaγatur, 1959. pp.73-87.）
（40）J. A. Boyle, *'Ata-Malik Juvaini, The history of the world-conqueror*, Manchester, 1958. Vol.I, pp.55-60.
（41）Henry H. Howorth, *History of the Mongols*, London, 1880. Part II, Division II., pp.688-689.
（42）『明代満蒙史料　明実録抄　蒙古篇』四、六八、七〇、七六〜七八、一三七頁。
（43）同、五一八、五二三、五七六〜五七七頁。
（44）Sum pa mkhan po Ye shes dpal' byor., *Dpag bsam ljon bzang*, Śata-Piṭaka, Vol.8, New Delhi, 1959. Part III., pp.153, 159-160.
（45）Vietze, *op.cit.*, 4667.
（46）和田清『東亜史研究（蒙古篇）』二七四〜二七六、二八七〜二九五、三四四〜三四五、三四六〜三四八頁。
（47）羽田明「再び厄魯特について」『史林』第五四巻第四号、一九七一年。羽田明『中央アジア史研究』臨川書店、一九八二年、一九〇〜二一四頁収録。

（48）Antoine Mostaert, *Dictionnaire ordos*, Peking, 1942, Tome II., p.533,

（49）A. de Smedt, A. Mostaert, *Le dialecte monguor parlé oar les Mongols du Kansou occidental.* Pei-p'ing, 1933. IIIe partie. Dictionnaire monguor-français. P.469.

（50）岡田『蒙古源流』一九〇～一九二頁。

13 『ウバシ皇太子伝』考釈

（1）Lama Galsan Gomboev, *Trudy Vostočnago Otdeleniia Imperatorskago Arkheologičeskago Obščestva, čast' šestaia*, 1858.（東洋文庫蔵）

（2）Če. Damdinsürüng, *Mongγol uran ǰokiyal-un degeǰi ǰaγun bilig orusibai*. Corpus Scriptorum Mongolorum, Tomus XIV, Ulaγanbaγatur qota, 1959, pp.184-188 (Mongγol-un ubasi qong tayiǰi-yin tuγuǰi)．

（3）本論で要約したのは、ウバシ皇太子の訊問に答えて七歳の男の児が韻文で語る、オイラト諸酋の情況である。ここに全訳を挙げるので、本文と併せて完全な日本語訳になる。

男の児は知らせる。

オイラトのこちらの端に／全く銀の兜を被った／突起のついた紅い甲を着た／豹花馬に乗った／マンガトの子サイン・セルデンキは／二千の自分の若党を従えて／二千の自分の槍を突き立てて／二千の自分の馬を繋いで／走り過ぎる獣はどこにいる／戦い合う敵はどこにいると／自分の歯をきしり／自分の唾を呑み込んで坐る／殿様方、それについて汝の意はいかがであるか。

よろしい、汝のそれは構わない。それの向こうに誰がいるのか語れと言った。

イルティシュ河の源に下営して／イルジン、ハルジン二つの自分の牧地を集めて／黒い弓の白い弓面のように／すべてから目立って／ホイトのエセルベイン・サイン・キャーは／四千の自分の若党を従えて／四千の自分の槍を突き立てて／四千の自分の馬を繋いで／死に合う敵はいるか／頼る若党はいるかと／自分の歯をきしり／自分の唾を呑み込んで坐る／殿様方、それについて汝の意はいかがであるか。

よろしい、汝のそれは構わない。それの向こうに誰がいるのか語れと言った。

多くの羊の群れを襲撃した／尾のない青い狼の形のある／食べ残しの物を食べたことのない／飢えた鷲の眼のある／ジューン・ガルのホトゴイト・ハラ・フラは／六千人とともに、その形でいる／殿様方、それについて汝の意はいかがであるか。

よろしい、汝のそれは構わない。それの向こうに誰がいるのか語れと言った。

ナリン河の源に／細い薄栗毛の馬に乗った／八千の兵を率いる／ウルト河の河股に／オイラトのサイン・テメネ・バートルはその形でいる／殿様方、それについて汝の意はいかがであるか。

よろしい、汝のそれは構わない。それの向こうに誰がいるのか語れと言った。

自分が殺したり奪ったりするのが好きな／十虎の声を持つ／恐ろしい五虎の長兄／ホシュートのバイバガス・ハーンは／一万六千の自分の若党を従えて／十五面の格子壁からなる／模様のある真白な自分の帳幕で／四オイラトの政、教二つを語って／四方に我と並び合う一人の名高い男もいないのであるぞと言って／自分の口を張り開いて／自分の掌をひろげて待ちかまえているという話だ。

（4）P. S. Pallas, *Sammlungen historischer Nachrichten über die mongolischen Völkerschaften*, St. Petersburg, 1776, Erster Theill, pp.35-36.

（5）若松寛「カラクラの生涯」『東洋史研究』第二二巻第四号、一九六四年、一～三五頁。

（6）Če. Damdinsürüng, *Mongγol uran ǰokiyal-un degeǰi ǰaγun bilig orusibai*. Corpus Scriptorum Mongolorum, Tomus XIV, Ulaγanbaγatur qota, 1959, pp.313-320.

（7）山口瑞鳳「顧実汗のチベット支配に至る経緯」『岩井博士古稀記念典籍論集』開明堂、一九六三年、七四一～七七三頁。

（8）Ratnabhadra, *Rabǰamba Cay-a bandida-yin tuγuǰi saran-u gerel kemekü ene metü Bolai*. Corpus Scriptorum Mongolorum, Tomus V, Fasc. 2, Ulanbator, 1959.

（9）岡田英弘訳注『蒙古源流』二〇〇四年、二五五頁。

（10）岡田前掲書、二五七頁。

（11）岡田前掲書、二六二～二六四頁。

（12）Pallas, pp.37-38.

（13）Paringlai (ed.), *Byamba, Asaraγči neretü-yin teüke*. Monumenta Historica, Tomus II, Fasc.4, Ulaanbatar 1960, p.77.

（14）Sh. Natcogdorji (ed.), *Galdan, Erdeni-yin erike*, Monumenta Historica, Tomus III, Fasc.1, Ulaanbatar 1960, p.88.

（15）John F. Baddeley, *Russia, Mongolia, China, in the XVIth XVIIth & early XVIIIth centuries*, New York, 1919.

（16）*Galdan, Erdeni-yin erike*, p.89.

(17) Pallas, p.36.

(18) 山口前掲論文、七四八頁。

(19) 田山茂『蒙古法典の研究』東京、一九六七年、一二四～一二五頁。

(20) Xošuud noyon Bātur ubaši tümeni tuuribiqsan *Dörbön oyiradiyin tüüke*（A. Pozdneev, *Kalmytskaia khrestomatiia.* Petrograd, 1915, pp.24-43.）p.37.

(21) Pallas, p.38.

(22) Bātur ubaši tümeni tuuribiqsan *Dörbön oyiradiyin tüüke*, p.35.

(23) Pallas, p.38.

14 清の太宗嗣立の事情

(1)『満洲実録』巻八、天命十一年八月条。

(2)『八旗満洲氏族通譜』巻二十「佟佳地方佟佳氏」塔本巴顔伝。

(3)『満洲実録』巻一。三田村泰助「清朝の開国伝説とその世系」「清初の疆域」『清朝前史の研究』京都、一九六五年。

(4)『満洲実録』巻一、癸未年九月条、甲申年四月条。

(5)『満洲実録』巻二、戊子年四月条。

(6)『八旗満洲氏族通譜』巻二十五「沙済地方富察氏」莽色伝。

(7)『愛新覚羅宗譜』己冊、威準伝、阿蘭泰柱伝、崇善伝。己冊「玉牒之末」、昂阿拉伝。

(8)『愛新覚羅宗譜』丁冊「玉牒之末」、莽古爾泰伝。

(9)『満洲実録』巻二、癸巳年九月条。

(10) 満文老檔研究会訳註『満文老檔Ⅰ　太祖1』東京、一九五五年、二一四～二二一頁。

(11)『満洲実録』巻二、戊子年九月条、巻三、癸卯年九月条。

(12)『満洲実録』巻三、辛丑年十一月条。

(13)『満洲実録』巻八、天命十年正月条、天命十一年八月条。

(14) 満文老檔研究会訳註『満文老檔Ⅰ　太祖1』東京、一九五五年、一〇～一二頁。松村潤「シュルガチ考」『明清史論考』東京、二〇〇八年、一四〇～一六八頁。

（15）『愛新覚羅宗譜』丁冊、阿爾通阿伝、扎薩克図伝。

（16）『愛新覚羅宗譜』丁冊、阿敏伝。

（17）『満洲実録』巻三、辛丑年正月条。

（18）国立故宮博物院編『旧満洲檔（一）』台北、一九六九年、七四頁。

（19）満文老檔研究会訳註『満文老檔Ⅰ　太祖１』東京、一九五五年、二五一～二五七頁。

（20）国立故宮博物院編『旧満洲檔（一）』台北、一九六九年、五六一～五六九頁。

（21）国立故宮博物院編『旧満洲檔（一）』、『旧満洲檔（五）』所収。

（22）『愛新覚羅宗譜』乙冊、代善伝、薩哈璘伝、瓦克達伝、巴喇瑪伝。

（23）満文老檔研究会訳註『満文老檔Ⅱ　太祖２』東京、一九五六年、五五四～五五八頁。

（24）満文老檔研究会訳註『満文老檔Ⅱ　太祖２』東京、一九五六年、七八七～七九二頁。

（25）『大清太宗文皇帝実録』巻一、天命十一年丙寅八月十一日庚戌条。

（26）『八旗満洲氏族通譜』巻二十四「葉赫地方納喇氏」。『満洲実録』巻一、葉赫国世系、巻二、戊子年九月条。

15　清初の満洲文化におけるモンゴル的要素

（１）満文老檔研究会訳註『満文老檔Ⅴ　太宗２』東京、一九六一年、六八七～六八八頁。ice niggun de, han de fujiyang g'ao hūng jung bithe alibuha, tere bithei turgunde han hendume, bithe alibure be nakabuci ojoro weile waka, tuttu seme, alibure bithe de, urunakū nenehe weile i waka ufaraha babe arambi, bithe be tuwahai onggotui nenehe be wakalara gisun tucimbikai, te bicibe, baksi sa suwe yaya fonde mujilen bahabu, aikabade nenehe be wakalara gisun tucirahū, julge cinggis han i jui cagandai, fufungge huwesi i suhai moo be meileme šusiha arame hendume, ere sahahūn ilicaha irgen, ama cinggis han isabuha dere, ere suhai moo i šusiha be bi mutebuhe sehe manggi,

ocir sure hendume, ere šusiha araha huwesi han ama i ilibuha faksi tūrakū bici, si hitahūn i fatambiheo, weihe i kajambiheo seme jabuha sere, ere utala doro, gurun irgen ai jaka gemu han ama i emhun beye fukjin ilibuhangge, tere be te geli waka arame, musei beyebe mergen sain arame gisureci, tumen jalan de wakalaburengge kai, suwe saikan eje, ishunde mujilen bahabuki seme henduhe;

（２）国立故宮博物院編『旧満洲檔（八）』台北、一九六九年、三七〇一～三七〇二頁。ice ninggunde: han de fujan geo hong jüng bithe alibuha: tere bithei türgunde han hendume: bithe alibure be nakabuci ojoro üile waka: tuttu seme alibure bithe de urunako nenehe üile-i waka ufaraha ba be arambi: bithebe tuwahai onggotoi nenehe be wakalara gisun tücimbikai: te bicibe baqsisa süwe yay-a fonde müjilen bahabu: aika bade nenehe be wakalara gisun tüciraho: jülge cinggis han-i jüi cagadai fufungga huwesi-i suhai moo de meileme siusiha arame hendume: ere sahahon ilicaha irgen: ama han isabuha dere: ere suhai mooi siusiha be bi mütebuhe sehe manggi; ocir sure hendume: ere siusiha araha huwesi han amai ilibuha faqsi durako bici si hitahon-i fatambiheo: uweihei kajambiheo seme jabuha sere: ere uttala doro: gürun irgen: ai jaka gemu han amai emhun beye fukjin ilibuhangge: terebe te geli waka arame müsei beye be mergen sain arame gisureci: tümen jalan de wakalaburengge kai: süwe saikan eje ishunde müjilen bahabuki seme henduhe:

（3）『大清太宗文皇帝実録』巻十一、天聡六年二月「甲戌、副将高鴻中、上疏条奏。上曰、『上書陳言、所以広朕耳目、指陳時政得失也。朕方事求言、何可禁止。然疏中所奏、多援引古人過失。彼不読書、不悉其行事、遂多以前人為刺謬矣。今巴克什等、日侍左右、当時以此等事啓我。毋妄議前人所行為非也。昔成吉思皇帝之子察罕代、以鋸刀削檉柳為鞭。遂曰、「我国固父皇所定。此檉柳為鞭、乃我所手創也。」其臣俄斉爾塞臣曰、「非先帝鳩工以製此刀、則此檉柳、豈能以指削、以歯齧耶。」凡此大業、国土人民、一切諸務、皆先帝所崛起而創立者。乃不以為意、而自作聡明。是遺譏於万世也。似此縄愆糾謬、方見忠誠。爾等宜詳念之。』」

（4）*Činggis qaγan-u čadig*, Peking, 1925, p.153: čaγadai aq-a qabsalang-ača negüǰü ǰusulang γarqui-dur gerün emüne saγutala abasu. kirügetü kituγ-a-bar suqai modun-i oγtalǰu tasiγur esilen büküi-dür. dergede inu včir sečin qaγan-a bayiγsan aǰu. ai včir sečin ile qaralaǰu borolaǰu bayiqu ulus-i činggis qaγan ečige minu ǰögebei ǰ-a. ene edür-ün kirügetü kituγ-a-bar qoγar modun-i tasiγur esilegsen modun-i bi ǰögemü. kemebesü včir sečin uruγsi negü geǰü ügülerün. ende ile qaralaǰu borolaǰu bayiqu ulus-i činggis qaγan ečige ǰögebei ǰ-a esilegsen modun-i bi ǰögebei kememü či kirügetü kituγ-a-yi deledügsen urad-i činggis qaγan ečige činu ese ǰögegsen bügesü. suqai modun-i sidüber qaǰaqu bülüge. kimusun-iyar kisuqu bileü kemen ügülegsen-dür.

（5）『大清太宗文皇帝実録』巻二十五、天聡九年十月「庚寅。諭曰、『我国原有満洲、哈達、烏喇、葉赫、輝発等名。向者無知之人、往往称為諸申。夫諸申之号、乃席北超墨爾根之裔。実与我国無渉。我国建号満洲、統緒綿遠、相伝奕世。自今以後、一切人等、止称我国満洲原名。不得仍前妄称。』」

（6）和田清『東亜史研究（満洲篇）』東京、一九五五年、五六六〜五八一頁「満洲諸部の位置について」。

（7）Če. Damdinsürüng, *Mongγol uran ǰokiyal-un degeǰi ǰaγun bilig orusibai*, Corpus Scriptorum Mongolorum, Tomus XIV, Ulaanbaatar, 1959, pp.78—79;

onggi-yin γool-un
oi (qai) qabčaγai-yi qayin yabuqui-du
mongγol-un eǰen
morin deger-e γarču
ǰüglen yabuqui-dur činu
ǰegülün dutaγaǰu
ǰöbsiyereǰü qarin ergiǰü
γurban γorbi-yi daban yabutal-a
γurban qara tuγ-tu dayisun-i ǰolγaǰu
tayičiγud biyu geǰü
tanin yadaǰu
mongγol biyu geǰü
bolγ-a yadaǰu
oyirad biyu geǰü
olun yadaǰu
tanglan taniǰu
bolγan mordaǰu üǰebesü
qosiγuči anu
čisun ǰegerde qalǰan mori-tu
öbči ulaγan quyaγtu
bitegüü qara saqal-tu
kümün-ü saγalduryan-u door-a
quruγu čičim čilüge ǰiγan ögčü
ǰiγaγsan ǰarliγ-iyar
ǰayilaγulun tataǰu

suryaysan ǰarliy-iyar
suyulan tataǰu
sumun unatal-a qarbuysan
ǰürčidei čuu mergen noyan činu tere aǰiyamu:

（8）Hans-Peter Vietze & Gendeng Lubsang, *Altan Tobči, Eine mongolische Chronik des XVII. Jahrhunderts von Blo bzan bstan 'jin, Text und Index* Tokyo, 1992, pp.33-36, lines 1421-1574.

（9）*Činggis qayan-u čadig*, Peking, 1925, pp.126-138; *Boyda činggis qayan-u čidig*, Peking, 1927, 63r-68r.

（10）*Altan tobči*,

čuu mergen-i maytaba:
ǰarliy-iyar minu ǰayaysan:
ǰai čilüge-yi aldal ügei:
gegen kümün-i
kömökei-ber:
sayin kümün-i
sayaldury-a-bar
sandatala qarbuǰu
ǰegerde morin-i elgüǰü abču iregsen:
ǰöričegči dayisun-i
čöges bolyaysan:
qadqulduysan dayisun-i
qayas bolyaysan:
ǰürčid-ün čuu mergen minu geǰü maytaba:

（11）『元史』巻一百四十六。チョー・メルゲンを耶律楚材と同一視することについては、『チンギス・ハーン小辞典』*Chinggis khaany tukhai tovch tailbar tol'*, Ulaanbaatar, 1992, p.39,「三百のタイチュートの故事」Gurvan zuun Taichuudyn domog の項を見よ。

（12）チンギス・ハーン叙事詩群に属する別の作品「九将頌」（Yisün örlüg-ün maytayal）、一名「鞍歌」（Emegel-ün dayun）においても、このチョー・メルゲンの性格は同じである。『アルタン・トブチ』（Vietze, p.61, lines 2657-2661）所収のテキストでは、チンギス・ハーンはチョー・メルゲンを讃えてかく歌う。

ǰüg-iyer yabutala čiqulun dutayayči ünege minu:

ǰakirču irebesü ösin siryuyči yunan bars minu:

ǰiyaǰu ögügsen-i minu aldal ügei qarbuyči čuu mergen minu:

「常に暮らせば恐れて逃るるもの、我が狐よ。

指揮して来たれば仇のごとく這い入るもの、我が三歳虎よ。

我が指示を外さず射るもの、我がチョー・メルゲンよ」

（13）和田清『東亜史研究（満洲篇）』東京、一九五五年、「清の太祖の顧問龔正陸」六三七～六三八頁。

（14）『八旗通志初集』巻二百三十六、儒林伝上。

（15）『八旗通志初集』巻一百四十七、名臣列伝七、正黄旗満洲世職大臣二。

16　征服王朝と被征服文化――八旗・北京官話・子弟書

（1）波多野太郎撰『子弟書研究　景印子弟書満漢兼螃蟹段児　坿解題識語校釈』。（出版社、出版年不明）

17　シャンバ撰（パリンライ編）『アサラクチ・ネレト・トゥーケ』

（1）Damdinsürüng, *Mongyol-un uran ǰokiyal-un teüke*, Mukden, 1957, pp.85-86.

（2）N. P. Shastina, *Shara Tudzhi, Mongol'skaia letopis' xvii veka*, Moskva-Leningrad, 1957, p.89.

（3）Hans-Peter Vietze & Gendeng Lubsang (ed.), *Altan Tobči, Eine mongolische Chronik des XVII. Jahrhunderts von Blo bzan bstan 'jin*, Text und Index. Institute for the Study of Languages and Cultures of Asia and Africa, Tokyo, 1992, 5236-5238.

（4）W. Heissig, *Die Pekinger lamaistischen Blockdrucke in mongolischer Sprache*, Wiesbaden, 1954, pp.12-15; ibid., *Die Familien- und Kirchengeschichitsschreibung der Mongolen*, I, Wiesbaden, 1959, pp.50-57.

（5）W. Heissig, *Die Familien- und Kirchengeschichitsschreibung der Mongolen*, I. Facsimilia, pp.85-111.

初出一覧

1　概説　モンゴル帝国から大清帝国へ

「モンゴルの統一」「モンゴルの分裂」『世界各国史12　北アジア史（新版）』第四、第五章（護雅夫・神田信夫編、山川出版社）一三五～一八二頁、一八三～二二八頁、一九八一年八月二十日（全文）

『紫禁城の栄光　明・清全史』（岡田英弘・神田信夫・松村潤　共著）、講談社学術文庫、二〇〇六年十月（の岡田の担当部分から一部補足）

第一部　モンゴル帝国時代のモンゴル

2　『元朝秘史』の成立

「元朝秘史の成立」『東洋学報』第六六巻第一・二・三・四号、一五七～一七七頁、一九八五年三月二五日

3　モンゴル史料に見える初期のモンゴル・チベット関係

「蒙古史料に見える初期の蒙蔵関係」『東方学』第二三輯、九五～一〇八頁、一九六二年三月三一日

4　元の瀋王と遼陽行省

『モンゴル帝国の興亡』ちくま新書、二〇〇一年一〇月（高麗に関する部分）

「元の瀋王と遼陽行省」『朝鮮学報』第一四輯、五三三～五四四頁、一九五九年十月

5　元の恵宗と済州島

「元の順帝と済州島」『国際基督教大学アジア文化研究論叢』一、四七～六〇頁、一九五八年十月

6　恵宗悲歌の源流

「順帝悲歌の源流」『アジア・アフリカ言語文化研究』一、東京外国語大学アジア・アフリカ言語文化研究所、四七～五

五頁、一九六八年二月二〇日

第二部　「モンゴル年代記」が語る元朝崩壊後のモンゴル

7　ダヤン・ハーンの年代

「ダヤン・ハガンの年代（上・下）」『東洋学報』第四八巻第三号、一～二六頁、一九六五年十二月、『東洋学報』第四八巻第四号、四〇～六一頁　一九六六年三月

8　ダヤン・ハーンの先世

「ダヤン・ハガンの先世」『史学雑誌』第七五編第八号、一～三八頁、一九六六年八月二〇日

9　ダヤン・ハーンの六万人隊の起源

「ダヤン・ハーンの六万戸の起源」『榎博士還暦記念東洋史論叢』山川出版社、一二七～一三七頁、一九七五年十一月九日

10　ウリャーンハン・モンゴル族の滅亡

「ウリヤンハン・モンゴル族の滅亡」『榎博士頌寿記念東洋史論叢』汲古書院、四三～五八頁、一九八八年十一月十一日

11　チョクト皇太子について

「Čoγtu Qong Tayiǰi について」『アジア・アフリカ言語文化研究』一、一一一～一二五頁、一九六八年二月二〇日

第三部　モンゴルのライバル、西モンゴル・オイラト

12　ドルベン・オイラトの起源

「ドルベン・オイラトの起源」『史学雑誌』第八三編第六号、一～四三頁、一九七四年六月二〇日

13　『ウバシ皇太子伝』考釈

「ウバシ・ホンタイジ伝考釈」『遊牧社会史探究』三二、内陸アジア史学会、一～一六頁、一九六八年三月

第四部　モンゴル文化を受け継いだ満洲

14　清の太宗嗣立の事情

「清の太宗嗣立の事情」『山本博士還暦記念東洋史論叢』山川出版社、八一～九二頁、一九七二年十月二十日

15　清初の満洲文化におけるモンゴル的要素

「清初の満洲文化におけるモンゴル的要素」『松村潤先生古稀記念清代史論叢』汲古書院、一九～三三頁、一九九四年三月一日

16　征服王朝と被征服文化――八旗・北京官話・子弟書

「征服王朝と被征服文化――八旗・北京官話・子弟書」『月刊シルクロード』第六巻第二号、一六～二〇頁、一九八〇年二月一日

第五部　書　評

17　シャンバ撰（パリンライ編）『アサラクチ・ネレト・トゥーケ』

「シャンバ撰（パリンライ編）『アサラクチ・ネレト・テウケ』」『東洋学報』第四八巻第二号、一一四～一一九頁、一九六五年九月三〇日

18　ワルター・ハイシヒ著『仏典モンゴル訳史の研究』

「ワルター・ハイシヒ著『仏典蒙訳史の研究』」『史学雑誌』第七一編第九号、一〇二～一〇六頁、一九六二年九月二〇日

解説　岡田英弘の学問

宮脇淳子

敬愛する師匠であり、今は私の夫でもある岡田英弘に初めて出会ったのは、私が京都大学文学部四回生だった一九七五年十一月三日の東洋史研究会大会だった。東洋史研究会は、京都大学文学研究科東洋史研究室に事務局を置いて『東洋史研究』という学術雑誌を年に四回刊行している団体で、三回生から東洋史学科に進級した私にとっては、ほとんど自動的に入会することになった学会であった。

会員は主として京都大学東洋史学科の同窓生であるが、東洋史に特化した研究会は全国でも少なかったので、東京大学やその他の大学の東洋史学者たちも当時はかなりの人たちが『東洋史研究』を購読するため会員になっていた。毎年十一月三日に大会を開いて、朝から夕刻まで十何名かの研究発表を聴いたあと、懇親会に参加するのが常で、京都帝国大学東洋史学科創設者の一人である内藤湖南の弟子の宮崎市定が当時は会長だった。

東京大学を卒業し東京外国語大学アジア・アフリカ言語文化研究所教授の職に就いていた岡田は、『満文老檔』研究仲間である松村潤・日本大学教授と一緒に大会に現れ、東大東洋史学科の同級生だった柳田節子氏の発表に鋭い質問をした。私は東京の学者はこんなに率直で厳しいのかと衝撃を受けたことを覚えている。

次に出会ったのも一九七七年の東洋史研究会大会で、岡田は、東洋史研究会会員ではなかったけれども発表者として招かれて、本書にも収められた「ダヤン・ハーンの六万人隊の起源」に関する報告を行なった。私はそのとき京都大学を卒業して大阪大学大学院文学研究科に進学していたが、わずか二十五分のその発表を一言も逃すまいと必死で聴いた。懇親会の席上でもいくつかの質問をしたことを記憶している。なぜなら、私が一九七六年一月に京都大学文学部に提出した卒業論文「十七世紀ハルハ・モンゴル史序説」では、岡田の論文 "Outer Mongolia in the sixteenth and seventeenth centuries."『アジア・アフリカ言語文化研究』5, 1972 を利用しており、その中にある myriarchy という言葉が英語の辞書で見つからなかったからである。

本書は日本語の論文集なので収録されていないが、「十六、十七世紀の外モンゴル」というこの英語論文は、一九七一年に台北市で開催された第四回東亜アルタイ学会で岡田が研究発表したもので、知られているすべてのモンゴル語史料を英訳し、当時のモンゴル草原の歴史を概説した貴重な文献だった。「なんで日本の学者の論文を英語で読まなくてはいけないの？」とぶつぶつ思いながら、他に類書のない内容だったので真面目に全文を翻訳した。英語の辞書にない myriarchy こそ「万人隊」の意味だった。

岡田のモンゴル史関係の学術論文は、じつは英語の方が圧倒的に多い。その理由は、第一に、岡田のモンゴル学が、第二次世界大戦後にソ連からアメリカに亡命した二十世紀最大のモンゴル学者ニコラス・ポッペ Nicholas Poppe（一八九七〜一九九一）の薫陶を受けたものであるために、欧米の学会にその成果を発表する責務を負っており、またそれを期待されていたことと、第二に、日本の東洋史学界が岡田のモンゴル学にほとんど興味を示さなかったためである。

本書は岡田のモンゴル史と満洲史に関する日本語の論文だけを収録したものであるが、書評二本を入れて八本の初出刊行年が一九六〇年代であるのは、アメリカから帰国したあと、しばらくはその成果を日本語で精力的に発表したからである。この他の収録論文のうち、モンゴル人が中国に建てた王朝・元と朝鮮半島との関係を論じた「元の瀋王と遼陽行省」「元の恵宗と済州島」の二本が、アメリカ留学前の一九五〇年代に発表したもので、一九八五年以降の東洋史関係の記念論集に参加した『元朝秘史』の成立」「ウリャーンハン・モンゴル族の滅亡」「清初の満洲文化におけるモンゴル的要素」三本は、英語論文が先にあって、それからの日本語訳である。

アメリカから帰国後まもなくの一九六〇年代に発表した代表的な論考が、本書第二部の「ダヤン・ハーンの年代」と「ダヤン・ハーンの先世」であるが、これらが日本の東洋史学界を震撼させた「ダヤン・ハーン論争」の一方の雄となった論文である。

「ダヤン・ハーン論争」の経緯については、「ダヤン・ハーンの年代」の冒頭で簡単に述べられているが、東京大学における岡田の恩師である和田清（一八九〇～一九六三）が、生涯を通じたモンゴル学集大成として一九五九年に刊行した『東亜史研究（蒙古篇）』に対して、一九六三年に京都大学の萩原淳平が批判論文を発表したのが始まりである。同年和田清は亡くなり、翌六四年に、岡田と同じく和田の弟子である松村潤が、萩原論文に対して書評の形で論及した。翌六五年、京都大学の佐藤長が仲を取り持つような論考を発表し、萩原と佐藤に対して岡田が反駁したのが、一九六五・六六年の『東洋学報』に上下に分けて掲載された「ダヤン・ハーンの年代」である（「ダヤン・ハーン論争」の詳細は、宮脇「学界展望――わが国における十五―十七世紀の北アジア史研究」『東洋史研究』第三九巻第二号、一九八〇を参照されたい）。

和田・松村・岡田は東京学派であり、京都大学教授・田村實造の娘婿だった萩原と佐藤は京都学派である。両派の論争の焦点は、言うならばモンゴル語史料と漢文史料の信憑性と解釈の相違にあった。伝統的な東洋史学の主流は漢語・漢文で、モンゴル語史料などは信用するに足りないというのが京都学派の態度で、これに対して、モンゴル語史料の伝承を頭から否定してかかる従来の日本の学界を手厳しく批判したのが、岡田のモンゴル学なのである。

論争自体は、代表的なモンゴル年代記『蒙古源流』（エルデニイン・トブチ）が記載するダヤン・ハーンの生没年がそもそも信用できない上、京都学派が依拠した漢訳『蒙古源流』が、モンゴル語から満洲語に訳した際の誤訳をそのまま引き継いでいたことが明らかになって、第三者にはきわめてわかりにくい結末であった。岡田はしかし、この論争に関連して、それまで日本ではほとんど知られていなかった種々のモンゴル年代記史料を広く紹介し、その内容の独自性と歴史文献としての使い方を示して、日本における新たな学問分野を切り開いた。モンゴル史研究に現地語史料が欠くべからざることを日本の学界に思い知らせたことにより、日本のモンゴル史研究の一時代を画したと言える。

ところで前述のように、私は京都大学に提出する卒論で岡田の英語論文を利用したが、卒論の主査は、東洋史学科の主任教授でチベット学者の佐藤長だった。佐藤先生には、私は先輩たちに妬かれるほど可愛がってもらったが、審査の席上、岡田論文をどのように見つけたかを聞かれ、何か変な感じがした。あとでわかったことに、岡田と佐藤は東西に分かれた大論争の論敵同士で、先輩たちは岡田の名前をタブー視していたのである。

さて、岡田がなぜモンゴル史を研究することになったかは、本人の手になる本書「まえがき」にも述べられているが、私が聞いた話も含めて再度振り返ってみることにする。

岡田は、薬理学者であった父と同じく自然科学者になるつもりで旧制高校の理科乙類で学び、医学部に進むはずが、東京大学に入学するときになって文学部東洋史学科に志望を変えた。このとき、言語学と東洋史のどちらに進むかを迷って、父に紹介されて、朝鮮語・中国語研究で著名な言語学者・河野六郎（一九一二〜一九九八）に相談に行ったところ、「東大の言語学科はお止めなさい」と言われて東洋史を選んだという。河野六郎は、長く財団法人・東洋文庫長を務めた榎一雄（一九一三〜一九八九）の義弟であるが、その長兄が、岩波書店の顧問で外国語の達人として有名な河野与一（一八九六〜一九八四）で、岡田の父は神戸一中時代に与一と知り合って大いに尊敬し、その後もたいへん仲良くしていたのである。

言語学を選ぼうと思っただけのことはあって、岡田の言語能力の高さは想像を絶するものだった。過去形で言わなければいけないのは残念であるが、一九九九年四月に脳梗塞を起こして一時は完全な失語症（喚語障害）になり、熱心なリハビリのお蔭で日常生活に支障はなくなったが、かつてのような、テープ起こしをしたらそのまま出版できるような文章で「立て板に水」の話ぶり、というわけにはいかなくなった。第一外国語の英語も、同じ言語中枢を使うために同じ程度に障害が出た。かつて岡田の英語はネイティブに間違われるような発音であり、英語でいきなり論文を書き下ろすことができたのである。

ふつうの日本人にとっては同じ音にしか聞こえないため間違いやすい英語の綴りも、つねに一字一句誤らずに覚えているので、どうやって記憶するのか、私は聞いたことがある。そうしたら、頭のなかで目の前を英語のスペルが流れていく、と答えた。もちろん英語だけでなく、満洲語やモンゴル語なども、今でも綴りを間違うことは決してない。

岡田は世間では十四カ国語ができると言われているので、本人に確認したところ、日本語・英語・漢語漢文・満洲語・韓国語（ハングル）・モンゴル語・チベット語・サンスクリット語・ドイツ語・フランス語・ロシア語・マレー語・ラテン語・ギリシア語と挙がり、確かに十四カ国語になった。これはもちろん、すべてが自由に話したり書いたりできる、というのではなく、文法を知っていて辞書さえあれば原文が読める、という言葉も含めた数である。

本人は漢語漢文、と言ったが、現代中国語もひじょうにきれいな北京音で発音するので、よく訪問していた台湾ではすぐに外国人とばれた。「普通話《プートンホワ》」を正確な北京音で話すことができるのは、アナウンサーか外国人しかいなかった頃である。漢語漢文については、東大東洋史に入学したときには、四書五経を初め『史記』『漢書』『資治通鑑』『太平広記』等々、代表的な漢籍は原文でほとんど読み終えていた。「まえがき」にあるように東洋史関係の研究書もだいたい読んでいた。

東大における岡田の恩師は、一九二七年の助教授就任以来、東京帝国大学東洋史学科を支え続けた前述の和田清と、学習院大学教授で東大に出講していた朝鮮史の末松保和（一九〇四〜一九九二）の二人である。岡田の学問が、朝鮮史から出発して、モンゴル支配時代の朝鮮半島と満洲の関係を論じるうち、やがて古代の日本列島に興味を持ち、日本文明の誕生を大陸との関係で考察するようになったのも、東大卒業後に満洲語やモンゴル語を学び、漢籍が記載しない中国を知るようになったのも、両師の影響が大きい。

一九五一年に東大を定年退官した和田にとって岡田は東大最後の弟子であった。和田は岡田をたいへん可愛がり、退官後教授になった国際基督教大学の助手に、東大を卒業したばかりの岡田を採用したほどである。

和田清は「清初の蒙古経略」と題した卒業論文以来、満洲史やモンゴル史を専門とし、終戦前は『満鮮地理歴史研究報告』の執筆者の一人だった。この報告書の前身は、一九〇八年に東京帝国大学教授白鳥庫吉が満鉄総裁後藤新平にはかって満鉄東京支社内に設けた学術調査部刊行の『満洲歴史地理』『朝鮮歴史地理』で、事業はのちに東京帝国大学に委託されたのである。和田は、自身の満洲学集大成である『東亜史研究（満洲篇）』（東洋文庫、一九五五年）末尾に収めた「附録 学究生活の想出」（たいへん面白い内容なので、ぜひ一読をお勧めする）では「満蒙史をやるには必要不可欠な満洲語や蒙古語も碌にやらなかった」と述懐している。しかし、それらの言語の重要性を誰よりも認識しており、弟子たちには漢語だけでない現地語を学ばせるのに熱心だった。

一九五七年に岡田を含む五名が日本学士院賞を受けた『満文老檔』の日本語訳を勧めたのも和田である。『満文老檔』とは、十七世紀の清朝建国時に満洲語で書かれた年代記で、内藤湖南が日露戦争直後に奉天の宮殿で見つけて、京都帝国大学教授に就任したのち、羽田亨同大学講師（のち総長）とともに自ら乾板約四千三百枚に撮影して京都に持ち帰った貴重な史料であった。戦後、和田が京大の了解を得て、東大東洋史研究室で講読会を発足したのである。『満文老檔』全七巻の日本語訳注が終わったあと、岡田が今度はモンゴル語を学ぶために渡米することを、和田はとても喜んでくれた。和田のモンゴル学集大成である『東亜史研究（蒙古篇）』（東洋文庫、一九五九年）の編集作業を、岡田は松村とともに手伝ったが、数多く出てくるモンゴル語の綴りは、このときは満洲語から類推したのである。

一九五九〜六一年にフルブライト交換留学生としてシアトルのワシントン大学極東研究所に留学した岡田は、満洲学ではすでに権威ある学者であり、漢籍にも通じていたので、ドイツ系ロシア人であるポッペはじめ研究所の皆から尊敬された。中国人学者とも英語を介してつき合ったので、中国や中国人についての理解が深まった。英語はといえば、渡米して三ヶ月を過ぎた頃、突然まったく不自由がなくなったそうである。

ポッペのモンゴル年代記講読を同時に受講した仲間に、のちにカリフォルニア大学バークリー校教授になったジェームズ・ボッソン **James Bosson** がおり、彼から満洲語を学んだあと東京外国語大学に留学して岡田の弟子となったのが、現在ハーバード大学教授のマーク・エリオット **Mark C. Elliott** である。エリオットはボッソンの満洲語はポッペから学んだものと思っていたが、じつはボッソンに満洲語を教えたのは岡田である。

岡田は「まえがき」にあるように、シアトル滞在中にチベット学も学んだ。帰国後の六二年に本書収録の「モンゴル史料に見える初期のモンゴル・チベット関係」を発表し、次いで同じく本書に収録した、ドイツ人モンゴル学者ワルター・ハイシヒ **Walther Heissig**（一九一三〜二〇〇五）著『仏典モンゴル訳史の研究』の書評を出した。たまたまハイシヒが来日して付いて歩いて通訳した縁で、一九六三年から六五年まで、今度はドイツ研究協会の奨学金で当時の西ドイツに留学し、ボン大学中央アジア研究所のハイシヒと、ケルン大学の満洲学者ワルター・フックス **Walter Fuchs**（一九〇二〜一九七九）に師事した。

ドイツから帰国後半年間は無職だったが、翌一九六六年四月に東京外国語大学アジア・アフリカ言語文化研究所助教授に任ぜられた。この略称ＡＡ研は、岡田が就職する二年前に日本で最初の人文科学・社会科学系共同利用研究所として設立されたばかりで、歴史学・言語学・文化人類学の三本柱から成っていた。一九七三年には教授に昇任した。

ＡＡ研には私宮脇自身が、一九七九年から九六年まで、共同研究員という肩書きでお世話になったので、その経験からいうと、所員は教授・助教授・助手に分かれてはいたが、全員個室の研究室を持っており、上下関係はきびしくなかった。歴史学者・言語学者・文化人類学者のいずれも、アジア・アフリカのどこかの地域を専門としていて、必ず現地語ができ、海外留学経験のある所員がほとんどだった。四十名近くいた所員のうち三分の一ほどは、つねに現地調査や留学や国際学会などで海外に出かけて留守だったが、毎年、高名な外国人学者数名が招聘されて、研究室も貸与されて滞在していた。

所員は各自、誰からも強制されずに自由な学問研究に従事し、外部の研究者も参加する研究会で学際的な討論を行ない、互いに対等な関係でフランクにつき合っていた。つまり、それまでの日本にはなかった、新しいタイプの実験的な研究所だったのである。

岡田にはたいへん向いた環境だったらしく、同じく留学経験のある優れた言語学者や文化人類学者と同僚になったことで、岡田の学問はさらに幅が広がった。当時は東京外国語大学に大学院はなく、学生を教える義務もなかったので、研究時間は有り余るほどだった。友人たちにはうらやましがられたが、日本の将来を担う東洋史研究者を指導する機会は、このあと岡田に与えられることはほとんどなかった。

岡田は母校である東大から出講を頼まれたことは一度もない。同じキャンパスにある東京外国語大学モンゴル語科では何年か授業を持ったが、やがて頼まれなくなった。『満文老檔』を刊行したあとも、東洋文庫清代史研究室では同じメンバーで満洲語講読会を続けていたが、東洋文庫が刊行している『東洋学報』の編集委員になったことは一度もない。投稿論文の審査を頼まれただけである。東洋学講座の講演を依頼されたこともない。

日本の東洋史学界は、岡田に弟子ができることを忌避したとしか私には思えない。

岡田が大学院学生の博士論文指導をしたのは、一九六八〜七一年、恩師ポッペ退官後、ワシントン大学モンゴル学講座の後任に任ぜられ、ＡＡ研から出張扱いにしてもらって三年間勤めた間だけだった。

大阪大学大学院の私の指導教官だった山田信夫先生は、岡田の東大東洋史の先輩で、モンゴル史研究を深めたい私を岡田に紹介した。大学院博士課程の二年間、ＡＡ研公募共同研究員に採用されて、私は夏休みにモンゴル年代記を学ぶために東京に出た。それまで旧帝大の講座制の研究室しか知らなかった私にとって、岡田研究室は、ここはアメリカかしらという雰囲気だった。岡田にとって学生指導はアメリカの経験しかなかったからである。

本書に収録された諸論文で明らかなように、十七、十八世紀のモンゴル語史料はひじょうに難解で、辞書にない単語や言い回しが散見される。岡田研究室に私のための机が用意され、モンゴル語用の特別のタイプライターで私は終日縦文字からローマ字転写をして、最後に読み合わせをするという指導を受けたが、その合間の中国史講義が目からウロコの連続だった。私が京大東洋史学科に進学して以来抱いていた疑問がすべて氷解していったが、あまりの詰め込み教育に、真夜中ホテルで目が覚めると気持ちが悪かった。赤ん坊の知恵熱のようだった。岡田こそは私の知っている日本の東洋史学者のなかで一番だと思ったが、大阪に戻ると山田先生は「岡田君は乱暴者だから」と言ったし、「岡田先生だけ持ち上げたら秩序がこわれる」と東京の先輩たちも言った。

本書「ダヤン・ハーン論争」にあるように、岡田が学界の上下関係に配慮しなかったからだろう。たしかに岡田は真理の追究に関しては妥協せず、なまけたりごまかしたりすることに対しても容赦なかったけれども、求められれば喜んで若手研究者に助言を与え、出身を問わず海外の研究機関と交流するための手助けをした。同僚の論文の英訳もつねに手伝っていた。東洋文庫に関しても、表に出ない裏方の仕事をずいぶんしており、実際にはみんな岡田に頭が上がらなかったのである。

私が指導を受け始めた頃には、岡田は日本の東洋史学界にほとんど見切りをつけて、出版界から求められるまま、学術成果を論文にせず一般書の形で世に問う方向へと舵を切っていた。信じられないことに本書が岡田の初めての学術書である。ここで、本書とはテーマを異にするものも含めて、岡田の学問の全体を概観しておきたい。

もっとも古く世に出たのは、日本文明の誕生を大陸との関係で考察した『倭国の時代』（文藝春秋、一九七六年）で、続いて刊行された『倭国』（中公新書、一九七七年）は、増刷を重ねて、いまや日本古代史の古典となっている。東京外国語大学を定年退職した翌一九九四年に刊行された『日本史の誕生』（弓立社）は、二〇〇八年にちくま文庫になり、『倭国の時代』も二〇〇九年にちくま文庫に入った。古代日本に関する岡田の特記すべき論旨は、『魏志倭人伝』成立の事情を中国側の政治闘争から解明し、邪馬台国の方位や人口が史実ではない理由を明らかにしたこと、日本天皇と日本国の誕生が、六六三年白村江の海戦で唐軍に大敗した衝撃によるもので、六六八年であることを立証したことなどである。

次いで、本書とやや関係がある『世界史の誕生』（筑摩書房、一九九二年）がある。戦後の日本の世界史教育は、戦前の西洋史と東洋史を合体させたものであるが、地中海文明の基礎となったヘーロドトス著『歴史』と、中国文明の基礎となった司馬遷著『史記』の世界観がまったく異なるために、世界史の総合的な理解が困難なのである。地中海世界と中国世界を直接結びつけた十三世紀のモンゴル帝国から、本当の意味の世界史が始まると本書で提唱した。ヨーロッパの大航海時代はモンゴル帝国の影響を受けて始まったのである。

このあと論を深めて、歴史そのものを定義し直した『歴史とはなにか』（文春新書、二〇〇一年）は、いまや大学入試問題の定番となり、高校教科書にも掲載されている。

岡田は、日本では中国学者としてもっとも有名かもしれない。一九八三年に刊行された『漢民族と中国社会』（山川出版社、民族の世界史5、共著）以来、単なる王朝交代史でない中国史の叙述と、中国文明の本質を考察する書物を数多く世に問うてきた。『この厄介な国、中国』（ワック出版、『妻も敵なり』一九九七年の文庫化）がよく知られているが、『中国文明の歴史』（講談社現代新書、二〇〇四年）と『だれが中国をつくったか』（ＰＨＰ新書、二〇〇五年）などが大学生向けの啓蒙書である。岡田の学説を簡単に説明すると、「中国」という言葉は十九世紀末に誕生したものであるが、漢字と都市と皇帝の三つを中国文明の本質であると定義するなら、「中国」の起源は紀元前二二一年の秦の始皇帝の統一である。しかしながら、二千二百年間「中国」は王朝だけが交代して中身に変化はなかったというのは、司馬遷著『史記』が描いた世界観の枠組みにとらわれているだけで、じつは中国は時代ごとに、国家の領域も、話し言葉も、中国人の中身も入れ替わってきた。

岡田の学問はこのようにあまりに幅が広いので、専門分野を縦割りして上下関係を作る日本の学界からは、どの分野の専門家でもないと見なされてきた。日本古代史も東洋史もみな岡田説に影響を受けているのに、参考文献で岡田英弘の業績を挙げない。

モンゴル学に関しては、日本でよりも世界における評価の方が高いだろう。岡田は、師であるハイシヒが一九五八年に創設した常設国際アルタイ学会（Permanent International Altaistic Conference／PIAC）の主要メンバーとなり、日本・韓国・台湾で計六回開催された東亜アルタイ学会や、二〇一〇年に四十七回を迎えた日本アルタイ学会（別称、野尻湖クリルタイ）の設立にも寄与した。途中やや間が空いたが、一九八四年以降は二〇〇六年までほぼ毎年常設国際アルタイ学会に参加して研究発表を行ない、そこで得た世界の学問動向を日本に紹介し続けた。モンゴル語史料を利用して十四世紀以降のモンゴル史を再構築した岡田の功績は、世界的に高い評価を受け、一九九九年にアメリカ合衆国インディアナ大学から、生涯にわたる学問への貢献に対してアルタイ学賞（通称ＰＩＡＣメダル）を授与された。

一九九二年まではモンゴル人民共和国だった現モンゴル国でも、社会主義時代の一九七〇年代から、科学アカデミー歴史研究所では、ナツァグドルジ所長の指示で岡田の日本語論文のモンゴル語訳が行なわれていた。翻訳に従事した現モンゴル国立大学日本学科教授ムンフツェツェグ女史は、モンゴルが民主化したあと「日本におけるモンゴル史研究」で博士号を取得し、二〇〇〇年、二〇〇六年に上下巻として刊行したが、岡田のモンゴル学に高い評価を与え、岡田を一生の師と仰いでいる。二〇〇八年、生涯にわたるモンゴル学への貢献に対して、モンゴル国政府から岡田に北極星勲章が授与された。

現在、世界中の研究者が従事している十四〜十八世紀のモンゴル史研究は、どのテーマも岡田が始めたものであると言っても過言ではない。「最後の遊牧帝国ジューンガル」に関する私自身の学位取得論文も、本書第三部の「ドルベン・オイラトの起源」を基礎としている。岡田が基礎を作ったのはモンゴル年代記研究だけではない。元朝をモンゴル帝国の一部としてとらえ、遼・金という遊牧国家からの連続性や高麗との関係を明らかにしたこと、満洲人の建てた清朝にモンゴル帝国が継承されたと論じる岡田史学は、今では日本のみならず世界の後進の研究者たちに広く受け入れられている。

満洲学においても、もちろん岡田の名前は世界中でよく知られている。もっとも有名な『康熙帝の手紙』（中公新書、一九七九年）は、清の康熙帝が、ジューンガルのガルダンを討つためにモンゴルに親征した陣中から、留守居の皇太子に送った満洲語の手紙を翻訳したものである。この本は、藤原書店が刊行を計画している「清朝史叢書」第一巻に再録する予定であるので、本書には、これ以外の満洲学関係の論文三点を収録した。

本書は決して読みやすい書物ではないが、岡田英弘という、類い希なる歴史家の思想形成のスタートとなった学術論文集であり、岡田の歴史観の土台を知る意味においても、刊行には大きな意義があると確信する。

じつは、モンゴル年代記研究の出版を、過去二回計画した。これが三度目の正直である。過去二回とも、『蒙古源流』日本語訳注（二〇〇四年）を刊行した刀水書房が出版を約束し、科学研究費補助金（研究成果公開促進費）申請書類の作成を手伝ってくれたのだが、一九九九年の一度目も、二〇〇九年の二度目も、不採用となった。二度目の却下のさいの返答には「刊行する緊急性が低いと判断した」とあった。この解説で縷々述べたように、岡田の学問を日本の学界が評価しないこと、かくのごとしである。

もっとも本人は、日本の学界のことなど一向に気にする気配はない。和田先生やポッペ先生から受けた学恩も返せたし、祖国である日本に対する責務は果たしたと言っている。かつて岡田を東洋史に導いた河野六郎先生と、東洋文庫の近所で偶然出会ったことがある。河野先生は岡田に「君は一生、自分のしたいことしかしなかったね」と言った。河野先生が、義兄である榎先生没後の東洋文庫の雑事をすべて引き受けて、粉骨砕身していた頃のことである。

二〇一一年一月二十四日に岡田は満八十歳を迎える。自分自身で古い論文のコンピューター入力を行ない、自分で校正をすることもできた、生涯初めての学術論文集が、八十歳の誕生日を記念して刊行されるのは、まことに岡田らしく、心から喜びたい。

みやわき・じゅんこ　一九五二年和歌山生。京都大学文学部東洋史学科卒業。大阪大学大学院博士課程修了。学術博士。現在、東京外国語大学・国士舘大学非常勤講師。モンゴル史を中心とした遊牧民の歴史と、草原と農耕地帯を総合的に見る中国史を研究している。著書に『モンゴルの歴史』(刀水書房)『最後の遊牧帝国』(講談社)『世界史のなかの満洲帝国と日本』(ワック出版)『朝青龍はなぜ強いのか?』(ワック出版)等。

地図・系図・図一覧

さ　行

た　行

な　行

は　行

ま　行

主要事項索引

ま 行

や 行

ら 行

た 行

な 行

は 行

か　行

さ　行

主要地名・部族等集団名索引

あ 行

ま 行

や 行

ら 行

わ 行

な　行

は　行

さ 行

た 行

か　行

主要人名索引

あ 行

著者紹介

岡田英弘（おかだ・ひでひろ）

1931年東京生。歴史学者。シナ史、モンゴル史、満洲史、日本古代史と幅広く研究し、全く独自に「世界史」を打ち立てる。東京外国語大学名誉教授。

東京大学文学部東洋史学科卒業。1957年『満文老檔』の共同研究により、史上最年少の26歳で日本学士院賞を受賞。アメリカ、西ドイツに留学後、ワシントン大学客員教授、東京外国語大学アジア・アフリカ言語文化研究所教授を歴任。

著書に『歴史とはなにか』（文藝春秋）『倭国』（中央公論新社）『世界史の誕生』『日本史の誕生』『倭国の時代』（筑摩書房）『中国文明の歴史』（講談社）『読む年表　中国の歴史』（ワック）『〈清朝史叢書〉大清帝国隆盛期の実像』（藤原書店）『チンギス・ハーンとその子孫』（ビジネス社）他。編著に『清朝とは何か』（藤原書店）他。2013年6月、これまでの仕事の集大成となる『岡田英弘著作集』全8巻が刊行開始（2016年完結予定）。

モンゴル帝国《ていこく》から大清帝国《だいしんていこく》へ

2010年11月30日　初版第1刷発行 ©
2016年 3月30日　初版第2刷発行

著　者　岡　田　英　弘
発行者　藤　原　良　雄
発行所　株式会社　藤　原　書　店

〒162-0041　東京都新宿区早稲田鶴巻町523
電　話　03（5272）0301
FAX　03（5272）0450
振　替　00160-4-17013
info@fujiwara-shoten.co.jp

印刷・製本　中央精版印刷

落丁本・乱丁本はお取替えいたします
定価はカバーに表示してあります
Printed in Japan
ISBN978-4-89434-772-4

「戦後の世界史を修正」する名著

ルーズベルトの責任 ㊤㊦

（日米戦争はなぜ始まったか）

Ch・A・ビーアド

開米潤監訳

阿部直哉・丸茂恭子＝訳

ルーズベルトが、非戦を唱えながらも日本を対米開戦に追い込む過程を暴く。

㊤序＝D・F・ヴァクツ　㊦跋＝粕谷一希

Ａ５上製　各四二〇〇円

㊤四三二頁（二〇一一年一二月刊）㊤◇978-4-89434-835-6

㊦四四八頁（二〇一二年一月刊）㊦◇978-4-89434-837-0

PRESIDENT ROOSEVELT AND THE COMING OF THE WAR, 1941: APPEARANCES AND REALITIES

Charles A. Beard

日米関係・戦後世界を考えるための必読書を読む

ビーアド『ルーズベルトの責任』を読む

開米潤編

公文書を徹底解読し、日米開戦に至る真相に迫ったビーアド最晩年の遺作にして最大の問題作『ルーズベルトの責任』を、いま、われわれはいかに読むべきか？

〈執筆者〉粕谷一希／青山佾／渡辺京二／岡田英弘／小倉和夫／川満信一／松島泰勝／小倉紀蔵／新保祐司／西部邁ほか

Ａ５判　三〇四頁　二八〇〇円

（二〇一二年一一月刊）◇978-4-89434-883-7

屈辱か解放か

ドキュメント 占領の秋 1945

毎日新聞編集局　玉木研二

一九四五年八月三十日、連合国軍最高司令官マッカーサーは日本に降り立った——無条件降伏した日本に対する「占領」の始まり、「戦後」の幕開けである。新聞や日記などの多彩な記録から、混乱と改革、失敗と創造、屈辱と希望の一日一日の「時代の空気」たちのぼる迫真の再現ドキュメント。

写真多数

四六並製　二四八頁　二〇〇〇円

（二〇〇五年一二月刊）◇978-4-89434-491-4

「人種差別撤廃」案はなぜ却下されたか？

「排日移民法」と闘った外交官

（一九二〇年代日本外交と駐米全権大使・埴原正直）

チャオ埴原三鈴・中馬清福

第一次世界大戦後のパリ講和会議での「人種差別撤廃」の論陣、そして埴原が心血を注いだ一九二四年米・排日移民法制定との闘いをつぶさに描き、世界的激変の渦中にあった戦間期日本外交の真価を問う。

〈附〉埴原書簡

四六上製　四二四頁　三六〇〇円

（二〇一一年一二月刊）◇978-4-89434-834-9